新世纪
中国经济轨迹
——2005~2006年分季度经济形势分析报告

XINSHIJI

ZHONGGUO JINGJI GUIJI

主　编◎李晓西
副主编◎曾学文　李文锋　杨　琳

人民出版社

序　言

　　宏观经济季度形势分析对于政府综合管理与决策部门、投资者及社会各界具有重要的参考价值。2001 年，我来到北京师范大学后，延续了我在国务院研究室宏观经济司的形势分析研究工作，组织开展宏观经济形势季度分析与研究活动，其成果得到了社会各界的好评。2005 年，我们将四年的研究成果汇集成书，取名为《新世纪中国经济轨迹——2001～2004 年分季度经济形势分析报告》，由人民出版社出版发行，获得良好的社会反响。

　　2005 年和 2006 年是中国经济发展和改革的关键年份。这两年国民经济快速增长，同时结构性矛盾凸显。我们加强了对重点问题和政策效果的分析，以更好地服务课题委托方及社会各界。

　　2005～2006 年宏观分季度经济形势分析内容包括：国民经济运行、经济增长趋势与预测、财政形势分析、货币和金融形势分析、贸易形势分析、资本市场形势分析、房地产形势分析、宏观经济政策综述和国际经济形势分析。本研究报告的作者主要来自高校、政府机构及实际部门，报告具有时效性强、信息量大、统计数据翔实以及强调实证分析和政策效果分析相结合等特点，是政府有关机构、研究者与高校师生必备的参考资料。本书体例虽然与 2001～2004 年分季度经济形势分析报告基本相似，但内容有了较大的充实。

　　本研究报告一直得到中国宏观学会等机构的支持，王健秘书长给予了热情的指导和帮助。北京师范大学的领导和有关部门也给予了大力支持，在此一并表示衷心感谢！社会各界的支持和帮助使我们有信心把这项重要工作持续下去，为宏观经济政策的制定、广大投资者理性决策以及经济学研究做好服务。

我们要非常感谢人民出版社一贯的鼎力支持，没有他们的帮助，不可能保证研究成果及时出版问世。出版社的领导和编辑倾注了他们的满腔热忱，何奎和王亦妮两位编辑非常认真地修改了报告全文，令人佩服，在此我们深深地对他们的支持和辛勤劳动表示崇高的敬意！

最后，我们要感谢广大读者对我们的支持。我们愿意与广大读者一道，继续用心去观察、分析和研究中国宏观经济运行规律，同时也期待广大读者的批评意见！

2007 年 10 月 8 日

目　录

contents

◆2005 年经济运行情况分析与评价

第一章　2005 年第一季度 / 3

　　第一部分　国民经济运行情况 / 3

　　第二部分　经济增长趋势分析与预测 / 9

　　第三部分　贸易形势分析 / 19

　　第四部分　财政政策分析 / 29

　　第五部分　货币金融形势分析 / 33

　　第六部分　资本市场分析 / 39

　　第七部分　房地产投资分析 / 47

　　第八部分　宏观管理与政策要点 / 55

　　附录　世界经济形势 / 57

第二章　2005 年第二季度 / 70

　　第一部分　国民经济运行情况 / 70

　　第二部分　经济增长趋势分析与预测 / 76

　　第三部分　贸易形势分析 / 84

　　第四部分　财政政策分析 / 94

第五部分　货币金融形势分析/99

第六部分　资本市场分析/108

第七部分　房地产投资分析/117

第八部分　宏观管理与政策要点/126

附录　世界经济形势/128

第三章　2005 年第三季度/139

第一部分　国民经济运行情况/139

第二部分　经济增长趋势分析与预测/144

第三部分　贸易形势分析/151

第四部分　财政政策分析/161

第五部分　货币金融形势分析/166

第六部分　资本市场分析/175

第七部分　房地产投资分析/184

第八部分　石油供求形势分析/195

第九部分　宏观管理与政策要点/202

附录　世界经济形势/203

第四章　2005 年第四季度/216

第一部分　国民经济运行情况/216

第二部分　经济增长趋势分析与预测/219

第三部分　贸易形势分析/226

第四部分　财政政策分析/235

第五部分　货币金融形势分析/242

第六部分　资本市场分析/253

第七部分　房地产投资分析/263

第八部分　宏观管理与政策要点/275

附录　世界经济形势/277

◆2006 年经济运行情况分析与评价

第五章　2006 年第一季度／291

第一部分　国民经济运行情况／291

第二部分　经济增长趋势分析与预测／295

第三部分　贸易形势分析／305

第四部分　财政政策分析／313

第五部分　货币金融形势分析／319

第六部分　资本市场分析／327

第七部分　房地产投资分析／335

第八部分　宏观管理与政策要点／342

附录　世界经济形势／345

第六章　2006 年第二季度／357

第一部分　国民经济运行情况／357

第二部分　经济增长趋势分析与预测／360

第三部分　贸易形势分析／370

第四部分　财政政策分析／378

第五部分　货币金融形势分析／382

第六部分　资本市场分析／393

第七部分　房地产投资分析／402

第八部分　宏观管理与政策要点／411

附录　世界经济形势／414

第七章　2006 年第三季度／426

第一部分　国民经济运行情况／426

第二部分　经济增长趋势分析与预测／430

第三部分　贸易形势分析／440

第四部分　财政政策分析／448

第五部分　货币金融形势分析／455

第六部分　资本市场分析／462

第七部分　房地产投资分析／473

第八部分　宏观管理与政策要点／483

附录　世界经济形势／486

第八章　2006年第四季度／499

第一部分　国民经济运行情况／499

第二部分　经济增长趋势分析与预测／503

第三部分　贸易形势分析／514

第四部分　财政政策分析／523

第五部分　货币金融形势分析／530

第六部分　资本市场分析／540

第七部分　房地产投资分析／550

第八部分　宏观管理与政策要点／558

附录　世界经济形势／561

◆后　记／577

2005 年

经济运行情况
分析与评价

第一章 2005 年第一季度

第一部分 国民经济运行情况

今年一季度，继续贯彻中央经济工作会议确定的各项宏观经济政策，进一步巩固宏观调控成果，进一步推进相关改革措施，整体经济开局较好。但经济生活中的一些突出矛盾和问题依然存在，经济运行中又出现了一些新的苗头，对此需密切监测。在加强和改善宏观调控的基础上，国民经济平稳较快发展的前景依然看好。

一、国民经济运行基本情况

（一）经济保持平稳较快增长

总体上看，一季度经济继续保持了平稳较快增长的运行态势。初步核算，一季度国内生产总值近 3.13 万亿元，同比增长 9.5% 左右。与往年相比，显示出整体经济仍处于较高位增长的大趋势中。请见表 1-1。

表 1-1　国内生产总值（2005 年一季度）

	国内生产总值（2005 年一季度）	
	绝对额（亿元）	比去年同期增长（%）
国内生产总值	31355.55	9.5
第一产业	2286.99	4.6
第二产业	18366.24	11.3
第三产业	10702.32	7.6

注：此为初步核算数。绝对额按现价计算，增长速度按不变价计算。

其中，工农业生产均保持良好的增长势头。

1. 工业生产保持较快增长

一季度，全国规模以上工业完成增加值 14415 亿元，同比增长 16.2%，增速比上年同期减慢 1.5%。其中，国有及国有控股企业 6101 亿元，增长 12.0%；集体企业 578 亿元，增长 12.0%；股份制企业 6798 亿元，增长 17.1%；外商及港澳台投资企业 4052 亿元，增长 16.2%。分轻重工业看，重工业增长 16.3%；轻工业增长 16.0%。分行业看，黑色金属冶炼及压延加工业、通信设备计算机及其他电子设备制造业、化学原料及化学制品制造业、电力热力的生产和供应业、通用设备制造业和纺织业等行业保持快速增长，这六大行业对规模以上工业增长的贡献率达 45.5%。

2. 农民种粮积极性仍较高

农户种植意向调查结果显示，2005 年全国粮食种植面积预计为 15.58 亿亩，比上年增长 2.3%。其中，夏粮 3.95 亿亩，增长 4.8%；早稻 9112 万亩，增长 2.2%；秋粮 10.7 亿亩，增长 1.4%。受上年粮食种植效益上升、棉花种植效益下降的影响，棉花种植面积将有较大幅度下降，预计种植面积为 7530 万亩，下降 11.7%。这种趋势如不扭转，有可能导致甚至加剧今年棉花供求关系的紧张程度。

（二）国内需求稳定增加

固定资产投资较快增长。一季度，全社会固定资产投资 10998 亿元，同比增长 22.8%，在上年同期高增长基础上回落 20.2%。其中，城镇固定资产投资 9037 亿元，增长 25.3%，回落 22.5%；农村固定资产投资 1962 亿元，增长 12.7%，回落 13.7%。城镇固定资产投资中，国有及国有控股企业投资 4463 亿元，增长 7.3%。房地产开发投资 2324 亿元，增长 26.7%。分行业看，农林牧渔业投资增长 39.9%；煤炭开采及洗选业增长 86.1%；电力、燃气及水的生产和供应业增长 44.0%；铁路投资增长 4.3 倍。非金属矿物制品业投资则下降 2.9%；黑色金属冶炼及压延加工业下降 1.4%；有色金属冶炼及压延加工业增长 6.0%。分地区看，东部地区完成投资 5702 亿元，增长 21.8%；中部地区投资 1613 亿元，增长 31.4%；西部地区投资 1632 亿元，增长 29.3%。

国内市场销售较旺。一季度，社会消费品零售总额 15112 亿元，同比增长 13.7%，扣除价格因素，实际增长 11.9%，比上年同期增加 2.7%。

（三）对外经济稳定增长

出口继续快速增长，进口增长明显放缓。一季度，进出口总额 2952 亿美元，同比增长 23.1%，比上年同期减慢 15.1%。其中，出口 1559 亿美元，增长 34.9%；进口 1393 亿美元，增长 12.2%。出口增长强劲，主要是受部分商品国际价格上扬以及美元仍处于低位的影响。

外商直接投资继续增加。一季度，外商直接投资合同金额 352 亿美元，同比增长 4.5%；实际使用金额 134 亿美元，同比增长 9.5%。

外汇储备继续大幅度增加。3 月末，国家外汇储备达 6591 亿美元，比上年末增加 492 亿美元。

（四）市场物价继续平稳上涨

3 月份，全国居民消费价格环比下降 0.9%，同比上涨 2.7%；一季度，全国居民消费价格总水平同比上涨 2.8%。其中，城市上涨 2.5%，农村上涨 3.5%。在主要类别中，食品价格上涨 6.1%，居住价格上涨 5.6%，娱乐教育文化用品及服务价格上涨 2.6%，其他类商品价格基本维持稳定或略有下降。一季度，商品零售价格同比上涨 1.6%，固定资产投资价格上涨 1.8%，工业品出厂价格上涨 5.6%，原材料、燃料、动力购进价格上涨 10.1%。

（五）国家、企业、居民所得继续增加

财政收入继续增长。一季度，全国财政收入 7783 亿元，同比增长 12.1%，比上年同期减慢 21.3%。主要原因是出口退税增加较多，以及受进口增长放缓，海关代征消费税和增值税增幅下降的影响。

企业利润增幅在高位上回落。1～2 月份，规模以上工业实现利润 1653 亿元，同比增长 17.4%，增幅比上年同期回落 20.8%。其中，国有及国有控股企业 864 亿元，增长 14%，回落 23.9%。在 39 个工业大类行业中，有 30 个行业利润比上年同期增加，其中煤炭、石油、黑色金属矿、有色金属矿、非金属矿等采矿业利润同比分别增长 122%、39.3%、47.2%、200.8% 和 70.2%。9 个行业利润出现下降，其中交通运输设备制造业利润下降 54.9%，非金属矿物制品业下降 44.3%，电力下降 24%，石油加工业下降 19.3%。利润的变动主要是受采矿业等上游产品价格上涨较快的影响。

城乡居民收入保持较快增长。一季度，城镇居民人均可支配收入 2938 元，同比增长 11.3%，扣除价格因素，实际增长 8.6%，比上年同期减慢 1.2%。农村居民人均现金收入 967 元，同比增长 15.9%，扣除价格因素，实际增长 11.9%，加快 2.7%。

（六）金融平稳运行

3 月末，广义货币（M_2）为 264589 亿元，比 2004 年 3 月末增长 14.0%，

同比减慢 5.1%；狭义货币（M_1）为 94743 亿元，增长 9.9%，减慢 10.4%；流通中现金（M_0）为 21239 亿元，增长 10.1%，减慢 3.4%。3 月末，金融机构各项存款比年初增加 12322 亿元，同比少增 223 亿元。其中，企业存款增加 260 亿元，少增 1743 亿元；居民储蓄存款增加 9705 亿元，多增 1459 亿元。各项贷款比年初增加 7375 亿元，同比少增 976 亿元。

以上情况表明，在"双稳健"的财政、货币政策等一系列宏观调控政策和措施的作用下，今年以来的国民经济形势总体上是好的，保持了增长的连续性和稳定性，增长的内在动力仍然较强，市场预期仍然稳定向上，经济继续运行在较快的增长区间。

二、对当前经济运行中几个问题的分析

在充分肯定国民经济取得较好开局的同时，也应该看到，经济发展和改革进程中的深层次矛盾依然存在，近几年显现出来的一些问题还没有完全解决。伴随着煤电油运的持续紧张和一些不确定因素的影响，经济运行中又出现了一些新的值得关注的苗头性问题。对于这些问题，由于问题本身的复杂性和观察问题的角度不同，目前各方面认识还不尽一致。以下是我们的一些分析和看法。

（一）关于能源问题

近两年，煤电油运等能源的瓶颈制约已经日益成为困扰经济运行的突出问题。从煤电油运的供给来看，应该说其增长都不慢。今年一季度能源生产总量同比增长 9.3%，货运量增长 8.5%。而且，煤炭出口放慢，原油进口持续增加，但煤电油运依然紧张，尤其是能源紧缺问题日趋突出。究其原因，一是需求特别是一些不合理需求过旺，投资规模过大，高耗能产业增长依然偏快；二是能源利用效率低，目前我国主要工业产品单耗水平比国外高出 20% 以上。从根本上看，这主要由于产业结构不合理、增长方式粗放、全社会节能意识不强、节能机制不健全。如果对此不加以改变，能源供给即便大幅增长也难以满足需要。在短期内，能源紧张对经济运行还不至于造成过大的影响，但在这种状态下国民经济的波动风险增大，资源配置发生扭曲，不利于长期发展。因为从总体上看，虽然我国能源资源总量特别是煤炭资源比较丰富，但探明程度和储采比水平低，分布不合理，运输压力大，未来供给前景并不乐观，而且人均能源占有量还不到世界平均水平的五分之一。按照目前我国能源消费与经济增长的关系，实现经济可持续发展、满足人民群众日益增长的需求将困难重重。

（二）关于投资问题

去年下半年以来，投资增速呈现高位回落的态势，投资过快增长的势头得到一定遏制，但从目前情况看，问题仍未完全解决。一是投资结构仍然不合理。一些过热行业的投资降温还不到位，电站建设又成为新的追逐热点。国家发改委有关资料表明，今年收到各地申请兴建电站的装机容量达 4.5 亿千瓦，超出规划 6 倍多。房地产投资增长依然较快，在土地和信贷控制仍较紧的情况下，一季度同比增速仍达到 26.7%，比城镇单位固定资产投资增速高 1.4%。二是投资反弹的压力仍然存在。一季度，全社会固定资产投资增长速度仍不低，而且这是在较上年同期增长 43% 的基础上实现的。若作动态分析，它受一些上游商品价格持续上涨或仍处高位，以及企业上年盈利水平较高的影响。企业增加投资、扩大生产的动力仍较强，特别是地方政府投资冲动还很强劲，再加上在建施工项目规模仍然较大——去年年底全社会投资在建规模在 20 万亿元左右。今年一季度新开工项目 22776 个，同比增加 1176 个；施工项目计划总投资超过 9 万亿元，同比增长 26.7%。在这种情况下，一旦稍有放松，投资仍可能出现反弹。2004 年，我国投资率已经达到 43.9% 的高水平，无论是与自身的历史数据相比较，还是与世界平均水平及一些国家相比较，都相对偏高。在这当中虽存在着一定的不可比之处（如住房制度改革引致的房地产投资快速增加），也有合理和积极的一面（如适应城镇化、新型工业化的要求，带动经济增长，扩大就业等），但潜伏着的风险较大。因为支撑目前我国高投资率三个主要因素即投资回报率、储蓄率、外资流入量等都存在较大的不确定性。投资增长过快、投资率偏高，不仅对经济增长的稳定性和持续性构成威胁，也增加了资源与环境保护的压力，使经济运行的弦绷得过紧。对此，必须采取切实有效措施，从保持投资适度增长、优化投资结构角度缓解矛盾和压力。

（三）关于价格问题

2004 年居民消费价格上涨"中间高、两头低"，全年平均上涨幅度不大。今年一季度居民消费价格也只上涨 2.8%，没有明显的通胀和通缩迹象，继续处于相对温和的状态，但对其他两类价格的变动需要引起关注。一是上游产品价格继续大幅度上涨。国际油价近期持续攀升，平均水平已比上年同期上涨 50% 左右。受此影响，一季度国内原油出厂价格同比上涨 24.5%。国际市场铁矿石价格大幅上涨 71.5% 后，国内钢材价格再度上涨的压力也随之加大。而一季度原煤出厂价格也上涨了 26.5%。农业生产资料价格居高不下，同比上涨 10.6%。这些基础原材料和能源价格的上涨对下游工业消费品价格的传导效应有所显现，致使一些耐用消费品和个人用品价格降幅明显减缓，或止跌回升，对价格总水平的上涨压力增加。受上游产品涨价的影响，企业成本压力加大，亏损增加。1~2 月份，亏损企业亏损额 407 亿元，同比增亏 34.8%，增幅较上年同期上升 28.8%。其中，国有及国有控股亏损企业亏损额 187 亿元，增亏 37.4%，而 2004 年同期为减亏 3.3%。二是商品房价格涨势较猛。在 2004 年房地产价格上涨幅度较大的基础上，今年的涨幅继续扩大。一季度商品房价格同比上涨 12.5%，其中住宅价格上涨 13.5%。造成这一现象的原因，主要是由于成本推动、不合理需求拉动以及房地产商利润水平过高所致。商品房价格大幅度上涨，已给相当部分居民的住房消费带来不利影响，特别是让中低收入阶层感到难以承受，因此，需要尽快稳住房价，以稳定居民消费预期。

（四）关于对外贸易不平衡问题

截至 2004 年，我国出口已经连续三年增长 20% 以上，与此相伴，对外贸易依存度已接近 70%。外贸对我国经济的稳定增长和扩大就业发挥了重要作用。但伴随着对外贸易规模的不断扩大，有两个问题越来越引起人们的关注：一是对外贸易的适度增长问题，二是对外贸易的不平衡问题。从今年一季度的情况看，由于进出口增长出现新的动向，进出口贸易尤其是双边贸易不平衡的问题趋向突出。一季度出现历史同期最大顺差。更重要的是，在我国投资增长过快、资源瓶颈约束明显、环境保护问题突出的情况下，出口特别是一些高耗能产品出口的快速增长严重增加了国内资源供求矛盾和环保压力。加快调整进出口结构、转变外贸增长方式已十分必要。

（五）关于经济增长速度问题

一季度国民经济继续保持较快增长，一些人对经济增长态势存在着是否转向偏热的担心。我们认为，在目前情况下，9% 左右的增长速度基本正常，增长质量也是较好的。对我们这样一个发展中大国，一定的经济增长速度仍然是增强国力、扩大就业、改善人民生活乃至化解前进中矛盾和问题的重要途径和手段。抓住当前的历史机遇，保持一定的速度，加快发展，也是实现全面建设小康社会奋斗目标的必然要求。所以，当前和今后相当长一段时间的一个重要目标还是要维持经济的持续平稳较快增长，速度不能过低。但同时也必须认识到，经济的长期增长主要取决于资本、劳动力和生产率水平的提高。而近几年由于我国劳动力转移速度有所放缓，体制改革进入攻坚阶段，投资成为拉动经济增长的主要动力。这种模式对资源和环境的压力很大，可持续性也比较差。从我国目前煤电油运全面紧张的情况看，在这种格局下的经济增长是难以为继的。要解决这个矛盾，从长期看，必须加快改革步伐，切实转变经济增长方式，积极调整经济结构，不断提高劳动生产率水平。就今年情况而言，必须采取经济手段，适当控制需求，加快结构调整，使经济增长既平稳较快又明显改善质量。

三、对上半年经济增长趋势的初步估计

总体上看，当前经济运行中存在的问题大多具有潜在性和不确定性的特点，加上经济增长的有利因素也比较多，预计上半年整体经济将基本延续一季度较快增长的趋势。从国内环境看，经济发展仍处在新一轮成长期，经济的自主增长能力较强。3 月份消费者信心指数 94.4 点，保持连续上升的势头，一季度企业景气指数 132.5 点，也维持在较高水平，表明微观经济环境仍较好。特别是"双稳健"的宏观政策取向目标明确，符合当前经济运行的实际，有利于经济平稳较快发展。从国际环境看，美国经济较快增长，近来连续升息显示出对经济增长的强烈信心，日本经济仍在复苏之中，欧盟经济有望加快增长，全球经济处于较快增长阶段。从我国国内需求与供给两个方面分析，它对经济增长也较有利。因此，上半年经济有望继续保持平稳较快增长，这对实现全年经济增长目标是有利的。

影响今后经济平衡增长的因素主要是：煤电油运供求紧张、投资反弹的压力等问题与潜伏的诸多不确定因素相互交织。如果处置不当，就可能影响经济运行的稳定性，应当紧密关注与之相对应的宏观调控政策的变化。

第二部分　经济增长趋势分析与预测

2004 年，我国国民经济保持平稳较快发展，经济运行中的不稳定不健康因素得到抑制，农业和基础设施建设等薄弱环节得到加强，宏观调控措施取得明显成效。2005 年第一季度的经济运行数据显示，国民经济继续保持了平稳较快增长的态势，一季度开局良好。据初步核算，一季度国内生产总值同比增长 9.5%，比去年同期降低 0.3%，价格水平温和上涨，国民

经济继续向宏观调控的预期方向发展。基于过去和今年一季度经济运行情况，现对今年上半年的经济增长进行趋势分析与预测。

一、2005 年经济增长预测的比较分析

（一）12 家著名研究机构 2005 年预测结果简介

我国经济形势的预测是一项特别困难的工作，不同的机构与个人由于思考的角度、立场及方法不同，会得出不同的预测结果。为了比较和参考不同机构的预测，我们搜集了 12 家知名机构对中国 2005 年全年经济预测结果。各机构对于 2005 年经济增长预测存在一定的差异，但预测结果都不低于8.5%，最谨慎的预计结果在 8.5%，最乐观的预计是 9.3%。请见表 1-2。

表 1-2 12 家机构对 2005 年经济增长预测比较表

单位：%

预测机构	GDP	工业增加值	固定资产投资	商品零售额	出口	进口	CPI
国务院发展研究中心	9.3	16.4	30.5	11.6	26.2	30.3	4
国家统计局	8.5						
国家信息中心	8.5	11.1	18	12.2	21	23	3.8
北大中国经济研究中心	8.6	14	24	12.7	32	28	1.8
中国社科院数技经所	8.7	15.5	18	12.5	28.5	32	3.5
中国宏观经济学会	9.2	15	20	12	25	25	3.5
中金公司	8.8	13	19	12.5	24	25	3.5
中银国际	8.5	14.8	22.5	13.2	25.3	27.8	3.6
华夏证券	8.6	14	20	12.5	21	25	3.2
联合国	8.8						
世界银行	9.25						
亚行	8.5		18				3.6
平均值	8.8	14.6	23.7	12.7	26.3	28.8	3.4

资料来源：上海证券报 2005 年 2 月 28 日；亚洲开发银行：《2005 年亚洲发展展望》；中国宏观经济网 2004 年 4 月 6 日。

从表 1-2 可知，上述 12 个机构 2005 年全年经济增长率预测区间为8.5%～9.3%，预测平均值为 8.8%。和 2004 年实际情况相比，2005 年经济增长预测是缓慢回落的。在各项分指标预测中，全年工业增加值增长率

预测区间为 11.1% ~ 16.4%，平均值为 14.6%；全年固定资产投资增长率预测区间为 18% ~ 30.5%，平均值为 23.7%；全年商品零售额增长率预测区间为 11.6% ~ 13.2%，平均值为 12.7%；全年出口增长率预测区间为 21% ~ 32%，平均值 26.3%；全年进口增长率预测区间为 23% ~ 30.3%，平均值为 28.8%；全年 CPI 增长率预测区间为 1.8% ~ 4%，平均值为 3.4%。通过对各指标预测值进行标准差处理可以看出：经济增长率、通货膨胀率和商品零售额增长率的标准差最小，说明各机构的认同率较高；标准差最大的为全年固定资产投资增长率，说明固定资产投资存在较大的不确定性，各家机构难以有一个相对收敛的预测区间。

（二）12 家机构 2005 年预测值与 2004 年实际值的比较

为分析与判断 2005 年经济形势的基本趋势与特征，我们将 12 家机构 2005 年经济增长主要预测指标与 2004 年的实际值进行比较。具体差异请见表 1 – 3。

表 1 – 3　12 家预测机构 2005 年预测值与 2004 年实际值比较表

单位：%

项　　目　　预测值	2004 年实际值	12 家机构平均预测值	预测值与 2004 年实际值比较
GDP	9.5	8.8	– 0.7
工业增加值	11.5	13	1.5
固定资产投资	25.8	23.7	– 2.1
商品零售额	13.3	12.7	– 0.6
出　口	35.4	26.3	– 9.1
进　口	36	28.8	– 7.2
CPI	3.9	3.4	– 0.5

从表 1 – 3 可以看出，12 家预测机构预测 2005 年经济增长率比 2004 年增长率降低 0.7%，呈平稳下降趋势。在 2005 年预测成因中，影响经济增长变动的因素呈如下变化：第一，受宏观经济政策和去年高位增长等因素的影响，固定资产投资增幅降低，预期超过 2%。第二，受国内经济增长速度放缓、石油价格及其他生产资料资料价格上涨等因素的影响，进出口增长速度比同期有较大幅度的降低，其中，预测 2005 年出口比 2004 年增长率下降 9.1%，预测进口比 2004 年增长率降低 7.2%。第三，社会商品零售额稳定增长，但增长速度略有下降，CPI 也比去年有所降低。

二、本研究所对二季度和上半年经济走势的预测

(一) 2005 年二季度及上半年经济发展趋势的定性分析

我们认为，我国经济增长仍然处于扩张时期，经济增长的积极因素仍然占主要方面，2005 年仍然能实现国民经济较快平稳地增长，而上半年的增长率仍然较高。以下对经济增长的主要表现作简要分析。

1. 经济增长内生性增强

改革开放近 27 年来，我国市场经济体制改革取得了巨大的成就，市场化指数不断提高，经济主体自主性和经济系统的稳定性得到加强。近三年来，我国经济稳定增长，近三年的季度经济增长率变动请见图 1 - 1。

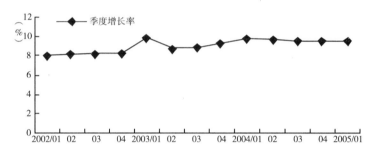

图 1 - 1　2002 年一季度至 2005 年一季度经济增长率变动图

从图 1 - 1 可以看出，近三年来，我国国民经济呈波浪式增长，经济增长的波动性降低，经济系统的内在稳定性增强。以下从投资、消费和净出口增长的内在机制和今年一季度的表现来分析今年上半年的趋势。

投资是拉动我国经济增长的基本因素。近几年来，投资持续高速增长，成为拉动经济增长的主要动力。2004 年，随着我国金融和投资体制改革的进一步完善，投资的内在决定机制进一步增强，并且受产业结构变动的影响，固定资产投资占 GDP 的比重不断提高，全社会固定资产投资占 GDP 的比例达到 55%。

经济内生性增强的另一个因素是消费的稳定增长。随着住房、教育、医疗等方面制度的完善，居民消费的适应能力或者说承受能力有了进一步提高，预期已经比较稳定。1998 年以来，我国实际消费品零售额增长率平均在 11% 左右，上下波动不到 2%。2003 年，我国人均收入已超过 1000美元。从国际规律来分析，这处于一个重要的发展阶段，居民消费结构处

于升级时期，人均收入的增加将通过投资效应和消费效应拉动经济总量的增加，带动我国产业加快调整和城市化的快速发展，并相应地带动第三产业的快速发展，成为推动经济持续快速增长的主要动力。

经济增长内生性增强还有一个动力来自进出口的外需增长。20 世纪 90 年代以来，我国净出口稳定增长，2004 年达到 320 亿美元，比 1990 年增长 266%。2001 年年底中国加入世界贸易组织，贸易环境得到根本改善，与各国的经济联系得到加强，较低的人工成本优势等因素将促进我国出口的持续增长。

从短期波动来分析，2005 年第一季度，全社会固定资产投资 10998 亿元，同比增长 22.8%，虽比去年同期回落 20.2%，但这是建立在去年高位增长基础上的。同时，我们也要注意到新开项目同比大量增长，在建规模较大，存在反弹的内在动力、制度条件和资金条件。因此，第二季度固定资产投资仍将继续在较高水平上增长。2005 年第一季度，我国消费品零售总额实际增长 11.9%，比去年同期加快 2.7%，说明我国消费增长仍有较大的潜力。由于 2004 年居民收入有较大的提高，第二季度消费将会保持在 11% 左右。从净出口因素看，2005 年第一季度我国对外贸易仍将保持良好增长态势，进出口总额为 2952 亿美元，同比增长 23.1%。其中，出口 1559 亿美元，增长 34.9%；进口 1393 亿美元，增长 12.2%；进出口相抵，顺差 166 亿美元。目前，美元贬值与美国经济持续增长等因素也将是我国出口的有利条件，2005 年二季度我国净出口对经济增长的贡献将有所提高。

2. 宏观调控的效果进一步显现

宏观经济调控对于短期经济增长波动具有重大影响。2005 年，我国实施多年的积极财政政策将转变为稳健的财政政策，全年中央财政赤字规模大体保持在 3000 亿元左右，比 2004 年减少 200 亿元，长期建设国债 800 亿元，减少 300 亿，两项累计减少支出 500 亿元。政府投资缩减和功能转换将抑制投资总规模的扩张，这种政策会在一定时期后得到明显的反应。2005 年第一季度，财政支出为 5209 亿元，比去年同期增长 16%，保持基本平稳的态势。我国稳健的财政政策的一个重要指导原则就是要"区别对待、有保有压"，对于西部大开发、东北老工业基地和教育医疗等社会公共经济领域给予特别的财政扶持，强化财政资金使用中的结构导向，支持农业、公共医疗、就业、社会保障、环境保护等重点领域的资金投入。

从货币政策看，2005 年我国货币政策仍较为偏紧。2004 年银行货币供应量呈现紧缩的态势，M_1 和 M_2 分别增长 13.6% 和 14.6%，大大低于 17% 的计划增长目标。2005 年一季度，央行灵活运用有关货币政策工具及其组合，合理调控货币信贷总量，金融运行继续保持平稳，货币信贷合理平稳增长。各种数据表明，2005 年货币政策仍是较为偏紧的局面，也将制约投资规模的过快增长，并在第一季度得到了体现，2005 年第一季度比去年同期回落 20%。当然，目前固定资产投资规模仍然较大，新开工项目同比增加，今年上半年宏观调控的任务还较重。

3. 体制改革为经济增长拓展了空间

我国经济处于转型过程中，包括体制转型和结构转型，因此，经济发展有其特殊性和复杂性。体制改革将在一定程度上改进再生产过程中的动态均衡，并在短期内对投资、消费和净出口产生实际的外部冲击。2005 年是我国改革攻坚年，对今年上半年经济增长具有重大影响的制度变迁性因素包括以下三个方面的内容。

第一，农业改革将促进粮食产量增加与农民收入的提高。由于农业税逐步取消，农民种粮积极性较高。另外，继续深化农村税费改革，有利于增加农民收入，促进农民消费。2005 年第一季度，农村居民人均现金收入 967 元，实际增长 11.9%，比城镇居民人均可支配收入增长速度高 3.3%。可以预见，2005 年上半年农民收入可以实现较大地提高，农村消费水平将高于去年的水平。

第二，企业改革将促进国有资产效率的提高和非国有经济的进一步发展。根据今年体制改革的步伐，国家将加快推进国有大型企业股份制改革并继续深化电信、电力、邮政、铁路等垄断行业改革，推进供水、供气等公用事业市场化进程，将在一定程度上促进国有资产效率的提高。另外，非国有经济投资与经营环境得到进一步的改善，特别是今年年初下发的《国务院关于鼓励支持和引导个体私营等非公有制经济发展的若干意见》，放宽非公有制经济市场准入，允许非公有资本进入法律法规未禁入的行业和领域，允许外资进入的行业和领域也允许国内非公有资本进入，并放宽股权比例限制等方面的条件，并在其他政策上均与其他所有制企业一视同仁。这一政策的实施将促进非国有部门在更广泛的领域内获得发展，非国有经济产出的份额将进一步增加。

第三，财政投资体制改革将有效控制政府投资规模的膨胀。今年上半年的财政投资体制将要完善中央财政对地方的转移支付制度，调整和优化转移支付结构，规范转移支付办法，并全面落实投资体制改革决定，制定和完善各项配套措施。这在短期内对投资需求规模与结构形成冲击，并对全年财政投资规模和全社会总投资产生较大的影响。

4. 自然及其他外部条件变化影响有限

我国是一个农业大国，自然条件对农业生产具有重要作用。从 2005 年第一季度来分析，气候条件还是比较适宜农业生产的，但中国作为一个大国，局部的灾情总是有的，难以避免。根据国家统计局第一季度经济运行发布会提供的资料，2005 年气候条件会略逊于 2004 年，但没有太大的变化。病虫害的情况也会比 2004 年略为严重一些，但是程度有限。总的来讲，气候和灾害条件在 2005 年比 2004 年差一点，但总体还是比较好的。

从国际市场环境来分析，石油价格及部分生产资料价格有较大的增长，将对我国第二季度经济增长产生一定的影响，但因我国是大国，其作用还是有限的，而其他方面的外部条件如对外政治关系等基本正常，并在朝着积极改善的方向努力。

5. 经济增长效益和环境继续得到提高与改善

2005 年第一季度，工业企业利润继续增长。1~2 月份，规模以上工业实现利润 1653 亿元，同比增长 17.4%，其中国有及国有控股企业增长 14%，说明我国经济结构调整与运行质量得到提高，经济可持续的内在动力得到巩固。

另外，我国投资环境进一步好转，2005 年第一季度，外商直接投资合同金额 352 亿美元，同比增长 4.5%；实际使用金额 134 亿美元，同比增长 9.5%。根据我国加入世界贸易组织的承诺，外商投资的领域进一步扩大。

农业、能源、交通等约束经济增长的瓶颈环节得到改善。通过财政投资的进一步优化，2005 年第一季度农林牧渔业投资同比增长 39.9%，电力、燃气及水的生产和供应业同比增长 44.0%，铁路投资同比增长 4.3 倍，而一些过热行业如水泥、冶金等行业投资继续得到抑制。

综上所述，短期内我国国民经济发展良好，今年上半年我国经济仍然平稳较快增长，但同时应注意一些不容忽视的问题。

（二）2005 年二季度和上半年经济发展趋势的预测结果

目前，我所正在研制与开发以季度数据为基础的宏观经济运行预测模型，并将在上半年内进行试运行。我所 2005 年第二季度形势预测主要是基于以下两种计量模型：一种是完全基于时间序列的 AMMA 模型法（自回归移动平均模型）；另一种是基于经济增长变量和宏观经济政策变量的向量分析的 VAR 模型（向量自回归模型）。这两种模型都具有较好的短期预测效果，现运用上述两种方法对 2005 年二季度和上半年趋势进行预测。

1. AMMA 模型法

如果时间序列 y_t 是它的当期和前期的随机误差项以及前期值的线形函数，即可以表示为：

$$y_t = \phi_1 y_{t-1} + \phi_2 y_{t-2} + \Lambda + \phi_p y_{t-p} + u_t - \theta_1 u_{t-1} - \theta_2 u_{t-2} - \Lambda - \theta_q u_{t-q}$$

则称该时间序列 y_t 的模型是自回归移动平均模型。上式为（p，q）阶的自回归移动平均模型，记做 ARMA（p，q）。其中，ϕ_1，ϕ_2，Λ，ϕ_p 为自回归系数，θ_1，θ_2，Λ，θ_q 为移动平均系数。由于 ARMA 模型要求变量是平稳的时间序列，所以在原时间序列不是平稳的，需要进行差分。如果经过 d 阶差分时间序列是平稳的，则建立的模型是 ARIMA（p，d，q）模型。

根据我国经济运行现实情况及短期预测的一般要求，我们选取 2000 年第一季度至 2005 年第一季度的样本数据，在经过反复的调试后使用 ARIMA（4，1，1）模型，预测模型如下：

$$GDP_{(t)} = -0.2438 GDP_{(t-1)} - 0.0745 GDP_{(t-2)} + 0.1065 GDP_{(t-3)} + 0.8863 GDP_{(t-4)}$$

根据上述预测模型，预测 2005 年第二季度 GDP 为 31833.34 亿元（1990 年不变价格），同比增长 9.1%。运用 ARMA 模型对 2005 年上半年其他各主要指标进行预测后得到的预测结果请见表 1 - 4。

表 1 - 4　2005 年上半年主要指标预测表

主要指标	预测模型形式	同比增长	主要指标	预测模型形式	同比增长
GDP	ARIMA（4，1，1）	9.1	社会消费品零售总额	ARIMA（2，1，1）	10.8
第一产业	ARIMA（3，1，2）	4.3	全社会固定资产投资	ARIMA（2，1，1）	23.1
第二产业	ARIMA（4，1，1）	11.8	进　口	ARIMA（2，1，2）	16.3
第三产业	ARIMA（4，1，1）	7.5	出　口	ARIMA（4，1，1）	35.6

从表 1 - 4 的预测结果可以看出，2005 年上半年我国国民经济总体上能实现在较高增长水平上的平稳增长，从三次产业增长速度来看，第二产

业仍然增长较快,相当于第一产业和第三产业增长速度之和。全社会固定资产投资上半年仍保持较高的增长速度,预测值为 23.1%,第二季度比第一季度有所回升;社会消费品零售总额上半年同比增长 10.8%,第二季度比第一季度略有下降。从进口与出口的预测来分析,2005 年上半年,出口增长速度明显高于进口增长速度,顺差区间增加。

2. VAR 模型法

向量自回归(var)模型是用于相关时间序列系统的预测和随机扰动对变量系统的动态影响。模型避开了结构建模方法中需要对系统中每个变量关于所有内生变量滞后值函数的建模问题。模型的数学表达式为:

$$Y_t = A_1 Y_{t-1} + A_2 Y_{t-2} + \Lambda A_p Y_{t-p} + \varepsilon_t$$

我们在反复试算的基础上,选择了国内生产总值(GDP)、货币供应量(M_2)、财政支出(FE)作为分析变量,即假设经济增长的短期变化是由滞后因素和宏观经济政策影响的,即:$Y_t = (GDP_t \ M_{2t} \ FE_t)'$,$\varepsilon_t$ 为扰动项,A_1、A_2、A_p 为参数矩阵。

根据短期预测的性质的要求,我们现在运用本所的"宏观经济政策效果分析季度数据库"作为基本分析数据,并选择 2000 年第一季度至 2005 年第一季度数据作为样本数据,按照要求进行单位根与协整检验。原序列均具有单位根,为非平稳序列,进而对它们进行单整检验。结果显示它们均为一阶单整序列。运用 Johansen 方法进行协整检验,结果表明三变量之间存在协整关系。我们还运用格兰杰因果检验,结论表明 99% 的置信水平下可以认为财政支出和 M_2 是 GDP 的格兰杰成因。而相反,GDP 是 M_2 和财政支出的格兰杰成因的置信水平分别为 37% 和 85%,因此可以否定 GDP 是 M_2 和财政支出的格兰杰成因。

通过 2000 年第一季度到 2005 年第一季度的季度数据建立 VAR 模型,并经过多次试验,当最大滞后期取 4 时,AIC 和 SC 均达到最小,所以在此取滞后期为 4 期,并对 GDP 做预测,预测模型如下:

$$
\begin{aligned}
GDP = & -0.1403 \times GDP(-1) - 0.1382 \times GDP(-2) - 0.1233 \times GDP(-3) \\
& + 0.8951 \times GDP(-4) + 0.0007 \times M_2(-1) + 0.0016 \times M_2(-2) \\
& + 0.0356 \times M_2(-3) + 0.0056 \times M_2(-4) + 0.0631 \times FE(-1) \\
& + 0.0505 \times FE(-2) + 0.0169 \times FE(-3) + 0.1855 \times FE(-4) + 8136.97
\end{aligned}
$$

根据模型预测,2005 年上半年按照 1990 年不变价格计算的 GDP 为 31804.81 亿元,比 2004 年同期增长 9.33%。

三、经济发展趋势预测结果的可靠性分析

（一）本研究所经济增长预测结果的比较

1. 根据两种模型计算的结果，今年上半年我国经济增长率在9.2左右，波动范围为1%

今年上半年国民经济实现平稳较快增长的趋势已经比较明朗，但受宏观经济政策调控等因素的影响，增长幅度比2004年同期略有下降。这种预测结论在今年各家机构的预测值中属于比较乐观的水平。

2. 在三次产业增长中，今年上半年三次产业将基本保持原来的发展格局

第二产业呈快速增长趋势，对经济增长的贡献最大；第三产业增长速度基本平稳，并略有下降；第一产业增长也基本平稳，但比第一季度略有下降。

3. 从投资消费预测分析，固定资产投资在总体上将平稳回落

由于在建项目和新开工项目仍然偏大，固定资产投资仍然在高位增速上，预计今年上半年全社会固定资产投资增长率在23%左右。社会消费品零售总额将平稳增长，但受季节因素的影响，预计消费增长幅度减缓。

4. 出口仍然高速增长，顺差增大

受世界经济较快增长的影响以及我国产品竞争力提高等因素的影响，我国出口将保持较快增长趋势，估计上半年能保持35%左右的高增长速度；受国际市场部分析材料价格高位波动等因素的影响，进口增长速度将有所放缓，预计上半年进口增长在16%左右，进出口顺差将进一步扩大。

目前，我所正在进一步研制开发以季度数据库为基础的，以联立计量模型为依据的季度预测模型。模型突出了宏观经济政策对经济目标的作用，不但考虑GDP目标，而且还将考虑就业、通货膨胀和国际收支目标。在建模中，根据政策评估体系的要求，确定模块的划分和选择适当的变量，通过联立方程把各模块内在地统一起来，该模型将在今年第二季度预测分析中试运行。

（二）影响预测结果偏差的不确定性分析

由于经济增长短期波动受许多外部因素的影响，根据自回归变量和宏观经济政策变量来解释经济增长的波动，预测结果面临不确定性。2005年第二季度经济增长的确定性主要来自如下两个方面。

第一，宏观经济政策的配合还在调整中，方向与力度还不明朗。一方

面固定资产投资的规模还依然是偏大，地方的投资冲动还很强，固定资产投资反弹的可能性很大，因此要加强宏观调控；另一方面强调运用市场经济手段来配置资源。现实经济中面临两难选择，到底要控制高，还是要控制低，控制力度应该如何把握，货币政策与财政政策如何配合，调控难度加大。

第二，国际环境变数较多，尤其是国际原油价格持续在高位波动，且其下一步的走势不明朗，对我国经济的进一步影响还有待观察。另外，贸易摩擦也会对进出口的规模与结构产生冲击。

第三部分　贸易形势分析

一、国内贸易

一季度，国内贸易保持良好发展势头，消费品市场实现快速增长，生产资料市场增幅回落，餐饮业销售稳中趋旺。预计国内商品市场供求状况将进一步改善，物价保持平衡运行。

（一）国内市场运行的基本情况

1. 消费品市场出现近年来最快增速

2005 年前 3 个月社会消费品零售总额实现 15112 亿元，比 2004 年同期（下同）增长 13.7%，是 1998 年以来的最快增速。从地区情况看，城市实现 10089.8 亿元，同比增长 14.7%；县实现 1703.9 亿元，同比增长 12.8%；县以下实现 3318.5 亿元，同比增长 11.2%。从行业情况来看，批发零售贸易业实现 12616.3 亿元，同比增长 13.6%；餐饮业实现 2062.5 亿元，同比增长 17.2%；其他行业实现 433.4 亿元，同比增长 0.2%。从月度情况看，2 月份因节日原因增长较快，其中，1 月份社会消费品零售总额 5300.9 亿元，增长 11.5%；2 月份社会消费品零售总额 5012.2 亿元，增长 15.8%；3 月份社会消费品零售总额 4799.1 亿元，增长 13.9%。

2. 农村居民消费增长加快

到 2005 年一季度，县及县以下地区社会消费品零售总额连续 11 个月保持两位数增长。1~3 月份消费品零售总额累计达到 5022.4 亿元，增长 11.7%，比 2004 年同期增速提高 4%，比 2004 年全年增速加快 1%。一季度城市社会消费品零售总额增长 14.7%，与 2004 年持平，因此，城乡居民消费增速差距继续缩小。城乡社会消费品零售总额增速之差，已由2004年一季度相差4.6%，缩小为相差3%。农村市场保持较快增长，主要因为农民增收给消费需求提供了有力支持。另外，中心城市的周边迅速发展郊区旅游，各类"农家宴"、"农家乐"对城市居民产生吸引力，也促进了农村消费。

表1-5　社会消费品零售总额

单位：亿元

	总　　额		城　　市		县及县以下	
	绝对值	同比增长（%）	绝对值	同比增长（%）	绝对值	同比增长（%）
1 月	5300.9	11.5	3517.2	11.8	1783.7	11
2 月	5012.2	15.8	3368.9	17.3	1643.3	12.9
3 月	4799.1	13.9	3203.7	15.2	1595.4	11.4

数据来源：国家统计局。

3. 居民消费热点明显

2005年前两个月，全国商品房销售增长37.3%，继续保持快速增长。一季度节假日经济特征明显，除元旦、春节外，元宵节、情人节等节日也促进了餐饮业的快速增长。一季度餐饮业实现零售额2062.5亿元，增长17.2%，高于社会消费品零售总额增幅3.5%，占社会消费品零售总额的比重为13.6%，较去年同期提高0.1%。全国限额以上批发零售贸易企业前3个月煤炭及制品类、石油及制品类、化工材料及制品类、电子出版物及音像制品类、体育娱乐用品类、建筑及装潢材料类零售额分别增长53.2%、37.7%、35.1%、25.9%、24.8% 和 23.3%，增幅大大高于16.9%的平均水平。

4. 生产资料市场运行状况进一步好转

国家宏观调控措施的效果逐步显现，主要生产资料价格虽然有所上涨，但涨幅回落。一季度生产资料价格总水平累计上涨6.1%，比2004年同期回落8.7%，其中新的涨价因素仅为0.9%，同比减少4.3%；3月份当月上涨5.7%，比2004年年底回落2.5%。其中，钢材上涨7.5%，铜、锌分别上涨7.8%和9.3%，聚丙烯、烧碱分别上涨13%和9.1%，小轿车、机电产品分别下降4%和2.8%。

5. 国内商品市场供求关系进一步好转

商务部调查显示，2005 年上半年，在 600 种主要消费品中，供求基本平衡的商品有 161 种，占 26.8%，与 2004 年下半年相比增加了 1.3%；供过于求的商品有 439 种，占 73.2%，与 2004 年下半年相比减少了 1.3%。在 300 种主要生产资料中，供求过于求的 69 种，占 23%；供求基本平衡的 177 种，占 59%；供需偏紧的 54 种，占 18%，主要集中在能源、基础原材料和部分农资等品种。

6. 居民消费价格总水平基本稳定

2 月份的居民消费价格总水平较 1 月份明显上涨。2 月份全国居民消费价格总水平环比上涨 1.8%，其中，城市上涨 1.9%，农村上涨 1.6%，同比上涨 3.9%。从商品品种来看，一是食品类价格比上月小涨 4.9%，影响价格总水平上涨约 1.7%。粮食价格比上月上涨 0.3%，其中，大米价格上涨 0.4%，牛、羊、猪肉价格分别比上月上涨 6.8%、4.7%、2.3%，鲜菜价格上涨 27.7%，出现"菜价高于肉价"的现象。二是衣着价格降幅扩大。衣着类价格自去年 9 月份起连续 4 个月上涨，今年 1 月份比 2004 年 12 月下降 0.3%，2 月份降势明显，比 1 月份下降 1.2%。三是服务项目价格上涨 1.2%，主要是由于春运期间城市交通费大幅度上涨和旅游及外出价格上涨较多。四是水电燃料价格与 1 月份总体持平。

表 1-6 居民消费价格指数

	当月（上年同月＝100）			累计（上年同期＝100）		
	全 国	城 市	农 村	全 国	城 市	农 村
1 月	101.9	101.4	102.8	101.9	101.4	102.8
2 月	103.9	103.6	104.5	102.9	102.5	103.6

数据来源：国家统计局。

（二）需要注意的几个问题

1. 基础原材料供求依然偏紧

一季度固定资产投资增长 25.3%，虽然其增幅回落，但仍处于较高水平，拉动生产资料市场需求较快增长。同时，国际市场上原油、铁矿砂等资源性产品价格持续上涨。因此，国内生产资料价格改变了小幅回落的走势，从 2 月份开始再次呈现快速上涨的势头。1~3 月份，铁矿砂进口价格上涨 8.5%，原油上涨 30.1%，钢材上涨 73.3%，钢材上涨 28.6%。生产资料价格上涨已经对下游产品价格产生影响，最近冰箱、洗衣机等家电市场单价平均上涨 3% 左右。

2. 农村物价水平依然高于城市

一季度，农村居民消费价格总水平上涨 3.5%，高于城市 1%。另外，农业生产资料继续高位运行，一季度上涨 10.6%，3 月底国产尿素和复合肥价格与去年底基本持平，农业生产成本增加，在一定程度上分流了农民消费支出。

3. 消费结构升级存在制约因素

汽车使用成本进一步提高，抑制了汽车消费需求，一季度轿车销售下降 9.3%。另外，今年前两个月商品房销售面积增幅下降 28.8%。据央行一季度对城镇居民的问卷调查，受加息和物价影响，认为应"更多储蓄"的人数占 40.3%，创历史新高；认为应"更多消费"的人数占 30.4%，比去年同期下降 0.4%。

（三）国内商品市场走势分析

2005 年，国内商品市场仍将保持快速发展的势头，但对于存在的问题必须予以高度重视。一是加强政策措施的统筹和协调，积极创造良好的消费环境，进一步扩大消费需求。二是继续加强和改善宏观调控，坚持"区别对待、有保有压"的方针，防止钢铁、水泥、电解铝等高耗能工业投资反弹，提高基础设施等领域的有效供给能力。三是做好国内外两个市场、两种资源的平衡，控制资源类商品的过度出口，并积极拓展国外资源渠道，保障国内资源供给安全。

二、国际贸易

（一）外贸进出口运行基本情况

据海关统计，2005 年第一季度，我国进出口总值为 2952 亿美元，同比增长 23.1%。其中，出口 1558.9 亿美元，增长 34.9%；进口 1393.1 亿美元，增长 12.2%，比去年减少了 30%。3 月份全国进出口总值为 1160.1 亿美元，同比增长 25.6%。其中，出口 608.7 亿美元，增长 32.8%；进口 551.4 亿美元，增长 18.6%。

表1-7 2005 年第一季度各月外贸进出口与 2004 年同比情况

单位：亿美元

2004 年	当 月	增长(%)	累 计	增长(%)	2005 年	当 月	增长(%)	累 计	增长%
出口总值					出口总值				
1 月	357.2	19.8	357.2	19.8	1 月	507.8	42.2	507.8	42.2
2 月	341.6	39.5	698.7	28.7	2 月	445.3	30.8	952.8	36.6
3 月	458.5	42.9	1157.0	34.1	3 月	608.7	32.8	1558.9	34.9
进口总值					进口总值				
1 月	357.4	15.2	357.4	15.2	1 月	442.9	24.0	442.9	24.0
2 月	420.3	77.0	777.7	42.0	2 月	399.2	-5.0	841.8	8.3
3 月	463.9	42.8	1241.4	42.3	3 月	551.4	18.6	1393.1	12.2

数据来源：海关统计。

1. 加工贸易进出两旺

一季度，我国加工贸易进出口 1403.4 亿美元，增长 26.5%，占同期进出口总额的 47.5%。其中，出口 843.3 亿美元，增长 29.6%，占出口总值的 54.1%；进口 560.2 亿美元，增长 22.0%，占进口总值的 40.2%。3月份，加工贸易进出口 561.1 亿美元，增长 31.0%。其中，出口 341.1 亿美元，增长 33.7%；进口 220.0 亿美元，增长 26.0%。从企业看，外资企业加工贸易进出口 1174.5 亿美元，增长 29.6%，占同期加工贸易进出口总额的 83.7%。其中，出口 699.9 亿美元，增长 32.3%，占同期加工贸易出口总额的 83.0%；进口 474.7 亿美元，增长 25.7%，占同期加工贸易进口总额的 84.7%。国有企业加工贸易进出口 152.4 亿美元，增长 4.2%，占同期加工贸易进出口总额的 10.9%。其中，出口 95.3 亿美元，增长 8.5%，占同期加工贸易出口总额的 11.3%；进口 57.1 亿美元，下降 2.3%，占同期加工贸易进口总额的 10.2%。民营企业加工贸易进出口 76.6 亿美元，增长 34.2%，占同期加工贸易进出口总额的 5.5%。其中，出口 48.2 亿美元，增长 42.3%，占同期加工贸易出口总额的 5.7%；进口 28.4 亿美元，增长 22.4%，占同期加工贸易进口总额的 5.1%。从贸易方式看，进料加工进出口 1091.2 亿美元，增长 25.7%，占同期加工贸易进出口总额的 77.8%。其中，出口 670.2 亿美元，增长 30.3%；进口 421.0 亿美元，增长 18.9%。来料加工进出口 312.3 亿美元，增长 29.2%，占同期加工贸易进出口总额的 22.2%。其中，出口 173.1 亿美元，增长 26.9%；进口 139.2 亿美元，增长 32.3%。

2. 进出口商品结构进一步优化

一季度，我国机电产品进出口 1570.9 亿美元，同比增长 21.9%。其中机电产品出口 854.3 亿美元，增幅为 34.4%，占全国外贸出口的 54.8%；进口 716.6 亿美元，增势放缓，仅增长 9.8%，占全国外贸进口的 51.4%。高新技术产品进出口总额达到 840 亿美元，比上年同期（下同）增长 26.2%；进口 402.9 亿美元，增长 20.4%；出口 437.0 亿美元，增长 32.3%，占全国外贸出口总额的比重达到 28.0%。其中，彩电出口 10.0 亿美元，比上年同期增长 43.2%；出口数量达到 1145 万台，增长 45.1%。自动数据处理设备及其部件出口 162.95 亿美元，增长 31.9%；手持无线电话机及其零件出口 55 亿美元，增长 39.5%；集成电路出口 30 亿美元，增长 38.2%，与去年同期比，分别回落了 56.4%、41% 和 66%。主要轻工产品出口平稳增长，其中鞋类出口 40.9 亿美元，增长 22.8%；箱包出口 14.5 亿美元，增长 14.9%；家具出口 30.7 亿美元，增长 34.1%；玩具出口 10.9 亿美元，同比下降 2.1%；塑料制品出口 23.4 亿美元，增长 20.3%。

表 1-8　近三年第一季度外贸出口结构变化比较

单位：亿美元，%

结	构	2003 年第一季度	2004 年第一季度	2005 年第一季度
出口总值		863.2(100)	1157.0(100)	1558.9(100)
贸易方式	一般贸易	364.6(42.3)	463.1(40.0)	659.3(42.3)
	加工贸易	472.6(54.8)	651.9(56.3)	843.3(54.1)
企业性质	国有企业	295.7(34.3)	303.8(26.3)	370.6(23.8)
	外商投资企业	464.9(53.9)	674.2(58.3)	901.7(57.8)
	其他性质企业	102.6(11.9)	90.3(7.8)	286.4(18.4)
商品结构	初级产品	76.4(8.9)	80.7(7.0)	64.4(7.0)
	工业制成品	786.8(91.2)	1076.3(93.0)	885.9(93.0)
	机电产品	433.9(50.3)	636.6(55.0)	854.3(54.8)
	高新技术产品	197.7(22.9)	331.1(28.6)	437.0(28.0)

续表

	结　构	2003 年第一季度	2004 年第一季度	2005 年第一季度
主要出口 市场	中国香港	127.0(14.7)	156.6(13.5)	238.3(15.3)
	美　国	176.6(20.5)	237.5(20.5)	325.1(20.9)
	欧　盟	141.4(16.4)	219.6(19.0)	311.4(20.0)
	日　本	148.9(17.3)	191.9(16.6)	192.3(12.3)

数据来源：海关统计。

注："＿"线者为 1～2 月数据。

一季度，11 种大宗农产品进口 34.6 亿美元，同比减少 28.2%。其中，小麦、棕榈油、羊毛、天然橡胶累计进口量比去年同期增加，小麦进口 190.8 万吨，增长 619.8%，增长幅度较大；大米、豆油、菜籽油、食糖、毛条、棉花累计进口量比去年同期减少，减幅最大的为食糖、棉花，分别为 3.3 万吨、28.5 万吨，同比减少 81.4%、61.4%。一季度，关税配额商品累计进口金额 14.8 亿美元，同比下降 44.8%，占进口总额的 1.1%。下降幅度较大的商品分别是：植物油下降 36.1%，食糖下降 72.9%，棉花下降 72.8%。

表1-9　近年来第四季度外贸进口结构变化

单位：亿美元，%

	结　构	2003 年第一季度	2004 年第一季度	2005 年第一季度
进口总值		873.4(100)	1241.4(100)	1393.1(100)
贸易方式	一般贸易	416.3(47.7)	587.8(47.4)	611.0(43.9)
	加工贸易	325.4(37.3)	459.3(37.0)	560.2(40.2)
企业性质	国有企业	329.0(37.7)	412.4(33.2)	427.6(30.7)
	外商投资企业	470.6(53.9)	693.6(55.9)	807.1(57.9)
	其他性质企业	73.9(8.5)	135.4(10.9)	158.4(11.4)
商品结构	初级产品	160.7(18.4)	260.1(20.9)	188.7(19.8)
	工业制成品	712.7(81.6)	981.3(79.1)	653.1(77.6)
	机电产品	457.9(52.4)	650.0(52.4)	716.6(51.4)
	高新技术产品	239.7(27.4)	334.3(26.9)	402.9(28.9)
主要进口 来源地	日　本	157.4(18.0)	211.3(17.0)	220.1(15.8)
	美　国	79.3(9.1)	113.5(9.1)	111.1(8.0)
	欧　盟	110.8(12.7)	154.4(12.4)	159.7(11.5)
	中国台湾	102.8(11.8)	142.3(11.5)	154.2(11.1)

数据来源：海关统计。

注："＿"线者为 1～2 月数据。

3. 外商投资企业和国有企业进出口增速回落

一季度，全国新批设立外商投资企业 9305 家，比上年下降 9.15%；合同外资金额 352.18 亿美元，实际使用外资金额 133.88 亿美元，分别比上年增长 4.50% 和 9.48%。3 月份，全国新批设立外商投资企业 3861 家，比上年下降 9.32%；合同外资金额 151.67 亿美元，实际使用外资金额 54.20 亿美元，分别比上年增长 2.40% 和 11.41%。一季度外商投资企业作为投资的设备、物品进口为 67 亿美元，同比增长 1.7%，增幅比去年同期下降 39.1%。3 月份，该项下进口金额为 24.7 亿美元，同比下降 3%。

一季度，国有企业进出口 798.2 亿美元，增长 11.4%，低于进出口整体增幅 11.7%，占同期进出口总值的 27.0%，比去年同期下降 2.9%。其中，出口 370.6 亿美元，增长 22.0%；进口 427.6 亿美元，增长 3.5%。民营企业出口 286.4 亿美元，增长 59.8%，高于整体增幅 24.9%，占同期出口总值的 18.4%；民营企业进口 158.4 亿美元，增长 16.9%，高于整体增幅 4.7%，占同期进口总值的 11.4%。

4. 与重要贸易伙伴贸易增长较快

一季度，欧盟仍保持我国第一大贸易伙伴地位，双边贸易达 471.1 亿美元，同比增长 26.0%，占我国进出口总值的 16.0%。其中，我国对欧盟出口 311.4 亿美元，增长 41.8%；自欧盟进口 159.7 亿美元，增长 3.4%，比去年同期回落 31.1%。中美双边贸易 436.2 亿美元，增长 24.3%。其中，我国对美出口 325.1 亿美元，增长 36.9%，占我国出口总值的 20.9%；自美进口 111.1 亿美元，同比下降 2.1%。中国与东盟双边贸易 274.8 亿美元，同比增长 25.4%。其中，对东盟出口 114.4 亿美元，增长 41.1%；自东盟进口 160.4 亿美元，增长 16.1%。中韩双边贸易额 243.5 亿美元，增长 27.1%。其中，我国对韩国出口 77.5 亿美元，增长 43.1%；进口 166 亿美元，同比增长 20.8%，占我国同期进口总值的 11.9%，比去年同期上升 0.8%。中日双边贸易额达 412.4 亿美元，同比增长 12.0%，低于整体增幅 11.1%。其中，我国对日本出口 192.3 亿美元，增长 22.8%，低于出口整体增幅 12.1%；自日本进口 220.1 亿美元，增长 4.0%，比去年同期高出 2.6%。我国内地与香港地区的贸易额 266.8 亿美元，同比增长 23.6%。其中我国内地向香港地区出口 238.5 亿美元，同比增长 25.0%；自香港地区进口 28.3 亿美元，同比增长 13.1%。我国大陆对我国台湾地区的贸易总额 190.5 亿美元，同比增长 13.4%，其中对台湾地区出口 36. 3 亿美元，同比增长 40. 8%；自台湾地区进口 154. 2 亿美元，同比增长 8. 4%，比去年同期回落 30%。中俄双边贸易 54. 0 亿美元，同比增长 20. 7%。其中，我国对俄罗斯出口 21. 3 亿美元，同比增长 22. 9%；自俄罗斯进口 32. 7 亿美元，同比增长 19. 3%。中印双边贸易总额在去年同期增长 87. 7% 的基础上，一季度又增长 42. 4%，达 44. 6 亿美元。其中，我国对印度出口 17. 4 亿美元，增长 72%；自印度进口 27. 2 亿美元，增长 28. 3%。

（二）值得关注的问题

1. 贸易不平衡问题加剧

一季度外贸顺差 165. 8 亿美元，3 月份贸易顺差 57. 3 亿美元。在第一季度，一般贸易、加工贸易均出现较大顺差，其中一般贸易顺差 48. 3 亿美元，加工贸易顺差 283. 1 亿美元。此外，对美欧贸易不平衡加剧。美方统计，去年对我国逆差 1620 亿美元，相当其第二、三、四位逆差国的总和；欧盟方统计，去年对我国逆差 787 亿美元，为最大逆差国。一季度，我国对美国和欧盟的顺差分别为 214 亿美元和 151. 8 亿美元，同比分别增长 72. 6% 和 199. 4%。我国台湾地区仍为我国大陆最大的贸易逆差来源地，我国大陆对台湾地区进出口逆差达到 117. 9 亿美元，比去年同期增加 1. 4 亿美元。中韩进出口逆差 88. 6 亿美元，韩国为我国第二大逆差来源地。贸易顺差增加的一个重要原因是进口增速放缓。受宏观调控取得明显成效，投资需求增幅回落大，主要能源、原材料进口下滑，下降幅度在 10% ~ 40%。一些大宗类商品进口下降，如棉花和大豆进口就减少了 13 亿美元，汽车进口量下降了 59. 2%，减少 5. 5 亿美元。目前出口和进口的增减势头如果持续发展下去，贸易顺差可能创历史新高。从广东、上海、江苏等出口大省看，当前出口势头不减，进口速度还在下降，顺差有进一步扩大的趋势。

2. 主要原材料进出口呈现量价升降不均

一是钢材量价增幅很大。一季度，我国钢材出口 519 万吨，同比增长 2. 2 倍，出口金额 32. 5 亿美元，同比增长 2. 8 倍；钢坯及粗段件出口 286 万吨，同比增长 9. 7 倍，出口金额 11. 4 亿美元，同比增长 12. 8 倍。二是焦炭出口价降量增。一季度，焦炭出口 397 万吨、8. 2 亿美元，同比分别增长 70% 和 56. 9%，单价同比下跌 6. 0%，比上年同期多出口 163 万吨。3 月份，焦炭出口 168 万吨、3. 5 亿美元，同比分别增长 90. 2% 和 54. 8%，平均单价同比下跌 18. 6%。三是原油进口量降价升。一季度，我国进口原油 2964 万吨，同比下降 1.7%，进口金额 91.45 亿美元，增长 27.9%；进口成品油 831 万吨，下降 0.2%，进口金额 21.16 亿美元，增长 15.4%。量降价升的主要原因是今年以来国际市场原油价格连续上涨，我国的进口成本增加，从而抑制了成品油消费。四是铁矿砂进口量价均升。铁矿砂进口 6324 万吨、41.0 亿美元，分别同比增长 24.8% 和 35.5%，比去年同期多进口 1258 万吨，平均单价同比上涨 8.5%，上涨幅度继续回落。3 月份，铁矿砂进口 2422 万吨、16.3 亿美元，分别同比增长 26.7% 和 31.4%，平均单价同比上涨 3.7%。形成这种情形的主要原因是：国际能源、原材料、大宗商品国际价格上涨。当前价格继续走高，4 月份原油期货价格曾达每桶 57 美元的历史最高点，苯乙烯、聚酯等下游产品价格继续上升；4 月份后铁矿砂价格将上涨 71.5%；铜、铝、锌、锡等有色金属价格也上涨了5% 左右。国际价格上涨增加了我国外汇支出，去年我国进口铁矿砂价格增长了 86%，由此多支付了 59 亿美元。今年澳大利亚和巴西的铁矿砂价格上涨 71.5%，多增加的支出要超过去年。

3. "三高"产品出口增势仍然未减

为减少高耗能、高污染产品出口，从 2005 年 1 月份起，国家取消了电解铝和铁合金的出口退税，并从 4 月 1 日起，取消了钢坯的出口退税。有关部门还准备从 5 月 1 日起将钢材的出口退税从目前的 13% 降为 11%。这在一定程度上抑制了其出口数量的过快增长，但由于出口价格明显上涨，这些商品出口金额仍保持较快增长。据海关统计，取消退税的两个税号项下的电解铝一季度出口 38 万吨，同比增长 23.3%；出口额 6.7 亿美元，增长 42.4%；出口平均单价上涨 15%。取消退税的各类铁合金出口 43.4 万吨，同比增长 31%；出口额 6.1 亿美元，增长 1.1 倍；出口平均单价上涨 62%。

4. 贸易摩擦有可能加剧

纺织品贸易将成为今年贸易争端的重点。从一季度来看，我国纺织品出口 84.1 亿美元，同比增长 24.8%，增速比去年同期回落 1.1%；服装出口 139.9 亿美元，同比增长 15.9%，增速比去年同期回落 8%。纺织品和服装出口并未出现激增局面，增速反而比去年同期有所回落。其主要原因为：一是我国设立出口关税等自动限制措施；二是企业自律有所增强。但由于中国纺织品在国际市场上的巨大份额，无论是发达国家，还是发展中国家，针对中国纺织品的设限将不会减少，只会增加。

此外，目前美国在反倾销方面出现只限制中国的一般贸易品而不限制加工贸易品的倾向。据调查，在广东省，中国本土企业生产的产品，仅有 2 万余台出口到美国，而加工贸易品（主要是非中国本土企业的产品）则出口了 147.8 万台，增长 2.5 倍，占对美彩电出口总量的 95.4%。去年遭受美国反倾销制裁的阴极射线彩电同样出口了 48.8 万台，价值 3921 万美元，增长均为两倍，占对美彩电出口总量、总值的比重为 31.5% 和 28.7%，出口平均价格与去年基本持平。

（三）今年外贸进出口形势的初步判断

总体来看，国际贸易环境有利于中国对外贸易的增长。据 WTO 预计，今年的世界商品贸易增长尽管仍会高于过去 10 年的平均水平，但将从 2004 年的 9% 放缓至 6.5%，全球贸易商品金额预计将达 9.46 万亿美元。但由于油价和利率的上升，中国和美国的投资步伐不断减慢，可能会使经济活动趋缓，今年的贸易增长可能因而减速。从影响我国出口的因素看，一是人民币汇率升值压力增加，二是地方分担超基数出口退税部分压力加大，三是国外针对我国纺织品等出口产品的设限。受此影响，中国出口贸易仍将快速增长，但增速将趋缓，同时国内宏观调控措施将进一步影响进口的增长。

第四部分　财政政策分析

一、财政收支运行情况分析

1. 财政运行情况总体平稳

一季度，全国财政收入 7783 亿元，比去年增长 12.1%。其中，中央和地方财政收入分别增长 4.5% 和 23.4%。全国财政支出 5209 亿元，增长 15.7%。其中，中央财政支出同比下降 1.5%，地方财政支出增长 23.0%。全国财政收支相抵，收入大于支出 2574 亿元，比去年同期增加 132 亿元，这表明财政政策总体上是趋于适度从紧的，有利于抑制总需求的过度膨胀。

2. 税收增长基本正常

一季度，由于国内需求较旺和工业增加值较快，国内增值税和消费税同比增长 22%，营业税增长 21.3%；因企业经济效益较好及所得税收入入库提前，企业所得税增长 30.4%；受房地产过热影响，与土地和房地产开发相关的税收增幅较高，契税、土地增值税和城镇土地使用税分别增长 65.1％、148.8％和 31.6％；由于关税下调和进口增长放慢，进口环节税收负增长 1.8％（见图 1－2）。由于去年一季度实施出口退税改革退税较少，出口退税同比增加 14 倍，体现为减收因子。全部税收合计增长 12.4％，基本与经济增长和通货膨胀保持同步，这说明税收增长渐趋正常。

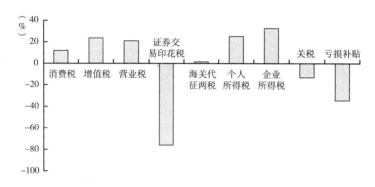

图 1－2 2005 年一季度财政收入主要项目增长情况

3. 重点支出得到较好保障

一季度，财政优先保证重点项目资金需要，农业、教育、社会保障、国防等支出增长较快。其中，农林水气等部门支出增长 18.5％，文教科卫支出增长 17％，社会保障补助支出增长 53.5％，抚恤和社会福利救济费增长 40％，行政事业单位离退休支出增长 13.8％，公检法司支出增长 20.4％，行政管理费增长 16.7％，国防支出增长 13.4％（见图 1－3），表明公共服务得到加强。

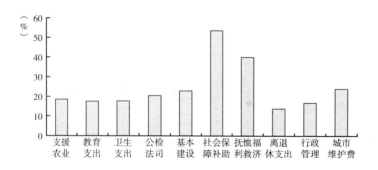

图 1－3 一季度财政支出主要项目增长情况

4. 继续促进粮食生产和农民增收

一季度，继续推进农村税费改革，已明确免征农业税的省份新增加 19 个，加上去年已免征农业税的 8 个省份，今年 27 个省份免征农业税，其余 4 省有 217 个县也将免征农业税。一季度，继续完善粮食直补政策，3 月末中央财政将 41 亿元直补资金借款拨入部分主产省粮食风险基金专户，支持落实粮食直补政策。同时，为了保证化肥供应和市场稳定，今年继续执行对部分化肥产品的财税优惠政策。这些措施将为全年粮食增产和农民增收打下良好基础。

二、当前财政政策中存在的主要问题

1. 税收调节作用不够

随着经济形势的发展变化，税收政策显得明显不合理。一是生产型增值税对购进的固定资产投资不予抵扣，存在重复征税问题，不利于促进投资增长和产业结构调整。二是在企业所得税和某些地方税领域仍实行内外两套税制，外资企业享有"超国民待遇"，造成内外资企业不公平竞争。三是个人所得税仍实行分类征收，与个人纳税能力不能完全对应，难以有效地调节个人收入差距。四是由于不但不征出口关税，而且实行出口退税，导致高能耗、高物耗、高污染以及部分资源类初级产品出口增长较快，既对财政造成压力，又加大了贸易摩擦，还加剧了国内煤电油运紧张。五是对房地产的税收调节有限，导致当前房地产价格快速上涨，房地产市场供求关系持续趋紧，容易引发房地产泡沫。

2. 政府投资产生挤出效应

消费和投资比例失调，很大程度上来自政府投资和政府消费比例的失调。政府投资率的飞速上升拉动了整个社会投资率的上升，政府投资占GDP 的比重已由 1998 年的 2.3% 上升到 2004 年的 7%，而居民的投资占GDP 比重仅由 35% 上升到 35.3%。当前要控制固定资产投资需求，则应减少政府投资，但一季度国债项目资金投资比去年同期增长 43.6%，中央预算内基建投资增长 64.9%，大大高于全社会固定资产投资增长 22.8% 的水平。这在客观上形成了逆向调节，也表明当前投资增速下降主要是通过压缩地方和民间投资取得的，有挤出私人投资的趋势。

3. 社会公共服务支出偏低

我国社会公共服务支出所占比重的总体水平低于绝大多数国家，特别是教育、卫生和社会保障支出水平相对更低。2003 年我国教育支出占 GDP

的比重为 2.8%，高、中、低收入国家分别为 6.1%、4.0% 和 3.7%；卫生保健支出占 GDP 比重为 0.7%，高、中、低收入国家分别为 7.9%、1.9% 和 1.2%；社会保障支出占 GDP 的比重为 3.4%，高、中、低收入国家平均水平分别为 13.4%、7.9% 和 1.8%。目前这种格局仍没有根本性改变，不利于构建和谐社会。

4. 基层财政较为困难

一是基层政府的财力与事权不匹配。一方面，县乡政府承担着相当庞杂的事权责任，不但要维持基层政权的正常运转，而且还有相当多的刚性支出；另一方面，农业税逐步取消，工商业税收增长缓慢，县乡政府缺乏稳定的财政收入来源，财力不足与事权过多的矛盾突出。二是省以下政府层层向上集中财力的倾向突出，"市管县"的财政管理体制在执行中导致市"刮"县。三是转移支付制度不合理，在很大程度上维护了既得利益者，使财力性转移支付比重较小的局面没有根本性改观，在抑制地区间财力差距扩大、实现公共服务均等化方面的作用未能充分体现。

三、几点财政政策建议

总体上看，当前经济运行中存在的问题大多具有潜在性和不确定性特点。全球经济处于较快增长阶段，国内经济发展仍处于新一轮成长期，经济的自主增长能力较强，预计今年经济继续保持较快增长。初步估计 GDP 增长 9% 左右，加上 3%~4% 的通货膨胀，财政收入仍会有适应性的同步增长，预计财政收入可以完成预算，但增幅将比 2004 年有所下降。同时，提出以下财政政策建议。

1. 继续加强增收节支

增收节支是实施稳健财政政策的主要内容，也是当前控制总需求过快增长、稳定物价的重要手段。要严格依法征税，确保财政收入稳定增长。同时严格按照预算控制财政支出的增长，加强财政资金使用的绩效评价，并加强资金监管，切实提高财政资金使用效益，体现配合宏观调控和建立节约型社会的要求。

2. 加强税收政策调节

一是完善出口退税机制，调整出口退税基数和分担比例，减轻地方财政压力；同时，优化出口退税结构，对资源性产品降低或取消出口退税，对鼓励出口的高科技产品及深加工农产品等提高退税率。二是对高能耗、高物耗、高污染以及部分资源类初级产品征收出口关税，保护国内资源和环境，抑制出口过快增长，减轻贸易顺差过大造成的压力。三是在总结东北试点改革经验的基础上，尽早在全国推开增值税转型改革方案。四是尽快落实提高个人所得税起征点政策，扩大消费需求。五是对以投资、投机为目的转让房地产的，取消现行减免征收营业税及城建税、教育费附加的优惠政策，考虑取消转让环节免征土地增值税的优惠政策；并对为买卖房地产获利的所得实行高税率，对为居住而买卖的房地产实行低税率甚至免税，加强对房地产业的税收调节。

3. 调整国债投资的规模、方向和进度

为防止固定资产投资反弹和控制通货膨胀，要抑制政府投资率的过快增长。同时，要继续控制国债投资进度，避免政府投资的挤出效应，缓解上游产品价格的上涨压力。另外，继续优化财政投资的方向，坚决让其从一般竞争项目中退出，更多地发挥市场机制在资源配置中的作用。

4. 支持构建和谐社会

一是加大支农力度，扩大公共财政覆盖农村的范围，完善农业支持保护体系，解决城乡二元经济问题。二是继续贯彻落实西部大开发和振兴东北地区等老工业基地的各项财税优惠政策，研究制定支持中部地区崛起的政策措施，通过加大转移支付力度、推行"省管县"体制、实施"三奖一补"政策，逐步缓解县乡财政困难，促进区域经济协调发展。三是在加快社会管理体制改革、鼓励社会各方面加大社会事业投入的同时，建立与经济增长和国家财力相适应的教科文财政投入稳定增长机制，统筹经济和社会协调发展。四是支持加强生态建设和环境保护，合理开发和节约使用资源，统筹人与自然和谐发展。五是加大对就业的支持力度，完善社会保障体系，整顿和规范收入分配秩序，合理调整国民收入分配格局，缩小收入分配差距。

第五部分 货币金融形势分析

一、一季度金融运行情况

（一）货币供应量变动趋势

3月末，广义货币供应量（M_2）余额为 26.46 万亿元，同比增长 14%，增长幅度比上年末低 0.6%，比 2 月末上升 0.1%；狭义货币供应量

（M₁）余额为 9.47 万亿元，同比增长 9.9%，增幅比去年同期低 10.3%，比上月末回落 0.7%；市场货币流通量（M$_0$）余额为 2.12 万亿元，同比增长 10.1%。一季度现金净回笼 229 亿元，同比少回笼 117 亿元。3 月末，广义货币（M$_2$）乘数 4.59，与 2004 年同期基本持平。

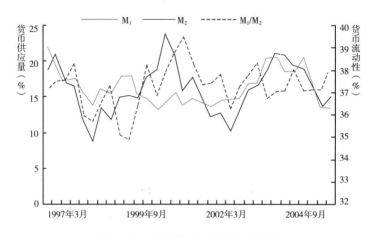

图 1-4　货币供应量和货币流动性

（二）基础货币的供给与需求

3 月末，中央银行基础货币余额为 5.76 万亿元，同比多增 706 亿元，比年初增加 6606 亿元，余额同比增长 14.1%。从基础货币变化的供给角度来看，一季度中央银行通过外汇占款投放基础货币 4223 亿元，同比多增加 1307 亿元，增量较大。当季中央银行新增票据 3654 亿元，同比多增加 729 亿元；财政存款增加 1895 亿元，同比多增加 569 亿元。二者合计回笼 5549 亿元，不仅对冲了全部新增的外汇占款，还净回收基础货币 1265 亿元。从基础货币的需求环节看，3 月末，金融机构备付金率为 4.17%，比 2004 年末低 1.08%。总体上看，银行体系流动性充足。

（三）银行信贷增长速度与结构

3 月末，全部金融机构本外币各项贷款余额为 19.76 万亿元，同比增长 13%，比去年同期下降 7.7%，比上月末下降 0.4%。其中，金融机构人民币各项贷款余额为 18.55 万亿元，同比增长 13%，增幅比去年同期回落 7.1%，比上年末低 1.5%。一季度人民币贷款增加 7375 亿元，同比少增 976 亿元。2001～2004 年间，一季度新增人民币贷款分别为 3069 亿元、3324 亿元、8082 亿元和 8351 亿元。考虑到 2003 年、2004 年一季度新增人民币贷款过多，今年一季度贷款增幅大体在正常范围内。

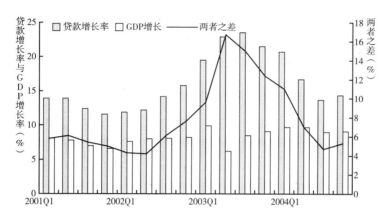

图 1-5　金融机构贷款与 GDP 增长率之差

　　从人民币贷款结构来看，中长期贷款增速与短期贷款和票据融资增速差距缩小。一季度末，短期贷款及票据融资余额 10.2 万亿元，同比增长 7.4%，增幅比 2004 年年末低 1.2%，同比低 7.3%；中长期贷款余额 7.37 万亿元，同比增长 22.6%，增幅比 2004 年年末低 2.6%，同比低 10.5%。中长期贷款增长速度高于短期贷款及票据融资 15.2%，比 2004 年年末缩小 1.2%，同比缩小 3.2%。

　　3 月末金融机构外汇贷款余额为 1469 亿美元，同比增长 13.3%，比 2 月回落 1.6%。一季度外币贷款累计增加 108 亿美元，同比多增加 14 亿美元。

　　（四）存款增长态势与结构

　　3 月末，全部金融机构（含外资机构）本外币各项存款余额为 26.9 万亿元，同比增长 15.6%，增幅同比下降 4%。金融机构人民币各项存款余额为 25.56 万亿元，同比增长 15.9%。一季度人民币各项存款累计新增 12322 亿元，同比少增 223 亿元。其中，居民储蓄存款增加 9705 亿元，同比多增 1459 亿元，活期存款少增加 503 亿元，定期存款多增加 1962 亿元；非金融性企业人民币存款增加 668 亿元，同比少增加 2046 亿元。

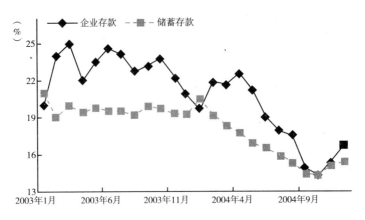

图1-6 企业存款、储蓄存款增长率

金融机构外汇各项存款余额为 1628 亿美元，同比增长 10.9%。一季度外汇存款累计增加 80 亿美元，同比多增加 104 亿美元。

（五）货币市场利率水平

3 月份，市场利率全线下跌，同业拆借加权平均利率为 1.915%，全季最高最低加权利率相差 114 个基点，季初季末相差 7 个基点；债券回购加权平均利率为 1.50%，全季最高最低加权利率相差 108 个基点，季末较季初下降了 38 基点。同时，1 月初至 3 月末，三个月期央行票据利率由 2.5836% 降至 1.2069%，下降 137.67 个基点；一年期央行票据利率由 3.2738% 降至 2.1555%，下降 111.83 个基点；三年期央行票据利率由 4.15% 降至 3.21%，下降 94 个基点。在总体趋势上，货币市场利率呈现

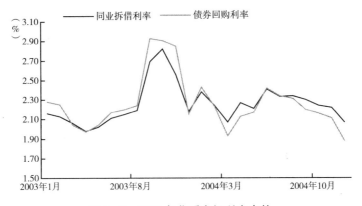

图1-7 2003 年货币市场利率走势

"先扬后抑"的走势，市场利率在春节前受季节性临时支付需求增加及央行"高价"逆回购的影响，拆借与回购市场利率均出现大幅升高的现象，但节后资金的迅速回流使市场利率快速回落。3 月 17 日，中央银行下调超额存款准备金利率，对银行间市场影响颇大，市场利率点破历史低位。

（六）金融市场发展和融资格局

一季度，全国银行间同业拆借市场与债券市场共有 60 个交易日，累计成交 20198 笔，金额 38997.48 亿元，日成交 649.96 亿元，同比、环比增幅较大，分别达到了 26.84% 和 26.29%。其中，信用拆借、债券质押式回购、债券买断式回购、现券市场累计成交金额分别为 3187.44、25626.66、465.34、9718.04 亿元。相比 2004 年第四季度，除买断式回购成交量出现萎缩外，拆借、质押式回购以及现券市场成交量环比均出现了不同幅度的增长。

从货币市场资金融入情况看，列居融入资金量前两位的是城市商行和股份制商业银行，分别融入资金 14685.15 亿元和 6390.22 亿元。从资金融出方面看，国有商业银行和股份制商业银行仍占前两位，分别融出 17158.38 和 10244.79 亿元。

一季度，银行间外汇市场四种交易货币累计成交折合 631.82 亿美元。其中，美元成交 618.90 亿元，同比增长 55.8%；港元 68.98 亿元，同比增长 67.4%；日元 333.84 亿元，同比下降 3.3%；欧元 0.67 亿元，同比增长 47.4%。

（七）国际收支状况，汇率稳定

3 月末，国家外汇储备余额为 6591 亿美元，同比增长 49.9%，比 2004 年末增加 492 亿美元，同比多增长 126 亿美元。人民币对美元汇率为 1 美元兑换 8.2765 元人民币，与上月持平，继续保持稳定。

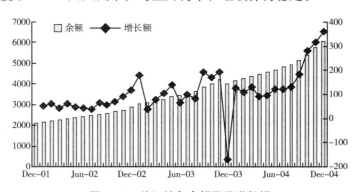

图 1-8　外汇储备余额及月增长额

二、金融运行中应关注的几个问题

（一）应关注货币市场投资风险

3月16日中央银行下调超额存款准备金利率后，货币市场利率明显下降。月末7天期回购利率1.414%，比3月15日下降0.421%；3月22日中央银行1年期票据收益率2.1972%，比3月15日中央银行1年期票据收益率低0.5038%。市场利率下降，一方面导致市场交易量增加较多，如3月份银行间债券市场日均回购量490亿元，比去年同期多120亿元，有利于中小金融机构增强流动性；另一方面市场收益率下降，对货币市场工具为主要投资对象的货币市场基金会产生影响。3月份市场现券交易量大幅上升，日均成交量200亿元，比上年同期多96亿元，现券交易价格将会上升，金融机构应注意货币市场投资风险。

（二）应关注银行贷款期限错配存在的风险

从目前情况来看，固定资产投资规模依然偏大。固定资产投资的高增长在信贷方面表现为中长期贷款的占比不断提高。近几年银行系统中长期贷款比例持续上升，中长期贷款余额占全部贷款余额的比例已由2000年年末的24%上升到2004年年末的近40%。同时，由于银行资金来源短期化趋势明显，其结果导致信贷期限结构失衡，也不利于控制固定资产投资规模。

若要解决中长期贷款比例偏高、资产负债期限错配的问题，从长期制度建设看，资产方面可通过抓紧落实资产证券化试点工作，改善银行资产流动性；从负债方面上看，应推动金融机构发展较长期的负债工具，发行大额长期存单等进行主动负债管理。但是，在目前我国银行仍以存贷业务为主的情况下，通过发展新的金融工具调节资产负债期限结构很难在短期内见效。根据当前宏观调控形势，为督促银行合理控制中长期贷款，提高短期贷款比重，增强风险防范能力，需要采用过渡性制度安排，对中长期贷款占比较高的银行采取调控措施。

三、预测和措施

根据中央银行的预计，2005年全年广义货币（M_2）和狭义货币（M_1）同比增速将为15%左右，全部金融机构新增人民币贷款2.5万亿元。

（一）适当控制中长期贷款

为防止固定资产投资过快增长，控制中长期贷款过快增长，中央银行可对在规定期限内未达到要求的商业银行，定向发行中央银行票据，以流动性限制来抑制其发放中长期贷款。同时，要加大发展货币市场和资本市场，抓紧落实资产证券化试点工作，积极推进企业发行长期债券，推动一般性金融债券、大额长期存单等长期负债工具发展，提高商业银行主动负债管理能力。此外，要密切跟踪房地产市场变化，加强各项政策之间的协调配合，促进房地产市场健康发展。

（二）加息可能性增大

从一季度经济运行情况来看，金融宏观调控应关注：一是通货膨胀压力尚未根本缓解，从趋势上看影响消费物价上升的因素仍然较多。二是固定资产投资继续高位运行，投资需求反弹的压力仍然存在。三是房地产投资依然快速增长，房价增幅提速，房价持续上涨的背后隐藏着经济持续过热的势头、贫富差距的扩大和金融风险。四是外汇储备快速增长，外汇占款较多。上述因素将促使当局运用需求管理政策，包括提高住房按揭贷款利率和存款利率。

（三）回笼市场流动性仍将是公开市场操作的重要任务

央行通过增加公开市场操作的交易品种和交易频度来合理调节市场流动性。今后一段时间，随着各项行政性调控手段淡出，央行市场化调控将主要依靠公开市场操作。从市场资金面来看，面对不断增加的外汇储备，金融机构资金头寸仍显富裕，市场流动性将维持宽松局面，公开市场操作可能会加大回笼力度。

（四）人民币升值压力增加

目前人民币升值压力再度升温，一季度的外汇盈余和经济持续过热构成了汇率制度改革的内部因素，美国上至国会、总统，下至财政部长以不同形式敦促中国进行汇率制度改革，从外部增强了汇率改革的紧迫性。同时，未来美联储将持续加息，本外币利差逐步缩小，美元走贬的势头有所缓解，国际金融市场相对平稳。我国出口增势不减，进口有所缓解，国内宏观经济调控已取得阶段性成果，但物价上涨的压力仍然存在。这些形势总体上表明汇率改革的时机已趋成熟。当然，汇率改革是一项系统工程，不能一蹴而就，应稳妥推进，重在汇率形成机制的改革。

第六部分　资本市场分析

本季度股票市场呈现较为典型的倒"V"字形走势，上证综指从上季度末的 1289.15 点，逐步攀升到 2 月 25 日产生的本季度高点 1328.53 点后，开始直线回落，直至下滑到 3 月 31 日的本季度最低点 1162.03 点，也创出了自 1999 年"5·19"行情以来的最低点，相对 2000 年创出的历史最高点 2245 点下跌了 48.24%，相对上季度末跌幅达 9.86%。伴随股指的逐步下滑，成交量趋于萎缩，从季度高点时期的日均成交超过 100 亿元，下降到本季度末期的 50 亿元左右，市场处于十分疲弱的状态。总体看，本季度股票市场是承接了去年四季度的跌势继续下跌，倒"V"字走势只是下跌过程中的一波小反弹。本季度债市始终较为活跃，债市一路走高，以国债指数和企债指数为例，分别从去年末的 95.61 点和 95.84 点，稳步攀升到本季度末的 100.19 点和 101.69 点，涨幅分别达到 4.79% 和 6.11%，债市成交量始终较为稳定。

一、股票市场

本季度股票市场走势大致可以划分为两个阶段：第一阶段是从季度初到 2 月 25 日的小幅上升行情，第二阶段是从 2 月 25 日到季度末的逐步走低行情，创出近 5 年来的股市新低，政策面的变化、短期游资的冲击以及投资者信心不足是主导本季度行情的三大因素。

（一）本季度行情分析

1. 第一阶段行情由频繁的"政策利好"和短期游资共同催生

1 月初，深交所公布了《上市公司非流通股转让实施细则》，难免使投资者联想到全流通，个别 QFII 机构卖空 A 股。同时，全国证券期货会议召开，明确要坚定不移落实"国九条"。1 月 23 日，财政部决定下调股票交易印花税，"利好"、"利空"消息的共同作用使 1 月份股市仅出现小幅下跌。

进入 2 月份以来，"利好"政策频繁出台，如：央行表示短期内不会加息；C 股流通被暂停；深交所和上交所以《国务院关于推进资本市场改革开放和稳定发展的若干意见》发布一周年为契机，进行广泛座谈；劳动和社会保障部公布了企业年金资格认定和管理运作流程等配套管理措施，企业年金年内入市可期；中国证监会公布了保险资金入市配套文件，2 月下旬已有 6 家保险公司获批入市；2 月 21 日，公布并开始实施《商业银行设立基金管理公司试点管理办法》，国内商业银行可直接出资设立基金管理公司，等等。这些措施无不有效地激发了市场人气，吸引了部分游资入场，使股市走出了一波小反弹行情，故 2 月 25 日的反弹高点较去年年末涨升幅度达 2.96%。

2. 第二阶段行情主要受实质性政策利好预期的落空和 A + H 方式发行新股等消息影响

3 月初，虽然国务院重视落实《国务院关于推进资本市场改革开放和稳定发展的若干意见》，重视资本市场基础建设和建立健全资本市场发展的各项制度，但有关部门并未就投资者普遍关心的股权分置和如何保护流通股股东利益等关键问题给出较为确定的答案，投资者对实质性利好政策预期落空，且前期部分短炒的热钱借"两会"召开之机也迅速流出，股市应声而跌。其后，随着已发行 H 股的公司继续发行 A 股和众多大盘股拟采用 A + H 方式同步发行上市，使得投资者投资国内股票市场时难以找到形成适合未来发展的股票价值判断标准。目前，H 股市场整体市场平均市盈率不到 10 倍，而 A 股目前总体市盈率仍在 22 倍左右，是以 H 股的涨升实现 A 股和 H 股的接轨，还是以 A 股的下跌实现二者的协调发展，需要在具体实践时由市场决定。而从已经发行了 H 股又发行 A 股的华电国际等股票定价看，A 股向 H 股靠拢的可能性更大，这是由 H 股的定价已经是经过国际投资者认可和检验的价格且是与国际接轨的价格所决定的。因此，这一新的新股发行方式势必会对该类股票所在板块乃至整个市场带来向下的估值压力，使投资者产生股价会继续下行的预期，引致股市持续走低。

3. 资金面较为充裕，投资者信心不足是股市缺乏持续上涨动力的根本

本季度资金面较为宽裕，如回购市场利率逐步走低，各种债券发行利率不断下降，3 月中旬央行下调了超额存款准备金利率，使市场资金更趋宽松等。但投资者信心缺乏，参与股市投资的资金严重不足，使得股市在国家频频发布利好政策时股市涨升幅度有限，成交量未实现急剧放大，在各种新的利好政策预期未能如期而至时，股市随即快速下跌。

引致投资者信心不足的因素主要包括以下六个方面：一是股权分置如何破题及何时破题尚不明晰，难以使投资者树立长期的投资信心。二是投资增速仍然较高，出口增速较快，房地产价格在较为严厉的调控下仍保持升势，包括石油和钢材等在内的原材料价格上涨，使投资者产生宏观经济调控会再次不期而至的预期。三是新股发行恢复，扩容压力显现，对本已失血的市场再次构成重压。四是新股发行制度不尽完善，一些机构投资者利用其定价能力人为地拉低新股发行价，而后在二级市场上拉高交易价格，谋取超额利润，弥补前期二级市场股票投资亏损。这对所有二级市场交易的股票估值产生不利影响，使二级市场股价继续走低。五是未来 A + H 的新股发行政策尚不明朗，对 A 股定价产生进一步下降的预期，增持和持

股信心均不足。六是大鹏证券等券商风险的再次暴露和多家上市公司高管涉嫌挪用资金的曝光等，对投资者信心都产生了不利影响。在上述六个方面因素作用下，投资者要么以短炒心态参与股市投资，要么选择离场观望，要么投资其他低风险、预期收益较为明确的债券等投资品种。

（二）第二季度走势分析

第二季度，在股市已触及 5 年多来的最底部，总体市盈率基本与国际接轨的情况下，股市继续大幅下跌的可能性较小。伴随宏观经济的走稳、股权分置政策的日益明晰、商业银行设立的基金管理公司以及 A＋H 新股发行的实施等，股市将可能止跌回稳，但上行空间有限，同时，以基金为代表的机构投资者的价值趋向对股价结构调整具有不可低估的导向作用。

1. 宏观经济形势较为平稳，出台进一步力度较大的宏观调控措施的概率较低

从经济周期运行变化特点看，下一阶段经济增长会步入小幅下降周期，但并非进入衰退阶段，因此，经济仍可能保持较高增速，经济运行态势将趋于平稳。同时，考虑到政府去年刚刚推行了较为激烈的紧缩措施，其效应仍在显现，再次出台更进一步的紧缩措施的可能性较低，这为股市走好奠定了重要基础。

2. 股市已跌至历史底部，继续深度下探可能性较小，但股价结构调整将日益深化

国际比较分析表明，我国股市已经接近国际成熟资本市场的估值水平，许多股票已经具有相当的投资价值，股市继续深度下探可能性较小，围绕这一价值区域的股价结构调整进程将日趋深入。从市盈率看，截至本季度末，上海和深圳股票市场平均市盈率分别为 22.61 倍和 18.79 倍，与日经 225 指数 21.14 倍和标普 500 指数的 19.32 倍的市盈率水平也已十分接近，股指继续大幅下跌的概率较低。从市盈率结构看（见表 1－10），截至本季度末，我国股市市盈率在 50 倍以上的公司占比为 61.12％，而美国只有不到 5％。这说明我国优质上市公司价值存在一定低估，而绩差公司业绩普遍存在较大程度的高估，国内股市若要达到国家期望的国际化、规范化发展目标，必然要进行漫长而痛苦的股价结构调整。从市净率看，沪深两市 A 股加权平均市净率为 2.43 倍，跌破净资产的 A 股已经多达 104 只，创历史最高水平；而同期纳斯达克综合指数、道琼斯工业平均指数和标普 500 指数的市净率分别为 4.41 倍、3.14 倍和 2.86 倍，我国股市总体估值水平已经与国外成熟股市接轨。

表 1 - 10　　2005 年 3 月 31 日股市市盈率分布（包括 A 股和 B 股）

20 倍以内（含 20 倍）	26.01%	20 倍以内	26.01%
30 倍以内（含 30 倍）	34.91%	20 ~ 30 倍之间	8.90%
40 倍以内（含 40 倍）	38.88%	30 ~ 40 倍之间	3.97%
50 倍以内（含 50 倍）	41.00%	40 ~ 50 倍之间	2.12%
50 倍以上	59.00%	50 倍以上	61.12%

注：根据全景网数据计算。

3. 股权分置政策出台预期对股市走势具有决定性影响

股权分置政策何时出台，具体措施如何，如何充分体现出对流通股股东利益的保护且又不会使国有资产存在流失的风险，无疑对股市走势具有根本性的影响。在时间上，若短期内不出台相关措施，这对股市走好将构成长期的压力，股市依靠自身的力量和其他利好已无法走出较好的行情；若较快出台，则需视其具体措施而定。在具体措施方面，若所出台的政策无法充分保护流通股股东的利益，投资者必然要通过用脚投票的方式规避风险，引致股市进一步下跌；反之，则可能成为利好，使本季度低点成为历史低点。

4. 市场扩容短期会对股市走势产生一定不利影响，但中长期影响较小

大型国企公布的融资计划和国家要求尽快提升直接融资比例、降低金融风险的政策取向等，无不表明下一时期股市扩容会提速，若股市仍然较为低迷，扩容无疑会对本已十分脆弱的股市"雪上加霜"。但从长远看，若发行上市的股票是优质股票，对吸引更多的外围资金进入、缓解优质上市公司供不应求的局面具有重要意义。

5. 上市公司业绩持续向好，对股市构成一定支撑

截至 2005 年 4 月 8 日，已有 60% 的上市公司公布了 2004 年年度报告，总股本加权平均每股收益为 0.341 元，加权平均净资产收益率为 12.17%，尽管尚有大批 ST 股票和绩差股的业绩将集中在 4 月份公布，但总体上看 2004 年业绩好于往年，这对股市走好构成一定支撑。

6. A + H 新股发行方式的推行，对市场估值产生较大影响，直接制约了股市的上行空间

尽管中国证监会尚未明确何时正式实施 A + H 新股发行，但年内推出仍是可以预期的，而 A 股和 H 股之间的巨大价格差距，将对国内股市的估

值体系会产生十分深远的影响，并会在其正式实施前制约股市的上行空间。

7. 商业银行基金管理公司等进入实质操作阶段，有利于鼓舞投资者信心

下季度，商业银行设立基金管理公司将获得批准，这一方面极大提升了资本市场地位，另一方面开辟了更多的合规机构投资者资金入市，对鼓舞投资者信心具有重要意义。

8. 以基金为代表的机构投资者价值投资理念仍将主导股价结构调整格局

随着石油和钢铁等重要工业原材料价格的持续上涨，以及防止经济过热的宏观调控政策的深入实施，宏观经济增速必将逐步放缓，未来大多数上市公司业绩会受到程度不同的影响，以基金为代表的机构投资者很有可能在经济增速放缓之前，率先调整其投资组合，在所持股票优中选优，提升对具有行业优势和垄断优势上市公司的投资比重，从而对下一步行情的演变和股价结构调整具有重要导向作用。

二、债券市场

（一）本季度债券市场状况

本季度债券市场呈现出一路走高的喜人涨势，这主要是由资金面宽松、加息预期减弱和机构投资者债券需求刚性等所决定的。

1. 资金面异常宽松，股市持续低迷，为债市走好创造了良好外部环境

从 M_2 增速看，截至 2 月末，M_2 自去年四季度开始始终保持了同比保持较为平稳的增速，环比增长 14% ~ 17%，也较为适中。从人民币贷款增加额看，2 月份新增 959 亿元，同比少增 1121 亿元。从债券一级市场发行利率变化看，2 月下旬发行的 10 年期固定利率附息债票面利率为 4.44%，较 2004 年 11 月末发行的 7 年期固定利率附息债票面利率还低 42BP；3 月中旬发行的 5 年期固定利率附息债票面利率为 3.81%，较 2004 年 10 月末发行的同类债券低 49BP。从央行票据发行利率变化看（见图 1-9），3 年期、1 年期和 3 个月的央行票据发行利率分别由季度初的 4.15%、3.2578% 和 2.5836% 下降到 3.21%、2.1555% 和 1.2069%，本季度降幅分别达 22.65%、33.84% 和 53.29%；7 天正回购利率也从 1.6882% 下降到 1.004%，降幅达 40.53%。从银行间回购利率变化和成交量看（如图 1-10 所示），本季度银行间回购利率不断走低，7 天和 3 个月的分别从

季度初的 1.881% 和 2.48% 下降到季度末的 1.473% 和 2.4%，降幅分别达 21.69% 和 3.27%；而与此同时，成交量却不断放大，从季度初的 1905 亿元上升到季度末的 4505 亿元，说明本季度资金面相当宽松。加之股市持续低迷，许多游资均从股市转到债市，从而为债市走好创造了很好的条件。

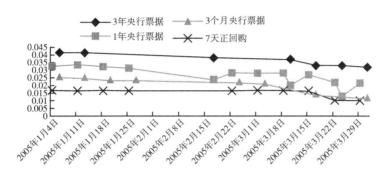

图 1-9　2005 年一季度中行票据发行利率和正回购利率变化图

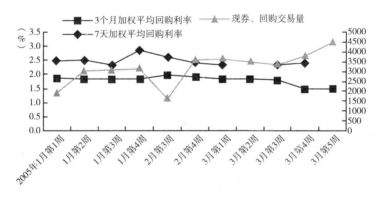

图 1-10　2005 年一季度银行间市场周现券回购交易量和 7 天、
3 个月加权平均回购利率变化图

注：上两图均是根据 CHINABOND 网数据绘制。

2. 短期内加息预期减弱，促使债市频创新高

2 月 1 日央行副行长李若谷表示，没有必要进一步加息。1 月份 CPI 同比上涨 1.9%，环比上涨 0.6%；2 月份 CPI 同比上涨 3.9%，环比增长 1.8%。2 月份 CPI 涨幅较大的原因在于：首先，去年 1 月份 CPI 指数涨幅为 3.2%，2 月份 CPI 指数涨幅为 2.1%，前高后低的基数不同，导致今年

1月份和2月份CPI涨幅存在落差。其次，去年1月份是春节，今年2月份是春节，春节期间物价特别是食品价格上涨尤其明显，不具有可比性，且3月份全国生产资料价格指数回落8.7%。预计3月份CPI也同样会出现一定程度回落，使加息预期减弱，引致债市走高。

3. 商业银行和保险公司等机构投资者资金成本较低，债券需求刚性较强，支持债市持续向上

商业银行和保险公司资金等债市的主要机构投资者资金成本较低，前者一般在1.3%左右，后者比前者略高，二者投资的首要原则是规避风险。而受国内风险较低的投资品种匮乏、房地产贷款紧缩以及商业银行"惜贷"等的影响，这些低成本资金无不涌入债市，推动债市走高。虽然债市已经涨升了一定程度，但成交量并未随之减少。这些资金存在一定的需求刚性，只要能够超过其资金成本，有利可图，就会继续买入并持有，从而推动债市的持续走高。

4. 央行下调超额存款准备金利率政策出台，刺激债市进一步走高

央行决定从2005年3月17日起，将金融机构超额存款准备金利率从现行的年利率1.62%下调到0.99%，不仅再次减轻了市场对加息的预期，而且还使商业银行释放更多的超额存款准备金。而出于满足自身流动性和安全性的需要，将这部分释放出来的资金投向流动性较强、期限较短的短债则是较好选择，从而在3月下旬刺激债市节节走高，带动1~3年期的短期债券收益率水平下降。

（二）下季度债券市场状况

下个季度，在一季度形成较高涨幅的基础上，债市继续涨升的空间有限，同时，二季度CPI基本可控制在政府的底线4%以内，短期内加息可能性较小，但不排除受美国加息和原材料上涨等影响，加息预期会增强，且若股市走好，还对债市资金面产生一定影响，短期内债市高位震荡可能性较大，中长期存在一定投资风险。

1. CPI预测

3月份CPI同比增长估计为2.8%左右，较上月有所下降，进入二季度，国际原油价格和钢材等原材料价格可能维持原有的升势，国内煤电和交通运输价格仍会继续上涨，直接影响到PPI，但传导到CPI仍有时滞。而包括农产品在内的其他类别大宗商品价格增速在大幅下降，二季度CPI增幅不会出现比一季度更大幅度地攀升，CPI仍可有效控制在政府的底线4%以内。

2. 短期内加息可能性较小

其一，在 2 月 3 日和 3 月 22 日，美联储实行了自去年 6 月份以来的第六次加息和第七次加息，联邦基准利率提高到 2.75%，这可在一定程度上减缓短期投机资本的流入，减少对冲外汇占款的货币投放量，降低因之引发通货膨胀的可能。其二，去年加息的运行效果并不十分理想，不仅 1 月份和 2 月份固定资产投资增速达 24.5%，超过去年 12 月份的 21%，并未如预期下降，而且加息无法解决结构性资金紧缺问题，反而可能使这一问题恶化。原来资金相对宽裕的东部沿海地区和实体经济单位资金仍然较为宽裕，原来资金相对紧缺的西北部地区和经济单位资金更趋于紧张。其三，针对房地产投资过热现象，央行 3 月 17 日采用调整房地产需求借贷利率等方式进行调控，会在较大程度上遏制投资增速较快的势头，而不必采用较为猛烈的加息手段。其四，随着美联储加息，美元会转变颓势，人民币将从之前的相对贬值转变为相对升值。这对减缓出口增长率进而降低国内过高经济增速起到一定作用，达到政府追求的调控效果。其五，目前金融机构资金普遍十分充裕，并未出现因利率较低而引发流动性不足等问题。其六，二季度 CPI 仍处于较为适中的水平。因此，总体上看，短期内加息可能性较小，但中长期还需视国际国内经济形势变化决定是否加息，短期内债市可能会在较高点位震荡盘整，中长期存在一定投资风险。

3. 股市若回暖，会对债市产生一定影响

若二季度出台符合投资者预期的股权分置政策，股市将会回暖，在股价结构调整进程中，存在许多颇具投资价值的股票。这必将吸引场外资金的进入，会对债市资金面产生一定影响，进而对本集聚一定风险的债市产生不利影响。

第七部分　房地产投资分析

一、2005 年一季度房地产投资变化的主要特点

（一）房地产投资增速迅速回落，但投资总量规模持续增大

2005 年一季度，我国房地产投资继续保持 2004 年稳定增长态势，投资总量和规模 1～2 月份为 1200 亿元，1～3 月份为 2324 亿元，投资规模首次在一季度就超过了 2000 亿元，但与 2004 年相比，投资增速迅速回落。请见表 1－11。

表1-11　2005年一季度房地产投资总量及与往年同比增速比较表

单位：亿元

月　份	投资完成额	同比增长	2004年同比增长	2003年同比增长	高于2004年同期	高于2003年同期
1～2月	1200	27	43.6	37	-16.6	-10
1～3月	2324	26.7	41.1	34.5	-14.3	-8.5

资料来源：根据国家统计局公布月度、季度数据整理计算。

　　从表1-11中可以看出，在2005年一季度中，房地产投资同比增速，1～2月份为27%，1～3月份为26.7%，比2004年同期的增速43.6%和41.1%下降了16.6%和14.3%，而与同期2003年相比，分别低了10%和7.8%，是2003年以来在第一季度增速中最低的。这说明国家2004年以来执行的宏观调控政策在有效抑制房地产投资过快增长方面起到了预期的效果。如果按照我国近几年房地产投资增长的年度变化规律推断，即一般来说，房地产投资在第一季度增速都是全年最高的（2002年、2003年、2004年均是如此），那么，2005年我国房地产投资增速将会大大低于27%。事实上，我国从2004年的8月份以来，房地产投资增速就已经回落并稳定在28%～29%的范围内。按照目前房地产投资增速推测，2005年全年增速可能会在20%左右，这与我们预测2005年全年增速可能在20%～25%是很接近的。

　　然而，虽然投资增速迅速回落，且回落幅度很大，但房地产投资的绝对规模仍然很大，我们应清楚27%和26.7%的增速是在2004年43%和41%增速基础上的同比增速，绝对值的比较就很明显地说明了这一点。例如，2005年1～2月份投资总量1200亿元，已相当于2003年1～3月份1285.1亿元投资总量，2005年1～3月份2324亿元的投资总量，已经逼近2003年1～5月份房地产投资总量2801.37亿元。可见，2005年一季度，虽然投资增速迅速回落，但绝对投资总量是很大的。这也说明我国目前房地产投资总量已经跃上了较大规模的台阶，在投资量增速任何微小变化的背后都蕴藏着巨大的资本量增减。

　　（二）房地产投资增速恢复到"高于同期固定投资增速"状态

　　一般来说，房地产投资增长是带动固定投资增长的主导力量，多年实践证明，房地产投资增速在大多数时间里均高于同期全社会或者同期城镇固定投资增速，2003年以前均是如此。但到了2004年，这种情况被打破，出现了 2004 年 1 月份到 10 月份房地产投资增速均低于同期全社会和同期城镇固定投资增速的现象，只有 2004 年的 11 月和 12 月份才开始扭转了这种非正常情况，但房地产投资增速高于同期全社会和同期城镇固定投资增速仅仅分别为 0.3% 和 0.5%，仅仅出现了恢复的苗头。而到了 2005 年第一季度，房地产投资高于固定资产增速的幅度在扩大，说明我国房地产投资开始重新恢复到"高于同期固定投资增速"状态。见表 1 - 12。

表 1 - 12　2005 年一季度我国房地产投资与全社会固定资产投资增幅比较

单位：%

	固定资产投资增幅	房地产投资增幅	高于固定资产百分点
1~2 月	24.5	27	2.5
1~3 月	25.3	26.7	1.4

资料来源：根据国家统计局公布月度数据整理计算。

从表 1 - 12 中可以看出，2005 年一季度中，我国房地产投资增速分别是 1~2 月份的 27% 和 1~3 月份的 26.7%，均高于同期城镇固定投资增速 2.5% 和 1.4%。这说明房地产投资增速高于固定资产投资的幅度正在扩大，并开始恢复到正常状态。从这里我们也可以清楚地看出，虽然房地产投资增长速度过快是引起投资过热的原因之一，但 2004 年我国投资过快甚至过热的主要原因还是非房地产的产业投资过热所造成的。正是由于 2004 年下半年以来的我国宏观调控政策的作用，才使得个别产业投资过快、过热行为得到有效抑制，才使我国目前房地产投资与固定资产投资之间的增长结构趋向合理轨道和空间。

（三）房地产投资在固定投资中所占比重开始提升

在 2005 年一季度中，我国房地产投资在固定投资中所占的比例 1~2 月份为 28.42%，到第一季度末占 25.72%。见表 1 - 13。

表 1 - 13　2005 年我国房地产投资占城镇固定资产投资比重变化表

单位：%

	房地产投资	固定资产投资	房地产占固定资产比	2004 年同期数值
1~2 月	1200	4222	28.42%	30%
1~3 月	2324	9037	25.72%	21%

资料来源：根据国家统计局公布月度数据整理计算。

经过 2004 年 2～12 月份房地产投资在固定资产投资中比例趋于相对稳定变化期后，到 2005 年，我国房地产投资在固定投资中所占比例已被打破稳定状态，开始逐步提升，且提升比例较大。这是否孕育着房地产投资增长将进入恢复性增长的可能性，还有待实践检验。但可以预期，我国房地产投资及钢铁、电解铝等产业投资过热现象已经得到了有效控制。

（四）抑制房地产价格过快增长的政策力度加大，但效果不大

多年以来，房地产价格一直处于逐年上涨态势，这是经济发展的规律，尤其是在发展中国家房地产价格上升是伴随国家经济增长和财富增长的必然现象。一般来说，房地产价格一定程度的上涨是正常的。但自从 2004 年以来，伴随我国宏观调控政策实施后，我国房地产价格上涨开始进入了加速推进期，上涨区域也从个别的城市演变到了全国。资料显示，在 2004 年中，二季度全国房价同比平均增长 10.3%，第三季度同比又增长 13.5%，2004 年全年房地产价格比年初价格上涨了 14.4%。显然，这种上涨速度是很高的，也是不正常的，因为上涨的背后所隐藏着巨大的社会、经济风险后患开始暴露出来，如果任其发展，将会严重影响整个社会和经济正常运转。为了提早预防，国家有关部委采取了一系列政策措施。从 2005 年开始，国土资源部首先将"暂停土地出让有关规定"取消，其目的在于缓解暂停土地出让带来当期土地供应量减少引起土地价格上涨的压力，实现土地供求平衡。其次，中国人民银行发布提高住房贷款利率规定，这是一项历史上少有的专门针对住房贷款而提高利率的做法。一般来说，我国银行利率提高通常是部分产业、行业而统一提高，而这次却是单独针对房地产贷款而制定。该规定指出，从 2005 年 3 月 17 日起，提高商业银行个人住房贷款利率并对房地产价格上涨过快城市或地区，个人住房贷款最低首付款比例由现行 20% 提高到 30%。紧接着在 2005 年 3 月底，国务院又出台了抑制房地产价格上涨的 8 项规定，并将抑制房地产价格上涨作为国务院 2005 年重点工作之一。可以说，这些措施都是专门针对当前房地产价格上涨过快而采取的相应措施，但这些措施的实施效果如何呢？据统计显示，2005 年一季度房地产市场价格平均上涨仍然达到了 12.5%，这一上涨速度虽然比 2004 年的 14.4% 低了 1.9%，房地产价格持续高速增长势头有所减缓，但由于 2004 年房地产价格已经很高，如果将目前房地产价格与 2003 年相比，那么，价格上涨幅度至少应在 25% 以上。可见，2005 年一季度我国在抑制房地产市场价格上涨的政策效果尚未发挥出来，目前的房地产价格依然处在很高的价位上波动。

二、影响一季度房地产投资及价格变化的因素分析

进入 2005 年以来，我国房地产投资增速在 2004 年下半年 28% 左右的基础上又进一步下降到了 26.7% ~27% 之间，房地产在固定资产投资增长结构已进入了正常的轨道，房地产投资在固定资产投资的比重也在恢复中提高。应当说，宏观调控取得了不小成效，2004 年下半年以来的调控政策效用是有效的。但房地产价格上涨作为宏观调控政策的连带效应也逐渐地暴露出来，也就是说我国房地产投资在经历了高速度、超高速增长进入到强行抑制后，开始经历稳定回落。伴随这一过程的房地产价格也从小幅增长、持续增长、大幅增长进入了小幅回落阶段，但价格仍然在高位上波动徘徊。

（一）影响一季度我国房地产投资增速回落的因素分析

第一，宏观经济政策实现了重大转变。2005 年我国财政和信贷执行的是"双稳健"政策，即不再实行从 1998 年以来实行的长达 7 年的积极财政政策。2004 年以前的相当长时间内，我国执行的是积极财政政策。当时面临的主要形势是我国经济有效投资和有效需求不足，以及 1998 年亚洲金融危机引致全球经济萎缩，其目的在于拉动社会投资，刺激消费，恢复经济活力，促进经济增长。然而，到 2003 年尤其是 2004 年以后，积极的财政政策已经使我国经济进入了周期性投资和消费双增长的新阶段，全社会投资热情日益高涨，并达到了必须进行控制才能缓解的地步。因此，2005 年我国执行了稳健的财政政策和稳健的金融政策，以国家投资为主导的投资方式已经退出。在这种宏观经济政策发生根本性转变的情况下，政府投资将会大量削减和压缩，作为国民经济发展先导型产业的房地产投资也必然会有一定程度降低，其增长幅度也会相应的回落。

第二，抑制固定资产包括房地产投资的多重调控政策合力作用日益明显。在 2003 年下半年到 2004 年全年总共长达一年半时间里，国务院以及国家发展改革委员会、中国人民银行、中国银监会、建设部、国土资源部等多个部委针对房地产投资过快增长出台了很多政策和措施，涉及开发区建设、金融信贷、行政监察、法律监管、土地政策等。据不完全统计，这些措施包括以下内容：2003 年中国人民银行发布的《进一步加强房地产信贷业务管理的通知》、《关于暂停审批各类开发区的紧急通知》、《关于清理整顿各类开发区加强建设用地管理的通知》；五部委"联合督察组"奔赴各地，对 31 个省、自治区、直辖市的土地市场秩序进行检查；实施了包括

房地产开发投资项目（不包含经济适用房）在内的水泥、电解铝项目的资本金比例从20%提高到35%及多项严控信贷规模政策；2004年国务院下发了《关于深入开展土地市场治理整顿严格土地管理的紧急通知》并决定暂停土地出让政策；2004年11月国土资源部出台了《工业项目建设用地控制指标（试行）》；2004年12月国务院出台了《关于深化改革严格土地管理的决定》。另一方面，在提高银行准备金率后，2004年10月中国人民银行又进行了贷款利率政策调整，房地产开发贷款余额增幅因此迅速下降，房地产开发资金来源中国内贷款同比回落近20%。这也说明了房地产投资增长已经在资金信贷方面失去了增长的内在动力支撑。2005年，中国人民银行从3月17日起提高商业银行自营性个人住房贷款利率并对房地产价格上涨过快城市或地区，个人住房贷款最低首付款比例可由现行的20%提高到30%。这一系列措施都是针对我国包括固定资产在内的房地产投资过热现象而制定的。这段时间也是我国1997年以来房地产政策出台最多、力度最大的时期，也正因为如此，房地产投资增速才大幅度回落，投资过热带来的能源、原料和原材料和生产资料价格上涨的压力才得到了缓解。

（二）影响一季度房地产价格增速回落的因素分析

第一，**国家各项宏观抑制性政策连续出台，使房地产价格超常规上涨失去了宏观环境支撑力。**它的主要表现是：其一，政策导向从抑制投资转向投资和消费双重抑制转化。在2003年和2004年，我国在抑制房地产投资的政策上主要侧重于投资开发领域，对于住房消费者信贷没有限制。这样就在投资者与消费者之间在短期内产生需求与供给间资金的不平衡缺口，使房地产投资资金减少而房地产消费贷款不变，从而推动了价格趋涨。到2005年以后，在未放松房地产投资金融政策的同时，中国人民银行又通过提高住房贷款和提高首付款比例的办法，开始从消费领域对住房购买力进行抑制，形成了对房地产投资和消费相结合的双重抑制机制，一方面使房地产投资开发商对未来的购买力预期降低，从而减少投资；另一方面使居民先前采取的预期消费不再提前，起到减少当前消费量的作用。这都在一定程度上降低了住房购买力，促使了房地产价格一定程度的回落。其二，房地产投机行为开始收敛。在我国近几年房地产上涨中，既有正常因素的作用，又有非正常因素的推动。投机行为就是房地产价格上涨的非正常因素，且房地产投机因素的影响力在增强，尤其是近几年在全国很多城市中存在着一批专门从事房地产买卖的投机者，专门从事房地产投机活动，而不进行最终的消费购买，造成房地产市场需求的虚假繁荣和价格虚涨。2005 年 3 月份开始国家采取提高住房贷款利率的措施，虽然不能从根本上杜绝这种行为，但至少提高了投机行为的成本，使投机行为有了一定程度的收敛，从而相应地消除和减少了价格上涨的可能性。

第二，居民住房巨大需求刚性及建筑材料价格上涨是房地产价格回落幅度不大的主要因素。它的集中表现是：其一，居民住房巨大需求与短期供给的缺口仍然存在，居民真实的住房市场需求仍然强劲。虽然我国城镇居民的住房面积大大提高，但居民住房需求依然很强劲，一方面我国每年城镇人口增量很大，另一方面我国每年农村进入城镇人口持续增长。此外，由于城镇居民收入增长，人们对住房质量和数量有了新需求，且其目前仍然处于上升态势，而当前中国城镇居民住房需求满足率仍然偏低。因此，在相当长时期内，中国房地产价格上涨是必然趋势。其二，严格的土地管理制度从 2005 年开始实行，使土地市场价格进入调整阶段，短期内价格上涨成为必然。2004 年 12 月份国家出台的《国务院关于深化改革严格土地管理的决定》在 2005 年全面实行，尤其是禁止经营性土地采取协议出让方式，全面推行实行招标、拍卖方式，使得土地供应和出让规模受到了限制，出让价格提高引致房地产价格上涨的效应在 2005 年以来仍然在发挥着作用。其三，房地产市场供求结构尤其是经济适用住房供应比例偏低。2004 年以来，全国经济适用住房投资占开发投资比例下降，即普通商品房比重依然偏低，商品房比例偏高，所以房地产市场价格总水平依然很高。其四，固定资产投资价格上涨。2005 年一季度，我国固定资产投资价格上涨 1.8%，工业品出厂价格上涨 5.6%，原材料、燃料、动力购进价格上涨 10.1%，这些也是房地产价格上涨的因素之一。

三、二季度预测及政策建议

1. 二季度房地产业投资增速还会适度降低，预计会在 23% ~25% 之间

从 2005 年一季度起我国房地产投资发生变化，结合当前我国针对房地产价格持续上涨的各项政策效应，并根据房地产投资的年度发展规律，我们认为，二季度我国房地产投资仍将会在 23% ~25% 的范围内波动，其原因是：第一，2005 年一季度我国经济增长保持 9.5% 的高水平，大大高于国家制定的全年增长速度。因此，二季度国家会适度地控制经济增速，也会适度压缩和控制房地产投资增速，房地产投资增速将低于一季度的 26.7% ~27%。第二，房地产投资增速不会大幅度降低。从 2005

年一季度我国房地产投资增速来看，其指标较2004年已经大幅度回落，而且从房地产增速与固定资产投资增速比值、房地产投资占固定资产投资的比重等比例关系来看，当前我国房地产投资增长已进入到相对正常的增长空间之内。因此，增速大幅度的降低不仅不合适，也是不可能的。

2. 房地产价格在二季度将会有明显的回落

综合各种因素可以判断，2005年二季度我国房地产价格上涨幅度将会有明显下降。其原因是：其一，2005年一季度我国房地产价格上涨幅度依然很高。对此，国家将会继续采取抑制价格过快速增长的各项政策，包括财政和金融以及房地产市场管理政策，从而在一定程度上降低房地产价格过快增长。其二，一季度采取的抑制房地产价格上涨政策，均是在3月份和3月末出台。因此，政策效应在一季度尚未体现出来，二季度和下半年将会是其政策效应显现的集中时期尤其是在二季度。如果二季度的效果仍然不明显，采取更加严格、力度更大的政策就成为政策必然的选择。

3. 《房地产信贷资产证券化管理办法》的出台和实施，将开辟我国房地产发展和金融发展历史的先河，成为房地产金融多元化实践的创新之举

经过多年的研究探索和反复论证，我国房地产信贷资产证券化终于开始进入实质性实施的阶段。房地产信贷资产证券化，不仅会改变我国房地产投资长期依靠单一的银行资金的局面，克服银行资金风险难以控制的弊端，还将大大化解和减轻银行金融风险和社会风险。尤其是在房地产价格不断上涨，并且是一种全国性、全球性上涨甚至很可能演变成泡沫经济时，房地产信贷资产证券化的试点工作，对化解房地产市场风险将起到积极作用。

4. 尽快建立房地产投资与房地产政策评价系统极为必要

如何制定房地产宏观、微观经济政策？这些政策执行后的效果如何测度？解决这些问题不仅对于当前控制房地产价格过快上涨，而且对未来房地产投资及价格监控都具有重要的意义。目前在控制房地产价格上涨时，如何把握政策力度，如何化解抑制价格上涨所带来的副作用，如何进行有效测度、监控，如何建立房地产投资和房地产市场监控体系，如何运用市场化的调控手段、渠道和方法等，都值得仔细思考和研究。我们认为，很有必要积极探索和建立房地产良性调控机制，避免和防止陷入抑制房地产投资过热时带来房地产价格上涨的局面，避免经济的大起大落而造成社会

财富损害、社会生产力极大破坏。为此，建议尽快建立房地产投资与房地产政策评价系统，为正确决策和政策制定创造有利条件。

第八部分　宏观管理与政策要点

2005 年第一季度宏观经济政策值得关注的几个方面：

1. "两会"召开，确定了宏观经济政策的基调

十届全国人大三次会议通过的《政府工作报告》对今年宏观经济政策做了明确阐述，总的精神是提高宏观经济政策的稳健性。从今年开始，宏观经济政策的走向如人们预期的那样终于有了较大变化，即从实行积极的财政政策和稳健的货币政策转向实行稳健的财政政策和稳健的货币政策。同时，还强调了加强各项宏观经济政策的协调配合，更好地贯彻"区别对待、有保有压"的原则，更加注重发挥市场机制的作用，更加注重运用经济手段和法律手段，巩固和发展宏观调控成果。

2. "一号文件"进一步强化了对"三农"问题的重视程度

2005 年 1 月 30 日，中共中央、国务院公布了《关于进一步加强农村工作提高农业综合生产能力若干政策的意见》，这也是人们通常讲的"一号文件"。文件的主旨是，认真贯彻党的十六大和十六届三中、四中全会精神，全面落实科学发展观，坚持统筹城乡发展的方略，坚持"多予、少取、放活"的方针，以提高农业综合生产能力为主题，抓住发展农村生产力的关键，在稳定、完善和强化各项支农政策的基础上，新出台了一系列强农固本富民的政策措施，突出地强调了继续调整农业和农村经济结构，进一步深化农村改革，努力实现粮食稳定增产、农民持续增收，促进农村经济社会全面发展。其中，继续加大取消农业特产税，减免农业税，对种粮农民进行直接补贴，对四种粮食作物良种进行补贴，对购买大中型农机具进行补贴（"两减免"、"三补贴"）等政策措施无疑对调动农民积极性，进一步保障农民权益等都将产生积极影响。

3. 房价上涨过快引起广泛关注

2004 年，全国商品房和商品住宅平均销售价格涨幅首次突破两位数，涨幅为近几年以来最高。今年一季度房价持续走高的态势仍在继续。这不仅引起老百姓的高度关注和不满，也引起专家学者、政府主管部门的高度重视。房地产业已成为我国国民经济的重要支柱产业。住房价格上涨过

快，不仅造成大量普通群众买不起房，直接影响城镇居民家庭住房条件和生活质量的改善，同时也会进一步导致银行信贷结构的不合理，加剧银行信贷风险，从而影响金融安全和社会稳定。而且，由于房地产业产业链长，牵涉钢铁、建材等众多行业，房地产过热势必拉动生产资料价格上扬，增加通货膨胀的压力。如果任其发展下去，很可能形成可怕的泡沫经济，使局部性和结构性问题演变为全局性问题，从而影响整个国民经济的健康运行。因此，稳定住房价格是当务之急，这不仅仅是一个经济问题，更是关系广大人民群众切身利益和社会稳定的重大问题。

4. 有选择地进行利率调整

去年以来，围绕利率是否应该调整一直争论不休，国家也似乎一直在观察并寻找合适时机。今年，在房价上涨过快的压力下，中国人民银行开始有选择地进行调整，决定调整商业银行自营性个人住房信贷政策和超额准备金利率，其主要内容为：一是将现行的个人住房贷款优惠利率回归到同期贷款利率水平，实行下限管理，下限利率水平为相应期限档次贷款基准利率的0.9倍；二是对房地产价格上涨过快的城市或地区，个人住房贷款最低首付款比例可由现行的20%提高到30%；同时下调金融机构在人民银行的超额准备金存款利率0.63%，由现行年利率1.62%调整为0.99%。

5. 关于国际油价问题

去年以来，国际油价一路飙升，我国原油进口各月平均超过1000万吨，按每桶上涨10美元的价格测算，我国每个月多支付人民币60多亿元，全年多掏近百亿美元。今年以来，油价继续不断超过预期水平，突破每桶50美元，这对包括我国在内的发展中国家造成很大威胁。据世界一些权威机构估算，每桶油价上涨10美元，并在这个价位上保持一年，对发展中国家经济增长率的影响是世界平均水平的1.5倍，是发达国家的3倍。随着经济的快速发展，我国对石油的需求也大幅增长，国际油价的不断上涨必将会对我国产生深远影响。

6. 国务院出台《关于鼓励支持和引导个体私营等非公有制经济发展的若干意见》

《若干意见》明确规定了进一步放宽非公有制经济的市场准入，加大对非公有制经济的财税金融支持，完善对非公有制经济的社会服务，维护非公有制企业和职工的合法权益，积极引导非公有制企业提高自身素质，改进政府对非公有制企业的监管，加强对发展非公有制经济的指导和政策协调等措施。其中最值得关注的是在放宽市场准入方面提出明确的规定：

一是加快垄断行业改革，在电力、电信、铁路、民航、石油等行业和领域，引入竞争机制，允许非公有资本进入这些垄断行业和领域。二是加快完善政府特许经营制度，规范招投标行为，支持非公有资本参与各类公用事业和基础设施的投资、建设和运营。三是支持、引导和规范非公有资本投资教育、科研、卫生、文化、体育等社会事业，包括非营利性领域和营利性领域。四是在加强立法、严格监管、有效防范金融风险的前提下，允许非公有资本进入金融业。五是允许非公有资本进入国防科技工业建设领域，按有关规定参与军工科研生产任务的竞争以及军工企业的改组改制。六是鼓励非公有制企业参与国有企业改组改造，支持非公有资本参与西部大开发、东北地区等老工业基地振兴和中部地区崛起。《若干意见》的出台，将进一步消除影响非公有制经济发展的体制性障碍，对我国非公有制经济的发展必将产生巨大的促进作用，推动我国非公有制经济进入新的发展阶段。其目的是进一步解放思想，深化改革，消除影响非公有制经济发展的体制性障碍，实现公平竞争；进一步完善相关法律法规和政策，依法保护非公有制企业和职工的合法权益；进一步加强和改进政府监督管理和服务，为非公有制经济发展创造良好环境；进一步引导非公有制企业依法经营、照章纳税、诚实守信、健全管理，不断提高非公有制企业自身素质。

7. 关税总水平降至入世承诺水平

从 2005 年 1 月 1 日起，我国进一步降低了进口关税，关税总水平将由 10.4% 降低至 9.9%，涉及降税的税目共 900 多个。2005 年是我国履行加入世界贸易组织的关税减让承诺，较大幅度降税的最后一年，此后，按入世承诺需降税的税目数将大为减少。此次降税完全履行了我国承诺的 2005 年降税义务，充分说明中国政府是信守承诺和负责任的。从实际效果看，关税水平的下降有力地促进了我国对外贸易持续快速增长，有利于国内企业充分利用国内外两种资源、面向国内外两个市场择优选购，降低生产成本，提高产品质量。机电产品关税的下降，也有利于我国企业引进国外的先进设备，加快企业的技术改造，提高我国产品的国际竞争力，对国内经济健康、稳定地发展起到了积极的促进作用。

附录　世界经济形势

2005 年一季度，世界经济总体表现复杂多变，美国经济增长速度略低于前季，经济减速疑虑再起，欧洲经济增长迟缓，日本通货紧缩压力挥之不去，新兴市场经济发展面临新的不确定性。

一、美国经济

1. 无就业复苏转向自身驱动的经济扩张

2004 年全年美国实际 GDP 增长 4.4%，为 2000 年以来的最高水平，全年四个季度实际 GDP 增长率分别为 4.5%、3.3%、4.0% 和 3.8%，季度数字略有颠簸起伏，总体趋于平稳增长。它表明，美国经济实现了由旷日持久的无就业复苏期向自身经济增长动能驱动的经济扩张期的转变。

表 1-14　最近两年美国实际 GDP 及名义 GDP 的季度变化情况

单位：%

	2004Q4	2004Q3	2004Q2	2004Q1	2003Q4	2003Q3	2003Q2	2003Q1
Real	3.8	4.0	3.3	4.5	4.2	7.4	4.1	1.9
Nominal	6.2	5.5	6.6	7.4	5.7	8.8	5.3	4.9

近期公布的美国 GDP 修正数据显示，去年四季度，商业投资、出口和消费者耐用品支出数据向上调整，而库存、消费者非耐用品支出和政府开支数据有所调低。其中，非居民固定资产投资在 2004 年后三个季度均保持了 10% 以上的增长率，居民投资则在 2004 年二季度创出 16.5% 的增长率。2004 年一到四季度，美国个人消费开支年度增长率分别为 4.1%、1.6%、5.1% 和 4.2%。2004 年同期，美国出口的季度增长率分别为 7.3%、7.3%、6.0% 和 3.2%，增长速度自下半年起有所下降。2004 年一到四季度，美国进口季度增长率分别为 10.6%、12.6%、4.6% 和 11.4%，净出口对美国经济的拉动作用受到一定制约。与此同时，美国政府开支的增长速度逐季缩减，分别为 2.5%、2.2%、0.7% 和 0.8%，表明财政政策对美国经济的刺激作用逐渐衰减。

表 1-15　最近两年美国实际 GDP 的结构变化

单位：%

	2004Q4	2004Q3	2004Q2	2004Q1	2003Q4	2003Q3	2003Q2	2003Q1
Consumption	4.2	5.1	1.6	4.1	3.6	5.0	3.9	2.7
Fixed Investment	10.5	8.8	13.9	4.5	10.5	18.0	10.9	2.4
Fixed Res. Investment	3.4	1.6	16.5	5.0	9.6	22.5	9.0	7.6

续表

	2004Q4	2004Q3	2004Q2	2004Q1	2003Q4	2003Q3	2003Q2	2003Q1
Fixed Nonres. Investment	14.5	13.0	12.4	4.2	11.0	15.7	11.8	−0.2
Exports	3.2	6.0	7.3	7.3	17.4	11.3	−1.6	−1.5
Imports	11.4	4.6	12.6	10.6	17.1	2.9	2.5	−1.9
Government	0.8	0.7	2.2	2.5	1.6	0.1	7.2	0.2

因此，从 2004 年全年各主要因素对 GDP 的贡献看，美国经济正在由过去两年的外部经济政策主导的复苏转向消费和投资拉动的增长，由此我们认为，美国经济已经由持续两年的复苏期转入自主增长能力不断增强的经济扩张期。

2. 2005 年一季度美国经济运行特征

首先，国际市场石油价格居高不下影响美国消费的增长。美国商务部公布数据显示，2005 年 3 月，美国零售销售增长 0.3%，低于华尔街原预期的增长 0.7%，扣除汽车销售的零售销售仅增长 0.1%，为 2004 年 4 月以来的最低纪录。2005 年 1 月和 2 月份的零售销售增长率分别为 0.1% 和 0.5%。3 月份消费增长减速的主要原因在于：汽油价格高涨抑制了家庭支出，利率水平的持续攀升迫使消费者推迟借贷消费。此外，复活节假期及不同于往年的天气变化也在一定程度上影响了消费增长。

其次，制造业继续恢复，工业生产和设备利用率上升。2005 年 1 到 3 月，美国工业生产增长率分别为 4.2%、3.3% 和 3.9%，设备利用率分别为 79.2%、79.3% 和 79.4%，高于过去 12 月份的平均值 78.6%。

第三，劳动力市场总体改善，新增就业月度数字起伏较大。2004 年全年美国就业增长创下 1999 年以来最高纪录。2005 年前三个月，非农就业人口连续保持增长，但月度数字起伏很大，1 月和 2 月份的新增就业分别为 12.4 万人和 24.3 万人，3 月份新增就业为 11 万人，低于 22 万的预计值，为八个月以来的最小增幅。1~3 月份，美国的失业率分别为 5.2%、5.4% 和 5.2%。显然，石油价格居高不下及其他原材料价格上升导致企业成本增加，从而抑制了雇主增加人手的愿望。

第四，通货膨胀压力持续积累。2005 年 1 月，美国消费价格指数 CPI 比上月增加 0.1%，2 月份则继续上升到 0.4%，为去年 10 月份以来的最大增幅，以年率计，消费物价指数上升了 3%。今年 1~2 月份，剔除食品和能源的核心消费物价指数分别上升 0.2% 和 0.3%，以年率计，则为 2.4%，为 2002 年 5 月以来的最高水平。2005 年 3 月，美国生产者物价指数（PPI）增长 0.7%，2 月份为上升 0.4%；扣除食品和能源的核心 PPI 上升 0.1%，2 月份亦为增长 0.1%。衡量未来通胀压力的指标 ECRIFIG 在今年 1 月到 3 月份分别为 119.5、118，6 和 118.4，表明潜在通胀压力仍处于较高水平。

第五，贸易逆差继续扩大。美元贬值带来的出口增长效应受到进口上升的侵蚀，美国贸易逆差持续积累。高油价推动美国 2 月份贸易逆差扩大至创纪录的 610.4 亿美元，1 月份修正后的逆差为 585.0 亿美元。

第六，金融市场指标利率再次上升。2005 年 2 月和 3 月份，美国联邦公开市场委员会两度提高联邦基金利率和贴现率，每次各 25 个基点，总计 50 个基点，目前，联邦基金利率为 2.75%，贴现率为 3.75%。

3. 美国经济前景

美国经济前景取决于以下因素：（1）国际市场石油价格；（2）美国宏观经济政策的变化趋势和效果；（3）美国国内消费和投资的潜在增长能力。综合分析上述各方面的因素，考虑经济谘商会公布的领先经济指标表现，我们认为，2005 年美国经济将继续承接 2004 年的良好发展态势，但在宏观政策刺激效应衰减的前提下，美国经济放缓的可能性有所上升。

二、欧元区经济

2004 年，在内部需求增长的拉动下，欧元区经济增长有所加快。2004 年全年，欧元区 GDP 增长率为 2.1%，欧盟 25 国的 GDP 增长率为 2.3%，均高于 2003 年的 0.5% 和 0.8%。欧元区全年一到四季度的 GDP 同比增长率分别为 1.5%、2.2%、1.8% 和 1.6%。从其实体经济的贡献率来看，由居民消费开支、政府最终开支、固定资本形成及库存变化构成的国内需求成为欧元区经济增长的主要动力。2004 年一至四季度，国内需求对 GDP 的贡献率分别为 1.2%、1.5%、2.3% 和 1.7%，净出口对 GDP 的贡献率则分别为 0.3%、0.6%、-0.5% 和 -0.1%。

首先，由于利率处于历史性低点，居民消费逐渐复苏，其对 GDP 的贡献占整个内部需求的 50% 以上。

其次，企业融资及投资能力有明显增强，固定资本形成在内部需求中保持稳定的比例。

第三，政府开支约占内部需求对 GDP 贡献的 30% 左右。

第四，世界其他国家和地区的经济增长对欧元区经济产生了一定的带动作用，但是，这种作用受到欧元区汇率不断攀升的侵蚀，外部需求对欧元区经济增长的拉动力量逐渐衰减，并在 2004 年下半年转为负值。

2005 年一季度，全球经济放缓及欧元汇率的持续上升限制了欧元区经济的扩张，居高不下的石油价格则加重了欧元区通货膨胀的压力。2005 年 1～2 月份，欧元区零售销售分别比去年同期下降 0.5% 和上升 1.0%，其中，食品、饮料和烟草的零售销售分别比去年同期下降 0.9% 和上升 1.9%，非食品类零售销售则分别比去年同期上升 0.4% 和 0.1%。2005 年 1 月份，欧元区的工业生产比 2004 年 12 月份上升 0.5%，为连续两个月保持增长，在一定程度上改变了 2004 年 10 月到 11 月份的工业生产下降局面。

尽管欧元区消费和工业生产有所恢复，但劳动力市场表现仍不尽如人意。2005 年 1 月份，欧元区经过季节调整的失业率为 8.8%，2 月份则继续上升到 8.9%，回到了过去两年的最高点。随着国际市场石油价格的攀升，欧元区通货膨胀压力再度显现。2005 年 1 月份，欧元区可调和物价指数（HICPS）年率为 1.9%，2 月份和 3 月份均为 2.1%。截至 2005 年 3 月份的 12 个月，平均可调和物价指数为 2.2%。

我们认为，未来一个时期，由于欧元区宏观经济政策将继续保持宽松，通货膨胀温和，企业获利前景可望改善，结构性改革取得新的进展，区内需求持续增长将推动欧元区经济逐渐恢复到潜在增长水平。最近，欧元区三大经济研究机构——德国 IFO、法国国家统计局（INSEE）和意大利的 ISAE 公布了对欧元区 12 国经济增长的联合预期。它们认为，2005 年一季度，欧元区的 GDP 增长年度比率将达 1.3%，二季度下降到 1.1%，三季度则上升到 1.3%，同期的通货膨胀率将保持在 2.0%。

三、日本经济

2004 年全年，日本实际 GDP 增长 2.7%，其中，GDP 增幅的 1.9% 来自国内需求，主要表现为居民消费增加 1.5%，居民住宅投资增加 2.2%，企业设备投资增加 5.9%，库存下降 0.2%；GDP 增幅的 0.8% 来自商品和服务的净出口，其中，商品和服务出口增加 14.3%，进口增加 8.9%。从季度数字看，2004 年一至四季度，日本名义 GDP 增长率分别比上季度增长1.2%、下降0.6%、下降0.2%和上升0.2%；同期，日本实际GDP增长率分别比上季度上升1.5%、下降0.3%、下降0.3%和上升0.1%。这表明日本经济一度在二、三季度由于出口、投资和消费疲软等原因而陷入衰退。2005年一季度，日本经济又出现了一些新的不明朗因素，经济复苏再度面临风险。

日本政府公布修正数据显示，经季节调整，2005年1月份，日本工业生产增长3.2%，日本工业产出活动指数上升2.4%，2月份工业生产较上月下滑2.3%。2月份工业生产大幅锐减表明日本工业生产前景仍不明朗。

2005年1月份，日本实际出口增加3.7%，实际进口增加6.5%；2005年2月份，日本实际出口转为下降2.9%，实际进口则下降5.7%。经季节调整后，日本2月份经常账盈余较上月增长10.0%，2月贸易顺差较去年同期下滑20.3%至1.2348万亿日元。

随着经济增长的减速，日本失业率再度创出新高，2005年1月份，日本失业率为4.5%，2月份则上升到4.7%。

日本央行公布的数据显示，受国际市场石油价格上扬的影响，日本企业商品价格指数继续上升。2005年1~2月份，企业商品价格指数（CGPI）均较上年同期上升1.3%，但消费者物价指数则继续保持负增长，1月份和2月份分别为-0.3%、-0.4%，这表明日本仍然未能摆脱通货紧缩的桎梏。

四、新兴市场经济

2004年亚洲新兴市场国家和地区的平均经济增长率达到7.3%，其中，新加坡GDP增长率为8.41%，泰国GDP增长率为6.05%，马来西亚GDP增长率为7%，菲律宾GDP增长率为6.1%，韩国GDP增长率为4.6%。亚洲经济增长来源于外部和内部需求两个方面，具有较为坚实的基础。

2005年，国际市场石油价格和原材料价格持续上升加大亚洲国家的通货膨胀压力。2005年1~3月份，印度尼西亚的通货膨胀年率分别为7.32%、7.15%和8.81%，创出2003年以来的新高；马来西亚1~2月份的通货膨胀率为2.38%，为2000年以来的最高点。

其次，美国及欧元区国家经济减缓通过降低对于亚洲国家的出口需求而影响其经济发展。

此外，美国金融市场指标利率进入上升周期及与之相伴随的国际金融投机活动，都可能对亚洲经济产生不利影响。

2004 年，在美国经济扩张及国际市场石油价格大幅上涨等因素的带动下，拉美经济强劲增长，制造业、建筑业和交通运输业全面复苏，创出 5.5% 的 GDP 增长率，是 1980 年以来的最好水平。其中，阿根廷 GDP 增长 8.8%，墨西哥增长 4.4%，委内瑞拉经济增长 17.3%。尽管拉美经济持续好转，但其经济结构性问题仍很严重，突出表现为国内需求不旺、投资率偏低、私人消费增长缓慢、债务压力较大等。

2005 年，世界经济大环境尤其是美国经济增长动力对拉美经济将产生比较大的影响，美国利率进入上升周期，将在一定程度上改变拉美国家刺激经济增长的低利率政策，从而减缓拉美经济增长速度。据墨西哥政府预测，其 2005 年的 GDP 增幅可能为 3.8%。

总体而言，由于新兴市场经济体继续采取谨慎的宏观经济政策，尤其是区内贸易不断发展，2005 年，新兴市场经济体将继续保持稳定的经济增长。据亚洲开发银行预计，2005 年亚洲发展中国家经济增长 6.5%，2006 年和 2007 年将分别增长 6.6% 和 6.9%。据国际货币基金报告预测，拉美经济 2005 年和 2006 年两年经济增长率将分别达到 4.1% 和 3.7%，低于去年水平。

五、国际经济环境变化对中国经济的影响

首先，世界主要经济体出现增长减缓趋势，将在一定程度上减少对我国出口商品的需求，导致我国经济发展外需减弱，从而影响我国经济发展。此外，如果美国及欧元区经济减速程度加深，可能加剧其国内的贸易保护情绪，导致更多的贸易摩擦和反倾销诉讼，使我国外贸出口面临更严重的挑战。

其次，近年来，我国对能源、原材料的进口需求大幅增加。而国际市场原油和原材料、金属和矿物价格居高不下，将对我国国内的物价结构及水平形成冲击，加大我国企业生产成本，甚至可能引起潜在的通货膨胀风险及其他价格变动风险。

第三，美国金融市场指标利率持续上升，将影响金融机构及其他市场参与者的风险偏好，并在金融市场引起连锁反应，甚至有可能引起不同程度的国际金融市场动荡，从而使我国涉外企业面临更大的金融风险。

附图与附表

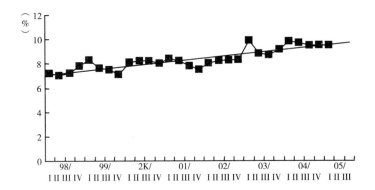

附图 1 GDP 增长率

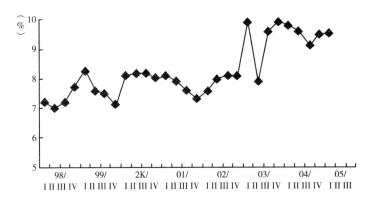

附图 2 GDP 季度增长率估计值

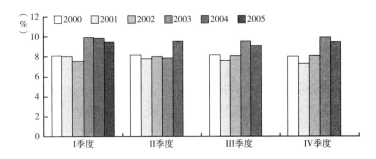

附图 3 国内生产总值季度增长率比较

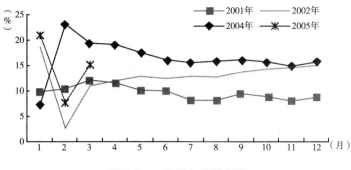

附图 4　工业增加值增长率

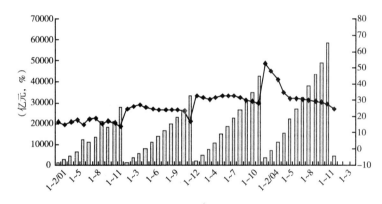

附图 5　固定资产投资及其增长率

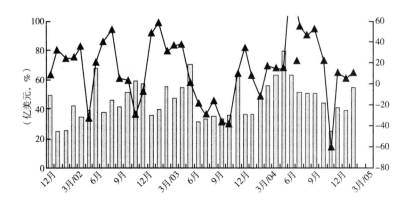

附图 6　外商直接投资及其增长率

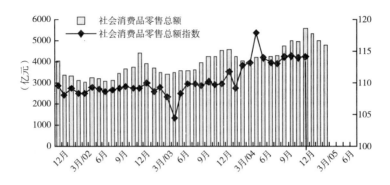

附图7　社会消费

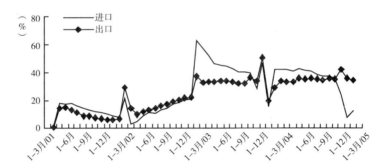

附图8　进出口累计增长率

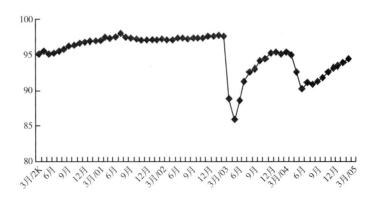

附图9　消费者信心指数

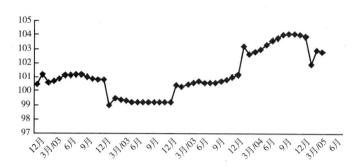

附图 10　全国居民消费价格总指数（同期指数）

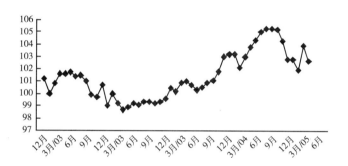

附图 11　全国居民消费价格总指数（当月）

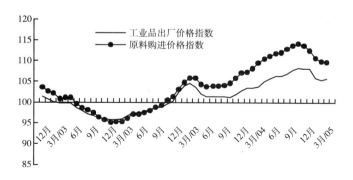

附图 12　投资品价格指数

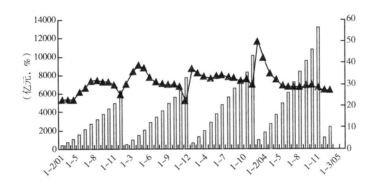

附图13 房地产投资及增长率

表1-16 2005年Q1主要宏观经济指标增长情况

单位：%

项　　目		2003 年	2004 年	2005 年			
				1～3 月	1 月	2 月	3 月
经济增长	国内生产总值	9.1	9.5	9.5	na.	na.	na.
	第一产业	2.5	6.3	4.6	na.	na.	na.
	第二产业	12.5	11.1	11.3	na.	na.	na.
	第三产业	6.7	8.3	7.6	na.	na.	na.
工　业	工业增加值	17.0	16.7	16.2	20.9	7.6	15.1
	其中:国有及控股企业	14.3	14.2	12.0	17.0	4.0	11.8
	集体企业	11.5	9.9	12.0	19.5	6.4	12.9
	股份制企业	18.3	16.7	17.1	21.2	8.5	17.6
	外商及港澳台投资企业	20.0	18.8	16.2	21.6	6.70	12.8
	工业产品销售率	98.06	97.79 *	97.3	97.68	96.96	97.51
	发电量	15.4	14.9	13.0	27.3	-0.6	13.4
价　格	消费价格(CPI)	1.2	3.9	2.8	1.9	3.9	2.7
	工业品出厂价格	2.3	6.1	5.6	5.8	5.4	5.6
投　资	固定资产投资 *	28.2	25.8	25.3	—	24.5	25.3
	其中:制造业	28.7	36.3	25.6	—	19.8	25.6
	房地产开发	29.7	29.1	27.8	—	27.0	27.8
消　费	社会商品零售总额	9.1	13.3	13.7	11.5	15.8	13.9
	其中:城市	10.3	14.7	14.7	11.8	17.3	15.2

续表

项　目		2003 年	2004 年	2005 年			
				1~3 月	1 月	2 月	3 月
外　贸	进出口总额	37.1	35.7	23.1	33.1	11.0	25.6
	出　口	34.6	35.4	34.9	42.2	30.8	32.8
	进　口	39.9	36.0	12.2	24.0	-5.0	18.6
外　资	FDI 合同金额	39.03	33.4	4.5	27.7	-18.4	2.4
	FDI 实际使用额	1.44	13.3	9.5	10.7	5.7	11.4
财　政	财政收入	14.7		13.4*	22.5	2.5	
	财政支出	11.6		10.9*	13.7	8.1	
	财政结余(亿元)	-2916.0		2234.22*	1549.4	684.8	
金　融	M_0	14.3	8.7	14.0	7.8	14.0	14.0
	M_1	18.7	13.6	9.9	15.3	10.6	9.9
	M_2	19.6	14.6	10.1	14.1	13.9	10.1
	金融机构贷款增长率	21.4	14.4	13.0	14.5	13.5	13.0
	金融机构存款增长率	20.2	15.3	15.6	16.0	15.6	15.6
	企业存款	20.8	17.0		20.6	15.0	
	居民储蓄存款	19.2	15.4		11.9	15.9	

＊数是 1~2 月计算数。 ＊价格数为估算数。

＊固定资产投资，月度值为累计数。 ＊金融当月值为累计数。

第二章　2005 年第二季度

第一部分　国民经济运行情况

　　今年上半年，宏观政策面上继续落实各项宏观经济政策，进一步巩固宏观调控成果，推进相关改革措施，国民经济总体运行态势良好。具体可归纳为：整体经济继续保持平稳较快发展，宏观调控效果初步显现，但经济运行中的一些突出矛盾和问题依然存在，一些新问题的苗头值得关注。

一、国民经济运行基本情况

（一）工农业生产继续保持平稳较快增长

　　总体上看，二季度经济继续保持了平稳较快增长的运行态势。初步核算，上半年国内生产总值 67422 亿元，同比增长 9.5%，比去年同期低 0.2%。其中，第一产业增加值 6707 亿元，增长 5.0%；第二产业增加值 39635 亿元，增长 11.2%；第三产业增加值 21080 亿元，增长 7.8%。第二季度国内生产总值增长 9.5%。与往年相比，显示出整体经济仍处在较高位增长的大趋势中。

表 2-1　国内生产总值增长率（2005 年 1~6 月）

	国内生产总值增长率		
	1~6 月累计	一季度	二季度
国内生产总值	9.5	9.4	9.5
第一产业	5.0	4.6	5.2
第二产业	11.2	11.1	11.2
第三产业	7.8	7.7	7.8

　　注：二季度为初步核算数。

1. 工业生产保持较快增长

上半年，全部国有工业企业和年产品销售收入 500 万元以上的非国有工业企业累计完成增加值 32274 亿元，同比增长 16.4%。其中，国有及国有控股企业增长 11.6%，集体企业增长 14.8%，股份制企业增长 18.0%，外商及港澳台地区投资企业增长 15.7%。分轻重工业看，重工业增长 16.9%，轻工业增长 15.4%。分产品看，原煤产量同比增长 9.7%，发电量增长 13.2%，天然气增长 19.7%，生铁、粗钢和钢材产量分别增长 33.1%、28.3% 和 25.9%，水泥增长 8.2%，平板玻璃增长 14.5%，微型电子计算机增长 61.3%（其中，笔记本计算机增长 101.9%），显示器增长 47.9%，打印机增长 33.4%，手机增长 12.2%，轿车产量增长 5.2%，电站锅炉、电站气轮机和电站水轮机分别增长 31%、69.4% 和 24.9%，发电设备增长 45.3%，采矿设备、金属冶炼设备和金属轧制设备分别增长 29%、6.9% 和 38%。上半年产销衔接仍较好，规模以上工业产品销售率 97.54%，同比提高 0.3%。

2. 农业生产形势较好

夏粮又获丰收。据初步统计，夏粮总产达到 10627 万吨，增产 512 万吨，增长 5.1%。早稻也可望获得好收成。畜牧业增长较快，上半年肉类总产量增长 6.2%。

（二）三大需求稳步增加

1. 固定资产投资保持平稳增长

上半年全社会固定资产投资 32895 亿元，同比增长 25.4%，增速比去年同期回落 3.2%。其中，城镇固定资产投资 27967 亿元，增长 27.1%，回落 3.9%。在城镇固定资产投资中，房地产开发投资增长 23.5%，比去年同期回落 5.2%；国有及国有控股企业投资 14028 亿元，同比增长 10.8%；房地产开发完成投资 6193 亿元，增长 23.5%。分项目看，中央项目完成投资 3013 亿元，同比增长 15.5%；地方项目完成投资 24954 亿元，增长 28.7%。分产业看，第一产业投资 259 亿元，同比增长 20.8%；第二产业投资 11939 亿元，同比增长 35.3%；第三产业投资 15769 亿元，同比增长 21.6%。与此同时，煤、电、油、运等行业投资得到加强。其中，煤炭开采及洗选业投资比去年同期增长 81.7%，石油和天然气开采增长 36.2%，电力、燃气及水的生产和供应业增长 35.9%，铁路建设增长 48.0%。金属冶炼和加工业投资仍较快增长。黑色金属冶炼及压延加工业投资 974 亿元，增长 18.6%；有色金属冶炼及压延加工业投资 298 亿元，增长 28.4%。

2. 消费需求增长加快

上半年社会消费品零售总额 29610 亿元，同比增长 13.2%（6 月份，4935 亿元，增长 12.9%），扣除价格因素，实际增长 12.0%，实际增速快于去年同期 1.8%。其中，城市消费品零售总额 19882 亿元，增长 14.2%；县及县以下 9727 亿元，增长 11.1%。在全国限额以上批发零售贸易业中，吃、穿、用商品类零售额同比分别增长 16.9%、20.5% 和 18%。粮油类增长 37.8%，肉禽蛋类增长 23.7%，服装类增长 21.6%，文化办公用品类增长 7.4%，书报杂志类增长 9.3%，体育、娱乐用品类增长 20%，日用品类增长 12.2%，家用电器和音像器材类增长 17.4%，家具类增长 14.3%，中西药品类增长 13.2%，化妆品类增长 21.6%，金银珠宝类增长 17.3%，通信器材类增长 20%，汽车类增长 9.7%，石油及制品类增长 37.4%。

二季度消费者信心指数走势平稳。6 月份，该指数为 94.6 点，比 3 月份上升 0.2 点。在构成消费者信心指数的子指数中，收入信心指数继续保持上升势头。6 月份，预期个人或家庭收入在未来会有所增长或保持不变的消费者占 69%，比 3 月份上升 5%，收入信心指数上升到 85.3 点。

以上情况表明，在宏观调控政策和措施的作用下，今年以来的国民经济形势继续朝宏观调控预期方向发展，总体形势良好，保持了增长的连续性和稳定性，国民经济继续运行在较快的增长区间。

3. 对外经济继续保持增长

出口继续快速增长，进口增长明显放缓，呈高出低进态势。上半年进出口总额 6450 亿美元，同比增长 23.2%，比去年同期减慢 15.9%。其中，出口 3423 亿美元，增长 32.7%，减慢 3%；进口 3027 亿美元，增长 14.0%，减慢 28.6%。进出口相抵，贸易顺差 396 亿美元。2005 年 1～6 月份全国外商投资新设立企业 21212 家，比上年同期下降 1.79%；合同外资金额 861.91 亿美元，同比增长 18.99%；实际使用外资金额 285.63 亿美元，同比下降 3.18%。外汇储备继续大幅度增加，到 6 月末，国家外汇储备 7110 亿美元，比年初增加 1011 亿美元。

（三）物价水平温和上涨

1～6 月份累计，居民消费价格总水平比去年同期上涨 2.3%。低于去年同期 3.6% 的水平，继续处于温和上涨的状态。其中，城市上涨 1.9%，农村上涨 2.9%。在主要类别中，食品价格上涨 4.4%，居住价格上涨

5.7%，娱乐教育文化用品及服务价格上涨 2.7%，其他类商品价格基本稳定或略有下降。动态地看，居民消费价格涨幅稳步回落。4、5、6 月份的同比涨幅分别为 1.8%、1.8% 和 1.6%，环比分别下降 0.3%、0.2% 和 0.8%。上半年工业品出厂价格同比上涨 5.6%，原材料、燃料、动力购进价格上涨了 9.9%，仍维持在较高水平。

（四）国家、企业、居民收入继续增加

财政收入继续增长。上半年，全国财政收入完成 16392 亿元，同比增长 14.6%，比去年同期有所减缓。这是由于出口退税增加较多，以及受进口增长放缓影响，海关代征消费税和增值税增幅下降，消费税增幅下滑。上半年，海关代征消费税和增值税同比仅增长 6.6%，比上年同期减慢 44.6%；出口退税 631 亿元，同比多退 568 亿元。其余各主要税种均保持较快增长。财政支出增长快于收入增长，上半年，全国财政支出 12421 亿元，比去年同期增长 15%，与上年同期持平，高于财政收入增速。其中，基本建设支出增长 37.2%，城市维护建设费增长 25.2%，抚恤和社会福利救济费增长 24.8%，工交流通部门事业费增长 18.7%。财政收支相抵，收大于支 3956 亿元，同比增加 306 亿元。

企业利润继续较快增长，但增幅在高位明显回落。1～5 月份，全国规模以上工业企业（全部国有企业和年产品销售收入 500 万元以上的非国有企业，下同）实现利润 4968 亿元，比去年同期增长 15.8%。工业经济效益综合指数 167.28，比去年同期提高 8.46 点。在规模以上工业企业中，国有及国有控股企业实现利润 2491 亿元，比去年同期增长 13.6%；集体企业 183 亿元，增长 29.3%；股份制企业 2572 亿元，增长 25.2%；外商及港澳台商投资企业 1372 亿元，下降 4.3%；私营企业 539 亿元，增长 32.6%。规模以上工业企业累计税金总额 4072 亿元，同比增长 19.5%，其中，国有及国有控股企业 2525 亿元，增长 16.9%。在 39 个工业大类中，煤炭、石油、黑色金属矿、有色金属矿、非金属矿等采矿业利润同比分别增长 88%、71.8%、35.6%、149.7%、51.6%，纺织行业增长 41.2%，钢铁行业增长 29.8%。

城乡居民收入继续快速增长。上半年全国城镇居民人均可支配收入 5374 元，同比实际增长 9.5%；农民人均现金收入 1586 元，实际增长 12.5%，增速分别比去年同期加快 0.8% 和 1.6%。

（五）金融平稳运行

2005 年 6 月末，广义货币供应量（M_2）余额为 27.6 万亿元，同比增长 15.7%，增长幅度比去年同期低 0.5%，比 2004 年末和今年 5 月末各高 1%；狭义货币供应量（M_1）余额为 9.9 万亿元，同比增长 11.3%，增长幅度比去年同期低 4.9%，比 2004 年末低 2.3%，比上月末高 0.9%；市场货币流通量（M_0）余额为 2.1 万亿元，同比增长 9.6%。上半年累计净回笼现金 620 亿元，同比少回笼 108 亿元。消除季节因素后，6 月末广义货币供应量（M_2）月环比折年率为 15.3%，比 5 月末高 1.2%；狭义货币供应量（M_1）月环比折年率为 13.1%，比 5 月末高 1.2%。各项存款稳定增长，6 月末，全部金融机构本外币各项存款余额为 28.3 万亿元，同比增长 16.8%。各项贷款合理增长，6 月末，全部金融机构各项贷款本外币余额为 19.9 万亿元，同比增长 13.2%；全部金融机构人民币各项贷款余额为 18.6 万亿元，同比增长 13.3%，增幅比去年同期低 3.1%，比 2004 年末低 1.3%，比上月末高 0.9%。总体上看，货币供应量增长平稳。

二、宏观调控要解决的问题正逐步得到解决

一是农业增产、农民增收的前景比原先预期的好。由于国家出台的一系列鼓励种粮政策正确、有效，农民扩大了良种的播种面积，投入也增加了，夏粮可望继续得到较好收成，夏粮总产有可能在去年 2020 亿斤的基础上再增产 100 亿斤左右，增幅在 3% 以上。农民收入也保持了较快增长，农民人均现金收入在一季度实际增长 11.9% 的基础上，上半年增长达 12.5%，比去年同期增加 1.6%。

二是投资反弹压力减少。虽然近两个月投资累计增幅略有回升，但还是在可以接受的增长水平范围内。其中，房地产投资累计增长速度逐月明显回落（见附图）。这两个月几个主要行业投资增幅略有加快，主要表现为基础设施项目、大工业项目投资增幅有所回升，其他领域的投资增幅减缓。从发展趋势看，尽管地方政府存在一定的投资冲动，但由于国家对土地和信贷管理得比较紧，加上微观方面的变化，企业的投资意向也在减弱，投资增幅出现大的反弹的可能性很小。

三是通货膨胀或紧缩的预期正在下降。当前，尽管上游产品价格仍然居高不下，但已经开始呈现向下走的迹象，而居民消费价格上涨比较温和，上半年同比上涨幅度仅为 2.3%，环比则呈逐月下降趋势（见附图）。从居民消费价格观察，通货膨胀上升的势头已经得到遏制，当前的价格上涨幅度还是各方面可以接受的一个水平。

三、当前经济运行中值得关注的几个问题

国民经济正朝着良好的运行态势发展，这一点是应该肯定的。但是，也应该清楚地看到，经济发展和改革进程中的深层次矛盾依然存在，如农民增收难度大，煤、电、油、运形势总体仍然偏紧，经济结构调整难度大，投资规模、结构和速度不尽合理等。这些问题仍然困扰着中国经济的进一步稳定快速发展。就近阶段而言，经济运行中出现了一些新的值得关注的苗头性问题，需要在宏观和微观层面上加以充分观察和注意。

（一）关于投资增长速度问题

去年下半年以来，投资增速呈现高位回落的态势，投资过快增长的势头在宏观政策调控的影响下有所遏制，但从目前情况看，这一问题仍未完全解决。一是固定资产投资规模依然偏大，速度仍然偏快，且结构不合理。上半年的固定资产投资增长幅度仍高达 25.4％，城镇固定资产投资增幅则达 27.1％。其中房地产投资增长依然较快，在土地和信贷控制仍较紧的情况下，上半年的同比增速仍达到 23.5％。况且，这只是个相对速度，是相对于今年价格因素影响不大的情况下增长的。今年固定资产投资的价格指数上半年只有 1.7％，而去年该指数是 6.8％，房地产投资实际增长仍处于较快的水平，仍有调控的空间。

（二）关于对外经济问题

受市场环境影响和对人民币升值预期的驱动，对外贸易顺差明显扩大，实际利用外资下滑。从今年一季度以来，由于进出口增长出现新的动向，进出口贸易尤其是双边贸易不平衡的问题趋于突出，而且这种趋势仍在上升（出口与进口的增幅差逐渐扩大）。从保障国家经济安全、防范贸易摩擦风险、减轻资源瓶颈约束和加强环境保护问题的角度看，应该对加快调整进出口结构、转变外贸增长方式等问题充分重视并加以研究。

实际利用 FDI 在规模上与 2003 年前些时候相比仍处于较高水平之上，但与去年同期相比，则呈现明显的下滑趋势（见附图）。这是近几年来少有的现象。利用外资下降是喜是忧，值得关注。从好的方面可以理解为，各级政府贯彻落实科学发展观，对外资由原来的来者不拒转为有选择的吸收，利用外资增长势头减弱。但不利的一方面是外资对经济增长的拉动减弱，会带来经济的短期波动。

（三）关于工业企业效益问题

这集中反映在工业企业效益明显回落。1～5 月份，规模以上工业企

实现利润增长 15.8%，同比回落 27.9%。如果扣除石油、煤炭两个行业的利润，只增长 3.9%。这说明整个工业行业的盈利水平明显下降。这些行业主要是通信设备、计算机及其他电子设备制造业，电力、热力的生产和供应业，非金属矿物制品业，化学纤维制造业，交通运输设备制造业，石油加工、炼焦及核燃料加工业。与此同时，企业亏损大幅度增加，1~5 月份，亏损企业亏损额同比增亏 56.1%，亏损面明显扩大。企业效益状况的变化表明微观层面的经营状况令人担忧，同时也说明企业适应市场经济的能力还比较低，要给予高度关注。

此外，农业生产资料价格大幅上涨，农产品价格走低和一些地区自然灾害严重等因素，也给农民收入增加带来新的不确定因素。

第二部分　经济增长趋势分析与预测

通过对历史数据资料和今年上半年经济运行情况进行分析，现对今年下半年的经济增长趋势进行分析与预测。

一、2005 年下半年经济增长趋势的判断

以下是有关权威机构和我所对今年下半年经济增长趋势的分析与判断。

（一）有关机构对今年下半年经济增长趋势的判断

早在一个月以前，国内经济学界对当前的宏观经济运行趋势出现了两种截然不同的判断：一种观点认为宏观调控收得过紧，有通货紧缩之忧，进而判断下一步的经济会有所放缓；另一种观点则认为目前投资增速仍然过快，隐性通货膨胀仍然存在。那么，中国的经济增长是否已经进入一个周期性的拐点？国家统计局二季度的新闻发布会提供的资料显示今年上半年国民经济运行基本正常，大部分机构认为今年内国民经济在总体上快速稳定增长已成定局，只是在下半年会适当放缓。以下是来自相关机构对今年下半年经济增长的预测。

1. 企业景气调查和经济学家信心调查显示今年下半年经济增长小幅减缓

国家统计局 7 月 5 日发布的企业景气报告显示，根据全国 19500 家各种类型企业的调查结果[①]，今年二季度，全国企业景气指数为 131.7，分别比一季度和去年同期下降 0.8 和 2.7 点。各类企业的经济景气指数呈现如

---

① 资料来自国家统计局网站。

下特点。

第一，国有企业、联营企业景气指数分别为 130.9 和 125.2，分别比一季度提高 2.8 和 8.6 点，比去年同期提高 2.8 和 8.6 点。集体企业、有限责任公司、股份有限公司、私营企业、其他内资企业、外商及港澳台地区商投资企业景气指数分别为 109.0、130.4、141.2、119.9、128.3 和 137.5，分别比一季度下降 0.3、2.1、5.0、2.1、8.3 和 0.8 点，比去年同期下降 4.3、2.7、13.6、1.9、8.0 和 4.1 点；股份合作企业景气指数为 118.8，与一季度和去年同期基本持平。

第二，制造业、交通运输仓储和邮政业、批发和零售业、房地产业景气指数分别为 128.4、130.7、135.0 和 126.6，分别比一季度下降 2.4、5.8、6.8 和 8.0 点，比去年同期下降 4.5、0.4、3.8 和 6.4 点；建筑业、住宿和餐饮业景气指数分别为 128.7 和 125.7，分别比一季度提高 6.8 和 7.4 点，比去年同期下降 1.9 和 3.6 点；电力燃气及水的生产和供应业、社会服务业景气指数分别为 137.2 和 126.0，分别比一季度提高 7.1 和 3.5 点，与去年同期基本持平；采矿业、信息传输计算机服务和软件业景气指数分别为 162.8 和 154.2，分别比一季度提高 3.7 和 1.9 点，比去年同期提高 5.5 和 2.2 点。

第三，中小企业景气指数为 118.2，分别比一季度和去年同期提高 1.9 和 1.4 点；大型企业景气指数为 149.4，分别比一季度和去年同期下降 5.1 和 9.1 点。

第四，中部和西部地区企业景气指数分别为 131.5 和 125.6，均与一季度和去年同期持平；东部地区企业景气指数为 134.3，分别比一季度和去年同期下降 2.1 和 5.3 点。

根据上面的分析，今年二季度大部分经济景气指数持平或下降。因此，在总体上，今年三季度或下半年我国经济增长速度会适度放缓，但幅度有限。

另外，据国家统计局中国经济景气监测中心于 2005 年 6 月底进行的中国经济学家信心调查[①]显示，二季度中国经济学家信心指数为 5.2（取值范围在 1~9 之间），比一季度回落 0.51 点，为 2004 年一季度以来的最低值（见图 2-1）。

---

① 调查遴选了国内有代表性、对宏观经济有研究的 60 位经济学家作为对象，通过问卷了解他们对当前经济现状及未来发展趋势的判断，并征求他们对未来宏观经济政策及改革的建议。

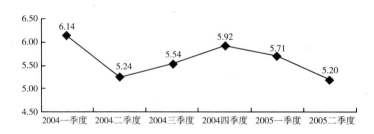

图 2 - 1   中国经济学家信心指数图

资料来源：国家统计局统计科学研究所《研究参考资料》第 78 期。

图 2 - 1 表明，经济学家信心指数不断降低，也就说明经济学家对今年下半年经济增长趋势持减缓的判断。因为从指数的构成来看，导致经济学家信心回落的主要原因是经济学家对未来经济走势趋于下滑的预期和担忧。同时，经济学家普遍认为：全年 GDP 增长对贸易顺差的依赖明显增大，出口和投资增长预期下滑；物价加速回落；FDI 呈下滑态势；房地产价格趋于下降；经济"热度"明显降低；人民币升值压力有所缓解。经济学家预期下半年经济增长趋于走低，但通货紧缩风险不大，宏观经济可望在保持较快增长的同时实现"软着陆"。因此，今年下半年经济增长仍然会保持在一个较高的水平。

2. 宏观调控部门认为经济增速将放缓但不会过冷

今年 7 月 13 日，国家发展和改革委员会宏观经济研究院发布的一份报告预计[①]，今年下半年我国经济增速将放缓，第三、四季度预计同比分别增长 8.6% 和 8.2%，全年经济同比增长 8.8%，比去年回落 0.7%。这是国家发展和改革委员会第一次发布经济增速将放缓的观点。而此前，该机构的态度一直强调防止经济过热不可松懈，调控不能放松。其预测的主要依据是：2005 年的前 5 个月中，我国净出口增长速度急剧上升，净出口成为经济增长的最重要动力之一；CPI 和 GDP 减缩指数增速下降；工业企业利润总额增速下降。这三点都说明，2002 年底以来的本轮经济周期的转折点可能已经出现。

中国人民银行对今年下半年经济增长趋势的态度也比较鲜明。在中国人民银行货币政策委员会 6 月 29 日召开的季度例会上，参会者对于人民币汇率

---

① 资料来自 2005 年 7 月 16 日《21 世纪经济报道》。

调整、宏观经济形势的基本判断以及下一步的政策组合等方面已达成共识，认为经济已进入下行的调整期，接下来需要注意的是"经济会不会过冷"。中国人民银行 7 月 14 日公布的最新数据似乎印证了上述看法。2005 年 6 月末，广义货币供应量（M_2）余额为 27.6 万亿元，同比增长 15.7%，增长幅度比去年同期低 0.5%；狭义货币供应量（M_1）余额为 9.9 万亿元，同比增长 11.3%，增长幅度比去年同期低 4.9%，比上年末低 2.3%[①]。金融货币政策显示偏紧，将对投资增长的稳定性产生负面影响。

（二）我所对今年下半年经济增长趋势的判断

通过对今年上半年经济形势运行状况的讨论与分析，我们认为，当前的 GDP 增长速度是基本正常的，宏观经济调控政策效果得到显现，经济的局部过热现象有所缓解，主要表现在以下几个方面：第一，物价涨幅有所回落。居民消费价格涨幅基本上都呈逐月回落态势。上半年居民消费价格同比上涨 2.4%[②]，比去年同期下降 3.6%；原材料、燃料和动力购进价格和工业品出厂价格分别上涨 9.9% 和 5.6%，涨幅虽然还是较高，但比去年下半年有明显回落。第二，货币供给与经济发展比较协调。上半年广义货币（M_2）的增长速度是 15.7%，新增贷款是 1.45 万亿，增长了 13.3%，比去年还多增长了 240 亿，不存在通缩问题或通胀的问题。第三，从现实 GDP 与潜在 GDP 的比较来分析，今年上半年 GDP 增长率为 9.5%，与改革开放以来的年均增长率 9.4% 比较接近，这表明当前经济增长率仍在潜在增长区间内（8% ~ 10%）。

今年下半年，预计经济增长将适度回落。其主要依据是：第一，从先行指数来看，今年前六个月呈逐月回落态势，预示今年下半年经济增长率将有所回落。第二，从金融政策和货币需求来分析，今年下半年，央行继续实行稳健的货币政策，货币供应量和贷款增长速度难以出现大幅度回升，这一方面可能减小了即期价格上涨的压力，但另一方面也可能使经济增长放缓。从货币需求角度看，预期投资需求增幅将有所回落，消费需求增长将保持平稳，货物和服务净出口增长将明显趋缓。第三，从宏观调控力度来分析，今年下半年，政府继续严格控制土地和信贷两个闸门，国家治理房地产市场力度加大，加上上年同期基数较高，投资增幅有可能进一步回落。第四，从全球贸易特点来分析，随着世界经济增长放缓、国家对

---

① 以下资料和数据来自中国人民银行网站。

② 本部分的数据来自国家统计局第一季度和第二季度新闻发布会。

高耗能产品出口的限制、国际贸易摩擦加剧（根据最近中国与欧盟达成的协议，加上中美有关纺织品出口的争议悬而未决，下半年中国纺织品出口的增速将明显放缓）和基数高的影响，预计下半年出口增长将有所回落。进口则由于国内需求的旺盛、人民币7月升值等因素，其增长率可能明显回升，贸易顺差或将缩小。但也不排除人民币升值效应有一个过程，顺差仍将保持较大的规模。第五，从三次产业发展来分析，由于投资和出口增长放缓，下半年工业增长将有所回落，且由于目前我国经济增长主要是依靠第二产业驱动的，因此经济增长率也将随之回落。同时，工业企业利润增幅回落。1～5月份，规模以上工业企业实现利润4968亿元，同比增长15.8%，增幅比去年同期回落27.9%。工业企业利润回落表明工业增长速度将会放缓。

目前，也有一些机构和研究者对形势作出不同的判断，对经济是"软着陆"还是"硬着陆"众说纷纭。我们认为，产生这种分歧的原因是多方面的，主要包括以下四个方面：第一，经济矛盾日益复杂化，一些深层次的问题在短期难以观察。第二，观察的角度不同，比如，有人喜欢从价格水平来观察和判断经济现象，有人喜欢从失业率变动角度来研究问题，也有人喜欢从 GDP 缺口标准来评判经济。第三，所运用的理论方法和计量方法不同。比如说，凯恩斯理论与新古典理论对宏观经济的分析框架是不同的，而计量方法也存在许多的差异，不同的计量方法导致预测结果的差异。第四，存在一定的利益基础，经济学家、企业家、政府管理者等都有自己一定的利益原则，因此他们的价值判断也是不同的。可以说，对当前宏观经济出现不同的认识是必然的。

综上所述，我们的观点是：今年下半年，我国经济增长速度将基本平稳增长，但增长幅度会比上半年有所下降，由于经济增长的不确定性因素较多，下半年的经济增长下降是否成为本轮经济周期的拐点还有待进一步观察。

二、我所对 2005 年下半年经济增长预测结果①

我所 2005 年第二季度形势预测结果基于以下两种计量模型：一种是完全基于时间序列的 ARIMA 模型法（自回归移动协整模型），另一种是基于 GDP 与宏观经济政策变量相关分析的向量自回归模型（VAR 模型）。现运用

---

① 本部分数据来源于本所宏观形势分析季度数据库，由我所与国家统计局国民经济核算司等单位共同开发。

上述两种方法对 2005 年第三季度和下半年经济增长趋势进行预测。

（一）ARIMA 模型预测结果

根据模型预测的要求，选取 1998 年第一季度至 2005 年第二季度数据，使用 ARIMA（4，1，2）模型，具体形式如下：

$$GDP_{(t)} = 0.3316GDP_{(t-1)} - 0.2817GDP_{(t-2)} + 0.081GDP_{(t-3)} + 0.1787GDP_{(t-4)}$$

预测结果表明，今年第三季度预计经济增长率为 9.45%，下半年经济增长预测为 9.35%，全年经济增长预测为 9.40%。

运用 ARIMA 模型（样本数据为 1998 年第一季度至 2005 年第二季度）对 2005 年第三季度和下半年其他各主要指标进行预测，预测结果见表 2－2。

表 2－2　2005 年第三季度和下半年主要指标增长率预测表

单位：%

主要指标	第三季度	下半年	主要指标	第三季度	下半年
GDP	9.45	9.35	社会消费品零售总额	13.7	12.3
第一产业	6.9	6.8	全社会固定资产投资	20.4	24.0
第二产业	11.6	11.1	进　口	11.5	15.0
第三产业	6.6	6.8	出　口	27.9	24.2

从表 2－2 预测结果可以看出，2005 年下半年我国国民经济增长速度仍然较快，总体上能实现较高的增长率。从三次产业增长速度来看，和上半年相比，今年下半年第一产业增长幅度略有上升，而第二产业和第三产业的增长速度略有下降；全社会固定资产投资下半年预测增长率为 24%，比今年上半年增长幅度有所下降；社会消费品零售总额预计下降近 1%；进出口增长仍然保持"高出低进"趋势，但进出口差额有所缓解，进口今年下半年增长 15%，比上半年增幅高 1%，下半年出口预计增长 24.2%，比上半年的增幅降低超过 8%。

（二）VAR 模型预测结果

选择 1998 年第一季度到 2005 年第二季度数据作为样本数据，根据计量模型要求，先进行单位根与协整检验。原序列均具有单位根，为非平稳序列，进而进行单整检验，结果显示数据均为一阶单整序列。运用 Johansen 方法进行协整检验，结果表明 GDP、财政支出（FE）和货币供应量三变量之间存在协整关系，并运用格兰杰因果检验，结论表明99%的置信水平下可以认为财政支出（FE）和货币供应量（M$_2$）是 GDP 的格兰杰成因。

运用样本数据建立 VAR 模型，经过计量分析，取滞后期为 4 期，GDP 的回归模型如下：

$$
\begin{aligned}
GDP = {}& 0.0693 \times GDP(-1) + 0.0154 \times GDP(-2) + 0.21051 \times GDP(-3) \\
& + 0.6120 \times GDP(-4) + 0.0082 \times M_2(-1) + 0.0089 \times M_2(-2) \\
& + 0.0245 \times M_2(-3) - 0.00001 \times M_2(-4) - 0.1094 \times FE(-1) \\
& + 0.0715 \times FE(-2) - 0.1017 \times FE(-3) + 0.1498 \times FE(-4) \\
& + 1540.7316
\end{aligned}
$$

根据上述预测模型进行扩展，得到如下预测的结果（见表 2 - 3）。

表 2 - 3　2005 年下半年经济增长预测表

单位：%

指　　标	2005 年三季度	2005 年四季度	2005 年下半年
GDP 增长率	8.95	9.15	9.10

根据表 2 - 3，今年下半年经济增长率的预测值为 9.10%，比上半年经济增长率降低 0.4%。这一结果表明，受经济内生性因素、宏观经济政策及外部冲击等因素的影响，今年下半年，经济增长速度将会适度减缓，但仍然会在 9% 以上。

三、2005 年下半年经济增长预测结果分析

（一）经济增长态势的综合分析

在预测方法上，2005 年下半年的预测将时间序列方法（ARIMA）与向量自回归方法（VAR）相结合，利用国民经济内在运行机制和宏观经济政策来解释短期内经济的波动性，突出短期预测的特点。同时，它将定性分析与定是分析相结合，对定量模型的结果与现实经济运行的结果进行对比分析。

1. 根据两种模型计算的结果，今年下半年我国经济增长率在 9.10% ~ 9.35% 之间

今年下半年国民经济仍然会保持平稳较快增长，但受宏观经济政策调

控等的影响，增长幅度比上半年略有下降。

2. 在三次产业增长中，今年下半年基本保持原来的发展格局

第二产业呈快速增长趋势，对经济增长的贡献最大，第一产业的增长率将比上半年的增长率有所提高，第二产业和第三产业的增长幅度有所下降。

3. 固定资产投资在总体上将平稳回落，但由于在建项目和新开工项目仍然偏大，固定资产投资仍然在高位增速上

预计今年下半年全社会固定资产投资增长率在24%左右，固定资产投资回落的主要原因是国家对房地产投资的调控。社会消费品零售总额将平稳增长，全年增长基本稳定。

4. 下半年出口顺差将有所减少

根据预测结果，今年下半年出口预计增长率达到24.2%，而进口增长率预计达到15%，和上半年相比，出口增长有所减少，而进口增长有所增加，这是出口与进口增长长期不平衡合理回归的结果。特别是双边贸易顺差的大幅扩大，也加大了贸易摩擦的风险。在我国投资增长过快、资源瓶颈约束明显、环境保护问题突出的情况下，一些高耗能产品出口的快速增长增加了本已严重的国内资源供求矛盾和环保压力，使这种畸形的"高出低进"不可持续。

（二）预测结果的可靠性分析

今年下半年经济增长的不确定因素仍然不少，从而导致预测模型的结果存在误差，这种偏差的原因主要来自以下几个方面。

1. 投资反弹压力依然存在

去年下半年以来，投资增速呈现高位回落的态势，投资过快增长的势头得到一定遏制，但从目前情况看，问题仍未得到完全解决。一些过热行业投资降温还不到位，比如今年上半年电站建设又成为新的追逐热点；房地产投资增长依然较快，在土地和信贷控制仍较紧的情况下，房地产投资上半年仍然增长23.5%，增速较快；受一些上游商品价格持续上涨和盈利水平较高的影响，企业增加投资、扩大生产的动力仍较强，特别是地方政府投资冲动还很强劲。在这种情况下，稍有放松，投资仍可能出现强力反弹。

2. 煤电油运紧张状况仍未得到根本性缓解

近两年，煤电油运等瓶颈制约已经日益成为困扰经济运行的突出问题。从煤电油运的供给看，应该说增长都不慢。今年1~5月份能源生产总

量同比增长 9.4%，货运量增长 8.6%[①]。而且，煤炭出口放慢，原油进口持续增加，但煤电油运依然紧张，尤其是能源紧缺问题日趋突出。我国不是一个能源丰富的国家，近年来不得不花费大量外汇从国外进口石油和原油，以满足国内不断增长的能源需求。如果任由这种趋势发展下去，不仅使经济增长波动风险增大，也使资源配置发生扭曲——显然这种经济增长方式是不可持续的。

3. 国际环境处于不断变动之中

第一，国际原油价格持续在高位波动，且下一步的走势不明朗，对我国经济的进一步影响还有待观察。第二，贸易摩擦也会对进出口的规模与结构产生冲击。进出口贸易尤其是双边贸易不平衡的问题趋向突出。今年上半年，贸易顺差 396 亿美元[②]，为历史上同期最大顺差，必然带来贸易摩擦的风险。从产品结构看，一些高耗能产品出口高速增长，如钢坯及粗锻件、钢材等，强化了我国对世界经济的依赖程度，加大了经济波动的风险。第三，7 月份人民币的升值将对进出产生一定的影响，而这种影响对进出口差额带来不确定性，对国际贸易带来新的影响。

4. 经济运行的质量呈现波动性

数据显示，今年上半年工业企业利润增幅回落。1~5 月份，规模以上工业企业实现利润 4968 亿元，同比增长 15.8%，增幅比去年同期回落 27.9%。利润下降来自中下游企业成本上升，上半年居民消费价格（CPI）总水平上涨 2.3%，处于较低的水平；而工业品出厂价格（PPI）同比上涨 5.6%，原材料、燃料、动力购进价格上涨 9.9%，仍维持在较高水平。这种状况从 2004 年以来一直在维持，形成了一个两头挤的作用，使得大量中下游企业的利润空间遭到了挤压，效益下滑，形成经济增长的一个不确定因素。

第三部分　贸易形势分析

一、国内贸易

二季度，国内商品市场保持良好发展态势，城乡居民消费增长较快，生产资料市场增长势头减弱，通货膨胀压力得到缓解。预计下半年国内商

---

① 资料来源于国家统计局国民经济核算司。
② 数据来自国家统计局网站 2005 年第二季度新闻发布会。

品市场将继续保持较快增长，但受国内外宏观经济走势影响，增长速度较上半年略有降低。

（一）国内市场运行的基本情况

1. 消费品市场持续较快增长

上半年，社会消费品零售总额 29610 亿元，增长 13.2%，剔除物价因素实际增长 12%，增幅比去年全年提高 1.8%，是 1997 年以来的最快水平。分地域看，城市消费品零售额 19882 亿元，增长 14.2%；县及县以下消费品零售额 9727 亿元，增长 11.1%。分行业看，批发零售业零售额 24739 亿元，同比增长 12.9%；餐饮业零售额 4016 亿元，增长 17.9%；其他行业零售额 854 亿元，增长 0.1%。其中，二季度社会消费品零售总额 14497.5 亿元。从月度情况看，4 月份社会消费品零售总额 4663.3 亿元，增长 12.2%；5 月份社会消费品零售总额 4899.2 亿元，增长 12.8%；6 月份社会消费品零售总额 4935 亿元，增长 12.9%。

2. 农村市场增速平稳

国家采取了一系列扶持政策措施，确保粮食增产、农民增收，在一定程度上促进了农村消费品市场继续保持快速发展。上半年，全国县及县以下地区实现社会消费品零售总额增长 11.1%，增速比去年同期加快 2%，城乡市场的增速差距由去年同期的 5.6% 缩小到 3%。河南、河北、山西、内蒙、四川、江苏、山东等农业大省增幅均在 14% 以上，一些地区农村市场增幅超过了城市市场。

表 2-4　社会消费品零售总额

单位：亿元

	总　额		城　市		县及县以下	
	绝对值	同比增长（%）	绝对值	同比增长（%）	绝对值	同比增长（%）
1 月	5300.9	11.5	3517.2	11.8	1783.7	11
2 月	5012.2	15.8	3368.9	17.3	1643.3	12.9
3 月	4799.1	13.9	3203.7	15.2	1595.4	11.4
4 月	4663.3	12.2	3134.5	13.1	1528.8	10.4
5 月	4899.2	12.8	3326.4	13.9	1572.8	11.1
6 月	4935	12.9	3329.6	14	1605.4	10.7

数据来源：国家统计局。

3. 餐饮市场继续保持快速增长

随着居民收入水平的提高，外出就餐人数增多，外出就餐的频率明显提高，对社会消费品零售总额的拉动作用依然十分明显。1～6月份，餐饮业零售额 4016.2 亿元，同比增长 17.9%，受不可比因素影响，增速同比回落 5.7%，但零售额占社会消费品零售总额的比重仍提高 0.3%。餐饮业零售额已连续 15 年保持两位数增长，拉动社会消费品零售总额增长 2.3%，对社会消费品零售总额的贡献率达到 17.6%。

4. 生产资料市场增速明显回落

前 5 个月，全社会生产资料销售总额 5.4 万亿元，按可比价格计算，实际增长 15.4%。前 5 个月，月度环比增速虽有小幅提高，但累计增幅比去年同期降低了 8%。5 月、6 月份，随着国家宏观调控效应进一步显现，以及国际市场的发展变化，国内生产资料市场需求明显减弱。钢材、建材市场交易大幅回落，石油、煤炭等能源原材料货紧价扬的状况明显改善。1～5 月份，限额以上批发零售贸易业煤炭及其制品、化工材料及其制品、建筑及装潢材料销售增幅比年初分别回落 6.6%、1.8% 和 12.9%。

5. 商品价格增幅回落

上半年，居民消费价格总水平同比上涨 2.3%，涨幅低于去年同期 1.3%。2 月份以来，消费物价月度同比涨幅从 3.9% 逐月回落到 1.6%。3 月份以来，环比价格已连续 4 个月呈下降走势。居民消费价格走低的主要原因是以粮食为代表的农产品价格涨势趋缓。6 月份，食品价格同比上涨 2.1%，较 2 月份回落 6.7%。其中，粮食价格回落 10.5%，肉禽及其制品回落 10.9%，蛋类回落 7.9%，水产品回落 14.3%，鲜菜回落 4.2%。

表 2－5　居民消费价格指数

	当月（上年同月 = 100）			累计（上年同期 = 100）		
	全 国	城 市	农 村	全 国	城 市	农 村
1 月	101.9	101.4	102.8	101.9	101.4	102.8
2 月	103.9	103.6	104.5	102.9	102.5	103.6
3 月	102.7	102.3	103.4	102.8	102.5	103.5
4 月	101.8	101.5	102.4	102.6	102.2	103.3
5 月	101.8	101.4	102.4	102.4	102.1	103.1
6 月	101.6	101.3	102.2	102.3	101.9	102.9

数据来源：国家统计局。

上半年，流通环节生产资料价格同比上涨 5.6%，比去年同期涨幅回落了 9.1%。国家对房地产市场采取宏观调控措施以后，生产资料价格快速回落到年初水平。5 月、6 月份月环比价格指数分别下降 1% 和 1.4%。其中，6 月份线材价格环比下降 7.3%，型材下降 4.3%，薄板下降 7.2%，中板下降 3.3%，水泥下降 0.8%。

(二) 需要注意的几个问题

1. 部分行业商品库存增加

今年前 5 个月，39 个工业行业的产成品库存同比增长了 19.4%，应收账款增长了 15.5%，产品供过于求的矛盾整体呈加剧的趋势。特别是钢铁、电解铝等产品供过于求的矛盾比较严重，出现了价格下跌、库存和应收账款大幅增加的现象。5 月、6 月份钢材每吨价格急跌 1000 多元，已经跌破经销成本，部分市场长材价格已跌破行业生产平均含税成本。钢铁企业库存增长了 32.9%，应收账款增长了 21.9%，流通环节氧化铝库存增长 53.7%，铁矿石库存增长 17.2%。电解铝行业生产经营陷入困境，企业亏损严重，全国 125 户电解铝生产企业中有 38 户停产，56 户亏损。水泥行业亏损企业同比增长 48.4%，亏损额占建材行业亏损额 60%。随着贸易摩擦和纠纷增多，国内纺织品、家电、鞋等消费品市场面临的压力明显增大。

2. 汽车、住房等耐用消费品增长减缓

今年以来，汽车、住房等消费升级商品改变了前几年持续高速增长的态势，对扩大消费产生不利影响。1~5 月份全国商品房销售面积增长 13.9%，增幅比去年同期下降 17%；售给个人的商品房销售额增长 26.1%，增幅同比回落 21.4%。1~5 月份全国累计生产轿车 106.76 万辆，比上年同期增长 0.9%，增幅比去年同期回落 36.7%。限额以上批发零售贸易业汽车零售额同比增长 11.9%，增速较去年同期回落 41.3%。

3. 食品安全问题突出

近年来，国家对市场监管和整治力度的加大，商品市场秩序有所改善，但制售假冒伪劣商品以及采用虚假广告、虚价打折等手段欺骗消费者的现象时有发生，特别是食品市场质量安全问题依然突出。一些知名品牌和著名企业也出现了食品安全问题，"苏丹红"事件涉及肯德基、亨氏等品牌，雀巢奶粉碘超标、光明牛奶"回产奶"等事件也造成恶劣影响。这些情况表明食品安全问题依然严峻，加强食品安全、让百姓放心消费的任务任重而道远。

4. 居民消费倾向减弱

1~5月份城乡居民存款 1.1 万亿元，比去年同期多增 2028.8 亿元；4月、5月份城乡居民存款比去年同月分别增长 83.8% 和 72.6%；5月末，城乡居民存款余额为 13.06 万亿元，同比增长 16%，增幅较一季度提高3.8%。储蓄增长加快，反映出消费意愿走弱。另外，股市持续暴跌，投资者特别是众多散户损失惨重，这较大程度上打击了消费者信心。5月份消费者信心指数为 94.3，比 4 月份下降了 0.4%。

（三）国内商品市场走势分析

预计下半年商品市场仍将保持较快发展势头，但随着国际、国内需求平稳回落，增速将略低于上半年。预计消费品市场仍将保持较快增长势头，全年社会消费品零售总额将增长 12.7% 左右，居民消费价格将同比上涨 2.5% 左右。下半年粮食价格将继续稳中略降，大体保持上年的水平。国内纺织品服装市场继续保持良好发展态势，受欧美等国对我国纺织品设限和贸易摩擦加深的影响，国内市场竞争将会进一步加剧，价格将进一步下降。预计全年社会生产资料销售总额将增长 14% 左右，流通环节生产资料价格同比上涨 4% 左右。预计全年全国煤炭产量将达 20.8 亿吨，需求约为 20.4 亿吨，供需平衡有余。全年钢材产量将突破 3.3 亿吨，供给资源将明显大于消费需求。国内石油生产保持稳定，三季度供需将趋于平稳。

二、国际贸易

（一）外贸进出口运行基本情况

据海关统计，2005 年上半年，全国进出口总值为 6450.3 亿美元，同比增长 23.2%，其中，出口 3423.4 亿美元，增长 32.7%；进口3026.9 亿美元，增长 14%；进出口顺差 396.5 亿美元。上半年，连续 6个月单月出口同比增速保持在 30% 以上。第二季度，全国进出口总值为3498.3 亿美元，同比增长 23.6%。其中，出口 1864.5 亿美元，增长31%；进口 1633.8 亿美元，增长 16.1%。6月份，全国进出口总值为1222.4 亿美元，同比增长 23%。其中，出口 659.6 亿美元，增长30.6%；进口 562.8 亿美元，增长 15.1%；进出口顺差 96.8 亿美元，增长 497.5%。

表 2 - 6   2005 年第二季度各月外贸进出口与 2004 年同比情况

单位：亿美元

2004 年	当 月	增长(%)	累 计	增长(%)	2005 年	当 月	增长(%)	累 计	增长(%)
出口总值					出口总值				
4 月	471.2	32.4	1627.4	33.5	4 月	621.5	31.9	2180.4	34
5 月	448.7	32.8	2075.9	33.4	5 月	584.3	30.3	2764	33.2
6 月	505.0	46.5	2580.8	35.7	6 月	659.6	30.6	3423.4	32.7
进口总值					进口总值				
4 月	493.8	42.9	1735.0	42.4	4 月	575.6	16.2	1968.7	13.3
5 月	427.7	35.4	2162.5	41.0	5 月	494.4	15	2463.9	13.7
6 月	486.5	50.5	2649.0	42.6	6 月	562.8	15.1	3026.9	14

数据来源：海关统计。

1. 一般贸易出口快速增长，进口增速稳步回升

上半年，我国一般贸易进出口 2785.1 亿美元，增长 21.2%；加工贸易进出口 3058.4 亿美元，增长 26.2%。其中，一般贸易出口 1462.2 亿美元，增长 36.9%；一般贸易进口 1322.9 亿美元，增长 7.5%。加工贸易出口 1835.7 亿美元，增长 29%；进口 1222.7 亿美元，增长 22.2%；加工贸易项下实现贸易顺差 613 亿美元。第二季度，我国一般贸易进出口 1514.8 亿美元，其中，一般贸易出口 802.9 亿美元，增长 21.9%；一般贸易进口 711.9 亿美元，增长 32.7%。同期，我国加工贸易进出口 1654.9 亿美元，增长 26.2%，其中加工贸易出口 992.4 亿美元，增长 28.6%；进口 662.5 亿美元，增长 22.7%。

2. 机电产品出口占主导地位，传统大宗商品出口增势良好

上半年，我国机电产品出口 1869.9 亿美元，增长 33%，占同期出口总值的 54.6%，对出口贡献率达 55%，拉动出口增长 18%。其中，电器及电子产品出口 725 亿美元，增长 30.6%；机械及设备出口 686.8 亿美元，增长 29.7%。传统大宗商品出口增长迅速，其中，钢材出口 73.1 亿美元，增长 1.8 倍；服装及衣着附件出口 311 亿美元，增长 19.8%；纺织纱线、织物及制品出口 192.5 亿美元，增长 23%；鞋类出口 87.6 亿美元，增长 23.5%。上半年，煤炭、铁矿砂、大豆进口增长迅速，汽车、钢板进口跌幅持续收窄。进口初级产品 687.8 亿美元，增长 22.5%。其中，进口

铁矿砂 1.3 亿吨，增长 34.3%；进口原油 6342 万吨，增长 3.9%；成品油 1570 万吨，下降 21%；煤炭进口 1209 万吨，增长 56.1%；大豆进口 1201 万吨，增长 33.6%。同期，进口工业制品 2339.1 亿美元，增长 11.7%，占同期进口总值的 77.3%。其中，进口机电产品 1545.4 亿美元，增长 9.7%；进口汽车 6.4 万辆，下降 33.6%；进口钢材 1322 万吨，下降 26.5%。第二季度，我国机电产品出口 1015.6 亿美元，同比增长 32%；进口 828.8 亿美元，增长 10.4%。

3. 高新技术产品出口量增价涨

上半年，我国高新技术产品进出口额 1802.6 亿美元，比上年同期增长 26.2%，对出口贡献率达 27.1%，拉动出口增长 8.9%。其中，进口 867.4 亿美元，增长 19.9%；出口 935.2 亿美元，增长 32.4%，高新技术产品占全国外贸出口总额比重达 27.3%。高新技术产品进出口呈现三大特点：一是进出口增幅高于全国外贸进出口增幅，并呈现逐月扩大的趋势。6 月份，高新技术产品进出口总额达到 335.5 亿美元，增长 26.5%，是今年以来单月最高进出口额。二是部分重要产品出口增幅逐月回落。上半年，我国集成电路、手机及其零件、计算机及其部件等四类高新技术产品累计出口 542.4 亿美元，占高新技术产品出口总额的 58.0%，增长 32.6%，但比今年年初的增幅明显回落。三是重要产品出口继续量增价涨。上半年，计算机及其部件累计出口 334.2 亿美元，增长 29.2%，计算机及其部件出口平均单价增长 14.6%；手机及其零件累计出口 122.4 亿美元，增长 40.3%；集成电路出口 62.7 亿美元，增长 31.9%，出口平均单价增长 4.9%。第二季度，我国高新技术产品出口 498.2 亿美元，增长 32.8%；进口 464.5 美元，增长 20%。

4. 对主要贸易伙伴进出口增长平稳

上半年，我国与欧盟双边贸易额突破千亿美元，中欧双边贸易总额达 1000.5 亿美元，增长 23.6%，欧盟继续为我国第一大贸易伙伴。美国是我国第二大贸易伙伴，上半年中美双边贸易总值为 962.6 亿美元，增长 25.1%。日本仍然为我第三大贸易伙伴，上半年中日双边贸易总值 865.4 亿美元，增长 10.2%。东盟继续成为我国的第四大贸易伙伴，双边贸易总值 597.6 亿美元，增长 25%。上半年，中韩双边贸易 524.6 亿美元，增长 26.7%；与东盟双边贸易达 597.6 亿美元，增长 25%；我国大陆对我国台湾地区贸易总额 410.9 亿美元，增长 12.5%。第二季度，我国对欧盟、美国、日本、香港等国家和地区出口分别为 347 亿美元、401.8 亿美元、210.7 亿美元和 291.6 亿美元；我国从欧盟、日本、美国进口分别为 182.5 亿美元、242.3 亿美元、124.6 亿美元。

5. 东部地区增长势头强劲

上半年，广东、江苏、上海稳居进出口贸易前 3 位。广东省进出口总值 1870.5 亿美元，增长 17.5%，占同期我国进出口总值的 29%，对出口增长贡献率 23.1%，拉动出口增长 7.5%，为我国第一大贸易省份。其中，出口 1022.6 亿美元，增长 23.5%；进口 848 亿美元，增长 11%。上海进出口总值 871.6 亿美元，增长 15.5%，对出口增长贡献率 10.6%，拉动出口增长 3.5%。江苏省进出口总值为 1035.6 亿美元，同比增长 35.7%，进出口比去年提前两个月突破千亿美元，占全国进出口总值的比重为 16.1%。进出口总值增幅高出全国平均增幅12.5%，外贸进出口总值继续保持全国第二，进出口增幅在东部沿海各省份中列第一位，对出口增长贡献率 20.9%，拉动出口增长 6.8%。其中，出口 551.8 亿美元，进口 483.8 亿美元，分别增长 46.8% 和24.9%。

6. 外商投资企业进出口结构进一步优化

截至 2005 年 6 月底，全国共批准外商投资企业 530153 个，合同外资 11828 亿美元，实际使用外资 5906.6 亿美元。1～5 月份，外商投资企业进出口总值 3002.3 亿美元，比去年同期增长 24.8%。其中，外商投资企业出口额达 1587.5 亿美元，比去年同期增长 33.4%，占全国出口总值的 57.4%，拉动出口 18.9%。加工贸易仍是外商投资企业进出口的主要形式。1～5 月份，外商投资企业加工贸易进出口总值 2065.5亿美元，比上年同期增长 28.9%，占外商投资企业进出口总值的68.8%，所占比重比去年同期上升了 2.2%。其中，加工贸易出口1230.1 亿美元，同比增长 31.8%；加工贸易进口 835.4 亿美元，同比增长 24.9%，比去年同期上升了 4%。同期，外商投资企业加工贸易进出口值占全国加工贸易进出口总值的 83.2%，其中，加工贸易出口值占全国加工贸易出口总值的比重 82.6%，加工贸易进口值占全国加工贸易进口总值的 84.1%。

表2-7 近三年第二季度外贸出口结构变化比较

单位：亿美元，%

结构(占比%)		2003年第二季度	2004年第二季度	2005年第二季度
出口总值		1039(100)	1423.8(100)	1864.5(100)
贸易方式	一般贸易	448(43.1)	605.1(42.5)	802.9(43.1)
	加工贸易	561.7(54.1)	771.6(54.2)	992.4(53.2)
企业性质	国有企业	344.1(33.1)	385.5(27.1)	438.9(23.5)
	外商投资企业	560(53.9)	798.3(56.1)	1057.3(56.7)
	其他性质企业	134.9(13.0)	240(16.8)	368(19.7)
商品结构	机电产品	529(50.9)	769.7(54.1)	1015.6(54.5)
	高新技术产品	242.4(23.3)	375.2(26.4)	498.2(26.7)
主要出口市场	中国香港	178.5(17.2)	241.6(17.0)	291.6(15.6)
	美国	222.7(21.4)	304(21.4)	401.8(21.6)
	欧盟	170.1(16.4)	272.5(19.1)	347(18.6)
	日本	144(13.9)	177.8(12.5)	210.7(11.3)

数据来源：海关统计。

表2-8 近三年来第二季度外贸进口结构变化

单位：亿美元，%

结构(比重%)		2003年第二季度	2004年第二季度	2005年第二季度
进口总值		983.9(100)	1407.6(100)	1633.8(100)
贸易方式	一般贸易	455.2(46.3)	637.2(45.3)	711.9(43.6)
	加工贸易	379.5(38.6)	539.8(38.4)	662.5(40.5)
企业性质	国有企业	354.3(36.0)	450.8(32.0)	512.5(31.4)
	外商投资企业	538.4(54.7)	801.9(57.0)	932.8(57.1)
	其他性质企业	91.2(9.3)	154.9(11.0)	188.5(11.5)
商品结构	机电产品	524(53.3)	751(53.4)	828.8(50.7)
	高新技术产品	270.5(27.5)	387.2(27.5)	464.5(28.4)
主要进口来源地	日本	180.6(18.4)	237.2(16.9)	242.3(14.8)
	美国	85.4(8.7)	114.4(8.1)	124.6(7.6)
	欧盟	132.7(13.5)	184.6(13.1)	182.5(11.2)
	中国台湾	113.8(11.6)	162.3(11.5)	179.1(11.0)

数据来源：海关统计。

（二）需要关注的问题

1. 粗放型出口增长方式仍未显著改变

尽管出口规模保持快速增长势头，但出口增长质量不高仍然是我国外贸发展面临的主要矛盾。这主要表现在：一是自主品牌少，附加值低。我国出口产品中真正拥有自己品牌的尚不到 10%，能够在全球有影响力的名牌几乎没有。纺织业是出口竞争力很强的优势产业，但有自主品牌的产品不多，附加值低的产品多，贴牌生产所占比例大，获取的贸易利益比较少。我国每年出口的鞋类产品约占世界销量六成，但这 60 亿双鞋的平均单价仅为 2.5 美元。二是核心竞争力比较差。我国企业加工能力比较强，但是研发和营销的能力比较弱。尽管我国已经是世界大买家和大卖家，但左右国际市场价格的能力比较弱，贸易风险比较大。三是生产率仍然偏低。出口增长主要依靠劳动力、资金、土地、资源等要素的粗放投入来实现，增长的效率和质量不高。高污染、高耗能的产品出口仍占一定比重。实现可持续增长的基础比较脆弱。应通过财政政策、税收政策和信贷政策的引导，逐步减少高耗能、高污染、低附加值产品的出口，由低效益、低附加值的数量型增长向高效益、高附加值的出口战略转变。应注重提高企业的创新能力和营销能力，加快出口商品结构的调整。

2. 应对贸易摩擦的能力亟待提高

今年上半年尤其是第二季度以来，以纺织品为代表的贸易摩擦急剧增加，表明随着中国贸易规模的扩大，应对越来越多的贸易摩擦将成为常态。如何在贸易摩擦中充分表达自己的利益诉求，维护国内相关产业利益，在不断解决贸易摩擦中提升对外贸易和合作水平，是我们面临的紧迫课题。频频发生的贸易摩擦提示我们，当前政府部门一方面需要形成统一对外的机制，完善反倾销、反补贴和保障措施制度，最大限度地维护出口企业的合法权益；同时健全进口监控体系，维护国内产业安全。另一方面，需要相关部门按照积极引导和规范同类外贸产品间的竞争秩序的要求，组织和协调出口企业提高应对贸易争端的能力。

3. 进出口贸易失衡的压力加大

2005 年 1～6 月份，进出口贸易顺差 396.5 亿美元。其中 6 月份为 96.8 亿美元，增长高达 495.9%。由于受到宏观调控影响，投资增速下降，进口增长速度明显低于出口增长速度。若按此趋势，到 2005 年年底我国将成为外汇储备第一大国。贸易顺差的常态化，一是引起越来越多的贸易争端；二是提升了人民币的升值预期；三是巨额的经常项目的顺差，会转化为货币大量投放的压力,成为通货膨胀率上升的重要因素。如何优化进口结构、扩大进口、保持贸易平衡成为急需解决的问题。随着我国经济的发展,我国对一些战略性资源产品的进口依赖程度将持续提高,应该抓住价格回落的机会,在相关出口国之间寻求建立稳定的进口机制。

(三)对下半年形势的估计

下半年,维持外贸增长的基本面仍然看好。2005 年世界经济将保持4%以上的较高增长水平。国内经济有望保持平稳较快增长的态势,能源、基础原材料、先进技术和关键设备总体短缺的格局,将推动进口继续增加。国际产业对华转移进程仍在继续,为我国外贸增长提供了动力。2005年上半年,外商投资企业对出口增长的贡献率达 57%。民营企业开拓国际市场的热情进一步高涨。上半年,民营企业对出口增长的贡献率达27.9%。另一方面,影响出口增长的一些隐忧不可忽视。一是由于出口退税政策调整(地方政府分担 25% 份额),许多地方财政已经感到相当大的压力。二是人民币升值的压力加大,若在下半年调整,将降低出口竞争力。三是纺织品贸易争端已影响到我国利用纺织品一体化的机遇,并将对纺织品出口的后续增长形成抑制。综上所述,下半年出口增速将趋于平缓,进口增速有所加快,并与出口增速持平。

第四部分　财政政策分析

一、上半年财政政策执行情况

1. 财政收入与经济同步增长

上半年,全国财政收入完成 16392 亿元,同比增长 14.6%,与不变价 GDP 增速加通货膨胀基本相适应,这表明财政收入增长逐步回归到正常水平。从结构上看,国内流转税成为拉动财政收入增长的主要因素,所得税增收较多,而进口环节税收对财政收入增长的贡献明显下降(见图2-2)。1~6 月份,国内流转税增长 20.5%,使全国财政收入增幅提高 10%。受去年汇算清缴等因素影响,所得税增长 37.7%,使全国财政收入增幅提高 8%。受一般贸易进口增幅下降的影响,进口环节税收仅增长 3.5%。出口退税完成 1503 亿元,比上年同期多退 1044 亿元,使全国收入增幅下降 7.3%。此外,受证券交易印花税税率下调和股市持续低迷的影响,证券交易印花税下降 71.4%。因汽车销量和价格下降,车辆购置税下降 3.9%。

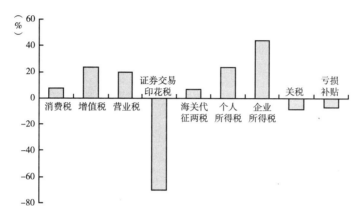

图 2 - 2　上半年财政收入主要项目增长情况

2. 财政支出进度总体正常

1~6 月份，全国财政支出 12421 亿元，比去年同期增长 15%。支出结构进一步优化，社会保障和教育等重点支出得到较好保障（见图 2 - 3）。前 6 个月社会保障补助支出同比增加 98 亿元，增长 22.6%；行政事业单位离退休支出增加 68 亿元，增长 14.4%；抚恤和社会福利救济费同比增加 41 亿元，增长 21.4%；教育支出同比增加 251 亿元，增长 17%；公检法司支出增加 120 亿元，增长 18.7%；其他部门事业费增加 52 亿元，增长 11.9%。

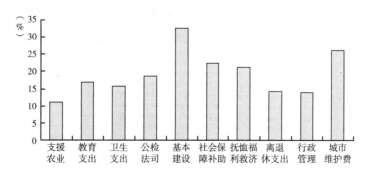

图 2 - 3　上半年财政支出主要项目增长情况

3. 财政支农稳中有进

继续推进农村税费改革，592 个国家扶贫开发重点县免征农业税。2004 年农业税税率降 1% 的省份今年再降 4%，2003 年降 3% 的省份今年再降 2%。全面取消牧业税，2005 年提前实现免征农业税的省份达到 27 个，其余 4 省（区）也有 217 个县（市）免征农业税，享受免征农业税所带来实惠的农民达到 8 亿人。继续落实粮食直补等补贴政策，截至 7 月 1 日，全国已向种粮农民兑付粮食直补资金 95.3 亿元，占应兑付资金的 72%。13 个粮食主产省已累计向种粮农民兑现直补资金 88.8 亿元，占应兑付资金的 77%。继续认真落实稳定农业生产资料价格的财税优惠政策，支持化肥的生产和供应，稳定化肥市场，引导和鼓励农民测土配方施肥；支持发展农民专业合作组织，中央和地方财政分别安排专项补助资金 1 亿元和 1.4 亿元。此外，还实施了对产粮大县奖励政策。

4. 加强了税收政策调节

一是对出口退税率进行结构性调整。自 2005 年 1 月 1 日起，将集成电路等部分信息技术产品出口退税率由 13% 提高到 17%，同时取消电解铝、铁合金、未锻轧镍等商品出口退税；自 4 月 1 日起，暂停尿素、磷酸氢二铵等产品的出口退税；自 5 月 1 日起，取消稀土金属、稀土氧化物、稀土盐类等产品的出口退税，将钢材产品出口退税率下调为 11%，将煤炭、钨、锡、锌、锑及其制品的出口退税率下调为 8%。二是适时调整出口关税政策。2005 年 1 月 1 日起对化肥、纺织品、铜、铝和镍等商品征收出口关税。2005 年年初决定，从 2005 年 1 月 1 日起到 2007 年 12 月 31 日止，对全球出口的七大类 33 个敏感类别的 148 个服装税号，实施采取从量计征方式加征出口关税的过渡性临时措施。5 月 20 日，决定对 2 项纺织品停止征收出口关税，并准备从 6 月 1 日起再次提高或降低部分产品的出口关税；5 月 30 日，针对美国对我国纺织品采取了特保措施，决定对 2005 年 1 月 1 日开始征收出口关税的 148 项纺织品中的 78 项产品停止征收出口关税，原定于 2005 年 6 月 1 日提高或降低出口关税的相关产品同时取消，并取消对亚麻单纱征收出口关税。三是调整住房转让环节营业税政策。自 6 月 1 日起，对个人购买住房不足 2 年转手交易的，销售时按其取得的售房收入全额征收营业税；个人购买普通住房超过 2 年（含 2 年）转手交易的，销售时免征营业税；对个人购买非普通住房超过 2 年（含 2 年）转手交易的，销售时按其售房收入减去购买房屋的价款后的差额征收营业税。这些政策有利于促进出口和房地产业健康发展。

二、当前财政运行中存在的主要问题

1. 对投资逆向调节

近年来政府投资增长较快，政府投资比重过高，其占 GDP 比重已由 1998 年的 2.3% 上升到 2004 年的 7%，而居民的投资占 GDP 比重仅由 35% 上升到 35.3%。今年以来，固定资产投资资金来源中国家预算内资金增长较快，其增幅超过贷款增幅的一倍。各地财政资金支持的城建项目开工较多，甚至出现地方财政出资支持企业投资项目的情况。当前控制固定资产投资需求，应减少政府投资。但今年上半年国债项目资金和预算内基本建设支出计划下达和资金拨付进度比去年同期明显加快，导致基本建设支出增长 32.7%，大大高于同期全社会固定资产投资增长，使投资增长比一季度反弹，既不利于控制投资的过快增长，也有挤出民间投资的倾向。

2. 税制明显不合理

一是实行生产型增值税，对购进的固定资产投资不予抵扣，存在重复征税问题，既不符合国际惯例，又不利于鼓励设备投资和技术进步。二是随着中国加入世贸组织后过渡期的到来，内外资企业税负不均，既有悖于税收的国民待遇原则，不利于平等公平竞争，也影响内资企业进一步提高竞争能力。三是个人所得税起征点 20 多年没有调整，对富裕阶层的调节有限，纳税主体变成了工薪阶层，对个人收入分配形成逆向调节，也不利于扩大消费。

3. 地方退税负担较重

2004 年实行的出口退税机制改革，虽然总体上运行良好，解决了历年的出口退税欠退，初步建立了中央与地方共同负担的机制，促进了出口的健康发展。但由于出口快速增长，地方负担的退税额超过基数较大，存在地方退税负担较重的问题。各省将退税指标层层分解为主要由市县财政承担，许多市已经或即将把由市统一退库年终结算的办法改为直接由县、区库退库，基层财政负担加重。特别社会跨地区收购出口产品征税地和退税地不一致，导致集中出口的口岸城市退税负担较重。这既影响退税政策的落实，也影响地方政府对出口的支持。

4. 财政增支压力较大

一是救灾支出趋于增加。今年水旱灾情严峻，防旱抗汛支出将大幅度增加，灾民生活救助需求也会相应增加。二是社会保障有增支压力。物价如果走高，加上公务员工资制度的调整，都会相应增加社会保障对象的基本生活待遇方面的支出。三是教育科学文化支出和行政管理支出也有增支倾向。如科技富民强县计划、义务教育财政投入保障、军转干部退役金以及维护社会稳定等，都将对下半年构成增支因素。

三、几点财政政策建议

考虑到世界经济继续复苏增长，世界银行预测 2005 年世界经济增长 3.1%，在 2004 年增长 3.8% 的基础上有所回落。国内经济处于从快速增长期转向稳定增长期，下半年经济增长速度虽有回落，但仍将保持较快增长。在此基础上，财政收入将继续稳定增长，预计将略快于名义 GDP 增长，全年财政收入将增长 15% 左右，经过努力可以完成预算目标。同时，要继续实施稳健财政政策，促进国民经济持续快速健康协调发展。

1. 稳定国债投资政策

在经济进入稳定增长期后，宏观调控政策的基本取向应是坚持双稳健的政策操作，尽可能延长本轮经济景气周期。公共支出包括国债维持年初计划，不要轻易增加，要保持宏观政策的连续性、稳定性。各地要严格控制财政资金支持的新开工项目。对今年的国债项目资金和预算内基本建设支出，要根据固定资产投资和宏观经济形势的变化，合理掌握投资计划和预算下达进度，必要时可以继续结转部分到明年使用。

2. 完善出口退税机制

适当降低出口退税率，不仅不会影响中国产品出口的价格竞争力，而且有利于提高出口贸易的质量和效益，改变进出口失衡状况，减轻人民币升值压力和货币政策操作难度。要尽快完善出口退税负担机制办法，解决地方出口退税负担过重问题，保证不再发生新的出口退税拖欠。可以考虑将地方财政的负担比例从 25% 降到 20% 以下，调高出口大省和口岸城市的基数，同时对一些出口大省将通过中央专项转移支付的办法，减轻地方财政的压力。

3. 深化税制改革

一是加快增值税转型改革，在及时总结东北地区部分行业实行消费型增值税改革试点经验的基础上，研究在全国范围内将企业新增机器设备所含税款纳入增值税抵扣范围的实施方案。二是加快合并内外资企业所得税制，在适当降低名义税率水平的同时，实行统一的税收制度和税收政策。实行内外资企业所得税合并不会明显加重外资企业的负担，现行外资企业的部分税收优惠政策将会被产业优惠政策所取代；现行的税收优惠政策将考虑给予一定的过渡期，加上全面实施增值税转型改革，实际上可以起到减轻税负的作用。三是适当提高个人所得税扣除额，逐步推行综合与分类相结合的个人所得税制，加强对收入分配的调节。

4. 继续加强增收节支管理

目前在投资仍然偏热的情况下，加强增收节支是控制总需求的重要举措。一要依法加强税收征管，堵塞各种漏洞，切实做到应收尽收。依法清理和规范税收优惠政策，严格控制减免税。二要严格控制一般性支出，保证重点支出需要，各项财政支出都要精打细算。三要在继续深化预算管理制度改革的基础上，积极探索建立财政资金绩效评价制度，加强监督检查，严格管理，坚决制止铺张浪费、花钱大手大脚的行为，把该花的钱花好、管好、用好，切实提高财政资金使用的规范性、安全性和有效性，通过提高财政资金的使用效益来替代一定的财政资金的增量需要。四要科学使用预算执行中的超收，一般不能做刚性支出和投资安排。

第五部分　货币金融形势分析

一、二季度金融运行情况

（一）狭义货币增速明显低于广义货币增速

6 月末，广义货币供应量（M_2）余额为 27.6 万亿元，增长 15.7%，幅度比 2004 年年末高 1%，比上月末上升 1%；狭义货币供应量（M_1）余额为 9.9 万亿元，同比增长 11.3%，增幅比 2004 年年末低 2.3%，比上月末高 0.9%。市场货币流通量（M_0）余额为 2.1 万亿元，同比增长 9.6%。1~6 月份现金净回笼 620 亿元，同比少回笼 108 亿元。6 月末，广义货币（M_2）乘数 4.81，比上月高 0.05，比上年同期高 0.16，货币乘数有所扩大。

从增速来看，M_1 增速明显低于 M_2 增速。究其原因，一是 2004 年人民银行调高定期存款利率后，企业从财务核算考虑，将部分活期存款转为定期存款。二是随着票据融资的发展，银行承兑汇票签发量增加使归属于企业定期存款的承兑保证金多增。2005 年以来企业货币资金中增加较多的定期存款，并不统计在 M_1 中，而是统计在准货币中。三是从构成狭义货币的现金方面看，银行卡等非现金支付工具的逐步推广使居民现金需求增长减缓。

（二）外汇占款增幅较大，通过发行央行票据的对冲力度同比下降

6月末，中央银行基础货币余额为5.74万亿元，同比增长11.8%，同比多下降1493亿元，比年初多下降549亿元。从基础货币变化的供给角度来看，外汇大量流入造成外汇占款大幅度增加。6月末，外汇占款余额超过基础货币余额，达到5.97万亿元，同比增长53.3%，比2004年年末高5.3%。1~6月份，新增外汇占款1万亿元，同比多增4643亿元。发行央行票据仍是对冲外汇占款的重要渠道。截至6月末，中央银行发行央行债券余额接近1.7万亿元。上半年央行新增央行债券6942亿元，对冲69%的外汇占款，对冲力度同比下降14%。6月份基础货币投放2228亿元，其中外汇占款增加1718亿元，占基础货币投放的77%，同比多增680亿元。6月份，基础货币共收回1458亿元，其中，中央银行通过发行央行票据和卖出回购债券分别收回基础货币753亿元、650亿元，共占基础货币收回的96%。6月份，中央银行通过公开市场操作对冲了82%的外汇占款。从基础货币的需求环节看，6月末全部金融机构超额准备金率为3.72%，比上年末低1.53%，比去年同期低0.03%。

（三）人民币贷款增幅回升，消费贷款增幅下降

6月末，全部金融机构本外币各项贷款余额为19.9万亿元，同比增长13.2%，比上年同期下降3.5%，比上月末上升0.8%。其中，金融机构人民币各项贷款余额为18.62万亿元，同比增长13.3%，增幅比去年同期回落3%，比上月末高0.9%。上半年累计新增人民币贷款1.45万亿元，同比多增240亿元，比全年2.5万亿元预期目标上限值多395亿元。其中，6月份新增人民币贷款4653亿元，同比多增1832亿元。2001~2004年间，上半年新增人民币贷款分别为7152亿元、8300亿元、1.78万亿元和1.43万亿元。相对来看，今年上半年贷款增幅不算低，而且6月份贷款增长较快。

从人民币贷款结构来看，流动性贷款比例提高，中长期贷款增速下降。上半年短期贷款及票据融资合计增加7962亿元，同比多增1286亿元，占全部新增贷款的比例为55%。同期，中长期贷款增加6455亿元，同比少增855亿元，中长期贷款增量占比同比下降6.7%。上半年消费贷款同比少增1204亿元，其中，个人住房贷款少增587亿元，汽车贷款多降244亿元。

6月末，金融机构外汇贷款余额为1497亿美元，同比增长12.1%，比上月低0.7%。当月外币贷款增加18亿美元，同比少增7亿美元，上半年

外币贷款累计增加 162 亿美元，同比多增加 4 亿美元。

（四）居民储蓄定期存款多增明显，活期存款增幅下降

6 月末，全部金融机构（含外资机构）本外币各项存款余额为 28.28 万亿元，同比增长 16.8%。其中，金融机构人民币各项存款余额为 26.91 万亿元，同比增长 17.2%。上半年，人民币各项存款累计新增 2.59 万亿元，同比多增 4237 亿元。其中，居民储蓄存款增加 1.28 万亿元，同比多增 2618 亿元，活期储蓄存款同比少增 1036 亿元，定期存款多增加 3655 亿元；企业人民币存款增加 5489 亿元，同比少增加 846 亿元。2005 年以来，实际利率持续上升，在 4 月份和 5 月份 1 年期储蓄存款实际利率为零，在 6 月份则为 0.2%。实际利率负利率状况的扭转，引导了全社会合理的投资预期心理。城乡居民储蓄存款尤其是定期存款年初以来持续同比多增，出现明显的增长势头。

6 月末，金融机构外汇各项存款余额为 1653 亿美元，同比增长 9.4%。上半年，外汇存款累计增加 105 亿美元，同比多增 86 亿美元。

（五）市场利率出现长期下行趋势

2005 年 3 月 17 日央行将超额准备金存款利率由 1.62% 下调至 0.99% 后，市场资金更加充足，银行间市场利率出现持续大幅下跌的走势。6 月份，银行间市场同业拆借和质押式债券回购交易月加权平均利率分别为 1.46% 和 1.1%，同比分别下降 0.94% 和 1.31%，是历史上的最低水平。

实际上，2004 年 7 月份至央行调整超额准备金存款利率之前，银行间市场利率水平就在明显下滑。2004 年 6 月至年底的 6 个月期间，市场利率

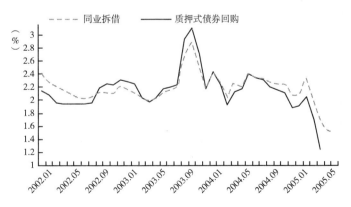

图 2-4　银行间市场月加权平均利率

从 2.41% 持续下降到 1.88%，降幅达 22%。今年 1～2 月份由于季节性原因，市场利率又所回升，3 月份央行调低超额准备金存款利率又加速市场利率的下滑。截至 6 月底，距央行调整利率已超过 3 个月，市场上质押式债券回购加权平均利率为 1.1%，说明市场利率本身出现了长期下行的趋势。

（六）市场产品增多，交易规模增幅较大

2005 年以来，债券发行量大幅增长，债券类品种进一步丰富。1～6 月份，债券市场累计发行债券 18219 亿元，同比增加 71.49%。其中，国债 6 期，共计金额 1964.7 亿元；央行票据 69 期，共计金额 13780 亿元；政策性金融债 18 期，共计 2000 亿元；银行次级债券 4 期，共计 339.3 亿元；短期债券（包括券商和企业发行）9 期，共计 135 亿元。券商和企业短期融资券首次进入银行间市场，极大地丰富了以商业信用为基础的债券品种。

货币市场交易量大幅增长。上半年，全国银行间同业拆借市场与债券市场共有 122 个交易日，累计成交 46589 笔，金额 99049.78 亿元，日成交 811.88 亿元，同比、环比均出现大幅增长，增幅分别达到了 48.24% 和 57.25%。其中，信用拆借、债券质押式回购、债券买断式回购、现券和债券远期交易累计成交金额分别为 6372.92 亿元、67995.77 亿元、906.61 亿元、23760.48 亿元和 14 亿元。其中的债券远期交易品种在 6 月份首次推出。由于市场资金相当充裕，同业拆借交易活跃程度相对较低，但现券交易和质押式回购交易活跃，成交量增长幅度较大。

上半年，货币市场总体融资规模出现较大幅度的增长。与去年下半年相比，从回购市场看，国有商业银行正回购环比减少 318.18 亿元，融出环比大增 16767.77 亿元，增幅 82.33%，说明四大行的资金相当宽松。从拆借市场看，多数金融机构拆入、拆出规模均出现了不同程度的下降，但财务公司和外资公司相对活跃。从现券市场看，银行类金融机构交易异常活跃，买入卖出均大幅增长，其中最突出的是邮政储蓄其现券买卖量环比分别增长 9 倍和 21 倍。从资金融入情况看，城市商业银行是主要资金融入机构，融入资金 36489.73 亿元，占全部交易量的 36.84%。国有商业银行是主要资金融出机构，累计融出资金 46518.71 亿元，占全部交易量的 46.97%。

上半年，银行间外汇市场四种交易货币累计成交折合 1461.46 亿美元，市场日均成交量 11.98 亿美元，与 2004 年下半年相比增加 19.1%；与

2004 年上半年相比，日均成交量增加 85.8%，成交量再创历史新高。5 月 18 日，银行间外汇市场推出了外币交易，首期有八种"货币对"即期交易。到 6 月末，八种"货币对"累计成交折合美元 20.67 亿美元。

（七）银行结售汇顺差增幅较大，人民币升值预期进一步增加

目前，外汇流入速度加快，银行结售汇顺差成倍增长，特别是贸易结售汇顺差与贸易顺差之间的差异不断扩大，前 6 个月已达到 358 亿美元，其主要原因包括：一是在人民币升值预期的情况下，企业在进出口中采取预收和延付行为。二是企业利用国内外汇贷款、境外借款和外商直接投资现汇流入等支付进口贷款，金融机构外汇贷存比从 2004 年末的 88.5% 上升到 6 月末的 90.6%。三是有一定量的投机资金流入。四是两者统计口径不同。截至 6 月末，国家外汇储备余额为 7110 亿美元，同比增长 51.1%。今年上半年外汇储备增加 1010 亿美元，同比多增 337 亿美元。6 月份，外汇储备增加 200 亿美元，同比多增 80 亿美元；人民币汇率为 1 美元兑 8.2765 元人民币，与上年末持平，人民币汇率保持稳定。

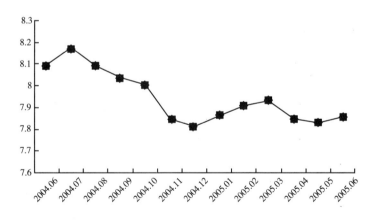

图 2-5　人民币 NDF 买入价

二、上半年采取的主要货币政策措施

上半年，中国人民银行继续执行稳健的货币政策，主要通过市场化手段加强总量控制和结构调整，推动金融市场快速健康发展。

（一）灵活开展公开市场操作，调节银行体系流动性

在外汇占款持续大量增加的情况下，中国人民银行继续通过发行央行票据予以对冲，并综合考虑财政库款、现金、债券发行与兑付等影响流动性的因素，合理安排央行票据的发行方式、期限结构和发行规模。从效果上看，金融机构超额准备金率的波动幅度较前两年同期明显减缓。

（二）充分利率工具，积极推进利率市场化改革

3月17日将金融机构超额准备金存款利率由年利率1.62%下调为0.99%，同时放开金融机构同业存款利率，以促进商业银行提高资金使用效率和流动性管理水平，增强货币政策操作的科学性和有效性。3月17日适度调整了商业银行自营性个人住房贷款政策，将原有的住房贷款优惠利率回归同期贷款利率水平。5月20日适当小幅调整境内美元、港币小额存款利率，协调境内外美元利率水平，减轻结汇压力。5月27日修改和完善了人民币存、贷款计结息规则，允许金融机构自行确定除活期和定期整存整取存款外的其他存款种类的计、结息规则，为商业银行加强主动负债管理和业务创新、改善金融服务提供了有利条件。

（三）加强对商业银行的"窗口指导"和信贷政策引导

加强信贷政策与产业政策的协调配合，引导商业银行合理控制中长期贷款，支持流动资金需求，防止盲目投资和低水平重复建设。在春耕旺季及时调剂支农再贷款限额，支持农信社加大对"三农"的资金投入，目前对西部地区和粮食主产区农村信用社共安排支农再贷款1175亿元。3月17日在调整住房贷款利率的同时，指导商业银行对房地产价格上涨过快的城市或地区，个人住房贷款最低首付款比例可由现行的20%提高到30%。从需求调节入手，引导社会对未来房地产价格的预期。5月11日与建设部等六部委联合下发《关于做好稳定住房价格工作的意见》，加强房地产金融市场监测。

（四）积极推动金融市场机制建设和金融产品创新

中国人民银行制定了《全国银行间债券市场金融债券发行管理办法》、《短期融资券管理办法》，并会同中国银监会制定了《信贷资产证券化试点管理办法》。6月14日6家企业成功发行企业短期融资券8只共129亿元。6月15日推出债券远期交易。农发行市场化发债筹资继续取得积极进展，上半年发行金融债券530亿元。大力促进资产支持证券的发行。进一步扩大金融市场对外开放，推动国际开发机构在境内发行人民币债券，批准泛亚基金和亚债中国基金进入银行间市场。推动商业银行设立基金管理公司，首批试点的工商银行、建设银行、交通银行都将于近期完成基金管理公司的设立并推出基金产品。进一步扩大远期结售汇业务试点银行和业务范围，5 月 18 日推出八种外币与外币间的交易，为在银行间外汇市场引入美元做市商制度做好了准备工作。

三、金融运行中应关注的几个问题

（一）货币市场利率持续走低的影响

银行间市场利率水平较低，有利于降低企业、政府融资和央行票据的成本。市场利率持续低水平所反映出的问题有以下几点。

一是对金融机构资金运用行为产生影响，短期贷款明显增加。货币市场利率的持续走低也影响到票据市场利率和企业短期融资券利率水平。目前票据贴现利率已经达到甚至低于 3.24% 的再贴现利率水平，企业在银行间市场发行的一年期短期融资券利率仅为 2.92%。这些工具的利率水平大大低于短期贷款 5.58% 的基准利率水平。受利率走低和金融机构流动性充足影响，金融机构需要增加短期贷款和票据融资的发放，以解决资金运用问题。去年 11 月份以来，票据融资一直呈现同比多增较多的局面。今年上半年票据融资新增 2507 亿元，比去年同期多增 1280 亿元，同比增长 30.8%，增幅较高，不少金融机构开始关注票据融资风险问题。因此，金融机构开始选择增加短期贷款，解决资金运用问题。6 月份，金融机构新增短期贷款 1998 亿元，同比多增 1056 亿元，占今年上半年新增贷款的 36.6%，增加较多。

二是金融机构利润空间下降，资金运用压力较大。截至今年 5 月末，商业银行有价证券及投资余额为 3.58 万亿元，同比增长 35.5%，比同期贷款增速高 23.1%。今年前 5 个月，商业银行新增有价证券及投资 5943 亿元，比同期新增贷款多增 103 亿元，同比增长占全部新增资金运用的 40%，比去年同期占比高 19%。金融机构有价证券及投资增幅较高，但市场收益率的持续下降，资产负债利率水平不匹配，存在利率风险。目前，一年期央行票据发行利率仅为 1.52%，比一年期定期存款利率 2.25% 低 0.73%。金融机构利润空间减小，资金运用压力增大。

三是金融机构资金明显出现向境外流出的迹象。2004 年 6 月份至今年 5 月份，随着对人民币升值预期的不断增强，金融机构境外资金逐渐回流，金融机构境外资产呈下降趋势。但从 6 月份起，汇率的利率平价开始部分起作用。6 月份，我国货币市场利率持续走低，美联储第九次提高货币政策操作目标利率至 3.25%。6 月末，我国货币市场隔夜质押式回购利率比美联储隔夜拆借目标利率低 2.17%。在国际上对人民币升值预期变化不大的情况下，市场利率的差距使得我国金融机构开始调整资金运用的方向，6月份金融机构国外净资产增加87亿美元，资金明显出现向境外流出的迹象。

（二）应关注政府土地储备贷款增幅较高的风险

截至6月末，政府土地储备机构贷款余额达1044亿元，比年初增加199亿元，同比增长60.4%，同比多增加108亿元。新增土地储备贷款占全部新增中长期贷款的比重为3.1%，比去年同期高2.2%。在严格控制新增城市用地的情况下，土地储备贷款增幅较高，表明地方政府努力做活土地存量，投资对土地的需求仍然较高。今年6月末商业性房地产贷款余额2.6万亿元，比上年同期增长23.2%，比去年全年增幅低5.5%，增幅下降。从结构上看，受国家房地产政策的影响，住房开发贷款增长基本得到控制，但商业用房开发贷款同比增幅依然较高。在前一段时间最高人民法院提出关于开发区管委会订立的土地出让合同无效的情况下，银行的土地储备贷款快速增长的潜在风险不容忽视。

（三）货币流通速度呈上升趋势

货币流通速度是影响货币需求的重要因素。去年一季度以来，我国货币流通速度呈长期下降趋势的情况有了明显的变化。到今年一季度，我国货币流通速度连续一年呈上升趋势，主要原因为：一是经济机制的变化对货币流通速度的影响。较快的货币化进程会使货币流通速度减缓。我国的货币化进程主要受城镇化和市场化进程的影响。目前我国的城市化进程仍在持续，但增幅有放缓的迹象。专家学者和研究机构普遍认为我国市场化

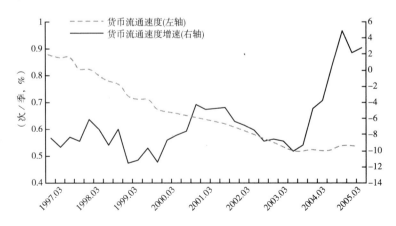

图2-6　1997年以来各季货币流通速度及其同比增速

程度在 60%～70% 之间，市场化进程最快的阶段已经过去，目前的市场化进入平稳发展阶段。经济机制变化对货币需求仍产生影响，但影响幅度将会减小。二是通货膨胀预期对货币流通速度的影响。公众对通货膨胀的预期直接影响其持币意愿。我们用实际利率反映公众的持币成本，当通货膨胀水平较高，导致实际利率水平下降时，公众持币意愿降低，货币流通速度加快；反之，货币流通速度上升，公众对持币成本高低是比较敏感的。

四、预测和措施

根据中央银行的预计，2005 年全年广义货币（M_2）和狭义货币（M_1）同比增速将为 15% 左右，全部金融机构新增人民币贷款 2.5 万亿元。

（一）总体调控方向

当前经济运行中的不健康、不稳定因素已得到有效抑制，但仍处于高位运行。因此，金融宏观调控政策的力度不宜松动。在坚持宏观调控大方向的同时，应密切关注投资、进口及企业效益指标变化，加强分析研究这些经济指标的未来走向及其对整体经济的影响，适时预调、微调经济，防止出现系统性风险。

（二）信贷政策导向

引导金融机构增加短期企业贷款，大力发展企业债券市场。鉴于当前货币市场利率处于历史低位（5 月份银行间市场同业拆借加权平均利率仅为 1.55%），商业银行资金又相对充裕（5 月末人民币存款余额同比增长 16.8%，高于人民币贷款增长 4.4%），应努力引导商业银行增加短期贷款投放，以缓解部分企业资金紧张状况。同时也应大力发展企业债券市场，鼓励企业发行债券，鼓励商业银行认购企业债券。同时，要研究支持和鼓励消费的政策措施，扩大个人消费信贷；要加强和完善对房地产市场的监测，关注土地储备供应超常增长以及存在的风险。

（三）利率导向

密切关注货币市场利率走势，央行可考虑重新恢复较长期限央行票据的发行。货币市场利率是我国中央银行货币政策操作过程中需要特别关注的内容之一，货币政策操作有必要保证一个稳定的货币市场利率，为金融机构流动性管理提供良好环境，保证货币政策传导的有效性。央行可考虑重新恢复较长期限央行票据的发行，先适度控制市场利率下滑。倘若经济活动出现明显下滑，货币政策操作则考虑使用相应手段，保证今年货币政策目标的实现。

（四）汇率导向

逐步加快建立调节国际收支的市场机制和管理体制，推动国内经济和对外经济协调发展。进一步疏通资金合理有序流出渠道，积极培育发展外汇市场，加强对外商投资企业和外资银行的外债管理，控制外债特别是短期外债过快增长的势头。按照主动性、可控性、渐进性的原则完善人民币汇率形成机制，保持人民币汇率在合理、均衡水平上的基本稳定。

第六部分　资本市场分析

本季度股票市场呈现单边下滑、量增价跌的走势。上证综指从上季度末的最低点 1181.24 点（当日创出一季度最低点为 1162.03 点），小幅上涨到 4 月 14 日的本季度最高点 1234.33 点，开始步入下降通道，一路走低至 6 月 6 日的 998 点，跌破 1000 点大关，较上季度末跌幅达 15.51%。而后经过 6 月 7 日到 9 日涨幅达 13.33% 的短暂而快速反弹后，又转而下滑至本季度末的 1080.94 点，本季度跌幅达 8.49%，上半年跌幅达 16.15%。同时，与过去股指下跌成交量萎缩类似的是，4 月份成交量较前期变化不大，5 月份成交量达到 1474 亿元，较 4 月份下降 50.8%，6 月份成交量有所提升，尤其是 6 月 7 日到 9 日的快速反弹期间，上海市场日成交量达 200 亿元以上，创出半年度最高。

本季度债市依然承接上季度债市惯性上升走势，呈现较为活跃的局面。以国债指数和企债指数为例，它们分别从上季度末的 100.19 点和 102.45 点，一路上涨至 105.35 点和 111.26 点，涨幅分别达到 5.15% 和 8.6%，上半年二者的涨幅分别达到 10.19% 和 16.09%，成交量在 4 月和 5 月期间较上季度变化不大，6 月份出现了一定程度的放大，国债最高日成交量是上季度最高日成交量的两倍。

一、股票市场

（一）影响本季度股票市场走势的原因分析

本季度资本市场走势在股权方案出台前和出台后分别呈现出鲜明的、各具特点的走势，即股权分置方案出台前（四月中旬前）市场呈现"多空"僵持、走势无方向的横盘整理走势，股权分置方案出台后（4 月中旬至 6 月）市场呈现出混乱、"多空"分歧加大、走势无支撑的快速下跌走势。分析其中的原因，主要在于以下几点。

1. 市场对股票分置方案预期相对乐观，呈现较为平稳的走势

4 月中旬以前，投资者对股权分置事宜存在一定预期，对市场上行构成较大压力，同时，投资者普遍认为即使该方案出台，也会较好地保证流通股股东权利，减弱了使股市短期下跌的动能。因此，4 月份中旬前的走势较为平稳，以横盘整理为主。

2. 股权分置改革方案及配套措施的出台，对市场带来较大冲击

中国证监会 4 月 29 日发布了《关于上市公司股权分置改革试点有关问题的通知》，正式宣布启动股权分置改革试点工作，要求试点上市公司股东自主决定股权分置问题解决方案。其中，对如何保护流通股股东权益只是原则性地提及，具体的实质性保护措施只在信息披露中涉及，即要求非流通股股东持有的非流通股股份自获得上市流通权之日起，至少在 12 个月内不上市交易或转让；持有试点上市公司股份总数 5% 以上的非流通股股东，通过交易所出售股票数量占总股本比例，并在满足上条规定前提下，12 个月内不超过 5%，在 24 个月内不超过 10%；非流通股股东出售股份达到该公司股份总数 1% 的，应当自该事实发生之日起两个工作日内做出公告。这一文件的出台前的强烈预期及其正式出台，对市场走势产生了非常大的冲击和影响，原因主要在于以下几点。

一是该文件旨在解决 1992 年建立股票市场以来一直悬在股市投资者头上的"达摩克利斯剑"这一历史问题，触及到包括非流通股股东、以基金和 QFII 为代表的机构投资者、民间机构投资者以及中小投资者等多方利益的再分配这一核心问题，而各类利益群体对实施股权分置所引发的新的利益格局演变有着各自的判断，加大了该文件出台初期的市场震荡和混乱。

二是该文件将政府和监管机构从股票市场"博弈"主体中"剔除"，只将非流通股股东与流通股股东作为"博弈"主体，由二者共同确定非流通股股东获取流通权利向流通股股东提供的补偿数额。在这一"博弈"格局下，无法形成监管机构所期望的共同利益最大化的"博弈结果"，只可能形成非流通股股东利益最大化的"博弈"结果。其原因在于，相对非流通股股东，流通股股东不仅所持股份较少，一般不超过总股本的 40%；而且股东非常分散，股东专业水准千差万别，普遍较低，难以形成合力，在与非流通股股东的"博弈"过程中明显处于劣势，无法切实保护自身利益。为规避这些风险，多数流通股股东选择离场，加速了股市下滑。

三是该文件并未给出股权分置后的市场估值标准，旧有的市场估值无法适应股权分置改革后的市场要求，而适应股权分置改革后的新型市场估

值体系短期内又难以建立，还需要经过反复探讨、探索、宣传、推行、市场验证和修订等过程，不确定性很大。加之已公布试点方案的上市公司中，股权分置方案改革前后非流通股股东和流通股股东价值增值幅度并不一致，普遍是前者远高于后者。如宝钢股份、传化股份、鑫富药业、浙江龙盛、新和成、东方明珠等公司①，股权改革前后非流通股股东价值增值幅度分别是流通股股东的 1.14 倍、3.02 倍、7.07 倍、4.28 倍、1.87 倍和5.6 倍，对流通股股东利益损害较大，其所产生的"示范效应"促使众多流通股股东"义无反顾"地选择离场。

此外，不排除一些尚未公布股权分置方案上市公司的非流通股股东，为减少给流通股股东支付的对价或补偿，选择与二级市场"庄家"联手人为打压股价的可能，使该股价既能高于公司自身净资产，满足国有资产管理机构及各方股东的要求，也能以最少的成本获取非流通股的流通权，导致二级市场逐步下滑。

3. 二级市场资金供求严重不平衡，引致股市频创新低

本季度出台股权分置方案后，二级市场资金供求不平衡愈演愈烈，导致股市一路下滑，并于 6 月初跌破 1000 点大关，创出 8 年以来的新低。引发二级市场"失血"过多的原因主要表现在以下三个方面。

一是场外较为宽裕的资金不入场。无论从 M_2、同业拆借市场、回购市场和央行票据利率变化等看，还是从投资者开户数变化看（4 月和 5 月环比增长 0.14% 和 0.11%），本季度场外资金较为宽裕。但在上述股权分置改革所引发的新的问题短期内难有定论的情况下，场外资金为规避风险，普遍采取持币观望的态度，或者通过购入一些风险较低的适于流动性管理的金融产品，耐心等待入市时机。

二是场内资金不断流出。在股权分置改革所带来的不确定性引发的投资风险尚未化解之前，卖出股票离场仍是市场主流。根据申银万国研究所的统计，截至本季度末，市场存量资金约为 2400 亿元，较去年同期减少了810 亿元。

三是市场实际扩容速度加快，扩容预期不断增强。根据股权分置改革的通知要求，已经实施股权分置方案的上市公司流通股股东获得补偿的非流通股股东赠送股份立即可以上市流通，占总股本超过 5% 的非流通股实

① 计算假设为：假设股权分置改革后的市场价格将与股权分置改革前的流通股股价水平一样，股权分置前非流通股股东按照净资产定价，流通股股东按照股权分置前的二级市场价格定价。

施股权分置方案 1 年后可以分期分批流通，3 年后可以全部流通，市场扩容速度日趋加快。

4. 投资者信心不足

股权分置改革引致市场不确定性增强，股市资金供给远小于需求的情况致使二级市场市值不断缩水，广大投资者亏损面不断加剧（如根据深圳华鼎市场调查公司对全国 20 个中心的中小投资者的调查结果，投资者亏损面已由去年年底的 80% 上升到 6 月份的 85%）等，无不严重打击了投资者信心。即使政府出台了一系列利好政策后，如降低个人投资者红股红利所得税，对股权分置改革中对价支付和对价取得不征收印花税和所得税，允许上市公司回购流通股份，允许基金公司运用固定资本投资等，仍然无法从根本上扭转股市颓势，使得 6 月 7 日到 9 日的反弹无以为继，股市依然选择了向下探底。

（二）下季度股市走势预测

下个季度，股市既不会产生较强的上涨动力，也不会大幅下跌，可能呈现反复寻底和筑底的发展格局，市场小幅下移中的股价结构调整将成为未来一段时期的"主旋律"。影响下半年走势的因素主要有以下几个方面。

1. 宏观经济增速趋缓，上市公司业绩预期下滑，制约股市涨升

从经济周期运行趋势看，2004 年我国宏观经济增长已达 9.5%，名义增速为 10% 以上；从 2005 年上半年经济运行看，投资增速下降。从 2005 年下半年预测看，前期紧缩性政策的滞后效应会继续显现，投资增速会进一步下降，同时，受人民币可能升值以及美元因加息升值等因素影响，下半年出口会进一步下滑，进口会有所提升。总体来看，全年 GDP 增速有望保持在 9% 左右，会使投资者降低了上市公司业绩预期，不利于股市走强。

2. 股权分置后续利好政策的逐步实施，促使股市走稳

7 月初，中国证监会在国务院同意下，公布了后期将逐步予以推行的"利好"措施：一是在加大市场资金供给方面，允许基金公司用股票质押融资，加大社保基金和国有保险公司入市力度，增加 QFII 投资额度——由 40 亿美元提高到 60 亿美元，取消政府对国有企业投资股市的限制规定。二是在减少扩容压力方面，要求在股权分置改革实施新老划断前暂停新股发行，今后发行股票的上市公司一律实行改革后的新机制，未完成股权分置改革的上市公司停止再融资。三是在稳定扩容预期方面，

正在制定国有经济布局和分行业持股比例指导性意见，拟对改革后公司设置单独交易板块，正研究开发相关金融衍生产品。四是在市场机制建设方面，推动上市公司定向增发流通股、吸收合并等并购重组试点，以股权分置改革为契机，实施绩差公司优化重组，对创新类证券公司和股权分置改革中的保荐机构提供流动性支持，并要尽快设立证券投资者保护基金。随着这些"利好"措施的逐步推行，会在一定程度上增加股市资金供给，减弱扩容压力，增加投资者信心，对防止股市的进一步下跌具有重要作用。

3. 第二批试点方案的实施效果，对市场运行会产生深远影响

鉴于第一批实施股权分置试点的上市公司数量少，代表性差，监管机构很快又跟进了第二批试点上市公司，不仅数量有所增加，且代表性很强：既有大盘篮筹股，也有小盘绩优股；既有控股股东是国有的，也有民营的；既有业绩好的，也有业绩一般的，涉及行业非常广泛。加之6月27日，中国证监会主席在国务院新闻办的发布会上明确表示，全流通没有第三批试点，新股全流通也将推行，说明第二批试点的上市公司基本能够涵盖大多数上市公司的情况。鉴于此，第二批上市公司试点效果对同类上市公司将具有重要的"示范效应"，对下阶段市场运行影响很大。从已公布股权分置方案并复牌的28家第二批试点公司市场表现看，复牌首日上涨的有24家，涨幅超过5%的有10家（5只涨停），下跌的有4家，较第一批试点的4家公司复牌首日3家涨停更为理性。同时，截至7月6日，这28家试点公司复牌以来股价涨跌互现，上涨的有16家，涨幅超过5%的只有8家（1家涨幅超过9%），下跌的有8家，较复牌首日均出现不同幅度的下跌。若依此类推，预计市场在1000～1100点的区域寻求支撑的概率较大。

4. 股权分置后的市场价值重估体系建立，将在稳定股市运行的同时加速结构调整

建立股权分置后的市场价值重估体系主要可以参照以下两个标准：一是国际股票市场同类或类似企业的定价标准；二是上市公司基本面估值。无论采取哪一类标准，都离不开国际公认的市盈率指标。从总体市盈率看，截至本季度末，沪深两市平均市盈率已从上季度末的18.79倍和22.61倍，跌至本季度末的16倍左右，与国际股市的平均市盈率水平相当，继续大幅下探空间有限。从市盈率结构变化看（见图2－7），截至本月末，市盈率在20倍以内的股票占比同比上升了19.36%，市盈率在20～

30 倍和 30~40 倍的股票占比同比却分别下降了 10.36% 和 5.07%，而 40 倍以上的股票同比下降幅度较小，只有 3% 左右，这说明总体市盈率水平的下降主要是源于市盈率相对较低的 40 倍以内的股票下跌，而非源于市盈率较高的 40 倍以上股票的下跌。总体来看，未来一段时期，将以股权分置方案的全面推行为契机，综合参照上述两类标准重估各股票的市场价值，加速股价结构调整，加快与国际股市接轨进程，大盘将在筑底的同时进行深度结构调整。

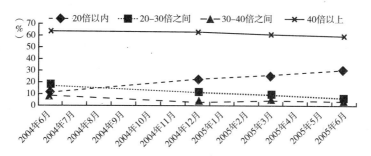

图 2-7　2004 年中~2005 年中股市市盈率结构变化图

此外，外部资金面宽松，对股市摆脱颓势将创造良好的条件，一旦在诸多利好政策实施以及政府和监管机构积极协调下，有效降低了股市的不确定性后，这些外部资金将有可能入市并推动股市走好。

二、债券市场

（一）本季度债市走势原因分析

本季度债市二级市场出现了与股市截然相反的走势，一路走高，涨幅较为可观，本季度和上半年国债分别上涨了 5.15% 和 10.19%，而同期股市却分别下跌了 8.14% 和 16.15%，且债市量能也较上季度出现一定幅度大放大，市场十分活跃。促使债市在已经涨幅较大的基础上继续走出一波较长时期"牛市"的原因主要有以下几点。

1. 资金面十分宽裕

本季度债市资金面十分宽松，为债市继续涨升奠定了重要的资金基础。这主要从以下几方面表现出来：（1）从 M_2 变化看，4 月份和 5 月份的 M_2 分别达 14.28% 和 14.65%，而 1~3 月份的 M_2 同比增长分别只有 14.49%、14.23% 和 14.22%；（2）从金融机构人民币存贷差变化看，

4月份和5月份的存贷差同比增长高达36.03%和40.55%，是今年1~5月中同比增长最高的两个月份。（3）从金融机构外汇占款变化看，4月和5月的环比增长分别高达3.52%和3.55%，较上季度最高的1月份的2.87%还高出不少。（4）从债券一级市场中标利率变化看，发行利率不断走低。国债方面，5年期固定利率附息债利率由上季度末的3.81%下滑到4月下旬的3.3%，5月下旬发行的7年期固定利率附息债利率只有3.37%；金融债方面，两年期固定利率附息债中标利率由3月9日的3.38%下降到6月15日的2%，15年期固定利率发行人可赎回债券中标利率由2月18日的5.18%下滑到6月15日的3.82%。（5）从同业拆借市场加权平均利率变化看（见图2－8），7天和3个月的加权平均利率分别从上半年最高点的2月份的2.26%和3.3%，一直下降到6月末的1.64%和2.13%，跌幅分别达27.44%和35.46%，成交量也趋于萎缩。（6）从公开市场操作中央行票据和回购利率变化看（见图2－9），3年期央行票据中标利率由上季度末的3.21%下滑到5月末的3.06%，跌幅达4.68%；1年期央行票据、3个月期央行票据分别由上季度末的2.1555%和1.2069%，下降到本季度末的1.6363%和1.1666%，跌幅分别达24.09%和3.34%；7天正回购利率由上季度末的1.004%下跌到5月中旬的1%左右，逐步回升到本季度末的1.004%。

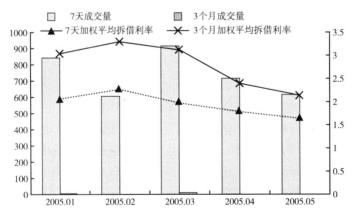

图2－8　2005年1月~5月7天和3个月同业拆借市场加权平均
拆借利率和成交量（亿元）变化图

2. 对升息预期逐步减弱

随着宏观经济增速逐步下降，投资增速下滑，企业利润增速趋缓，前

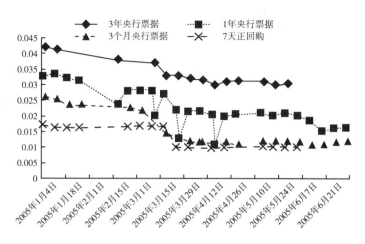

图 2-9　2005 年上半年央行票据和正回购利率变化图

5 个月工业企业利润增速同比增长仅达 15.8%，较去年同期大幅下降 30.1%，1~5 月 CPI 同比上升2.4%，月度 CPI 自 2 月达到高点 3.9%后逐月走低。同时，信贷紧缩幅度不断提高，银行尤其是商业银行为满足监管要求和上市需要，提升资本充足率，普遍更加惜贷，抑制投资进一步增长。加之外汇占款持续快速增加，5 月份再创新高，首次超过了 6 万亿元人民币，加息只会吸引更多的炒汇资金流入，使投资者对升息预期逐步降低，推动债市走高。

3. 债券供给较为稳定，而债券需求日益提升

从债券市场供给看，2004 年全年债券发行量达 9689.6 亿元，今年上半年债券发行量为 4570 亿元，占去年全年发行量的 47.16%，预计全年新发债券量与去年相差不大。从债券需求看，其增速较快，这是由以下四方面因素所决定的：一是股市逐步走低，促使许多风险承受能力较低的游资流入债市。二是保险资金规模不断扩大，而占保险投资资产比重高达 40%左右的银行协议存款普遍没有市场需求，致使保险资金加大对可替代性最强的债市投资。三是商业银行为满足中国银监会 2004 年 2 月 13 日发布的《商业银行资本充足率管理办法》中关于要求银行资本充足率不低于 8%、核心资本充足率不低于 4% 的要求，以及工行、建行、中行等上市要求，不得不加快资产结构调整，减少风险系数较高的贷款，增加风险系数较低的债券持有量，促使短期需求急剧上升。四是 3 月 16 日央行下调超额存款

准备金利率，将大量从超额存款准备金中挤出的银行资金，挤入了债券市场。一方面是债券供给稳定，一方面是债券需求大幅提升，引致债券节节走高。

（二）下季度债市走势预测

下个季度债市将继续在高位运行，大幅上涨和下跌的可能性均较小，短暂的小幅调整在所难免，短期债券投资价值较小，中期债券仍将是下阶段债市投资的较好选择，长期债券仍存在较大的不确定性。主导下季度债市走势的因素主要有以下几个方面。

1. 利率有望继续保持现有水平，不排除未来2～3年降息的可能

温总理在6月26日天津亚欧财长会议上，提出了中国汇率改革三原则，即"主动性、可控性和渐进性"，表明短期内人民币不会在外部压力下升值，由此可以判断出人民币即使升值，幅度也不大，会在一定程度上减轻外汇占款压力，这有利于市场利率走稳，此其一。其二，央行行长周小川在6月末出席国际清算银行会议上表示，中国利率目前处于适当水平。其三，人民币存款保持较好增速，较大程度缓解了去年加息时对负利率引致储蓄下降的忧虑。其四，工业消费品价格继续下跌，价格逐步企稳，公共产品和服务业价格水平持续提高，综合评估各项因素的作用结果，全年CPI涨幅不会高于3%，较去年订立的警戒线4%相差较多。因此，短期内利率将保持现有水平。鉴于下半年宏观经济增速可能下滑，未来将进入持续时间较长的收缩期。去年和今年上半年出台的各项紧缩措施对经济的抑制作用仍将继续显现，且受我国汇率短期内不会调整，而美元一年期存款利率已连续9次加息至3.25%，下半年还会继续加息。美元持续走强，致使人民币相对其他国家货币升值，出口形势不容乐观。未来2～3年内我国宏观经济可能逐步走弱，不排除在经济形势不好时期适度降息的可能。

2. 债市涨幅较大，继续大幅上涨概率较低

上半年债券市场收益率曲线大幅下移120BP，距离近几年的最低位置即2002年底市场收益率曲线仅有50BP。收益率曲线再次大幅下移的可能性较小，即使下移，空间也十分有限。但考虑到未来利率演变趋势和央行继续调低超额存款准备金利率以及几大国有商业银行上市，短期内仍会通过"惜贷"和加大债市投资等措施优化资产结构等因素，下季度收益率曲线继续下移的可能性较大，债市将继续在高位小幅走高。

3. 收益率曲线继续呈现平滑化发展态势

上半年收益率曲线平均下移 120BP，其中，3 年期和 2 年期收益率曲线下降幅度最大，分别达 127BP 和 130BP。曲线两端下降幅度较小，20 年期下降了 117BP，1 年期下降了 72BP，促使债券收益率曲线呈现平坦化走势。未来一段时期，伴随中短期加息可能性趋弱等预期，这一趋势有望继续保持。

4. 债券市场结构调整促使中期债券涨升力度较大

根据前述关于未来利率走势的判断，未来 2 ~ 3 年内若宏观经济形势逐步走弱，不排除降息的可能。众多投资者将提前主动调整债券投资结构，卖出短期、收益率较低的债券，积极购入 3 ~ 5 年期收益率较高的中期债券，以从总体上提高债券投资收益率，规避债券到期后的再投资风险。因此，未来一段时期，随着对利率走势判断的分化，债券结构调整将继续深化，中期债券将成为涨升行情中的"领头羊"。

第七部分　房地产投资分析

一、上半年我国房地产投资特点

（一）房地产投资总量和规模继续增加

2005 年上半年我国房地产投资规模和总量为 6153 亿元，其中一季度投资总额为 2324 亿元，二季度投资总额为 3829 亿元，绝对量增加量 1505 亿元，增长了 64.76%，继续呈现扩大之势。从上半年各月投资总量变化来看，除了 1 ~ 2 月份投资 1200 亿元，月均投资 600 亿元外，3 ~ 5 月份，各月投资规模基本保持在 1100 亿元相对比较稳定规模上下波动，而 6 月份投资规模出现翘尾，达到 1549 亿元。见表 2 - 9。

表 2 - 9　2005 年上半年房地产投资总量和规模变化表

单位：亿元

		2005	2004	比 2004
一季度	1 ~ 2 月	1200	1005	195
	3 月	1124	868.6	255.4
	总　量	2324	1873.6	450.4

续表

		2005	2004	比 2004
二季度	4 月	1081	812.4	268.6
	5 月	1199	1017	122.0
	6 月	1549	1221	328.0
	总　量	3829	3051	778
季度增长变化率		64.76	62.28	72.89

资料来源：根据国家统计局数据计算。

从表中可以看出，2005 年我国房地产投资变化季度特征呈现增长态势，季度房地产投资规模和总量继续增加。从上半年各月实际投资量变化来看，我国房地产投资规模处于稳定扩大的通道上。单月实际投资量中 6 月份最高，达到 1549 亿元较大规模。2005 年上半年房地产投资总量 6153 亿元，已经相当于 2004 年 1~7 月份投资总量。单月实际投资均高于 2004 年投资水平，说明房地产规模和投资总量是相当大的。

（二）房地产投资同比增幅由高到低已呈现明显回落

虽然 2005 年上半年我国房地产投资规模和总量呈现稳定持续增加和扩大，这是经济发展所必需的，但房地产投资增长幅度却呈现由高到低逐月回落态势，说明房地产投资过快增长势头出现了实质性转变。见表 2-10。

表 2-10　2005 年上半年房地产同比增长变化表

	第一季度		第二季度		
	1~2 月	1~3 月	1~4 月	1~5 月	1~6 月
投资总量	1200	2324	3405	4604	6153
同比增长%	27	26.7	25.9	24.3	23.5
比 2004 年增减	-16.6	-14.4	-8.7	-7.7	-5.2

资料来源：根据国家统计局数据计算。

从表 2-10 可明显地观察出，在 2005 年一季度中，1~2 月份房地产投资增幅为 27%，1~3 月为 26.7%；到二季度，房地产同比增速分别为 25.9%、24.3% 和 23.5%，增长幅度持续下降，而且呈现逐月回落态势。如果将其与 2004 年同期增长速度比较，各月份均比 2004 年要低，其中，1~2 月降低了 16.6%，1~3 月降低了 14.4%，1~6 月份降低了 5.3%。这说明经过 2004 年和 2005 年我国实施的各项宏观调控政策调整，房地产增长速度过快的局面已经扭转，增长幅度已经明显下降，并接近和趋向合理范围。如果现在回首 2004 中国房地产投资增长状况，我们就会更加坚定地认为，2004 年房地产投资确实是过高、过快了。若不是宏观调控及时出台，2005 年我国经济发展将会处于一种极其紧张的运行状态。但即便如此，由于目前的增速是在原有较大基数上的增幅，尽管增长幅度不大，但房地产投资绝对量和绝对增量却是很大的。

（三）房地产投资增速高于同期全社会固定投资增速现象从 5 月份开始出现逆转

纵观我国近几年投资增长结构变化的轨迹可以发现，2003 年以前，我国房地产投资增长速度在大多时间内均高于同期固定资产投资增长速度。但到了 2004 年以后，却出现了几次反复，如 2004 年 1～10 月份出现房地产投资增速低于同期全社会和同期城镇固定投资增速的现象，2004 年 11 月份到 2005 年 4 月份房地产投资高于固定资产投资重新出现。半年之后，从 2005 年 5 月份开始，房地产投资低于同期固定资产投资现象又重新出现。见表 2－11 所示。

表 2－11　2005 年我国房地产投资与同期固定资产投资增速比较

	第一季度		第二季度		
	1～2 月	1～3 月	1～4 月	1～5 月	1～6 月
房地产增长	27	26.7	25.9	24.3	23.5
固定资产增长	24.5	25.3	25.7	26.4	27.1
与固定资产增长比较	3.5	1.4	0.2	－1.9	－3.6

资料来源：根据国家统计局资料计算。

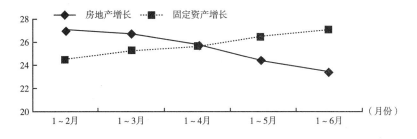

图 2－10　2005 年上半年房地产与固定资产投资增长速度比较

从表2-11和图2-10可以明显看出，与2005年上半年我国房地产投资增速呈现逐月下降之势相反，城镇固定资产投资增长却由1~2月份的24.5%，提高到了1~6月份的27.1%，上升了2.6%，并呈现逐月上升态势。因此，两者之间的增长变化在5月份后出现了反向关系，即在2005年1~2月、1~3月和1~4月时间段内，房地产投资增速均高于同期城镇固定投资增速，分别为3.5%、1.4%和0.2%。但到了5月份以后，房地产投资增速却低于同期城镇固定投资增速1.9%，6月份进一步扩大至3.6%。我们认为，不同时间段上房地投资与固定资产投资增长速度变化差异，所反映的增速差异关系是不同的。2004年1~10月份的房地产投资增速低于固定资产投资增长，主要是因为2004年我国钢铁、水泥、汽车和电解铝等投资规模和投资增长速度快于房地产投资，加上2003年下半年我国针对房地产投资较早地采取了调控政策，使2004年房地产投资增长明显低于固定资产投资。而目前出现的房地产投资低于固定资产投资增长速度，其中原因之一则是房地产投资商对国家近一段时间进行稳定房地产价格调整政策而采取的暂时性投资战略性调整所致，而长期性战略投资调整则取决于未来房地产市场价格变化和政策变化。另外，这也说明了固定资产投资增长进入到了逐步上升轨道。因此，担心我国投资不足可能引起经济紧缩的顾虑是没有必要的，经济运行仍然处在投资增长的通道上。

（四）房地产投资占固定资产投资的比例呈现下降趋势

房地产投资在固定资产投资所占的比例在一定程度上可以反映房地产拉动经济增长的作用和房地产投资在固定资产投资中的拉动作用大小。与2004年我国房地产投资占固定资产投资的比例呈现波动性下降变化特点有所不同，2005年以来，我国各月房地产实际投资占同期固定资产投资比例呈现逐月下降趋势。如表2-12所示。

表2-12 2005年上半年房地产投资占同期固定资产比例

月　　份	第一季度		第二季度		
	1~2月	3月	4月	5月	6月
房地产投资量	1200	1124	1081	1199	1549
固定资产投资量	4222	4815	4988	5694	8248
房地产占固定资产的比例(%)	28.4	23.34	21.67	21.06	18.78

资料来源：根据国家统计局数据资料计算。

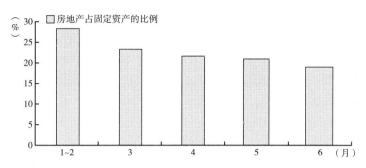

图 2 – 11　2005 年房地产投资占固定资产投资比重图

从表 2 – 12 和图 2 – 11 看出，2005 上半年各月房地产实际投资占同期固定资产投资比例 1 ~ 2 月份为 28.4% ，3 月份下降到 23.34% 。第二季度的 4 月份降为 21.67% ，5 月份下降到 21.06% ，6 月份为 18.78% ，半年内下降了 9.62% 。

房地产投资占固定资产投资比重下降，反映了我国目前房地产在城镇固定资产投资中的份额在降低。也就是说，2005 年以来，在我国固定资产投资增长中，房地产投资增长的带动作用正逐步减弱，促进投资增长的因素已发生了新变化。

（五）房地产综合景气指数继续呈现回落态势

根据国家统计局公布的房地产景气指数，2005 年以来，我国房地产投资景气指数从年初的 102.18 逐月下降，到 2005 年 5 月份已降至 101.83，6 月份进一步下降到近几年来最低状态。如果将 2005 年中国房地产景气指数与同期 2004 年和 2003 年相比较，则可以看出，2005 年中国房地产景气指数呈现全面下降态势。如果说 2004 年房地产景气指数已经处于下降状态的话，那么，2005 年则是我国房地产景气指数下降最为猛烈的时期。如表 2 – 13 所示。

表 2 – 13　2003 年中国房地产景气指数表

月　份	2003 年		2004 年		2005 年	
	景气指数	比同期	景气指数	比同期	景气指数	比同期
2 月份			107.84		102.8	– 5.04
3 月份	107.34	3.46	106.20	– 1.14	102.19	– 3.33
4 月份	106.89	2.29	105.77	– 1.12	101.90	– 3.87
5 月份	106.28	1.91	105.99	– 0.29	101.83	– 4.16
6 月份	107.04	2.39	105.18			

资料来源：根据国家统计局数据资料计算。

（六）房地产市场价格增速减缓，但仍处在高位

在经历了 2004 年抑制投资过快，2005 年 3 月份开始进行抑制房地产价格上涨过快的各项宏观调控政策之后，人们期望 3 月份出台的一系列宏观调控政策效应在二季度和下半年会显现出来。但与人们所期望的相反，2005 年第二季度我国房地产价格仍呈现继续上涨之势，涨幅仍达 10.1%，仅比 2005 年一季度 12.5% 涨幅回落了 2.4%，虽然房地产价格上涨速度继续放缓（与 2004 年比较），宏观政策起到了一定作用，但价格回落幅度却很小，回落速度仍然很慢，房地产价格依然在高位上波动。在国家全方位加大各项宏观调控力度情况下，我国房地产价格仍然保持在 10.1% 的涨幅，一方面说明我国控制房地产价格上涨的难度很大，遇到的阻力很强，面临影响因素更复杂；另一方面说明当前我国实行的各项宏观调控政策，尚未起到抑制房地产价格上涨的明显效用。当前房地产价格仍然在高位上波动，如上海、北京、厦门每平方米房价仍在 8355 元、7036 元和 6990 元左右，深圳、宁波、杭州和广州房屋销售均价在 6000 元以上，说明抑制房地产价格上涨的任务依然很艰巨。

二、影响我国房地产投资及价格变化的因素分析

纵观 2005 年上半年我国房地产投资和价格变化新特征，可以看出，无论是房地产投资还是价格变化都呈现出了新的变化。房地产投资增速在 2004 年下半年基本稳定在 28% 左右基础上，2005 年一季度下降到了 26.7%~27% 之间，二季度进一步下降到 25%~23% 之间，呈现梯度下降之态势。这反映出我国房地产投资已进入了正常的增长轨道，房地产投资占固定资产投资比重也处于较合理范围。但不可忽视的是，我国房地产存在的问题主要集中在：其一，投资总量已经很大，投资增长惯性依然在延续；其二，房地产价格上涨速度有所减慢，但上涨幅度还远未降下来，房地产价格依然在高位运行，影响房地产价格的各种因素在经济运行中还在进行着激烈的博弈。因此，必须对此予以重视并进行认真分析。

第一，"双稳健"宏观经济政策使投资过热引起的经济运行状态得到基本改观，房地产投资增长也因此梯度回落。从 2004 开始，积极的财政政策就开始淡出，到 2005 年，我国全面实施了"双稳健"的财政和信贷政策。"双稳健"实质上是不以拉动社会投资、刺激消费为核心，而是以协调经济发展、调整经济结构为中心，以适当的控制和调节投资与消费过快增长为中心，通过减少政府投资，影响全社会投资过快增长，使全社会投

资增长保持在适度、合理和稳定的范围内，防止投资过快、过热，防止泡沫经济的产生。随着"双稳健"宏观经济政策的实施，房地产投资过快增长失去政策支撑基础，加上我国继 2003 年、2004 年对包括房地产投资在内的全社会固定资产投资增长过快继续加大宏观调控力度，2005 年以来又加大了银行金融、税收、土地管理等监管力度，这一系列措施都是针对我国包括固定资产在内的房地产投资过热现象起到了抑制作用。

第二，抑制房地产投资增长的资金信贷和税收等政策共同作用，使推动房地产价格上涨的资金推动力有所减弱，房地产价格上涨有所回落。我国房地产投资高涨和价格上涨迅速的重要原因是近几年大量资金涌入房地产业。其一，高额的房地产超额利润成为推动社会资金大量涌入房地产的巨大利益推动力。资料显示[①]，在 2000 年我国上市公司的平均毛利润只有 27% 的情况下，房地产上市公司毛利润率却高达 33%，在此后的 2000 年到 2004 年 5 年间，我国上市公司毛利润率下降了近 4% 的情况下，房地产上市公司毛利润率却提升了 1.3%。可以说，巨大的收益回报率是资金涌入房地产开发领域的主要推动力。其二，房地产投资性需求资金强力推动。如果要比较一下产业投资以及近几年产业投资利润差异，可以明显看出，房地产投资性需求成为人们热衷投资的最佳选择。因为股票市场市值从 2001 年到 2005 年缩水至少一半以上，投资股市，必然亏损。汽车和房地产开发投资的资金需求量过大，也不适合个人投资，而进行购买房地产作为投资最合适，且利润率最高。这就形成了社会上大量闲散资金涌入到房地产的需求投资之中，形成了以住宅作为获取租金和差价为目的的虚假需求大大高于以住房生活之用的真正需求的局面，从而推动了住宅价格的快速上涨。但 2005 年以来尤其是自 3 月份以来，国家政策导向从抑制投资转向投资和消费双重抑制，从金融信贷转向金融信贷与税收相结合，即在提高住房利率同时，还提高了首付款比例。与此同时，从 2005 年 4 月 5 月份开始，国务院下发《关于切实稳定住房价格的通知》，要求各地方高度重视房价，实行政府负责制。5 月 11 日，国务院办公厅转发了建设部、国土资源部等七部委《关于做好稳定住房价格工作的意见》。5 月 30 日，国家税务总局、财政部、建设部联合出台了《关于加强房地产税收管理的通知》，抑制房地产价格上涨政策从单纯的金融手段转向到了金融信贷、税收和房地产管理等综合治理轨道上来。因此，2005 年 5 ~ 6 月份以来，购

---

① 参见赵雷：《房地产垄断利润及其消除方法探析》，《改革》2005 年第 6 期，第 30 页。

买房地产资金大幅度减少，房地产成交额减少了40%以上，从而使得房地产价格上涨缺少了资金支撑，房地产价格上涨幅度比一季度有所降低。

第三，**地方政府非主动性干预及政策执行发生偏移，造成了实际执行力度大大减弱，效果甚微，促成了房地产价格继续在增长通道上延伸**。房地产价格上涨，对地方政府是有好处的，价格上涨不仅可以提高财政税收，而且可以增加土地出让金额，这对地方政府来说是最合算的资产增值办法。事实上，好多城市正是利用房地产价格上涨获得了经济开发启动资金，并因此而建立起经济发展的资金体系，一旦价格下降，那么城市建设改造资金、地方税收、出让金都将会减少。因此，在国家发出了《关于切实稳定住房价格的通知》之后，地方政府在房地产税收征收范围、时间界定、税率等进行了适度放宽，这样就使得政策力度大大减弱，因此，房地产价格降幅也相应地就大打折扣。

第四，**对未来经济增长担忧，导致了国家和地方政府在抑制房地产投资和价格上涨的执行有所放松**。由于2005年以来推动我国经济增长的出口贸易增长幅度逐月下降，2005年上半年比去年同期减慢15.9%；1~6月份实际使用金额286亿美元，下降3.2%。可以说，无论是外商投资企业还是实际使用外资金额，增幅都呈现出渐次下落特点，甚至出现了负增长。另外，2005年以来影响世界经济增长的主要力量即美国经济增长速度减速，欧洲经济增长迟缓，日本通货紧缩压力挥之不去，新兴市场经济发展面临新不确定性增大，从而使得未来世界经济增长回落的预期增大。针对这种情况，国家和地方政府、学者开始对未来中国经济增长产生了担忧，从而在执行抑制房地产价格上涨和控制房地产投资增长的政策执行上有所放松，这也是房地产价格上涨幅度回落较小、下降速度较慢的重要原因之一。

三、下半年预测及政策建议

1. 下半年房地产业投资增速将稳定在20%~24%之间

从2005年上半年我国房地产投资变化，结合当前我国针对房地产价格持续上涨的各项政策效应，以及有管理新的浮动汇率制度可能引起一些新变化等因素，根据房地产投资年度变化规律，我们认为，三季度及下半年我国房地产投资增速将会稳定在20%~24%范围内波动，原因是：第一，2005年上半年我国经济增长保持9.5%的增速，而上半年房地产投资在23.5%，正处在一个逐步下降的通道上，因此房地产投资增速会稳定在这一水平，上下波动范围应在20%~24%之间。第二，房地产投资增速不会大幅度降低也不会大幅度反弹。从2005年上半年我国房地产投资增速来看，其指标呈现季度性梯度下降，比2004年已经大幅度回落，当前正好处在一个相对稳定的、合理的增长空间。而且，从目前房地产增速高于固定资产投资增速，房地产投资占固定资产投资的比重下降这一特点综合来看，当前我国房地产投资增长已进入到了相对正常增长空间，并将很快进入到合理增长范围之内。

2. 影响下半年房地产价格变化的不确定因素增多，但价格下降应是房地产市场变化的合理性轨迹

综合各种因素，我们认为下半年房地产价格变化不确定因素增多，但价格下降应是房地产市场变化的合理性轨迹。原因是：一季度我国房地产价格上涨幅度虽然稍有下降，但依然很高，因为国家采取抑制价格快速增长的各项政策，均是在3月和3月末出台，因此，政策效应不明显。二季度政府加大了政策力度之后，房地产价格也并未向人们所预期的那样明显回落，说明政策效应正面临着严重考验，阻止目前房地产价格下降的力量还很强大。这些因素既有合理的一面，如担心房地产价格下降引起房地产市场萎缩并进而引致整个房地产业投资下降，整个经济进入宏观紧缩状态的担忧；也有不合理的一面，即在交易市场上出现的价格联盟，形成有价无市的一个虚假房地产价格交易关系。因此，价格下降应是房地产发展变化的合理性轨迹，但考虑到影响下半年房地产价格变化的不确定因素增多，如何变化还有待观察和分析。

3. 加大政策执行力度

当前各项房地产政策不断出台，力度也在不断加大，价格上涨过快的走势得到一定程度抑制，但总体效果不明显，不同城市效果并不完全一致。在政策执行过程中，应加大执行力度。其实，抑制价格上涨并不难，但要从根本上消除和剔除房地产价格上涨不合理因素的根源，并保持房地产价格在稳定、健康的市场经济体系下波动才是最难的，这也才是房地产调控的真正目的。当前，一方面要将不折不扣地执行国务院和有关部委的各项政策，尽快使房地产价格上涨过快得到有效的控制；另一方面要借助这次房地产调控政策之际，加大对房地产市场的整顿力度，尤其是对房地产开发销售市场中大量违规、违法现象的检查力度，建议重点加强房地产开发、经营、房地产市场等方面的税征收管理力度，并制定相应的政策。

第八部分　宏观管理与政策要点

2005 年第二季度宏观经济值得关注的几个方面

总的看，二季度，宏观经济政策保持稳定，经济走势仍保持了良好势头。宏观经济运行中值得关注的新情况、新问题主要有以下几方面。

1. 粮食等主要农产品价格出现下降，农民增收困难

去年以来国家出台了一系列调动农民种粮积极性的政策措施，效果非常显著。今年以来，政策力度继续保持，主要体现在：加快减免征农业税步伐，新增财政转移支付 140 亿元；增加粮食直补、良种补贴、农机具购置补贴近 35 亿元；安排 150 亿元专项资金帮助产粮大县和财政困难县缓解财政紧张状况；增加扶贫开发、农业综合开发投入；增加农村教育卫生等方面的资金投入等。这些措施扭转了自 1998 年以来粮食播种面积连续 7 年下滑的局面。但是，问题也随之出现。这些问题主要是：农业生产资料价格持续上涨，粮食价格出现下降，自然灾害偏重；最核心的问题是保持农业增产和农民增收的难度加大，刚刚调动起来的农民种粮积极性有可能受到影响。这些已经引起了各方面的高度关注，国务院也采取了一些措施，但效果并不显著。

2. 纺织品贸易争端引起世界关注

这是由美国带头挑起，专门针对我国纺织品采取限制措施的争端。争端的起由是自 2005 年 1 月 1 日起，全球取消纺织品配额，实现纺织品贸易一体化。由于美国和欧盟在过去长达 10 年的过渡期内，对国内实行过度保护，没有采取积极应对措施，加之我国纺织品配额基数小且的确具有竞争力，使得出口增长较快。美国和欧盟便在 5 月份纷纷以各种借口采取限制措施。美国和欧盟采取限制措施后，我国相应采取应对措施，和欧盟的争端经过谈判双方达成协议，实现了双赢，但与美国的谈判还在进行当中。如何认识争端的实质？无论从哪个意义上讲，纺织品都不是美欧的支柱产业。欧美对我国设线，其实有着复杂的政治、经济原因。这其中不排除美欧欲借机达到压制人民币升值的目的。当然，纺织品贸易争端也提醒我们，今后必须调整发展战略，加快转变增长方式，由注重数量扩张向注重提高产品质量和效益，提高出口产品附加值。

3. 关于房地产市场调控仍是宏观调控焦点

去年以来，宏观调控政策的重点之一就是房地产市场的调控，但收效似乎不大。主要问题表现在房地产投资规模扩大，商品房价格上涨过快，商品房结构不合理。其原因主要有以下几点：一是大量资金投机炒作房地产，二是被动性住房需求不断拉大，三是部分房地产企业违法违规行为严重，四是有些地方和城市片面强调"以地生财"、"经营城市"，抬高土地和房地产市场的价格。不可否认，房地产市场的确出现了过热。如果对其不及时加以调控后果是非常严重的。一是金融风险加大。一般认为，投入房地产的资金中至少有一半来自银行。二是直接推动整个固定资产投资反弹。三是推动钢铁、建材等行业过度扩张和畸形发展，拉动能源、重要原材料价格上涨，增加工业生产成本和居民生活费用，加大物价上涨压力。四是大量民间资金涌入房地产，不少境外资金也纷纷参与国内房地产开发和炒作，助长社会投机行为等，加剧房地产泡沫。针对这些问题，国家采取了一些措施，但成效如何还有待时日。

4. 人民币汇率改革再度成为热门话题

进入二季度以来，美国再度挑头，不断对我国施压，要求人民币升值。美国国会、财政部及政府有关要员甚至纷纷提出了要求人民币升值的时间限制。在人民币是否应该升值问题上，国内外都有截然不同的观点。这一问题非常敏感，也事关全局，我们必须头脑冷静，慎重决策。首先，推进人民币汇率改革，建立健全适合我国国情的汇率制度，是我金融改革的重要内容。其次，人民币汇率改革是中国自己的事情，是我们自身改革和发展的需要。第三，美国对人民币汇率问题施加压力，有其政治目的。第四，改革人民币汇率必须实行正确的指导原则，就是坚持主动性、可控性和渐进性。第五，要有一个符合我国实际的合适方案。同时，要选择一个合适的时机。

5. 证券市场牵动人心

进入二季度，证券市场不断下滑，屡创新低，逼近1000点。股市问题已经成为经济生活中的一个老大难问题。最大问题，还是由于经验和知识不够，证券市场先天发育不足，深层次、结构性矛盾日益突出，导致投资者信心严重不足。为此，国家采取了一些重大措施，如股权分置等。但由于矛盾积累太多，起色并不明显。

6. 加快建设节约型社会问题引起国家高度重视

基于国内外对各种资源需求的增长和我国的实际情况，今年以来，国家接连出台了一些加快建设节约型社会的有关文件，特别是进入二季度，各项具体措施不断推出，力度不断加大。总的要求是，坚持资源开发和节约并重、把节约放在首位的方针，以节约使用资源和提高资源利用效率为核心，以节能、节水、节材、节地、资源综合利用和发展循环经济为重点，综合运用经济、法律、行政、科技和教育等多种手段，采取更加有力的措施全面节约资源，加快经济发展模式转变，建立节约型的生产模式、消费模式和城市建设模式，务求建设节约型社会尽快取得实质性进展和明显成效。

附录　世界经济形势

2005 年前两个季度，美国经济继续快速扩张，欧洲经济缓慢增长，日本通货紧缩压力逐渐缓解，新兴市场经济发展不确定性加大。

一、美国经济

1. 美国实体经济保持增长趋势

2005 年一季度，美国实际 GDP 增长 3.8%，与 2004 年第四季度水平持平，为连续三个季度高于经济潜在增长率。由此表明，2005 年一季度前两个月出现的经济增长减慢现象是暂时的，美国经济仍然处于稳步扩张期。

表 2–14　最近两年美国实际 GDP 及名义 GDP 的季度变化情况

单位：%

	2005Q1	2004Q4	2004Q3	2004Q2	2004Q1	2003Q4	2003Q3	2003Q2	2003Q1
Real	3.8	3.8	4.0	3.3	4.5	4.2	7.4	4.1	1.9
Nominal	6.7	6.2	5.5	6.6	7.4	5.7	8.8	5.3	4.9

事实上，美国第一季度 GDP 增长率有两次上调，分别从原来公布的 3.1% 上调到 3.5%，又上调为 3.8%。其上调原因为贸易状况改善及房屋建筑增长强劲，由此相应表现为在最近以来美国 GDP 的贡献要素中，居民实际投资增长年率上调为 11.6%。与 2004 年四季度相比，美国出口增长强劲，进口增长减缓，导致净出口对 GDP 的负面贡献总体下降，而消费和投资仍然是美国经济增长的主要动力。

表 2 – 15　美国实际 GDP 贡献率

单位：%

	2005Q1	2004Q4	2004Q3	2004Q2	2004Q1	2003Q4	2003Q3	2003Q2	2003Q1
GDP 年率	3.8	3.8	4.0	3.3	4.5	4.2	7.4	4.1	1.9
个人消费开支	2.52	2.92	3.57	1.1	2.9	2.5	3.58	2.72	1.84
私人国内投资	1.79	2.11	0.40	2.85	1.86	2.04	3.16	0.54	– 0.10
净出口	– 0.58	– 1.35	– 0.10	– 1.06	– 0.76	– 0.66	0.64	– 0.50	0.14
政府开支	0.03	0.16	0.13	0.41	0.48	0.31	0.03	1.35	0.05

2. 二季度美国经济特征

从二季度以来的情况看，美国实体经济的构成要素表现良好。

首先，根据美国商务部公布的数据，2005 年 4 ~ 5 月份，个人所得分别比上月增加 0.6% 和 0.2%，个人消费支出（PCE）较上月增长 0.6% 和 0。6 月份零售销售增长 1.7%，5 月份为减少 0.3%；6 月份扣除汽车后的零售销售增长 0.7%，5 月份为持平。

其次，制造业继续恢复，工业生产和设备利用率上升。2005 年 4 ~ 6 月份，美国工业生产增长率分别为 – 0.3%、0.3% 和 0.9%，设备利用率分别为 79.2%、79.4% 和 80%，为 2000 年 12 月以来首次达到 80% 的水平，但仍较 1972 ~ 2004 年的平均水平低 1%。美国 6 月份 ISM 制造业指数由 5 月份的 51.4 升至 53.8，高于预期中值 51.5，显示出制造业增长强劲。6 月份制造业大部分领域出现增长，扭转了增幅连续 6 个月放缓的势头。其中 6 月份 ISM 新订单指数从 5 月份的 51.7 上升至 57.2，生产指数从 54.9 上升至 55.6。它们显示美国经济可能已经度过了被许多人怀疑的"暂时性疲弱阶段"。

第三，劳动力市场继续改善，失业率下降。美国劳工部近期报告显示就业增长相当强劲，6 月底初请失业金人数降至 31 万人，为过去两个月低点。6 月份非农就业人口增加了 14.6 万人，失业率从上月的 5.1% 下降到 5.0%，而 4 月份和 5 月份的就业人口增幅则分别上升至 29.2 万和 10.4 万人，共上升了 4.4 万人。

第四，消费物价保持稳定。6 月份消费者物价指数（CPI）与上月持平，5 月份为下降 0.1%，4 月份为上升 0.5%；6 月份扣除食品与能源的核心 CPI 较上月增长 0.1%，5 月份为增长 0.1%，4 月份为 0。显然，美国物价压力仍处于相对受控状态。

第五，贸易逆差初现收缩迹象。在美元贬值带来的出口增长效应作用下，美国贸易逆差有所收窄。5月份贸易逆差为553.5亿美元，4月份贸易逆差修正后为569.0亿美元，原本预期美国2005年5月份贸易逆差为570.0亿美元。

第六，金融市场指标利率再次上升。2005年二季度，美国联邦储备委员会先后两次宣布提高联邦基金利率和贴现率，6月30日美联储宣布升息25个基点，将联邦基金利率上升到3.25%，同时，将贴现率调高25个基点至4.25%。这是本次货币政策紧缩周期的连续第九次加息。从美联储公布的公开市场委员会的声明看，该委员会虽然对美国的通货膨胀略有担忧，但对美国经济前景仍然保持充分的信心，由此市场仍然广泛预期美国金融市场指标利率将继续保持小幅上升趋势。

3. 美国经济前景

当前美国经济增长面临一些不确定性因素，包括：（1）美国紧缩性货币政策导致金融市场指标利率的变化及其对实体经济的影响；（2）国际市场石油价格波动走势及对美国国内通货膨胀的影响；（3）美国国内消费和投资的潜在增长能力。

综合分析上述各方面的因素，我们认为，2005年下半年美国经济将保持良好增长态势，但在宏观政策刺激效应衰减及国际市场石油居高不下的影响下，美国经济存在放缓的可能性。

二、欧元区经济

2005年上半年，欧元区经济增长低于预期。一季度，欧元区GDP增长率为1.4%，欧盟25国的GDP增长率1.6%，均低于2004年四季度的1.5%和1.9%。

从欧元区实体经济的贡献率来看，由居民消费开支、政府最终开支、固定资本形成及库存变化构成的区内需求成为欧元区经济增长的主要动力。2005年一季度，区内需求的贡献率为1.6%，净出口对GDP的贡献率为-0.2%。

进入二季度后，在石油价格居高不下、欧元汇率上升等因素的作用下，欧元区经济继续保持缓慢增长态势。

首先，居民消费缓慢增长，2005年4月份，欧元区零售销售比去年同期下降0.8%，5月份则为上升2%。

其次，欧元区的工业生产保持增长，2005年4月份和5月份分别比上年同期上升 1.1% 和 0.1%。

第三，在欧元汇率不断攀升的作用下，欧元区进口增长幅度超过出口增长，贸易顺差较上年同期大为缩小。2005 年 4 月份和 5 月份，欧元区的贸易顺差分别是 20 亿欧元和 22 亿欧元，而上年同期分别为 67 亿欧元和 72 亿欧元，表明外部需求对欧元区经济增长的拉动力量逐渐衰减。

第四，尽管欧元区消费和工业生产保持上升，但劳动力市场恢复程度仍然有限。2005 年 4~5 月份，欧元区经过季节调整的失业率分别为 8.9% 和 8.8%，仍然保持在过去两年的最高水平。

第五，随着国际市场石油价格的攀升，欧元区通货膨胀压力再度显现。2005 年 4~6 月份，欧元区可调和物价指数（HICPS）年率分别为 2.1%、2.0% 和 2.1%。

第六，欧盟执委会公布数据显示，欧元区 6 月份经济景气指数升至 96.3，5 月份修正后为 96.1。此外，欧元区 6 月份企业景气指数微幅上升 0.08 点至负 0.29 点，为今年以来的首次上升，扭转了自去年 11 月以来逐渐衰退的走势。

尽管从经济数据看，欧元区经济好坏参半，但总体而言，欧元区上半年经济增长迟滞。从下半年情况看，受处于历史低位的利率及其他有利的国内及国外因素支撑，预计欧元区经济活动将逐渐改善。欧洲央行（ECB）已下调 2005 年欧元区经济增长率预估值至 1.4%，经济合作暨发展组织（OECD）将其对今年经济增长的预估调降至 1.2%，欧元区财长也将今年欧元区经济增长率预估由 1.6% 下调至 1.3%。

三、日本经济

2005 年一季度，日本 GDP 较上一季度增长 1.2%，折合成年增长率为 5.3%。这是日本 GDP 连续第二个季度保持增长。从日本 GDP 的构成看，国内需求是 GDP 保持增长的主要原因，其中，个人消费较上一季度增长 1.1%，是继 1997 年第一季度以来最高的增长率，个人消费拉动了 GDP 增长 0.7%。非居民投资将上季度增长 2.4%，居民投资则为下降 1.3%，私人库存上升 0.3%，公共需求上升 0.3%。而外部需求则对 GDP 的贡献率为 -0.1%。这表明，今年一季度，日本经济增长主要靠国内需求的拉动。

2005 年二季度，日本工业生产有所恢复，4~5 月份的增长率分别为 1.9% 和 2.3%。

2005 年 4 月份和 5 月份，日本实际出口分别较上月增长 0.3% 和

0.8%，低于 2005 年 3 月份的 2%，实际进口则分别比上月增长 0.5% 和 1.4%，低于 3 月份的 4.5%。近几年日本出口增速放缓，而油价高企又增加了进口的成本，净出口对日本经济的拉动作用越来越有限。

随着经济增长逐步恢复，2005 年 4～5 月，日本失业率下降为 4.4%，低于上月水平。日本央行公布的数据显示，受国际市场石油价格上扬的影响，日本消费物价指数下滑步伐得以遏制。2005 年 4～5 月，该指数分别为 -0.2% 和 0，这表明日本开始逐渐摆脱通货紧缩。此外，日本 6 月份国内企业物价指数（CGPI）较上年同期增长 1.4%，略低于预估的增长 1.6%；6 月份 CGPI 较上月下滑 0.1%，低于市场预估的增长 0.1%。

从日本经济前景看，尽管日本经济开始复苏，并呈现走出通货紧缩迹象，但其实体经济仍面临一系列的不确定性，其中，国际市场石油价格波动及外部需求缩减将在一定程度上制约日本经济增长。此外，5 月份领先指数向下修正至 36.4，初值为 40.0，为过去 9 个月中第八个月低于分水岭 50。该指数高于 50 意味着在未来 3～6 个月经济将出现扩张，低于 50 意味着紧缩。因此，日本领先指标的表现表明，对日本经济的未来发展仍不宜过于乐观。

四、新兴市场经济

2005 年，一方面，国际市场石油价格和原材料价格持续上升加大亚洲国家的通货膨胀压力；另一方面，美国及欧元区国家经济减缓通过降低对亚洲国家的出口需求，而影响其经济发展。因此，多数亚洲经济体在今年第一季度出现了经济放缓现象。2005 年一季度，韩国的 GDP 增长率为 2.7%，低于 2004 年全年的 4.6%；新加坡为 2.5%，低于 2004 年全年的 8.4%；泰国为 3.3%，低于 2004 年全年的 6.1%；印度尼西亚为 6.3%，低于 2004 年全年的 5.1%；马来西亚为 5.7%，低于 2004 年全年的 7.1%；菲律宾为 4.6%，低于 2004 年全年的 6.1%。

尽管二季度亚洲各国经济出现复苏的迹象，但由于外部环境改善幅度有限，而菲律宾出现了政局动荡，地缘政治风险上升，在一定程度上影响了该地区的外资流入。估计 2005 年全年亚洲新兴经济体的国内生产总值（GDP）仅增长 6.6%，低于 2004 年的 7.4%，这其中不包括中国和印度。2005 年亚洲新兴经济体的经济增长率预计将从去年的 5.9% 降至 4.1%。

五、国际经济环境变化对中国经济的影响

随着世界经济越来越呈现出结构复杂、前景变幻莫测的发展特征，其

对中国经济的影响也变得越来越复杂。在这样的总体背景下，中国经济发展的外部环境不容乐观。

首先，美国金融市场指标利率持续上升，尤其是在美国货币政策紧缩过程中出现长期和短期利率的结构性失衡，将导致国际金融市场波动加剧，从而使我国涉外企业面临更大的市场风险，尤其是利率风险。继 2004 年 6 月美国联邦储备委员会宣布将联邦基金利率从 46 年来的最低水平 1% 提高到 1.25% 后，美国货币政策由极度宽松期转入紧缩期。此后，美国联邦储备委员会连续八次调高联邦基金利率和贴现率各 25 个基本点，到 2005 年 6 月底，联邦基金利率为 3.25%，贴现率为 4.25%。随着美国货币政策整体态势的逆转，美国各主要金融机构陆续提高利率水平，金融市场开始出现紧缩趋势。但是，出乎市场意料的是，美国长期利率标尺——10 年期国债收益率，并未跟随短期利率上升，反而逆势而动，持续下降。2004 年 9 月底，10 年期国债收益率一度跌破 4%，创出过去 5 个月以来的最低点。到 2005 年 6 月，该收益率仅为 4.25%，低于美国本轮紧缩周期开始前的 50 个基本点。从美国金融市场利率波动历史上看，长期利率无视货币政策指标利率的持续上升而连续走低的现象极为罕见，且持续时间非常短，最后以短期利率停止上升并在次年进入下降周期而告终结。因此，美国当前长期和短期利率的失衡成为美国宏观经济发展中的一个不确定性因素，预示着金融市场信心具有相当大的脆弱性，也预示着金融市场环境具有高度的不确定性。因此，我国涉外企业尤其是持有庞大美元资产的金融机构必须对此保持足够的警惕，及时采取措施，有效地防范利率及其相关的市场风险。

其次，世界主要经济体普遍出现的外部需求下降趋势，将在一定程度上影响我国出口市场，尤其是各国因经济及政治问题导致的国内贸易保护主义倾向的加剧，可能使我国外贸出口企业面临更多的贸易摩擦和反倾销诉讼，从而影响我国外贸出口，甚至可能影响我国的国际收支平衡。

第三，国际市场石油及其他商品价格的变化，将直接影响国内经济发展，影响国内的物价结构及水平，从而引起潜在的通货膨胀风险及其他价格变动风险。

第四，随着美元汇率的变化，在未来一段时间内，美国对中国的出口可能会有比较大幅度的上升，从而在一定程度上改变中美两国的贸易流向和结构。对此，我国应积极采取措施，保持国际收支的基本平衡。

附图与附表

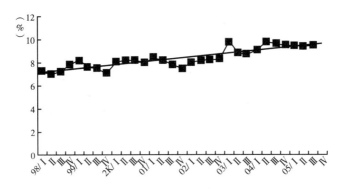

附图 1　GDP 增长率

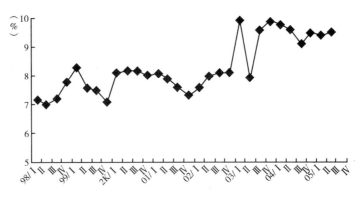

附图 2　GDP 季度增长率估计值

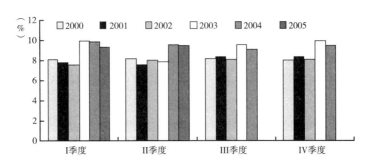

附图 3　国内生产总值季度增长率比较

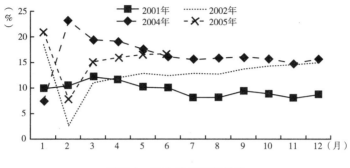

附图 4　工业增加值增长率

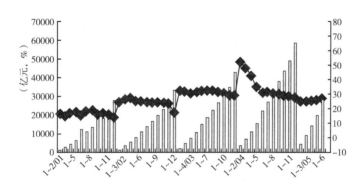

附图 5　城镇固定资产投资及其增长率

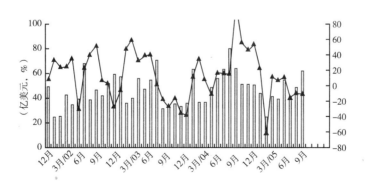

附图 6　外商直接投资及其增长率

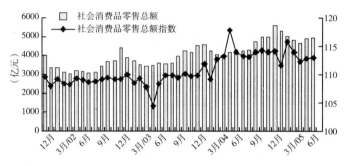

附图7　国内消费市场

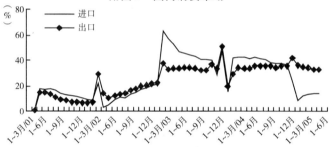

附图8　进出口累计增长率

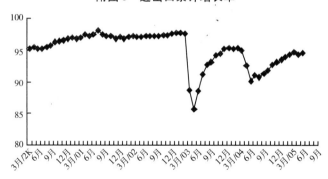

附图9　消费信心指数

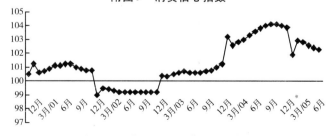

附图10　全国居民消费价格总指数

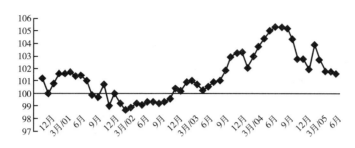

附图 11　全国居民消费价格总指数（当月）

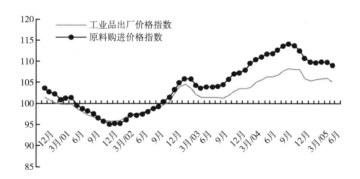

附图 12　投资品价格指数

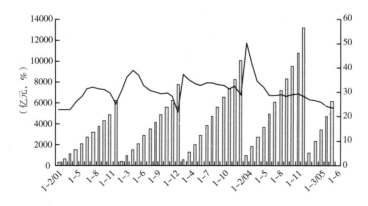

附图 13　房地产投资及其增长率

表 2 - 16　2005 年 Q2 主要宏观经济指标增长情况

单位：%

项　目		2003 年	2004 年	2005 年			
				1~6 月	4 月	5 月	6 月
经济增长	国内生产总值	9.1	9.5	9.5	na.	na.	na.
	第一产业	2.5	6.3	5.0	na.	na.	na.
	第二产业	12.5	11.1	11.2	na.	na.	na.
	第三产业	6.7	8.3	7.8	na.	na.	na.
工　业	工业增加值	17.0	16.7	16.4	16.0	16.6	16.8
	其中:国有及控股企业	14.3	14.2	11.6	11.9	11.3	10.2
	集体企业	11.5	9.9	12.7	10.6	12.3	14.8
	股份制企业	18.3	16.5	18.0	17.9	19.2	19.4
	外商及港澳台投资企业	20.0	18.8	15.7	15.2	14.7	15.4
	工业产品销售率	98.06	98.08	97.54	97.90	97.59	97.77
	发电量	15.4	14.9	13.2	12.7	13.5	13.6
价　格	消费价格(CPI)	1.2	3.9	2.3	1.8	1.8	1.6
	工业品出厂价格	2.3	6.1	5.6	5.8	6.0	5.2
投　资	固定资产投资*	28.2	25.8	27.1	25.7	26.4	28.8
	其中:制造业	28.7	36.3		28.8	31.7	
	房地产开发	29.7	29.1	23.5	27.8	6.6	21.1
消　费	社会商品零售总额	9.1	13.3	13.2	12.2	12.8	12.9
	其中:城市	10.3	14.7	14.2	13.1	13.9	13.9
外　贸	进出口总额	37.1	35.7	23.2	23.3	23.2	23.0
	出　口	34.6	35.4	32.7	34.0	33.2	30.6
	进　口	39.9	36.0	14.0	13.4	13.7	15.1
外　资	FDI 合同金额	39.03	33.4	19.0	17.4	46.3	33.6
	FDI 实际使用额	1.44	13.3	-3.2	-16.0	-10.3	-10.9
财　政	财政收入	14.7		13.1*	14.9	14.0	
	财政支出	11.6		15.2*	13.4	15.9	
	财政结余(亿元)	-2916.0		3956.0*	335.9	484.0	
金　融	M_0	14.3	8.7	9.6	9.0	9.3	9.6
	M_1	18.7	13.6	11.3	10.0	10.4	11.3
	M_2	19.6	14.6	15.7	14.1	14.6	15.7
	金融机构贷款增长率	21.4	14.4	13.2	12.5	12.4	13.2
	金融机构存款增长率	20.2	15.3	16.8	16.1	16.3	16.8
	企业存款	20.8	17.0				
	居民储蓄存款	19.2	15.4				

　　*：财政数是 1~5 月计算数。

　　固定资产投资，月度值为累计数。金融当月值为累计数。

第三章 2005 年第三季度

第一部分 国民经济运行情况

今年前三季度，国民经济呈现出平稳较快发展的良好态势。这主要表现在以下几个方面：（1）国内生产总值稳定快速增长；（2）投资与消费需求联动增长；（3）宏观经济运行环境比较平和；（4）国家与居民收入稳步增收。但是，对外贸易依存度的提高以及人民币升值压力的增大，对未来经济运行的稳定性影响进一步加大。

一、国民经济运行基本情况

（一）国内生产总值稳定快速增长

据初步核算，前三季度国内生产总值 106275 亿元，同比增长 9.4%，增速与去年同期基本持平。分季度看，今年前三季度 GDP 的增长率分别为 9.4%、9.5% 和 9.4%，呈现出稳定增长态势（见附图 1-3）。分产业看，前三季度第一产业增加值 13510 亿元，增长 5.0%；第二产业 60440 亿元，增长 11.1%；第三产业 32325 亿元，增长 8.1%。

1. 政策影响与市场推动，促使农业生产继续快速发展

政府各项支农惠农的政策与措施，有效地调动了农民的生产积极性，农业和农村经济保持了较好的发展势头。夏粮总产量达到 2125 亿斤，比上年增产 102 亿斤，增长 5.1%；早稻总产量 636 亿斤，比上年减产 8.6 亿斤，减少 1.3%；晚稻、玉米等秋收作物播种面积增加，总体长势良好，秋粮有望获得好收成。综合起来看，全年粮食生产将再获丰收，预计总产量将超过 9600 亿斤。畜牧业、渔业发展势头良好。前三季度，猪牛羊禽肉产量同比增长 6.7%，其中猪肉增长 5.8%；1~8 月份，水产品产量增长 3.3%。

2. 工业生产保持平稳较快增长

前三季度，全国规模以上工业增加值 50450 亿元，同比增长 16.3%，增速与上半年大体持平，同比回落 0.7%。其中，7 月、8 月、9 月的增速分别为 16.1%、16.0% 和 16.5%，继续保持了平稳较快增长的态势（见附图 4）。分经济类型看，前三季度，国有及国有控股企业 20275 亿元，增长 11.3%；集体企业 2006 亿元，增长 11.9%；股份制企业 24235 亿元，增长 17.9%；外商及港澳台地区投资企业 14397 亿元，增长 16.2%。从主要产品看，前三季度，原煤产量同比增长 10.2%，增幅比上半年加快 0.5%；发电量增长 13.4%，加快 0.2%；钢材增长 25.8%，减慢 0.1%；汽车产量增长 10.0%，加快 3.5%，其中轿车增长 17.7%，加快 12.5%。前三季度，产销衔接仍然保持较好水平，规模以上工业产品销售率为 97.86%，与上年同期持平。

（二）投资和消费需求联动快速增长，外贸顺差进一步扩大

1. 固定资产投资保持较快增长

前三季度，全社会固定资产投资 57061 亿元，同比增长 26.1%，增幅比上半年加快 0.7%，但比上年同期回落 1.6%。其中，城镇固定资产投资 48741 亿元，增长 27.7%，比上半年加快 0.6%，比上年同期回落 2.2%。在城镇固定资产投资中，国有及国有控股企业投资 24644 亿元，增长 12.3%，比上半年加快 1.5%。从主要行业看，前三季度，煤炭开采及洗选业投资同比增长 76.8%，石油和天然气开采业增长 31.3%，电力、燃气及水的生产和供应业增长 34.6%，铁路运输业增长 41.1%，黑色金属冶炼及压延加工业增长 23.4%，有色金属冶炼及压延加工业增长 28.1%，非金属矿物制品业增长 17.4%，均保持较快增长。房地产开发投资增幅持续回落，前三季度累计增长 22.2%，增幅分别比一季度和上半年回落 4.5% 和 1.3%，比上年同期回落 6.1%。商品房销售价格同比上涨 8.6%，涨幅分别比一季度和上半年回落 3.9% 和 1.5%。

2. 消费需求稳步扩大

前三季度，社会消费品零售总额 45081 亿元，同比增长 13.0%，扣除价格因素实际增长 12.1%，实际增幅与上半年基本持平，同比提高 2.4%。城乡销售实际增速差距有所缩小。前三季度，城市消费品零售额 30309 亿元，增长 14.0%，县及县以下消费品零售额 14772 亿元，增长 11.0%，扣除价格因素实际分别增长 13.4% 和 9.4%，同比加快 1.3% 和 4.2%，增幅差距缩小 2.9%。前三季度，批发零售业、餐饮业零售额分别增长 12.8% 和 17.3%。

3. 外贸顺差进一步扩大

前三季度，进出口总额 10245 亿美元，同比增长 23.7%，比上半年加快 0.5%，比上年同期回落 13.0%。其中，出口额 5464 亿美元，增长 31.3%，比上半年回落 1.4%，比上年同期回落 4.0%。从出口结构看，一般贸易高速增长，增幅为 33.9%，高于加工贸易 5.4%。进口增速有所回升，前三季度，进口额 4781 亿美元，增长 16.0%，比上半年加快 2.0%，但比上年同期回落 22.2%，其中 8 月和 9 月两个月进口同比分别增长 23.4% 和 23.5%，比 7 月份加快了 10% 还多。单月进出口增幅差距明显缩小，其中 9 月份只相差 2.4%。进出口相抵，顺差由上年同期的 39 亿美元增加到 683 亿美元。

（三）财政收入与居民收入均保持较高增幅

1. 财政收入持续快速增长

前三季度，全国财政收入 23768 亿元，同比增长 16.7%，比上半年加快 2.1%。国内主要税收仍保持较高增幅，前三季度国内增值税同比增长 21.1%，营业税增长 18.4%，企业所得税增长 41.7%，个人所得税增长 21.0%。此外，与土地和房地产开发相关的税收增速较高，其中契税增长 48.6%，土地增值税增长 115.6%。前三季度，财政支出 19950 亿元，增长 16.4%，比上半年加快 1.4%。其中，基本建设支出增长 19.1%，农、林、水、气等部门支出增长 19.8%，文教科学卫生支出增长 17.5%，社会保障补助支出增长 11.8%。财政收支相抵，收大于支 3818 亿元，同比增加 603 亿元。

2. 居民收入稳定较快增长

前三季度，城镇居民人均可支配收入 7902 元，同比增长 11.7%，扣除价格因素，实际增长 9.8%，比上年同期加快 2.8%；农民人均现金收入 2450 元，同比增长 16.1%，扣除价格因素，实际增长 11.5%，与上年同期持平。

（四）金融运行平稳，价格温和上涨

1. 货币供应有所加快

9 月末，广义货币（M_2）287438 亿元，同比增长 17.9%，增速比 3 月末和 6 月末分别加快 3.9% 和 2.2%，增速已连续四个月超过 15% 的预期目标，是今年以来的最高水平。狭义货币（M_1）100964 亿元，增长 11.6%，分别加快 1.7% 和 0.3%。流通中现金（M_0）22273 亿元，增长 8.5%，分别回落 1.6% 和 1.1%。9 月末，金融机构各项贷款比年初增加 19575 亿元

（比上年9月末增长13.8%），同比多增1636亿元，其中中长期贷款少增913亿元，短期贷款多增6亿元，票据融资多增2541亿元。总体上看，各项贷款增长控制在合理区间。各项存款比年初增加36631亿元，同比多增9620亿元，其中企业存款增加8382亿元，多增859亿元；居民储蓄存款已连续7个月同比多增，前三季度居民储蓄存款增加16762亿元，多增4929亿元。前三季度，货币净投放805亿元，同比多投放26亿元。1～9月银行间市场利率基本平稳。9月份银行间市场同业拆借月加权平均利率1.51%，比去年同期低0.79%，比上月高0.06%；质押式债券回购月加权平均利率1.15%，比去年同期低1.05%，比上月低0.04%。

2. 价格温和上涨

前三季度，居民消费价格同比上涨2.0%，比一季度和上半年分别回落0.8%和0.3%，比上年同期回落2.1%，继续处于温和上涨的状态。在上涨的2.0%中，上年涨价"翘尾"因素和今年新涨价因素影响涨价均为1%，各占50%。从构成看，食品特别是粮食价格涨幅趋缓是居民消费价格涨幅回落的主要原因。前三季度，食品价格上涨3.3%，同比回落7.6%，其中粮食价格上涨1.9%，回落26.5%。其他类商品价格大多基本稳定或略有下降，但居住价格持续上涨。前三季度，居住价格上涨5.6%，同比提高1.2%。前三季度，商品零售价格同比上涨0.8%，固定资产投资价格上涨1.7%，工业品出厂价格上涨5.4%，原材料、燃料、动力购进价格上涨9.2%。

总之，在宏观调控和经济发展内在因素的综合作用下，今年前三季度，国民经济总体呈现出平稳快速发展的良好态势。

二、面临的问题和困难

1. 从微观层面看，工业企业效益下滑，农民增收难度加大

首先，企业利润增幅明显回落。1～8月，规模以上工业企业实现利润8643亿元，同比增长20.7%，增幅比上年同期回落17.8%。特别是，利润的增加主要集中在少数行业，而且主要是价格上涨的结果。1～8月，煤炭、石油、黑色金属矿、有色金属矿、非金属矿等采矿业利润同比分别增长80.4%、76.4%、47.9%、128.5%、80.7%，而扣除石油、煤炭后的其他行业利润同比仅增长8.4%。其中，石油加工及炼焦业全行业亏损，1～8月累计净亏损80亿元，化纤行业利润下降34.3%，建材行业下降14.8%。亏损企业亏损额大幅增亏。规模以上工业亏损企业亏损额1373亿元，同比增长53.1%，增幅同比上升44.4%。企业效益下滑，是在上年高速增长基础上的回归，20.7%的利润增速也并不低，应该说是正常的，问

题是利润过于集中于少数行业，分配格局不合理。如果多数行业和企业的整体效益状况得不到改善，甚至恶化，则可能影响投资者信心，进而影响整体经济的稳定较快增长。

其次，农民增收难度加大。总的来看，今年的农业生产形势是不错的，但影响农民增收的不利因素增多。一是粮食价格下降。据全国农产品生产价格调查，三季度全国粮食价格同比下降 3.2%，其中小麦价格下降 4.2%，稻谷下降 1.6%，玉米下降 4.3%，大豆下降 9.1%。二是农资价格涨势虽有减缓，但 9 月份同比仍上涨 6.5%，1~9 月累计上涨 9.5%。再加上部分地区自然灾害频繁发生、农民外出就业的稳定性较差等的影响，农民收入增长的后劲明显不足。此外，城乡居民中的低收入户生活仍比较困难。由于低收入户收入增长相对较慢，而医疗、教育、住房等大项支出却增加较多，水、电、煤等必需品价格不断上涨，生活费用明显增加，低收入居民的生活困难状况加剧。这既不利于社会稳定，也不利于消费的增长。

2. 从宏观层面看，人民币升值压力仍然较大，经济增长对外依存度较高

一是人民币升值压力仍然较大。7 月 21 日，人民币汇率形成机制改革以市场供求为基础，参考一篮子货币进行调节、有管理的浮动汇率制，同时人民币兑美元汇率升值 2%。这项措施对于改革金融体制、缓解人民币升值压力、有效应对我国与美欧的贸易争端发挥了重要作用。但由于种种原因，特别是一些投机者没有得到预期的投机收益，热钱对人民币汇率的炒作和投机仍在进行，人民币仍存在升值压力。这表现在第三季度以来对外贸易顺差仍然较大，新增外汇储备依然较多，第三季度新增 580 亿美元，占前三季度新增外汇储备的 36.5%，对此需要谨慎应对。二是对外依存度较高。今年前三季度，我国贸易顺差已达到 683 亿美元，而上年同期顺差只有 39 亿美元。前三季度外贸顺差占同期 GDP 的比重超过 5%，而上年同期为 0.3%，外需对经济增长的贡献大幅提高。贸易顺差的来源也过于集中，前三季度，对美国顺差达 811 亿美元，对欧盟顺差 490 亿美元，分别比上年同期扩大 263 亿美元和 262 亿美元。更令人担忧的是，我国出口的快速增长主要不是靠增强自主创新能力、提高企业和产品的竞争力，而是发挥了廉价劳动力的优势，有些甚至是靠吃资源饭、子孙饭，并以损害环境为代价得来的。而且由于我国出口相对集中，对主要贸易伙伴的依赖性过强，在当今国际环境风云变幻、油价大幅上涨、贸易摩擦日益加剧、汇率波动频繁的情况下，外贸增长的不确定性较大，增加了经济增长的不确定性。

第二部分 经济增长趋势分析与预测

今年1~3季度，国民经济平稳较快增长。根据前三个季度的国民经济运行的数据和相关资料，现对今年全年的经济增长进行趋势分析与预测。

一、四季度国民经济将呈平稳回落趋势①

前三个季度国民经济保持稳定较快增长，经济社会基本保持良好的发展势头，但受投资和出口回落及增长基数较大的影响，2005年第四季度经济增长趋势体现为平稳回落，具体体现在以下几个方面。

1. 投资需求拉动仍然较强，增幅将略微下调

2005年前三季度，全社会固定资产投资速度回落，但回落幅度不大。今年的固定资产投资的增长是在去年投资规模过大、基数很高的基础上增长的，并受国家宏观调控及产业结构调整等因素的影响。但从2005年1~3季度新开工项目看，新开工项目的计划总投资和施工在建项目的总投资的增长幅度都在28%左右。这个先行指标也充分说明工业生产投资的增幅不会有大的回落。

2. 消费需求拉动稳中有快

今年宏观经济运行的又一个特点是，消费同比有所加快。2005年前三季度，社会消费品零售总额45081亿元，同比增长13.0%，扣除价格因素实际增长12.1%，实际增幅比上年同期提高2.4%。前三季度，全国限额以上批发零售贸易业中，通信器材类零售额同比增长20.1%，石油及制品类增长38.3%，汽车类增长13.1%。可以看出，我国居民消费结构正处于升级的重要发展阶段，这主要来自于国民收入的阶段性突破和持续增长。人均收入的增加将通过投资效应和消费效应拉动经济总量的增加，带动我国产业加快调整和城市化的快速发展，并相应地带动第三产业的快速发展，成为推动经济持续快速增长的主要动力。今年四季度，消费的增长速度也会保持和全年增幅大体相当的速度，因为居民的收入增长前三季度较好，城镇居民实际增长9.8%，农村居民的人均现金收入也增长11.5%。可见，消费增长还是比较平稳的，比去年的势头还要好些。因此，全年实现消费的稳定增长应该是没有问题的。

---

① 分析数据除特殊说明外，均来自国家统计局2005年第三季度形势发布会。

3. 出口仍是拉动经济增长的重要因素，但幅度有所下降

人工成本低等比较优势促进我国出口的持续高速增长，同时受美元贬值的影响，中国 2005 年的净出口成为增长的重要因素之一，出口增长率一直远高于进口增长率，贸易顺差屡创新高，对外贸易总量持续扩大。前三季度，进出口总额 10245 亿美元，同比增长 23.7%，比上半年加快 0.5%，比上年同期回落 13.0%。其中，出口 5464 亿美元，增长 31.3%；进口 4781 亿美元，增长 16.0%；进出口相抵，顺差 683 亿美元。从发展趋势来分析，2005 年第四季度，受人民币升值效应、贸易摩擦有所加剧及全球经济增长平稳等因素的影响，我国出口增幅会适度放缓，进口增幅将会增加。

4. 通货膨胀与失业基本稳定

从通货膨胀变动来看，2005 年前三季度，居民消费价格同比上涨 2.0%，比 2004 年同期回落 2.1%，继续处于温和上涨的状态，价格总水平稳定，粮食价格涨幅趋缓是居民消费价格涨幅回落的主要原因。从失业率水平变动情况看，今年以来，由于政府继续把就业再就业工作摆在对于经济社会发展的影响更加突出的位置，进一步加强领导，采取多种措施，使就业再就业工作取得了新的成效。据统计显示，2005 年上半年，全国累计实现城镇新增就业 595 万人，下岗失业人员再就业 258 万人，失业率继续得到有效控制，6 月底，全国城镇登记失业人数 832 万人，登记失业率 4.2%[①]，和 2004 年基本持平。

5. 经济信心与景气指数略有下降

根据《2005 年三季度中国经济学家信心调查报告》[②] 对经济学家的调查结果显示，绝大多数经济学家认为总体来看当前经济运行处于"不冷不热"的正常状态。但由于出口、投资增长预期下滑，经济学家信心有所回落（见图 3-1）。导致经济学家对第四季度信心回落的主要原因是对未来经济走势趋于下滑的预期和担忧。特别是由于消费需求缺乏强劲增长的动力，造成近年来我国经济增长过度依赖投资和出口，这种状况短期内尚难改观。

---

① 资料来源于劳动与社会保障部网站。

② 潘建成：《经济增长趋于放慢　应适度放松紧缩力度》，国家统计局统计科学研究所《研究参考资料（104）》，2003 年 10 月。

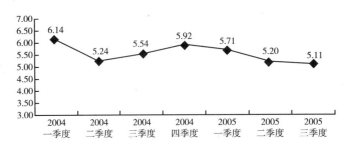

图 3-1　中国经济学家信心指数图

（2004 年一季度至 2005 年三季度）

另外，国家统计局对全国 19500 家各种类型企业的调查结果[①]显示：三季度，全国企业景气指数为 132.0，与二季度基本持平，比去年同期下降 2.6 点。国有企业、联营企业、有限责任公司景气指数分别为 128.2、111.0 和 130.3，分别比二季度下降 2.7、14.2 和 0.2 点，比去年同期下降 2.5、4.8 和 4.1 点；股份合作企业景气指数为 116.1，比二季度下降 2.7 点，比去年同期提高 4.5 点；股份有限公司、其他内资企业景气指数分别为 142.6 和 129.0，比二季度略有提高，比去年同期下降 8.6 和 12.5 点；集体企业景气指数为 109.0，与二季度和去年同期基本持平；私营企业、外商及港澳台地区商投资企业景气指数分别为 127.1 和 140.8，比二季度提高 7.2 和 3.4 点，比去年同期提高 5.0% 和 0.1%。

综上所述，2005 年四季度国民经济运行的总的趋势是在较高速度上的平稳运行，也出现了个别回落的因素。从国内外形势来分析，经济发展总的势头较好，短期内继续较快增长不成问题。可以说，2005 年全年平稳较快增长已成定局。

二、我所对 2005 年全年经济增长预测结果[②]

我所 2005 年全年形势预测结果基于以下两种计量模型：一种是完全基于时间序列的 ARIMA 模型法（自回归移动协整模型）；另一种是基于 GDP 与宏观经济政策变量相关分析的 VAR 模型（向量自回归模型）。现运用上述两种方法对 2005 年第四季度和全年经济增长趋势进行预测。

---

① 资料来源于国家统计局网站。

② 本部分数据来源于本所宏观形势分析季度数据库，由我所与国家统计局国民经济核算司等单位共同开发。

（一）ARIMA 模型预测结果

根据 ARIMA 模型预测的要求，选取 1998 年第一季度至 2005 年第三季度数据，经过反复测试，运用 ARIMA（4，1，2）模型，可得预测模型结果，具体形式如下：

$$GDP_{(t)} = -0.4281GDP_{(t-1)} - 0.8146GDP_{(t-2)} - 0.0808GDP_{(t-3)} + 0.6354GDP_{(t-4)}$$

预测结果表明，今年第四季度预计经济增长率为 9.3%，全年经济增长预测为 9.4%。

在对国民经济总量进行预测的同时，还运用 ARIMA 模型（样本数据为 1998 年一季度至 2005 年三季度）对 2005 年四季度和全年其他各项国民经济运行主要指标进行预测（见表 3 - 1）。

表 3 - 1　2005 年第四季度和全年主要指标增长率预测表

单位：%

主要指标	第四季度	全　年	主要指标	第四季度	全　年
GDP	9.3	9.4	社会消费品零售总额	13.7	12.3
第一产业	6.9	6.8	全社会固定资产投资	20.4	24.0
第二产业	11.6	11.1	进　口	11.5	15.0
第三产业	6.6	6.8	出　口	26.0	29.6

注：根据本课题组宏观形势分析季度数据库进行预测。

从上表预测结果可以看出，2005 年四季度 GDP 增长基本稳定，幅度适度下调。第二产业仍然是增幅最为明显的，一个新的迹象是第三产业呈现较快的发展势头，下半年第三产业的增长幅度将超过上半年。从其他指标的预测结果来分析，社会消费品零售总额、全社会固定资产投资和出口额在四季度的增长幅度都略有下降，但下降的幅度较小；同时，进口出现较快的增长。

（二）VAR 模型预测结果

选择 1998 年一季度至 2005 年三季度数据作为样本数据，根据计量模型要求，先进行单位根与协整检验。原序列均具有单位根，为非平稳序列，进而进行单整检验，结果显示数据均为一阶单整序列。运用

Johansen 方法进行协整检验，结果表明 GDP、财政支出（FE）和货币供应量三变量之间存在协整关系。运用格兰杰因果检验，结论表明 98% 的置信水平下可以认为财政支出（FE）和货币供应量（M_2）是 GDP 的格兰杰成因。

通过 1998 年到 2005 年三季度的季度数据建立 VAR 模型，经过多次试验，当最大滞后期取 4 时 AIC 和 SC 均达到最小，所以在此取滞后期为 4。对 GDP 做预测，预测模型如下：

$$GDP = -1.3536 \times GDP(-1) - 1.3702 \times GDP(-2) - 1.1110 \times GDP(-3)$$
$$+ 2.04934 \times GDP(-4) + 1.4560 \times FE(-1) + 1.2026 \times FESA(-2)$$
$$+ 0.5713 \times FE(-3) - 1.6545 \times FE(-4) + 0.0500 \times M_2SA(-1)$$
$$+ 0.0315 \times M_2(-2) - 0.0366 \times M_2(-3) + 0.1551 \times M_2(-4) + 40830.15023$$

根据上述模型预测结果为，2005 年全年的 GDP 的增速预计为 9.3%。运用本方法的预测结果表明，2005 年第四季度经济增长速度适度放缓，比 2005 年前三个季度增幅下调 0.1%。这一结论表明，财政和金融运行平稳，对房地产等部门的宏观经济政策调控作用已经显现，经济增长速度合理回归。

三、2005 年全年经济增长预测结果分析

从上述两种预测结果比较可以看出，二者在预测趋势上是一致的，即 2005 年四季度经济增长速度将小幅回落。根据预测结果，我们认为：2005 年全年的增长速度区间在 9.3% ~ 9.4% 之间。下面从经济增长平稳回落的因素以及预测结果的不确定性来对预测结果进行更深入的分析。

（一）经济增长方式及经济环境的变化导致速度下调

导致经济增长速度下调的因素主要包括以下四个方面。

1. 结构性问题困扰经济稳定增长

我国目前存在一系列结构性问题：城乡差距、地区差距、贫富差距；消费与投资、内需与外贸对经济增长的贡献不平衡；能源和原料（煤油电运）供应偏紧；企业利润被压缩，工业利润增幅在减小；银行信贷规模扩张，呆坏账率居高不下，而中小企业却贷款难；等等。这些结构性问题，直接导致中国经济效率低、消耗大，财富积累不能与 GDP 同步增长，而且从长远来看，还会妨碍可持续发展。

2. 部分行业产能过剩现象已经明显

生产能力过剩的存在，对投资和消费终究会产生压力。由于前些年某

些部门的投资扩张，目前逐步形成了超出有效需求的新增生产能力，出现了生产能力的过剩现象，进而导致了这些部门生产增速减缓，效益下降，产品的价格下跌，企业经营困难的问题日渐突出。数据显示，钢材、铝材、水泥等前几年投资过度扩张的部门都出现了产能过剩、库存积压、价格下降的现象；煤炭近来也出现了过剩和价格下跌的情况，不同品种价格下跌了 10% ~20% 。

3. 宏观经济调控的影响

今年前三季度，受宏观调控的影响，房地产市场投资性（或投机性）需求开始明显减弱。房地产开发投资、市场成交量和由此带动的消费信贷增速放缓。国家治理房地产市场力度加大，加上上年同期基数较高，投资增幅有可能进一步回落。另外，宽货币、紧信贷的扭曲格局目前也初步扭转，经过 7 月份的汇改，央行的外汇占款也开始大幅缩减，基础货币投放压力随之减轻。而 M_1 和 M_2 的增幅虽然继续走高，但 M_1 和银行信贷的关系，随着中国金融产品的创新，已经渐行渐远，信贷需求增幅将有所降低，这些都会影响到总需求。

4. 对外贸易不平衡导致贸易摩擦有所加剧

我国出口的持续快速增长加大了贸易的不平衡。今年，各国对华反倾销、保障措施等明显上升，几乎为世界之最。此势态持续下去负面影响会越来越大，摩擦的性质更加严重，加大了人民币升值的压力。受人民币 7 月升值等因素影响，预计出口增长幅度有所减少。

（二）经济增长减速幅度有限

虽然当前经济增长速度有所下调，但减幅是十分有限的，局部领域甚至仍有快速增长反弹的可能。

1. 我国潜在经济增长率仍然较高

总的来说，我国潜在经济增长率呈下降趋势，但在一个较长的时间内仍可维持在一个较高的水平上。有数据显示，从改革开放到现在的 20 多年的时间里，我国潜在经济增长率在 9% ~10% 之间，"十一五"期间的潜在经济增长率将在 8% ~9% 之间。

2. 投资增幅仍有继续提高的动力

从投资的内在机制上讲，随着我国金融和投资体制改革的进一步完善，投资内生决定机制进一步增强，而国民经济处于"内生性"的重化工业化阶段，装备工业及汽车工业等加快发展成为一种内在趋势，企业需要大量增加设备投资和技术研发的支出。同时，城市化加快会使住房投资继续保持较快增长水平，经济结构全面升级及全面建设小康社会需要基础产业和基础设施大力发展作支撑。这些都是投资保持长期较快增长的根本动力。2006年是"十一五"规划的开局之年，一些重点项目将会继续增加投资或逐步开工，奥运场馆建设进入最后冲刺阶段，因此今年四季度和2006年投资将继续保持较快增长。

3. **消费增长将持续强劲**

去年以来，党中央、国务院相继出台了粮食直补、良种补贴、农机补贴和降低农业税税率等一系列政策措施，国家各方面投入也都向农业倾斜，有关涉农部门对农业的支持力度加大，极大地调动了粮食主产区和种粮农民的积极性。今年全年粮食产量将会明显回升，这对抑制粮油和副食品价格上涨将起到重要的作用。同时，农民收入也将有明显回升，农村居民消费将出现较大幅度的增长。今年前三季度农村居民人均现金收入2110元，扣除价格因素，比上年增长11.4%，增速比上年同期提高7.6%。农村居民消费增长对全部居民消费增长将产生较大的贡献。与此同时，住宅、汽车、通信等仍将成为城市居民的消费重点，因此明年我国居民消费将保持适度快速增长。

4. **体制改革对经济增长的促进还有一定的空间**

加入WTO后，市场化改革不断提高，一些深层次的改革问题将进一步深化，这将为现在乃至整个"十一五"经济加快发展提供一个宽松而良好的环境。这些体制改革包括：政府机制改革将会迈出更大步伐，中央和地方政府职能加速向公共管理和服务型转变；财税体制改革将会有新的举措，企业所得税从生产型向消费型转变（由东北试点逐步向全国更大范围推广）以及提高个人所得税起征点等，这些将有利于减轻地方和企业负担。另外，投融资体制改革将进一步深化，垄断部门和服务领域的改革可能也有新的突破，服务业对内对外开放步伐将会明显加快，如金融业、文化产业的开放度会越来越广，非国有经济对国民经济的贡献将增加，国有经济的活力得到加强。

（三）预测结果的可靠性分析

今年第四季度乃至明年的经济走势仍有不少不确定性，从而导致预测模型的结果存在误差，这种偏差的原因主要来自以下几个方面。

1. **固定资产投资力度的不确定性**

去年下半年以来，投资增速呈现高位回落的态势，投资过快增长的势头得到一定遏制，但目前固定资产投资规模仍然偏大，部分行业重复建设严重，并还在继续进行中。从统计数据来看，9 月份固定资产投资增幅明显偏高，新开工项目增多，投资反弹的压力仍然是主要方面，投资需求过旺的危险在很大程度上存在。在这种情况下，稍有放松，投资仍可能出现强力反弹，引起经济增长的剧烈波动，影响经济运行的质量，并形成价格与其他方面的扰动。

2. 高油价的影响

由于受国际市场原油价格剧烈上涨的影响，同时受国内成品油生产和供应某些环节存在问题的影响，国内成品油供求紧张。2004 年以来，油价涨幅是很高的，每桶达到 60～70 美元。根据 IMF 测算的价格，今年的油价将会比去年上涨 40% 左右。这样的高油价引起了世界各国的普遍关注，同样也会对中国经济产生一定的影响。中国原油消费量的 40% 左右是靠进口的，相关行业会遭到冲击，尤其是对一些消耗原油比较多的行业和企业的影响会更大一些。如农业生产资料特别是化肥的生产，以及原油的加工行业和交通业等都会受到影响。

3. 国际环境的变化

总体来说，世界上大的环境还是不错的。但中国外贸顺差的巨额增长导致我国与其他贸易伙伴之间的摩擦，很多企业的出口环境将进一步恶化。目前，中国已经进入贸易摩擦多发期，针对中国的各种不利措施在不断升级，国际保护主义势力强烈反弹，进出口波动会有所加剧。我国出口结构的不合理导致高耗能的资源性商品出口仍增长过快，加大了国内能源、资源和环境的压力，也在一定程度上加剧了对外贸易摩擦。另外，人民币汇率升值后期走势依然存在不确定性。今年 7 月 21 日，人民币虽升值 2%，但远未消除外界再升值预期，国际政治压力和游资冲击并未消除，投机资金仍在跃跃欲试，迫使央行直接干预市场。同时，我国政府干预市场能力的强弱也会对进出口贸易产生影响。

第三部分　贸易形势分析

一、国内贸易

今年以来，宏观调控成果进一步得到巩固和发展，促进三季度国内商品市场继续保持良好运行态势。总体来看，城乡居民消费稳定增长，生产资料市场增幅回落，居民消费物价指数低于预期水平。预计四季度国内商品市场将继续保持平稳快速增长。

（一）国内市场运行的基本情况

1. 消费品市场保持较快增长

前三季度，社会消费品零售总额同比增长 13.0%，扣除价格因素实际增长 12.1%，实际增幅比上年同期提高 2.4%。其中，城市消费品零售额增长 14.0%；县及县以下消费品零售额增长 11.0%，扣除价格因素实际分别增长 13.4% 和 9.4%，分别比上年同期加快 1.3% 和 4.2%（见表 3 - 2）。三季度社会消费品零售总额增幅略低于 1~9 月平均水平，合计 15470.7 亿元，增长 12.6%。其中，城市消费品零售额 10426.7 亿元，增长 13.6%；县及县以下消费品零售额 5044 亿元，增长 10.6%。从月度情况看，7 月份社会消费品零售总额 4934.9 亿元，增长 12.7%；8 月份社会消费品零售总额 5040.8 亿元，增长 12.5%；9 月份社会消费品零售总额 5495 亿元，增长 12.7%。前三季度，消费结构升级，相关产品保持较快增长，全国限额以上批发零售贸易业中，通信器材类零售额同比增长 20.1%，石油及制品类增长 38.3%，汽车类增长 13.1%。

表 3 - 2　社会消费品零售总额

单位：亿元

	总　　额		城　　市		县及县以下	
	绝对值	同比增长（%）	绝对值	同比增长（%）	绝对值	同比增长（%）
1 月	5300.9	11.5	3517.2	11.8	1783.7	11.0
2 月	5012.2	15.8	3368.9	17.3	1643.3	12.9
3 月	4799.1	13.9	3203.7	15.2	1595.4	11.4
4 月	4663.3	12.2	3134.5	13.1	1528.8	10.4
5 月	4899.2	12.8	3326.4	13.9	1572.8	11.1
6 月	4935.0	12.9	3329.6	14.0	1605.4	10.7
7 月	4934.9	12.7	3338.2	13.8	1596.7	10.5
8 月	5040.8	12.5	3400.5	13.5	1640.3	10.5
9 月	5495.0	12.7	3688.0	13.6	1807.0	10.9

数据来源：国家统计局。

2. 农村市场持续稳步增长

1~9 月份，全国县及县以下地区社会消费品零售总额增长 11%，增速比去年同期加快 1.1%，城乡市场的增速差距由去年同期的 4.7% 缩小到

3%。其中，三季度增幅略有下降，同比增长 10.6%，7~9 月份分别增长 10.5%、10.5% 和 10.9%。

3. 餐饮市场继续快速增长

餐饮业销售增速继续保持在较高水平，1~9 月份，餐饮业零售额 6176.1 亿元，同比增长 17.3%，比上半年增速回落 0.6%。三季度各月餐饮业销售呈逐月下降趋势，7 月份销售 689.3 亿元，同比增长 17.5%；8 月份销售 712.3 亿元，同比增长 15.8%；9 月份销售 758.3 亿元，同比增长 15.5%。

4. 生产资料市场增速逐步趋缓

1~9 月份，全社会生产资料销售总额 10.2 万亿元，按可比价格计算，实际增长 15.6%，增速比去年同期回落 4.8%，比上半年回落 0.6%。1~9 月份，流通环节生产资料价格同比上涨 4.4%，比去年同期涨幅回落了 9.5%，比上半年回落 1.2%，比年初回落 3.1%。其中，三季度生产资料价格总水平环比保持平稳，钢材价格继续下滑，而油品价格持续上涨。受国际原油市场价格涨势影响，我国油品市场价格继续处在上涨通道中。9 月份国内石油及制品价格总水平环比继续上涨 2.4%，其中，柴油价格上升 1.6%，汽油价格环比上升了 3.1%，燃料油价格上升了 3.5%。9 月份钢材价格总水平环比回落 2.1%，降幅比上月增加了 1.7%，其中，中板价格环比下降 7.1%，硅钢片价格环比下降 4.9%，线材价格环比下降 2.9%，薄板价格环比下降了 1.2%。

5. 居民消费物价总水平进一步回落

1~9 月份，居民消费价格总水平同比上涨了 2.0%，涨幅低于去年同期的 2.1%，低于上半年的 0.3%（见表 3-3）。居民消费价格走低的主要原因仍然是以粮食为代表的主要农产品价格涨幅减小。1~9 月份，食品价格同比上涨 3.3%，同比回落 7.6%。其中，粮食价格上涨 1.9%，同比回落 26.5%。三季度居民消费价格水平逐月回落，其中 9 月份价格水平为 100.9，是 2003 年 8 月份以来月度最低水平。服务项目价格上涨最多，达到 3.0%，食品价格小幅上涨 0.3%，非食品价格上涨 1.2%，消费品价格上涨 0.2%。八大类产品中，食品、烟酒、家庭设备用品及维修服务、医疗保健及个人用品、娱乐教育文化用品及服务、居住价格上涨，衣着、交通和通信价格下降。

表 3 - 3　居民消费价格指数

	当月（上年同月＝100）			累计（上年同期＝100）		
	全　国	城　市	农　村	全　国	城　市	农　村
1 月	101.9	101.4	102.8	101.9	101.4	102.8
2 月	103.9	103.6	104.5	102.9	102.5	103.6
3 月	102.7	102.3	103.4	102.8	102.5	103.5
4 月	101.8	101.5	102.4	102.6	102.2	103.3
5 月	101.8	101.4	102.4	102.4	102.1	103.1
6 月	101.6	101.3	102.2	102.3	101.9	102.9
7 月	101.8	101.6	102.2	102.2	101.9	102.8
8 月	101.3	101.2	101.5	102.1	101.8	102.6
9 月	100.9	100.8	101.0	102.0	101.7	102.5

数据来源：国家统计局。

（二）需要注意的几个问题

1. 农村市场价格"剪刀差"制约农民消费

9 月份，农村居民消费价格同比上涨 1.0%，高于城市 0.2%。自 2003 年 4 月开始，农村居民消费价格涨幅已持续 29 个月持续高于城市。同时，粮食等重要农产品价格不升反降，化肥等农业生产资料价格持续上涨，挤压了农民增收空间，并在一定程度上抵消了支农政策给农民带来的收益。农村市场生产资料价格和消费品价格上涨，而农产品价格上升乏力，已经成为农村市场健康发展的不稳定因素。

2. 居民消费意愿减弱

2005 年 8 月中下旬，中国人民银行在全国 50 个大、中、小城市进行了城镇储户问卷调查。在当前物价和利率水平下，认为"更多储蓄"最合算的居民人数占比为 37.9%，较上季提高 1.6%，较上年同期提高 4.5%；认为"更多消费（包括借债消费）"最合算的居民人数占比为 29.8%，较上季降低 0.8%，较上年同期降低 2.5%。从居民储蓄情况来看，9 月末城乡居民储蓄存款余额达 13.63 万亿元，同比增长 18.1%。其中，前 9 个月增加存款 1.68 万亿。

3. 国外需求对国内市场的影响应予注意

今年以来，部分资源性产品出口仍然保持较快增长，1 ~ 9 月份，全国成品油出口 1155 万吨，比去年同期增长 38.2%；钢坯出口 598 万吨，增长 111.6%；钢材出口 1580 万吨，增长 83.0%。由于我国正处于经济快速发展时期，煤、电、油、运紧张的状况仍未根本缓解，资源性产品出口量过大将影响国内资源供需平衡。

（三）商品市场发展趋势预测

预计消费品市场仍将保持较快增长势头，全年社会消费品零售总额突破 6 万亿元，同比增长 12.8% 左右。下半年粮食价格将呈稳中略降态势，居民消费价格涨幅不超过 2%。预计生产资料销售总额达到 13.7 万亿元，同比增长 14.8% 左右，流通环节生产资料价格同比上涨 4% 左右。

二、国际贸易

（一）外贸进出口运行基本情况

据海关统计，2005 年 1～9 月份，全国进出口总值为 10245.1 亿美元，与 2004 年相比提前两个月突破万亿美元，同比增长 23.7%，其中，出口 5464.2 亿美元，增长 31.3%；进口 4780.8 亿美元，增长 16%；进出口顺差 683.4 亿美元，增长 1612.8%。第三季度，全国进出口总值为 3794.7 亿美元，同比增长 24.2%，其中，出口 2040.8 亿美元，增长 29.1%；进口 1753.9 亿美元，增长 19.0%。9 月份，全国进出口总值为 1328.1 亿美元，连续 7 个月保持在千亿美元以上的规模，同比增长 24.7%，其中，出口 701.9 亿美元，增长 25.9%；进口 626.2 亿美元，增长 23.5%；进出口顺差 75.7 亿美元，增长 50.5%（见表 3-4）。

表 3-4 2005 年第三季度各月外贸进出口与 2004 年同比情况

单位：亿美元

2004 年	当月	增长（%）	累计	增长（%）	2005 年	当月	增长（%）	累计	增长（%）
出口总值					出口总值				
7 月	510.0	33.9	3091.2	35.5	7 月	655.8	28.7	407.4	32.0
8 月	514.0	37.5	3605.9	35.8	8 月	678.2	32.1	4756.7	32.0
9 月	558.0	33.1	4162.4	35.3	9 月	701.9	25.9	5464.2	31.3
进口总值					进口总值				
7 月	489.7	34.2	3139.9	41.3	7 月	551.8	12.7	3579.6	13.8
8 月	469.1	35.6	3615.4	40.8	8 月	577.8	23.4	4154.5	14.9
9 月	508.1	22.1	4123.1	38.2	9 月	626.2	23.5	4780.8	16

数据来源：海关统计。

1. 加工贸易进出口增长依然快于一般贸易增长

1～9月份，我国一般贸易进出口4367.9亿美元，增长21.8%，占同期进出口总值的42.6%。加工贸易进出口4893.6亿美元，增长26.2%，占同期进出口总值的47.8%，其中，一般贸易出口2310.5亿美元，增长33.9%；进口2057.4亿美元，增长10.6%。加工贸易出口2939.2亿美元，增长28.5%；进口1954.4亿美元，增长22.9%。加工贸易项下实现贸易顺差984.8亿美元。第三季度，我国一般贸易进出口1580亿美元，同比增长22.2%，其中，出口848.3亿美元，增长29.1%；进口731.7亿美元，增长15.5%。同期，我国加工贸易进出口1835.2亿美元，增长26.0%，其中，出口1103.5亿美元，增长27.6%；进口517.4亿美元，增长23.6%。

2. 机电产品出口占主导地位，原材料进口增幅较大

出口方面，前三季度，我国机电产品出口占主导地位，传统大宗商品出口增势良好，原油、成品油出口增长迅速。机电产品出口2989.8亿美元，同比增长32.9%，占同期出口总值的54.7%，对出口贡献率达56.8%，拉动出口增长17.8%。传统出口大宗商品中，服装及衣着附件545.4亿美元，增长22%；纺织纱线、织物及制品304.5亿美元，增长24.8%；鞋类141.9亿美元，增长26%；塑料制品82亿美元，增长24%；彩电55.1亿美元，增长60.6%；钢材1580万吨，增长83%。前三季度我国出口原油547万吨，增长27.1%；成品油1155万吨，增长38.2%。第三季度，我国机电产品和高新技术产品出口分别为1120亿美元和565.2亿美元，同比增长分别为32.7%和33.6%。

进口方面，煤炭、铁矿砂、大豆进口增长迅速，汽车、钢材进口跌幅收窄。前三季度，我国进口机电产品2485.5亿美元，增长12.1%。进口初级产品1075.6亿美元，同比增长26%，占同期进口总值的22.5%。进口铁矿砂2亿吨，增长31.7%；进口原油9396万吨，增长4%，其中9月份当月进口1085万吨，同比增长4.8%；进口成品油2324万吨，下降16.4%，其中9月份当月进口276万吨，同比增长10.6%；煤炭进口1849万吨，增长44.6%；大豆进口1953万吨，增长39.9%，其中9月份当月进口187万吨，同比增长29.3%。同期，进口工业制品3705.2亿美元，增长13.4%，占同期进口总值的77.5%，其中，进口机电产品2485.5亿美元，增长12.1%；化学成品及有关产品585.9亿美元，增长23.3%；进口汽车11.5万辆，下降15.3%；进口

钢材 2000 万吨，下降 16.4%。第三季度，我国机电产品和高新技术产品进口分别为 940.1 亿美元和 529 亿美元，同比增长分别为 15.2% 和 19.2%。

3. 对主要贸易伙伴增长平稳。

前三季度，欧盟继续保持我国第一大贸易伙伴的地位，中欧双边贸易总值为 1577.9 亿美元，同比增长 23.3%。美国仍然是我国第二大贸易伙伴，前三季度中美双边贸易总值为 1535.4 亿美元，增长 25.6%。日本继续保持我国第三大贸易伙伴地位，前三季度中日双边贸易总值为 1345.5 亿美元，增长 10.5%。中国香港地区、东盟分别是我国第四、第五大贸易伙伴，前三季度的进出口总值分别为 946.9 亿美元和 945.4 亿美元，分别增长 20.4% 和 25.3%。第三季度，我国对欧盟、美国和日本出口分别为 375.6 亿美元、446.6 亿美元和 214.7 亿美元，占同期出口比重分别为 18.4%、21.9% 和 10.5%；我国从欧盟、日本、美国进口分别为 201.6 亿美元、265.4 亿美元、126.2 亿美元，占同期出口比重分别为 11.5%、15.1%、7.2%。

4. 东部三强增长势头依然强劲

1～9 月份，广东、江苏、上海稳居全国进出口贸易前三位。广东省进出口总值 3008.4 亿美元，增长 18.6%，占同期我国进出口总值的 29.4%，其中，出口 1655.6 亿美元，增长 24%，对出口增长贡献率 24.6%，拉动出口增长 7.7%；进口 1352.7 亿美元，增长 12.6%。江苏省进出口总值为 1651.2 亿美元，同比增长 36.1%，占全国进出口总值的比重为 16.1%，对出口增长贡献率 21.3%，拉动出口增长 6.7%，其中，出口 884.7 亿美元，进口 766.5 亿美元，分别增长 45.6% 和 26.6%。上海进出口总值 1364.3 亿美元，增长 15.8%，对出口增长贡献率 10.5%，拉动出口增长 3.3%，其中，出口 669.1 亿美元，进口 695.2 亿美元，分别增长 25.8% 和 7.5%。

5. 民营企业进出口保持快速增长

前三季度，集体、私营企业及其他企业进出口 1624.1 亿美元，增长 41.9%，占同期我国进出口总值的 15.9%，比去年同期提高 2.1%，对出口增长贡献率 28.6%，拉动出口增长 9%。此外，国有企业进出口 2717.9 亿美元，增长 12.7%，占同期我国进出口总值的 26.5%，比去年同期下降 2.6%。第三季度，民营企业出口、进口分别为 416.1 亿美元和 206 亿美元，分别占同期进出口总值的 20.4% 和 11.7%。国有企业出口、进口分别为 451 亿美元和 517.4 亿美元，分别占同期进出口总值的 22.1% 和 29.5%。

6. 实际吸收外资持续负增长，外资企业进出口保持稳定增长

1~9 月，外商投资新设立企业 32223 家，同比增长 0.03%；合同外资金额 1303.25 亿美元，同比增长 21.81%；实际使用外资金额 432.5 亿美元，同比下降 2.11%。1~9 月份，对华投资前十位的国家和地区依次为：中国香港、英属维尔京群岛、日本、韩国、美国、新加坡、中国台湾、开曼群岛、德国、萨摩亚。前十位国家和地区实际投入外资金额占全国实际使用外资金额的 85.3%。1~9 月份，外商投资企业进出口 5902.1 亿美元，增长 24.9%，高出我国总体进出口增速 1.2%，占同期进出口总值的 57.6%，比去年同期提高 0.5%。第三季度，外商投资企业出口、进口分别为 1172.7 亿美元和 1030.5 亿美元，分别占同期进出口总值的 57.5% 和 58.8%（见表 3-5、表 3-6）。

表 3-5　近年来第三季度外贸出口结构变化比较

单位：亿美元，%

	结　构	2003 年第三季度	2004 年第三季度	2005 年第三季度
出口总值		1173.8(100)	1581.4(100)	2040.8(100)
贸易方式	一般贸易	484.1(41.2)	657.3(41.6)	848.3(41.6)
	加工贸易	650.7(55.4)	864.7(54.7)	1103.5(54.1)
企业性质	国有企业	367(31.3)	408.1(25.8)	451.0(22.1)
	外商投资企业	640.2(54.5)	894(56.5)	1172.7(57.5)
	其他性质企业	166.6(14.2)	279.5(17.7)	416.1(20.4)
商品结构	机电产品	601.5(51.2)	843.8(53.4)	1120.0(54.9)
	高新技术产品	293.2(25.0)	423.2(26.8)	565.2(27.7)
主要出口市场	中国香港	204.3(17.4)	268.5(17.0)	325.6(16.0)
	美　国	260(22.2)	343.6(21.7)	446.6(21.9)
	欧　盟	189.3(16.1)	280.9(17.8)	375.6(18.4)
	日　本	150.6(12.8)	185.6(11.7)	214.7(10.5)

数据来源：海关统计。

表 3 - 6　近年来第三季度外贸进口结构变化

单位: 亿美元, %

	结　构	2003 年第三季度	2004 年第三季度	2005 年第三季度
出口总值		1127.4(100)	1474.1(100)	1753.9(100)
贸易方式	一般贸易	514.5(45.6)	635.8(43.1)	734.5(41.9)
	加工贸易	444.4(39.4)	591.9(40.2)	731.7(41.7)
企业性质	国有企业	385.2(34.2)	451.1(30.6)	517.4(29.5)
	外商投资企业	634.8(56.3)	867.1(58.8)	1030.5(58.8)
	其他性质企业	107.4(9.5)	155.9(10.6)	206(11.7)
商品结构	机电产品	624.2(55.4)	815.9(55.4)	940.1(53.6)
	高新技术产品	336.0(29.8)	443.8(30.1)	529(30.2)
主要进口来源地	日　本	200.1(17.7)	249.4(16.9)	265.4(15.1)
	美　国	85.7(7.6)	109.3(7.4)	126.2(7.2)
	欧　盟	146.3(13.0)	192.1(13.0)	201.6(11.5)
	中国台湾	133.8(11.9)	169.8(11.5)	196.7(11.2)

数据来源: 海关统计。

(二) 需要关注的问题

1. 贸易结构问题

近三年来一般贸易与加工贸易在出口中的比重无明显变化。2003 年、2004 年和 2005 年第三季度, 一般贸易出口的比重分别为 41.2%、41.6% 和 41.6%。一般贸易商品的供应链主要在国内, 与国内的产业联系紧密, 更能反映国内产业的真实竞争力。如何提高一般贸易对出口增长的贡献, 仍是亟待解决的问题。另一方面, 一般贸易进口的比重逐渐递减, 由 2003 年第三季度的 45.6% 减少到 2005 年第三季度的 41.9%, 说明宏观调控措施对抑制过旺需求产生了作用。在实施宏观调控措施的同时, 如何增加高新技术产品、资源等有效进口, 也是面临的一个难题。从商品结构看, 近几年来, 机电产品和高新技术产品出口在总出口比重中稳步上升, 分别从 2003 年第三季度的 51.2% 和 25% 提高到 2005 年第三季度的 54.9% 和 27.7%。今年全年高新技术产品进出口甚至有望达到 4000 亿美元, 这其中有相当比重来自于加工贸易。也就是说, 产品中真正技术含量高的部分是进口后再加工装配出口, 与国内产业链关系不大。因此, 培育高科技自主品牌, 扶持自主创新主体, 鼓励引进技术和消化吸收, 依然任重而道远。

2. 贸易顺差问题

近几年，我国出口和进口增速的差距十分明显，对外贸易顺差持续上升，预计全年贸易顺差将突破 1000 亿美元，超过我国历史最高年份 1998 年 1 倍多。顺差占外贸总额比重将超过 5% 左右，而 2004 年这个比重仅为 2.8%。首先，顺差过大与出口增长过快、进口增长过慢相关，在一定程度上反映了内需减弱，外需增强。据粗略计算，2005 年全年净出口增长对 GDP 增长的贡献率会超过 30%，国内经济增长依赖外需的程度大大提高，同时意味着经济增长风险的提高。从长期看，进口的减少也透露着出口增速将趋缓的隐忧。其次，我国的外贸顺差过于集中在若干大国和地区，美国、欧盟为我国最大顺差来源地，前三季度，顺差分别达 811.6 亿美元和 490.2 亿美元。贸易顺差的国别集中化、扩大化和长期化，势必引起各种贸易摩擦数量和数额的上升。再次，长期的贸易收支盈余加大了人民币升值的压力。外贸进出口的快速增长对于促进国内经济活跃会起到积极作用，问题是在保持外贸稳步增长的同时，也要有效地维持贸易和国际收支的内外平衡，因为只有这样才能真正发挥进出口的积极作用。

3. 贸易摩擦问题

今年 1～8 月份，除 242 种纺织品特别限制外，共有 13 个国家和地区对中国发起贸易救济调查 44 起，涉案金额高达 15.4 亿美元，其中欧盟今年对中国反倾销调查势头较猛，涉案金额已达 9 亿美元，发展中国家对中国发起贸易救济调查 29 起，占案件总数的 66%。贸易摩擦不仅影响贸易总量，更重要的是对贸易增量产生影响。中国在贸易摩擦中的涉案金额占贸易总比重尽管不大，但在贸易增量中却有一定分量。以纺织品为例，由于受贸易摩擦的影响，纺织品出口增速与去年同期比并没有高出很多，1～9 月份，纺织纱线、织物及制品出口增速甚至比 2004 年低 2%。全球纺织品一体化给中国出口带来的利益也因贸易摩擦而受限。今年 1～8 月份，我国纺织品和服装出口总值 748.29 亿美元，比去年同期增长 22.88%，低于总出口增长率近 10%。在广东省，进口纺织机械及零件 4.7 亿美元，下降 5.3%；棉花进口 7.6 万吨，仅微增 1.2%；部分主要纺织原料进口呈明显的下降趋势，进口羊毛和毛条量降幅均超过 10%。贸易摩擦问题解决的好坏，不仅影响具体企业的利益，更重要的是为整个对外贸易创造一个稳定、可预期的外部环境。

（三）对全年后期形势的估计

综合各方面的分析，预计我国全年进出口将增长 22%～25%，达到

14000 亿美元左右，比 2004 年增加 2500 亿美元左右。其中，出口增长 30%左右，达 7500 亿美元左右；进口增长 18% 左右，达到 6600 亿美元左右；进出口顺差 900 亿 ~ 1000 亿美元，将创历史新高。2006 年由于人民币升值及其他因素的影响，出口增长速度将有所减缓，外贸顺差将有所下降。

第四部分　财政政策分析

一、1 ~ 9 月份财政政策执行情况

1. 财政收入保持较快增长

1 ~ 9 月份，全国财政收入完成 23768 亿元，同比增长 16.7%。从结构上看，财政收入增长主要来自国内税收，进口环节税收对财政收入增长的贡献明显下降（见图 3 - 2）。分税种看，在 GDP 快速增长作用下，国内增值税和消费税增长 19.0%，营业税增长 18.4%。随着企业利润和城镇居民收入较快增长，企业所得税和个人所得税分别增长 41.7% 和 21.0%。受一般贸易进口增幅下降的影响，海关代征消费税和增值税增长 11.5%，关税下降 2.5%。由于出口高速增长，出口退税完成 2612 亿元，比上年同期增长 65.3%，相应冲减财政收入。

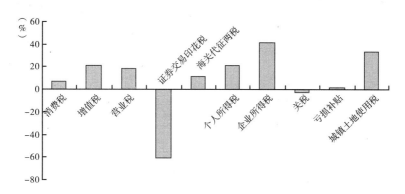

图 3 - 2　1 ~ 9 月份财政收入主要项目增长情况

2. 财政重点支出得到较好保障

1 ~ 9 月份，全国财政支出 19950 亿元，比去年同期增长 16.4%。支出结构进一步优化，加强了对公共产品和公共服务的提供力度（见图 3 - 3）。

前三季度累计，社会保障补助支出同比增长 11.8%，行政事业单位离退休支出增长 15.4%，抚恤和社会福利救济费增长 30.3%，表明社会保障得到加强；教育支出同比增长 18.0%，医疗卫生支出增长 17.3%，文体广播支出增长 18.3%，表明社会事业投入力度加大；行政管理费同比增长 15.6%，公检法司支出增长 18.5%，国防支出增长 14.0%，表明政府服务保障程度较好；这些都有利于居民扩大消费。

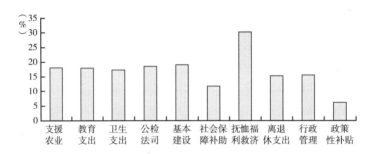

图 3-3　1~9 月份财政支出主要项目增长情况

3. 继续加大对"三农"的支持

大力推进农村税费改革，今年免征农业税的省份达到 27 个，剩余 4 省也有 298 个县（市）免征农业税，受益农民达 8 亿以上，预计减轻农民负担 220 亿元。同时，积极推进县乡机构改革、农村义务教育体制改革、县乡财政体制改革等农村综合改革试点工作。继续加强农业补贴，今年安排粮食直补资金 132 亿元，比去年增长 13.8%，目前绝大部分已向种粮农民兑付；同时，扩大良种补贴和农机具购置补贴规模，中央财政分别安排 37 亿元和 2.5 亿元，地方财政也相应增加了良种补贴和农机补贴，其中安排农机补贴 8 亿元，比上年增加 1 倍。继续认真落实稳定农业生产资料价格的财税优惠政策，支持化肥的生产和供应，补贴建立化肥淡季商业储备制度，稳定化肥市场，缓解农民春耕用肥紧张矛盾，引导和鼓励农民测土配方施肥。实施对产粮大县奖励政策，今年中央财政安排缓解县乡财政困难专项转移支付资金 150 亿元，其中安排 55 亿元对全国近 800 个产粮大县进行奖励，目前已拨付到县。

4. 加强了税收政策调节

一是调整进口关税政策。从 1 月 1 日起关税总水平由 10.4% 降至 9.9%；从 7 月 20 日起对文莱、印尼、马来西亚、缅甸、新加坡、泰国等实施中国—东盟自由贸易区协定税率，涉及商品 3408 种；从 8 月 1 日起，对原产于中国台湾地区的 15 种进口鲜水果实施零关税，有利于扩大进口，缓解贸易顺差过大的矛盾。二是调整有关出口税收政策，适时取消了电解铝、铁合金、钢坯等钢铁初级产品、稀土金属类、木片、尿素等资源类产品的出口退税政策，调低了部分钢材等高能耗、高污染和资源性产品出口退税率，对部分不鼓励出口的原材料等产品开征了出口关税，促进了出口结构和质量的改善。三是调整出口退税机制，将中央与地方出口退税超基数分担比例调整为 92.5∶7.5，规范地方出口退税分担办法，改进出口退税退库方式，由中央统一退库，促进了出口稳定增长。四是调整住房转让环节营业税政策。自 6 月 1 日起，对居民出售两年之内的住房按全额征收营业税，对出售超过两年的普通住房免征营业税，对出售超过两年的非普通住房按差额征收营业税，促进房地产市场的健康发展。

二、当前财政运行中存在的主要问题

1. 稳健财政政策实际执行中是紧缩性的

预算收支执行在时间上不匹配，财政收入执行进度大大快于财政支出，加上财政超收的使用需要人大审批而滞后，导致财政收支差额在月度间严重不均衡。一般前 11 个月是巨额的财政盈余，最后 1 个月突然出现巨大赤字。例如财政收入大于支出，一季度为 2574 亿元，上半年为 3970 亿元，1～9 月份为 3818 亿元，与稳健财政政策确定的 3000 亿元赤字目标大相径庭。这表明稳健财政政策在执行中并非稳健，在大部分时间是紧缩性的，只有在年底和下年初才是稳健的。

2. 政府对投资调控出现偏差

一是宏观调控有将投资增速作为标准的倾向。目前宏观调控存在一个误区，认为一些地区、行业投资增长过快，另一些地区、行业投资增长放慢，甚至出现两极分化，就是投资结构问题。因此，增速慢的地区、行业千方百计扩大投资，而增速快的地区、行业担心成为宏观调控的目标，不敢发展，甚至人为压制投资。实际上，由于不同行业和地区的投资周期不同，地方优势和产业特点也不同，投资增速出现差异是正常的，符合市场经济的规律。如果片面地将投资增速作为宏观调控的标准，采取行政手段把投资增速抹平，就会破坏地区结构和产业结构的协调发展。二是从财政资金投资来看，今年有关部门为了减少国债项目资金结转额，增加下年的长期建设国债发行规模，加快了国债项目资金计划下达进度，使 1～9 月份

固定资产投资中预算内资金投资增速达 21.1%，在控制固定资产投资的情况下有挤出民间投资的倾向。三是地方债务在增加，地方改头换面仍然通过各种更加隐性的负债搞投资。这些负债从使用和偿还来看都是财政性的，造成投资增速是消费的 2 倍以上，使得从中央到地方都在实施"积极的财政政策"，难以扭转投资和消费失调。

3. 税制不合理

1994 年制定的税制已严重滞后于经济形势的发展变化，税制改革叫了好几年而迟迟没有根本性进展，更加凸显了当前税制的不合理。一是税制累进程度较高。经过连年税收大幅度增收，今年 1~9 月份，财政收入增速仍高出 GDP 和 CPI 增幅之和 5.3%，说明税制边际税率较高，累进程度较重。二是税负偏重。目前我国宏观税负已达 20% 左右，今年 1~9 月份财政收入占 GDP 的比重又升至 22.4%，如果加上社会保障、预算外资金和制度外收入，总体税负已高于发展中国家，与发达国家的水平相当。但与财富积累较多和社会福利较好的发达国家相比，我国的税收负担相对较重。三是以居民的税负来看，城镇居民可支配收入占全部收入的比重不断下降，2001~2004 年分别为 99.9%、94.2%、93.5% 和 93.0%，今年上半年为 93.1%，表明居民的税负在逐渐增加。

4. 财政增支压力较大

一是救灾支出趋于增加。今年水旱灾情严峻，据预测，目前热带气旋活动频繁，有可能再次对沿海造成灾害；黄河、汉江可能出现秋汛；抗旱形势依然严峻，将增加防旱抗汛和救灾支出。二是社会支出有增加倾向。比如科技富民强县计划、义务教育财政投入保障、军转干部退役金以及维护社会稳定等，都将构成增支因素。三是"三农"支出压力。当前农民增收面临困难，受农资价格上涨、粮食价格走低的双向制约。据各地初步测算，因农资涨价致使粮食生产成本每亩增加 30~40 元，部分抵消了政策性增收效应。从长期看，这有利于促进粮食稳定增产、农民持续增收、农村全面发展的体制和机制尚未建立。因此，农村公共财政支出压力较大。四是社会保障压力。实现国有企业下岗职工基本生活保障向失业保险并轨，扩大再就业优惠政策，扩大做实个人账户试点，推进事业单位养老保险制度改革，做好被征地农民就业培训和社会保障工作，扩大新型农村合作医疗制度试点，都需要财政予以资金支持。

三、几点财政政策建议

考虑到世界经济继续强劲增长，国际货币基金组织预测今年世界经济增长 4.3%，国内经济从快速增长期转向稳定增长期，预计固定资产投资趋于回落但不会深度回落，消费继续平稳增长，出口维持快速增长势头，第四季度经济增长速度虽有回落，但仍将保持较快增长，物价水平稳中趋降，但不会出现通货紧缩。在此基础上，财政收入将继续稳定增长，预计全年增长 15.8%，继续有一定的财政超收。为促进国民经济平稳较快发展，提出以下政策建议。

1. 认真落实好稳健的财政政策

鉴于当前经济运行已进入一个稳定增长区间，宏观调控政策应该保持基本稳定。要认真落实稳健的财政政策，努力把财政赤字控制在年初人大批准的预算范围内。对国债项目资金和预算内基本建设支出，要根据固定资产投资和宏观经济形势的变化，合理掌握投资计划和预算下达进度，必要时继续结转部分到明年使用。要用好财政超收收入，严格控制刚性支出增长。考虑到产生超收收入的一些超常规或一次性因素，财政超收收入应主要留作后备和解决历史遗留问题，包括保证出口退税、解决退耕还林（草）粮食挂账并建立稳定的后续资金来源、缓解县乡财政困难、建立偿债基金消化历史债务等一次性支出，而不宜用于经常性支出和刚性开支，尤其不能用于养人和增设机构，以确保未来经济增长回落到正常状态时财政收支能够保持平稳运行。

2. 推进结构优化调整

财政政策要突出结构优化倾向，进一步按照科学发展观和公共财政的要求，调整财政支出结构和国债项目资金投向结构，区别对待、有保有压、有促有控，对与经济过热有关的、直接用于一般竞争性领域等的"越位"投入，要退出来、压下来；对属于公共财政范畴的，涉及财政"缺位或不到位"的，如需要加强的农业、就业和社会保障、环境和生态建设、公共卫生、教育、科技等经济社会发展的薄弱环节，不仅要保，还要加大投入和支持的力度，要发挥财政政策在行业引导和城乡、地区平衡发展方面的作用，逐步将财政政策的导向由以前侧重促进投资转向更多地侧重促进消费。

3. 积极推进税制改革

加快推进内外资企业所得税合并立法工作，以公平市场竞争环境，统筹国内发展和对外开放，减轻人民币升值压力。加快增值税转型改革，在及时总结东北地区部分行业实行消费型增值税改革试点经验的基础上，研究在全国范围内将企业新增机器设备所含税款纳入增值税抵扣范围的实施方案。进一步完善消费税，调整酒类、化妆品等商品消费税税率，适当扩大对环境污染和高消费商品征收消费税的征税范围。将个人所得税扣除额提高至 1500 元，并逐步推行综合与分类相结合的个人所得税制，加强税收对收入分配的调节。继续深化农村税费改革，逐步建立城乡一体化税制，加快推进乡镇机构、农村教育和乡镇财政体制等配套改革，突破黄宗羲定律。在条件具备时开征物业税，规范城镇建设和房地产领域相关税费，建立地方稳定的财源。

4. 完善收入分配制度

初次分配反垄断，再分配反贫困，无论是初次分配还是再分配都必须坚决反腐败。规范津补贴，认真清理各类津贴、补贴政策，逐步实施规范化的地区附加津贴制度。完善工资制度，简化公务员工资结构，实行职务与级别相结合的工资制度，形成与公务员职责、贡献和资历关联度较强的工资增长机制。建立收入调节机制，在改革个人所得税的同时，完善具有财产税性质的车船使用税、房产税、土地使用税等，发挥其对财产分配的调节作用。同时，适时开征一些新税种，如遗产税、赠与税、财产税、股票交易所得税、社会保障税等，形成一个比较完善的收入调节体系，从个人收入的存量、增量、转让等多个环节对收入分配进行全方位的调节，更加注重财政的公平分配职能。

第五部分 货币金融形势分析

一、三季度金融运行情况

（一）广义货币 M_2 增速加快

9 月末，广义货币供应量（M_2）余额为 28.74 万亿元，增长 17.9%，增幅比上半年高 2.3%，比上月末上升 0.6%。狭义货币供应量（M_1）余额为 10.1 万亿元，增长 11.6%，增幅比上半年高 0.4%，比上月末高 0.1%。市场货币流通量（M_0）余额为 2.2 万亿元，同比增长 8.5%。1~9 月份现金净投放 805 亿元，同比多投放 26 亿元。9 月末，货币流动性（M_1/M_2）为 35%，同比低 2%。

（二）基础货币增幅较大，金融机构超储率有所提高

9 月末，中央银行基础货币余额为 6.08 万亿元，同比增长 14.3%。9 月当月基础货币投放 2725 亿元，其中外汇占款增加 1268 亿元，同比多增 69 亿元，占基础货币投放的 47%；财政存款减少 815 亿元，占基础货币投放的 30%。同期，基础货币共回收 740 亿元，其中中央银行公开市场操作收回 500 亿元，占基础货币收回的 68%，对冲了 39% 的外汇占款。9 月份，基础货币投放 1985 亿元，是今年以来的最高水平，除外汇占款投放较多基础货币外，财政存款下降对基础货币投放的影响也非常大。央行在公开市场操作上净收回 395 亿元基础货币，是今年以来公开市场操作收回基础货币最少的月份之一（见图 3-4）。

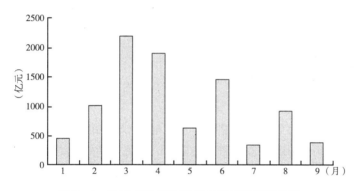

图 3-4　2005 年公开市场操作净回收基础货币

从基础货币的需求环节看，9 月末全部金融机构超额准备金率为 3.96%，比上季度末高 0.24%，比上月高 0.15%。

（三）贷款增幅有所加快

9 月末，全部金融机构本外币各项贷款余额为 10.31 万亿元，同比增长 13.5%，比上年同期下降 0.2%，比上月末上升 0.3%。其中，金融机构人民币各项贷款余额为 19.09 万亿元，同比增长 13.8%，增幅比去年同期高 0.2%，比上月末高 0.4%。1~9 月份累计新增人民币贷款 1.96 万亿元，同比多增 1636 亿元，贷款增长有所加快。其中，9 月份新增人民币贷款 3453 亿元，同比多增 951 亿元，是历年 9 月份贷款增加最多的。

从人民币贷款结构来看，前 9 个月短期贷款及票据融资同比多增 2543 亿元，中长期贷款同比少增 913 亿元。短期贷款及票据融资同比多增，主要是非金融性公司票据融资和短期贷款同比分别多增 2501 和 363 亿元；中长期贷款少增，主要是居民户中长期消费贷款少增1630亿元。值得注意的是，今年6月以来贷款增速明显回升，其中基本建设贷款和票据融资同比增幅较大。今年1~5月份累计新增基本建设贷款2364亿元，比去年同期少增214亿元，6月、7月、8月、9月这4个月共新增基本建设贷款2574亿元，比去年同期多增1006亿元。而票据融资自年初以来就明显同比多增，前三个季度新增票据融资3792亿元，同比多增2541亿元，其中仅8月、9月共新增票据融资1425亿元，同比多增1207亿元。基本建设贷款和票据融资多增较多的现象应引起关注。

9月末，外币贷款余额为1496亿美元，同比增长12%，比上月低4%。前9个月外币贷款累计增加162亿美元，同比多增4亿美元。其中，当月外币贷款减少3.7亿美元，比去年同期少增5.7亿美元。

（四）居民储蓄存款继续快速增长

9月末，全部金融机构本外币并表的各项存款余额为29.26万亿元，同比增长18%，比上月上升0.6%。其中，金融机构人民币各项存款余额为27.99万亿元，同比增长19.1%。1~9月份，人民币各项存款累计新增3.66万亿元，其中前三个季度，人民币各项存款累计新增3.66万亿元，同比多增加9620亿元。居民储蓄存款增加1.68万亿元，同比多增4929亿元，储蓄存款中定期储蓄同比多增5735亿元，活期储蓄同比少增806亿元；企业存款增加8382亿元，同比多增859亿元，企业存款中定期存款同比多增3583亿元，活期存款同比少增2724亿元。9月份，人民币各项存款增加4782亿元，同比多增加2225亿元；存款中居民储蓄存款增加1811亿元，同比多增842亿元，其中主要是定期储蓄同比多增750亿元，储蓄存款的稳定性进一步增加；企业存款增加2393亿元，同比多增加821亿元，主要是定期存款同比多增加982亿元。

9月末，外汇存款1575亿美元，比上月减少36亿美元，其中居民外币储蓄下降5亿美元，同比下降10亿美元；单位外汇活期存款下降54亿美元，同比多下降36亿美元；单位外汇定期存款增加25亿美元，同比多增加6亿美元。

（五）市场利率平稳运行

9月份货币市场利率继续保持平稳运行，市场资金仍较宽松。本月银行间市场同业拆借、质押式债券回购和买断式债券回购月加权平均利率分别为1.51%、1.15%和1.47%，同业拆借和买断式债券回购月加权平均利率比上月分别上升0.06%和0.02%，质押式债券回购月加权平均利率比上月下降 0.04%（见图 3 - 5）。

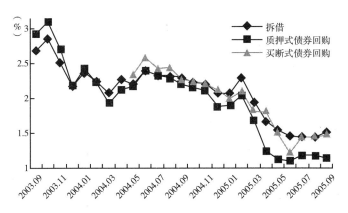

图 3 - 5　银行间市场月加权平均利率

（六）市场流动性充足，交易活跃

1 ~ 9 月份，我国银行间市场人民币交易累计成交 16.86 万亿元（表 10），日均成交 897 亿元，日均成交同比增加 360 亿元，增长 67%。9 月份市场成交 2.42 万亿元，日均成交 1101 亿元，日均同比多成交 539 亿元，增长 95.9%，其中主要是现券和质押式债券回购交易同比增加较多，分别增加 3571 和 8559 亿元，增长 144.6% 和 99.8%。

银行体系充裕的流动性也为直接金融工具的发展提供了空间。债券市场不断扩展和深化。1 ~ 9 月份，国债累计发行 3291 亿元，同比增长 3.6%；政策性金融债累计发行 4194 亿元，同比增长 55.3%；次级债累计发行 689 亿元；企业债累计发行 464 亿元，同比增长 133.3%；短期融资券累计发行 542 亿元。1 ~ 9 月份企业累计签发商业汇票 3.21 万亿元，同比增长 31.1%，累计贴现 4.74 万亿元，同比增长 40.6%。票据市场和短期融资券的迅速发展缓解了企业流动资金紧张的状况。实践证明，在金融企业改革、行为调整的过程中，大力发展金融市场是减弱其负面效应的有效途径。

在多项政策措施的配合下，股权分置改革顺利推进。9 月末，上证综指和深证成指分别为 1156 点和 2903 点，比上半年末上涨 75 点和 143 点。证券投资基金总规模 4711 亿元，比上年末增长 45.1%。保险市场平稳发展，1 ~ 9 月份保费收入 3779 亿元，同比增长 13.1%。9 月末，保险公司资产总额达到 1.44 万亿元。

二、汇率制度改革及其影响

自 2005 年 7 月 21 日起,我国开始实行以市场供求为基础、参考一篮子货币进行调节、有管理的浮动汇率制度。人民币汇率不再盯住单一美元,形成更富弹性的人民币汇率机制。2005 年 7 月 21 日,美元对人民币交易价格调整为 1 美元兑 8.11 元人民币,作为次日银行间外汇市场上外汇指定银行之间交易的中间价。每日银行间外汇市场美元对人民币的交易价仍在人民银行公布的美元交易中间价上下 3‰ 的幅度内浮动,非美元货币对人民币的交易价在人民银行公布的该货币交易中间价上下一定幅度内浮动。随后,中国人民银行进一步扩大了银行间即期外汇市场非美元货币对人民币交易价的浮动幅度,从原来的上下 1.5% 扩大到上下 3%;调整了银行对客户美元挂牌汇价的管理方式,实行价差幅度管理,美元现汇卖出价与买入价之差不得超过交易中间价的 1%;现钞卖出价与买入价之差不得超过交易中间价的 4%,银行可在规定价差幅度内自行调整当日美元挂牌价。

(一) 外汇市场运行状况

汇率机制改革后,人民币汇率保持了基本稳定。一是实现了双向浮动。在截至 9 月 30 日的 51 个交易日中,人民币对美元汇率有贬有升,其中 21 个交易日贬值,30 个交易日升值,高点曾达 1 美元兑人民币 8.1128 元,低点曾达 1 美元兑人民币 8.0871 元。人民币汇率正常浮动,弱化了单边升值预期,使国家在汇率调控中处于更为主动的地位。二是波动幅度可控。人民币单日最大升值和最大贬值幅度均为 0.07%,不仅小于规定的 0.3% 日最大浮动幅度,波动程度也小于亚洲其他主要货币汇率,从而避免了大幅波动,保证了国家对人民币汇率的控制力。三是人民银行日均购汇量较改革前有所减少。但市场对人民币升值的预期仍然存在,外汇继续流入,我国外汇收支继续呈现较大顺差。9 月末,国家外汇储备余额达 7690 亿美元,比年初增加 1591 亿美元,同比多增 479 亿美元。

(二) 外汇市场发展情况

人民币汇率形成机制改革后,人民银行大力推进外汇市场的发展,一是扩大办理人民币对外币远期业务的银行主体;二是实行备案制的市场准入方式;三是银行可根据自身业务能力和风险管理能力对客户报价,增强市场价格发现功能,促进交易,为客户提供更好的服务。此外,还允许银行对客户办理不涉及利率互换的人民币与外币掉期业务。汇率形成机制改革后，企业开始重视汇率风险防范，主动使用各种金融工具规避汇率风险。远期外汇市场更加活跃，远期售汇有所增加，市场更趋均衡。

（三）汇率制度改革的影响

人民银行调查统计司就新的人民币汇率形成机制和汇率预期对企业的影响进行了调查。

1. 对进出口贸易影响有限

今年前 7 个月，我国进出口总额为 7659 亿美元，其中加工贸易进出口总额为 3636.1 亿美元，占全部进出口总额的 47.47%。由于加工贸易行业仅赚取微薄的加工费，汇率形成机制改革对加工贸易的影响可忽略不计。对于一般贸易，2% 的升值虽然在理论上有助于扩大进口、减少出口，但考虑到我国今年前 7 个月 35.3% 的一般贸易出口增幅和 7.9% 的一般贸易进口增幅，2% 的升值仅仅导致一般贸易顺差的略微降低。

同时，汇率形成机制改革对企业出口影响很小。据调查，在汇率形成机制改革后，有 67.86% 的企业选择提高生产效率、降低中间消耗，有 60.71% 的企业选择提高产品档次、技术含量和附加值，有 51.37% 的企业选择通过谈判、维护出口产品价格加以应对。选择减少出口产品产量和减少出口、增加国内销量的企业分别有 6.59% 和 13.74%。

2. 汇率形成机制改革对目前企业的收入和利润有一定负面影响

据了解，专业外贸公司的代理出口利润率约为 5%，自营出口的利润率不超过 10%；生产型出口企业则视产品附加值的高低和市场的竞争程度而不同。但是，我国出口产品中低附加值和市场竞争激烈的产品居多，利润率一般都不高，通过调高产品出口价格消化升值的负面影响有一定困难。

3. 对企业汇兑损益和外商直接投资项目进度的影响相当有限

从对外币资产、负债的影响来看，2005 年 7 月末，样本企业的外币资产为 218.13 亿美元，外币负债为 210.10 亿美元，外币净资产为 8.03 亿美元。企业因 2% 的汇率变化而导致的汇兑损失为 1.3 亿元人民币，仅占同期企业销售收入的 0.013%。

对外商直接投资的影响也相当有限。调查显示，有 39.39% 的企业认为汇率形成机制改革后外商直接投资的实际投资速度与投资计划将保持不变，选择投资速度放慢的企业比选择投资速度加快的企业多 1.81%。从不同规模的企业看，2004 年进出口总额在 5000 万美元以上的企业有 43.2% 选择了投资速度保持不变，高于平均水平 3.81%，而进出口规模在 5000

万美元以下的企业选择投资速度保持不变，低于平均水平，反映出与汇率因素相比，外商更多地考虑企业的进出口规模。

三、金融运行中应关注的几个问题

（一）货币供应量 M_2 增长较快

今年下半年以来，货币供应量 M_2 增长呈上升态势。本月货币供应量 M_2 同比增长已达 17.9%，增幅进一步上升。从结构上看，受企业活期存款同比少增较多的影响，货币供应量 M_1 增幅持续较低，货币流动性减弱。货币供应量 M_2 增长较快主要有两方面的原因：一是物价水平平稳，通货膨胀预期较低，实际利率不断提高，居民储蓄增长较快。根据我们的监测，实际利率与居民储蓄存款之间有显著的正相关关系。9 月份实际利率为 0.9%，为 2003 年 8 月份以来的最高点。在投资渠道单一的情况下，居民储蓄存款同比增长较快是必然的。今年前 3 个季度新增储蓄存款 16762 亿元，同比多增 4929 亿元。居民储蓄存款占 M_2 的比重近 50%，它的快速增长必定带动货币供应量 M_2 增幅的明显上升。二是从货币政策操作看，到目前为止，中央银行货币政策操作可分为两个阶段。今年 1～4 月份，中央银行货币政策操作方向是净收回基础货币，共净收回基础货币 2634 亿元；5～9 月份，中央银行货币政策操作方向是净投放基础货币，5 个月共净投放基础货币 4547 亿元。一般来说，基础货币领先货币供应量 M_2 的时间为 3～4 个月。目前基础货币持续净投放对货币供应量的影响已经有所显现。

（二）票据融资增长较快

年初以来，票据融资增长很快，同比增幅持续在 30% 左右。下半年票据融资增幅进一步加快，9 月份票据融资同比增长已达 41.8%，比同期贷款增幅高 28.1%。票据融资在人民币各项贷款余额中的比重为 8.1%，同比高 2%，在今年以来新增贷款中的比重为 20.3%，同比高 14.1%，票据融资对短期贷款的替代作用非常明显。股份制商业银行是票据融资业务的主体，占有市场份额的 50.5%。它们是票据市场上的"上家"。股份制商业银行利用票据业务的低利率竞争客户，而且在贴现之后再转贴现给资金充裕的国有独资商业银行，获取资金。国有独资商业银行是市场上的"下家"。通过这种操作，股份制商业银行获得了利润，国有商业银行完成了贷款目标。票据业务虽然方便灵活，但也存在一定的风险。

（三）消费贷款增幅下降明显

今年以来，消费贷款增幅较低。今年前 3 个季度新增消费贷款 1505 亿元，同比少增 1869 亿元。消费贷款增幅下降已成趋势。其中以住房贷款为主要内容的个人中长期消费贷款增幅明显下降，这是国家调控房地产业的结果。但是也应看到，以向一般消费提供金融服务为主的短期消费贷款增幅下降也很显著。今年前三个季度，个人短期消费贷款比上年末减少 33 亿元，同比少增 241 亿元，这不利于刺激消费。

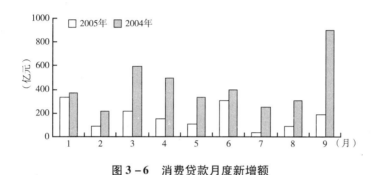

图 3－6　消费贷款月度新增额

四、预测和措施

根据中央银行的预计，全年货币供应量 M_2 增幅为 17.4% 左右，超过当初 15% 的预期目标，新增人民币贷款 2.4 万亿～2.5 万亿元，接近 2.5 万亿元的预期目标。

（一）总体调控方向

当前经济运行中要关注的几个问题有：（1）虽然物价回落较快，但通货紧缩的风险不大；（2）货币、信贷增速的差距扩大；（3）虽然固定资产投资的规模仍然较大，但中期将趋于温和；（4）国内需求放缓和国内生产能力释放导致的进口替代效应形成了高额的外汇逆差；（5）高油价对经济的可持续发展构成威胁。因此，当前要保持政策的连续性和稳定性，保持货币信贷的平稳增长，在中期的经济增长、物价稳定和资产价格稳定间寻求恰当的平衡。

（二）市场操作导向

汇制改革后，中央银行要积极探索以市场供求为基础、参考一篮子货币进行调节、有管理浮动汇率机制的操作规律，转变市场干预方式。完善有管理的浮动汇率制度，进一步增强市场供求在汇率形成中的作用，保持人民币汇率在合理均衡水平上的基本稳定，从而逐步减少购汇数量，理顺货币供应结构，促进货币信贷协调增长和国际收支平衡。

（三）利率政策导向

完善中央银行利率体系，建立适时动态调整再贴现率等中央银行利率的机制；进一步完善票据市场利率以及市场化产品的定价机制，合理反映期限和信用风险；提高中央银行对市场利率的引导能力；协调各类利率关系；提高商业银行、农村信用社利率定价能力，落实利率市场化改革政策措施。

（四）信贷政策导向

积极发挥"窗口指导"和信贷政策在优化信贷结构中的作用，引导商业银行更好地贯彻区别对待、有保有压的原则，既要增加对经济发展薄弱环节和有效益、有市场的企业贷款，继续加大对农业、中小企业、增加就业、助学的信贷支持力度，又要提高银行信贷资产质量。改进支农金融服务，形成农业信贷投入稳定增长机制。继续完善信贷期限结构错配监测指标体系，合理控制中长期贷款。

在不断健全个人信用征信体系的基础上，推广信用卡等个人消费业务。配合支持扩大内需的其他政策，研究增加消费信贷品种，推动商业银行拓展消费信贷的深度和广度。密切监测房地产调控政策效应和房地产市场变动情况，支持合理住房消费。指导商业银行运用利率定价手段改进住房金融服务和风险管理，研究推出固定利率按揭等产品，促进房地产市场健康发展。

（五）汇率导向

加快发展外汇市场，推动完善外汇市场机制建设，继续发展人民币远期交易，进一步扩大远期结售汇业务试点，尽快推出外币衍生产品交易。同时，继续简化现行外汇管理制度，一是便利企业和居民个人经常项目用汇，进一步放宽对企业和银行使用和保留外汇的限制，逐步实现经常项目由强制结售汇过渡到意愿结售汇。二是改进资本和金融项目外汇管理，适时推出合格的境内机构投资者制度（QDII），对商业银行实行综合头寸管理。三是为我国企业"走出去"及海外资源战略准备一部分外汇，并通过开发性金融机构进行融资，促进外汇市场供求趋于大体平衡。同时，积极防范我国在逐步融入全球金融体系过程中资本异常流动的风险，引导资本有序进出。

第六部分　资本市场分析

本季度股票市场呈现横"S"形的震荡走高态势。上证综指从上季度末的 1080.94 点降至 7 月 18 日本季度末最低点 1012.3 点后，走出了一波今年以来涨势最大、涨升时间最长的走势，最高涨至 9 月 19 日的本季度高点 1220.63 点，较本季度低点涨升了 20.58%，且交易量也快速放大，平均日交易量较上半年高出近 1 倍。而后受消息面影响，又快速下探到本季度末的 1155.61 点，较前期高点下跌 5.33%。总体上看，本季度上证综指上涨了 6.91%。

本季度债券市场继续保持波浪性走高的态势，从国债指数变化看，国债指数从上季度末的 105.35 点逐步上升至本季度末的 108.70 点，上涨幅度达 3.18%，成交量继续保持稳定。从企债指数变化看，与国债指数走势非常类似，企债指数从上季度末的 111.26 点稳步上升至本季度末的 117.27 点，涨幅达 5.41%，超过了国债指数的涨幅，且成交量快速放大，日均成交量远远超过上半年的水平，出现了典型的价升量增的走势。

一、股票市场分析

本季度股市走势可以划分为三个阶段：第一阶段是本季度初至 7 月 18 日，承接上季度的下跌走势；第二阶段是 7 月 18 日至 9 月 19 日的快速涨升阶段；第三阶段是 9 月 19 日至本季度末的调整走势。本季度股市振幅较大，阶段性涨幅也创今年以来的最高。

（一）本季度股票市场走势原因分析

1. 政策面走向起主导作用

自 4 月 29 日中国证监会发布《关于上市公司股权分置改革试点有关问题的通知》，宣布启动股权分置改革试点工作以来，股权分置改革的推进及其预期直接主导了股市走势。虽然上个季度因对股权分置改革的预期不明确出现了一定程度的非理性下跌，但进入本季度后，随着中国证监会会同相关部门出台了一系列政策措施，稳定了市场预期，促使本季度走出了一波较好的行情。

7 月 11 日，中国证监会会同国务院有关部门拟定了一系列"利好"政策措施，主要包括两个方面：在推进股权分置改革方面，推出了实施新老划断前暂停新股发行、今后发行股票的上市公司一律实行股权分置改革后的新机制，未完成股权分置改革的上市公司停止再融资，已在制定国有经济布局和分行业持股比例指导性意见，稳定股权分置改革的扩容预期，以股权分置改革为契机，实施绩差公司优化重组等；在增加入市资金方面，允许基金管理公司用股票质押融资，进一步推进商业银行发起设立基金管理公司试点工作，加大社保基金和保险公司入市力度，研究解决延长财务考核期限和投资损益会计处理等问题，增加60亿美元的QFII额度，将取消政府对国有企业投资股市的限制性规定，将对创新试点类证券公司和股权分置改革中的保荐机构提供流动性支持。这些措施不仅减弱了投资者的扩容预期，对国企股权分置改革给出了会有渐持底线的预期，而且还切实增加了市场资金供给，取消了多年以来国有企业不得参与股市投资的限制性规定，对鼓舞投资者信心、带动场外观望资金入场起到了十分重要的作用。7月19日，国资委透露，会按照八大行业，分五类进行不同的最低持股比例限定，提升了投资者参与股市的热情。

8月24日，随着第二批42家试点公司顺利实施股权分置改革，中国证监会等部门联合颁布了《关于上市公司股权分置改革的指导意见》，明确指出要根据股权分置改革进程和市场整体情况，择机实行"新老划断"，且明确了后续股改的推进方式，即股改要"成熟一家，推出一家"。该《意见》进一步明确了市场的各种预期，减少了短期投资的不确定性，促使股市走好。

8月28日中国证监会发布了《上市公司股权分置改革管理办法》，9月7日交易所和结算公司联合颁布《上市公司股权分置改革业务操作指引》，9月9日国资委颁布了《关于上市公司股权分置改革中国有股股权管理有关问题的通知》，9月19日中国争取投资者保护基金正式设立，至此股改的配套政策全部到位，标志着股权分置改革进入全面实施阶段。股市也在对股权分置改革预期全部明朗化后，再次向上突破，创出了本季度高点。

而到9月20日，国资委对外公布所认定的国有企业股改对价"六原则"，其中对市场影响最大也是最重要的有两个原则：一是大盘篮筹上市公司可以支付少一点的对价，二是要考虑多种方式支付对价。9月25日，国资委又下发《关于上市公司股权分置改革中国有股股权管理审核程序有关事项的通知》，明确了国有控股股东须经国资委同意并出具相关《备案表》后方可向证券交易所上报股改方案。这些措施引发了流通股股东对未来自身获得非流通股股东补偿的担忧，直接诱发了本季度第三阶段的下跌行情。

2. 投资者信心有所恢复

本季度受各种"利好"政策以及试点公司股改成功实施等影响，投资者信心逐步恢复，对大盘走好产生了重要影响，这主要表现在三个方面。

一是本季度成交量明显放大。本季度总成交额达 10896.1 亿元，较今年二季度的 7508.4 亿元和一季度的 6702.3 亿元增加了 45.12% 和 62.57%，本季度日均成交额为 490.82 亿元，较二季度的 367.21 亿元和一季度的 369.11 亿元均增加了 33% 左右。

二是本季度开户数增加较快。截至本季度末，开户数已达到 21889.51 户，本季度新增开户数为 102.28 万户，分别较二季度的 95.69 万户和一季度的 94.38 万户增加了 6.89% 和 8.37%。

三是本季度公布的半年报显示上市公司"增收不增利"，但却并未对大盘产生较大影响。今年上半年，1281 家公司共实现主营业务收入 17381.86 亿元，同比增长了 23.88%；而上市公司净利润仅为 926.33 亿元，同比微增 5.09%；加权平均每股收益为 0.137 元，比去年同期的 0.139 元略有下滑；加权平均净资产收益率为 5.17%，同比下降了 0.11%。尽管上市公司业绩有所下降，股市仍能保持较为强劲的走势，一方面表明股市经过前期的下跌，已经对业绩下滑有所消化，另一方面表明投资者对股改后的股市发展具有较强的信心，没有因对上市公司业绩预期下降而选择离场。

3. G 股市场表现良好，具有重要的示范效应

自今年 4 月 29 日股权分置改革试点工作正式启动以来，截至 8 月 19 日，46 家试点公司全部完成了规定的改革程序。这些股权分置改革试点股 G 股在退出股改方案前后市场表现良好，直接带动了投资者参与股改的积极性，增强了投资者参与股市投资的信心，所产生的示范效应影响深远。本季度上涨突出的股票有两类：一类是存在重组预期的 ST 类股票，ST 新智、ST 昌源、ST 仪表等涨幅近乎翻倍；另一类就是 G 股，G 天威、G 卧龙、G 物华涨幅分别达 126%、65% 和 59%（见表 3－7）。G 股涨幅普遍较大，幅度超过同期大盘 6.95% 的涨幅，而第一类股票的上涨源于股权分置改革搞好绩差公司的重组工作的要求，因此 G 股及其他与股改试点有关的股票上涨是推动本季度大盘上涨的原动力。

表 3 – 7   2005 年三季度 20 支 G 股涨幅对比表

股票名称	涨　幅	股票名称	涨　幅
G 天威	128.69%	G 农产品	32.24%
G 卧龙	64.97%	G 华发	30.19%
G 物华	63.32%	G 银鸽	28.33%
G 宏盛	50%	G 苏宁	28.26%
G 综超	49.61%	G 传化	26.89%
G 恒声	48.35%	G 海特	23.94%
G 华海	45.28%	G 伟星	22.48%
G 长力	33.05%	G 中信	22.26%
G 亨通	32.54%	G 金发	22.07%
G 宝胜	32.24%	G 鲁西	21.36%

资料来源：万得资讯。

4. 汇率改革有利于股市向好

7 月 21 日，中国人民银行发布公告，我国开始实行以市场供求为基础、参考一篮子货币进行调节、有管理的浮动汇率管理的浮动汇率制度。人民币汇率不再盯住单一美元，形成更富弹性的人民币汇率机制。2005 年 7 月 21 日 19 时，美元对人民币交易价格调整为 1 美元兑 8.11 元人民币，人民币升值 1.97%。鉴于其他国家实践证明本币升值有利于股市走好，会增强 QFII 入市的力度，故减少 A 股与 H 股的价差，有利于与国际接轨，同时因人民币升值幅度较小，不会影响我国出口竞争力，所以汇率改革也在一定程度上促使本季度股市走好。

（二）下季度股市走势预测

下个季度股市将在宏观经济向好、"利好"政策推进以及新老划段和再融资可能推出等因素的共同作用下，股指将围绕股价结构调整这一主线呈现箱体震荡走势，大幅下跌和涨升的概率均较低。

1. 三季度宏观经济形势和上市公司业绩对股市构成支撑

从 GDP、投资、消费需求与物价等主要经济指标的动态变化看，我国经济运行已从 2003 年四季度的增长高峰回落，进入相对平稳的增长阶段。考虑到我国民间投资依然活跃、出口产品比较优势明显等有利条件，以及工业景气稳中趋降、原材料产能过剩、油价高企等不利因素，全年经济增速仍会保持较高水平，为股市走好奠定重要基础。

从 2003~2005 年的行业盈利结构和市值构成变化看（见表 3-8），2005 年中期盈利增长的行业有 18 个，净利润占上市公司净利润的 75.87%，较 2003 年年末和 2004 年年末均有所下降；盈利下滑的行业有 17 个，净利润占上市公司净利润的 24.13%，较 2003 年年末和 2004 年年末均有所提升。结合宏观经济形势保持平稳增长等情况，三季度上市公司业绩可能会继续回落。但从市值构成变化看，上半年业绩上涨的 18 个行业和业绩下滑的 17 个行业的市值占总市值的比重均为 50%，且上涨的 18 个行业对上市公司净利润的贡献度远远高于另外 17 个行业，因此行业总体上会呈现出增长态势，对股市构成较强的支撑。

表 3-8　2003 年~2005 年中期行业盈利结构与市值构成变化表

项　　目		2005 年中报	2004 年年报	2003 年年报
净利润同比上涨的行业	占净利润比例	75.87%	93.87%	85.73%
	占流通市值比例	49.87%	67.31%	73.89%
净利润同比下降的行业	占净利润比例	24.13%	6.13%	14.27%
	占流通市值比例	50.13%	32.69%	26.11%

资料来源：万得资讯。

2. 股权分置进入全面实施阶段对市场影响较大

随着股权分置改革的各项实施细则的出台，股权分置改革已于上季度末开始进入全面实施阶段。短期看，所有已经实施股改的公司尚无法全流通，即将进行股改的公司因股价较低且又含权（非流通股向流通股的补偿），以 QFII 为代表的外资机构投资者将大举进入已经股改和近期可能进行股改的公司（从上市公司披露的前十大流通股股东看，QFII 在上半年大幅增仓，截至 8 月 26 日，QFII 共持有上市公司流通股 43469.55 万股，比半年前增加了 46.36%），对其他机构投资者和散户影响日益彰显，中国证监会等官方机构还会继续以领导讲话、组织学者讨论、适时出台一些"利好"政策、鼓励业绩较好的大型国有企业率先股改并出台较好的股改方案等方式为股改顺利实施"保驾护航"，促使股市维持较好的走势。

3. 市盈率较低且结构不尽合理

以上证 A 股市盈率为例，自 2005 年 6 月股市市盈率创 7 年来的低点 15.98 倍后，7~9 月逐步回升，从 16.05 倍升至 8 月的 16.92 后降至 9 月的 16.78 倍。虽然股市已经止跌回升，但仍处于历史底部，低于发达国家水平。同时，国内 A 股股价与 H 股股价的比值已经降至 1.6 倍左右，处于历史最低水平，孕育着较多的市场机会。

从市盈率结构看（见表 3-9），虽然我国股市市盈率已处于较低水平，低于国际平均 20 倍的水平，但市盈率结构依然不合理。截至 9 月 16 日，包括 A 股和 B 股在内的股票中，20 倍以内的只占 25.29%，30 倍以内的也只占到 35.34%，61% 以上的股票仍处于 40 倍以上的较高水平。同时，动态地看，上季度末 30 倍以内的股票占比达 37.29%，40 倍以上的占比不到 60%，说明本季度的涨升仍有一定的炒作成分。下阶段股市要保持较好的、可持续的发展态势，股价结构调整势在必行。

表 3-9　2005 年 9 月 16 日股市市盈率分布（包括 A 股和 B 股）

20 倍以内（含 20 倍）	25.29%	20 倍以内	25.29%
30 倍以内（含 30 倍）	35.34%	20～30 倍之间	10.05%
40 倍以内（含 40 倍）	38.89%	30～40 倍之间	3.55%
40 倍以上	61.11%	40 倍以上	61.11%

资料来源：根据全景网络所提供的信息计算得出。

4. G 股的估值优势短期效应显著而中长期效应递减

由于大多数股改试点公司都选择了 10 送 3 支付对价等方式补偿流通股股东的模式，加上 G 股已经全流通，未来的新老划段和新股 IPO 对其影响甚微，使得 G 股存在一定的估值优势。有关统计分析表明，第一批和第二批股改试点上市公司业绩普遍较好，如披露半年报的 38 家 G 股公司主营业务收入总额同比增长 31.66%，高出 1281 家公司整体主营业务收入增幅近 8%。净利润总额同比上升 14.39%，领先整体公司净利润增幅超过 9%。这对 G 股能够保持较高的估值优势、走出较好的走势、发挥其股改的示范效应起到决定性作用。短期内，G 股的估值优势仍将延续并有利于股市走好，但随着股改的全面实施，G 股数量将不断增加。同时，业绩不好的股票也需要进行股改，尽管其所支付的对价会相应较高，但受利益驱使，分配方案的优惠幅度不会较大地超出市场平均水平。这些都使得 G 股的估值优势趋于降低，对股市的影响也将减弱。

5. 再融资的再次启动以及全流通预期制约股市走高

随着股改的全面推开，新老划段问题将再次提到议事日程上，再融资预期日益凸显；同时，随着时间的推移、G 股的增多，G 股上市交易受限时间逐步缩短，全流通股票日趋增多，与新股发行共同构成股市的上行压力。这将在较长的时间内制约股市走出持续时间较长、涨升力度较大的行情。尽管 QFII、企业年金、社保基金和保险资金对股市投资力度会加大，但新增资金量十分有限，难以化解扩容压力。

二、债券市场分析

（一）本季度债市走势分析

本季度债市节节走高，成交量始终较为稳定，说明市场对债市走好有信心，究其原因，主要在于以下几点。

1. "宽资金"创造了有利条件

本季度资金面相当宽松。第一，从 M_2 增速看，本季度 M_2 已经连续 3 个月超出了 15% 的目标增速，9 月份 M_2 增长高达 17% 以上。第二，从银行存贷差看，9 月末商业银行累计存贷差高达 1.8 万亿，9 月较 8 月新增 2300 亿元左右，8 月较 7 月新增 2467 亿元。第三，从公开市场操作的各类央行票据和正回购收益率变化看（见图 3 - 7），本季度承接上季度的下滑走势，各类品种收益率继续走低。1 年期央行票据从本季度初的 1.5950% 下降至本季度末的 1.3274%，降幅为 16.78%；3 个月期央行票据本季度初的 1.1539%，逐步下降至 8 月初的年内低点 1.0456%

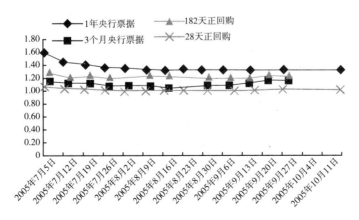

图 3 - 7　2005 年三季度 1 年期和 3 个月期央行票据、
182 天、28 天正回购收益率变动图

资料来源：根据中国债券网站数据整理得出。

后，回升至本季度末的 1.1262%，接近上个季度 7 天正回购的水平；182 天和 7 天正回购收益率分别从本季度初的 1.29% 和 1.07%，下降到 9 月初的年内低点 1.21% 和 1.01% 后，回升至本季度末的 1.24% 和 1.02%，本季度降幅分别达 3.88% 和 4.67%。第四，从债券一级市场发行看，各类债券发行利率呈下行趋势，如 7 年期固定利率国债中标利率从 5 月末的 3.37% 下降到 8 月末的 2.83%，国开行发行的 2 年期固定利率附息债从 6 月中旬的 2% 下滑到 9 月中旬的 1.85%，农行发行的 3 年期固定利率附息债从 4 月上旬的 3.15% 下降到 7 月上旬的 2.6% 后再次下降到 9 月上旬的 2.23%。

2. 银行和保险公司均提升了债市投资比重

随着各大国有商业银行海外上市日程的临近，以及各家商业银行加大提升资产质量的力度，借贷现象日益盛行，银行存贷差不断上升，银行贷存比不断创出新低。截至 9 月末，银行贷存比估算值低于 68%，与此同时，银行不约而同地提高了债券投资比例，在优化资产质量、有效提升资本充足率的同时，依然能够获取高于存款的无风险收益，债市需求进一步扩大。

伴随商业银行资金面日益宽裕，商业银行对保险公司协议存款的需求日益降低，保险公司为了能够较好地实现资产负债匹配，不得不实现资产结构的战略性转变。从本季度开始，保险资金运用中债券投资比例首次超过银行存款，保险机构已成为债券市场上仅次于银行的第二大机构投资者。银行和保险机构对债市的需求日益提升，加大了债市的供需矛盾，促使债市步步走高。

3. CPI 涨幅走低和下调超额存款准备金利率的传闻推动债市上行

各月 CPI 数据显示，CPI 涨幅逐月走低，7 月份 CPI 同比上涨 1.8%，8 月份 CPI 同比上涨 1.3%，环比上涨 0.2%。结构分析表明，8 月份 CPI 涨幅下降主要源于两个方面：一方面是食品价格的较大幅度下滑，食品同比涨幅由 7 月的 2.3%，下降到 8 月的 0.9%；另一方面源于 2004 年的翘尾因素影响减少。考虑到食品价格短期内难以下降，非食品价格通涨压力逐步减弱等因素，市场对 9 月份 CPI 涨幅的预期普遍较低，约在 1.1% ~ 1.3% 左右，夯实了债市走高的基础。9 月份央行可能下调超额存款准备金利率的传言，增强了未来利率会继续保持平稳甚至下行的预期，促使债市进一步涨升。

4. 债券收益率曲线呈现中端过凹及长端陡峭的特点

受市场中短期对加息预期减弱、资金较为充裕、银行等机构对中期债需求较大、中期债券供给短缺等因素影响，中期债涨幅相对其他期限的债券品种过高，使本季度债券收益率曲线中端下移幅度最大，收益率曲线中端显得过凹。同时，长期债的需求方主要以保险公司为主，商业银行较少问津，尽管保险公司对长期债的需求较大，但限于保险公司对长期债券投资收益率的约束较严，一般不会低于 4%，如在今年三季度少有的宽松的资金环境下，30 年期国开金融债的中标利率仍达 4.01%，长期债的供给较少、需求匮乏局面决定了长期债的主要参与者的定价权较大，长期债收益率水平较高，使得收益率曲线的长端显得较为陡峭。

（二）下季度债市走势预测

下个季度债市将在资金面、CPI 涨幅较低等因素综合作用下，维持高位盘整的走势，再度涨升的空间十分有限，不排除小幅回调的可能；同时，债市结构调整的内在动力逐步增强，短期债和长期债补涨和中期债下探的可能性较大。

1. 资金面有所收紧但仍较为宽松

虽然本季度货币市场利率出现止跌回升走势，央行票据和正回购利率都触底反弹，但反弹幅度均很小，个别品种反弹后再次走低，说明市场资金十分宽裕，能够承受较低的利率水平。加之下个季度银行的借贷行为和保险公司的投资策略都不会更改，债市供给增幅有限，股市大幅走高的可能性较小，对追求低风险的资金的吸引力较弱，难以分流滞留在债市的资金，年末结账导致资金面偏紧，央行可能通过公开市场操作等手段收紧资金，以调控 M_2 增速。总体上看，下个季度债市资金面会较本季度有所收紧，但仍较为宽松，会对债市高位运行创造必要条件。

2. 短期加息可能性进一步降低

我国 7 月 21 日推出了汇率改革方案，人民币实现了小幅升值。8 月 3 日，国家外汇管理局出台《关于放宽境内机构保留经常项目外汇收入有关问题的通知》，大幅度提高境内机构经常项目外汇账户限额，将境内机构经常项目外汇账户可保留现汇的比例由现行的 30% 或 50% 调高到 50% 或 80%，这是今年以来经常项目外汇账户政策的第二次重大调整。这些举措，旨在减轻国际收支不平衡和外汇占款压力，减少国际热钱的盈利，阻击其过多流入中国。加息只会对冲上述政策效果，增加对国际热钱的吸引力，加重国际收支不平衡。同时，考虑到下个季度消费较为平稳，投资可能出现一定幅度的反弹，粮食价格会较去年有所下降，服务和工业消费品价格相对稳定，CPI 基础较低，以及年末的 CPI 翘尾因素等，预计下个季度 CPI 涨幅会有所反弹，但幅度较小。总体来看，短期加息的可能性很低，有利于债市高位运行，但不排除小幅下调的可能。

3. 债市期限结构调整使收益率曲线趋于平滑化

上述分析表明，下个季度资金将有所收紧，中期债券供给有所增加，CPI 涨幅趋于回升。这都会使债市面临回调压力的同时，也使获利水平较高的中期债券出现较其他券种更大幅度的回调，修正过凹收益率曲线。同时，随着社保基金和企业年金资金量的扩大，银行对长期债投资收益率的认同，长期债收益率将趋于下降，收益率曲线趋于平滑。

4. 资产证券化产品和熊猫债券等债券新品种的出台有利于债市保持活跃

四季度建行的住房抵押贷款支持证券（MBS）和国开行的信贷资产支持证券（ABS）等资产证券化产品，以及亚洲开发银行等国际机构发行的熊猫债券等新型债券品种，将正式发行。这不仅会丰富债券投资品种，增加投资者的获利机会，活跃债市交投，还会为下一步大力发展国际上交易量非常大、市场反应非常好的 MBS 和 ABS 等品种积累经验，为中国债市逐步与国际接轨奠定重要基础。

第七部分　房地产投资分析

一、三季度我国房地产投资变化新特点

（一）三季度我国房地产投资总量继续保持较大规模运行，但季度绝对增额有所回落，环比增长幅度下降

2005 年三季度，我国房地产投资继续保持较大总量和规模，无论季度还是月度数据都显示房地产投资呈现扩大态势，但与第二季度相比，季度增幅有所回落。根据国家统计局公布的数据，我们对 2005 年以来各月实际投资额和季度投资额分别进行了计算，结果见表 3 - 10。

表 3 – 10   2005 年以来房地产投资总量和规模季度变化表

单位：亿元

	第一季度		第二季度			第三季度		
季度投资量	2324		3829			4226		
季度增加额			1505			397		
季度增长（%）			64.76			10.37		
月　份	1～2	3 月	4 月	5 月	6 月	7 月	8 月	9 月
各月投资量	1200	1124	1081	1199	1549	1435	1333	1458
比上月增长（%）		－6.33	－3.83	10.9	29.2	－7.36	－7.11	9.38
月同比增长（%）	19.4	29.40	33.06	17.9	26.86	26.88	17.96	26.90
季度同比增长（%）	24.03		25.5			23.93		

资料来源：根据国家统计局公布月度数据计算整理。

　　从图 3 – 10 可以看出，2005 年第三季度，我国房地产投资总量是 4226 亿元，比二季度投资额 3829 亿元净增 397 亿元，说明我国房地产投资继续在较大规模上运行。但从季度规模增加变化来看，三季度增加额少于二季度的增额 1505 亿元，由二季度环比增长速度 64.76% 下降到了三季度的 10.37%，下降了 54.39%，说明我国房地产投资规模增加幅度在下降。从三季度各月投资变化看，除了 8 月份是 1333 亿元相对较小外，7 月份和 9 月基本相当，分别为 1435 亿元和 1458 亿元，说明房地产投资规模趋于平稳。但这一规模，除了小于 6 月份的 1549 亿元外，比上半年各月投资规模都大，反映出目前我国房地产投资绝对规模还是很大的。三季度是 2005 年单月投资规模最大的一个季度。2005 年 1～9 月份房地产投资规模达到 10378 亿元，已相当于 2004 年 1～11 月的投资总量，超过了 2003 年全年 10034.14 亿元的总量，而季度投资总量也仅次于我国历史上投资总量最高的 2004 年第四季度的 4824 亿元。可见，目前我国房地产投资规模是相当大的。从月度环比增幅来看，在 7 月、8 月环比增幅下降后，从 9 月份开始有所回升；从同比数据比较来看，三季度同比增长比二季度同增长有所降低，月同比增长则基本保持了二季度末的水平，说明 2005 年中国房地产投资变化轨迹与 2004 年已经完全不同了。由于 2004 年我国房地产投资增长在第一季度呈现超常规增长态势，下半年后增长态势才有所改变。

　　（二）房地产投资同比增速继续小幅回落，增速趋于稳定

　　2005 年三季度，我国房地产投资与一季度和二季度的变化方向保持一致，呈现稳定回落，整个 2005 年以来的房地产投资增长轨迹呈现由高到低向下倾斜。与 2004 年和 2003 年同期形成了一个明显的梯度变化特征（见表 3 - 11）。

表 3 - 11　2005 年三季度我国房地产同比增长变化表

2005 年	第一季度		第二季度			第三季度		
月　份	1～2	1～3	1～4	1～5	1～6	1～7	1～8	1～9
投资总量(亿元)	1200	2324	3405	4604	6153	7587	8920	10378
同比增长(%)	27	26.7	25.9	24.3	23.5	23.5	22.3	22.2
2004 年	43.6	41.1	34.6	32	28.7	28.6	28.8	28.3
2003 年	34	34.5	33.5	32.9	34	34.1	33.1	32.8

资料来源：根据国家统计局公布月度数据计算整理。

从表 3 - 11 可以看出，三季度我国房地产投资增速已基本维持在 22% ~ 23% 之间，从 1 ~ 7 月份的 23.5% 下降到 1 ~ 8 月份的 22.3%，进而到 1 ~ 9 月份的 22.2%，呈现逐月下降态势。与一季度和二季度相比明显看出，也是逐次回落。如果将此与 2003 年、2004 年第三季度进行比较的话，就可以明显地看出，2003 年、2004 年和 2005 年呈现出梯度变化，2003 年增长空间在 34.1% ~ 32.8%，2004 年降到了 28.6% ~ 28.3%，2005 年则进一步下降到了 22.2% ~ 23.5%。如果将这三年我国房地产的变化绘制在一个图中，我们就看得更加清楚（见图 3 - 8）。

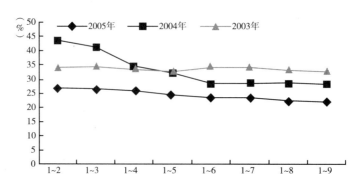

图 3 - 8　2005 年房地产投资增速与 2004 年和 2003 年比较图

从图 3－8 可以看出，与 2003 年、2004 年相比较，2005 年 1～9 月份房地产投资增速处于最下边，且是一个逐渐向下变动的倾斜曲线，未与 2004 年和 2003 年有任何相交点，说明 2005 年中国房地产投资增长在这三年中一直比较低。2004 年与 2003 年在 1～4 月份和 1～5 月份发生了变化，2004 年 1～5 月份增度超过了 2003 年的水平，之后才低于 2003 年，说明 2004 年 5 月份以后尤其是 6 月份后，房地产投资增长过高现象得到了有效的抑制。这也进一步说明了国家从 2003 年下半年尤其是从 2004 年二季度开始的宏观调控政策效应已经发挥了作用。2005 年中国房地产投资继续呈现逐次回落，并且正在趋向于合理的波动范围内，同时也证明了国家宏观调控政策是完全正确的。

（三）房地产投资增速渐次回落与同期城镇固定资产投资逐步提高形成反向变动曲线，导致房地产投资增速低于同期城镇固定投资增速的逆转现象在三季度继续延续

房地产业是我国国民经济的支柱产业，尤其是在 20 世纪 90 年代末以来，房地产业成为拉动我国经济增长的重要动力之一，因此房地产增速快于同期固定资产投资增长速度被人们认为是合理和正常的，但从 2004 年至 2005 年以来，房地产投资增长与固定资产投资增长之间却出现了几次反复现象。第一次出现在 2004 年 1～10 月份，房地产投资增长首次出现低于固定资产投资现象；之后到 2004 年 11 月至 2005 年 4 月份之间，房地产投资又恢复到高于固定资产投资增速的状况；但从 2005 年二季度的 5 月份开始，房地产投资低于同期固定资产投资现象又重新出现，2005 年三季度又继续延续了这一特点（见表 3－12）。

表 3－12　2005 年我国房地产投资与同期固定资产投资增速比较

单位：%

	第一季度		第二季度			第三季度		
	1～2 月	1～3 月	1～4 月	1～5 月	1～6 月	1～7 月	1～8 月	1～9 月
1 房地产增长	27	26.7	25.9	24.3	23.5	23.5	22.3	22.2
2 固定资产增长	24.5	25.3	25.7	26.4	27.1	27.2	27.4	27.7
1 与 2 比较	3.5	1.4	0.2	-1.9	-3.6	-3.7	-5.1	-5.5

资料来源：根据国家统计局公布月度数据计算整理。

从表 3－12 可以明显看出，2005 年三季度，我国房地产投资增速分别是 23.5%、22.3% 和 22.2%，而同期的城镇固定资产投资增速分别是

27.2%、27.4%和27.7%，二者相比，房地产投资增速低于同期城镇固定资产投资增速分别是－3.7%、－5.1%和－5.6%。如果联系到2005年5月份的－1.9%、6月份的－3.6%，可以明显地看出，房地产投资增速低于同期城镇固定投资增速的差距在逐步扩大。也就是说，2005年1～9月份以来，我国固定资产投资增长速度呈现的是逐月增长态势，各月同期增速均比上月有所提高，而同期房地产投资增长速度却（高于同期固定资产投资增速）逐月回落，以至于二者的差距越来越大。我们认为，不同时间段上房地投资与固定资产投资增长速度变化差异所反映的关系是不同的。2004年1～10月份房地产投资增速低于固定资产投资增长，主要因为2004年我国钢铁、水泥、汽车和电解铝等投资规模和投资增长速度快于房地产投资。2005年以来的房地产投资低于同期城镇固定资产投资增速，一方面说明当前固定资产投资增长的主要力量来自于非房地产领域的行业投资，因此担心我国固定资产投资增长过慢的担忧是没有必要的；另一方面，说明当前房地产投资增长正处于一个调整阶段，既有总量调整，也有结构调整，还有对房地产价格变化的一个适应性调整。

（四）房地产投资占同期固定资产投资比例继续趋于下降的通道之中

反映房地产投资与固定资产投资的另一个指标就是房地产投资占同期固定资产投资比例，它可以集中反映房地产投资总量在同期固定资产投资总量变化中作用大小和影响程度。与2004年呈现波动性特点不同，除了7月份比6月份有所提高外，2005年以来我国房地产投资占固定资产投资比例则呈现出先高后低逐月下降的特点，延续了二季度的变化特征（见表3－13）。

表3－13　2005年前三季度房地产累加投资占同期固定资产投资比例

月　份	第一季度		第二季度			第三季度		
	1～2	1～3	1～4	1～5	1～6	1～7	1～8	1～9
1 房地产投资总量（亿元）	1200	2324	3405	4604	6153	7587	8920	10378
2 固定资产投资量（亿元）	4222	9037	14025	19719	27967	34637	41151	48741
1占2的比例(%)	28.4	25.72	24.28	23.35	22.00	21.9	21.68	21.29
2004年的比重(%)	30.6	21.29	24.31	23.99	18.88	22.33	22.32	21.92

资料来源：根据国家统计局公布月度数据计算整理。

从表 3 - 13 可以看出，2005 年第三季度 1~7 月、1~8 月和 1~9 月所占的比例分别 21.9%、21.68% 和 21.29%，呈现出逐月下降态势，不仅与一季度和二季度变化方向一致，而且与 2004 年三季度 22.33%、22.32% 和 18.48% 也极其相似。说明 2004 年和 2005 年 1~9 月房地产投资占固定资产投资比例总体趋于降低，呈现年度曲线相似的变化规律。

（五）前三季度房地产综合景气指数总体上呈现回落态势，但三季度 7、8 两月维持不变并高于 6 月指数，似乎预示有出现回升可能

根据国家统计局公布的房地产景气指数，2005 年以来，我国房地产投资景气指数从年初的 102.18，逐月下降，到 2005 年 5 月份已降至 101.83，6 月份进一步下降为 101.65，已经处于近几年来最低状态，但三季度的 7 月和 8 月份保持在 101.86，似乎给人们一种新的预示，即房地产综合景气指数开始有所回升。如果将 2005 年中国房地产景气指数与同期 2004 年和 2003 年联系起来考察，则可以看出，从 2003 年到 2005 年三年中，除了 2003 年个别月份房地产景气指数有所提高之外，大多数时间都呈现回落之势（见表 3 - 14）。

表 3 - 14　2005 年中国房地产景气指数表

月　份	2005 年			2004 年	2003 年
	景气指数	比同期	环　比	景气指数	景气指数
2 月份	102.8	− 5.04		107.84	
3 月份	102.19	− 3.33	− 0.61	106.20	107.34
4 月份	101.90	− 3.87	− 0.29	105.77	106.89
5 月份	101.83	− 4.16	− 0.07	105.99	106.28
6 月份	101.65	− 3.53	− 0.16	105.18	107.04
7 月份	101.86	− 1.03	0.21	105.25	107.27
8 月份	101.86	− 3.1	0	105.16	106.89
9 月份				104.83	106.65

资料来源：根据国家统计局数据资料计算。

（六）房地产市场价格上涨速度继续减弱，价格回落从局部逐渐扩展到主要大中城市

2005 年三季度的我国商品房价格上涨幅度为 8.8%，比一季度商品房平均销售价格涨幅 12.5% 和二季度涨幅 10.1% 回落了 3.7% 和 1.3%，呈现逐季平稳回落的态势。从我国 70 个大中城市统计的房屋销售价格指数来

看，三季度房屋销售价格指数上涨 6.1%，二季度上涨 8%，也回落了 1.9%。同时，统计数据还显示出这样一个特点，即上涨幅度减弱的城市在增加，房地产环比价格上涨城市在减少，价格呈现负增长的城市在增加。在全国 70 个大中城市中，有 15 个城市房价比上月（环比）有所降低，这与 2005 年上半年和一季度全国有近 20 个主要城市价格上涨超过 10% 形成了鲜明的对照，其中上海房价下降了 1.2%，降幅最大，这也是继 8 月份房地产价格下降之后的持续下降。而像杭州、南京、宁波等这些前期价格增长较高的城市也步入和将要步入到价格下降的行列之中。这说明我国 2005 年以来采取的抑制房地产价格上涨的政策效应正在发挥作用，并取得了初步的效果。

房地产价格上涨速度在三季度开始显示出疲惫之态，呈现出人们所期望看到的减弱之势。这既是我国宏观调控政策的综合效应，也是经过了近半年时间市场供求变化调整的博弈结果，同时也是经济发展要素和市场要素所决定的合理性轨迹，更是价格回归价值的必然结果，因为脱离价值的价格只是暂时的，不可能长久。

二、影响我国房地产投资及价格变化的因素分析

仔细分析 2005 年三季度和 1～9 月份我国房地产投资和价格变化新特征，可以看出：其一，房地产投资梯度递减变化之势，使得房地产投资增长速度已步入到了相对合理和正常的范围内。应当说这种变化曲线是相当合理的轨迹。2004 年下半年在 28% 上下波动，2005 年一季度下降到 26.7%～27% 之间，二季度进一步下降到 25%～23%，三季度则稳定在 23%～22% 的范围内。其二，房地产投资增速低于城镇固定资产投资增速的状况继续延续，以及固定资产投资结构中房地产投资所占比重有逐渐减少的迹象，似乎给人们一种新的警示。这是否预示着在总量投资基本合理的情况下，房地产投资总量有一定萎缩苗头。这一点应引起一定的重视，可以进行研究。但究竟如何变化，还不能急于下结论，还需要再观察。其三，房地产价格上涨幅度迅猛之势得到有效抑制，价格正在趋于价值回归的方向上波动变化，前期房地产价格上涨过快的主要城市已开始下跌，并由个别城市向局部扩展，但究竟是加速扩展还是缓慢推进，甚至出现一段时间稳定或者所谓的"拐点"呢？我们认为目前影响房地产价格的各种因素仍在激烈博弈和调整，市场因素和非市场因素仍在进行着角逐。因此，必须对此予以重视并进行认真分析。

（一）各项宏观政策的综合作用是房地产投资处于稳定合理范围内的主导因素

2003 年下半年开始，我国对以前所执行的以鼓励消费和拉动投资的房地产政策，包括住房贷款、房地产开发企业资本金制度、商品房预售制度、二手房出售制度、房地产交易中的税收和个别城市的个人所得税制度以及土地供应制度等，作了政策上的调整。其主要表现就是原有的刺激、鼓励性积极政策开始逐渐收紧，并根据投资增长速度变化逐步推开。如先实行了提高准备金标准，然后提高银行贷款利率（包括后来的专门针对房地产贷款提高利率），提高住房贷款首付比例，进而执行并增加二手房个人所得税以及城市土地供应实行市场化的招标拍卖和挂牌方式，整顿和清查开发区及土地使用检查等。同时国家在总的宏观政策上实现了从积极财政和稳健货币政策向双稳健政策的历史性转变。尽管推出时间有所差异，但这些政策在不同时间的作用却是明显的。到 2005 年，尤其是三季度，这些政策综合发挥作用，使得房地产投资梯度递减并朝着合理正常范围方向发展变化成为必然。

（二）人民币汇率制度的变化，对房地产短期投资产生了一定影响

曾经让人们一直揣测的人民币升值问题终于在 2005 年 7 月 21 日有了最终的结果，我国从当日起美元兑人民币交易价格调整为 1：8.11，相当于升值 2%。如果仅升值那么简单的话，它对于经济发展和国际经济关系格局调整，并不会产生多少影响，因为升值的幅度并不是很大。关键是我国自当日起，将实行以市场供求为基础、参考一篮子货币进行调节、有管理的浮动汇率制度，且人民币不再盯住单一的美元，形成更富有弹性的人民币汇率机制，这才是本次改革实质和真正内涵。这项改革措施，是中国经济体制改革一次历史性的变革，对于作为中国重要支柱产业的房地产也将产生深远影响。人民币汇率改革对房地产影响主要是从对整个经济发展来传导和自身直接影响共同作用的。从传导影响来看，它是通过其他产业和经济联系传导到房地产业的。其一，通过银行业发展变化对房地产业带来新冲击。其二，通过对我国进出口贸易影响进而向房地产业传导，即由于人民币升值相应的出口产品价格和成本提高，进口产品的价格将会相应地降低，减弱了我国出口竞争力，进而就减弱了需求增长对中国房地产业拉动力。从自身直接影响看，本次人民币汇率提高，对我国经济发展尤其是进出口影响是最直接的。短期内出口受到一定影响，也将会因进口量增加而影响到我国国内产品、产业、企业的竞争力，也将会传导到房地产业，但这种影响是暂时性的。从我国目前的经济规模、总量和实力，以及顺差总量和外汇储备总量来看，其影响的范围、规模和延续的时间很有限，还不足以影响到中国经济发展全局。

（三）宏观经济调控政策使得人们对房地产市场的短期需求和超前消费需求大量减少，迫使房地产价格上涨速度继续回落

我国房地产市场发展的重要制度性因素就是住房货币化制度改革。住房贷款制度从向开发商贷款转为向消费者直接贷款，从而形成了资金的良性循环体系。房地产预售制度的实行，加上国家在税收上的优惠以及扩大经济适用房建设规模等措施，使房地产短期消费膨胀，长期消费超前化。二者一相加，最终导致了房地产短期消费急剧扩大，促进了房地产价格的迅速上涨。然而，从2004年以来，我国在房地产制度上强化了宏观调控力度，一方面使短期需求减少；另一方面，一些超前性的需求也相应下降，并将房地产尤其是住房作为投资的需求大量减少。这样就使得房地产投资短期需求萎缩，价格上涨也就失去了动力源泉。其实从2005年第二季度开始，这种短期需求就已经减少，但由于对未来房地产价格变动趋势判断上的不确定性，因此价格上涨还不是很大。而到了2005年7月份以后，由于国家宏观经济政策力度不减，市场价格预期上涨的力量和因素在销售成交量不断加速减少面前，终于开始下滑。实践证明，市场价格的变化是由供求关系均衡程度来决定的。短期需求量的减少，价格增长幅度回落就是必然的结果，任何市场价格的均衡点的波动方向都是由成交量和供求关系决定的。短期需求决定市场短期价格，长期需求则决定了市场价格的变化方向和趋势。

（四）中国经济继续保持稳定增长，消除了人们对未来经济紧缩的担忧，坚定了国家执行抑制房地产投资和价格上涨的信心，这是房地产价格上涨回落的制度因素

2005年以来推动我国宏观经济发展的出口贸易同比增长逐月下降。2005年上半年比去年同期减慢15.9%，新批设立外商投资企业数量和实际使用外资金额下降甚至出现了负增长，带来经济乏力的严重后果。国家、地方政府和学者开始对未来中国经济增长产生了担忧。因此，在抑制房地产价格上涨和控制房地产投资增长政策的执行上有所放松，尤其是地方政府在执行国家宏观调控政策时刻意地进行了修改和放松。然而，我国在2005年前三季度继续保持了9.4%的增长速度进一步表明，中国经济仍然处于新一轮经济增长周期运行之中，外商投资量增长速度的减少只是暂时的，是一种正常的市场调节和变化。这样国家在执行抑制房地产价格上涨中的力度就没有放松，房地产价格上涨幅度的回落也就从个别城市扩展到了局部城市。

（五）房地产企业在缴纳税收上的违规行为大量存在，引起了社会各界对房地产开发加以监督的呼声不断增高，房地产价格中的不合理因素正在逐渐剔除，这是价格向价值回归并促使价格形成机制完善的重要因素

房地产价格上涨尽管有多种因素，既有合理的市场因素所致，也有大量的非市场因素造成。中国房地产价格上涨就是在这种合理因素和不合理因素共同作用下不断上涨的。其中房地产开发商的各种违规、违法行为，也是其中的重要原因之一。这种不规范的行为在尚未成熟的房地产市场导致价格扭曲的作用却是不可忽视的。有关数据显示，有些地方欠税 80% 的企业是房地产企业，有些地方 60% 以上的房地产企业存在偷税漏税行为。针对这种现象，从 2005 年下半年起，国家税务系统已经着手进行重点的检查。这样就使得房地产价格趋于向价值方向回归，尽管这不是房地产价格形成的内在要素，但它可以为价格形成机制的完善消除不合理的因素，并为房地产价格形成创造有利条件。

三、预测及政策建议

（一）四季度房地产投资保持稳定或将小幅回落，全年房地产业投资增速将会在 20% ~ 22% 之间波动

根据 2005 年上半年及前三季度我国房地产投资变化新特点，结合房地产投资的年度变化规律，考虑到当前我国经济增长运行新变化，我们认为，四季度房地产投资仍将小幅回落，全年我国房地产投资增速将会稳定在 20% ~ 22% 的范围内。其原因有：第一，2005 年上半年和 1 ~ 9 月份我国经济增长保持 9.5% 和 9.4% 的增速，而 1 ~ 9 月份房地产投资增速为 22.2%，比上半年的 23.5% 有所下降，目前仍处在一个逐步下降的通道上。因此四季度房地产投资增速可能会维持现有的变化走向或者稳定在 22% 的水平，全年房地产投资增速将会在 20% ~ 22% 之间波动。第二，房地产投资增速不会大幅度降低也不会大幅度反弹。从 2005 年前三季度我国房地产投资增速来看，所呈现的季度性梯度下降趋势仍将延续，20% ~ 22% 的增幅应当是我国处于新一轮经济增长周期下房地产投资较合理的增长空间。虽然当前也具备过高增长速度的物质条件和资本基础，也具有这种能力和市场环境，但实践证明，过高的增速带来的市场能源、生产资料短缺是非常有害的。目前的增速若想在短时间内降到20%以下，难度还是比较大的，一方面是由于我国必须有一定的增速来保持经济增长，另一方面当前投资主体多元化结构使得投资选择更趋于市场化效益的推动，而房地产仍然是当前众多产业中效益最高的。可见，三、四季度和全年房地产投资大幅度上升或下降的可能性不大。

（二）四季度房地产价格上涨幅度仍将继续回落

针对当前我国宏观经济形势和国际经济变化特点，综合各种因素我们认为，2005年四季度我国房地产价格上涨幅度仍将继续回落，价格下降的城市也将会继续扩大。其一，从2005年1~9月份房地产价格变化的轨迹来看，一季度我国房地产价格上涨幅度为12.5%，二季度为10.1%，三季度为8.8%，呈现逐季平稳回落的态势，四季度仍将会沿着这一变化轨迹继续平稳回落。其二，尽管三季度房地产价格上涨幅度降到了8.8%，但仅仅是价格增长幅度降低和回落，价格依然在上涨，这并没有达到国家抑制房价过快增长的真正目的。国家稳定房价的目的，就是要使房地产价格回归价值，当前的价格仍然在高位上。我们认为只有房地产价格上涨的幅度控制在5%以下，才可能扭转并使我国房地产市场价格趋向正常方向变动，而目前还远未达到这一要求。其三，国家宏观调控政策尤其是针对房地产而制定的抑制价格上涨的各项政策效应刚刚发挥作用，二季度政策尚在实行过程中。地方政府的非主动性和对投资萎缩的担忧，使二季度的房地产价格上涨幅度回落大打折扣。到三季度，房地产价格上涨幅度进一步回落，并出现了个别城市房价的绝对下降，但与2003年以来价格上涨的绝对值相比，仍然还有下降的潜力和空间，预计价格下降的城市将会在四季度继续增加。

（三）调整和完善房地产预售制度和住房贷款制度

众所周知，我国房地产预售制度和住房贷款制度是在当时经济增长乏力、有效需求不足、缺乏投资拉动的情况下，国家为了刺激消费而实行的政策，但在当前社会投资不断增大，消费增长不断扩大甚至可能出现投资过快、过热引起泡沫经济产生的情况下，仍然实行这种双超前的政策，显然已经不合适了。因此，建议对房地产预售制度和住房贷款制度进行调整和完善，使之能够适应当前经济发展的实际。

（四）继续加大宏观调控政策的执行力度

三季度房地产价格增幅明显回落，充分说明当前各项房地产政策对抑制价格上涨过快起到了明显效果，建议继续加大执行力度，尤其是在房地产开发经营管理和土地管理两个方面。继续加大对房地产开发中营业税征收的检查力度，并制定和建立起完善的房地产开发和房地产交易制度。

（五）加快和扩大经济适用房的建设规模，改革和完善经济适用房制度刻不容缓

事实证明，经济适用房在解决城市低收入阶层住房中发挥了重要作用，而且对于平抑房地产价格上涨起到了不可替代的作用。但经济适用房制度在执行过程中存在着严重的问题。对于经济适用房的定位、开发、管理和销售等必须进行改革，否则这项本来造福于老百姓的制度就会造成新的经济关系扭曲和新的社会矛盾。因此，建议国家和地方政府针对目前存在的问题和矛盾，制定合理、规范、高效的经济适用房制度体系。

第八部分　石油供求形势分析

一、前三季度石油供求基本情况

2005 年前三季度，在国家宏观调控政策的引导下，石油石化行业产销两旺，价格高企，效益提高，全行业主要经济指标保持增长势头，增幅高于全国工业企业平均水平。

（一）国内石油生产形势比较好，原油产量稳定增长，天然气生产快速发展

今年以来，由于西部和海上一批新油气田相继投入开发，特别是西气东输管线投入全面运营，我国石油、天然气生产持续增长。1～9 月份，累计生产原油 13565 万吨，比去年同期增加 547 万吨，同比增长 4.2%，为 2000 年以来增幅最高的一个年份；累计生产天然气 358 亿立方米，比去年同期增加 60 亿立方米，同比增长 20.1%，继续保持快速发展的势头。

（二）原油加工量增幅有所回落，成品油生产增幅放缓，石化产品生产增长较快

今年以来，由于国际油价持续上涨，国内来料加工业务受到一定程度的影响，原油加工量增幅有所回落。1～9 月份，全国石油石化行业累计加工原油 21301 万吨，比去年同期增加 1449 万吨，增幅同比回落 7.3%；累计生产汽油 4004 万吨，同比增长 3.9%；生产柴油 8202 万吨，同比增长 9.6%；生产煤油 771 万吨，同比增长 9.5%；生产润滑油 396 万吨，同比增长4.5%。重点跟踪的64种石化产品中，产量与去年同期相比增长的有61种，占95.3%，增幅在10%以上的有39种，占61%，其中化肥产量增长10.9%，农药产量增长15.1%，乙烯产量增长19.7%，纯碱、烧碱产量分别增长13.2%和21.4%。

（三）原油进口增加，成品油进口减少，出口增加，石油表观消费量增幅回落

今年以来，由于国际油价持续上涨，国内石油进出口贸易受到一定程度的影响。1～9月份，全国石油石化行业累计进口原油9423万吨，比去年同期增长4.3%，进口成品油2326万吨，比去年同期下降16.3%，出口成品油1155万吨，比去年同期增长38.3%。其中，汽油进口同比下降57.6%，出口增长21.8%；柴油进口同比下降82.2%，出口增长139.3%；煤油进口同比下降3.3%，出口增长33.9%；燃料油进口同比下降13%，出口增加35.2%。综合生产和进出口，1～9月份，国内石油表观消费量为23613万吨，增幅比去年同期回落18.9%。

（四）石油石化行业主要经济指标保持增长势头，增幅高于全国工业企业平均水平

1～9月份，全国石油石化行业规模以上企业累计实现工业增加值6355亿元，比去年同期增长32%；实现产品销售收入23481亿元，同比增长36%；实现利润总额2755亿元，同比增长37%；实现利税总额4037亿元，同比增长32%，高于全国工业企业平均水平。其中，中国石油天然气集团公司实现工业增加值2426亿元，同比增长26%，实现产品销售收入4895亿元，同比增长30%，实现利润总额1162亿元，同比增长34%，实现利税总额1724亿元，同比增长32%。中国石油化工集团公司实现工业增加值1069亿元，同比增长14%，实现产品销售收入5993亿元，同比增长30%，实现利润总额386亿元，同比增长8.7%，实现利税总额785亿元，同比增长7.6%。中国海洋石油总公司实现工业增加值325亿元，同比增长56%，实现产品销售收入612亿元，同比增长19%，实现利润总额281亿元，同比增长48%，实现利税总额309亿元，同比增长47%。

总的来看，1～9月份，全国石油石化行业总体形势比较好，受国际油价持续高位运行的影响，国内成品油供应量增幅虽然有所回落，但也保持了一定程度的增长，实际供应量略高于表观消费量，保证了全国石油供求的基本平衡。但国际油价对石油进出口贸易影响比较大，造成成品油进口减少，出口增加，库存量下降，使南方沿海局部地区出现了短时间的油品供应趋紧。国家迅速采取有效措施，两大集团公司通力配合，很快就使市场供应基本恢复了正常，但还是给经济运行和社会生活带来了一定的负面影响。

二、影响石油供求的主要因素分析

（一）主导原因：国际油价一路飙升，连创新高

进入 2005 年，国际油价一路飙升，连创新高，呈现涨幅大、变动频繁、持续时间长、不确定因素多的明显特点。1 月份，纽约西得克萨斯和伦敦布伦特原油价格分别比 2004 年年底上涨了 3.69 美元和 4.91 美元，达到每桶 46.84 美元和 44.51 美元。进入 3 月初，又分别上涨至每桶 53.05 美元和 51.72 美元。此后一路上扬，到 8 月下旬，纽约西得克萨斯原油价格突破每桶 69.94 美元，并一度越过了每桶 70 美元关口，伦敦布伦特原油则紧随其后，突破了每桶 67.72 美元，均创历史最高水平。国际油价持续大幅上涨，使国内进口石油外汇支出增加，国家和企业负担加重，石油加工企业运营成本提高，并推动国内成品油价格相应上涨，对用油企业和相关行业带来了一定程度的影响。

根据国际油价变化情况，今年以来，国家先后对国内成品油价格进行了六次调整（其中包括 1 次降价），使调价以后的汽油、柴油、航空煤油出厂价格分别达到了每吨 650 元、550 元和 1030 元，与去年同期相比分别上涨了 17.3%、16.5% 和 27.7%。聚丙烯、纯碱市场平均价格分别上涨了 25% 和 34%。石油石化产品从二季度开始，取代钢铁产品成为推动国内工业生产资料价格水平上涨的主要因素。据统计，前三季度我国工业品出厂价格累计上升了 5.4%，居民消费价格总水平上升了 2%。

油价上涨不仅增加了航空、汽车、交通运输等用油企业的运营成本，而且影响到农业、原材料等行业企业的盈利预期。据全国 5000 家企业的调查显示，由于油价上涨带动原材料价格上涨心理预期的影响，全国企业库存量加大了 22%，库存量加大占用流动资产的比重已接近 30%。进入二季度，由于国际油价连创新高，加上台风等自然灾害突发因素的影响，一度造成市场恐慌心理，广东等沿海地区出现了有史以来最为严重的"油荒"。国家发改委和商务部紧急应对，两大集团公司通力配合，迅速平抑了"油荒"，但还是给经济运行和社会生活带来了一定的负面影响。

（二）根本原因：国内石油消费居高不下，快速增长

近十年来，我国石油消费一直居高不下，呈现快速增长的势头，年均增长率达到了7%以上。到2003年，我国已超过日本成为世界第二石油消费大国。2004年，国内石油表观消费量为3.05亿吨，增幅跨越式地提高了19.1%。而与此同时，我国石油生产却面临老油田自然递减加快、开采成本上升、后备储量接替困难的问题。石油生产增长远远赶不上石油消费增长，导致石油进口大量增加，对外依存度不断提高，2004年已达42%以上。今年1~9月份，国内生产原油13565万吨，净进口原油8877万吨，净进口成品油1172万吨，石油表观消费量为23613万吨，仍处于较高水平。石油进口量的大幅增长，不仅对我国贸易平衡和经济发展造成了一定压力，而且增加了石油供求调控管理的难度。

在国内原油进口大幅增加的同时，我国炼油加工能力总体规模偏小，工艺技术水平较低，特别是规模化、集约化程度高的大型特大型炼油装置能力明显不足，使国家在应对急剧变化的国内外石油供求关系时显得力不从心。

（三）直接原因：油价形成机制不合理，比价倒挂

此轮国际油价上涨开始于2002年，已经持续了一段时间。考虑到国际油价上涨的影响，进入2005年，国家改变了原有的国内成品油价格与国际市场的接轨方式，转变为根据国际油价、经济形势和社会承受能力等综合因素，适当调整国内油价，这对经济平稳运行和石油供求平衡产生了很好的作用。但由于国际油价上涨过快，国内油价虽然综合考虑各方面因素进行了适当调整，但一般都要滞后一个月，从而造成石油进口买涨不买落和"批零倒挂"的不合理现象。它导致炼油加工企业高价买进原油，加工后低价卖出，加工越多，亏损越多，由盈转亏，陷入全行业亏损的困境。以9月份为例，大庆原油和成品油价格每吨倒挂300元，加工汽、柴油卖出后每吨亏损1400元。前三季度，石油石化行业累计亏损额达349亿元，比去年同期增长324%，生产积极性受到了一定程度的影响。

从国内产销情况来看，两大集团公司所属炼油、销售企业产销比较正常，产销量分别比去年同期增长了8.9%和3.9%，对国内石油终端市场的基本稳定起了应有的保障支撑作用。地方炼油、销售企业从自身效益出发，多数选择了减产或停产，炼油一次装置开工率不到50%，产销量降低了18.72%。与此同时，国内外贸企业由于受国际油价大幅上涨的影响，减少了成品油进口，使国内成品油投放量比上年同期减少了4.7%。加之

港澳地区的车辆、国际航班和远洋货轮纷纷选择到中国内地加油，也在一定程度上加剧了国内成品油供求矛盾。国际油价上涨以后，香港地区的油品价格比内地高出 2.5～3 倍。广东油品走私以前是流入内地，现在是流向境外，平均每天走私出境约 1200 吨。综合各方面因素，实际进入国内市场的成品油资源还要少，致使石油库存量连续几个月呈下降趋势，油品资源趋紧，市场调控乏力，供求关系脆弱。台风等自然灾害突发因素一旦出现，便直接引发了局部性的石油供求紧张。

三、今后的石油价格和供求走势分析

综合各方面情况分析，我们认为，四季度国内石油供求总体上仍将保持基本平衡的态势，其理由为以下几方面。

第一，目前的国际油价水平已经远远背离了价值。据测算，综合考虑石油开采成本、运费、技术进步、能效等各方面因素，石油供求双方可接受的国际均衡油价水平应该在每桶 35～40 美元之间。目前的国际高油价已经持续了很长一段时间，对世界经济的抑制作用已经开始显现，世界石油消费已经开始下降。进入 9 月份以来，由于各国政府和石油组织一致行动，采取措施，国际油价水平已经开始回落，目前大体徘徊在每桶 60 美元上下。进入四季度后两个月，各方面采取措施，抑制高油价的成效将会显现出来，"卡特里娜"飓风那样的自然灾害因素将会减少。油价投机泡沫风险将明显增大，对投机资本炒作油价产生明显的抑制作用。预计国际油价继续向上攀升，再创新高的可能性不是很大，国际油价总体上将是一个逐步回落的趋势。如果不发生大的政治事件和自然灾害，明年国际油价很可能回落到每桶 50～55 美元。2007 年，预计国际油价平均水平很可能维持在每桶 40～50 美元之间，再低的可能性也不会很大。国际油价回落将对我国石油供求产生利好影响。

第二，国际油价上涨虽然对国内石油供求带来了一定影响，但影响毕竟有限。这是因为，国内油价上涨幅度和价格水平明显低于国际油价，而且油价上涨的压力主要被两大集团公司下属炼油加工企业承担消化了。市场零售价格虽然有所上涨，但仍然保持在社会可承受的范围之内，对经济运行和社会生活的影响并不是很大。另外，从整个国内石油供应情况来看，北方和南方大部分省区市场供应稳定，没有出现过断档脱销现象。南方沿海局部地区由于受油价上涨、进口减少、出口增加、油品走私、北油南运调拨困难和台风自然灾害等多种因素的影响，出现了短时间的供应紧

张。针对出现的问题，国家五部委已联合下发通知，后四个月原则上不再批准新的原油加工贸易合同，已批准并在海关备案的原油加工贸易合同，汽油、柴油产品全部留在国内销售，不再出口。财政部、国家税务总局也同时发布了年底前暂停车用汽油、航空煤油和石油出口退税的规定。成品油出口被紧急叫停，将有效增加国内市场投放量，化解秋冬季成品油供求矛盾。与此同时，两大集团公司将充分发挥市场主渠道作用，通过提高生产，增加进口，合理调配，千方百计扩大市场供应量，确保国内石油供应。目前，国际油价已经开始回落，如果不出现大的意外，预计四季度国内成品油供应将比较充足，实现全年石油供求基本平衡将不会有大的问题。

四、几点政策建议

（一）切实厉行节约，降低能源消耗，尽可能地增加油气的有效供给

多年来，厉行节约一直作为我国政府和企业的一项长期任务，列入规划计划和工作目标，但能耗高、利用率低的状况仍比较严重，节能的社会潜力巨大。面对国际油价对我国经济运行和社会生活产生的冲击，石油消费居高不下、增长过快的势头必须得到有效遏制，否则我们将为此付出更大的代价。要结合"十一五"规划的制定和贯彻落实，坚持科学发展观，把节能特别是节油，放到更加突出的位置上来，把过高的石油消费切实降下来。与此同时，石油石化行业要尽可能增加石油、天然气及其产品的有效供给，特别要加快走出去的步伐，采取各种有效方式，力争获取更多的海外油气资源，以改变过多依赖石油贸易进口的局面。

（二）建立科学的石油供求预测和油价预警系统，加快石油资源战略储备

石油市场价格和供求关系预测不准确、不及时，已经困扰石油石化企业多年。尤其是近年来，随着石油对外依存度的不断扩大，这一问题已经变得越来越重要。应当集中各方面力量，采取切实有效的措施，尽快加以解决，使我们在面对国内外石油风云变幻时能够迅速采取有效措施，从容应对，有更多的回旋余地。总结今年以来石油供求调控管理的经验教训，尚未建立起可动用的石油战略储备可以说是我们的切肤之痛，如果我们手中拥有一定数量的石油战略储备，许多矛盾都可以迅速得到化解。石油资源战略储备已经提上了政府的工作日程，要根据国内外市场变化，精心运作，加快建设，尽快完善，争取早日发挥作用。

（三）加快国内石油价格形成机制改革，建立健全与国际接轨的石油市场体系

石油价格改革已经进行多年，但总的来看，步伐还是比较慢，使我们在面对急剧变化的石油市场形势时往往受旧价格机制的牵制和拖累，显得力不从心。应当看到，政府根据国内外市场变化，对油价进行适度干预，可以在一定程度上缓冲供求矛盾，减少油价冲击对经济运行的负面影响，保持社会经济稳定，对此各方面都没有异议。但油价调控过多地依赖行政手段，既不符合市场经济规律，也不利于规范市场行为。错误的价格信号，还会造成市场混乱，不利于市场的稳定。另外，长期压低国内油价水平，实行低油价政策，也不利于抑制国内石油消费需求的快速增长。目前的国内油价形成机制已经对经济运行和石油石化行业的健康发展产生了不可忽视的影响，并且或多或少地已经触及到了成本推动型通货膨胀这根敏感的神经。只有加快油价改革步伐，才能使问题从根本上得到解决。我国政府已经承诺，将于 2006 年年底全面放开成品油市场，届时外资将全面进入中国成品油市场。加快国内油价形成机制改革，建立健全与国际接轨的石油市场体系，可以说已经迫在眉睫了。

（四）结合石油价格形成机制改革，加快考虑筹划我国的石油期货市场建设

多年来，出于政治、经济等诸多因素的考虑，中东产油国家对出口到不同地区的相同原油一直采用不同的计价公式，造成亚洲地区油价比欧美国家高出一块，即所谓的"亚洲溢价"。2003 年，我国从中东产油国家进口原油 2847 万吨，与欧美国家相比，每桶多支付 2.56 美元。随着我国原油进口的逐年增长，"亚洲溢价"因素将不能不有所考虑。另外，我国石油进口贸易主要采取现货交易方式，期货品种很少，我国虽然已成为世界第二大石油消费国和重要的石油进口国，但在国际石油价格体系中却缺乏应有的话语权。这使我国石油贸易商、生产商和消费者都承担了更大的市场和价格风险，这是很不合理的。解决问题的途径，就是筹划我国的石油期货市场建设。1993 年，我国曾经有过成功运行石油期货系列品种的经验。去年上市的燃料油期货，经过一年来的运行，表现平稳，市场功能已经开始显现。可以在总结经验的基础上，加快这方面的运作步伐，并且要和加快油价机制改革、建立健全石油市场体系一道进行筹划考虑。

第九部分　宏观管理与政策要点

第三季度宏观经济值得关注的几件大事

总的说来，今年第三季度是宏观经济运行比较理想的，政策稳定，运行平稳，发展态势良好。但以下几个方面需要引起重视。

1. 农民增收困难加大

粮价稳定的基础脆弱，粮食及其农产品价格出现小幅持续下降，农资价格涨幅仍然较高，支撑农民增收的困难增加。

2. 人民币汇率升值

人民币汇率形成机制改革问题一直是国内外近年来关注的热点话题。经过综合权衡和认真准备，中国人民银行 21 日宣布，经国务院批准，自 2005 年 7 月 21 日起，我国开始实行以市场供求为基础、参考一篮子货币进行调节、有管理的浮动汇率制度。完善人民币汇率形成机制改革，是建立和完善社会主义市场经济体制、充分发挥市场在资源配置中的基础性作用的内在要求，也是深化经济金融体制改革、健全宏观调控体系的重要内容，符合建立以市场为基础的有管理的浮动汇率制度、完善人民币汇率形成机制、保持人民币汇率在合理均衡水平上基本稳定的要求，符合我国的长远利益和根本利益，有利于贯彻落实科学发展观，对于促进经济社会全面、协调和可持续发展具有重要意义。中国的这一举动立即得到各国的普遍肯定。值得注意的是，目前对人民币再升值的预期仍然较强。

3. 进出口贸易不平衡矛盾加剧，贸易顺差大幅增加

出现这种情况的原因较多，有入世后对我国的限制取消、我国产品竞争力较强和预期人民币升值等原因。但总的来说，顺差激增引起了越来越多国家的不安，这不利于我国对外贸易及宏观经济的平稳持续发展。不仅欧美发达国家，就是一些发展中国家针对我国的贸易摩擦也逐渐增多，这就是最好的反映。

4. 某些行业生产能力过剩现象值得重视

前些年一些行业盲目扩张投资从而导致生产能力过剩的问题在三季度开始日益显现。钢铁、铝材、水泥等行业都出现了产能过剩、库存积压、价格下降的现象。连今年一直紧俏的煤炭行业也出现了价格下跌的情况。

尽管如此，冶金、有色行业仍在大量投资扩张，某些行业生产能力过剩所带来的诸多问题还将进一步显现，并有可能对整个宏观经济产生负面影响。

5. 个人所得税改革方案引起广泛关注

7 月 26 日国务院总理温家宝主持召开国务院常务会议，讨论并原则通过了《中华人民共和国个人所得税法修正案（草案）》。会议认为，个人所得税法施行以来，对加强个人所得税征收管理，调节收入分配，发挥了重要作用。但随着中国经济的不断发展和人民生活水平的不断提高，个人所得税法的有些规定已不适应新形势的要求，有必要进行修改。会议决定，《中华人民共和国个人所得税法修正案（草案）》已经于 10 月 27 日十届全国人大常委会第十八次会议高票表决通过，修改后的个人所得税法自 2006 年 1 月 1 日起施行。此次个人所得税法，在两处进行了修改。其中第 6 条第 1 款第 1 项修改为："工资、薪金所得，以每个月收入额减除费用 1600 元后的余额，为应纳税所得额。"同时，对"个人所得税税率表一"的附注作相应修改。这即意味着个人所得税的起征点正式由现行的 800 元提高至 1600 元。这次调整引起广泛关注的原因有二：一是事关每位中低收入的公民。二是草案的通过引起了广泛的讨论和争论，有关方面还举行了听证会。有媒体评论这是决策当局增强透明性、实行民主决策的举动，影响深远。

6. 国际油价持续攀升

进入三季度国际油价持续攀升，在 65 美元/桶左右高位徘徊。国际油价的持续攀升，远远超过了我国的市场价格，导致广东等部分地区出现了国内成品油走私出境的"倒走私"现象，致使部分地区发生了成品油短缺的现象，引发了不小的恐慌，也引发了是否要放开油价及高油价对我国宏观经济影响的广泛讨论。

附录　世界经济形势

2005 年前三个季度，世界经济在保持增长的同时，开始面临更多的不确定性。石油价格持续上升加剧通货膨胀隐忧，美国经济遭受飓风打击，扩张势头减缓，欧洲经济增长缓慢，日本经济增长速度略有上升，通货紧缩状况改善，石油价格上升的后续效应开始波及新兴市场经济。

一、美国经济

（一）美国实体经济表现及其结构变化

2005 年一季度至二季度，美国实际 GDP 增长率分别为 3.8% 和 3.3%，为连续 9 个季度超过 3%，表明美国经济仍然处于强劲增长期。但是，二季度 GDP 增长率与 2004 年第四季度持平，为过去两年来的最低水平，是否预示着美国经济开始出现增长减慢趋势有待进一步观察。

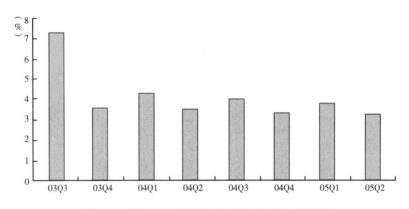

图 3-9　最近以来美国实际 GDP 季度变化情况

从美国 GDP 各构成要素的表现看，近期美国经济结构表现出如下特征。

1. 居民消费继续主导美国经济增长，私人库存则成为 GDP 减速的首要因素

二季度美国实际 GDP 增长的主要贡献因素包括个人消费开支、出口和居民固定投资以及政府开支。其中，实际个人消费开支比上年增长 3.4%，在 GDP 二季度 3.3% 的增长率中，占 2.35%，超过 70%。二季度 GDP 增长的第二大贡献要素是净出口，二季度美国出口增长 10.7%，为过去 5 个季度的最高水平，进口减少 0.2%，出口和进口累计导致 GDP 增长 1.11%。政府开支增长 2.5%，对 GDP 的贡献率为 0.47%，为最近两年的最好水平。投资对 GDP 的贡献率为负值，但从其具体构成看，居民和非居民固定资产投资分别为 GDP 增长贡献了 0.9% 和 0.62%，二者累计为 1.51%，但不足以弥补私人库存变动对 GDP 形成的向下拉力。二季度私人库存下降 17 亿美元，大大低于上个季度增加 582 亿美元的规模，故其对 GDP 的贡献率是 -2.14%，为过去四年的最低水平（见表 3-15）。

表 3 – 15　美国实际 GDP 构成贡献率

单位：%

	05Q2	05Q1	04Q4	04Q3	04Q2	04Q1	03Q4	03Q3	03Q2	03Q1
GDP 年率	3.3	3.8	3.8	4.0	3.3	4.5	4.2	7.4	4.1	1.9
个人消费开支	2.35	2.52	2.92	3.57	1.1	2.9	2.5	3.58	2.72	1.84
私人国内投资	-0.63	1.79	2.11	0.40	2.85	1.86	2.04	3.16	0.54	-0.10
净出口	1.11	-0.58	-1.35	-0.10	-1.06	-0.76	-0.66	0.64	-0.50	0.14
政府开支	0.47	0.03	0.16	0.13	0.41	0.48	0.31	0.03	1.35	0.05

2. 对外贸易状况逐步改善

去年以来美元对西方主要货币尤其是欧元的贬值产生了一定的出口刺激效应，美国出口增长幅度逐渐加大，实际出口的月度同比增长率由 3 月的 3.3% 上升至 8 月的 10.5%，进口则因美国制造业活动的减缓及商业库存的下降而放慢增长步伐。但是，受长期积累的进出口失衡的影响，至 2005 年 8 月底，美国贸易逆差为 590290 亿美元。

3. 通货膨胀压力抬头

今年下半年以来，国际市场石油价格多次攀上新的高点，导致美国国内石油价格持续升高。2005 年 9 月，美国国内石油价格上升了 17.9%，天然气和电力价格上升了 4.6%。其直接结果是美国消费物价指数快速上升，7 月份到 9 月份消费者价格分别比上月上升 0.5%、0.5% 和 1.2%，比去年同期则分别上升 3.1%、3.6% 和 4.7%，9 月份为 1991 年以来的最高增速。但是，核心消费物价则仍然控制在年率 2% 左右。显然，石油价格上升是导致美国通货膨胀压力明显加大的主要因素。

4. 利率仍处上升区间

2005 年 7 ~ 9 月份，美国联邦储备委员会先后两次宣布提高联邦基金利率和贴现率。9 月 20 日美联储宣布升息 25 个基点，联邦基金利率上升到 3.75%，同时，贴现率调高 25 个基点至 4.75%。这是美国联邦储备委员会连续第 11 次提高联邦基金利率和贴现率。从美联储公布的公开市场委员会的声明看，该委员会对能源价格及由此导致的通货膨胀忧虑有所加深，但仍然认为长期通货膨胀预期保持在可以控制的范围内，并声明将继续"以慎重有序的步伐放弃宽松的货币政策"。

5. 劳动力市场改善趋势得以保持，但失业率出现反复

自今年年初以来，美国经济增长开始在劳动力市场产生积极效果，改变了长期以来的"无就业复苏"现象，失业率从 2005 年 2 月的 5.4% 下降到今年 8 月的 4.9%。美国公布 9 月非农业就业人数减少 3.5 万人，减少幅度低于分析师预估。劳工部还将 7 月和 8 月增加的就业人数总共上调了 7.7 万。美国劳工部表示，"卡特里娜"飓风扭曲了就业数据，如果不是受到飓风的影响，9 月就业人数增幅应能达到去年的月均水平 19.4 万。

（二）美国经济增长的不确定性及其前景

当前美国经济增长面临如下不确定性。

1. 国际市场石油价格波动及对美国国内通货膨胀的影响

根据我们原来的估计，国际市场石油价格持续居高不下对美国经济的影响主要表现在消费支出领域和美国公司利润、就业、资本支出等领域，并在一定程度上影响美国实际通货膨胀水平及未来通货膨胀预期。从目前情况看，石油价格对物价的影响比较显著，加大了美国通货膨胀压力，迫使美国联邦储备委员会继续保持紧缩性货币政策。

2. 美国经济抵御如"卡特里娜"飓风等外部冲击并恢复增长动力的能力

"卡特里娜"飓风对美国经济的影响正在逐渐显现，在劳动力市场表现最为显著，对实体经济的影响可能在三季度数字上有所显现。

在上述因素的影响下，美国经济出现放缓迹象。2005 年 9 月，消费者信心指数下降到 86.6，比上月下降 19 点，为过去 15 年最大降幅。同时，美国会议委员会领先经济指标下降到 -0.1% 和 -0.2%，表明美国经济正在放缓，并预示着未来经济向下的风险加大。相应地，美国经济在未来 6 个月进入衰退的概率由 2005 年 8 月的 19.4% 上升到 2005 年 9 月的 24.6%。

3. 美国经济还面临通货膨胀的威胁

美国 ECRI 未来通胀指数 7 月到 9 月分别为 119.1、120.7 和 122.7，年率分别为 2.1%、2.3% 和 4.5%，其中 9 月数值为过去五年来的最高水准，表明未来通货膨胀压力日趋显著。

总之，未来一个时期，美国经济可能出现增长放缓、通货膨胀压力加剧的局面。

二、欧元区经济

2005 年一季度至二季度，欧元区 GDP 增长率分别为 1.3% 和 1.1%，欧盟二十五国的 GDP 增长率 1.5% 和 1.3%，均低于 2004 年四季度的 1.6% 和 1.9%。

在欧元区二季度 1.1% 的 GDP 增长中，0.7% 来自居民消费开支，0.2% 来自政府最终开支，0.2% 来自固定资本形成，0.5% 为库存变化构成。上述各因素汇总形成的区内需求对欧元区经济增长的贡献率为 1.6%，为欧元区经济增长的主要驱动因素，而净出口对 GDP 的贡献率为 -0.5%。显然，欧元区经济增长具有明显的内部驱动特征。

三季度以来，欧元区经济景气指数开始改善，8 月经济景气指数升至 97.6，此前两个月分别为 97.3 和 96.3。

欧元区的工业生产保持增长，7 月工业生产比上月增长 0.1%，8 月比上月增长 0.8%，比去年同期则增长 2.6%。工业生产连续第三个月上升，表明欧元区的制造业开始改善。在欧元汇率攀升的影响下，欧元区进口增长幅度超过出口增长，对外贸易出现逆转。2005 年 8 月，欧元区经过季节调整的出口增长率为 3.4%，进口增长率为 5.1%，外贸逆差为 26 亿欧元，去年同期顺差为 25 亿欧元。

随着欧元区消费和工业生产上升，劳动力市场开始恢复。据欧盟统计局公布，欧元区经过季节调整的失业率 7 月份降至 8.5%。这是 2003 年 2 月以来的最低水平，8 月份则为 8.6%，去年同期为 8.9%。

由于国际市场石油价格攀升，欧元区通货膨胀压力再度显现。欧元区以可调和物价指数（HICPS）表示的通货膨胀率由 7 月份和 8 月份的 2.2%，上升到 9 月份的 2.6%。同期，欧盟 25 国的可调和物价指数则分别较去年同期增长 2.1%、2.2% 和 2.5%，均高于欧洲央行（ECB）2.0% 的目标水准。欧元区未来通胀指标（ECRI）8 月份升至 102.1，7 月份修正后为 101.6，该指标到今年 8 月份为连续 4 个月直线上升，表明未来数月欧元区通胀率继续上升的可能性明显加大。

从经济数据看，欧元区经济总体增长缓慢，经济活动改善程度有限。欧盟执委会把今年对欧元区经济增长率的预估值调降至 1.2%，远低于去年的 2%。

三、日本经济

2005 年一季度至二季度，日本实际 GDP 分别较上一季度增长 1.4% 和 0.8%，折合年增长率则分别为 0.3% 和 1.2%，为连续三个季度扩张。

从日本经济的构成看，在二季度 0.8% 的实际 GDP 增长中，0.6% 来自国内需求，其中 0.7% 为私人部门需求，-0.1% 为政府开支，净出口对 GDP 的贡献为 0.2%。显然，来自私人部门的国内需求是日本 GDP 出现增长的主要原因。

2005 年 7~8 月份，日本个人消费支出分别比上年同期下降 3.6% 和 1.7%。零售销售则分别较去年同期增加 0.6% 和 1.6%。7 月工业生产修正值为较上月下降 1.2%（初值为下降 1.1%）。8 月工业生产较上月增长 1.2%。7 月产能利用率指数较上月下滑 1.6%。日本制造业 9 月景气判断指数升至正 20，8 月为正 16。2005 年 7~8 月份，日本经常项目顺差分别为 16498 亿日元和 12159 亿日元，分别为 GDP 的 3.2% 和 3.0%。贸易顺差分别为 10448 亿日元和 2330 亿日元。

随着经济增长逐步恢复，日本就业状况有所改善，2005 年 7~8 月份，日本失业率分别为 4.4% 和 4.3%。

日本央行公布的数据显示，受国际市场石油价格上扬的影响，日本通货紧缩局面得以遏制。2005 年 7~8 月份，消费物价指数均为 -0.3%，低于 6 月的 -0.5%，表明日本开始逐渐摆脱通货紧缩。

从日本经济前景看，日本经济复苏态势将进一步加强，8 月日本的领先指标初值升至 100.0，为过去四个月来第二次高于 50，并大大高于 7 月时的 45.5，进一步确认了日本经济持续复苏的趋势。日本央行 9 月大型制造业景气判断指数升至正 19，高于 6 月时的正 18，以及 3 月时的正 14。日本实体经济仍面临一系列的不确定性，其中国际市场石油价格波动及外部需求缩减将在一定程度上制约日本经济增长。

四、新兴市场经济

2005 年，国际市场石油价格和原材料价格持续上升加大亚洲国家的通货膨胀压力，并对其经济发展产生一系列不利影响，导致亚洲部分经济体增长速度减缓。

2005 年前两个季度，韩国 GDP 增长率分别为 2.69% 和 3.28%，低于 2004 年全年的 4.6%；泰国为 3.35% 和 4.42%，低于 2004 年全年的 6.1%；马来西亚为 5.82% 和 4.05%，低于 2004 年全年的 7.1%，菲律宾为 4.58% 和 4.82%，低于 2004 年全年的 6.1%。

此外，各国普遍出现通货膨胀攀升趋势。2005 年 7~8 月份，印度尼西亚的月度通货膨胀率分别为 0.46% 和 0.65%，菲律宾月度通货膨胀率分别为 0.79% 和 0.49%，泰国分别为 1.73% 和 0.38%，韩国分别为 0.51%

和 0.16% 。韩国国家统计局公布，9 月 CPI 较上年同期增长 2.7% ，增幅高于市场预期的 2.5% ，且为 6 月以来最大增幅，主要受油价劲扬推动。分析师预期，在韩元兑美元走疲情况下，韩国物价在未来几个月仍将持续上扬，使韩国央行升息的可能性大增。

五、国际经济环境变化对中国经济的影响

世界经济发展对中国经济的影响总体而言不容乐观，具体表现在以下几方面。

1. 国际市场石油价格变化可能冲击我国的国内经济发展

最近以来，石油价格上升成为全球经济增长中的主要风险。如果油价进一步上涨，将在全球范围内影响消费者信心，甚至可能引起累积效应，对世界经济产生更严重的打击。国际市场石油及其他商品价格的变化，将直接影响国内经济发展，从而引起潜在的通货膨胀风险及其他价格变动风险。

2. 人民币汇率相对水平的变化趋势将对国内经济产生潜在影响

自我国实现人民币汇率制度改革以来，在国际金融市场上，人民币持续面临升值压力。但是最近以来，美元汇率相对于西方主要货币汇率出现明显上升，其直接结果是人民币对其他货币的升值幅度持续加大。因此，我们需要关注并认真分析人民币对美元汇率及其他货币汇率的相对结构变化及其对中国经济的影响。

3. 国内外利差变化加大国内面临的利率风险

随着美国金融市场指标利率的持续上升，我国涉外企业借取外债的负担有所上升，利率风险加大。继 2004 年 6 月美国联邦储备委员会宣布将联邦基金利率从 46 年来的最低水平 1% 提高到 1.25% 后，美国联邦储备委员会已经连续 11 次调高联邦基金利率和贴现率。目前，联邦基金利率为 3.75% ，贴现率为 4.75% ，利率变化幅度非常显著。对于我国涉外企业来说，尤其是持有庞大美元资产的金融机构，与外币相关的利率风险不断加大。为此，我们必须保持足够的警惕，及时采取措施，有效地防范利率及其相关的市场风险。

4. 各国因经济及政治问题导致的国内贸易保护主义倾向加剧

可能使我国外贸出口企业面临更多的贸易摩擦和反倾销诉讼，从而影响我国外贸出口。此外，人民币对美元升值及对西方主要货币的汇率变化可能在一定程度上影响我国的国际收支均衡。

附图与附表

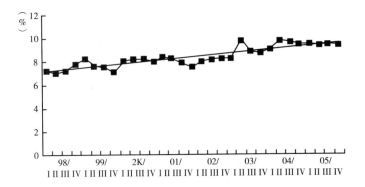

附图1　GDP 增长率

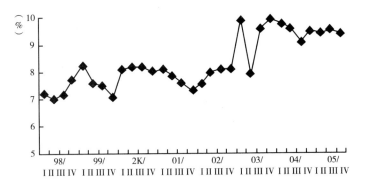

附图2　GDP 季度增长率估计值

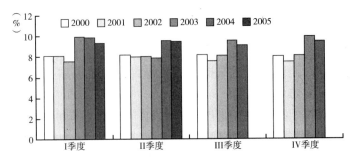

附图3　国内生产总值（GDP）季度增长率比较

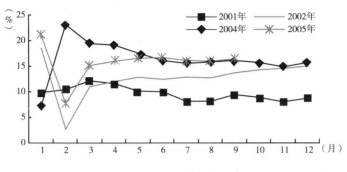

附图4　工业增加值增长率

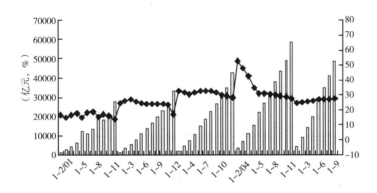

附图5　城镇固定资产投资及增长率

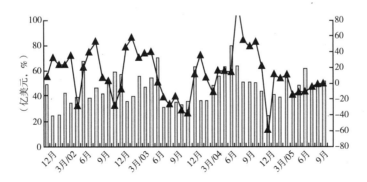

附图6　外商直接投资及其增长率

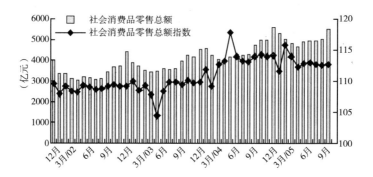

附图7　社会消费品零售总额及指数

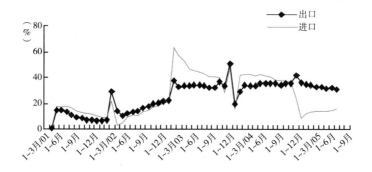

附图8　进出口累计增长率

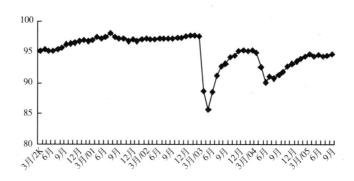

附图9　消费信心指数

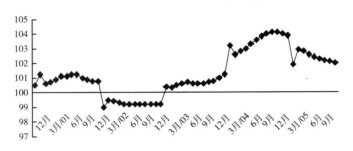

附图 10　全国居民消费价格总指数

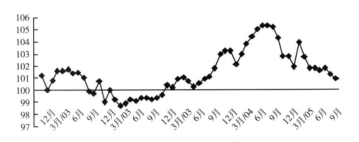

附图 11　全国居民消费价格总指数（当月）

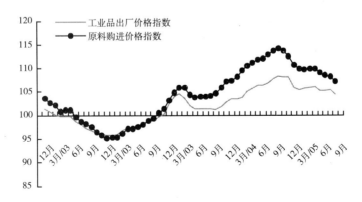

附图 12　投资品价格指数

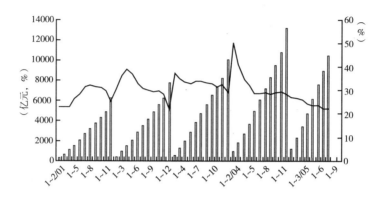

附图13 房地产投资及其增长率

表3-16 2005年Q3主要宏观经济指标增长情况

单位：%

项 目		2003年	2004年	2005年			
				1~9月	7月	8月	9月
经济增长	国内生产总值	9.1	9.5	9.4	na.	na.	na.
	第一产业	2.5	6.3	5.0	na.	na.	na.
	第二产业	12.5	11.1	11.1	na.	na.	na.
	第三产业	6.7	8.3	8.1	na.	na.	na.
工业	工业增加值	17.0	16.7	16.3	16.1	16.0	16.5
	其中：国有及控股企业	14.3	14.2	11.3	11.3	11.1	10.1
	集体企业	11.5	9.9	11.9	12.8	12.7	8.7
	股份制企业	18.3	16.5	17.9	18.0	17.3	17.8
	外商或港澳台投资企业	20.0	18.8	16.2	16.5	16.3	17.3
	工业产品销售率	98.06	98.08	97.86	98.65	98.26	98.31
	发电量	15.4	14.9	13.4	14.9	12.0	12.7
价格	消费价格（CPI）	1.2	3.9	2.0	1.8	1.3	0.9
	工业品出厂价格	2.3	6.1	5.4	5.2	5.3	4.5
投资	固定资产投资*	28.2	25.8	27.7	27.2	27.4	27.7
	其中：制造业	28.7	36.3	36.0	35.1	35.7	36.0
	房地产开发	29.7	29.1	22.2	23.5	22.3	22.2

续表

项　目		2003 年	2004 年	2005 年			
				1~9 月	7 月	8 月	9 月
消费	社会商品零售总额	9.1	13.3	13.0	12.7	12.5	12.7
	其中:城市	10.3	14.7	14.0	13.8	13.5	13.7
外贸	进出口总额	37.1	35.7	23.7	22.8	23.5	24.7
	出　口	34.6	35.4	31.3	32.0	32.2	25.9
	进　口	39.9	36.0	16.0	13.7	15.0	23.5
外资	FDI 合同金额	39.03	33.4	21.8	20.9	32.0	29.4
	FDI 实际使用额	1.44	13.3	-2.1	-4.9	-0.2	2.3
财政	财政收入	14.7	21.6	15.9*	18.6	23.4	
	财政支出	11.6	15.6	16.0*	15.7	22.1	
	财政结余(亿元)	-2916.0	-2090.4	4342.0*	728.3	-357.0	
金融	M_0	14.3	8.7	8.5	9.1	9.4	8.5
	M_1	18.7	13.6	11.6	11.0	11.5	11.6
	M_2	19.6	14.6	17.9	16.3	17.3	17.9
	金融机构贷款增长率	21.4	14.4	13.5	13.0	13.2	13.5
	金融机构存款增长率	20.2	15.3	18.0	16.8	17.5	18.0
	企业存款	20.8	17.0		17.2	18.7	
	居民储蓄存款	19.2	15.4		17.0	17.4	

　*：财政数是 1~5 月计算数。

　固定资产投资，月度值为累计数。金融当月值为累计数。

第四章 2005 年第四季度

第一部分 国民经济运行情况

2005 年，国民经济呈现增长较快、效益较好、价格平稳、活力增强的良好发展态势。展望 2006 年，尽管存在着不少影响进一步增长的不确定因素，但这种良好势头将可延续。

一、经济保持持续较快增长，稳定性提高

从国家统计局发布的各项指标看，2005 年国民经济呈现增长快、效益好、低通胀良好发展态势，经济运行的稳定性有所提高，发展的协调性有所改善。初步核算，2005 年国内生产总值为 182321 亿元，按可比价格计算，比上年增长 9.9%，略低于上年 10.1% 的增长速度。其中，第一产业增加值 22718 亿元，增长 5.2%；第二产业增加值 86208 亿元，增长 11.4%；第三产业增加值 73395 亿元，增长 9.6%。

分季度看，四个季度的国内生产总值分别增长 9.9%、10.1%、9.8% 和 9.9%，比较平稳。从最近几年的发展态势来看，中国经济已经保持了连续三年 10% 左右的增长，经济增长率分别为 10.0%、10.1% 和 9.9%。总体上，它呈现出稳定增长的基本态势。

其中，三次产业增长的基本状况如下。

农业生产继续趋好，粮食再获丰收。全年粮食总产量达到 4840 亿公斤，比上年增产 146 亿公斤，增长 3.1%；棉花产量 570 万吨，比上年减产 9.8%；油料、糖料产量与上年基本持平。畜牧业克服"禽流感"带来的困难，继续保持增长，肉类产量比上年增长 6.3%。

工业生产保持平稳较快增长。全年工业增加值 76190 亿元，比上年增长 11.4%。其中，规模以上完成工业增加值 66425 亿元，增长 16.4%，增速比上年回落 0.3%（12 月份 6712 亿元，增长 16.5%）。在规模以上工业

增加值中，国有及国有控股企业增长 10.7%，重工业增长 17.0%，轻工业增长 15.2%。规模以上工业企业产销率达到 98.1%。全年规模以上工业企业实现利润 14362 亿元，增长 22.6%。

第三产业稳定增长。全年批发贸易餐饮业增加值比上年增长 11.4%，金融保险业增加值增长 9.8%，增速分别比上年加快 3.3 和 6.1%。运输邮电业增长率达 12.4%，其他服务业增长也逾 8%。

二、投资和消费需求较快增长，外贸顺差持续扩大

固定资产投资在结构调整中保持了较快增长。全年全社会固定资产投资达到 88604 亿元，比上年增长 25.7%，增幅比上年回落 0.9%。其中，城镇固定资产投资 75096 亿元，增长 27.2%（12 月份 11837 亿元，增长 24.2%）；农村增长 18.0%。行业投资结构有所改善。黑色金属冶炼及压延加工业投资增长 27.5%，非金属矿物制品业投资增长 26.6%，分别比上年回落 0.1% 和 15.1%。电力、燃气及水的生产供应业投资也在高位回落。房地产开发投资在宏观调控政策的影响下，增速逐步回落。从产业层面分析，第二产业投资继续引领整体投资的增长。在城镇固定资产投资中，增速逾 38% 以上，比一次产业、二次产业的增速要快 20% 以上。分地区看，东部地区投资增长 24%，中部地区和西部地区投资分别增长 32.7% 和 30.6%。

国内市场销售增长加快。全年社会消费品零售总额 67177 亿元，比上年增长 12.9%，扣除价格因素，实际增长 12.0%，实际增速比上年加快 1.8%（12 月份 6850 亿元，增长 12.5%）。其中，城市消费品零售总额增长 13.6%，县及县以下消费品零售总额增长 11.5%，批发零售贸易业零售额增长 12.6%，餐饮业零售额增长 17.7%。在限额以上批发零售贸易业零售额中，通信器材类比上年增长 19.9%，家用电器和音像器材类增长 14.8%，汽车类增长 16.6%，石油及其制品类增长 34.4%。

对外贸易继续快速增长，利用外资保持较高水平。全年进出口总额 14221 亿美元，比上年增长 23.2%。其中，出口 7620 亿美元，增长 28.4%；进口 6601 亿美元，增长 17.6%；进出口相抵，顺差达 1019 亿美元，比上年增加 699 亿美元。全年实际使用外商直接投资 603 亿美元，下降 0.5%。年末国家外汇储备 8189 亿美元，比年初增加 2089 亿美元。

三、宏观经济环境趋于相对稳定且有利

2005 年中国经济不但增长较快而且物价相对稳定。去年全国生产总

值增长 9.9%，虽略低于前年的 11.1%，但仍然十分强劲。难得的是在连年高增长及国际原材料（尤其能源）价格持续高企的大背景下，居民消费物价通胀不升反降，CPI 指数上升 1.8%，比前年回落 2.1%，特别是食品价格的涨幅更显著回落 7%，对保障民生及安定人心均十分有利。生产资料价格涨幅高位回落。原材料、燃料、动力购进价格比上年上涨 8.3%（12 月份上涨 5.0%），工业品出厂价格上涨 4.9%（12 月份上涨 3.2%）。固定资产投资价格上涨 1.6%，70 个大中城市房屋销售价格上涨 7.6%。

城乡居民收入继续保持较快增长。全年城镇居民人均可支配收入 10493 元，扣除价格因素，比上年实际增长 9.6%，增幅比上年提高 1.9%；农民人均纯收入 3255 元，实际增长 6.2%，回落 0.6%。年末居民储蓄存款余额 14.1 万亿元，比上年末增加 2.1 万亿元。年末城镇登记失业率为 4.2%，与上年底基本持平。

企业利润继续增加。规模以上工业实现利润比上年增长 22.6%，但增幅比上年有所回落（回落 15%）。从行业层面看，多数行业利润比上年有不同程度的增加。部分基础性投入品的价格上升幅度较大，致使相关下游行业的产品价格涨幅及利润空间受到挤压，企业的效益状况出现不同程度的分化。

全年金融运行平稳。货币供应量增长速度有所加快，2005 年 12 月末，广义货币供应量（M_2）余额为 29.88 万亿元，同比增长 17.57%，增幅比上年末高 2.94%；狭义货币供应量（M_1）余额为 10.73 万亿元，同比增长 11.78%，增幅比上年末低 1.8%；市场货币流通量（M_0）余额为 2.4 万亿元，同比增长 11.94%。全年累计净投放现金 2563 亿元，同比多投放 841 亿元。货币总量增长与经济增长和物价上涨相适应。金融机构各项存款快速增长。12 月末，金融机构本外币各项存款余额为 30.02 万亿元，同比增长 18.15%；金融机构人民币各项存款余额为 28.72 万亿元，同比增长 18.95%，其中居民户存款增加 2.21 万亿元。12 月末全部金融机构超额储备率 4.17%，比上月高 1.18%，比去年末低 1.07%。金融机构各项贷款平稳增长。12 月末，金融机构本外币各项贷款余额为 20.7 万亿元，同比增长 12.75%。金融机构人民币各项贷款余额 19.5 万亿元，同比增长 12.98%，增幅比上年末低 1.52%。全年人民币贷款增加 2.35 万亿元，同比多增 871 亿元，控制在年初预期调控目标范围内。银行间市场利率基本平稳。12 月份银行间市场同业拆借月加权平均利率 1.72%，比去年同期低

0.35%，质押式债券回购月加权平均利率 1.54%，比去年同期低 0.34%。国家外汇储备增加。截至 2005 年 12 月末，国家外汇储备余额为 8189 亿美元，同比增长 34.3%，增幅比上年下降 17%。全年外汇储备增加 2089 亿美元，同比多增加 22 亿美元。

四、经济结构调整取得较好成效

伴随着经济的快速发展，以及调控经济结构的宏观政策的有效推动，经济结构得到一定改善。首先，三大产业间的增长比较平均，尤其第一产业及第三产业都有良好表现，分别增长 5.2% 及 9.6%，三次产业的增幅差异趋小。其次，在工业中，规模以上企业产值增长较快，且远高于全部工业平均增长水平，显示生产有走向规模化、集约化的趋向，且利润增幅较高，效益有所提升。一批落后的煤炭、水泥、钢铁、炼焦、电解铝生产能力得以淘汰。再次，投资、消费及净出口等"三驾马车"的各自拉力分布也较平均。除投资维持较高增幅水平外，消费品零售额实际增长既比总产值增幅高，也比前些年有所加快。此外，人均收入的强劲增长，尤其城镇居民的收入增长还高于生产总值增长，对推动消费上扬、扩大内需均十分有利。从持续发展的角度看，更重要的还是投资导向结构的优化。在地区分布上，中西部投资增长高于东部；在产业分布上，短缺环节如煤炭、油气及铁路等的投资增长高扬，而一些过剩部门如水泥等的增幅则稍有回落，这对平衡各地区及各行业的发展将有帮助。

以上情况说明，2005 年，我国经济运行良好，呈现出稳定、协调发展的基本格局。

第二部分　经济增长趋势分析与预测

基于 2005 年国民经济运行情况和相关历史数据资料，现对 2006 年经济增长趋势及 2006 年第一季度经济增长进行预测。

一、国内外机构对 2006 年中国经济增长的预测

大国经济增长的预测是一项特别困难的工作，不同的研究小组得出的结论可能各不相同。为比较不同预测机构的结果，我们收集了 10 家知名机构对中国 2006 年全年经济预测结果。各机构对于 2006 年经济增长预测

存在一定的差异，但预测结果都不低于 8.2%，最乐观的预计是 9%①。
见表 4 - 1。

表 4 - 1　10 家机构对 2006 年中国经济增长预测比较表

单位：%

预测机构	GDP	工业增加值	固定资产投资	商品零售额	出　口	进　口	CPI
国务院发展研究中心①	9						
国家发改委②	8.5	15.5	20	12.5	15	17	
中国人民银行③	8.8						2
国家信息中心④	8.8	15.5	20	13	20	20	2.5
中国社会科学院⑤	8.9	10.2	17.4	10.6	12.6	16.2	2.1
中金公司⑥	9	10.2	22	10.6	25	22	2.2
国泰君安⑦	8.6		19	12.5			1.5
国际货币基金组织⑧	8.2						3.8
世界银行⑨	8.7				15.5	19.9	2
亚洲开发银行⑩	8.8	9.8			14.8	19.6	
平均值	8.7	12.2	19.7	11.8	17.2	19.1	2.4
标准差系数	2.8	24.4	8.5	9.7	26.5	11.2	30

资料来源：

①国务院发展研究中心《经济形势分析》课题组：《国务院发展研究中心预计 2006 年经济增速为 9%》，《经济日报》2005 年 11 月 23 日。

②国家发改委：《2005 年宏观经济形势分析及 2006 年展望》，《中国证券报》2005 年 10 月 11 日。

③中国人民银行：《价格监测分析报告》，2005 年 12 月 12 日。

④国家信息中心经济预测部：《2006 中国经济运行前景的三种可能》，《中国证券报》2005 年 11 月 11 日。

⑤中国社会科学院《中国经济形势分析与预测》课题组：《中国经济形势分析与预测（2005 秋季报告）》，http：//www.cfaspace.com。

⑥中金公司研究部哈继铭、范维维：《未来两年宏观经济没有通缩之忧》，http：//www.chinamoney.com.cn.2005 年 11 月 24 日。

⑦国泰君安：《2005 年四季度股市投资策略》，2005 年 10 月 10 日。

⑧国际货币基金组织：《世界经济展望》，2005 年 9 月 21 日。

⑨世界银行驻中国代表处：《中国经济季报》，2005 年 11 月。

⑩亚洲开发银行：《亚洲发展展望 2005 年更新版》，2005 年 9 月 8 日。

---

①　各家机构均运用我国经济普查前的数据进行预测。

从表 4-1 可知，上述 10 个机构 2006 年全年经济增长率预测区间为 8.2% ~9%，预测平均值为 8.7%，和 2005 年相比，2006 年经济增长将有一定程度的回落。在各项分指标预测中，全年工业增加值增长率预测区间为 9.8% ~15.5%，平均值为 12.2%；全年固定资产投资增长率预测区间为 19% ~22%，平均值为 19.7%；全年商品零售额增长率预测区间为 10.6% ~12.5%，平均值为 11.8%；全年出口增长率预测区间为 12.6% ~25%，平均值为 17.2%；全年进口增长率预测区间为 17% ~22%，平均值为 19.1%；全年 CPI 增长率预测区间为 1.5% ~3.8%，平均值为 2.4%。通过对各指标预测值进行标准差处理可以看出：经济增长率、国家资产投资和商品零售额增长率的标准差较小，说明各机构的认同率较高；标准差最大的为通货膨胀率，说明 2006 年通货膨胀影响的因素比较复杂，难以有一个相对收敛的预测区间。

上述预测结果差异的形成与各机构的预测方法与数据采集有重大关系，以上的预测结果都是采集经济普查前的数据进行分析，而此次我国经济普查数据进行了新的调整，GDP 总量和增长幅度都有提高，见图 4-1。

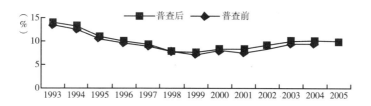

图 4-1　我国第一次经济普查 GDP 增长率对照表

根据经济普查数据，1993 ~2004 年，普查后的 GDP 增长率比普查前的 GDP 增长率提高了 0.5%。如果按照这个差距进行调整，10 家机构对 2006 年经济增长率预测均值在 9.2% 左右（即原预测均值 8.7% +0.5%）。

二、对 2006 年及第一季度经济增长的预测

（一）2006 年经济增长趋势的定性分析

1. 国际经济形势基本正常

2005 年底，一些国际组织和研究机构陆续对 2006 年世界经济增长做出预测。世界银行的《2006 全球经济展望》报告预测，2006 年全球经济增长率为 3.2%，由于油价影响和通货膨胀压力，发展中国家的经济增长

减缓至 5.7%，中国的经济增长可达 8.7%。国际货币基金组织 2005 年 9 月 21 日发表《世界经济展望》报告，认为世界经济将继续保持良好的增长态势，预测 2006 年全球经济增长速度为 4.3%，亚洲发展中国家为 7.2%，中国的经济增长率为 8.2%，CPI 增长 2.5%。美国国际经济研究所认为，2006 年世界经济增速将下降，预计为 3.5%。亚洲开发银行《2005 年亚洲发展展望》认为，石油价格成为影响世界经济发展的重要因素。如果石油价格不再进一步暴涨和房地产市场平稳降温，发展中国家经济仍将继续保持健康增长，2006 年增长率为 6.6%，其中，中国增速 GDP 增长率将稍低于 9%。从以上预测可以看出，2006 年世界经济增长略有下降，在 3.5% 左右，中国等发展中国家仍将保持较快增长的趋势。

2. 国内经济环境总体良好

虽然我国经济还存在许多深层次的矛盾，但我们认为经济增长的有利因素较多，国内经济总体环境良好。1998 年以来，中国进入新的一轮经济周期，经济增长的稳定性得到加强，波动大大减小。在新一轮经济增长中，受全球技术进步和国内产业结构升级等因素的影响，经济增长的内在动力持续增加，需求拉动的源头因素趋于稳定，新周期的扩张相对缓慢，呈现出一种在"软着陆"以后的"软扩张"的态势。这体现了我国经济运行的国内外环境已经发生了一系列深刻而重大的变化，如消费结构升级加快、城市化程度不断提高、全球产业转移等。2004 年，我国人均 GNI 已经超过 1200 美元，消费规模和能力达到一个新的平台，住房、汽车、轻纺、家电、电子通信、数码产品等下游产品发展，带动了重化工原材料工业、装备工业和能源交通等基础产业发展。消费的个性化增强，排浪式消费已经不复存在，需求拉动因素趋于稳定。由于区域发展的不平衡，产业结构的梯度推移有着广阔的空间。因此，在最近几年内，我国经济增长与波动将由过去的"大起大落"和"大起缓落"转变为"缓起缓落"，使过去那种峰谷反差鲜明、年度间起伏很大的波动，变形为峰谷模糊、年度间起伏较小的波动，这也正是我国经济平衡较快的机遇期。

2005 年 12 月，中央经济工作会议召开，要求 2006 年着力解决长期积累的深层次矛盾，着力提高经济增长的质量和效益，为"十一五"开好局、起好步，在宏观经济政策上继续实行"双稳健"政策。同时，国家发展和改革委员会在全国发展与改革会议上高度评价了经济运行的稳定性，提出 2006 年将着力调控产能过剩问题，把解决部分行业产能过剩问题作为产业结构的突破口，摆在更加重要的位置。经济可持续发展得到进一步落实。

可以预料，2006 年经济总量在继续扩大的同时，结构性矛盾也得到改善，投资增速趋于稳定，轻重工业增长更加协调，结构趋于合理，经济增长将进入一个小幅回落调整阶段。

（二）2006 年及第一季度模型预测结果

本课题组对 2005 年经济增长预测仍然运用如下两种计量模型：一种是完全基于时间序列的 ARIMA 模型法（自回归移动协整模型）；另一种是基于 GDP 与宏观经济政策变量相关分析的 VAR 模型（向量自回归模型）。现运用上述两种方法对 2006 年及第一季度经济增长进行预测。

1. ARIMA 模型预测结果

根据 ARIMA 模型预测的要求，选取 1998 年第一季度至 2005 年第四季度数据，经过反复测试，运用 ARIMA $(3，1，3)(1，1，0)^4$ 模型，可得预测模型结果，具体形式如下：

$$(1 + 0.6442B^4)(1 - 0.3791B - B^3)(1 - B)(1 - B^4)\log(GDP_t)$$
$$= - 0.0003 + (1 - B - B^3)\varepsilon_t$$

预测结果表明，2006 年全年经济增长预期 9.1%，2006 年第一季度预计经济增长率为 9.6%。

在对国民经济总量进行预测的同时，还运用 ARIMA 模型（样本数据为 1998 年第一季度至 2005 年第四季度[①]）对 2006 年及第一季度其他各项国民经济运行主要指标进行预测，预测结果见表 4-2。

表 4-2　2006 年及第一季度主要指标增长率预测表

单位：%

主要指标	第一季度	全　年	主要指标	第一季度	全　年
GDP	9.6	9.1	社会消费品零售总额	13.1	12.8
第一产业	5.0	5.1	全社会固定资产投资	20.5	22.0
第二产业	11.0	10.5	进口	17.5	18.0
第三产业	9.3	9.0	出口	22.0	21.0

注：根据本课题组宏观形势分析季度数据库进行预测。

从上表预测结果可以看出，2006 年经济增长基本稳定，幅度适度下

---

① 数据来自本课题组数据库。

调，受三次产业数据调整的影响，预测结果表明，第三产业呈现较快的发展势头，投资和消费基本稳定，出口增长下降，进口增长幅度上升，贸易顺差减少。

2. VAR 模型预测结果

选择 1998 年第一季度至 2005 年第三季度数据作为样本数据，根据计量模型要求，先进行单位根与协整检验。原序列均具有单位根，为非平稳序列，进而对进行单整检验，结果显示数据均为一阶单整序列。运用 Johansen 方法进行协整检验，结果表明 GDP、财政支出（FE）和货币供应量三变量之间存在协整关系，并运用格兰杰因果检验，结论表明 98% 的置信水平下可以认为财政支出（FE）和货币供应量（M_2）是 GDP 的格兰杰成因。

通过 1998 年到 2005 年第三季度的季度数据建立 VAR 模型，经过多次试验，当最大滞后期取 6 时 AIC 和 SC 均达到最小，所以在此取滞后期为 6，并对 GDP 做预测，预测模型如下：

$$
\begin{aligned}
LOG(GDP) = & \ 0.6205 \times LOG(GDP(-1)) - 0.1884 \times LOG(GDP(-2)) \\
& + 0.0359 \times LOG(GDP(-3)) - 0.1714 \times LOG(GDP(-4)) \\
& + 0.0233 \times LOG(GDP(-5)) - 0.4282 \times LOG(GDP(-6)) \\
& - 0.1583 \times LOG(FE(-1)) + 0.2626 \times LOG(FE(-2)) \\
& + 0.1437 \times LOG(FE(-3)) + 0.2395 \times LOG(FE(-4)) \\
& + 0.0182 \times LOG(FE(-5)) - 0.0985 \times LOG(FE(-6)) \\
& - 0.2982 \times LOG(M_2SA(-1)) - 0.1924 \times LOG(M_2SA(-2)) \\
& - 0.3915 \times LOG(M_2SA(-3)) + 0.9402 \times LOG(M_2SA(-4)) \\
& - 0.4357 \times LOG(M_2SA(-5)) + 0.5826 \times LOG(M_2SA(-6)) + 5.1775
\end{aligned}
$$

根据上述模型预测结果，2006 年第一季度的 GDP 的增速预计为 9.2%，全年经济增长预计为 9.0%。运用本方法的预测结果表明，2006 年第一季度经济增长速度适度放缓，比 2005 年第一个季度增幅下调 0.7%。这一结论表明，受宏观经济政策及经济结构调整等因素的影响，2006 年经济增长速度开始出现合理回落。

三、对 2006 年及第一季度经济增长预测的可靠性分析

（一）经济增长预测结果的特点及比较

从上述两种预测结果比较可以看出，二者在预测趋势上是一致的，即 2006 年经济增长速度将调整回落，2006 年全年的经济增长速度为 9% 左右，2006 年第一季度经济增长速度在 9.2% ~ 9.6% 之间。和前述 10 家机

构的预测结果相比，本课题组的预测值和 10 家机构预测的均值基本接近。根据上面定性分析和定量分析的结果，2006 年经济增长呈现如下特点。

1. 固定资产投资增幅有望回落

2006 年，中央政府对部分产能过剩行业采取紧缩性的调控措施，甚至包括一些行政性措施。同时，产能过剩企业根据市场信号也会相应调整产品结构和市场结构。因此，固定资产投资相对前两年的高位增幅将有所放缓，这应该是可以肯定的。但中国的高储蓄率、城市规模扩大和地方政府投资冲动等因素仍然是不可忽视的，房地产投资、城市建设投资仍然有很大空间，企业设备更新投资仍有较大潜力，特别是食品、轻纺、家电、汽车、电子信息等领域产品更新、技术更新速度很快，私人企业的投资信心充分，能源运输、社会公共事业投资仍会保持较快增长。此外，一些跨年度的大项目及新五年规划的重点项目将会继续增加投资或逐步开工。我们预计 2006 年投资增长保持在 22% 左右。

2. 消费增长略有上升

2006 年，一系列的有利政策将刺激居民收入持续较快增长，包括个人所得税起征点提高、农业税的免征及公务员工资提高等，居民实际可支配收入和消费预期将增加。同时，居民在旅游、文化娱乐、通信、教育卫生保健等服务性消费将步入一个新的发展期，消费政策、体制和环境也将趋于改善，价格水平总体平稳，我国消费市场保持较快增长是完全有可能的。我们预计 2006 年社会商品消费额增长为 13% 左右。

3. 出口增长幅度将有所下降，进口增长幅度上升，贸易顺差有望缩小

受人民币升值预期、出口退税率调整和国际贸易摩擦增加等因素的影响，出口增速会降低；但国内部分产能的严重剩余会加剧国内竞争，在一定程度上会抑制这种趋势。从总体来说，随着国内经济结构的调整，出口增幅将会一定幅度回落，进口增幅会平稳提高。根据计量模型和因素分析的结果，预计 2006 年出口增长率在 21% 左右，进口增长率在 18% 左右，贸易顺差比 2005 年有所减少，预计 2006 年中国经常项目顺差占 GDP 的比重将下降到 4% 以内。

4. 价格有望出现合理回升

价格是市场供求的综合反映，CPI 和 PPI 一直是经济运行观察的重点，因为这两个数据往往可以反映通胀或通缩的压力，是制定货币政策时首要考虑的因素。2005 年，CPI 缓慢回落，无论是服装、耐用消费品，还是交通工具、通信工具，价格都呈现出下降的态势，全年居民消费价格比上年上涨

1.8%，涨幅比上年回落2.1%。其中，城市居民消费价格上涨1.6%，农村上涨2.2%，特别是占1/3权重的食品价格指数快速下降。但值得注意的是，从第四季度开始，CPI出现温和反弹，2005年第四季度各月份CPI当月上涨1.2%、1.3%和1.6%。据分析，这与水、电及燃料价格较大幅度上涨相联系，并将带动其他产品和服务价格的上涨，这预示着CPI持续下降的趋势已经在2005年发生逆转。2006年，价格改革尤其是资源价格改革将陆续出台。其中，已经有所动作的成品油价格改革仍将继续，电价改革也将进入实施新的输配电价管理办法，水价改革也将在明年正式启动，将合理调整水利工程和城市供水价格。此外，天然气和煤炭价格也将建立与市场相适应的价格调整机制，土地价格改革也被明确纳入了2006年的改革范畴。可见，长期低价利用资源的局面将得到改变，并会促进2006年CPI的提高。我们预测：2006年CPI将呈现温和上涨，涨幅在2.5%左右。

（二）影响预测结果偏差的不确定性分析

2006年我国经济增长预测的偏差可能主要来自全球经济增长的不确定性。据分析，世界经济增长的风险呈现上升趋势，主要体现在以下两个方面：第一，石油价格上升成为全球经济增长中的主要风险。石油价格的剧烈波动可能导致全球经济增长放慢，可能陷入衰退，并引发通货膨胀，形成滞胀。第二，由于全球贸易不平衡和来自新兴市场国家的竞争压力，一些国家的贸易保护势头正在强化，贸易摩擦加剧。

上述两个方面的风险将对中国经济增长产生一定的制约作用。首先，中国40%的石油依赖进口。据专家估计，2004年高油价对中国国内生产总值的影响已经达到0.7%~0.8%。国际市场石油的高位波动将直接影响国内经济发展，并可能诱发通货膨胀风险。其次，我国经济对外依存度较高。2004年已达70%，2005年9月高达77.8%，国际对华日益增加的贸易摩擦将对出口、就业和产业结构调整都产生重要影响。

第三部分　贸易形势分析

一、国内贸易

2005年是"十五"时期的最后一年，国民经济继续保持较长，消费结构升级加快，城乡居民收入和生活达到新水平，国内生产资料和消费品市场保持健康稳定发展。全年社会消费品零售总额67176.6亿元，同比增长

12.9%，全年社会生产资料销售总额达 14.3 万亿元。

（一）国内市场运行的基本情况

1. 消费品市场销售规模再创新高

2005 年社会消费品零售总额实现 67176.6 亿元，同比增长 12.9%。从地区情况看，城市实现 45094.3 亿元，同比增长 13.6%；县实现 7485.4 亿元，同比增长 12.8%；县以下实现 14596.9，同比增长 10.8%。从行业情况来看，批发零售贸易业实现 56589.2 亿元，同比增长 12.6%；餐饮业实现 8886.8 亿元，同比增长 17.7%；其他行业实现 1700.6 亿元，同比增长 0.4%。从月度增长情况来看，除 1 月份增长 11.5% 外，其他各月增幅均在 12% 以上，其中，2 月份高达 15.8%，3 月份也达到 13.9%。2005 年社会消费品零售总额是 1985 年的 15.6 倍，是 1995 年的 3.3 倍。

2. 流通产业就业增加

市场规模的不断扩大增强了流通产业就业机会。2005 年前 10 个月，批发零售贸易和餐饮住宿业新增就业 272 万人，占全国新增就业人口的 30.9%，高于去年同期 0.2%。估计 2006 年流通业就业人数 5600 万人，占第三产业的 24%，在非农产业中居第二位。流通业个体私营从业人员占全社会个体私营就业人员的 45.4%，居各行业之首。

3. 农村居民消费出现活跃迹象

2005 年县及县以下地区社会消费品零售总额 22082.3 亿元，同比增长 11.5%。中央进一步加大了支持"三农"的政策力度，已经形成了农业增产、农民增收的良好态势，促进了农村居民消费保持较快增长。从县及县以下地区与城市社会消费品零售总额的增长差距来看，自三季度开始增幅差距逐月减小，其中四季度各月分别为 2.4%、2.3% 和 2%。这说明农村居民消费能力增强，消费增长的稳定性增强，与城市居民的差距缩小。

表 4-3　社会消费品零售总额

单位：亿元

	总　额		城　市		县及县以下	
	绝对值	同比增长（%）	绝对值	同比增长（%）	绝对值	同比增长（%）
1 月	5300.9	11.5	3517.2	11.8	1783.7	11.0
2 月	5012.2	15.8	3368.9	17.3	1643.3	12.9
3 月	4799.1	13.9	3203.7	15.2	1595.4	11.4
4 月	4663.3	12.2	3134.5	13.1	1528.8	10.4

续表

	总　额		城　市		县及县以下	
	绝对值	同比增长（%）	绝对值	同比增长（%）	绝对值	同比增长（%）
5 月	4899.2	12.8	3326.4	13.9	1572.8	11.1
6 月	4935.0	12.9	3329.6	14.0	1605.4	10.7
7 月	4934.9	12.7	3338.2	13.8	1596.7	10.5
8 月	5040.8	12.5	3400.5	13.5	1640.3	10.5
9 月	5495.0	12.7	3688.0	13.6	1807.0	10.9
10 月	5846.6	12.8	3905.0	13.6	1941.6	11.2
11 月	5909.0	12.4	3880.0	13.2	2029.0	10.9
12 月	6850.4	12.5	4454.0	13.2	2396.4	11.2

数据来源：国家统计局。

4. 居民消费结构不断优化

根据对全国限额以上批发零售贸易企业商品零售类值的统计，建筑及装潢材料类比上年增长 22.1%，通信器材类增长 19.9%，汽车类增长 16.6%，家用电器和音像器材类增长 14.8%，石油及其制品类增长 34.4%，以汽车、住房、通信类消费快速增长为特点的消费结构升级特征依然明显。另外，食品中的肉禽蛋类商品销售增幅达到 37.5%，说明居民食物消费也在逐步提升质量。

5. 生产资料市场稳定增长

随着宏观调控措施的进一步实施，过热产业得到控制，产业结构得到优化，生产资料市场得以稳定发展。2005 年，全社会共实现生产资料销售总额 14.3 万亿元，按可比价格计算，比上年增长 16.2%，增速较 2004 年回落 2.8%，生产资料市场保持较快增长势头。流通环节生产资料价格，1～11 月累计平均同比涨幅回落至 3.3%，比去年全年回落 10.3%，比上半年回落 2.3%，是 2003 年以来的最低涨幅。

6. 商品市场供过于求比例增加

据商务部调查，2005 年下半年 600 种主要消费品中，供大于求 428 种，占 71.3%，比上半年增加 1.8%。在 300 种主要生产资料中，供求平衡和供过于求 279 种，占 93%，比上半年增加 16%。

7. 居民消费价格总水平先升后降

居民消费价格涨幅明显回落，月度同比涨幅从 2 月份起逐月回落，11

月低于 2 月 2.6%，前 11 个月价格总水平同比上涨 1.8%，低于去年 2.1%。

表 4-4　居民消费价格指数

	当月（上年同月=100）			累计（上年同期=100）		
	全　国	城　市	农　村	全　国	城　市	农　村
1 月	101.9	101.4	102.8	101.9	101.4	102.8
2 月	103.9	103.6	104.5	102.9	102.5	103.6
3 月	102.7	102.3	103.4	102.8	102.5	103.5
4 月	101.8	101.5	102.4	102.6	102.2	103.3
5 月	101.8	101.4	102.4	102.4	102.1	103.1
6 月	101.6	101.3	102.2	102.3	101.9	102.9
7 月	101.8	101.6	102.2	102.2	101.9	102.8
8 月	101.3	101.2	101.5	102.1	101.8	102.6
9 月	100.9	100.8	101.0	102.0	101.7	102.5
10 月	101.2	101.2	101.3	101.9	101.6	102.3
11 月	101.3	101.3	101.4	101.8	101.6	102.3
12 月	101.6			101.8		

数据来源：国家统计局。

8. 流通现代化水平进一步提高

2005 年连锁百强零售额占消费品零售总额的比重首次超过 10%，比 2004 年提高约 1%。前三季度全社会物流总规模 35.6 万亿元，增长 25.1%；物流总费用占 GDP 的比重 20.9%，比去年下降 0.4%。电子商务交易也保持较高增长水平。

9. 区域市场协调发展

国家积极促进区域协调发展，特别是西部大开发、中部崛起、振兴东北等老工业基地战略的实施，提高了中西部地区的购买能力，全国消费品市场均衡协调发展。2005 年大多数省区消费品零售额增幅相差不到 2%，其中，江苏增长最快，为 16%；北京增长最慢，为 10.5%。山西、内蒙、江西、河南、湖南、四川等中西部省区的社会消费品零售总额增速超出全国平均水平。

（二）需要注意的几个问题

1. 产能过剩逐渐显现

2005年9月份，原煤、水泥、平板玻璃、钢材、有色金属、汽车库存，比年初分别增长34.9%、40.9%、22.4%、36.6%、27%和33.8%，39个工业行业应收款、库存和亏损企业亏损额比年初有较大幅度增长。预计2006年我国粗钢产能过剩3900万吨左右，水泥产能过剩1亿吨左右，纺织产能过剩2000万锭左右，电解铝产能过剩200万吨左右。

2. 农村市场秩序混乱

据调查，农村市场的食品65.2%为自产自销，46.1%来源于流动摊贩；散装食品比重30%以上，其中散装糕点、熟食、干果达到50%以上，散装酒高达80%；23.8%的包装食品没有标明保质期；19.2%的店主对过期食品不销毁，降价销售。

3. 影响市场稳定的突发性事件增多

2005年部分地区发生重大洪涝灾害、地震等自然灾情和重大安全生产事故，影响了局部地区市场稳定。另外，猪链球菌病、禽流感疫情等动物疫病，也对国内肉类市场供应造成一定影响。

（三）国内商品市场走势分析

2006年国家将坚持实施稳健的财政政策和货币政策，继续加强和改善宏观调控，努力扩大国内需求。总体来看，国内商品市场将保持健康稳定发展的势头，预计2006年社会消费品零售总额实际增长12%左右，生产资料销售总额实际增长12%左右。

二、国际贸易

（一）外贸进出口运行基本情况

据海关统计，2005年全国进出口总值为14221.2亿美元，同比增长23.2%。其中，出口7620亿美元，增长28.4%；进口6601.2亿美元，增长17.6%；进出口顺差1018.8亿美元，增长217.4%。第四季度，全国进出口总值为3976.1亿美元，同比增长21.9%。其中，出口2155.8亿美元，增长21.7%；进口1820.4亿美元，增长22.1%。12月当月，全国进出口总值为1398.1亿美元，同比增长20%，其中，出口754.1亿美元，增长18.2%；进口644亿美元，增长22.2%；进出口顺差110.1亿美元，下降0.9%。自2002年以来，我国进出口贸易已经连续4年保持20%以上的高速增长。

表 4-5　2005 年第四季度各月外贸进出口与 2004 年同比情况

单位：亿美元

2004 年	当 月	增长(%)	累 计	增长(%)	2005 年	当 月	增长(%)	累 计	增长(%)
出口总值					出口总值				
10 月	525.1	28.4	4686.4	34.5	10 月	680.5	29.6	6144.2	31.1
11 月	609.0	45.9	5295.4	35.7	11 月	722.2	18.6	6866.4	29.7
12 月	637.9	32.7	5933.3	35.4	12 月	754.1	18.2	7620.0	28.4
进口总值					进口总值				
10 月	454.4	29.3	4575.8	37.2	10 月	560.7	23.4	5341.1	16.7
11 月	509.7	38.5	5085.5	37.3	11 月	616.9	21.0	5957.9	17.2
12 月	526.8	24.6	5612.3	36.0	12 月	644.0	22.2	6601.2	17.6

数据来源：海关统计。

1. 加工贸易与一般贸易均保持 20% 以上的增长速度

1～12 月，我国一般贸易进出口 5948.1 亿美元，增长 21%，占同期进出口总值的 41.8%。加工贸易进出口 6905.1 亿美元，增长 25.3%，占同期进出口总值的 48.6%。其中，一般贸易出口 3150.9 亿美元，增长 29.3%；一般贸易进口 2797.2 亿美元，增长 12.7%。加工贸易出口 4164.8 亿美元，增长 27%；进口 2740.3 亿美元，增长 23.6%；加工贸易项下实现贸易顺差 1424.5 亿美元。第四季度，我国一般贸易进出口 1580.2 亿美元，同比增长 14%。其中，一般贸易出口 840.4 亿美元，增长 18.3%；一般贸易进口 739.8 亿美元，增长 9.6%。同期，我国加工贸易进出口 2011.5 亿美元，增长 24.3%。其中，加工贸易出口 1225.6 亿美元，增长 23.6%；进口 785.9 亿美元，增长 25.5%。

2. 机电产品和高新技术产品增速高于传统大宗商品

2005 年全年，我国机电产品出口 4267.5 亿美元，增长 32%，比总体出口增速高出 3.6%，占当年出口总值的 56%，比上年提高 1.5%。其中，机械及设备出口 1497.2 亿美元，增长 26.7%；电器及电子产品出口 1723.2 亿美元，增长 32.9%。机电产品进口 3503.8 亿美元，增长 16%。其中，电器及电子产品进口 1748.4 亿美元，增长 22.9%；机械设备进口 963.7 亿美元，增长 5.2%。同期，高新技术产品出口 2182.5 亿美元，增长 31.8%；高新技术产品进口 1977.1 亿美元，增长 22.5%。第四季度，我国机电产品和高新技术产品出口分别为1277.6亿美元和682.1亿美元，同比增长分别为29.8%和29.7%；机电产品和高新技术产品进口分别为1018.3亿美元和580.7亿美元，同比增长分别为27.0%和29.3%。传统大宗商品出口增势良好。1～12月份，服装出口738.8亿美元，增长19.9%；纺织纱线、织物及制品出口411.3亿美元，增长22.9%；鞋类出口190.5亿美元，增长25.3%；塑料制品出口112.8亿美元，增长22.9%；旅行用品及箱包出口73.1亿美元，增长17.2%。

3. 对主要贸易伙伴进出口规模超过千亿美元

2005年我国与前六大贸易伙伴的双边贸易额均超过千亿美元规模，与欧盟、美国的双边贸易分别突破2000亿美元。2005年，欧盟继续保持我国第一大贸易伙伴。中欧双边贸易总额2173.1亿美元，增长22.6%。美国是我国第二大贸易伙伴。中美双边贸易总值达2116.3亿美元，增长24.8%。同期，日本是我国第三大贸易伙伴。中日双边贸易总值1844.5亿美元，增长9.9%。我国自韩国和东盟的进口增速高于总体增长水平，与韩国双边贸易总额首次超过千亿美元。其中，自韩国进口768.2亿美元，增长23.4%，高于进口总体增速5.8%，韩国成为我国第二大进口来源地，比上年跃升了3位。东盟为我国第三大进口来源地，自东盟进口750亿美元，增长19.1%。第四季度，我国对欧盟、美国和日本和中国香港地区出口分别为403.1亿美元、455.5亿美元、222.2亿美元、389.3亿美元，占同期出口比重分别为18.7%、21.1%、10.3%、18.7%；我国从欧盟、日本、美国等国家和我国台湾地区进口分别为192.2亿美元、276.7亿美元、125.4亿美元和216.8亿美元，占同期出口比重分别为10.6%、15.2%、6.9%和11.9%。

4. 中西部省份进出口增速加快

2005年内蒙古、黑龙江、湖北、甘肃和新疆等省份进出口分别达30.9%、41%、33.8%、49.4%和41%；吉林、黑龙江、安徽、陕西和新疆出口分别达43.9%、64.9%、28.4%和65.5%；山西、内蒙古、湖北、云南和甘肃进口分别达49.6%、31%、36.7%、39.8%和101.2%。东部沿海地区省份依然保持较大的进出口规模。1～12月，广东省进出口总值4279.8亿美元，增长19.8%。其中，出口2381.6亿美元，增长24.3%，进口1898.2亿美元，增长14.7%。江苏省进出口总值为2279.4亿美元，同比增长33.4%。其中，出口1229.8亿美元，进口1049.6亿美元，分别增长40.6%和25.9%。上海进出口总值1863.5亿美元，增长16.5%。其中，出口 907.2 亿美元，进口 956.2 亿美元，分别增长 23.4% 和 10.5%。

5. 民营企业与外商投资企业进出口增速高于国有企业

2005 年集体、私营企业及其他企业出口 1489.8 亿美元，增长 47.3%，占同期我国出口总值的 19.6%，对出口贡献率为 28.3%，拉动出口增长 8%。国有企业出口 1688.1 亿美元，增长 9.9%，占同期我国出口总值的 22.2%，对出口贡献率为 9%，拉动出口增长 2.6%。第四季度，民营企业出口、进口分别为 418.8 亿美元和 201 亿美元，分别占同期进出口总值的 19.4% 和 11%。国有企业出口、进口分别为 427.6 亿美元和 514.5 亿美元，分别占同期进出口总值的 19.8% 和 28.3%。

表 4-6　近年来第四季度外贸出口结构变化比较

单位：亿美元，%

	结　构	2003 年第四季度	2004 年第四季度	2005 年第四季度
出口总值		1306.7(100)	1771.2(100)	2155.8(100)
贸易方式	一般贸易	523.6(40.1)	710.6(40.1)	840.4(39.0)
	加工贸易	733.5(56.1)	991.8(56.0)	1225.6(56.9)
企业性质	国有企业	373.5(28.6)	438.5(24.8)	427.6(19.8)
	外商投资企业	738.3(56.5)	1019.4(57.6)	1310.4(60.8)
	其他性质企业	194.9(14.9)	313.3(17.7)	418.8(19.4)
商品结构	机电产品	710.2(54.4)	984(55.6)	1277.6(59.3)
	新技术产品	369.9(28.3)	525.9(29.7)	682.1(31.6)
主要出口市场	香港地区	231.2(17.7)	306.8(17.3)	389.3(18.1)
	美　国	265.4(20.3)	364.4(20.6)	455.5(21.1)
	欧　盟	220.7(16.9)	317.8(17.9)	403.1(18.7)
	日　本	172.6(13.2)	215.1(12.1)	222.2(10.3)

数据来源：海关统计。

1~12 月份，外商投资新设立企业 44001 家，同比增长 0.77%；合同外资金额 1926 亿美元，同比增长 23%；实际使用外资金额 638 亿美元，同比下降 0.42%。同期，外商投资企业出口 4442.1 亿美元，增长 31.2%，占同期出口总值的 58.3%，比去年同期提高 1.2%。外商投资企业进口 3875.2 亿美元，增长 19.4%，占同期进口总值的 58.7%，比去年同期提高 0.9%。第四季度，外商投资企业出口、进口分别为 1310.4 亿美元和 1104.8 亿美元，分别占同期出口、进口总值的 60.8% 和 60.7%。

表4-7　近年来第四季度外贸进口结构变化

单位：亿美元，%

结构(比重%)		2003年第四季度	2004年第四季度	2005年第四季度
进口总值		1142.8(100)	1490.7(100)	1820.4(100)
贸易方式	一般贸易	491(43.0)	675.2(45.3)	739.8(40.6)
	加工贸易	480.1(42.0)	626.2(42.0)	785.9(43.2)
企业性质	国有企业	356.3(31.2)	450(30.2)	514.5(28.3)
	外商投资企业	675.3(59.1)	883(59.2)	1104.8(60.7)
	其他性质企业	111.2(9.7)	157.7(10.6)	201(11.0)
商品结构	机电产品	643.7(56.3)	802(53.8)	1018.3(55.9)
	高新技术产品	346.9(30.4)	449(30.1)	580.7(31.9)
主要进口来源地	日　本	203.4(17.8)	245.8(16.5)	276.7(15.2)
	美　国	88.2(7.7)	109.6(7.4)	125.4(6.9)
	欧　盟	140.8(12.3)	174.8(11.7)	192.2(10.6)
	中国台湾	143.2(12.5)	173.4(11.6)	216.8(11.9)

数据来源：海关统计。

（二）需要关注的问题

1. 贸易增长的动力问题

近几年来外贸进出口的快速增长，除了世界需求增加、人民币汇率变化等因素外，主要来自于加入世贸组织效应不断释放的结果：一方面是外商投资带动的贸易增长，另一方面是民营企业带动的贸易增长。今年以来，外贸进出口开始出现高速增长下的放缓。如外商投资企业和集体私营企业出口增长已由2004年的40.9%和68.6%下降到2005年的31.2%和47.3%。为保持外贸进出口的可持续性增长，应充分利用加入世贸组织后过渡期，加快转变外贸增长方式，大力推进外贸体制创新，培育新的外贸增长点。一是鼓励民营企业做大做强外贸，在品牌培育、信贷保险、市场开拓等方面给予更大支持。二是在继续实施结构调整的前提下，更要大力鼓励具有先进技术、高加工增值的外商投资开展加工贸易，在土地、配套服务等给予优惠，提升加工贸易的水平和质量。

2. 贸易平衡问题

长期以来，我国进出口一直保持顺差，到2005年12底，累计顺差已达1018.8亿美元。这种结果表现为，出口的快速增长和进口的较低增长。保持贸易的适度顺差，是长期以来宏观政策的重要目标之一，但持续大规模的顺差增加了人民币升值的压力，也增加了贸易摩擦的风险。改变这种趋势，一是在实施宏观调控政策时，允许一定的贸易赤字；二是结合转变出口增长方式，制定产品目录，在大力培育高附加值、高技术含量产品等新的出口增长点时，继续控制高耗能、高污染和资源性产品的出口，对其实施零退税率，甚至征收出口关税；三是更多地采用疏导而非抑制的办法，进一步完善人民币汇率形成的市场机制。

3. 贸易环境问题

尽管总体上我国外贸进出口的外部环境良好，但在局部领域贸易争端有加剧的趋势。2005 年我国纺织品出口增长 20.9%，低于全国出口平均增长水平，没有充分享受到全球纺织品一体化带来的利益。目前，针对我国的贸易争端主要在三个领域：一是我国的中小企业受反倾销之害最深，涉及面最大；二是我国具有比较优势的轻工、纺织等大宗出口产品遭受贸易摩擦最频繁，涉案量最大；三是针对我国的技术壁垒和技术保护。为保护其竞争优势，国外针对我国企业和产品以知识产权保护为名而行贸易保护为实的贸易争端日趋增多。积极主动创造良好的贸易环境，一要多考虑广大中小企业的利益，以中小企业协会为依托，积极应对国外反倾销；二要针对重点优势出口产品，加大谈判协调力度，避免国外一些国家对我动用保障措施；三要针对我国需求，通过多种渠道加大磋商力度，要求一些国家消除歧视，在高技术领域放宽对我国出口的限制，降低或消除技术壁垒。

（三）2006 年外贸形势展望

影响 2006 年外贸增长的短期因素主要包括：一是人民币升值的空间和出口退税政策的调整；二是国际油价和劳动力成本上升对出口成本的影响；三是国内需求增长对进口的带动。综合各方面的分析，预计我国 2006 年进出口总额将增长 15%～20%，其中出口增长速度将有所减缓，外贸顺差将有所下降。

第四部分　财政政策分析

一、1～4 季度财政政策执行情况

1. 税收收入保持快速增长

2005 年，税务部门征收税收收入 30866 亿元，比上年增长 20%，增收

5148 亿元。分地区来看，各地区税收全面增长，中西部地区增长快于东部地区。中西部地区收入增速分别快于东部 3.2% 和 2.5%，占全国税收收入的比重分别比上年提高 0.3% 和 0.2%。分税种来看，增收的主体是流转税和所得税，所得税对增收的贡献率进一步提高。其中，国内增值税、消费税和营业税等流转税完成 16564 亿元，增长 18.2%，增收 2547 亿元，对税收增长的贡献率为 49.5%，与上年基本持平。企业所得税和个人所得税完成 7605 亿元，增长 30.9%，增收 1793 亿元，对税收增长的贡献率为 34.8%，比上年提高 9.2%。2005 年税收收入稳定较快增长，既是国民经济平稳较快发展的反映，同时也起到了自动稳定器的作用，抑制了私人部门总需求的过快增长。

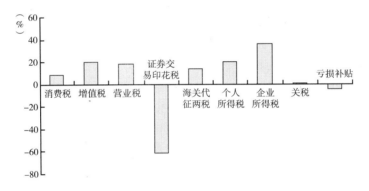

图 4 - 2　1 ~ 11 月份财政收入主要项目增长情况

2. 重点支出得到较好保障

2005 年，全国财政支出预计达到 33000 亿元左右，比上年增长 16% 左右，主要是公共服务支出和技术进步投入增长较快（见图 4 - 3）。1 ~ 11 月份，抚恤和社会福利救济费 517.1 亿元，增长 32.0%；社会保障补助支出 1252.2 亿元，增长 13.2%；文教科学卫生事业费 4861.4 亿元，增长 18.6%；行政管理费 2359.9 亿元，增长 16.2%；企业挖潜改造资金 613.2 亿元，增长 23.2%；科技三项费用 388.9 亿元，增长 21.9%，表明社会事业和技术创新等薄弱环节得到加强。全年中央财政赤字预计为 3000 亿元左右，与上年基本持平，反映出稳健财政政策在总量调控上的中性取向。

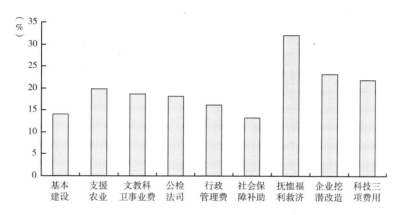

图 4 - 3 1 ~ 11 月份主要财政支出项目增长情况

3. 加大对经济结构的调整力度

一是促进粮食增产和农民增收。实施"三减免三补贴"政策，其中农业税减免惠及 8 亿农民，粮食直补使 6 亿多农民受益，良种补贴覆盖近 6 亿亩耕地，农机补贴试点在中央直属垦区和全国 566 个县实施。另外，设立 20 亿元禽流感防控基金，积极应对禽流感问题。安排专项资金对农民进行技术培训，280 万农民通过培训获得了转移就业。全年中央财政用于"三农"的支出超过 3000 亿元，比 2002 年增长 50% 以上。二是促进区域协调发展。继续落实西部大开发优惠政策，增加对中西部地区的财政转移支付。中央财政安排 150 亿元，实施"三奖一补"政策，缓解县乡财政困难。完善东北地区增值税转型试点方案，截至年底共办理抵扣退税 40 亿元，研究提出豁免东北地区 1997 年以前企业历史欠税办法，明确东北地区工业企业固定资产折旧的税收政策，增加对东北地区的投资、农业、社会保障等投入，推动了东北等老工业基地的调整改造。三是支持国有经济结构调整。2005 年中央财政安排资金 220 亿元，对 115 户国有企业实施政策性关闭破产，安置职工 59 万多人。启动了第二批 74 户中央企业分离办社会职能工作，积极推动东北地区厂办大集体改革试点。大力支持国有企业实行改组改制和债转股改革，推动电力、电信、铁路、民航、邮政等行业改革，支持国有商业银行财务重组和改制上市，制定并落实保险、证券以及资本市场发展的税收优惠政策，推动 28 个试点省份深化农村信用社改革等。

4. 着力刺激消费需求

重点从完善以下四项制度入手，调节投资与消费的比例关系。一是支持建立健全社会保障体系。大幅增加社会保障投入。2005 年中央预算安排社会保障投入 1474 亿元，比 2002 年增长 64.3%。支持东北三省开展城镇社会保障体系改革试点，完善企业职工基本养老保险制度。制定并落实就业和再就业的财税优惠政策，做好企业军转干部和复退军人解困工作，城市低保基本实现应保尽保。二是支持教育事业发展。2005 年中央预算安排教育支出 365 亿元，比 2002 年增长 40.9%。全国财政安排专项资金 70 亿元，实施免费提供教科书、免收杂费、对寄宿生补助生活费政策，惠及中西部农村贫困家庭学生 3400 万名。积极推进职业教育实训基地建设，将职业教育培训范围从城市扩大到农村。三是支持公共卫生体系建设。中央财政安排资金 42 亿元，地方财政也相应安排资金，建立和完善突发公共卫生事件医疗救治体系、疾病信息网络体系、卫生执法监督体系，加强重点疾病防治。大力支持新型农村合作医疗制度改革试点和城乡医疗救助制度建设，全国已有 641 个县的 1.63 亿农民参加了农村新型合作医疗，累计发放合作医疗补偿资金 50.4 亿元。四是完善收入分配制度。在全国范围内清理、检查津贴补贴工作，为规范收入分配秩序、公平收入分配奠定基础。以上政策措施有利于改善居民预期，促进扩大消费。

5. 积极推进财税改革

一是继续深化农村税费改革。2005 年，全国牧业税和除烟叶外的农业特产税已全部免征；28 个省份已免征农业税，其余 3 个省也有 210 个县（市）免征农业税，开始进入农村综合改革阶段。二是完善出口退税负担机制。将超基数部分中央、地方负担比例由 75∶25 调整为 92.5∶7.5，全年办理出口退税 3372 亿元，促进了对外贸易发展。三是加快预算管理制度改革。全面推进部门预算改革，在 6 个中央部门及 5 个省市实施政府收支分类改革模拟试点，并积极实施绩效考评试点工作。国库集中支付制度改革，扩大到全部中央部门及其 3300 多个基层预算单位，包括 36 个省份和计划单列市以及 200 多个地级市和 500 多个县。省级实现政府采购管理与操作机构分设、职能分离，政府采购规模增加到 2500 亿元。

二、当前财政运行中存在的主要问题

1. 财政收支压力仍然较大

2006 年，仍存在许多政策性减收因素。钢铁、煤炭、建材等行业增幅明显下降，增值税等收入增长将相应放慢；个人所得税扣除额从 800 元调整到 1600 元，使缴纳个人所得税的工薪阶层比例降至 26%，将减少财政收入 280 多亿元。实施西部大开发、东北老工业基地振兴和就业再就业的税收优惠政策，以及全部取消农业税和保证出口退税需要，都将减少财政收入。财政收入已超过 3 万亿元，基数很大，其中的一些一次性收入也使财政收入进一步增长的难度加大。同时，财政支出压力仍然较大。支持西部开发、东北老工业基地振兴和中部崛起，促进就业和完善社会保障制度，以及国有企业破产、下岗职工安置、公共卫生领域改革、加强禽流感等流行病控制、农村逐步实行免费义务教育、建设社会主义新农村等，都有着较大的财政支出需求。因此，财政收支形势并不乐观。

2. 财政政策顺周期调节

从经济景气循环来看，当前我国仍处在经济周期的上升或波峰阶段。特别是投资需求增长偏快，经济运行偏热，宏观调控应逆风向调节。2005 年财政收入超预算较多，应适当缩小赤字，努力实现经济周期平衡，同时控制总需求膨胀。但中央财政赤字仍维持 3000 亿元，使政府支出随财政超收水涨船高，财政支出仍快速增长，形成事实上的顺周期调节，也进一步吊高了各部门的支出胃口和预期。从投资角度来看，企业投资冲动强烈，政府应停止发行长期建设国债，避免全社会投资进一步膨胀。但 2005 年仍发行长期建设国债 800 亿元，同时增加中央预算内经常性建设投资 100 亿元，使政府投资继续较快增长。1 ~ 11 月份，固定资产投资资金来源中国家预算内资金 2766 亿元，同比增长 20.8%，高于国内贷款 17.9% 的增速，导致紧信贷、松财政的政策搭配既不利于控制投资的过快增长，也有挤出民间投资的倾向。同时，一方面是财政超收和大量库款结余，另一方面仍然发债，加大了财政政策的成本。

3. 税制改革明显滞后

税收收入连年大幅度超 GDP 增长是不正常的，说明现行税制极不合理，累进性程度太大。具体来看，主要税种的法定税赋太高，不能抵扣部分太大，营业税重复征税。比如说建筑安装企业，原材料里面有增值税，但总的建筑安装价值又被重复计算交纳营业税。生产型增值税对固定资产不予抵扣，存在着重复计征问题，造成企业负担沉重，不利于提高企业的技术水平。内外资企业所得税分立，税前列支标准和税收优惠不一致，外资企业比国内企业实际税负约低11%，不利于内外资企业平等竞争。虽然1994年制定的税制已严重滞后于经济形势的发展变化，但税制改革叫了好几年而至今仍未有根本性进展。

4. 财政支出存在结构性矛盾

在当前的经济结构失衡中，都有财政的诱因。一是我国财政长期具有城市财政的特征，对农村公共产品和公共服务的投入缺位和严重不足，例如农村基础设施、农村教育、农村医疗和农村社会保障基本由农民自己提供，造成明显的二元经济结构。二是财政转移支付结构不合理，保持既得利益，专项转移支付过大，一般性转移支付不足，平衡各地区公共服务和经济发展的能力较低，从而使区域差距继续呈扩大趋势。三是由于政府投资体制改革不到位，过去特别强调一定要掌握大量预算内投资才能调控全社会投资的观点也没有太大转变。政府投资对竞争性领域介入仍然过多，五级政府都在抓经济。显性和隐性的政府投资规模偏大，是投资、消费比例关系失调的重要根源。四是在现行的分税制体制下，税收结构以流转税为主体；资源价格机制不合理，对环境污染和生态破坏等外部性矫正不力；技术进步投入不足，2004年财政科技支出仅占GDP的0.7%，全国研究与发展费用占GDP的1.2%，大大低于发达国家水平，使技术创新能力不足，从而导致经济增长方式粗放。五是在我国商品具有劳动力价格优势和出口大幅度增长的情况下，仍实行面宽、率高的出口退税政策，使得资源型产品和高污染、高投入、高消耗产品出口仍然多，贸易顺差过大，导致内外经济失衡和贸易摩擦加剧。

三、几点财政政策建议

2006年，由于世界经济总体继续保持增长态势，我国宏观调控效应逐步释放，加上"十一五"开局和地方政府换届的政治周期效应，预计我国经济继续保持较快增长，税收收入也会保持稳定增长，但增幅可能会低于上年，财政支出总体维持当前的增速，全年继续存在较大的财政赤字。同时，要密切关注总需求和价格的增长态势以及经济社会发展中的结构性矛盾，继续加强财政宏观调控，特提出以下政策建议。

1. 继续实行稳健财政政策，确保经济又快又好发展

适当减少中央财政赤字规模，大力压缩甚至停发长期建设国债。调

整优化国债项目资金和中央预算内投资使用结构，优先支持农村建设、科教文卫、社会保障、资源节约、生态建设、环境保护和西部大开发，保证重点项目建设。严格控制新开工项目，特别是新上消耗高、污染严重、技术落后的项目，坚决制止盲目建设和重复建设。在促进经济发展的基础上，依法加强收入征管，狠抓增收节支，坚决制止"政绩工程"、"形象工程"等各种形式的铺张浪费，确保财政收入稳定增长和支出效益不断提高。

2. 继续加大财政支农力度，加快建设社会主义新农村

一是全面取消农业税。2006 年在全国范围内取消农业税，延续了 2600 年的农业税将成为历史。积极推进国有农场税费改革。二是积极推进农村综合改革试点。加大转移支付力度，加强农村基层政权建设，提高基层政权的行政能力。三是完善"三补贴"政策。增加粮食直补资金规模，达到粮食风险基金的 50%。扩大农机具购置的资金补贴范围，调整补贴重点。探索建立对农民种粮收益综合补贴制度。同时，积极支持农业综合生产能力建设，扩大新型农村合作医疗制度改革试点，促进农村社会事业全面发展。

3. 加大公共服务支出，更好发挥消费对经济的拉动作用

一是改革农村义务教育经费保障机制。按照"明确各级责任、中央地方共担、加大财政投入、提高保障水平、分步组织实施"的原则，在农村逐步建立责任明确、保障有力的义务教育经费长效保障机制。二是积极支持防控高致病性禽流感工作，确保防控经费和相关基础设施建设投入，研究建立人、畜、禽统筹、城乡一体的公共卫生体系，继续完善医疗保障制度。三是做好支持就业和社会保障工作，继续做好就业和再就业工作，抓好做实个人账户试点及其他社会保障工作，帮助解决困难群众基本生活问题。四是改革工资分配制度，在清理津补贴的基础上，积极规范公务员工资制度，扩大工资级距，提高工资水平，同时提高社会保障对象的发放标准，努力扩大消费需求。

4. 加大科技投入力度，着力促进自主创新

2006 年是《国家中长期科学和技术发展规划纲要》颁布实施的第一年，要大力增加财政科技投入。同时，完善科技及经费管理体制，研究建立财政科技经费的绩效评价体系，建立独立的政府科技计划后评价机制。充分发挥税收政策促进科技进步的作用，包括利用税收扶持措施鼓励和引导企业增加科技投入；研究制定扶持中小企业技术创新活动以及鼓励创业

投资企业发展的税收政策；完善进出口税收政策，鼓励能源资源性、环保型、先进技术设备及其零部件产品的进口，限制高能耗、高污染、高物耗以及资源性产品的出口。完善并积极运用政府采购等鼓励企业技术创新的政策措施。

5. 坚定不移地深化财税改革，完善公共财政体制

一是积极推进政府收支分类等预算管理制度改革。做好正式启用新科目编制 2007 年政府预算的各项准备工作；中央和省级要将国库集中支付制度改革范围扩大到所有基层预算单位；政府采购规模力争突破 3000 亿元；研究建立国有资本经营预算问题。二是进一步完善税收制度。在全国范围内将企业新增机器设备所含税款纳入增值税抵扣范围，积极推动内外资企业所得税"两法"合并，将个人所得税工薪所得费用扣除标准提高至 1600 元，积极推进资源税、车船税、耕地占用税改革以及物业税、矿产资源有偿使用制度改革试点。三是加强政府非税收入管理。清理和规范行政事业性收费，加强政府性基金管理办法，规范土地出让金收入管理，完善罚没收入和政府捐赠收入管理制度。四是规范财政转移支付制度。继续加大一般性转移支付力度，加大实施缓解县乡财政困难工作力度，充分发挥地方财政特别是省级财政在促进辖区内基本公共服务均等化方面的作用。

第五部分　货币金融形势分析

一、2005 年金融运行情况

（一）广义货币与狭义货币增速差距扩大

12 月末，广义货币供应量（M_2）余额为 29.88 万亿元，同比增长 17.6%，增长幅度比去年高 5.0%。全年 M_2 累计增加 44431 亿元，比 2004 年多增 10975 亿元。从创造货币的渠道看，在多增的 10975 亿元中，央行对金融机构贷款和外汇占款为 7919 亿元，占 72%。狭义货币供应量（M_1）余额为 10.73 万亿元，同比增长 11.8%，增幅比去年同期低 2.3%。市场货币流通量（M_0）余额为 2.4 万亿元，同比增长 11.9%，增幅比去年同期高 3.2%。全年净投放现金 2563 亿元，同比多投放 841 亿元。12 月底，货币流动性为 35.9%。

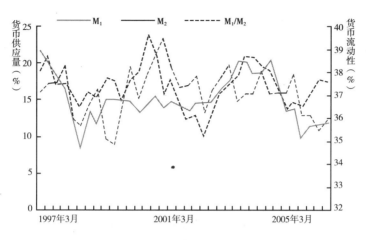

图 4-4　货币供应量和货币流动性

从走势看，全年货币信贷增长情况可分为三个阶段：

第一阶段为 1~5 月份，M_2 增速平稳，人民币各项贷款增幅有所下降。这期间，M_2 增幅保持在 13.9%~14.7%；人民币各项贷款余额增速由上年末的 14.5%，持续下降到 5 月末的 12.4%，比年初下降了 2.1%。

第二阶段为 6~11 月份，M_2 增速加快，人民币各项贷款增幅回升。受贸易顺差扩大、人民币升值预期较强以及通货膨胀预期下降影响，下半年外汇占款持续快速增长，货币供应量增长较快。11 月末 M_2 余额 29.24 万亿元，增长 18.3%，是今年以来最高水平；人民币各项贷款余额 19.34 万亿元，增长 14.1%，是今年 2 月份以来最高水平。前 11 个月新增人民币各项贷款 22090 亿元，同比多增 2400 亿元。

第三阶段为 12 月份，M_2 快速增长以及贷款增速加快的势头得到控制，年末 M_2 同比增长 17.6%，人民币各项贷款余额同比增长 13%，全年新增人民币贷款 2.35 万亿元。

（二）财政存款成为影响基础货币的重要因素

至 12 月末，中央银行基础货币余额为 6.43 万亿元，比 2004 年末增加 5479 亿元，余额同比增长 9.3%，增速比上年同期低 3.3%。从央行的操作思路上看，1~4 月份央行净回收基础货币 2634 亿元；5~9 月份净投放基础货币 4547.8 亿元；10~11 月份又进行回收操作，净回收基础货币 1634.5 亿元；12 月份投放操作力度加大，当月净投放基础货币 5206 亿元。

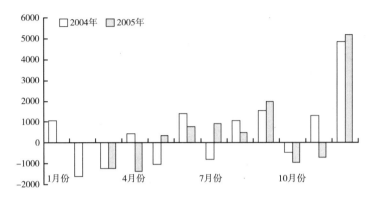

图 4-5　基础货币投回情况

　　2005 年基础货币的需求结构出现较大变化。2004 年金融机构在中央银行存款出现较大幅度的增加，全年增加 13114.79 亿元，在新增基础货币占比达到了 78.76%；而 2005 年 1～11 月份金融机构在中央银行存款出现下降，全年减少 1034.3 亿元。相对 2004 年央行对非金融机构负债大幅下降 8963.48 亿元，2005 年 1～11 月份央行对非金融机构负债增加 172.92 亿元。在基础货币总量既定时，现金和非金融机构在中央银行的存款比重上升，金融机构在中央银行的存款比重下降，货币供应量则收缩。12 月末全部金融机构在中央银行的超额准备金率平均为 4.17%，较上月高 1.18%。其中，国有独资商业银行为 2.27%，股份制商业银行为 4.81%，农村信用社为 11.28%。

　　从基础货币变化的供给角度来看，外汇占款和财政存款的变动仍是影响基础货币的重要因素。随着外汇的大量流入，尤其是今年以来贸易顺差的不断扩大，货币供应模式也发生了很大变化，人民银行新增外汇占款在新增货币货币供应量中的比重大幅提高。1～11 月份，人民银行通过外汇占款投放基础货币 16225 亿元，同比多增 2577 亿元。同期，中央银行通过发行票据和实施正回购操作，净回笼基础货币 13656 亿元。截至 12 月底，中央银行发行央行票据为 27462 亿元，同比增长 82.22%。财政存款是中央银行负债的重要组成部分，其增减变化对市场流动性和货币供应会产生重大影响，从而使中央银行难以准确把握货币政策操作力度。2005 年财政资金继续大量增加，1～11 月份财政存款累计增加 4662 亿元，余额达 9875 亿元。年内财政收支不平衡问题仍然突出，财政存款波动较大，对基础货币和货币供应量产生明显影响。如 2005 年 6 ~ 9 月份财政在中央银行存款下降 15 亿元，而去年同期增加 1651 亿元，下半年货币供应量增速加快，财政存款波动的影响是不可忽视的。

表 4 - 8   货币当局资产负债表

单位：亿元

	1997 年	2003 年	2004 年	2005 年 1 ~ 11 月	比上年末增加	增量结构（％）
资　产	**31413**	**62004. 1**	**71635. 1**	**100430. 56**	**21775. 23**	**100**
1. 国外资产	13229	31141. 6	39453. 5	62137. 35	11452. 71	52. 60
（1）外汇	12649	29841. 8	38237. 4	60923. 43	11258. 93	51. 71
（2）黄金	12	337. 2	337. 2	337. 24	0	0. 00
（3）其他国外资产	568	962. 8	878. 9	876. 68	193. 78	0. 89
2. 对政府的债权	1583	2901	3007	2892. 43	− 77. 19	− 0. 35
3. 对存款货币银行债权	14358	11982. 8	9640	12089. 31	2712. 96	12. 46
4. 对其他金融机构债权	2072	7256	8889. 5	13332. 37	4467. 28	20. 52
5. 对非金融机构债权	171	206. 3	138. 3	94. 75	− 41. 5	− 0. 19
负　债	**31413**	**62004. 1**	**71635. 1**	**100430. 56**	**21775. 23**	**100**
1. 储备货币	30633	52841. 4	53150	59136. 68	280. 57	1. 29
（1）发行货币	10981	21240. 5	22548. 1	24245. 95	1141. 95	5. 24
（2）对金融机构负债	16115	22558	30445. 2	34638. 49	− 1034. 3	− 4. 75
（3）非金融机构存款	3537	9042. 8	156. 8	252. 24	172. 92	0. 79
2. 债券	119	3031. 6	7662. 6	20326. 14	9247. 13	42. 47
3. 政府存款	1486	4954. 7	8973. 2	10778. 22	4946	22. 71
4. 自有资金	366	219. 8	219. 8	219. 8	0	0. 00
5. 其他（净）	− 1191	—	—	—	—	—

资料来源：中国人民银行统计季报。

12 月末，广义货币 M_2 乘数为 4. 64，比上年同期高 0. 32。

（三）短期贷款和票据融资增加较多

12 月末，全部金融机构本外币各项贷款余额为 20. 68 万亿元，同比增长 12. 8％，比去年同期下降 1. 6％。其中，金融机构人民币各项贷款余额为 19. 47 万亿元，同比增长 13％，增幅比去年同期回落 1. 5％。1 ~

12月份，人民币贷款增加23544亿元，同比多增871亿元。1～12月份，企业累计发行短期融资债券1393亿元。随着包括短期融资券在内的多种融资方式的发展，企业的融资环境趋于改善，融资成本降低。但在存贷款利差仍是商业银行主要收入来源的条件下，银行的盈利能力会受到一定影响。

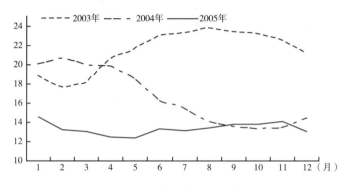

图4-6　人民币各项贷款同比增长速度

从贷款期限看，受今年市场利率较低、金融机构加强资本充足率约束等因素的影响，2005年短期贷款和票据融资增加较多。全年新增短期贷款和票据融资11221亿元，占全部新增人民币贷款的47.7%，同比多增2980亿元。

从贷款对象看，全年非金融性公司部门新增贷款20221亿元，同比多增3473亿元；受住房贷款利率上调影响，居民户部门全年新增贷款5925亿元，同比少增2603亿元。

至12月末金融机构外汇贷款余额为1505亿美元，同比增长12%，比上月回落0.7%。全年累计新增外汇贷款171亿美元，同比多增3.9亿美元。

（四）居民储蓄存款增速较快

12月末，全部金融机构（含外资机构）本外币各项存款余额为30.02万亿元，首次突破30万亿大关，全年增加4.41万亿元，同比增长18.3%，增幅同比上升2.8%。金融机构人民币各项存款余额为28.72万亿元，全年增加4.39万亿元，同比增长18.9%，增幅同比上升2.9%。其中，居民储蓄存款增长较快，12月份末同比增长18%，比上年同期上升2.6%；企业存款同比增长13.6%，比上年同期下降3.2%。

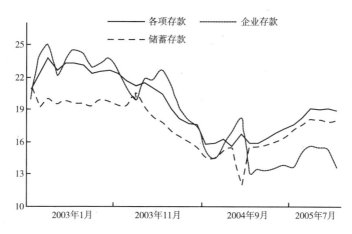

图 4 - 7　企业存款、储蓄存款增长率

外汇占款增加较多、商业票据大量使用以及定活期利差的变化等，导致 2005 年企业定期存款增幅高于活期存款。1～12 月份，新增企业存款 11359 亿元，同比少增 287 亿元。其中，企业活期存款新增 3653 亿元，同比少增 3339 亿元；企业定期存款新增 7706 亿元，同比多增 3052 亿元。

金融机构外汇各项存款余额 1616 亿美元，同比增长 5.58%。全年外汇各项存款增加 68 亿美元，同比多增 29 亿美元。

（五）市场利率持续走低

受超额准备金存款利率下调、市场流动性充足影响，2005 年货币市场利率大幅下降后持续走低。3 月份银行间市场同业拆借和质押式债券回购月加权平均利率分别为 1.98% 和 1.70%，是近年来的最低水平，接近目前的超额准备金存款利率，表明市场流动性较多，金融机构资金充足。6 月份以后，市场利率有小幅回升走稳，但升幅有限。12 月份同业拆借和质押式债券回购交易月平均利率分别为 1.72% 和 1.17%，分别比今年最低点的 6 月份高 0.26% 和 0.44%。

受市场利率走低、债券市场价格全面上涨影响，各期限债券收益率都有下降，因而银行间债券市场国债收益率曲线呈现总体平稳下降，其中中长期债券收益率下降更为明显，导致收益率曲线平坦化。收益率曲线进一步平坦化，表明市场对通货膨胀预期较低，对货币政策的预期趋松。

在货币市场利率走低、中长期债券收益率下降幅度较大的情况下，长期债券收益率与货币市场利率之间的利差总体呈现逐步缩小的趋势。长期债券收益率下降幅度较大的重要原因在于长期债券供求关系的不平衡。一方面,保险公司、社保基金等对长期固定收益产品的需求正在快速增长;另一方面,我国资本市场中包括债券在内的长期产品供应相对不足。

(六) 债券市场规模明显扩大,品种进一步丰富

2005 年债券市场(不含央行票据)累计发行各类债券 16298 亿元,同比增加 3953 亿元,增长 32%,市场规模明显扩大。其中,政策金融债和企业债券同比多增较多。受稳健财政政策的影响,国债发行增长速度减缓。2005 年累计发行国债 7042 亿元,同比增加 118 亿元,增长 1.7%;政策金融债累进发行 5852 亿元,同比增加 1704 亿元,增长 41.1%;企业债(含企业短期融资券 1393 亿元)累计发行 2047 亿元,同比增加 1720 亿元,比上年增加 5.3 倍;银行次级债发行 966 亿元,银行普通债券发行 270 亿元,资产支持证券发行 71 亿元,证券公司发行短期融资券 29 亿元,国际金融机构(国际金融公司和亚洲开发银行)在境内发行熊猫债券 21.3 亿元。其中企业短期融资券、证券公司短期融资券、金融机构其他债券、资产支持证券和国际金融机构债券都是 2005 年新推出的债券品种,是债券市场的重大创新。

2005 年,银行间市场交易活跃。全年银行间市场人民币交易累计成交 23.19 万亿元,同比增加 9.8 万亿元,日均增长 73.8%。其中主要是质押式债券回购和现券交易增加较多。全年,债券回购累计成交 15.9 万亿元,同比增长 69.2%;债券现券累计成交 6.01 万亿元,日均成交是上年同期的 2.4 倍。而同期同业拆借成交 1.28 万亿元,同比下降 11.8%,已持续两年负增长。

从货币市场资金融出、融入情况看,四大国有商业银行仍是主要的资金净融出部门。四大商业银行净融出资金 9.37 万亿元,占全部金融机构融出资金的 55.3%。城市商业银行、农联社、其他金融机构和基金是主要的资金融入机构,其净融入资金 10.26 万亿元,融入资金占全部交易量的 60.6%。

(七) 人民币汇率弹性增强,人民币小幅升值

汇率形成机制改革实施以来,人民币小幅升值。2005 年年末,美元兑人民币汇率 8.0702,与上年末比人民币升值 2.5%;日元兑人民币汇率 6.8716,人民币升值 14.7%;欧元兑人民币汇率 9.558,人民币升值 15.1%。汇改后,银行间外汇市场人民币兑美元各月加权平均汇率的运行区间为 8.076 ~ 8.11,波动幅度有 340 个基点。从香港人民币无本金交易 NDF 看,1 年期

NDF 买入价 7 月 21 日为贴水 4850 点，7 月 22 日贴水数缩小为 3950 点，年末继续缩小到 3300 点。贴水点数比汇改前明显收窄，表明汇改后人民币升值预期成弱化趋势。

5 月 18 日，银行间外汇市场推出八种"货币对"即期外币交易，至 12 月末累计成交折合美元 521 亿美元。8 月 15 日，又正式推出远期外汇业务，市场有成交的为美元、日元两种币种，共成交 277 笔，其中美元成交 263 笔，日元成交 14 笔。

二、2005 年以来的货币政策措施

2005 年，人民银行主要通过市场化手段加强总量控制和结构调整，推动金融市场快速健康发展。

（一）灵活开展公开市场操作，调节银行体系流动性

在外汇占款持续大量增加的情况下，人民银行继续通过发行央行票据予以对冲，并综合考虑财政库款、现金、债券发行与兑付等影响流动性的因素，合理安排央行票据的发行方式、期限结构和发行规模。从效果上看，公开市场操作在预调和微调中的作用不断提高，金融机构超额准备金率的波动幅度较前两年同期明显减缓。

（二）利率市场化程度不断深化

一是下调超额准备金存款利率，同时放开金融机构同业存款利率。3 月 17 日将金融机构超额准备金存款利率由年利率 1.62% 下调为 0.99%。二是 3 月 17 日适度调整了商业银行自营性个人住房贷款政策，将原有的住房贷款优惠利率回归同期贷款利率水平。三是协调境内外美元利率水平，根据国际金融市场利率变化情况，五次调整境内美元、港币小额存款利率，减轻结汇压力。四是 5 月 27 日修改和完善了人民币存、贷款计结息规则，允许金融机构自行确定除活期和定期整存整取存款外的其他存款种类的计息、结息规则，为商业银行加强主动负债管理和业务创新、改善金融服务提供了有利条件。

（三）推进人民币汇率制度改革

7 月 21 日，实施了人民币汇率形成机制改革，开始实施以市场供求为基础、参考一篮子货币进行调节、有管理的浮动汇率制度。结合新汇率制度的运行特点和市场主体规避汇率风险的需要，出台了发展外汇市场的多项措施，建立银行间人民币远期市场，允许开办人民币掉期业务，扩大非美元货币对人民币交易价的浮动幅度，改进银行挂牌汇价管理。5 月 18 日

推出八种外币与外币间的交易，为在银行间外汇市场引入美元做市商制度做好准备工作。

（四）加强对商业银行的"窗口指导"和信贷政策引导

加强信贷政策与产业政策的协调配合，引导商业银行合理控制中长期贷款，支持流动资金需求，防止盲目投资和低水平重复建设。在春耕旺季及时调剂支农再贷款限额，目前对西部地区和粮食主产区农村信用社共安排支农再贷款1175亿元，支持农信社加大对"三农"的资金投入。3月17日在调整住房贷款利率的同时，指导商业银行对房地产价格上涨过快的城市或地区，个人住房贷款最低首付款比例可由现行的20%提高到30%。从需求调节入手，引导社会对未来房地产价格的预期。5月11日建设部等六部委联合下发《关于做好稳定住房价格工作的意见》，加强房地产金融市场监测。

（五）积极推进金融市场发展

中国人民银行制定了《全国银行间债券市场金融债券发行管理办法》，对全国银行间债券市场金融债券发行作出了统一的管理规定，并允许商业银行、企业财务公司等金融机构发行一般性金融债券。截至2005年年底，上海浦东发展银行、招商银行、兴业银行三家银行发行了一般性金融债券。发布了《短期融资券管理办法》，允许符合条件的企业在银行间债券市场向合格机构投资者发行短期融资券，截至2005年年末，企业短期融资券发行总量近1400亿元。中国银监会等部委制定了《信贷资产证券化试点管理办法》，推动国家开发银行和中国建设银行进行住房抵押贷款证券化（MBS）、信贷资产证券化业务（ABS）试点。推动商业银行设立基金管理公司，首批试点的工商银行、建设银行、交通银行都将于近期完成基金管理公司的设立并推出基金产品。6月15日推出债券远期交易。进一步扩大金融市场对外开放，推动国际开发机构在境内发行人民币债券，批准泛亚基金和亚债中国基金进入银行间市场。

三、2005年金融宏观调控需要关注的几个因素

（一）M_2 增长较快

2005年，M_2 增速高于年初的预期目标。尤其是11月末 M_2 增长18.3%，为全年最高水平。全年 M_2 累计增加44431亿元，比上年多增加10975亿元。M_2 增幅较 M_1 和各项贷款增幅分别高5.8%和4.6%，差距较

大。从创造货币的渠道看,在全年 M_2 多增的10975亿元中,信贷为871亿元,占总增加额8%;央行对金融机构贷款和外汇占款为7919亿元,占72%,其他占20%。从货币供应量构成来看,M_2 增长加快主要是企业定期存款、居民储蓄存款和保证金存款增加较多所致。

2005年 M_2 增长较快的原因有以下几点。

一是央行票据发行和外贸顺差的大幅增加促成了 M_2 的持续上升。2005年外汇占款增长很快,其中5～9月份外汇占款同比增长超过52%,为历史最高水平。据央行调查表明,大量结汇资金转为企业定期存款,导致2005年全年企业定期存款累计增加7706亿元,同比多增3052亿元,占 M_2 同比多增的28%,拉动货币供应量加快增长。

二是受物价水平持续较低、实际利率水平不断上升影响,居民储蓄存款快速增长。一年期居民储蓄存款实际利率在2005年6月份转负为正后持续上升,由此带动居民储蓄存款总体增幅加快。2005年居民储蓄存款同比多增5558亿元,占 M_2 同比多增的51%。

三是受银行承兑汇票增加较多影响,企业保证金存款明显增加。1～11月份,累计签发银行承兑汇票3.7万亿元,同比多增8077亿元,增长27.5%。随着银行承兑汇票签发量的明显增加,企业在银行的承兑保证金存款增长很快。前11个月新增保证金存款3268亿元,同比多增1516亿元,占 M_2 同比多增的13.1%。此外,由于银行承兑汇票是企业的一种支付结算工具,其签发量的大量增加,使企业的支付能力明显增强,这也是导致 M_1 增幅低的一个原因。

(二) 票据融资增长较快

受货币市场利率水平较低以及商业银行资本充足率管理的影响,2005年商业票据(包括银行承兑汇票和商业承兑汇票)增长较快。2005年12月末,商业汇票余额同比增长31.9%,比上年同期高15.7%;2005年,商业票据签发额达4.4万亿元,比上年同期多签发10304亿元。

票据融资业务发展主要以下几个方面因素的影响:一是资本充足率约束。目前多数商业银行面临的资本压力比较大,需要控制风险资产总量。一般性贷款的风险权重为100%,而银行承兑汇票原始期限四个月以内的风险权重为零,四个月以上的也只有20%。因此,票据融资形式的信贷扩张所受资本约束远小于一般性贷款。二是商业银行考核的需要。目前银行承兑汇票保证金比例在50%左右,且需要冻结。银行发展票据业务,可以增加存贷款,满足考核要求。三是资金规模和稳定性限制。中小银行之所以在票据融资业务特别是直贴中的占比较高，一个重要因素是中小银行的存款规模小、稳定性较低，制约了一般性贷款的投放。贴现票据具有较好的流动性，便于中小银行管理头寸。

就其影响来说，商业票据是支付工具，加之 2004 年 10 月份调整利息水平时，企业定期存款利率有所调高，但活期存款利率水平没变，因此，商业票据对 M_1 的替代作用明显。与此同时，商业票据也是一种融资工具，其快速增长对企业贷款也产生替代作用。

四、2005 年金融形势和金融政策展望

（一）对 2006 年货币走势的基本判断

从目前情况来看，有以下因素影响基础货币需求：一是目前金融机构尤其国有商业银行超额储备率普遍较低，贷款没有完成 2005 年的计划，估计商业银行还有相应的项目储备。此外，全社会固定资产投资水平和企业景气仍处于高位，贷款需求不会明显减弱。二是 2005 年邮政储蓄转存款的转出比例为 15%，比去年提高 5%，邮政储蓄吸收储蓄的积极性会有所下降，对应部分的货币需求会减少，考虑到邮政储蓄余额占基础货币余额的比重为 13.1%，估计这一因素对今年基础货币需求会产生持续的影响。总体上看，经济运行对基础货币的需求仍然较强。中央经济工作会议提出，2006 年全年广义货币 M_2 增长 16%，狭义货币 M_1 增长 14%，全部金融机构新增贷款 2.5 万亿元。

（二）通过公开市场操作调节市场流动性

从趋势上看，外汇占款继续增加、到期央行票据较多等因素，将继续加大银行体系流动性供给。同时，鉴于当前货币增长偏快，央行须继续加大公开市场操作力度，从流动性方面形成对贷款增长的制约。此外，央行的公开市场操作要密切关注财政存款变化对市场流动性和货币供应量的影响，尽快推动国库现金管理。

（三）进一步推进利率市场化

完善中央银行利率体系，建立实时动态调整再贴现率等中央银行利率形成机制；进一步完善票据市场利率以及市场化产品的定价机制，合理反映期限和信贷风险；培养市场基准利率体系，提高中央银行对市场利率的引导能力。同时，进一步推进利率市场化改革，扩大农信社、城信社人民币贷款利率浮动区间，提高中央银行对市场利率的引导能力，增强货币政策传导效果。

（四）研究信贷在扩大消费方面的措施

建议在不断健全个人信用征信体系的基础上，推广信用卡小额信贷等个人消费业务，拓展消费信贷的广度和深度。支持合理住房消费，充分发挥各类金融机构在消费贷款方面的作用。

（五）发挥人民币汇率调节国际收支的作用

从目前的情况来看，我国出口企业能够基本消化汇率升值的影响。下一步应在综合评估汇率变化对国民经济影响的基础上，从支持进口、调节出口、稳妥推进对外投资、实施走出去战略、改进短期资本流动管理等方面采取综合措施，进一步增强汇率的灵活性，充分人民币汇率调节国际收支的作用。

第六部分　资本市场分析

2005 年中国的股票市场走过了不平凡的一年。上证综指从 2004 年末的 1266.50 点在 2 月 25 日达到全年最高点 1328.53 点后，一路下跌至 6 月 6 日的全年最低 998.23 点，创出 1997 年 2 月以来的历史低点。上半年跌幅达 21.19%，成交量也从一季度的日均成交超过 100 亿元下滑至 6 月份的日均成交不足 50 亿元。而后在 1000 点到 1230 点之间呈现震荡整理走势，成交量在行情涨势时期可放大至 130 亿元到 150 亿元，在行情低迷时期可下降到 40 亿元到 50 亿元，全年收盘于 1161.06 点。尽管 2005 年并未摆脱 2001 年以来的"熊市"，但监管机构 5 月份所推行的股权改革办法及其后的各项实施细则和配套措施等，在对市场带来短期冲击后，逐步得到市场的认同和接纳，被实践证明是必要的、及时的、正确的和有可操作性的，其对中国股市未来的发展具有里程碑式的深远意义。第四季度上证综指走出了较为典型的"U"字形走势，从三季度末的 1155.61 点，下探至 10 月底的 1080.87 点后，横盘整理一个月，逐步回升至年末的 1161.06 点。四季度日均成交量基本维持在 50 亿元到 60 亿元，只是年末的 5 个交易日成交量显著放大，从日均成交 60 多亿元迅速放大至超过 100 亿元左右，预示 2006 年会有一个较好的开局。2005 年债券市场十分辉煌，走出了有史以来涨幅最大、持续时间最长的牛市行情。以国债指数为例，从 2004 年末的 95.61 点，持续走高至 2005 年末的 109.06 点，全年上涨 14.07%，成交量基本稳定。11 月份前的日均成交主要保持在 100 亿元到 130 亿元之间，11 月和 12 月的日均成交量出现一定程度的萎缩，基本维持在 70 亿元到 100 亿元的水平。第四季度，债券市场走势与股市类似，也呈现出"U"字形走势，从上月末的 108.70 点涨升至 10 月 21 日的全年最高点 109.71 点后，下探至 11 月 10 日的 107.13 点后，稳步回升至年末的 109.06 点，本季度涨升 0.34%。

一、股票市场

（一）本季度股票市场走势分析

本季度股票市场走势与上个季度类似，仍可以划分为三个阶段：第一个阶段是 10 月份的单边下跌行情，第二个阶段是 11 月份的横盘整理时期，第三个阶段是 12 月份的单边上升行情。之所以呈现出这种较典型的"U"形走势，主要原因在于以下几点。

1. 监管机构出台股改配套政策等，鼓舞了投资者信心

本季度出台的三方面政策和措施，有效提升了投资者信心。一是推出股改配套措施，增强了市场的可预期性，维护了市场稳定，如：10 月下旬沪深交易所发文允许无力支付对价的绩差公司可以采取以股抵债式进行股改，减少了投资者对绩差公司股改无力补偿的担忧，减轻了市场抛压；11 月中旬中国证监会召开股权分置改革工作座谈会，要求证券经营机构全力维护市场稳定，严禁买卖投票权和从事其他违反规定的活动，提出要加紧研究全流通环境下的制度、会计处理办法、已完成股改的公司的倾斜政策等，稳定了投资者预期；12 月中旬中国证监会主席宣称新股发行没有时间表，减缓了市场压力；12 月底发布《上市公司股权激励管理办法》，规定 G 股公司可率先启动股权激励试点，可将向激励对象发行股份和回购本公司股份等作为股票来源，采用限制性股票和股票期权等来实施股权激励，强化了管理层与上市公司的利益关系，有利于保护投资者利益；12 月底出台了《外国投资者对上市公司战略投资管理办法》，外国投资者将获得许可对 G 股进行战略投资，首次投资完成后取得的股份比例不得低于该公司已发行股份的 10%，而取得的股份三年内不得转让，在增加市场增量资金的同时，降低了全流通的扩容压力。二是 10 月末新修订的《公司法》和《证券法》获得通过，大大强化了公司治理结构、公司担保、投资和重大资产处置等行为的约束和信息披露等，新修订的《刑法》明确了证券犯罪的处罚措施，为证券市场进一步稳健发展奠定了制度基础。三是继续加强市场监管，营造良好的市场秩序，切实保护投资者利益，如继续完成本应 10 月底完成的彻查券商家底工作，处置一批高风险券商，化解券商经营风

险，制定《证券公司风险处置条例》，出台了《会员制证券投资咨询业务管理暂行规定》等。这些措施对股市经过 11 月近一个月的筑底后步入缓慢攀升的上升通道起到一定作用。

2. G 股走势较为反复，带动大盘先抑后扬

进入 10 月以来，随着股改速度的加快，股改的平均对价水平呈下降趋势，个别公司明显有鱼目混珠的股改倾向，出台了一些对流通股股东补偿不到位的方案，引起投资者不满，降低了投资者支持股改的信心，此其一。其二，一些基金公司和 QFII 在上市公司股改投票过程中，出于保持与上市公司的关系、寄期望于所持股票短期内股改完毕、复牌后迅速出货等不同目的，选择了不作为，不仅使个别上市公司较为顺利地通过了对价较低的股改方案，而且使机构投资者对一些 G 股采取短线操作策略，对市场产生较为不利的影响。其三，部分股改公司按照股改方案的承诺，在股价跌破底线时入场护盘，但效果不佳，在用完所承诺的护盘额度后，股价仍然低于所承诺的底线，极大地降低了投资者的投资热情。这些因素共同引致 G 股的下跌，而自 5 月宣布股改以来，G 股始终成为大势走向的风向标，其对市场的引领作用毋庸置疑，从而带动大盘走低。进入 12 月，受政策面的影响，改善了投资者对 G 股的预期，加上 G 股下跌估值优势凸显，促使 G 股走好并带动大盘走高。

3. QFII 投资理念和投资行为对市场影响加大

本季度在证券监管机构的极力推动下，QFII 的审批速度得以加快，不仅有效增加了市场的增量资金，而且其所倡导的价值投资理念和所产生的赚钱效应对市场带来较为深刻的影响。5 ~ 9 月期间 QFII 额度没有增加，10 月以来，其审批速度和额度都得到有效放大，10 ~ 12 月期间各月的审批额度分别增至 42 亿美元、54.95 亿美元和 56.45 亿美元，频创年内新高（见图 4 - 8）。与此同时，在国内基金等机构投资者尚未建立在股权分置改革时期及全流通后的投资规则之时，QFII 却凭借其多年的国际投资经验和价值投资估值标准，提前发掘出中国股市股改所隐藏的巨大商机，加快了"抄底"建仓速度。第三季度季报统计显示，QFII 增持行为十分明显，期间仅增持量超过 100 万股的个股就达到 14 只，在第四季度仍然继续这一加仓行为，其所增持的股票普遍产生了赚钱效应，在稳定市场走势的同时，也较大程度地撼动了国内机构投资者和散户的投资理念。

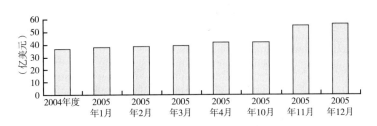

图 4 - 8 2005 年 QFII 获批额度变化表

4. 基金等机构投资者调整持仓结构和应对净赎回影响市场走势

截至 2005 年 11 月末，基金、券商、社保基金和 QFII 持有的 A 股市值占总市值比例达 20%，其中基金持有 A 股市值占 A 股总市值比例高达 14.8%，是股市最大的机构投资者，其对市场的引领作用不可低估。本季度在股改的全新投资环境下，基金公司一方面在大盘走势较为反复的市场变动环境中，重新梳理新形势下的投资理念和投资规则，主动进行持仓结构的调整；另一方面还需应对较大规模净赎回。这两方面因素决定了基金集中抛售一些高速公路股、港口股和能源股等基金重仓股，从而引领市场走低。

5. 上市公司业绩预期进一步下滑

上市公司三季度业绩再次呈现与中报相似的增收不增利的特点，沪深上市公司前三季度主营业务收入同比增长 24.24%，而净利润却同比下降 2.18%，但亏损比例提高到 17.32%，比 2004 年前三季度的 11.47% 的亏损比例上升了近 6%。同时，全社会经济效益也开始下滑，提高了投资者对上市公司全年业绩下滑的预期，对 10 月和 11 月的走势产生了较为不利的影响。

（二）2006 年股市走势预测

2006 年股市将在宏观经济趋于收缩、上市公司业绩小幅下滑、股权分置改革深入进行、新老划段、非流通股逐步流通等扩容压力加大、机构投资者调整投资理念、汇率制度改革、股票市场创新和两会召开等多重因素影响下，上半年特别是一季度可能走出以股价结构调整为主线的震荡上行行情。下半年若监管机构对冲扩容压力举措得当，股市有望保持稳定，否则，可能会走出震荡下跌行情。

1. 金融改革对直接融资渠道建设提出了更高的要求

国际金融发展实践表明，包括股票市场和债券市场在内的直接融资的发展，可以有效降低金融体系风险，提高金融效率。1990～1995年间，美国、英国、加拿大、法国、日本等国家的直接融资比例（直接融资/企业外源融资总额）均超过38％，个别国家如法国高达78％，而截至2005年我国直接融资比例不足5％，在加大金融风险的同时也降低了我国金融效率。因此，加快股票市场建设，快速扩大股票市场容量，更好地发挥股市直接融资功能，不仅是自身内在发展的要求，也是我国"十一五"规划中加快金融改革、提高金融效率的重要举措。2006年作为"十一五"规划的开局之年，股市走好的概率相对较大。

2. 宏观经济开始进入收缩期，对股市具有双向影响

从经济运行的周期性波动规律看，我国经济存在6～8年的中周期波动现象，上升期只有2～3年，下降期约4～6年。2004年应是新一轮中周期的高峰，2005年已进入周期性收缩阶段。根据宏观经济季度模型预测结果，未来两年我国经济仍将保持快速增长状态，但经济增长率将逐年回落，预计2006年GDP增速为9.6％，2007年下降到9.3％。这会直接影响上市公司业绩增长水平，制约股市的上行空间。但考虑到我国储蓄率仍然居高不下，银行惜贷短期内难以改观等现实情况，政府希望通过活跃股市等举措，增加内需，减缓银行放贷压力。这会增强股市的活跃程度，创造更多的投资机会。

3. 股权分置改革全面提速，扩容压力趋增

截至2005年年底，完成股改和进入股改程序的上市公司家数总计达422家，占沪深两市1358家上市公司（不含纯B股公司）的31.08％，市值达到10738.51亿元，占A股31518.76亿元总市值的34.07％。2006年还有936家近70％的上市公司需要进行股改，对价扩容、股改禁售股进入流通、已上市股票再融资、重启新股IPO等所带来的市场扩容压力不容忽视。

从对价扩容压力看，按照非流通股股东向流通股股东每10股送3股的市场较为认同的对价比例和2005年已经完成股改的G股流通市值增加幅度测算，2006年G股对价扩容部分全部实现流通大约需要新增资金在1000亿元左右。

从股改禁售股进入流通引致的扩容压力看，根据中国证监会《关于上市公司股权分置改革试点有关问题的通知》的规定，G股的非流通股股东

所持有的非流通股股份自获得上市流通权之日起，至少在十二个月内不上市交易或者转让。持有试点上市公司股份总数5%以上的非流通股股东应当承诺。在前项承诺期期满后，通过证券交易所挂牌交易出售股份，出售数量占该公司股份总数的比例在十二个月内不超过5%，在二十四个月内不超过10%。按照2005年5月第一批试点公司最早在2006年下半年占股改公司总股本5%以下的股东的非流通股可以流通，占5%以上的股东的非流通股流通比例按高限5%进行测算，下半年这类扩容所需要的新增资金约300亿元左右。

从已上市股票再融资和新股IPO融资需求看，虽然监管机构一再重申新老划段没有时间表，但考虑到2006年是"十一五"规划的开局之年，恢复股票市场融资功能是贯彻这一规划的重要举措。因此，2006年必然会启动再融资合新股IPO融资。参照走势与2005年较为接近的2003年和2004年的融资规模，这两年融资总额分别达1357.76亿元和1510.9亿元。考虑到监管机构只有在股改顺利进行、大势较为稳定的前提下，才会推出再融资计划。因此，乐观估计2006年下半年可能恢复再融资和新股IPO融资，据此测算，2006年满足这部分需求的新增资金约700亿元左右。

总体上看，2006年下半年扩容压力日益加大，若监管机构能够采取较好的举措化解这一压力，股市可望走稳，否则，难免会引发较大的震荡。考虑到监管机构正在积极研究各种对策，大胆创新，估计出现后者的可能性较小。

4. 股价结构调整将成为未来较长一段时期股市运行的主旋律

2005年下半年，伴随股改的不断推进，股价结构调整已经拉开了序幕，未来股价结构调整将越来越成为主导股市走势的主旋律，其原因主要在于以下几个方面：一是市盈率水平已与国际大多数股票市场市盈率水平接近，2005年末沪深两市平均市盈率分别为15.63倍和21.75倍。若大盘保持在2005年末的水平，股改对价将使市盈率进一步下降到13～14倍，加快了股价结构调整。二是市盈率结构不尽合理，存在较大的股价结构调整空间，如图4－9所示。虽然自2004年以来股价结构调整已经开始，20倍以内的上市公司占比逐步提升，40倍以上四上市公司占比逐步下滑，但效果不甚明显，2005年第四季度40倍以上上市公司占比仍达41%，存在较大的调整余地。三是随着股改的深入进行，所有上市公司股票全流通，以少量资金做庄投机赚钱的模式将逐步隐退，国际流行的价值投资模式将日益得到市场的认同，股价结构调整自然市题中应有之意。四是股改以来，QFII 以骄人的投资业绩证明了其价值投资理念，对我国股市投资者具有重要的教育意义，十分有利于价值投资理念逐步推行和股价结构调整的深入进行。

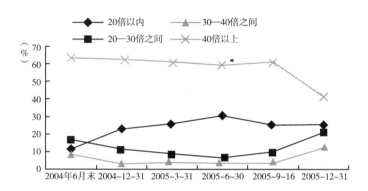

图 4 – 9 2004 年 6 月末到 2005 年 12 月末市盈率结构变化图

5. 汇率制度改革有利于股市上行

中国人民银行 9 月 23 日决定适当调整人民币汇价管理幅度，这是中国自 7 月 21 日启动汇率改革后首次放宽人民币汇价交易幅度，扩大了即期外汇市场非美元货币对人民币交易价的浮动幅度。"十一五"期间外汇管理工作的重点包括逐步实现资本项目可兑换，有序拓宽资本流出渠道。加之未来 10 年我国经济增速仍会维持在较高水平，可以预见，人民币升值将是一个长期的过程。这不仅有利于吸引外部资金，促使其通过 QFII 直接参与股市投资或通过战略投资进入 A 股，而且还会加大中资向海外投资的机会成本，有利于股市走好。

6. 股票市场创新促使股市步入新的发展时期

为保证股改顺利进行，改变 M_2 增速提高、银行存贷差持续扩大而资本市场在股改期间资金十分短缺的局面，监管机构必将努力进行发行制度创新、交易制度创新和金融产品创新，如恢复 T + 0、放宽涨跌停板限制、推出股指期货等，吸引增量资金入场，在活跃股市、保证股改顺利进行的同时，将股指稳定在一个较为合理的运行区间，充分发挥股市的融资和防范金融风险等作用，促进股市以全新姿态步入新一轮发展时期。

二、债券市场

（一）本季度债券市场走势分析

本季度债券市场在历史高位走出了"U"字形走势，其原因主要在于以下几点。

1. 资金面宽裕为债市高位运行创造了必要条件

本季度资金面依然呈现较为宽松的局面，为债市稳定地在高位运行奠定了重要基础，这主要表现在以下几个方面：一是从 M_2 增速看，同比增速持续提升，从 2 月份的 14.23% 提高到 11 月份的 18.3%，12 月份为 17.5%。二是从金融机构人民币存贷差占同期存款总额占比变化看，由 1 月份的 26.2% 逐月走高到 11 月份的 32.25%，较年初提升了近 10%。三是从各个期限的加权平均回购收益率变化看（如图 4－10 所示），1 年期央行票据和 28 天正回购分别从上季度初的 1.595% 和 1.07% 下降到 10 月末的 1.3377% 和 1.02% 后，开始走高至年末的 1.9109% 和 1.7%，与央行实行主动抬高利率的市场调控密切相关，但绝对水平仍处于较低水平。四是从国债和金融债发行利率变化看，7 年期固定利率国债中标利率由 5 月下旬 3.37% 下降到 11 月份末的 3.01%，国开行 5 年期固定利率金融债中标利率由 5 月中的 3.58% 下降到 12 月末的 2.66%。五是中行、建行和交行等大型商业银行发行股票上市，为保证达到上市所要求的资本充足率，惜贷现象十分严重，倾向于占资本规模较小的债券投资，加大了债市需求。此外，股票市场持续低迷，风险偏好较低的投机性资金仍滞留于债券市场，促使债券市场资金十分宽松。

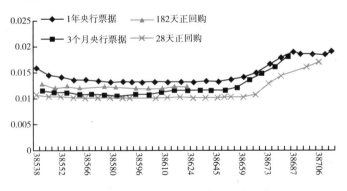

图 4－10　2005 年下半年 1 年期和 3 个月央行票据、182 天和
28 天正回购周加权平均收益率变动图

2. 央行调控引发利率上行预期进而促使债市高位调整

10 月 21 日，央行正副两位行长均在公开场合提示长期债券收益率过低的风险。同时，公开市场操作有意抬高利率，央行票据和正回购的周加权平均收益率从 10 月 21 日后逐步走高，增强了市场对短期利率上调的预期，债市应声而落。以国债指数为例，从 10 月 21 日的 109.52 点这一全年高位，不断下滑至 11 月 10 日的 107.13 本季度最低点，跌幅达 2.19%，而后随着 12 月上旬公开市场操作恢复平稳，绝对利率水平仍保持在较低水平，稳定了市场预期，债市又重拾升势。

3. CPI 保持在较低水平支持市场走高

本季度公布的 CPI 始终维持在较低水平，低于市场预期，如 10 月和 11 月份的 CPI 同比分别上涨 1.2% 和 1.3%，全年 CPI 预期大多为 1.5% 左右。虽然本季度前两个月的 CPI 环比有所提高，但提高幅度很小，加之各类分析表明，宏观经济即将进入收缩期，减低了加息预期，支持债市走高。

4. 可转债市场较为反复的走势加剧了债市震荡

受股票市场推进股权分置改革影响，在没有新的可转债供给增加情况下，因股改对价不调整转股价格，致使存量转债加速下降，截至 11 月底，存量规模下降至 258 亿元，较年初下降 23.2%，市场机会明显减少，制约了投资者的积极参与。加上股市持续下跌，带动可转债走低。进入 12 月份随着股市走好，可转债又普遍出现了一定幅度的上涨，加大整个债市震荡幅度。

（二）2006 年债券市场走向预测

2006 年，债券市场将在资金面宽松、宏观经济收缩、CPI 低位运行、债券供求不平衡等因素共同作用下，维持高位震荡整理格局，大幅上涨的概率较小，下半年随着宏观经济走势的明朗和 CPI 预期变动，债市会面临一定的调整压力。

1. 货币宽松程度略有下降对债市产生上行压力

从国家外汇储备同比增长率变化看，它由 2005 年 7 月的年内高峰 51.71% 逐月下降到 12 月的 34.26%。外汇流入速度减缓，说明自 7 月份扩大汇率浮动区间以来，成效较为明显。未来随着外汇改革的深入进行，外汇占款压力将进一步减轻。从央行在 10 年期国债收益率达 3.5% 左右的水平时发布低利率风险提示看，央行不希望利率持续走低，会在货币过于宽松时采取必要的调控措施，将利率稳定在一个相对合理的水平，因此，货币过于宽松的局面不会再行出现。从存款利率下浮的可能性看，2005 年 11 月央行再次提醒商业银行可以使用 2004 年 10 月出台的允许商业银行存款利率向下浮动的政策，同时，考虑到商业银行资金充足而资金运用压力较大的现实，不排除 2006 年较多的商业银行集体行动下浮存款利率，减少吸储量。再从发行上市的国内大型商业银行的投资行为看，它们在完成股票发行上市后，资本充足性会得到较大幅度的提高，盈利压力将迅速加大，会更加注重规避债市长期收益率较低的风险，加大放贷力度，减少对低利率债券投资。总体看，在上述诸多因素共同作用下，货币宽松程度较 2005 年略有下降，直接对债市继续上行构成了较大压力。

2. CPI 保持在较低水平有利于稳定市场预期

从消费需求看，未来几年消费需求仍将保持较高增速且增速高于其发展趋势值；从投资看，2006 年投资名义增速将较 2005 年有所下降，大约维持在 25% 的水平；从出口看，国内生产能力过剩问题日渐突出，国内需求相对不足将迫使企业更多地依赖国际市场，未来几年出口仍将保持较高增速，预计 2006 年出口增速仍将保持在 20% 左右的较高水平；从 CPI 变化看，2005 年我国居民消费价格指数已下降到 1.8%，比 2004 年下降 2.1%；从 CPI 结构因素变化看，近年来服务和工业消费品价格相对稳定，引致 2003 年和 2004 年 CPI 出现较大波动的粮食价格在 2005 年趋于稳定。为保护农民利益、稳定农民收入，2006 年粮食价格出现较大幅度下降的可能性不大。国际能源价格上涨趋势减缓，国内在物价较低的 2006 年将开展能源和原材料价格调整，减少不必要的能源和原材料耗费，促使基础产品价格走高。总体上看，虽然 2006 年经济将进入收缩期，但出现通货紧缩的可能性较小，预计 2006 年 CPI 为 2% 左右，利率环境有望继续保持稳定，为债市平稳运行创造了条件。

3. 债券市场供小于需的格局有利于债市走好

据估计 2006 年债券市场仍无法改变供小于求的局面，这是因为，从债券发行看，中长期国债发行量将较 2005 年小幅下降，短期国债发行量有所增加，包括政策性金融债和其他商业银行发行的次级债券等在内的金融债规模趋于扩大。企业债在制度创新的刺激下有望提高发行规模，短期融资券将应市场需求加大发行比例，央行票据发行规模不会小于 2005 年，资产证券化品种发行规模会有所扩大，债券供给总量会小幅增加。从债券需求看，商业银行存贷差持续扩大的局面短期难以改观，可投资债市的资金会维持在较高水平。2006 年保险公司投资资产增速不会低于 20% ，且在银行资金十分宽裕、较大幅度地减少了对保险资金协议存款的吸存力度的情况下，保险公司不得不加大了债券的投资比重；2006 年债券到期本息规模高达 22500 亿元左右，这些资金仍会以再投资的方式流回债市。以投资债市为主的企业年金资金规模也会增加，债券需求总量仍会继续扩大。结合往年债券市场供需格局变化特点，综合考虑上述供求因素，总体上看，2006 年债市供小于求的局面仍难以改观，有利于债市高位运行。

4. 债市创新提供更多投资机会

2005 年 12 月 19 日央行发布 2005 年 30 号公告，一方面扩大了企业债投资主体，商业银行等机构投资者均可买卖；另一方面企业债发行制度向核准制和注册制转变，预示着企业债发行和定价更加市场化，对企业债市场乃至整个债券市场将产生十分有利的影响。2006 年将实行国债余额管理制度，不再将年度发行规模作为控制标的，而是将未清偿的国债存量数值作为发行国债的年度控制指标。这将大大增加 1 年期以内的短期国债供给，创造更多投资选择。此外，MBS 和 ABS 的发行量会有效放大，发行方式会继续创新，有利于债市保持活跃。

第七部分　房地产投资分析

一、2005 年我国房地产投资特点

（一）投资总量和规模平稳增加，但增幅显著回落

1. 季度和单月绝对规模平稳扩大

2005 年我国房地产投资总额 15763 亿元，其中第一季度为 2324 亿元，第二季度为 3829 亿元，第三季度为 4226 亿元，第四季度为 5385 亿元，继续呈现逐季度扩大趋势。与 2004 年相比，季度同比增长分别是 24.04% 、25.50% 、23.93% 和 11.63% 。从前三季度扩大规模基本维持在 24% ~ 25% 之间，四季度同比增幅下降到 11.63% 的变化趋势看，增幅明显回落。通过与 2004 年和 2003 年比较我们可以发现，我国房地产季度投资变化的一个规律性变动特点，即就是每年房地产三季度的投资增量在四个季度中是最小的，如 2005 年为 397 亿元，2003 年和 2004 年分别是 359 亿元和 147.19 亿元，均是全年绝对增幅最小的。见表 4 - 9。

表4-9 2005年我国房地产同比增长变化表

单位：亿元，%

2005年	第一季度		第二季度			第三季度			第四季度		
季度投资	2324		3829			4226			5385		
同比(%)	24.04		25.50			23.93			11.63		
月　份	1~2	3	4	5	6	7	8	9	10	11	12
单月投资	1200	1124	1081	1199	1549	1434	1333	1458	1391	1471	2523
2004年	1005	868.6	712.4	1017	1221	1131	1130	1149	1192	1212	2420

资料来源：根据国家统计局公布月度数据计算整理。

　　2005年房地产单月投资中，6月份达到1549亿元，12月份最高达到了2523亿元。1~6月份是一个逐月增长的过程，6月份之后到11月份则呈现上下波动态势，但波动幅度不是很大，是一种相对平稳的波动。而12月份则突然增加，这一变化特征与2004年是一致的。2005年的单月投资均超过2004年单月投资量，这说明我国房地产投资已进入到相较大规模上的平稳波动时期。

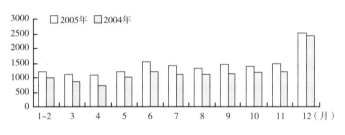

图4-11 我国房地产单月投资变化图

　　2. 房地产投资增速渐次梯度回落

　　2005年，我国房地产投资增长速度呈现由高到低渐次梯度回落之势。2005年1~4月份为第一梯度回落，从27%下降到了25.9%；5~7月份为第二梯度回落区间，从25.9%的幅度下降到了23.5%；8~11月份，则是渐次回落的第三梯度，从23.5%回落到22.3%~21.6%这一范围波动；2005年12月份投资增幅19.8%，首次回落到20%以下，这也预示着我国房地产投资进入到了一个新的梯度层次。虽然四个梯度下降幅度基本相当，但2005年全年从27%下降到了19.8%左右，回落幅度达7.2%，其实

7.2% 的背后预示着巨大的规模量，因为进入到 2005 年之后的增长基数已大大超过 2004 年的增长基数。如表 4 - 10 和图 4 - 11 所示：

表 4 - 10　2005 年我国房地产同比增长变化表

月　份	1 ~ 2	1 ~ 3	1 ~ 4	1 ~ 5	1 ~ 6	1 ~ 7	1 ~ 8	1 ~ 9	1 ~ 10	1 ~ 11	1 ~ 12
投资总量	1200	2324	3405	4604	6153	7587	8920	10378	11769	13240	15763
2005 年增长%	27	26.7	25.9	24.3	23.5	23.5	22.3	22.2	21.6	22.2	19.8
2004 年	43.6	41.1	34.6	32	28.7	28.6	28.8	28.3	28.9	29.2	28.1

资料来源：根据国家统计局公布月度数据计算整理。

　　从表 4 - 10 可以看出，2005 年以来，我国房地产投资的增长幅度已经大幅度回落，目前的增幅已经低于最高时点的 2004 年 1 ~ 2 月份 43.6% 一半以下水平。综观 2003 年以来到 2005 年我国房地产投资增长的变化轨迹，我们可以明显地观察到，2003 年到 2004 年一季度是投资增长最快的时期，即由 34% 左右达到最高峰 40% 以上，之后由于国家宏观调控政策不断出台和力度不断加大，房地产增长开始迅速回落。如果说 2004 年是中国房地产投资增长从最热迅速回落的话，那么，2005 年则是中国房地产投资增长渐次梯度回落并进入到一个平稳增长的一年。2005 年房地产投资增长波动震荡范围在 7.2% 范围内，而 2004 年的波动震荡范围（43.6% ~ 28.1%）则高达 15.5%，2003 年虽然波动震荡范围在 4.8% 之间，但 2003 年是在高位上的波动震荡，投资增长幅度高于29.7% 以上的震荡（见图 4 - 12）。

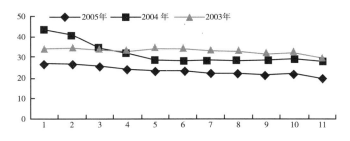

图 4 - 12　2005 年房地产投资增长变化比较

　　从图 4 - 12 可以看出，2005 年我国房地产投资增长期限在最下方，且从左向右渐次回落。2004 年一季度在最上方，之后从 5 月份开始才处于曲线的中间，而 2003 年除了一季度外均处于三年的最上方。这说明 2004 年一季度中国房地产投资增长达到高峰的主要原因就是 2003 年的房地产投资持续高速增长所引致的结果。为此，我国花费了近两年的时间才使得投资过快甚至过热增长的势头得以扭转并趋于合理和稳定状态。这也说明对房地产投资变化的跟踪监测是很重要的，对房地产投资的准确评估也是不可缺少的。同时，2003 年以来的市场变化也证明了我国宏观调控政策是完全正确的。假如按照 2004 年甚至是 2003 年的增长速度，那么，我国目前的房地产投资规模将至少是目前 1.5 倍以上，这是中国经济运行所无法承受的。

（二）投资增速继续低于同期固定投资增长比例，在固定资产的占比趋于下降

房地产投资是固定资产投资重要组成部分，并且是带动和引领全社会固定资产投资增长的主要动力。1978 年以来，中国房地产投资一直扮演着拉动中国经济增长的积极力量并受到国家政策的倾斜。因此，一般来说，在多数情况下一方面房地产投资增长都高于全社会固定资产投资增长速度，另一方面房地产在固定资产投资中的比重较高。但 2005 年则出现了一些新的特点。

1. 增速由高于转向低于同期固定投资增长比例

与同期的固定资产投资相比，2005 年我国房地产投资增速由 27.% 下降到 19.8%，呈现由高到低渐次梯度回落态势，而与此恰恰相反，同期固定资产投资增长则是渐次提高（只有 12 月份例外）（参见表 4-11），由 1~2 月份的 24.5% 提高到了 11 月份的 27.8% 和 12 月份的 27.2%。而且，由于提高的幅度大于下降的幅度，房地产投资低于固定资产投资增速的差距幅度也越来越大。

表 4-11　2005 年我国房地产投资与同期固定资产投资增速比较

2005 年	第一季度		第二季度			第三季度			第四季度		
月　份	1~2	1~3	1~4	1~5	1~6	1~7	1~8	1~9	1~10	1~11	1~12
1 房地产增长	27	26.7	25.9	24.3	23.5	23.5	22.3	22.2	21.6	22.2	19.8
2 固定资产增长	24.5	25.3	25.7	26.4	27.1	27.2	27.4	27.7	27.6	27.8	27.2
1 与 2 比较	3.5	1.4	0.2	-1.9	-3.6	-3.7	-5.1	-5.5	-6.0	-5.6	-7.4

资料来源：根据国家统计局公布月度数据计算整理。

　　这一变化特点在 2004 年也曾出现过，2004 年我国房地产投资增长速度大多月份低于同期的全社会固定资产投资增长速度。尤其是 1~2 月份和 1~4 月份达到了 9.4% 和 8.2%，但从 2004 年的 11 月直到 2005 年的 4 月份房地产投资高于全社会固定资产投资增长速度，2005 年 5 月后重新出现了房地产投资增长速度低于同期固定资产投资增长速度现象，如图 4-13 所示。房地产投资增速低于同期的固定资产投资增长反映了我国投资增长的新变化特点，即房地产支柱产业的超前性拉动力量，在目前新经济环境下已经减弱。或者说当前我国在投资结构上即房地产投资引领经济增长功能，已部分地被其他产业投资所替代，这也说明了经济增长的拉动多元化。但考虑到 2005 年以来我国固定资产投资增速有低到高渐次提高的事实，尽管到 2005 年年底达到了 27.2%，尚未超过 30%，但还须警惕投资过快、过热的反复。

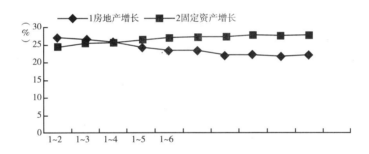

图 4-13　房地产投资与固定资产投资增速变化图

　　2. 房地产投资在固定投资中所占的比例逐月下降

　　2005 年以来，我国房地产在固定投资中所占的比例继续呈现由高到低逐月下降趋势，1~2 月份最高占到 28.4%，到第一季度末占 25.72%，二季度末降至 22%，到第三季度降至 21.09%，四季度进一步下降到 22% ~ 21.09% 变动区间。这一比例变化趋势充分地说明了 2005 年我国房地产投资与固定资产投资的结构变化已经发生了很大变化，房地产投资增长在固定资产投资影响度在降低，同时也反映了 2005 年非房地产投资的产业投资有所恢复，并且已经大大快于房地产投资。但其比例变化与 2004 年有了很大区别，如表 4-12 所示。

表 4 - 12   2005 年前三季度房地产累加投资占同期固定资产投资比例

单位：亿元，%

2005 年	第一季度		第二季度			第三季度			第四季度		
月　份	1~2	1~3	1~4	1~5	1~6	1~7	1~8	1~9	1~10	1~11	1~12
1 房地产投资	1200	2324	3405	4604	6153	7587	8920	10378	11769	13240	15763
2 固定资产投资	4222	9037	14025	19719	27967	34637	41151	48741	55792	63260	75096
1 占 2 的比例(%)	28.4	25.72	24.28	23.35	22.00	21.9	21.68	21.29	21.09	20.93	20.99
2004 年占比	30.6	21.29	24.31	23.99	18.88	22.33	22.32	21.92	21.87	21.79	22.45

资料来源：根据国家统计局公布月度数据计算整理。

从表 4 - 12 可以发现，2005 年房地产投资占固定资产投资比例变化，在时序变化上要比 2004 年的变化波动率小，这也进一步验证了我国目前投资增长结构的新的变化特点是：产业投资比例份额在增强，房地产在拉动经济增长的贡献率正在削弱。

（三）房地产市场价格过快增长开始迅速回落。

2005 年的中国房地产价格增速和增幅经历了由高到低的逐步回落态势，但价格变化的复杂性、区域性特点和不确定性特点相当明显。

1. 房地产综合景气指数呈现持续回落态势

2005 年以来，我国房地产投资景气指数从年初的 102.18 逐月下降，到 2005 年 5 月份已降至 101.83，6 月份进一步下降到 101.65，已经处于近几年来最低状态。虽然三季度的 7 月份和 8 月份保持在 101.86，但在此之后四季度仍然呈现持续下降态势，景气指数也逐次回落到 101.1 和 101.08。2005 年中国房地产综合景气指数同比均为负值，环比除 7 月份、8 月份外也都呈现负值，这就说明 2005 年我国房地产总体上来说景气指数仍在下降。

表 4 - 13   2003 年中国房地产景气指数表

月　份	2005 年			2004 年
	景气指数	同　比	环　比	景气指数
2	102.8	- 5.04		107.84
3	102.19	- 3.33	- 0.61	106.20
4	101.90	- 3.87	- 0.29	105.77
5	101.83	- 4.16	- 0.07	105.99

续表

月 份	2005 年			2004 年
	景气指数	同 比	环 比	景气指数
6	101.65	-3.53	-0.16	105.18
7	101.86	-1.03	0.21	105.25
8	101.86	-3.1	0	105.16
9	101.57	-3.026	-0.09	104.83
10	101.10	-3.83	-0.47	104.87
11	101.08	-3.53	-0.02	104.61

资料来源：根据国家统计局数据资料计算。

2. 房地产价格增幅回落，但远未达到价值回归和国家政策目标

纵观 2005 年我国房地产市场价格变化可以发现以下特点：

其一，价格增幅先快速回落继而又温和回升。2005 年一季度我国商品房平均销售价格涨幅 12.5%，二季度为 10.1%，三季度为 8.8%，呈现了价格增幅季度回落态势，说明价格上涨速度和幅度都在降低。但到了四季度后，情况发生了新变化。10 月份，全国 70 个城市房屋销售价格同比上涨 6.6%，涨幅比上月高 1.1%。11 月份价格同比上涨 6.8%，涨幅比 10 月份又高了 0.2%。四季度全国 70 个城市房价上涨 6.5%。也就是说，房地产价格增幅由开始回升，尽管回升的幅度不是很大，但联系到 2005 年房地产价格一直是上涨（只是价格增速回落）的事实和我国全方位加大宏观调控政策背景下的变化特点，似乎可以明确地感觉到 2005 年国家宏观调控政策效果不是很明显，年初制定的要稳定房价的目标任务未能完全实现。但城市房地产价格仍然继续攀升，尽管 2005 年的房地产价格增幅由所下降，但与 2004 年相比，价格仍呈现持续攀升态势。据统计资料显示，2005 年我国 70 城市房价上涨 7.6%。北京房地产价格由年初的 6800 元上升到了年终的 8000 元，上涨幅度达到 21% 以上。

其二，价格变化的区域差异性。2005 年我国城市房地产价格变化的另一个明显特点就是区域差异性增强。上海、杭州、南京等城市尤其是上海的房地产市场价格出现了大起大落的剧烈震荡性波动。如上海，今年 4 月份后曾一度处于狂涨 1~2 年上海房价出现重大转折，买卖比例已从年初的 3:1 转化为 1:3。到 2005 年年末，上海房屋销售价格连续环比下跌了近 5

个月，上海房贷市场也连续 5 个月呈负增长。而其他城市的房地产价格则与全国城市价格变化方向基本一致，北京、广州、深圳以及其他一些大中城市今年均以"阳线"报收，其中北京、深圳等城市房价今年估计同比涨幅都将超过 20%。区域性差距既反映了区域经济发展的差异，同时也体现了国家调控政策效果上的差异性，进而也反映了地方政府以及企业、消费者对于未来房地产价格变化的期望差异。而房地产价格变化方向的一致性和不一致性，也进一步说明目前的房地产市场变化正处于复杂性与不确定性。应当说，房地产价格上涨速度快速回落甚至下降是人们所期望看到取向。这既是我国宏观调控政策的综合效应，也是经过了近半年时间市场供求变化调整的博弈结果，同时也是经济发展要素和市场要素所决定的合理性轨迹，更是价格回归价值的必然结果。因为脱离价值的价格只是暂时的，不可能长久。但从目前市场价格变化的效果来看，它显然未达到 2005年国务院的政策目标要求。

二、影响房地产投资和房地产价格变化的主要因素分析

将 2005 年我国房地产投资变化放在 2002 年以来的长期变化曲线中就可以明显地感觉到我国房地产投资过快、过热的局面已经有了根本性的改变，我国房地产投资增长进入到了合理范围内。而新时期的新特征主要体现在：其一，房地产投资梯度递减变化已进入到正常范围和合理的曲线轨迹。2004 年下半年 28% 上下波动，2005 年一季度下降到 26.7% ~ 27%，二季度进一步下降到 25% ~ 23% 徘徊，三季度则稳定在 23% ~ 22% 的范围内，四季度则进入到了 20% 以下。其二，房地产投资增速低于城镇固定资产投资增速继续延续，以及固定资产投资结构中房地产投资所占比重有逐渐减少的迹象，反映了新时期投资结构的新变化。其三，房地产价格上涨幅度迅猛之势得到一定的抑制，价格正在趋于价值回归的方向上波动变化，但除了个别城市价格下跌外，人们所期望的下跌并未出现，相反，价格的反弹势头相当强劲，并由个别城市向局部扩展，但究竟是价格继续下跌还是强力反弹呢？我们认为目前影响房地产价格的各种因素仍在激烈博弈和调整，市场因素和非市场因素仍在进行着角逐，对此必须进行认真分析。

第一，宏观调控政策与经济周期性变化是投资稳定回落的内在因素。2003 年下半年开始以来的各项宏观经济政策对于抑制投资过热包括房地产投资过热起到了主导性作用。2005 年以来我国继续在金融信贷、税收

以及土地和房地产管理上采取了综合性的措施，因此，投资增长控制在19.8%范围内是相当成功的。房地产投资在拉动经济增长的贡献率逐渐地被产业拉动力所替代，这是经济发展良性化运行的重要标志。依靠房地产投资拉动经济增长是改变经济萎缩周期的重要特征，而当走出萎缩期后，产业拉动经济就成为主要驱动力。而我国目前的经济增长正好处于这一周期。

第二，人民币汇率制度变革是房地产投资影响因素之一。2005 年，我国对美元兑人民币交易价格调整为 1：8.11，并自此实行以市场供求为基础、参考一篮子货币进行调解、有管理的浮动汇率制度，人民币不在盯住单一的美元，形成更富有弹性的人民币汇率机制。这项改革措施，对中国经济和管理体制的影响是全局性的，房地产也不例外，但对房地产的影响主要是通过其他产业和经济联系传导的。不过这种影响是暂时性的，未来的影响则取决于人民币汇率变化幅度和稳定程度。当然，未来人民币升值的预期使得一部分外资流入到了国内，对 2005 年房地产投资产生了部分影响，但这种影响目前还不是很明显，但对未来的影响就会增强。

第三，多渠道的综合性稳定房价政策是房地产价格上涨速度回落的主导性因素。首先，在 2004 年加息的基础上，2005 年 3 月央行再次将 5 年期房贷年利率提高了 0.2% 并将房贷最低首付提高。虽然加息幅度不大，但半年内两次加息，对平抑房价的政策取向更加明确。其次，3 月份和 4 月份分别出台的国务院《关于切实稳定住房价格的通知》及国务院常务会议提出当前加强房地产市场引导和调控要采取的八条措施，从住房供给、土地、税收、金融等方面提出了对房地产市场调控的具体措施，并通过行政性措施预于实施，也使消费者对房价未来价格走低走势预期更加坚定。这是价格增幅回落的政策性因素。再次，5 月国家税务总局、财政部、建设部联合发布《关于加强房地产税收管理的通知》，自 6 月 1 日起，个人将购买不足 2 年的住房对外销售的，应全额征收营业税。税收政策调整对于打击房地产投机、抑制过度的房地产投资需求非常有效，但又保护了自住型购房者的真实需求，这是价格增幅回落的又一制度性因素。9 月份中国银监会下发 212 号文件，规定信托公司开展贷款类房地产信托时，信托资金投向的房地产开发企业必须满足三项条件：35% 资本金到位、"四证齐全"和具有"二级资质"等。"212 号文件"的出台，使中小房地产公司的融资途径进一步变窄。最后，10 月 11 日国家税务总局发布《关于实施房地产税收一体化管理若干问题的通知》，缴纳房产转让个人所得税，从而使得房地产投机者的成本大大提高，利润预期降低，甚至亏损。可以说，2005年国家在房地产市场中的核心任务和目标就是稳定房价，抑制价格过快增长。

第四，宏观调控执行力度减弱是房地产价格有所反弹的因素之一。应当说年初国务院确定的稳定住房价格目标是明确的，态度也是坚决的，但在执行过程中却出现了偏差，这种偏差主要体现在两个方面。一方面，地方政府的非主动性干预及政策执行发生偏移，造成了实际执行力度大大减弱，一度价格迅速回落的态势在2005年第四季度又出现了反弹，全年效果甚微。因为2005年房地产价格仍然在上涨，有些房甚至超过了20%，如北京。究其原因，关键在于价格上涨是提高地方财政税收、增加土地出让金额、提高资产增值、筹集资金的最有效途径。因此，地方政府缺乏抑制房地产价格上涨的内在动力。所以，在国务院、国家有关部委下发了《关于切实稳定住房价格的通知》等规定后，地方政府在房地产税收征收范围、时间界定、税率确定等技术性因素上进行了适度放宽，这样就使得政策力度大大减弱，那么房地产价格降幅也相应地就大打折扣。其二，国家对未来经济增长一丝担忧，引致了国家在抑制房地产价格上涨的执行有所放松，尤其是在2005年的四季度以来表现得相当明显。由于2005年以来推动我国宏观经济发展的出口贸易同比增长逐月下降，2005年上半年比去年同期减慢15.9%。上半年新批设立外商投资企业数量和实际使用外资金额的下降甚至出现了负增长，带来经济乏力的严重后果。因此，下半年尤其是第四季度以来，国家和地方政府在执行抑制房地产价格上涨有所放松。这是房地产价格上涨幅度回落较小、下降速度较慢甚至在四季度有所反弹的重要原因之一。

三、2006年展望

（一）房地产投资增速将继续维持在20%左右水平

展望2006年，我国房地产投资增速继续维持在20%左右水平，其原因是：第一，2006年拉动我国经济的需求动力将会有所变化。目前，我国经济增长呈现强劲态势，2004年达到10.1%，2005年达到了9.9%，预计2006年经济增长将会有所回落，但也不会低于8.8%。而目前拉动经济增长的需求作用正在明显加强，投资拉动作用正在缩小，外贸拉动作用正经受着严峻的考验，尤其是贸易摩擦的影响。因此，投资增长的推动力将维持在现有水平。第二，我国宏观调控政策将会继续执行并将适度加强。2005 年我国经济增长虽然保持了 9.9% 增速，但近几年来为此而付出的资源消耗量已经造成了我国能源和资源供求缺口。与此同时，11 个产业却出现了产能过剩，而维持现有巨大经济规模运转的需求量也迫使国家在宏观上必须进行与调控，否则，发生全面的经济危机可能性将会增大。第三，产业投资规模和增速仍将超过房地产。2005 年二季度以来，房地产投资占城镇固定资产投资比例缩小，预计 2006 年仍将呈现这一变化规律。第四，受消费者对未来房地产价格回落和国家抑制价格上涨的政策预期，未来的房地产投资也将不会有大的增速。以上因素决定了 2006 年投资增长将会维持在 20% 左右的水平。

（二）房地产价格变化处于波动状态，但上涨幅度将会在适度反弹后进入中期下降通道

展望 2006 年房地产价格变化，我们认为：房价上半年将会是多反弹，但从二季度后，上涨幅度将会迅速回落，并将在下半年开始进入到中期的价格下降通道。原因是：第一，目前的价格增速反弹是一种虚涨，不但缺乏交易量来配合，是一种有价无市的市场交换。第二，2005 年个别城市价格上涨幅度甚至超过了 2004 年，这是一种极其不正常的病态变化特征，在没有且缺乏市场推动的良好宏观和积极市场因素下的虚涨是暂时的。因此，尽管 2006 年一季度可能价格增速还将适度提高，但提高的幅度不会很大。第三，国家对房价的宏观抑制政策将会进一步加强。目前房地产价格在很多城市仍然处于历史最高水平，并且已经对经济发展产生了严重影响，对市场秩序也带来了巨大的负面效应，且潜伏着巨大的泡沫经济后患（尽管当前由于投资增长下降、人民币汇率稳定、价格处在高位，但由于人民币升值的可能性在增强，因此，假如投资出现持现过快，则泡沫经济并引起经济危机的可能性就会大大增强，对此应予与高度重视）。国土资源部、建设部以及银行等都将抑制房价上涨作为 2006 年的工作中心之一。与此同时，2005 年中国经济继续保持 9.9% 的稳定增速，大大消除了人们对未来经济紧缩的担忧，坚定了国家执行抑制房地产投资和价格上涨的信心。2005 年之所以房地产价格增速在逐步回落后又出现四季度增幅反弹的重要原因就是对未来中国经济增长产生的担忧，在执行抑制房地产价格上涨政策的力度有所放松，但 2005 年经济增长已经消除了这种担心。第四，房地产资金将会有部分流入到资本市场。与前几年尤其是 2001 年开始我国居民大量资金从股票市场流入到房地产市场有所不同，由于 2005 年开始的股权分置改革试点的全面推行且进展顺利，资本市场长期低迷的状态开始有所改观。预计 2006 年开始，中国资本市场将会进入到一个恢复性上升状态，在中国资金循环流转进入新结构性大转移时期，2006 年用于投资房地产的资金也将会部分地转入到资本市场。而这一特征将会在第二季度更加明显，因此，正像中国股市需要经过2001 年以来的调整和消化一样，房地产市场价格在经过长达数年的持续增长后也将进入中期调整时期。

（三）经济适用房的建设规模将会迅速扩大

平抑房地产价格上涨的一个重要手段就是增加经济适用房建设规模。通过扩大经济适用房地规模、扩大经济适用房的销售范围，降低市场价格。当将众多的消费者购买经济适用房时，市场价格就不可能很高。从2005 年开始，国家加强了经济适用房的建设规模和建设速度，并且对经济适用房定位、开发、管理和销售等等进行了适当的改革，制定并正在形成适合实际的合理、规范高效的经济实用房制度体系。

（四）房地产预售制度和住房贷款制度改革将会有所突破

针对我国现行房地产预售制度和住房贷款制度在过去几年中起到了刺激有效需求、拉动社会投资作用的巨大作用，并形成了目前全社会投资旺盛、有效需求强劲的特点。可以说这项"双超前"的政策已经完成了历史性使命，对房地产预售制度和住房贷款制度进行调整和完善，使之能够适应当前经济发展实际，成为大势所趋，预计 2006 年我国将会在这方面有所调整。

（五）针对房地产贷款的固定利率将会扩大

2005 年光大银行率先推出了固定利率新品种，这一新形式不仅增加了消费者的不同选择要求，同时也在一定程度上减少了双方的市场性风险。预计这一新品种在 2006 年将会在不同银行推广应用。

（六）农村土地制度改革对未来房地产市场产生重要影响

随着中国经济发展和市场经济体制改革的深入，对现行农村土地制度进行重大变革迫在眉睫，尤其是农村土地直接进入市场出让并保持其所有权利益不受损失，又能与现行的房地产发展相一致，将是 2006 年土地制度改革的新动向之一。同时，这也将会对 2006 年的房地产投资和价格变动产生一定影响。

第八部分　宏观管理与政策要点

第一件大事：中央经济工作会议召开

12 月初，一年一度的中央经济工作会议召开，由于十六届五中全会已对"十一五"规划提出了建议，所以，中央经济工作会议的着眼点仍然是以年度工作为主。会议总结了 2005 年经济工作，对 2006 年经济工作提出了六项主要任务和八个重点。六项主要任务是：1. 继续加强和改善宏观调控，确保经济平稳较快发展。2. 继续加大对"三农"的支持力度，保持农业和农村发展的好势头。3. 大力推进结构调整，促进经济增长方式转变。4. 着力推进经济体制改革，建立健全全面协调可持续发展的制度保障。5. 统筹国内发展和对外开放，增强国际竞争力。6. 坚持以人为本，努力构建社会主义和谐社会。

八个重点是：1. 继续加强和改善宏观调控，正确把握调控的力度和重点，保持经济平稳较快发展和物价基本稳定。2. 进一步加强"三农"工作，提高农业综合生产能力，促进粮食增产和农民增收。3. 控制固定资产投资总规模，优化投资结构，调整投资与消费关系。4. 坚持走新型工业化道路，加快经济结构调整和增长方式转变。5. 促进东中西互动、优势互补，实现各地区共同发展。6. 进一步实施科教兴国战略，加快各项社会事业发展。7. 坚持以人为本，做好关系人民群众利益的各项工作，维护社会稳定。8. 着力推进经济体制改革，全面提高对外开放水平。同时，还对做好"十一五"规划和 2020 年远景目标的制定工作提出了要求。

第二件大事：第一次经济普查数据公开

12 月份，引起全世界广泛关注的全国第一次经济普查，经过两年的工作，正式公布了以普查资料为基础进行核算得出的国内生产总值的新数据。这次经济普查首次实现了我国第二产业、第三产业和基本单位情况的合并调查。通过普查，一是掌握了我国基本经济单位的情况。初步建起了我国基本单位名录库及其数据库系统。二是查清了我国第二产业、第三产业发展的底数。通过对不同规模多种所有制单位的系统调查，收集了大量基础信息，全面掌握了工业、建筑业、服务业发展的基本数据，客观地反映了我国第二产业、第三产业发展的规模、结构和效益情况。三是查实了国内生产总值和三次产业的比重。以经济普查资料为基础进行核算，2004年全国国内生产总值按现价计算接近 16 万亿元，比年快报数增加了 2.3 万亿元；其中，第三产业增加了 2.13 万亿元，弥补了常规统计尤其是第三产业统计中的一些遗漏和不足。四是揭示了我国产业结构的现状和水平。第一产业、第二产业、第三产业增加值的构成，由年快报数的 15.2%、52.9%、31.9%，变为 13.1%、46.2%、40.7%，第一产业、第二产业的比重下降，第三产业的比重上升。

可以说，全国经济普查的数据资料，如实地反映了改革开放 28 年来我国现代化建设所取得的成果，反映了社会生产力、综合国力和人民生活水平的提高。普查数据公布后得到了国内外媒体的普遍认同，使我国 GDP 的排名上升一个名次，超过意大利，居全世界第六。

这些为进行 2005 年国民经济核算、总结"十五"时期经济社会发展情况、编制"十一五"规划和 2006 年计划提供了更加科学、真实的依据。

第三件大事：个人所得税改革正式出台

引起广泛关注的个人所得税改革终于有了明确说法。10 月 27 日，十届全国人大常委会第十八次会议表决通过《全国人大常委会关于修改个人所得税法的决定》，起征点为 1600 元，决定于 2006 年 1 月 1 日起施行。个人所得税最重要的作用就是调节收入分配，缩小收入分配差距。但是，无论从修改的内容还是幅度来看，这次个人所得税法的修改只能说是一次"微调"，今后个税改革的任务远没有结束。

第四件大事：通过了新修订的《公司法》和《证券法》

2005 年 10 月 27 日，全国人大表决通过《证券法》和《公司法》。这两部法律是新中国成立以来第一次按国际惯例，由国家最高立法机构组织而非由政府某个部门组织起草的经济法。这两部法律进一步完善了证券、公司法律制度，顺应了深化改革、促进发展的实践要求，为我国社会主义市场经济的发展提供了更加有力的制度支持。新《公司法》在很多方面均具有创新，主要体现在：鼓励投资兴业、平等善待国有和民营公司、鼓励公司自治、兴利除弊兼顾、强化投资信心、强调公司社会责任、立法技术娴熟和可操作强。修订后的《公司法》，进一步完善公司法律制度，大幅降低了要求国内企业开始运营时所应具备的最低资金额。与现行公司法相比，新公司法有利于促进就业、维护中小投资者权益，与百姓利益息息相关。

第五件大事：部分行业产能过剩问题值得高度关注

据有关行业统计数据，部分行业产能过剩问题已逐步显现，其负面影响必将成为今后我国经济面临的一个突出矛盾。钢材价格自 2005 年 4 月份开始呈下滑之势，部分建筑用钢材价格已接近或低于生产成本，利润在 2005 年第三季度也出现连续下降。电解铝行业生产成本上升较快、市场价格持续下跌，利润大幅下滑，企业生产经营较为困难。电力、煤炭、铜冶炼等行业也存在无序建设现象。受产能过剩显现和原材料价格上涨的双重压力，我国亏损企业亏损额出现较大幅度上升。统计显示，2005 年前三季度，中国规模以上工业企业实现利润同比增长 20.1%，增幅比去年同期下滑近 20%，而亏损企业亏损额增长了 57.6%，增幅同比扩大 50.4%。

附录　世界经济形势

2005 年全年，世界主要经济体总体保持增长态势，不同经济体的增长速度表现出明显差距，其中，美国经济以平均 3.5% 的速度持续扩张，欧洲经济保持低速增长，日本经济增长速度略有起伏，新兴市场经济快速发展。

一、美国经济

1. 美国实体经济继续处于强劲增长期

2005 年三季度，美国实际 GDP 增长率初值为 4.3%，后下调为 4.1%，为 2004 年一季度以来的最大增长幅度，从而一举打消了美国经济可能出现减速的疑虑。2005 年前三个季度，美国实际 GDP 增长率分别为 3.8% 和 3.3% 和 4.1%，估计全年 GDP 增长率将超过 3.5%，由此表明，美国实体经济仍然处于强劲增长期。

三季度美国 GDP 增长的主要构成要素包括居民消费、商业设备和软件投资、联邦开支和房屋建筑。其中，实际个人消费开支比上年增长 4.1%，其对 GDP 的贡献率为 2.85%，为最近三个季度的最高水平；固定资产投资比上年增长 8.0%，其对 GDP 的贡献率为 0.87%，从其构成看，非居民固定资产投资增长快于居民的增速；进口增长 2.4%，出口增长 2.5%，净出口对 GDP 的贡献率为 −0.12%；政府开支增长 2.9%，其对 GDP 的贡献率为 0.54%，为 2004 年一季度以来最高水平。

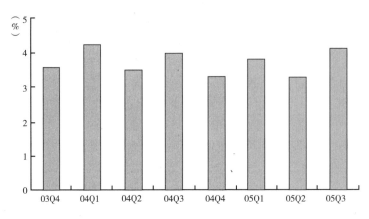

图 4 – 14　美国实际 GDP 季度变化情况

2005 年 12 月份美国工业生产上升 0.6%，11 月份修正后为上升 0.8%，2005 年 11 月份设备利用率为 80.3%，12 月份设备利用率为 80.7%，为五年最高点，12 月份实质所得增长 0.1%，11 月份修正后为增长 0.8%。

2. 劳动力市场继续改善，失业率出现反复变化

2005 年，美国经济增长开始在劳动力市场产生积极效果，全年新增就业 2019 万人，略低于 2004 年的 2194 万人，新增就业岗位最多的行业包括商业、教育和医疗以及建筑业等。失业率从 2005 年年初的 5.4% 下降到 2005 年 8 月份的 4.9%。此后，失业率出现反复变化，9 月份攀升到 5.1%，10 月份下降到 4.9%，11 月份上升到 5.0%，12 月份再度下降到 4.9%。

3. 对外贸易状况出现改善趋势

在 2005 年 1 ~ 11 月份的多数月份，美国出口保持增长，实际出口月度同比增长率由 3 月份的 3.3%，上升到 8 月份的 10.5%，进口则因美国制造业活动的减缓及商业库存的下降而放慢增长步伐。其结果表现为贸易逆差开始出现逐渐缩窄的趋势，但是，在进出口失衡长期累积效应的影响下，2005 年 10 月 11 月的贸易逆差总额分别为 681 亿美元和 642 亿美元，均高于市场预期。这表明美国贸易状况的改善将是一个漫长的过程。

4. 通货膨胀保持在可接受范围内

2005 年，国际市场石油价格多次攀上新的高点，导致美国国内石油价格持续升高，以及美国消费物价指数快速上升。9 月份消费者价格比上月上升 1.2%，比去年同期上升 4.7%，为 1991 年以来的最高增速。10 ~

12 月份，消费物价指数月度环比增长率为 0.2% 和 −0.6%、−0.1%，为连续两个月下降。未经调整的消费物价指数年度增长率到 12 月底为 3.4%，为 2000 年以来的最高水平，但是剔除食品和能源的核心物价指数年度增长率为 2.2%，与上年持平。由此表明，美国的通货膨胀水平仍然处于可控制范围内，而石油价格上升是导致美国通货膨胀压力明显加大的主要因素。

5. 金融市场指标利率回到中性水平

2005 年 1 ~ 12 月份，美国联邦储备委员会先后九次宣布提高联邦基金利率和贴现率，12 月 13 日美联储宣布升息 25 个基点，联邦基金利率上升到 4.25%，同时贴现率调高 25 个基点至 5.25%。这是美国联邦储备委员会连续第 13 次提高联邦基金利率和贴现率。

在联储公布的公开市场委员会声明中，美联储仍然强调，可能需要继续慎重有序地升息以遏制通胀，但是联储放弃了关于货币政策仍然"宽松"这个使用已久的措辞，表明美国利率已升至较为中性的水准，预示着一年多以来的紧缩进程可能出现转折。在过去 18 个月中，美联储总共升息 12 次，促使金融市场指标利率向中性利率水准回归。市场调查显示，多数分析师预期明年升息的次数可能不止一次。

6. 国际资本流动推断美元汇率上升

美国财政部公布的资金流动数据有利于美元汇率上升。美国 11 月资本净流入为 891 亿美元，高于市场预计的 875 亿美元。10 月份数据上修至 1042 亿美元。11 月份净流入资本高于美国 11 月份的贸易逆差 642 亿美元。这显示美元资产仍然相当有吸引力，支持美元汇率上升。

二、欧元区经济

2005 年前三个季度，欧元区 GDP 增长率分别为 1.2%、1.2% 和 1.6%，欧盟二十五国的 GDP 增长率 1.5%、1.3% 和 1.8%，均低于 2004 年四季度的 1.6% 和 2%。

从欧元区三季度 GDP 增长构成看，0.5% 来自居民消费开支，0.1% 来自固定资本形成，出口对 GDP 的贡献率为 0.1%，进口对 GDP 的贡献率为 −0.5%。显然，欧元区经济增长仍然以内部驱动为主。

欧元区劳动力市场保持去年底以来出现的复苏态势，据欧盟统计局公布，欧元区经过季节调整的失业率 9 月份降至 8.3%，这是 2002 年 7 月以来的最低水平。10 月份和 11 月份继续保持在 8.3%，而去年同期为 8.8%。

2005 年 9 月份，欧元区的工业生产比上月减少 0.2%，10 月份比上月减少 0.7%，11 月份则比上月增加 1.3%，工业生产在连续两个月下降后首次转为上升，11 月份欧元区工业生产比去年同期增加 2.6%。

在国际市场石油价格居高不下及欧元汇率变化的影响下，欧元区进口增长幅度超过出口增长，对外贸易出现逆转。2005 年 11 月份，欧元区出口增长率为 11%，进口增长率为 16%，外贸逆差为 23 亿欧元，去年同期为顺差 26 亿欧元。

石油价格上涨及欧元走软推升了进口物价，欧元区 10 月份消费者物价调和指数（HICP）较上年同期上升 2.5%，9 月份为 2.6%，均超过 2% 的欧洲央行通胀目标。11 月份欧元区消费者物价调和指数（HICP）较前月下降 0.3%，降幅超过分析师预期的 0.2%；较上年同期则为增长 2.3%，低于 10 月份时的 2.5%，而且低于分析师预估的 2.4%。2005 年 12 月份，欧元区通货膨胀率月度水平为 0.3%，年率则为 2.2%，低于去年同期的 2.4%，表明高油价对欧元区通货膨胀的影响正在减退。

欧元区内通胀率达到 2.4% 后，欧洲央行在 2004 年 12 月 1 日加息 0.25%，以抑制通胀。加息对消费及投资的影响有待观察。

从上述经济数据表现看，欧元区经济仍然处于低速增长空间，经济活动改善力度有限。欧盟执委会把 2005 年对欧元区经济增长率的预估值调降至 1.3%，低于 2004 年的 2.1%。

三、日本经济

2005 年前三个季度，日本实际 GDP 分别较上一季度增长 1.4%、0.8% 和 0.2%，折合年增长率则分别为 0.3%、1.2% 和 1.0%，扩张速度连续两个季度下降。

从日本经济的构成看，在三季度 0.2% 的实际 GDP 增长中，国内需求增长 0.3%，私人消费增长 0.4%，非居民投资增长 1.6%，居民投资增长 1.6%，私人库存下降 0.4%，公共需求增长 0.5%。其中，公共投资增长 0.3%，出口增长 2.7%，进口增长 3.3%，净出口增长率为 0。显然，来自私人部门的国内需求尤其是居民和非居民的投资是日本 GDP 保持增长的主要原因。

2005 年 10 月，日本 10 月份工业生产较上月增加 0.6%，9 月份为增加 0.4%。日本工业生产连续三个月增加，显示日本经济继续复苏。11 月份日本采购经理人指数（PMI）经季节调整后为 55.3，高于 10 月份的 54.7，且为 2004 年 5 月份以来最高。11 月份日本制造业活动出现 18 个月来最快增长速度，表明国内需求旺盛。

2005 年 10 月份，日本经常账顺差较去年同期增加 2.6%，达 1.3768 兆（万亿）日元，经季节调整后为较上月增加 3.0%。数据反映日本国内投资人将资金转向海外，海外投资收益持续增加支撑日本的经常账盈余。

随着经济增长逐步恢复，日本就业状况有所改善，2005 年 7~8 月份，日本失业率分别为 4.4% 和 4.3%。

日本央行公布的数据显示，受国际市场石油价格上扬的影响，日本通货紧缩局面得以遏制。10 月份全国核心消费者物价指数（CPI）持平上年同期，9 月份数据为下跌 0.1%，显示七年来拖累日本经济的通缩问题将要结束，为日本央行未来几个月改变超宽松货币政策准备了条件。但日本政府强调，日本仍未摆脱通缩，日央行必须与政府合作阻止物价下跌。11 月份企业物价指数（CGPI）较去年同期上扬 1.9%。成品价格较去年同期上涨 0.5%，为 1998 年 1 月以来首次出现增长。日本政府经济报告认为，日本经济已出现即将摆脱通缩的进展。报告表示，要认定通缩结束，除了参考 CPI 外，还必须依据多项经济数据，例如 GDP 物价平减指数。日本政府希望日本央行可以配合以彻底结束通缩。

四、新兴市场经济

2005 年，在国际市场商品价格上升及内部需求拉动的双重因素作用下，新兴市场国家经济普遍保持快速发展，其中亚洲地区全年的经济增速将达 6.5%。

印度经济 2005 年前三个季度的平均增长率在 8% 上下，其服务、金融、房地产和农业等行业出现强劲增长。

新加坡经济上半年经历一段低迷期，下半年开始恢复增长，新加坡政府最近把其对 2005 年经济增长率的预测上调到 5%。

韩国经济下半年开始加快复苏，出口和国内消费增长明显，通胀率保持在较低水平。韩国政府预计，本国全年经济增长率有望达到亚洲开发银行预计的 3.6%。

泰国和印度尼西亚的经济在下半年出现良好增长势头。第三季度，两国的经济增长率都超过 5%。泰国预计全年经济增长率可达 4.7%。印尼则因为高油价和政府放弃油价补贴，通胀率持续攀升到 18% 的高位，印尼中央银行不得不连续提高利率，消费因此受到影响。因此，印尼全年经济增长可能低于6%。

2005年，拉美地区国内生产总值平均增长率可能达4.3%，为连续第三年保持增长。其中，委内瑞拉GDP增长9%；阿根廷增长8.6%；乌拉圭、智利、秘鲁和巴拿马均为6%，巴西和墨西哥增幅分别为2.5%和3%。

国际市场原材料价格的上升，促使拉美国家增加出口。据美洲开发银行日前估计，2005年拉美国家出口可望达到5300亿美元，比2004年的出口额4450亿美元将增加19%。2005年，拉美地区失业率由上年的10.3%降至9.3%，人口贫困率也从2002年的44%降至40.6%。

五、世界经济前景

1. 美国经济

进入2006年后，美国经济增长面临的不确定性因素明显增加。

首先，连续13次提高金融市场指标利率后，实际利率已经达到的中性利率水平。所谓中性利率水平是指即既不刺激经济增长又不产生紧缩效应。事实上，这种中性利率主要为理论分析层次的结论，在现实操作中利率实际水平及其变化趋势对实体经济的影响无法避免。因此，实际利率上升将通过一系列途径影响实体经济增长。从这个意义上说，达到中性利率水平后的金融市场指标利率调整趋势将在一定程度上决定美国经济的前景。

其次，国际市场石油价格波动及劳动力市场供求变化对美国国内通货膨胀的影响将在一定程度上左右未来美国货币政策的趋势。

第三，美国经济未来增长很大程度上仍然取决于美国内部需求的变化，尤其是消费和投资的潜在增长能力。

综合分析上述各方面的因素，考虑经济谘商会公布的领先经济指标表现，我们认为，2006年在宏观政策刺激效应衰减的前提下，美国经济放缓的可能性有所上升。

2. 欧元区经济

2006年，欧元区经济面临外部不利因素的影响，国际市场石油价格上扬的潜在可能将进一步加大欧元区通货膨胀的压力，促使其中央银行采取紧缩性货币政策。而美国经济增长的减速将在一定程度上影响欧元区的外部需求。更为重要的是，欧元区内部结构调整的潜在压力大大增加了其经济增长的难度。据欧盟委员会估计，2006 年欧元区经济增长有望高于今年，达到 1.9%。

3. 日本

日本政府公布调查结果显示，经季节调整后，2005 年 12 月份日本消费者信心较三个月前有所改善。日本内阁府公布，包括对收入与就业形势看法的一般家庭信心指数，2005 年 12 月份较 9 月份上升 3.4 点至 48.2。日本央行周三公布的短观季报显示，过去三个月来日本企业信心有所提升。日本大型企业预期 2005/06 年度资本支出将增长 10.4%，略高于分析师预估的增加 10.0%。12 月份短观大型制造业景气判断指数（DI）为正 21，高于 9 月份时的正 19。这是一年来最佳纪录。显然，2006 年日本经济复苏态势将进一步加强。

4. 新兴市场经济前景

2006 年，高油价仍是影响新兴市场经济增长的主要因素。在亚洲，如果油价继续高企，投资和消费将会受到影响。一些亚洲国家已开始因高油价而面临财政和社会压力。因此，如何进行必要的宏观经济调整和提高能源使用效率是许多亚洲国家面临的紧要任务。另外，亚洲国家经济面临的另外一个威胁是禽流感疫情。到目前为止，有关专家认为禽流感对亚洲国家整体经济造成的负面影响很小。但亚洲银行专家指出，禽流感疫情如果不能及时得到控制，将给亚洲国家的经济造成严重损失。

2006 年，拉美经济增长前景大致乐观，拉美经社会宣布把 2006 年全地区国内生产总值增长目标由原先预测的 3.8% 上调至 4.1%。

六、国际经济环境变化对中国经济的影响

2006 年世界经济运行对中国经济的影响可谓利弊兼至，世界经济总体保持增长将在一定程度上改善我国经济运行的外部环境。但是，美国经济减速以及欧元区经济难见起色将为我国发展带来一定的不确定性。此外，近期的地缘政治因素导致未来一段时间内国际市场石油价格变动前景难测，从而为我国经济发展增加了新的变数。

我们需要密切跟踪世界经济及国际金融市场的新发展，及时把握世界经济及国际金融市场的变动趋势，防止国际经济形势的突然变化可能对我国经济带来的不利影响和冲击。

首先，对于人民币汇率可能面临的外部压力要有充分的估计。自我国实现人民币汇率制度改革以来，在国际金融市场上人民币持续面临升值压

力。最近，美元汇率相对于西方主要货币汇率出现明显上升，其直接结果是人民币对其他货币的升值幅度持续加大。如果 2006 年美元对西方主要货币出现走软趋势，人民币汇率面临的外部压力将有明显增加。因此，我们需要未雨绸缪，系统认真分析人民币对美元汇率及其他货币汇率的相对结构变化及其对中国经济的影响，将相对汇率水平控制在理想区间。

其次，当世界经济处于不确定的持续上升时期时，国际金融市场的波动幅度将明显加大，国际资本可能进行结构和方向性调整，新兴市场的资本流出入可能大幅度增加，从而对新兴金融市场的稳定带来新的威胁。

第三，在世界经济结构性调整过程中，不同行业情况瞬息万变，其中受世界经济周期影响最大的行业分别是无线通讯、天然气、有线通讯、生物技术等。为此，我们应及时调整对国际相关行业的风险评估，对大型跨国企业可能引起的风险进行必要的防范。

附图与附表

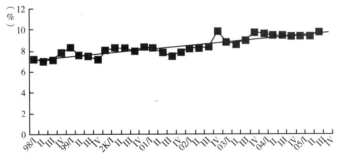

附图 1　GDP 增长率

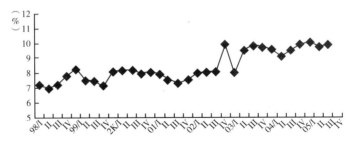

附图 2　GDP 季度增长率估计值

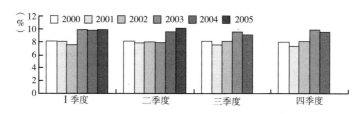

附图3 国内生产总值季度增长率比较

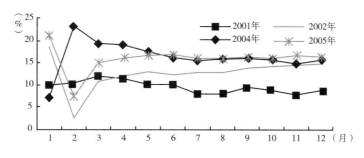

附图4 工业增加值增长率

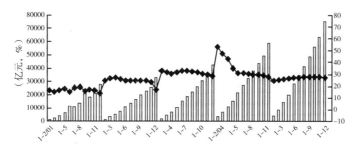

附图5 城镇固定资产投资

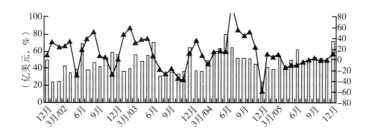

附图6 外商直接投资及其增长率

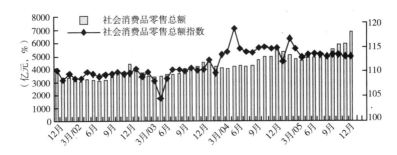

附图7 国内消费市场

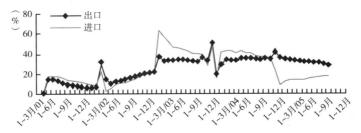

附图8 进出口累计增长率

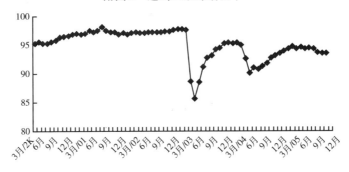

附图9 消费信心指数

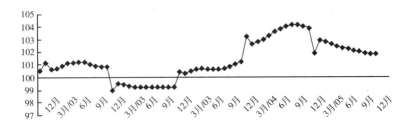

附图10 全国居民消费价格总指数（同期指数）

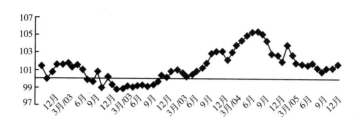

附图 11　全国居民消费价格总指数（当月）

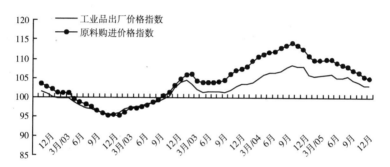

附图 12　投资品价格指数

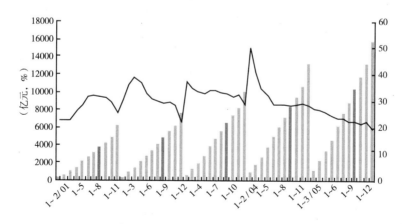

附图 13　房地产投资及其增长率

表 4-14   2005 年 Q4 主要宏观经济指标增长情况

单位：%

项 目		2003	2004	2005			
				1～12月	10月	11月	12月
经济增长	国内生产总值	10	10.1	9.9	na.	na.	na.
	第一产业	2.5	6.3	5.2	na.	na.	na.
	第二产业	12.5	11.1	11.4	na.	na.	na.
	第三产业	6.7	8.3	9.6	na.	na.	na.
工业	工业增加值	17	16.7	16.4	16.1	16.6	16.5
	其中:国有及国有控股企业	14.3	14.2	10.7	8.9	9.6	10.3
	集体企业	11.5	9.9	12.4	11.5	13	13.6
	股份制企业	18.3	16.5	17.8	16.5	17.5	16.8
	外商及港澳台投资企业	20	18.8	16.6	18.2	17.9	16.8
	工业产品销售率	98.06	98.08	98.1	98.08	97.81	100.06
	发电量	15.4	14.9	13.3	9.4	10.9	14.7
价格	消费价格（CPI）	1.2	3.9	1.8	1.2	1.3	1.6
	工业品出厂价格	2.3	6.1	4.9	4	3.2	3.2
投资	固定资产投资*	28.2	25.8	27.2	27.6	27.8	27.2
	其中:制造业	28.7	36.3		37.1	38	
	房地产开发	29.7	29.1	19.8	21.6	22.2	19.8
消费	社会商品零售总额	9.1	13.3	12	12.8	12.4	12.5
	其中:城市	10.3	14.7	13.6	13.6	13.2	
外贸	进出口总额	37.1	35.7	23.2	24	23.5	23.2
	出 口	34.6	35.4	28.4	31.1	29.7	28.4
	进 口	39.9	36	17.6	16.7	17.2	17.6
外资	外商直接外资合同金额	39.03	33.4	23.2	29.23	34.51	17.36
	外商直接投资实际使用额	1.44	13.3	-0.5	-2.2	0.45	11.15
财政	国家财政收入	14.7	21.6		30.9		
	国家财政支出	11.6	15.6		14.1		
	财政结余（亿元）	-2916	-2090.4		764.6		
金融	M_0	14.3	8.7				
	M_1	18.7	13.6				
	M_2	19.6	14.6				
	金融机构贷款增长率	21.4	14.4				
	金融机构存款增长率	20.2	15.3				
	企业存款	20.8	17				
	居民储蓄存款	19.2	15.4				

注: 1. 财政累计数是 1～8 月份数。

2. 固定资产投资月度值为累计数。金融当月值为累计数。

2006 年

经济运行情况
分析与评价

JINGJI YUNXING QINGKUANG FENXI YU PINGJIA

第五章 2006年第一季度

第一部分 国民经济运行情况

今年以来，我国国民经济继续保持平稳较快增长。经济运行呈现出的特点可以概括为：GDP增速超过预期；固定资产投资增速依然偏快；出口继续快速增长；信贷资金投放完成全年计划一半；物价涨幅同比回落，等等。

一、一季度国民经济运行的基本情况

一季度，国内生产总值43313亿元，同比增长10.2%，略快于上年同期9.9%的增长速度。其中，第一产业增加值3200亿元，增长4.6%；第二产业增加值21615亿元，增长12.5%；第三产业增加值18498亿元，增长8.7%。与往年相比，整体经济一方面仍处于较高位增长的大趋势中，另一方面已经处在潜在增长区间的上限，需要引起注意。

1. 农业生产起步较好，粮食播种面积稳定增加

农作物种植意向抽样调查显示，2006年全国粮食播种面积预计为1.05亿公顷，比上年增加0.7%。其中，夏粮播种面积增加1.4%，秋粮播种面积增加0.4%，早稻播种面积基本保持稳定。目前冬小麦长势良好，夏粮有望继续获得较好的收成。

2. 工业生产增长加快，效益继续改善

一季度，全国规模以上工业企业（全部国有企业和年产品销售收入500万元以上的非国有企业）完成增加值17822亿元，同比增长16.7%。工业企业产品销售率为97.1%，同比下降0.27%。工业企业共实现出口交货值11860亿元，同比增长24.7%

从主要行业看，纺织业增长15.7%，化学原料及化学制品制造业增长

18.2%，非金属矿物制品业增长 23%，黑色金属冶炼及压延加工业增长 9.9%，通用设备制造业增长 21.7%，交通运输设备制造业增长 20.9%，电气机械及器材制造业增长 19.4%，通信设备、计算机及其他电子设备制造业增长 27.4%，电力热力的生产和供应业增长 12.7%。

从主要产品看，原煤、原油和发电量同比分别增长 12%、1.7% 和 11.1%，生铁、粗钢和钢材产量分别增长 20.7%、17.6% 和 21.7%，水泥产量增长 23.3%，汽车产量增长 36.3%，其中轿车产量增长 70.5%。

从所有制结构看，私营企业增长 27.4%，股份合作制企业增长 18.0%，股份制企业增长 17.1%，外商及港澳台地区投资企业增长 19.4%。

工业企业利润继续保持较快增长，一季度，规模以上工业实现利润 3363 亿元，同比增长 21.3%。其中，国有及国有控股企业实现利润 1584 亿元，同比增长 9.2%。一季度，规模以上工业企业产品销售率为 97.10%，同比下降 0.27%。

3. 固定资产投资增长加快

一季度，全社会固定资产投资 13908 亿元，同比增长 27.7%，比上年同期加快 4.9%。其中，城镇固定资产投资 11608 亿元，增长 29.8%；农村投资 2300 亿元，增长 18.1%。在城镇固定资产投资中，房地产开发投资 2793 亿元，同比增长 20.2%，比上年同期回落 6.5%。分产业看，第一产业投资增长 47.1%，第二产业投资增长 32.7%，第三产业投资增长 27.5%。分行业看，采矿业投资增长 43.2%，制造业投资增长 36.3%，交通运输、仓储和邮政业投资增长 29.6%，水利、环境和公共设施管理业投资增长 22.3%。从施工和新开工项目情况看，施工项目 87098 个，同比增加 21889 个；施工项目计划总投资 12.2 万亿元，增长 30.1%；新开工项目 33411 个，同比增加 10635 个；新开工项目计划总投资 1.5 万亿元，增长 42%。

4. 国内市场销售增长略有加快

一季度，社会消费品零售总额 18440 亿元，同比增长 12.8%，扣除价格因素，实际增长 12.2%，比上年同期加快 0.3%。其中，城市消费品零售额 12410 亿元，增长 13.5%；县及县以下消费品零售额 6030 亿元，增长 11.5%。分行业看，批发零售业零售额 15551 亿元，增长 12.9%；住宿和餐饮业零售额 2542 亿元，增长 14.2%。

5. 市场价格温和上涨

一季度，全国居民消费价格总水平同比上涨 1.2%，比上年同期回落

1.6%。其中，城市上涨 1.2%，农村上涨 1.1%。分类别看，食品价格同比上涨 1.9%，比上年同期回落 4.2%；居住价格上涨 5.0%，其余商品价格与上年同期相比大体持平或略有下降。一季度，商品零售价格同比上涨 0.5%，工业品出厂价格同比上涨 2.9%，原材料、燃料、动力购进价格同比上涨 6.5%。

6. 对外贸易继续快速增长，利用外资保持增长

一季度，进出口总额 3713 亿美元，同比增长 25.8%，比上年同期加快 2.7%。其中，出口 1973 亿美元，增长 26.6%，回落 8.3%；进口 1740 亿美元，增长 24.8%，加快 12.6%；进出口相抵，顺差 233 亿美元。一季度，外商直接投资实际使用金额 142 亿美元，增长 6.4%。3 月末，国家外汇储备达 8751 亿美元，比上年末增加 562 亿美元。

7. 财政收入增长较快

全国一季度财政收入 9299.96 亿元，比去年同期增长 19.5%。其中，中央财政收入增长 15%，地方财政收入增长 25.2%。全国财政支出 6291.65，增长 20.8%。出口增长加快和国内需求较旺促使主体税种收入增长较快。

8. 城乡居民收入保持较快增长

一季度，城镇居民人均可支配收入 3293 元，扣除价格因素，同比实际增长 10.8%，比上年同期加快 2.2%；农村居民人均现金收入 1094 元，实际增长 11.5%，回落 0.4%。

9. 货币供应量增长较快

2006 年 3 月末，广义货币供应量（M_2）余额为 31.05 万亿元，同比增长 18.8%，增长幅度比去年同期高 4.7%，比上年末高 1.2%。狭义货币供应量（M_1）余额为 10.7 万亿元，同比增长 12.7%，增长幅度比去年同期高 2.8%，比上年末高 0.9%。市场货币流通量（M_0）余额为 2.3 万亿元，同比增长 10.5%。今年 1~3 月份累计净回笼现金 560 亿元，同比多回笼 330 亿元。金融机构各项贷款增加较多。3 月末，全部金融机构各项贷款本外币余额为 21.9 万亿元，同比增长 14%。全部金融机构人民币各项贷款余额为 20.6 万亿元，同比增长 14.7%，增幅比去年同期高 1.7%，比去年末高 1.8%。今年前 3 个月人民币贷款增加 1.26 万亿元，同比多增加 5193 亿元。

上述情况表明，今年以来，我国经济增长速度较快，企业效益继续改善，城乡居民收入增长较快，市场价格基本稳定，国内外需求旺盛，国民

经济和社会发展总体形势良好。

二、当前经济运行中几个突出问题分析

必须清醒地看到,在经济快速平稳增长的总体形势下,经济运行中的一些问题比较突出,要引起高度重视。这些问题主要表现为固定资产投资增长过快,货币供应量偏高,信贷投放偏快,对外贸易结构性矛盾依然突出。

1. 固定资产投资增长依然过快

城镇固定资产投资为人民币 5294 亿元,较上年同期增长 26.6%,增速高于 2005 年 12 月份的 24.2%,同时也高于去年同期的 24.5%。两相对比,实际投资规模显然偏大。

按行业细分,在 5294 亿元固定资产投资中,10% 投资在电力、热力的生产与供应上;石油和天然气开采业投资 108 亿元,增长 21.4%;黑色金属矿采选、冶炼及压延加工业投资 162 亿元;非金属矿采选、制品业投资 86 亿元,增长 46%;煤炭开采及洗选业投资 39 亿元,增长 27.3%。增长最快的是铁路运输业,投资达 50 亿元,增长 244.8%。显而易见,投资投向依旧聚集在钢铁和建筑材料等投资过热的行业。

从项目隶属关系看,近期国家投资建设的固定资产投资项目也呈现加快增长的态势。国家统计局数据显示,中央项目投资 545 亿元,同比增长 19.3%;地方项目投资 4749 亿元,增长 27.5%。同时,新投资项目和正在进行的投资项目均持续稳步上升的态势,1~2 月份分别上升 33.4% 和 9.8%,表明短期内投资增长将持续最近数月的上升态势。另外,与 2005 年相比,房地产投资增幅较 2005 年 12 月份有比较明显的恢复性提高。

从施工和新开工项目情况看,施工项目 87098 个,同比增加 21889 个;施工项目计划总投资 12.2 万亿元,增长 30.1%;新开工项目 33411 个,同比增加 10635 个;新开工项目计划总投资 1.5 万亿元,增长 42%。这表明各地区投资热度依然不减。

2. 信贷高速膨胀存在隐忧

固定资产投资加快增长与信贷增长比较快是相互关联的。一季度人民币贷款增加 1.26 万亿元,同比多增 5193 亿元,占到了全年 2.5 万亿信贷目标的一半,信贷增长强劲。同时,一季度货币流动性同比增加了 93.5%。由于受内需政策调整长期性的限制,偏多的货币供应很有可能表现为资产价格长期上涨的压力,会引起通货膨胀、经济秩序混乱和经济结

构不协调等一系列问题，须引起充分的重视。

3. 对外贸易顺差高增长的负面效应愈来愈大

今年一季度，全国进出口总值为 3713 亿美元，同比增长 25.8%。3 月份我国对外贸易顺差以 98.5% 的速度增长，达到 111.9 亿美元。不断增加的贸易顺差虽然在拉动经济增长、增加外汇储备等方面发挥了积极的作用，但是也会引发新的贸易摩擦，为经济增长带来不确定性；而且顺差带来的过多的外汇储备，还会增加人民币升值压力，倒逼信货报效。

贸易顺差反弹的具体原因，一方面是因为 3 月份节日因素已经全部消除，外贸出口加工企业陆续恢复生产，产能开始大规模释放；另一方面，美国、欧盟等我国主要的贸易伙伴经济复苏，进口也必然随之增长。而从根本上来说，贸易顺差大幅攀升的原因，一是我国产业竞争能力快速上升，二是我国的相关政策需要调整。

居高不下的贸易顺差是中国外汇储备激增的主要原因。今年 3 月末，我国外汇储备规模已达 8751 亿美元，成为全球外汇储备最高的国家。仅今年 1~3 月份国家外汇储备就增加了 562 亿美元，同比多增 70 亿美元。

第二部分　经济增长趋势分析与预测

根据历史数据资料和 2006 年一季度国民经济运行情况[①]，现对 2006 年二季度和上半年的经济增长进行趋势分析与预测。

一、2006 年二季度国民经济运行趋势判断

2006 年一季度，我国经济增长速度超过人们原先的预期。其中，外贸进出口和固定资产投资依然是拉动经济增长的核心动力。市场价格基本稳定，国内外需求旺盛，宏观经济形势总体良好。根据目前的资料分析，二季度，我国国民经济仍将继续保持高位黏性增长。所谓高位，就是 GDP 增长在 10% 这样的高水平上；所谓黏性，就是这种高增长在短期内既不会有大的再增长，也不会在短期内有大的下降，而是一种波动较小的发展态势，但增长幅度略有下降，主要理由如下。

---

① 数据均来自国家统计局第一季度国民经济运行发布会。

（一）固定资产投资略有下降

1. 新批固定资产投资项目将减少

2006年一季度，全社会固定资产投资13908亿元，同比增长27.7%，比上年同期加快4.9%。数据显示：新开工项目增长较快，固定资产投资增长出现反弹。这其中有来自"十一五"开局之年非市场力量的因素。国务院已经对此加以高度重视，在4月中旬的常务会议上明确提出加强固定资产投资调控，严格执行土地规划和计划，新上项目必须符合国家产业政策和市场准入标准，防止部分行业、地区投资过快增长。如果这些措施得到落实，二季度固定资产投资增幅有可能回落。

2. 商业银行信贷增幅预期降低

信贷投放规模和增幅是与固定资产投资规模与增幅紧密相关的。2006年一季度新增贷款达到1.26万亿元，这已经超过了全年2.5万亿元贷款控制规模的50%。尽管每年上半年通常是银行贷款投放的高峰期，但这样的增速还是有点太快，将增加商业银行的呆账风险。这已引起了货币当局和各商业银行的警惕，特别是对地方政府信贷担保引起高度关注。如果商业银行能及时对此做出反应和调整，商业银行二季度的贷款增长幅度将会降低，会在一定程度上减少固定资产投资贷款。

3. 高基数因素导致GDP增幅下降

从前几年的季度数据来分析，一般是第一季度增幅最高，但2005年季度增长因素是第二季度增幅最高，四个季度的国内生产总值分别增长9.9%、10.1%、9.8%和9.9%。受此因素的影响，2006年二季度的增幅将会减弱。

（二）消费增长基本稳定

二季度消费需求保持较快增长的有利因素较多。第一，城镇居民收入增长较快。一季度，城镇居民人均可支配收入3293元，扣除价格因素，同比实际增长10.8%，比上年同期加快2.2%，中等收入阶层的消费成为城市商业市场主要推动力量。与此相伴随，居民家庭在旅游、文化娱乐、通信、互联网等方面的消费也会继续较快增长。第二，社会主义新农村建设的有关措施陆续到位，农民实际得到的利益会有所增加，农村以家用电器为主的第二次消费结构升级已由沿海扩展到越来越多的内陆地区。第三，一系列促进消费增加的财税措施的效果开始体现。2006年个人所得税工薪所得减除费用标准由800元提高到1600元。公务员工资结构调整将提高公职人员收入水平，并将带动城市工薪阶层收入水平的提高，有利于扩大中等收入群体，挖掘他们的消费潜力。第四，社会保障制度的逐步完善和治理乱收费有助于扩大即期消费。国家出台了较为严厉的制止教育高收费、乱收费的措施，部分城市推出中小学义务教育免费政策。有关部门对医院收费加强监督，医疗统筹面继续扩大。国家财政将住房改革的货币补贴落到实处，对住房不达标和无房人员进行货币补贴。随着各项社会保障制度的不断完善和人性化设计，居民对未来预期不断看好，消费需求将不断释放。

2006 年二季度消费增长也面临一些不利因素，农民收入继续较快增长的难度加大，城镇中大部分居民收入实际上涨程度也不高，消费的心理预期较稳定，因此消费增长还有诸多制约因素，不会有太大的波动。

（三）进出口增幅将同时出现高位增长

2006 年一季度的数据显示，我国进出口规模保持较快的增长。二季度，我国出口增长继续走高的情况基本不会变化。第一，伴随欧美日等我国主要的贸易伙伴的经济复苏，进口也必然随之增长；第二，外贸出口加工企业陆续恢复生产，产能开始大规模释放；第三，我国劳动力比较优势仍然明显，这一格局将会维持一个较长的时期。但出口增幅略有降低，主要是政府不再鼓励高耗能、高污染、资源性产品大量出口，并调整有关出口政策。目前已出台的调控措施主要是调整部分产品的出口退税率、停止部分产品的加工贸易、对部分产品征收出口暂定关税，共涉及 30 多个行业，约 200 个品种。

二季度进口增长因素有了一些调整和变化。第一，政府采购加大。2006 年 4 月，中国经贸代表团与美方总共达成 162.1 亿美元的采购协议，包括用 52 亿美元购买 80 架波音 737 飞机等，这是我国有史以来最大的一次单笔采购，在一定程度上具有示范效应。第二，市场的进一步开放。中国政府承诺将进一步开放电信服务和医疗器材市场，这将直接导致电信和医疗器材行业进口的增加。第三，进口税收政策的调整。中国将进一步完善进口税收等政策，引导企业更多地进口符合国家产业政策导向和有利于国民经济发展的资源及商品。今年我国还将进一步降低关键领域、关键设备的进口关税。其中，小轿车、小客车、越野车等汽车整车的关税将由目前的 30% 降至 28%。同时，商务部正酝酿出台进口优惠信贷政策，鼓励企业进口资源性、高科技性产品，并扩大关键技术及设备的进口。第四，大型设备进口将会增加。"十一五"初期，各地加大基础设施建设力度，需要大量进口先进设备，尤其是发达国家的设备。另外，中国正处在 IT

产业高速发展的关键时期，需要从发达国家大量进口 IT 产品和设备，如含有因特尔芯片的科技产品、网络设备等。此外，中国的商业银行正在进行系统改造，也需要购买大量的计算机主机设备。上述这些都表明，中国进口的规模和速度都会在今年得到显现，预计第二季度进口将进一步增加。

（四）价格总水平涨幅趋缓

一季度市场价格温和上涨，保持了"高增长低物价"的良好局面，全国居民消费价格总水平同比上涨 1.2%，比 2005 年同期回落 1.6%。其中，城市上涨 1.2%，农村上涨 1.1%。分类别看，食品价格同比上涨 1.9%，比上年同期回落 4.2%；居住价格上涨 5.0%；其余商品价格与上年同期相比大体持平或略有下降。一季度，商品零售价格同比上涨 0.5%，工业品出厂价格上涨 2.9%，原材料、燃料、动力购进价格上涨 6.5%。这一局面是国内外市场均衡的必然结果，既说明国内市场的供给能力与供给效率在增强，也说明国内外市场配置资源的效率在提高，从而导致价格总水平的回落。

2005 年上半年居民消费价格同比上涨 2.4%，原材料、燃料和动力购进价格和工业品出厂价格分别上涨 9.9% 和 5.6%，涨幅显然是较高的。参照这一涨幅，2006 年第二季度价格水平涨幅将继续回落。第一，绝大多数产品供过于求，是制约物价大幅度上涨的主要因素。根据商务部对 4 月份的预计，2006 年上半年 600 种主要消费品中，供过于求的商品将达 71.7%，没有供不应求的商品；300 种主要生产资料中，23% 供过于求，72.7% 供求平衡，只有 4.3% 的产品将供不应求或供需偏紧[1]。第二，产能过剩问题的解决还需要时间。目前，钢铁、电解铝、电石、铁合金、焦炭、汽车等产业存在较严重过剩，水泥、煤炭、电力、纺织等行业也存在潜在过剩。如果二季度信贷增长和投资增长趋缓，必将导致国内生产资料的价格涨幅的回落，对价格形成向下压力。第三，价格下降惯性的影响。生产资料和生活资料价格的持续下降会形成回滞效应，如果总需求增强的程度无法超过总供给的释放速度，价格指数回落和盈利下降的趋势就无法根本扭转。

当然，2006 年第二季度也存在价格回升的因素，包括国际市场原油等初级产品价格可能仍在高位波动，能源产品和部分初级产品的价格上涨压

---

① 《宏观调控下一步：调整公共支出结构》，《21 世纪经济报道》2006 年 4 月 13 日。

力仍然很大。另外，成品油、电、水、天然气、煤炭、土地等资源性和公共服务性产品的价格将面临全面改革，这将直接推高 CPI 的走势，但由于这些产品的价格调整是渐进的，很难在短期内形成全局性价格上涨。

二、我院对二季度和上半年经济增长的预测结果

我院对 2006 年二季度经济形势的预测主要是基于以下两种计量模型：一种是完全基于时间序列的 ARIMA 模型法（自回归移动平均模型）；另一种是基于经济增长变量和宏观经济政策变量的向量分析的 VAR 模型（向量自回归模型）。这两种模型都具有较好的短期预测效果，现运用上述两种方法对 2006 年上半年经济形势进行预测。

（一）ARIMA 模型法

如果时间序列 y_t 是它的当期和前期的随机误差项以及前期值的线形函数，即可以表示为：

$$y_t = \phi_1 y_{t-1} + \phi_2 y_{t-2} + \Lambda + \phi_p y_{t-p} + u_t - \theta_1 u_{t-1} - \theta_2 u_{t-2} - \Lambda - \theta_q u_{t-q}$$

则称该时间序列 y_t 的模型是自回归移动平均模型。上式为 (p, q) 阶的自回归移动平均模型，记做 ARIMA(p, q)。其中，ϕ_1，ϕ_2，Λ，ϕ_p 为自回归系数，θ_1，θ_2，Λ，θ_q 为移动平均系数。由于建立 ARIMA 模型要求变量是平稳的时间序列，所以在原时间序列不是平稳的，需要进行差分。如果经过 d 阶差分时间序列是平稳的，则建立的模型是 ARIMA(p, q) 模型。因为所用数据为季度数据，所以要建立 ARIMA$(p, d, q)(P, D, Q)^s$ 模型。

根据我国经济运行现实情况及短期预测的一般要求，我们选取 1996 年第一季度至 2006 年第一季度的样本数据，对数据做 Box-Cox 变换，取对数效果最佳，经过反复的调试，使用 ARIMA$(3, 0, 2)(1, 0, 0)^4$ 模型，预测模型如下：

$$(1 - 0.997B^4)(1 - 0.661B + 0.528B^2 - 0.559B^3)(\log(GDP_t) - 41.22745)$$
$$= (1 - 0.559B - 0.955B^2)u_t$$

根据上述预测模型，预测 2006 年上半年 GDP 为 37240.74 亿元（1990 年不变价格），同比增长 10.0%。

运用 ARIMA 模型对 2006 年上半年其他各主要指标进行预测，预测结果见表 5-1。

表 5 - 1   2006 年上半年主要指标预测表

主要指标	预测模型形式	同比增长(%)	主要指标	预测模型形式	同比增长(%)
GDP	ARIMA$(3,0,2)(1,0,4)^4$	10.0	社会消费品零售总额	ARIMA$(2,0,1)(1,0,1)^4$	12.5
第一产业	ARIMA$(2,0,1)(1,0,1)^4$	4.9	全社会固定资产投资	ARIMA$(3,0,1)(1,0,0)^4$	26.2
第二产业	ARIMA$(2,0,1)(1,0,1)^4$	12.0	进 口	ARIMA$(1,0,0)(1,0,1)^4$	26.5
第三产业	ARIMA$(2,0,1)(1,0,1)^4$	9.0	出 口	ARIMA$(1,0,0)(1,0,1)^4$	26.0
CPI	ARIMA$(2,0,1)(1,0,1)^4$	1.2			

(二) VAR 模型法预测结果

向量自回归（VAR）模型是用于相关时间序列系统的预测和随机扰动对变量系统的动态影响。模型避开了结构建模方法中需要对系统中每个变量关于所有内生变量滞后值函数的建模问题。模型的数学表达式为：

$$Y_t = A_1 Y_{t-1} + A_2 Y_{t-2} + \Lambda A_p Y_{t-p} + \varepsilon_t$$

我们在反复试算的基础上，选择了国内生产总值（GDP）、金融机构贷款余额（LOAN）、财政支出（FE）作为分析变量，即假设经济增长的短期变化是由滞后因素和宏观经济政策影响的，即：$Y_t = ($ GDP$_t$ FE$_t$ LOAN$_t)'$，ε_t 为扰动项，A_1、A_2、A_p 为参数矩阵。

根据短期预测的性质的要求，我们现在运用本所的"宏观经济政策效果分析季度数据库"作为基本分析数据，并选择 1998 年一季度至 2006 年一季度数据作为样本数据，对数据做对数变换后，按照要求进行单位根与协整检验。原序列均具有单位根，为非平稳序列，进而对它们进行单整检验，结果显示它们均为一阶单整序列。运用 Johansen 方法进行协整检验，结果表明变量之间存在协整关系。

通过 1998 年一季度到 2006 年一季度的季度数据建立 VAR 模型，经过多次试验，当最大滞后期取 4 时 AIC 和 SC 均达到最小，所以在此取滞后期为 4，并对 GDP 做预测，预测模型如下：

$$\begin{aligned}
\text{LOG(GDP)} = &-0.03699 \times \text{LOG(GDP}(-1)) - 0.1246 \times \text{LOG(GDP}(-2)) \\
&- 0.0709 \times \text{LOG(GDP}(-3)) + 0.91308 \times \text{LOG(GDP}(-4)) \\
&- 0.0144 \times \text{LOG(FE}(-1)) + 0.0637 \times \text{LOG(FE}(-2))
\end{aligned}$$

$$+ 0.0152 \times LOG(FE(-3)) + 0.0250 \times LOG(FE(-4))$$
$$+ 0.0602 \times LOG(LOAN(-1)) + 0.0045 \times LOG(LOAN(-2))$$
$$+ 0.0032 \times LOG(LOAN(-3)) + 0.0565 \times LOG(LOAN(-4)) + 1.0863$$

根据模型预测的结果如表 5 - 2。

表 5 - 2　2006 年上半年和二季度 GDP 增长率预测表

主要指标	预测模型	2006 年第二季度(%)	2006 年上半年(%)
GDP	VAR	10.1	10.0

(三) 我院经济增长预测结果的特点

1. 经济增长超过预期, 高位运行但呈黏性

根据上述预测结果, 2006 年二季度 GDP 增长率为 10%, 继续保持较快增长, 其中预计第一产业和第三产业同比上涨 4.9% 和 9%, 比一季度增幅略有增加, 而第二产业增长幅度将为 12%, 比一季度增幅略有下降。同时, 根据 2005 年四季度模型预测的结果, 2006 年经济增长在 9% ~ 9.2% 之间, 但本次预测今年上半年增长率在 10% 左右, 主要原因有两个: 第一, 此次预测数据采取了新的普查后的数据。由于 1993 ~ 2004 年普查后的数据比普查前的数据高 0.5%, 所以预测值提高。第二, 今年一季度经济增长还是高于人们的预期, 主要由于投资增长和信贷增长强劲, 经济发展还有较大的潜力。

2. 两种模型计算的结果相似

本季度运用 ARIMA 模型法和 VAR 模型法预测的上半年经济增长率均为 10%, 这说明近几年来经济增长数据非常平滑, 经济增长的内生性因素在增强, 并且处于一个相对稳定的发展时期。另外, 宏观经济政策保持了相对的稳定性, 导致预测的结果基本相同。

3. 外贸可能出现拐点

根据预测结果, 二季度出口增幅 26.0%, 而进口增幅为 26.5%。这一结果说明, 我国进出口发展前景将发生转折性变化, 通过市场的力量和政府进出口财税调控措施, 外贸顺差扩大的趋势将可能得到缓解, 人民币升值的压力也将有所缓解。

4. 固定资产投资依然增长较快

固定资产投资依然是拉动经济增长的核心动力, 投资外延化趋势更加

明显。这一格局来自企业与政府两个方面：一方面，企业加大了对铁矿石和房地产的投资。受铁矿石涨价和新一轮房地产价格增长的影响，一季度采矿业投资 382 亿元，同比增长 43.2%；建筑业投资 98 亿元，增长 73%。另一方面，受"十一五"开局的影响，各地方增加基础设施等投资，新开工项目增加，一季度新开工项目计划总投资 1.5 万亿元，增长 42%，而 2005 年第一季度新开工项目只增长 1.5%。2006 年国家预算内资金增长 42%，而 2005 年第一季度国家预算投资只增长 17.8%。上述暴利性行业（如房地产投资、基础产品等）增长过快等信号显示，由于市场监管和法规等不健全，地方政府和企业的投资和投机冲动倾向依然存在。在二季度这些行业的固定资产投资的增长势头难以下降，需要引起宏观调控部门和市场的高度关注。

5. 国民经济运行继续呈现"高增长、低物价"格局

根据二季度的预测结果，GDP 增长率在 10% 左右，而 CPI 价格为 1.2%。这是与现阶段中国转型特征相适应的，是特定的供求矛盾造成的。

从需求因素来讲，我国已经由过去的短缺逐步过渡到了供略大于求的阶段，这使得价格整体水平都会有所下降。另外，我国的高储蓄率、低消费率也决定了我国的需求增长比较缓慢。

从供给因素来讲，价格抑制因素占主导方面。一是我国劳动力就业压力仍然较大，并且是二元结构市场，社会保障不健全，劳动力价格特别是农村劳动力成本偏低。二是经济全球化使得生产要素的配置不仅仅是在一个国家内进行。而是在全球范围内进行。这样大大降低了生产的成本，可以使得经济发展比较快，而价格的上涨又不是太高。三是技术进步带来了劳动生产率的提高，尤为突出的例子就是信息技术产业，也就是 IT 产业的迅速发展。四是资源要素成本比较低。资源、环境等诸多的不到位，也使得生产要素成本还是比较低。这也导致了价格的下降，或者说涨幅比较低。五是 PPI 和 CPI 的传导机制不畅。城镇化率的快速提高，城市基础设施等加快发展，导致了重化工业和建材工业的优先增长和固定资产投资的强劲增长，固定资产投资发展得更快。它们反过来又对建材和重化工业也提出要求。这样使得它的价格传导没有传导到 CPI，而且使投资和消费结构在一定时期内存在不平衡。

三、二季度和上半年经济发展趋势预测的比较分析

(一) 与国内其他机构预测的比较

1. 与国家统计局中国经济景气监测中心经济学家信心指数基本吻合

国家统计局中国经济景气监测中心于 2006 年 3 月底进行的中国经济学家信心调查显示，2006 年一季度经济学家信心指数为 5.71 （取值范围在 1~9 之间），在去年四季度回升的基础上再度提高 0.29 点，恢复到去年同期的水平（见图 5-1）。

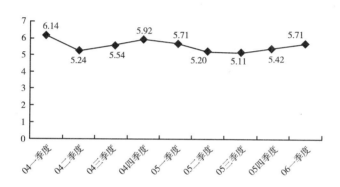

图 5-1 中国经济学家信心指数

多数经济学家认为，当前经济形势令人满意，投资需求平稳增长，消费需求趋于改善，出口增长不会出现明显下滑，未来经济走势预期乐观；外贸顺差呈缩小趋势，但贸易摩擦尚难缓解；预期 CPI 呈现温和上升的态势，出现通胀和通缩的可能性都不大；人民币仍存在一定的升值压力；经济运行处于既不冷又不热的良好状态。

2. 与中国制造业采购经理指数（PMI）基本吻合

2006 年 4 月，中国制造业采购经理指数（PMI）显示，2006 年一季度 PMI 指数为 55.3%[①]，达到 11 个月以来的高点。数据显示，今年 3 月的主要指数保持比较明显的增长格局，新订单、生产、采购量、新出口订单和进口指数均比上月有较大幅度的增长，分别达到 60.7%、58.2%、59.1%、58.7% 和 55.5%，为近期的高点。在 20 个行业中，除食品加工

---

① 《中国证券报》2006 年 4 月 10 日。

及制造业的指数低于50%外，其他行业指数均高于50%。其中，通用设备制造业、专用设备制造业等6个行业的生产指数都高于60%。购进价格指数在年初上升的基础上保持稳定增长的态势，本月指数为55.1%。这表明未来3至6个月经济增长仍然会保持高速增长的态势。

3. 与企业家景气指数基本一致

根据国家统计局对全国19500家各种类型企业的调查结果显示，2006年一季度，全国企业景气指数为131.5，分别比上季度和2006年同期下降0.2和1.0点。其中，国有企业景气指数为128.4，与上季度和去年同期持平；集体企业、私营企业、外商及港澳台地区投资企业景气指数分别为111.5、126.3和141.3，分别比上季度提高2.2、2.4和4.9点，比去年同期提高2.2、4.3和3.0点；股份公司企业景气指数分别为115.1、130.5和139.6，分别比上季度下降3.7、1.0和2.0点，比去年同期下降2.9、2.0和6.6点。分行业来分析，制造业、信息传输计算机服务和软件业企业景气指数分别为127.9和153.8，与上季度持平；交通运输仓储和邮政业、批发和零售业、房地产业、社会服务业景气指数分别为128.3、141.2、133.0和122.9，分别比上季度提高2.4、3.2、5.4和1.9点；采矿业、电力燃气及水的生产和供应业、建筑业、住宿和餐饮业景气指数分别为159.1、138.5、124.2和118.9，分别比上季度下降3.4、1.1、8.1和4.7点。上述景气指数在一定程度上说明二季度经济运行总体平稳。

（二）与国外相关机构预测的比较

以下是全球一些主要的预测机构对中国2006年经济增长做出的预测（见表5－3），我们可以从中进行比较。

表5－3 全球主要预测机构对中国2006年经济增长的预测

机 构	亚洲开发银行	世界银行	IMF	英国共识预测公司	牛津经济预测	摩根士丹利	高 盛	德意志银行	瑞士信贷	花旗银行
增长指数(%)	9.5	9.2	9.5	9.1	9.3	9.2	9.6	9	10.1	8.7

资料来源：亚洲开发银行。

我所对中国2006年经济增长预测在10%左右，接近瑞士信贷的预测，可能属于高位趋势中的偏高者。上表没有对上半年进行具体的预测，但从全年的数据判断中也可以对上半年增长的态势有所判断。

（三）影响预测结果的不确定性分析

2006 年二季度我国经济增长预测的偏差可能主要来自如下三个方面：第一，石油价格上升成为全球经济增长中的主要风险，石油价格的剧烈波动可能导致全球经济增长放慢，并对我国经济增长带来负面影响。目前，油价已突破每桶 75 美元的大关，涨得很高。毫无疑问，它对全球经济当然也包括中国经济都是有影响的。由于中国 40% 的原油来自进口，国际市场石油的高位波动将直接影响国内经济发展，并可能诱发通货膨胀风险。第二，地方政府的投资冲动。在全国的"十一五"规划中，年均经济增长率预期目标为 7.5%。而日前发改委汇总的各省数据显示，在全国 31 个省市公布的"十一五"规划中，预计平均 GDP 增速是 10.1%，最高的达 13%，最低为 8.5%，均大幅度超过全国平均水平。第三，产能过剩的趋势进一步恶化。从 2006 年一季度看，已经纳入产能过剩名单的煤炭、铁合金、纺织、水泥、汽车等行业的生产能力扩张仍然比较迅猛。这些过剩行业产能的集中释放，将直接导致企业利润增长回落、亏损额直线上升，甚至导致企业关闭，同时也会间接增加失业率，形成银行新的不良资产，并对上半年经济增长带来直接的负面影响。

第三部分　贸易形势分析

一、国内贸易

2006 年一季度，我国商品市场继续保持稳步发展，市场销售增长略有加快，供求关系进一步改善，市场价格温和上涨。一季度社会消费品零售总额 18440 亿元，同比增长 12.8%，扣除价格因素，实际增长 12.2%，比上年同期加快 0.3%；社会生产资料销售总额 3.72 万亿元，扣除物价因素，实际增长 17.8%，比上年同期加快 3.2%。预计上半年社会消费品零售总额将达到 3.7 万亿元左右，社会生产资料销售总额将达到 7.5 万亿元左右。

（一）国内市场运行的基本情况

1. 消费品市场销售稳步增长

一季度社会消费品零售总额 18440 亿元，同比增长 12.8%，扣除价格因素，实际增长 12.2%。从地区情况看，城市消费品零售额 12410 亿元，增长 13.5%；县及县以下消费品零售额 6030 亿元，增长 11.5%。从行业情况来看，批发零售业零售额 15551 亿元，增长 12.9%；住宿和餐饮业零售额 2542 亿元，增长 14.2%；其他行业零售额 347 亿元，增长 1.1%。从月度增长情况来看，1 月份增幅最大，同比增长达到 15.5%，2 月份增长 9.4%，3 月份增长 13.5%（表 5-4）。

表 5-4 社会消费品零售总额

单位：亿元

	总 额		城 市		县及县以下	
	绝对值	同比增长（%）	绝对值	同比增长（%）	绝对值	同比增长（%）
1 月	6641.6	15.5	4458.3	16.8	2183.3	13.0
2 月	6001.9	9.4	4037.8	9.5	1964.1	9.1
3 月	5797	13.5	3914	14.1	1883	12.5

数据来源：国家统计局。

2. 农村消费进一步活跃

各项支农惠农政策的逐步落实，进一步巩固和发展了农业增产、农民增收的良好态势，促进了农村居民消费较快增长。一季度，县及县以下消费品零售额 6030 亿元，增长 11.5%，扣除物价因素，实际增长 10.6%，增长速度比上年同期加快 1.7%，比去年全年加快 1.5%。农村消费虽然仍低于城市，但增幅差距缩小，由去年同期的 3% 减小到 2%。

3. 消费结构升级特点依然明显

汽车、通信器材、建筑装潢材料等商品销售继续保持快速增长；同时，受节假日消费因素影响，粮油、副食品、烟酒等商品销售也实现较快增长。分商品类别看，限额以上批发和零售业吃、穿、用商品类零售额同比分别增长 11.7%、17.2% 和 23.4%。其中，粮油类增长 16.7%，肉禽蛋类增长 8.7%，服装鞋帽、针纺织品类增长 17.2%，文化办公用品类增长 14.8%，体育、娱乐用品类增长 21.5%，日用品类增长 14.0%，家用电器和音像器材类增长 17.0%，化妆品类增长 15.9%，家具类增长 17.0%，建筑及装潢材料类增长 24.5%，金银珠宝类增长 24.7%，通信器材类增长 26.5%，汽车类增长 29.4%，石油及制品类增长 38.3%。

4. 生产资料市场供求关系改善

国内市场供应偏紧的能源、原材料进口增加，出口减少。一季度原油进口增加 25.3%，铁矿砂进口增加 27.2%，合成橡胶进口增加 27.9%。

同时，煤炭出口下降 16.4%，焦炭出口下降 23.4%，未锻轧铝出口下降 23.9%，钢坯出口下降 68.6%。各项宏观调控措施的效果进一步显现，促进了生产资料市场的稳定发展。据商务部调查，上半年 300 种主要生产资料中供求平衡的有 218 种，占 72.7%，比 2005 年增加 2.4%；供不应求的有 13 种，占 4.3%，比 2005 年下半年减少 38.1%。一季度，流通环节生产资料价格指数同比下降 1.1%。

5. 居民消费价格继续回落

一季度，全国居民消费价格总水平同比上涨 1.2%，比上年同期回落 1.6%，比去年全年回落 0.6%。农村居民消费价格水平低于城市，其中，城市上涨 1.2%，农村上涨 1.1%（表5-5）。分类别看，食品价格同比上涨 1.9%，比上年同期回落 4.2%；居住价格上涨 5.0%；其余商品价格与上年同期相比大体持平或略有下降。

表5-5　居民消费价格指数

	当月（上年同月=100）			累计（上年同期=100）		
	全　国	城　市	农　村	全　国	城　市	农　村
1 月	101.9	102.0	101.7	101.9	102.0	101.7
2 月	100.9	100.9	100.8	101.4	101.4	101.3
3 月	100.8	100.8	100.7	101.2	101.2	101.1

数据来源：国家统计局。

（二）需要注意的问题

1. 居民消费意愿仍然较较弱

据中国人民银行在全国 50 个城市问卷调查显示，2006 年一季度愿意"更多消费"的消费者比例为 28.6%，比上年同期下降 1.8%，比上季度下降 0.9%。据国家统计局调查，3 月份消费者满意指数为 93.8，较去年 12 月份回落 1.7%。由于受到教育、医疗、住房等消费支出快速增长等因素影响，居民消费意愿很难在短期内增强，扩大国内消费需求的难度加大。

2. "涉农产品"价格走势不利农业生产

一季度，棉花、畜禽蛋及食用油等重要农产品价格走低，一些地区猪肉价格过低，导致行业性亏损。同时，原油、成品油、化肥等价格持续上涨，增加了农业生产成本。3 月底国产尿素价格较去年底上涨 5% 左右。

3. 部分生产资料价格上涨过快

我国一季度全社会固定资产投资增长 27.7%，增幅同比提高 4.9%，增加了生产资料需求，成为部分产品价格快速上涨的重要原因。其中，石油及制品价格同比上涨 24.8%，铜、铝、天然橡胶平均价格同比分别上涨 46.7%、20.1%、53.4%。

（三）国内商品市场走势分析

2006 年国家将全面落实建设社会主义新农村的战略部署，进一步加大对农业、农村、农民的投入力度。同时，扩大国内消费需求的政策措施也将陆续出台，消费需求将逐步扩大。因此，国内市场将保持平稳、较快增长，预计上半年社会消费品零售总额 3.7 万亿元，增长 12.8% 左右；社会生产资料销售总额 7.5 万亿元左右，增长 17% 左右。

二、国际贸易

（一）外贸进出口运行基本情况

据海关统计，2006 年 1~3 月份，全国进出口总值为 3713 亿美元，同比增长 25.8%，其中，出口 1973 亿美元，增长 26.6%；进口 1740 亿美元，增长 24.8%；进出口顺差 233.1 亿美元，增长 41.4%。3 月份，全国进出口总值为 1449 亿美元，同比增长 24.9%，其中，出口 780.5 亿美元，增长 28.3%；进口 668.6 亿美元，增长 21.1%；进出口顺差 111.9 亿美元，增长 98.5%（表 5-6）。

表 5-6　2006 年一季度各月外贸进出口与 2005 年同比情况

单位：亿美元

2005 年	当　月	增长（%）	累　计	增长（%）	2006 年	当　月	增长（%）	累　计	增长（%）
出口总值					出口总值				
1 月	507.8	42.2	507.8	42.2	1 月	649.9	28.1	649.9	28.1
2 月	445.3	30.8	952.8	36.6	2 月	541.5	22.3	1191.9	25.5
3 月	608.7	32.8	1558.9	34.9	3 月	780.5	28.3	1973	26.6
进口总值					进口总值				
1 月	442.9	24.0	442.9	24.0	1 月	555.0	25.4	555.0	25.4
2 月	399.2	-5.0	841.8	8.3	2 月	517.0	29.6	1071.8	27.4
3 月	551.4	18.6	1393.1	12.2	3 月	668.6	21.1	1740	24.8

数据来源：海关统计。

1. 加工贸易与一般贸易增长并驾齐驱

2006 年一季度，一般贸易进出口 1567.94 亿美元，同比增长 23.4%。其中，出口 819.80 亿美元，同比增长 24.4%；进口 748.14 亿美元，同比增长 22.3%，高出去年同期 18.5%；进出口顺差 71.7 亿美元，比去年同期增加顺差 24.4 亿美元，增长 51.6%。加工贸易进出口 1781.55 亿美元，同比增长 27.0%。其中，出口 1073.17 亿美元，同比增长 27.3%，占出口总值的 54.4%；进口 708.38 亿美元，同比增长 26.5%，占进口总值的 40.7%。累计进出口顺差超过 300 亿美元，达到 364.8 亿美元，是整体顺差的 1.6 倍，比去年同期增加顺差 81.7 亿美元，同比增长 28.9%。其中来料加工名义顺差 41.9 亿美元，进料加工顺差 322.9 亿美元。

2. 机电产品和高新技术产品进出两旺

从出口看，第一季度，我国机电产品出口 1145.78 亿美元，同比增长 34.2%，占同期我国出口总值的 58.1%，对出口增长贡献率 70.4%，拉动出口增长 18.7%；高新技术产品出口 592.7 亿美元，同比增长 35.8%，占同期我国出口总值的 30%，对出口增长贡献率 37.7%，拉动出口增长 10%。传统大宗商品出口中，服装及衣着附件 172.1 亿美元，增长 23%；纺织纱线、织物及制品 101.3 亿美元，增长 20.5%；鞋类 48.7 亿美元，增长 19%；塑料制品 29.3 亿美元，增长 25.2%；钢材 36.3 亿美元，增长 12%。农产品出口中，玉米 220 万吨，增长 28.1%；大米 30 万吨，增长 50%。

从进口看，第一季度，我国机电产品进口 937.4 亿美元，增长 30.8%，占同期我国进口总值的 53.9%，对进口增长贡献率 63.8%，拉动进口增长 15.8%；高新技术产品进口 537.3 亿美元，同比增长 33.2%，占同期我国进口总值的 30.9%，对进口增长贡献率 38.7%，拉动进口增长 9.6%。重要原材料进口中，原油 3713 万吨，增长 25.3%；铁矿砂及其精矿 8091 万吨，增长 27.7%；钢材 461 万吨，下降 22.7%；成品油 816 万吨，减少 1.4%。农产品进口中，大豆 541 万吨，增长 0.1%；谷物及谷物粉 111 万吨，减少 58.3%。

3. 对主要贸易伙伴贸易保持稳健

第一季度，中国与欧盟、中国与东盟、中国大陆与香港地区、中美、中日、中韩之间的贸易额分别为 571.1 亿美元、345.3 亿美元、331.9 亿美元、556.2 亿美元、459.7 亿美元和 292.5 亿美元，分别增长 21.1%、

25.7%、24.4%、27.6%、11.6%和20.2%。中国对东盟、欧盟、美国、俄罗斯、巴西、加拿大等国家以及中国香港地区的出口分别为147.4亿美元、376.3亿美元、421.1亿美元、29.6亿美元、14亿美元、32亿美元、307.1亿美元，分别增长28.9%、20.8%、29.5%、38.8%、50.3%、38.7%、28.8%。中国从日本、韩国、东盟、欧盟、巴西、美国、澳大利亚以及中国香港地区、台湾地区的进口分别为250亿美元、198.8亿美元、197.9亿美元、194.8亿美元、26.5亿美元、135.1亿美元、42.5亿美元、24.7亿美元、194.1亿美元，分别增长13.6%、19.8%、23.4%、21.5%、55.9%、21.8%、29.9%、–12.6%、25.9%。

4. 传统出口大省增势强劲

从出口看，第一季度，广东省出口582.6亿美元，增长28.7%，对出口增长贡献率31.3%，拉动出口增长8.3%；江苏省出口332.3亿美元，同比增长30.8%，对出口增长贡献率18.9%，拉动出口增长5%；上海市出口总值263.2亿美元，增长26.7%，对出口增长贡献率13.4%，拉动出口增长3.6%；浙江省出口203.2亿美元，增长29.9%，对出口增长贡献率11.3%，拉动出口增长3%。

从进口看，一季度，广东省进口475.2亿美元，增长25.8%，对进口增长贡献率28.2%，拉动进口增长7%；北京市进口278.2亿美元，同比增长42%，对进口增长贡献率23.8%，拉动进口增长5.9%；上海市进口总值253.8亿美元，增长21%，对进口增长贡献率12.7%，拉动进口增长3.2%；江苏省进口273.8亿美元，增长17%，对进口增长贡献率11.5%，拉动进口增长2.9%。

5. 国有企业呈现低出高进态势

一季度，国有企业出口401.6亿美元，增长8.4%，对出口增长贡献率7.5%，拉动出口增长2%；国有企业进口518.8亿美元，增长21.3%，对进口增长贡献率26.3%，拉动进口增长6.5%。外资企业出口1176.3亿美元，增长30.5%，对出口增长贡献率66.3%，拉动出口增长17.6%；外资企业进口1015.4亿美元，增长25.8%，对进口增长贡献率60.2%，拉动进口增长14.9%。其他企业出口395.1亿美元，增长37.9%，对出口增长贡献率26.2%，拉动出口增长7%；其他企业进口205.8亿美元，增长29.7%，对进口增长贡献率13.5%，拉动进口增长3.4%（见表5–7、表5–8）。

表 5 - 7　近年来一季度外贸出口结构变化

单位：亿美元，%

结　　构		2004 年一季度	2005 年一季度	2006 年一季度
出口总值		1157.0(100)	1558.9(100)	1973(100)
贸易方式	一般贸易	463.1(40.0)	659.3(42.3)	819.8(41.5)
	加工贸易	651.9(56.3)	843.3(54.1)	1073.2(54.4)
企业性质	国有企业	303.8(26.3)	370.6(23.8)	401.6(20.3)
	外商投资企业	674.4(58.3)	901.7(57.8)	1176.3(59.6)
	其他性质企业	90.3(7.8)	286.4(18.4)	395.1(20.0)
商品结构	机电产品	636.6(55.0)	854.3(54.8)	1145.8(58.1)
	高新技术产品	331.1(28.6)	437.0(28.0)	592.7(30.0)
主要出口市场	中国香港	156.6(13.5)	238.3(15.3)	307.1(15.6)
	美　国	237.5(20.5)	325.1(20.9)	421.1(21.3)
	欧　盟	219.6(19.0)	311.4(20.0)	376.3(19.1)
	日　本	191.9(16.6)	192.3(12.3)	209.7(10.6)

数据来源：海关统计。

表 5 - 8　近年来一季度外贸进口结构变化

单位：亿美元，%

结　　构		2004 年一季度	2005 年一季度	2006 年一季度
进口总值		1241.4(100)	1393.1(100)	1740(100)
贸易方式	一般贸易	587.8(47.4)	611.0(43.9)	748.1(43.0)
	加工贸易	459.3(37.0)	560.2(40.2)	708.4(40.7)
企业性质	国有企业	412.4(33.2)	427.6(30.7)	518.8(29.8)
	外商投资企业	693.6(55.9)	807.1(57.9)	1015.4(58.4)
	其他性质企业	135.4(10.9)	158.4(11.4)	205.8(11.8)
商品结构	机电产品	650.0(52.4)	716.6(51.4)	937.4(53.9)
	高新技术产品	334.3(26.9)	402.9(28.9)	537.3(30.9)
主要进口来源地	日　本	211.3(17.0)	220.1(15.8)	250(14.4)
	美　国	113.5(9.1)	111.1(8.0)	135.1(7.8)
	欧　盟	154.4(12.4)	159.7(11.5)	194.8(11.2)
	中国台湾	142.3(11.5)	154.2(11.1)	194.1(11.2)

数据来源：海关统计。

（二）需要关注的问题

1. 贸易结构不合理持续存在

出口方面，高污染、高耗能、资源性产品依然存在大量的出口。进口方面也存在结构不合理的问题，一是消化吸收性进口少。我国进口的机电产品和高新技术产品主要用于加工贸易。近年来，我国每年形成固定资产上万亿的设备投资中，60%以上是引进，航空设备、精密仪器等高技术含量产品80%以上依赖进口。但是我们对技术的消化吸收做得不够。中国大中型国有工业企业技术引进和消化吸收两项经费之比仅为1:0.06。而韩国、日本企业则达到1:5~1:8。二是技术、服务类进口少。尽管每年进口大量国外成套设备和生产线等硬件，但在专利和专有技术等软性类技术的引进方面还不足。2005年，我国技术引进合同总金额仅190.5亿美元，其中技术费118.3亿美元；成套和关键设备进口中的专有技术许可和技术服务合同金额分别为51亿美元和47.4亿美元，与货物进口相比，比例很低。三是生产消耗性进口多。2005年，我国进口原油12682万吨、铁矿砂及其精矿27526万吨、钢材2582万吨、铝土矿217万吨、氧化铝702万吨。这些进口一方面满足了国内经济发展的需要；另一方面，国内部分高消耗、高污染行业也因此依旧兴旺，大量消耗性的进口支撑着低效率、粗放型增长模式的运转，并形成产能过剩。

2. 对主要贸易伙伴的贸易不平衡加剧

一季度，中国对美国、香港地区、欧盟的贸易顺差分别为286亿美元、282.4亿美元、181.5亿美元，与去年同期相比，分别增长33.6%、34.3%、19.6%。而另一方面，中国与台湾地区、韩国、日本、东盟的贸易逆差分别为581.3亿美元、417.1亿美元、164.6亿美元和196.3亿美元，与去年同期相比，分别增长393%、370.77%、492.1%和326.7%。其主要原因是：我国加工贸易中有相当比重是跨国公司内部贸易，其零部件在东南亚国家生产，再进口到中国进行加工组装，然后出口到欧美。这种贸易格局形成了中国对主要贸易伙伴的贸易不平衡。

3. 投资带动贸易效应减弱

今年一季度，全国新批设立外商投资企业8909家，同比下降4.26%；实际使用外资金额142.46亿美元，同比增长6.4%。由于全球产业转移速度放慢、国内抑制过热行业投资、人民币升值等因素，我国吸收外资已呈现放缓趋势。2004年实际使用外资金额增长13.32%，2005年则同比下降0.50%。如果持续这种趋势，投资减缓带来的贸易效应将逐步显现。

4. 中西部地区出口增长起伏较大

今年一季度，山西省和贵州省出口负增长，分别为 - 16.9% 和 - 0.1%；辽宁省、吉林省、湖北省、云南省、陕西省、甘肃省、宁夏回族自治区出口增长仅分别为 7.8%、7.8%、8.8%、10.9%、7.4%、2.4%、8.7%。而 2005 年全年，辽宁省、吉林省、湖北省、云南省、陕西省的出口增长高达 23.9%、43.9%、30.9%、18%、28.4%。中西部地区出口相对放缓，主要原因是：中西部地区以资源性产品出口和一般贸易为主，取消一些资源性产品的出口退税乃至征收出口关税，影响了这些地区的出口增长。

（三）对全年形势的估计

综合各方面的分析，预计我国全年进出口将增长 20%，达到 1.7 万亿美元左右。其中，出口达 9000 亿美元左右，进口 8000 亿美元左右。2006 年由于人民币升值及其他因素的影响，出口增长速度将有所减缓，进口增长将加快，外贸顺差将有所下降。

第四部分　财政政策分析

一、预算政策执行情况

一季度，在国民经济保持平稳较快增长的基础上，财政收支运行情况总体良好，反映了经济增长周期的上升态势。

1. 税收收入保持较快增长

1~3 月份，国内税收收入累计完成 8988 亿元，比上年同期增长 18.9%；关税 259 亿元，增长 17.0%（见图 5 - 2）。在国内税收中，流转税和所得税是增收主体，二者合计增收 1070 亿元，占增收总额的 74.9%，拉动国内税收增长 14.2%。从地区分布来看，东、中、西部税收协调增长，分别增长 19.3%、18.0% 和 18.2%，占全国的比重分别为 70.5%、15.7% 和 13.7%，与上年同期基本一致。税收收入增长说明中国经济仍很活跃，特别反映出煤炭、原油、有色金属等部分行业运行偏热、房地产泡沫以及进口增速明显加快，从而发挥了对经济的自动稳定器作用。

2. 公共服务支出得到加强

一季度，全国财政支出 6292 亿元，增长 20.8%。其中，重点是保证公共产品和公共服务支出。一是社会事业支出增长较快，文教科学卫生支

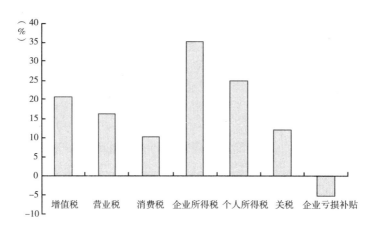

图5-2　一季度财政收入主要项目增长情况

出增长19.1%；二是社会保障支出保持快速增长，其中抚恤和社会福利救济费增长34.1%，社会保障补助支出增长29.0%；三是国家职权建设支出得到有力保障，例如行政管理费增长17.6%（见图5-3）。收支相抵，全国财政盈余3008.3亿元，比去年同期扩大424亿元，表明财政政策对调节经济运行偏热有一定的紧缩作用。

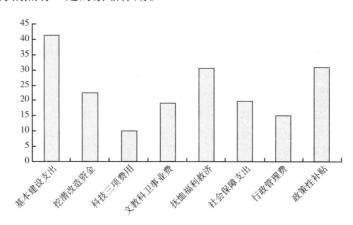

图5-3　一季度财政支出主要项目增长情况

3. 支持社会主义新农村建设开局良好

今年财政进一步加大了对"三农"的支持力度。一是增加粮食直接补贴规模，全国财政共从粮食风险基金中安排粮食直补资金142亿元，中央财政已拨付全年应拨付粮食风险基金总额的52%。二是扩大良种补贴资金规模和范围。中央财政安排40.7亿元，除晚稻以外的良种补贴资金全部下拨，支持了春耕生产。三是扩大农机具购置补贴规模和机型范围。全年中央财政安排6亿元农机购置补贴资金，已预拨用于地方的全部农机具购置补贴资金。四是对种粮农民柴油、化肥、农药等农业生产资料增支，安排125亿元资金，实行综合直补。五是春节学期开始，在西部地区全面实施农村义务教育经费保障机制改革，享受免费义务教育的学生达到4880万人。

4. 加强对贸易收支的调节

从1月1日起，根据加入WTO的关税减让承诺，进一步降低100多个税目的进口关税，并加强关税的宏观调控作用：一是对农业生产急需以及国内产品质量不能满足需求的饲料、种畜种苗、农药中间体等商品实行较低的进口暂定税率；为满足国内农业生产用肥的需要，继续对尿素出口征收季节性出口关税。二是为鼓励企业自主创新、促进高新技术产业和先进制造业的发展，对部分电子、化工、信息技术产品原料、装备制造业关键零部件实行较低的进口暂定税率。三是对炼焦煤、氧化铝、磷灰石等资源性产品和具有变流功能的半导体模块等节能产品实行较低的进口暂定税率，对电解铝、黄磷、硅铁等高耗能、高污染、资源性产品继续实行出口暂定税率。四是今年对所有原产于东盟十国的"早期收获"商品的税率都降为零，继续对原产于韩国、印度、斯里兰卡、孟加拉和老挝五国的928项商品实行协定税率，对原产于巴基斯坦的2244项商品实行协定税率，对港澳地区销往内地的产品全面实施零关税。这些措施有利于扩大进口，缓解贸易顺差过大的矛盾。同时，继续支持出口的健康增长，一季度出口退税1004亿元，比上年同期增长49.8%。

二、当前财政运行中存在的主要问题

当前财政收支运行虽然总体良好，但也要看到其中仍存在一些深层次的矛盾和新出现的问题。

1. 对投资顺周期调节

近年来我国固定资产投资运行一直偏热，是政府宏观调控的重点。当前控制固定资产投资过快增长，应减少政府投资，但财政并没有减少投资。一是今年预算安排的政府投资资金规模没有降低，长期国债发行虽然减少200亿元，但同时增加预算内经常性建设投资100亿元，使中央财政投资资金规模仍为 1154 亿元，与 2005 年一致，没有体现出控制投资需求的政策导向。二是一季度国债项目资金和预算内基本建设支出计划下达和资金拨付进度明显较快，导致基本建设支出增长 41.5%，大大高于同期全社会和城镇固定资产投资增长，使投资在经历了两年宏观调控之后明显反弹，显示出新一轮投资膨胀势头，也有挤出民间投资的倾向。

2. 税制改革迟迟没有出台

目前我国一般预算内宏观税负约为 20%，加上社会保障、政府性基金、预算外资金和制度外收入，总体税负达 30% ~40%，高于发展中国家平均水平，与发达国家的水平相当。当前税收收入持续快速增长，正是推进税制改革的最佳时机，但税制改革始终是雷声大、雨点小。一是内外资企业所得税不统一，外资企业享受"超国民待遇"，既影响内资企业的竞争力，也加剧我国国际收支顺差和外汇储备过大的矛盾。二是我国是实际上少数几个实行生产型增值税的国家，对投资存在着重复征税问题，不利于促进企业的设备更新和技术水平提高。目前东北地区增值税转型试点改革，也仅是投资增量抵扣，力度明显偏小。三是在财产、资源和环境方面税收调节不力，例如资源税征税范围和税率偏低，房地产保有环节和环境破坏方面缺乏税收调节。四是国有企业利润没有上缴，未体现国家作为投资人的权益，导致同股不同利，在国有企业和商业银行海外上市情况下存在国家利益外流问题。

3. 财政支出结构不合理

长期以来，由于政府职能转变滞后，特别是由于部门利益和压力集团的作用，政府与市场的职能范围始终厘定不清，财政支出不能真正退出应由市场承担的领域，政府对竞争性投资仍介入过多。而且随着技术的发展，以及财政分权和管理方式的变革，公共产品的范围和内容也在变化，例如高速公路等基础设施和公用事业完全可以由民间投资提供。财政的"越位"同时造成了财政支出的"缺位"和"不到位"，导致城乡二元经济、社会保障体系不健全、社会事业发展滞后。譬如，在总医疗费用里面，我国财政支出只占 17%，而美国至少占 45%，几乎是中国的三倍，导致我国公共财政特征不够显著。另外，当前新农村建设中存在片面依赖政府投资特别是中央政府资金的不良倾向和错误认识。

4. 财政收支矛盾突出

近年来的财政收入持续高增长，带来各部门的高支出预期。目前，建设社会主义新农村，实行免费义务教育，改革公务员工资制度，加强就业和社会保障工作，推进企业自主创新，建设和谐社会等，都需要财力的支持，财政支出压力较大。同时，存在政策性减收因素，包括全面取消农业税、提高个人所得税工薪所得费用扣除标准、扩大再就业和就业税收优惠政策实施范围、延长农村信用社税收优惠政策、制定支持科技创新的税收激励政策，以及巩固出口退税机制改革成果等，都将造成财政减收，财政或有债务风险也不可忽视。

三、几点财政政策建议

目前世界经济保持强劲增长势头，今年是"十一五"开局之年，各地投资和发展的积极性非常高，加上政治周期作用，预期全年固定资产投资快速增长，消费需求稳中趋旺，净出口继续大幅度增加，GDP保持平稳较快的发展势头。在此基础上，经过努力，预计能够完成全年预算，但要加强对经济运行中存在的突出问题的调节。

1. 稳健财政政策应适当收紧

针对当前投资反弹压力较大以及货币政策由于外汇占款倒逼和贷款过快增长而变得宽松的情况，财政政策不能松动。可根据固定资产投资的增长态势以及加强宏观调控的需要，适当压缩长期建设国债规模，调减财政预算内投资资金规模，以此适当降低财政赤字，并在预算执行中注意适时"微调"，合理把握国债项目和财政预算内投资资金拨付进度。同时，继续调整优化财政资金投资结构，优先支持新农村建设、科教文卫、社会保障、资源节约、生态环境保护、西部大开发等重点项目建设，严格控制新开工项目。

2. 努力扩大消费需求

一是推进工资制度改革。在清理规范津贴补贴的基础上，建立国家统一的职务与级别相结合的公务员工资制度和工资正常增长机制，建立健全动态调整和严格执行企业最低工资制度。二是积极支持就业。加大再就业资金投入，加强职业培训和就业服务体系建设。对吸纳下岗职工的企业，给予减免营业税、城市维护建设税、教育费附加和企业所得税优惠；对吸纳再就业比较困难人员的企业，给予社保补贴和工资补贴；对新招下岗失业人员达到一定比例的劳动密集型小企业，给予担保贷款支持；对从事个体经营的下岗人员，提高减免税力度，并给予小额担保贷款。三是加强社会保障体系建设。扩大社会保险覆盖面，逐步做实个人账户，完善城市居民低保、农村"五保户"供养制度，扩大新型农村合作医疗试点范围，将失地农民和进城务工农民纳入社会保障体系，加快特殊困难群众社会救助体系建设，积极稳妥地推进农村社会保障制度建设。

3. 促进企业自主创新

一是加大科技投入。按照科学技术进步法，科技投入要明显高于整个财政经常性收入的增长水平，确保对基础研究、社会公益研究、前沿技术研究以及科技基础条件建设的投入等，为企业创新提供良好的技术基础设施。二是充分利用税收扶持措施。这包括企业技术开发费用按150%加计抵扣，企业研究开发仪器设备加速折旧，高新技术企业自获利年度起两年内免征、两年后减按15%的税率征收企业所得税，承担国家重大项目的企业进口国内不能生产的关键设备、原材料及零部件免征进口关税和进口环节增值税等。三是完善企业财务和分配制度。允许企业对有突出贡献的科技骨干实行股权激励等政策，拓展政府采购政策对企业自主创新的扶持功能。四是完善科技经费的管理制度。规范科研经费的开支范围、支出标准和具体的管理办法，建立财政科技经费的绩效评价体系，加强追踪问责，切实提高科技资金的使用效益。

4. 继续狠抓增收节支管理

严格控制减免税，抓紧清理到期和不合法的税收优惠政策。依法加强税收征管，在个人所得税方面，应实行代扣代缴，实行全员全额扣缴申报。加强非税收入管理，规范石油特别收益金的征收管理，进一步严格收支两条线管理。严厉打击偷漏骗税等违法行为。要严格财政支出的预算约束，严格控制一般性支出的增长，特别要控制公务接待、公费出国考察培训以及会议等方面的铺张浪费问题，并加强财政支出绩效考核，提高财政资金使用的规范性、有效性和安全性，保证财政支出不突破预算。

5. 加快推进财税改革

全面推进农村税费综合改革，包括深化乡镇机构、农村义务教育和县乡财政管理体制等改革。加快推进内外资企业所得税两法合并。加快推进增值税转型改革，在及时总结东北地区试点经验的基础上，力争出台在全国实施将企业新增机器设备所含税款纳入增值税抵扣范围的改革方案。积极推进物业税试点以及资源税、车船税、耕地占用税等改革。以适当方式参与国有企业的利润分配，加快推进建立国有资本经营预算制度。

第五部分 货币金融形势分析

一、一季度金融运行情况

（一）广义货币增长较快

3 月末，广义货币供应量（M_2）余额为 31.05 万亿元，同比增长 18.8%，增长幅度比去年同期高 4.8%。狭义货币供应量（M_1）余额为 10.67 万亿元，同比增长 12.7%，增幅比去年同期高 2.8%。市场货币流通量（M_0）余额为 2.35 万亿元，同比增长 10.5%，增幅比去年同期高 0.4%。一季度净回笼 560 亿元，同比多回笼 330 亿元。3 月底，货币流动性为 34.4%（见图 5-4）。

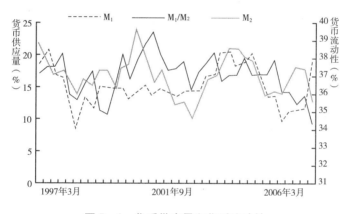

图 5-4 货币供应量和货币流动性

（二）金融机构超额储备率有所下降

截至 3 月末，中央银行基础货币余额为 6.26 万亿元，余额同比增长 8.6%，增速比上年同期低 5.5%。一季度央行投放基础货币 8753 亿元，收回基础货币 10545 亿元，净收回基础货币 1792 亿元，收回基础货币的力度较大。

从基础货币的需求角度来看，金融机构超额储备率有所下降。从理论上讲，在基础货币总量既定时，现金和非金融机构在中央银行的存款比重上升，金融机构在中央银行的存款比重下降，货币供应量则收缩。3 月末，全部金融机构在中央银行的超额准备金率平均为 3%，较去年年末低 1.22%。

其中，国有商业银行为 2.71%，较去年年末低 1.28%；股份制商业银行为 2.84%，较去年年末低 2.41%。商业银行超额储备水平明显下降，但考虑到当前市场融资成本低，金融机构流动性仍在合理范围内，存在收缩流动性的操作空间。

从基础货币的供给角度来看，外汇占款仍是基础货币投放的主要渠道，财政存款的变动影响有所降低。从一季度的情况来看，能够较好反映实际外汇收支状况的银行结售汇指标显示外汇流入的规模仍在增加。一季度央行通过外汇占款，投放基础货币 5090 亿元，占该季度基础货币投放总量的 59.4%。公开市场上，一季度央行发行票据回收基础货币 7261 亿元，占该季度基础货币收回总量的 68.9%；卖出回购证券 2830 亿元，占该季度基础货币投放总量的 33.0%。财政存款增加也会收回一部分基础货币，一季度财政存款增加 2024 亿元，占该季度基础货币收回总量的 19.2%。

（三）贷款增幅较大

3 月末，全部金融机构本外币各项贷款余额为 21.88 万亿元，同比增长 14%，比去年同期上升 1%，比去年年末高 1.2%。其中，金融机构人民币各项贷款余额为 20.64 万亿元，同比增长 14.7%，增幅比去年同期和去年年末均高 1.7%。2001～2005 年，一季度新增人民币贷款分别为 3069 亿元、3324 亿元、8082 亿元、8351 亿元和 7375 亿元。2006 年一季度，新增人民币贷款创近年来最高水平，增加 12568 亿元，同比多增 5193 亿元（见图 5-5）。

从贷款期限看，一季度票据融资、短期贷款增加比较多。一季度末短期贷款及票据融资余额为 11.11 万亿元，同比增长 13.9%，增速比去年同

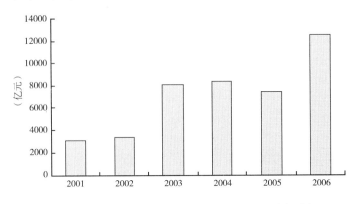

图 5-5　2001～2006 年间第一季度人民币贷款新增额

期高 6.5%。短期贷款和票据融资同比分别多增 2039 亿元和 1169 亿元。新增中长期贷款 4908 亿元，同比多增 1753 亿元，主要是基本建设贷款 2849 亿元，同比多增 1111 亿元。一季度个人住房消费贷款增长先抑后扬，1~2 月份新增个人住房消费贷款 217 亿元，同比少增 305 亿元，其中 2 月份当月净下降 106 亿元，是 2001 年以来首次下降。3 月份，受近期房价持续上涨、部分商业银行放松贷款条件、执行新房贷利率等因素影响，住房消费贷款增速持续下降趋势有所减缓，个人中长期住房消费贷款同比多增 9 亿元，是 2005 年 2 月份以来首次多增。

至 3 月末，金融机构外汇贷款余额为 1546 亿美元，同比增长 6.5%，比去年年末回落 5.5%。一季度累计新增外汇贷款 43 亿美元，同比少增 65 亿美元。

（四）居民储蓄存款继续较快增长

3 月末，全部金融机构（含外资机构）本外币存款余额为 31.83 万亿元，同比增长 18.4%，增幅同比上升 2.8%。金融机构人民币各项存款余额为 30.55 万亿元，同比增长 19.6%，增幅同比上升 3.7%。其中，居民储蓄存款余额为 15.28 万亿元，同比增长 18.2%，比上年同期上升 2.7%；企业人民币存款余额 9.85 万亿元，同比增长 15.8%，比上年同期高 2.4%（见图 5－6）。

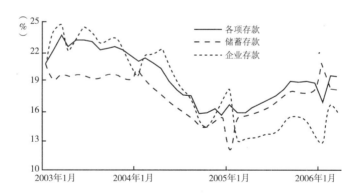

图 5－6　企业存款、储蓄存款增长率

金融机构外汇各项存款余额 1589 亿美元，同比下降 2.4%。一季度外汇各项存款增加 66 亿美元，同比少增 14 亿美元。

（五）市场利率有所上升

3 月下旬，受前一阶段央行公开市场操作力度、金融机构贷款发放较多以及市场传言央行将提高存款准备金消息的影响，市场利率水平明显上升。3月份，银行间市场同业拆借月加权平均利率为1.66%，比1月份下降22个基点，比2月份上升8个基点；质押式债券回购月加权平均利率为1.67%，比1月份下降27个基点，比2月份上升8个基点。1月初到3月份，央行票据发行利率稳中有升，3个月期央行票据利率由1.73%升至1.81%，上升8.09个基点；1年期央行票据利率由1.90%上升至1.99%，上升8.83个基点。

一季度，债券市场收益率曲线走势平稳，稳中有升。银行间债券指数由年初的113.42点上升至3月末的114.91点，上升1.49点；交易所国债指数由年初的109.19点上升至3月末的110.11点，上升0.92点。从结构看，长期债券收益率继续小幅下降，短期债券收益率略有上升，导致收益率曲线进一步平坦化。

（六）债券发行量大幅增加

一季度，银行间债券市场累计发行各类债券15510.4亿元，增长71%，其中，发行国债1000亿元，同比增长66.7%；发行央行票据13200亿元，同比增长80.1%；政策性金融债券累计发行691.2亿元，同比下降13.6%；企业短期融资券累计发行569.2亿元；商业银行发行金融债券累计50亿元。

一季度，金融市场流动性充足。银行间市场交易活跃，银行同业拆借成交3809.7亿元，同比增长了19.5%。3月份，同业拆借加权平均利率1.66%，7天品种加权平均利率为1.75%，虽然仍比1月份的水平低，但是分别比2月份上升了8个和6个基本点。

债券回购市场交易也持续活跃，成交额为51467.1亿元，同比增长了97.3%。质押式债券回购加权平均利率在2月份下降以后有所回升，为1.47%。

现券交易量显著扩大，成交23040.1亿元，同比增长137.1%。而交易所国债现券交易则较为清淡，一季度累计511.7亿元，同比下降了27.6%。

（七）人民币汇率灵活性增强

人民币升值速度有所加快。1月份末人民币汇率为1美元兑8.06元人民币，比去年年末低94个基本点，升值0.12%；二月末为1美元兑8.04，比1月升值了0.24%；3月末人民币汇率升为1美元兑8.02元人民币，比2月末升值了0.3%。截至3月31日，外汇市场上美元兑人民币汇率8.02，欧元兑人民币汇率 9.75，日元兑人民币汇率 6.83，港元兑人民币汇率 1.03。从 2005 年 7 月汇率制度改革开始到今年 3 月底，人民币兑美元汇率，升值累计超过 3%，对日元汇率升值累积超过 7%。

3 月初以来，人民币汇率的双边波动态势也日益明显，被评论者称为"显露出更大生机"。3 月最大波幅达 333 点，并创下汇改后的最大单周升幅。与 2 月底相比，人民币在 3 月份累计升值了 245 点。

随着市场化改革的深入，人民币汇率的灵活性进一步增强。从 2005 年汇率改革至去年年底，人民币虽然在稳步升值，但是上下波动幅度不大，运行空间十分狭窄。进入 2006 年后，人民币汇率一周的上下波幅明显加大，平均被放大到了 100 多点。从 2006 年 3 月份开始，人民币汇率隔夜波动开始放大，最大到了 100 点。然而，一个交易日内人民币汇率波动相对稳定，大多在 20~40 点区间内波动。

2006 年 1 月 4 日，银行间外汇市场引入了询价交易方式和做市商制度，人民币汇率中间价由 15 家中外资银行做市商报价产生。OTC 市场成为我国外汇市场交易的主体，做市商成为市场的主导力量，人民币汇率形成的市场化程度进一步提高。2 月 9 日，中央银行又推出人民币利率互换试点。3 月 10 日，中国外汇交易中心与美国芝加哥商品交易所达成协议，中国的金融机构和投资者可以通过中国外汇交易中心交易芝加哥商品交易所的汇率和利率产品。外汇市场活力增强。

二、2006 年一季度主要货币政策措施

（一）加大进行公开市场操作力度

2006 年第一季度央行在公开市场进行了大力度的操作。央行在 1 月份通过公开市场向市场注入资金约 2800 亿元。2 月份，央行对于 1 月份的投放进行对冲，央行资金回笼量接近 5000 亿，创下新的公开市场操作纪录。为了使公开市场操作涵盖的范围更加广泛，2 月份，央行还对公开市场业务一级交易商的名单进行了调整，在总家数不变的情况下，以两只货币市场基金取代了两家商业银行。3 月份，央行发行票据力度仍然较大，发行票据约 8000 亿元，净回笼资金 2200 亿元。整个季度央行共发行票据 19 期，共计 13200 亿元，同比增长 80.1%。

（二）进一步推进外汇管理体制改革

为完善人民币汇率形成机制，促进外汇市场发展，丰富外汇交易方式，提高金融机构自主定价能力，2006 年一开始，中国人民银行就发出公

告，进一步完善银行间即期外汇市场，改进人民币汇率中间价形成方式。在银行间即期外汇市场上引入询价交易方式，同时保留撮合方式，并在银行间外汇市场引入做市商制度，为市场提供流动性。

为深化外汇管理体制改革，支持贸易投资便利化，进一步培育外汇市场，促进国际收支基本平衡。第一季度，央行就调整部分外汇管理政策事宜发布第 5 号公告。国家外汇管理局根据此公告发布《关于调整经常项目外汇管理政策的通知》，对经常项目外汇账户、服务贸易售付汇及境内居民个人购汇等三项管理政策进行了调整：一是取消经常项目外汇账户开户事前审批；二是调整账户限额核定办法，提高限额水平；三是允许有进口支付需求的企业提前购汇存入外汇账户，更加便利进口企业的生产经营用汇安排。

（三）利率市场化改革继续推进

为加快利率市场化进程，2006 年 1 月，央行发布了《中国人民银行关于开展人民币利率互换交易试点有关事宜的通知》，明确了开展人民币利率互换交易试点的有关事项：市场投资者中，经相关监督管理机构批准开办衍生产品交易业务的商业银行，可根据监督管理机构授予的权限与其存贷款客户及其他获准开办衍生产品交易业务的商业银行进行利率互换交易或为其存贷款客户提供利率互换交易服务。其他市场投资者可与其具有存贷款业务关系且获准开办衍生产品交易业务的商业银行进行以套期保值为目的的互换交易。互换交易的参考利率为经中国人民银行授权全国银行间同业拆借中心发布的全国银行间债券市场具有基准性质的市场利率和中国人民银行公布的一年期定期储蓄存款利率等。

开展利率互换交易试点，满足了银行间债券市场投资者利率风险管理及资产负债管理的迫切需要，也是加快利率市场化改革进程的重要措施。

三、2006 年金融宏观调控需要关注的几个因素

（一）金融机构发放贷款过快

据统计，今年一季度累计新增人民币贷款 12568 亿元，同比多增 5193 亿元，季度增贷款为历史最高水平。从一季度贷款期限看，有三个特点：一是票据融资多；二是短期贷款多；三是基本建设贷款多。短期贷款及票据融资增长较快的原因主要是非金融性公司和短期贷款增长较多。

新增贷款增加过快的原因主要是：第一，固定资产投资仍然保持快速

增长，新开工项目明显增多。2006 年一季度，全国固定资产投资增长速度达到 27.7%，这是近几年来在高基数基础上的新高。受"十一五"开局的影响，各地方政府不断增加新开工项目，2006 年一季度新开工项目计划总投资 1.5 万亿元，增长 42%，而 2005 年第一季度新开工项目只增长 1.5%，而新开工项目增多总是和新贷款增多紧密相关的。第二，房地产贷款需求升温。近期房价持续上涨，居民"买涨不买落"心理提升住房消费需求。一季度银行家问卷调查结果显示，个人购房贷款需求指数比上季提高 2.67%，已连续四个季度上升。第三，目前较低的市场利率通过直接和间接方式带动信贷增长。一方面，较低的市场利率直接带动票据市场利率下降，票据融资增加较多；另一方面，较低的市场利率降低了金融流动性成本，增加了金融机构发放贷款的动机。第四，国有商业银行资本充足率达标后，贷款意愿增强。2005 年年末，工行、中行、建行资本充足率达到 9.98%、10.23% 和 13.6%，增加了贷款发放能力，今年国有商业银行信贷控制明显放松。

新增贷款增长过快会导致价格和宏观经济的波动，将增加商业银行的呆账风险，会引起通货膨胀、经济秩序混乱和经济结构不协调等一系列问题，需要引起货币当局和各商业银行的警惕。

（二）国际收支失衡还呈继续扩大的趋势

国际收支失衡可通过贸易收支和结售汇差额来反映。2006 年一季度，进出口规模继续加快，外贸顺差达到 233 亿美元；同时，外商直接投资实际使用金额 142 亿美元，继续呈稳步增长趋势。3 月末，国家外汇储备达 8751 亿美元，比上年末增加 562 亿美元。从银行结售汇指标看，2006 年 1~2 月份，银行结售汇顺差达到 390 亿元，目前银行结售汇主要呈现如下三个特点：一是货物贸易结售汇顺差占比进一步上升；二是收益和经常转移结汇顺差较大；三是资本和金融项目结售汇同比增长较快。

2002 年以来，我国结售汇顺差和贸易顺差一直保持"喇叭口"形状趋势。这表明，除贸易因素外，还有一些因素持续产生结汇需求，并呈扩张趋势，单一方向、不断扩大的结汇需求导致中央银行外汇占款持续扩大，市场流动性过多。当前，我国外汇储备成为世界第一，如果人民币汇率的灵活性没有足够发挥，外部压力不易化解，还会有许多新的麻烦产生。

（三）市场流动性过剩问题比较突出

近期，在外汇收支失衡的情况下，人民银行为稳定汇率波动被动购汇投放了大量基础货币，银行体系的流动性持续过剩。2003 年、2004 年和

2005 年新增外汇占款分别达到 1.2、1.7 和 2.2 万亿元。人民银行通过发行票据对冲外汇占款，在不到三年的时间内，央行发行票据余额超过了 2 万亿元。2006 年，由于绝大部分票据陆续到期，释放的流动性会迅速增加。

金融市场流动性增加形成金融机构超储率下降，2006 年 3 月末全部金融机构在中央银行的超额准备金率平均为 3%，较 2005 年年末低 1.22%，下降了近 30%。金融机构超储率下降较多，货币乘数的扩大造成金融机构货币扩张能力增强，在很大程度上降低了中央银行回收基础货币的效应，削弱了央行金融调控的主动性和有效性。

四、当前金融形势和金融政策展望

（一）对 2006 年上半年金融形势的基本判断

2006 年一季度，我国经济超预期高位增长。二季度，国民经济将继续保持较快的增长，总体上可以达到 10% 左右的水平，其中固定资产投资将继续在高位上运行。由此可见，第二季度货币信贷需求仍然强劲，综合定量和定性分析，预计 2006 年上半年 M₂ 增长 18% 左右，二季度新增贷款 0.8 万亿元左右，上半年新增贷款达到 2 万亿左右。根据目前的形势，二季度金融市场将总体平稳，市场利率逐渐上行趋稳，物价走势仍将低位平稳，预计上半年 CPI 仍保持在 1.2% 左右。

（二）金融调控政策建议

1. 适时调控货币信贷过快增长

对资本充足率没有达标的金融机构实行严格的信贷约束，对这些金融机构要进行相应的信贷指导，严格约束他们过度扩张信贷的行为。优化信贷和投资结构，合理控制基本建设等中长期贷款。严格控制低水平重复建设特别是对过剩行业的投资。加强对产能过剩行业贷款的监测，防止形成新的不良贷款。

2. 保持国际收支的基本平衡

要采取有效措施，积极促进出口产品结构调整，促进高附加值产品的出口，限制高耗能、高污染和浪费资源产品出口，促进有利于带动国内消费和产业结构升级的产品进口。另外，完善现行的利用外资政策和加工贸易政策，缓解贸易顺差扩大的压力。坚持"三性"原则，继续增加人民币汇率的弹性。进一步改进外汇管理体制，发展外汇市场和增加人民币汇率弹性，增强货币政策的主动调控能力。

3. 利用多种政策工具组合对冲流动性

在目前的形势下，可考虑适度提高法定存款准备金，可以有效冻结市场上多余的流动性；进一步开发市场操作工具，开展多种政策工具组合，对冲流动性。加强货币政策工具与国债政策工具的协调，利用好国债余额管理，这比规模管理更能够灵活吸收商业银行流动性的优势。允许金融机构在货币市场发行可流通的短期商业票据，在有效控制金融流动性同时，也为金融机构流动性管理提供更多更便利的工具。

第六部分　资本市场分析

2006 年是"十一五"开局之年，国民经济继续保持较快的发展势头，为资本市场彻底解决历史遗留问题、实现根本性变革创造了有利条件。本季度股市和债市呈现出"一头热，一头冷"的特点。随着股改紧锣密鼓地推进，股票市场走出 2004 年 4 月以来持续下跌的行情，呈现典型的价升量增走势，上证综指从 2005 年年末的 1161.06 点上升到本季度末的 1298.30 点，涨幅达 11.82%，日均成交量高达 200 亿元以上，较上个季度的 100 亿元左右增长了 1 倍。本季度债市基本保持横盘整理态势，以交易所国债指数为例，从 2005 年年末的 109.06 点小幅上升到本季度末的 110.11 点，微升 0.97%，成交量逐步萎缩，日均成交额从上季度的 100 亿元左右，逐步降至本季度的 70 亿元左右。

一、股票市场

（一）本季度股票市场走势分析

本季度股票市场走势可以划分为三个阶段，第一阶段为 2005 年年末到 3 月 1 日，从 1161.06 点持续上涨到 1306.59 点，涨幅为 12.54%；第二阶段为 3 月 1 日到 3 月 9 日，股市出现本季度唯一的一次小幅调整，下跌 4.7% 至 1245.17 点；第三阶段为 3 月 9 日到本季度末，股市继续涨升至 1298.30 点，涨幅为 4.27%。本季度成交量随着股指的上涨而放大，随着股指的下跌而缩小。影响本季度股市走势的因素有以下几点。

1. 政策面有效缓解股改所带来的扩容压力

为稳步推进股改进程，中国证监会联合相关部门，共同采取有效举措，对非流通股股东给予流通股股东补偿设立底限，建立引入增量资金的长效机制，从而有效化解了股改所带来心理压力，活跃了市场，增强了投资者信心。这些举措主要包括以下几个方面：

一是商务部、中国证监会、国家税务总局、国家工商管理总局、国家外汇管理局等五部委于 2005 年 12 月 31 日联合签发了《外国投资者对上市公司战略投资管理办法》（下称《办法》），外国投资者将获得许可对 G 股进行战略投资，《办法》将从 2006 年 1 月 30 日起实行。《办法》仅适用于外国投资者对已完成股改的上市公司和股改后新上市公司通过具有一定规模的中长期战略性并购投资，取得该公司 A 股股份的行为，投资可分期进行，首次投资完成后取得的股份比例不得低于该公司已发行股份的 10%，且取得的股份三年内不得转让。

二是 1 月中旬，中国证监会在全国证券期货监管工作会议上提出，年内基本完成股权分置改革，与此同时，尽快推出包括股票首次公开发行上市、股票公开发行非上市、上市公司证券发行、证券交易融资业务、证券衍生品管理等方面的配套规章，且要大力推进市场创新，积极研究推出股指期货、国债期货等金融期货交易品种。

三是国务院办公厅 2 月初发布《关于做好贯彻实施修订后的公司法和证券法有关工作的通知》强调，未经国务院批准，不得擅自设立证券交易场所或者利用现有交易平台提供证券转让服务；适时推出证券信用交易制度的有关方案，为资金合规入市创造条件。

四是 2 月初深交所要求股改的上市公司送出率要达到 20% 以上，10 送 2 股以下的公司一概不予安排进入股改名单。

五是 2 月下旬上交所表示要不断设计开发创新产品，研究建立融资融券制度，逐步放宽涨跌幅限制以及开拓衍生品市场，推出备兑权证，完善权证创设等。

此外，今年一季度，中国证监会在多种场合多次强调股权分置改革是深化资本市场改革的首要任务，必须以更大的决心着力推进，在年内基本完成改革任务，而要完成股改任务的前提是股市向上且保持活跃。由此决定了中国证监会在主观上希望股市能够走高、成交量能够有效放大，从而为各类机构投资者大胆挖掘股市价值、寻找股市热点、激发股市人气、营造赚钱效应等创造了非常好的外部环境。

2. 股市资金充裕

本季度股市增量资金有效放大，为当期乃至今后相对较长的时期股市走好奠定了坚实基础。从 M_2 变化看，2006 年 2 月末 M_2 增至 30.45 亿元，同比增长 17.41%，较 1 月末略有下降，比央行确立的 2006 年

M_2 增长 16% 的目标高出 1.41%。从全国银行间同业拆借利率看，较具代表性的 30 天和 60 天加权平均拆借利率本季度虽然较 2005 年年末小幅升高，但绝对水平仍处于历史低位，分别徘徊在 1.7 和 1.8 左右。从贷款总额和贷款增速看，一季度新增贷款大幅度增加至 1.26 万亿元人民币，超过了全年新增贷款目标 2.5 亿元的 50%，同比增长 14%，比 2005 年平均增速 10% 左右高出 4% 左右，除常规化贷款业务稳步增长和房地产贷款继续扩大外，不排除一部分贷款流入了股市。从机构投资者投入股市资金量变化看，WIND 资讯统计显示，尽管 9 家基金公司 223 只基金在一季度内遭遇巨额赎回，股票型和配置型基金合计被赎回 542 亿份基金单位，创下迄今为止基金的单季最大赎回规模，但基金申购热络、包括社保基金、QFII 和保险资金等在内的机构投资者大举入市，使股市净增资金趋于提升。从投资者开户数看，本季度 3 个月新开户数量不断增加，环比分别达 0.16%、0.19% 和 0.29%，尽管新开户以中小散户居多，新增资金量有限，但这部分资金并非游资，是有望长期滞留在股市之中的。

3. 股指与经济增长基本面长期背离，股市估值水平偏低

从股市市盈率看，截至 2005 年年末，上海交易所和深圳交易所包含 A 股和 B 股在内的平均市盈率分别从 2005 年 3 季度末的 16.74 倍和 17.22 倍，下降至 2005 年年末的 16.33 倍和 16.36 倍，低于同期香港 H 股 18 倍市盈率，与新加坡、韩国和中国台湾等其他亚洲国家和地区十分接近，股市总体估值水平较低。从股市市盈率分布看（见表 5 - 9），截至 2005 年年末，20 倍以内市盈率的上市公司占所有上市公司家数比例高达 32.26%，大量股票的价值被严重低估，凸显了国内股市的投资价值。加之国内经济增速持续保持较高水平，并预计在未来 10 年内仍会保持较好的发展态势，因而更增加了国内股市的投资价值。此外，考虑到我国股市已经经历了长达 5 年的熊市，从 2001 年 6 月的历史高位 2200 点左右震荡走低到 2005 年年末的 1161.06 点，跌幅近 50%，与国内经济持续向好的基本面严重背离，存在"回归基本面"的内在动力。上述因素都极大地增强了国内股市的投资吸引力，为股市较大幅度的涨升创造了条件。

表 5 - 9　2005 年 12 月 31 日股市市盈率分布

市盈率区间	上市公司数量占全部上市公司比例(%)	市盈率区间	上市公司数量占全部上市公司比例(%)
20 倍以内(含 20 倍)	32. 26	20 倍以内	32. 26
30 倍以内(含 30 倍)	38. 63	20 ~ 30 倍之间	6. 37
40 倍以内(含 40 倍)	42. 56	30 ~ 40 倍之间	3. 93
40 倍以上	57. 44	40 倍以上	57. 44

资料来源：根据中国证券网相关数据计算。

此外，本季度之所以出现第二阶段的短暂调整行情，主要由于以下因素：股指运行到1300点的整数关口，投资者普遍存在一定的获利空间，心理压力较大，主动获利了结；同时 3 月初 H 股下跌，在一定程度上带动 A 股走低；加之在这一点位，保险公司巨额赎回开放式基金，使基金在今年一季度被迫抽离市场的资金超过 400 亿元，超过 2005 年年末偏股型开放式基金所持全部股票市值的 1/3。但这些不利影响很快就消失，股市继续在上述三大因素作用下走好。

（二）下季度股票市场走势预测

下个季度股票市场将在以下多重因素共同作用下，继续震荡走高，股指上行和下行空间都是较为有限的，股价结构调整将深入进行。

1. 宏观经济形势向好有利于股市保持强势

今年一季度我国 GDP 增速高达 10.2%，全社会固定资产投资 13908 亿元，同比增长 27.7%，比上年同期加快 4.9%。预计上半年 GDP 将继续以 9.8% ~ 9.9% 的较高速度增长，固定资产投资同比增速小幅下降，CPI 仍将在低位运行，宏观经济形势依然较为乐观，对股市形成重要支撑。

2. 再融资、新股发行和非流通股流通，对股指上行构成压力

截至本季度末，股改公司总数达 768 家，其市值和流通市值在总市值和总流通市值的占比分别达到 63.6% 和 70.9%。同时，大市值上市公司股改速度很快，极大减轻了下一阶段股改的难度和市场压力。随着股改的深入进行，适时恢复股市最重要的功能——融资功能势在必行。考虑到 6 月份非流通股开始逐步流通，启动再融资和新股发行会对市场产生巨大压力，预计监管机构在 6 月份之前二级市场较为活跃的时期，可能推出再融

资和新股发行办法，并根据市场对该办法的反应情况，择机推出再融资，而后再选择优质上市公司发行新股。总体看，虽然监管机构已经尽其全力精心呵护市场，但扩容压力将由预期转变为现实，且随着时间的推移，扩容压力逐步加大。如果没有与新增股票供给相匹配的新增长期资金进入，股指上行空间将较为有限。

3. 价值投资盛行，夯实股市上涨基础

截至本季度末，股指较上年末已经上涨了 11.82%，结构分析表明，本轮行情是在价值投资理念引领下的价值发现行情，与过去投机和"坐庄"等主导的行情截然不同，在为股市上涨奠定了坚实基础的同时，也封杀了股市大幅下调的空间。这主要表现在以下三个方面：在不同市盈率股票涨跌幅方面，3 月份低市盈率和中等市盈率的股票涨升幅度分别达 2.7% 和 3.9%，而高市盈率的股票整体下跌了 0.9%；在不同盈利程度的股票涨跌幅方面，绩优股的涨幅最大，为 2.4%，而微利股和亏损股在股指上行过程中都出现了不同程度的下跌，且亏损程度越大的股票跌幅越大，二者分别下跌了 2.1% 和 19.1%；在不同流通盘的股票涨跌幅方面，并未出现往年的恶炒小盘股现象，大盘股微跌了 0.2%，中盘股和小盘股分别上涨了 3.3% 和 2.5%。

4. 股价结构调整日趋深化

虽然本季度末沪深交易所股票的平均市盈率较上年末分别提高到 17.72 倍和 18.2 倍，略高于亚洲其他国家和地区的市盈率水平，考虑到我国较高的经济增速，这一市盈率水平仍具有一定的估值优势，为股市继续平稳运行奠定了重要基础。同时，虽然经过本季度的股价结构调整，股市市盈率结构仍不尽合理（见图 5 - 7），40 倍以上的上市公司占比仍高达 59.08%，较去年下半年略有升高，低于 20 倍市盈率的上升公司占比近 30%，较去年年末略有下降。随着机构投资者日益成为市场的主流，本季度价值投资所产生的示范效应逐步显现，挖掘上市公司内在价值并赋予其应有的市场定位将成为下一个相对较长时期的"主题思想"。

5. 增量资金是下一时期股市平稳运行的关键

监管机构一再表示，要采取有效的政策措施，继续拓宽股市资金来源，具体措施包括：加快已获批准 QFII 额度的发放，在必要时可以考虑进一步增加 QFII 额度；推进商业银行组建基金管理公司工作，加快保险公司设立基金管理公司试点；推动社保基金和保险资金增加直接入市比例；择

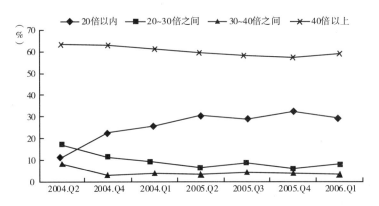

图 5 - 7　2004 年 6 月末到 2006 年一季度末市盈率结构变化图

机恢复投资者资金申购股票制度；开展基金公司专项理财和证券公司融资融券业务；同时，企业年金也在取得实质性进展，如 2 月光大银行、中国银行、人保财险获批建企业年金。但"远水解不了近渴"，如何在实施再融资和新股发行前将上述措施转变为现实的股市增量资金，将成为决定下一阶段股市平稳运行的重要因素。若解决得好，股市将继续保持平稳运行，若解决得不好，股市大幅震荡的可能性较大，不利于继续推进股改和完成再融资功能。

二、债券市场分析

（一）本季度债券市场走势分析

本季度债市呈窄幅整理走势，从 2005 年年末的 109.06 小幅上升到 1 月 18 日的 110.22 点，横盘整理至 3 月 20 日的 110.37 点，而后开始逐步下滑至本季度末的 110.11 点，成交量呈现小幅萎缩的变化态势。影响本季度债市的因素主要有以下几点。

1. 本季度货币宽松程度变化对债市产生较大影响

1 月份和 2 月份依然保持了去年以来的"宽货币"局面，促使债市高位攀升并盘整；进入 2 月下旬和 3 月份后，"宽货币"局面有所逆转，对后市资金面是否能继续保持宽松产生了较大分歧，促使债市小幅走低。从央行票据发行利率变化看（见图 5 - 8），它呈现"U"形态势，1 年期央行票据发行利率由上年末的 1.91% 逐步下滑至 2 月份中旬的 1.86% 后，不断走高至本季度末的 1.99%；3 个月央行票据发行利率从去年 11 月末的 1.81% 下滑至 2 月份的 1.73%，本季度末涨至 1.77%；从银行间周加权平均回购利率变化看（见图 5 - 9），同样呈现出"U"型变化态势，7 天、1 个月和 3 个月的回购利率，分别从月初的 1.49%、1.77% 和 1.9% 下降到 2 月中下旬的 1.32%、1.58% 和 1.62% 后，逐步走高至本季度末的 1.63%、1.82% 和 2.02%，利率市场的这些变化对债市产生了较大影响。

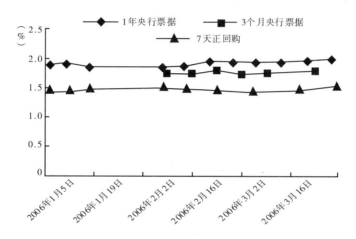

图 5 - 8　2006 年一季度 1 年和 3 个月央行票据发行利率和
7 天正回购利率变化图

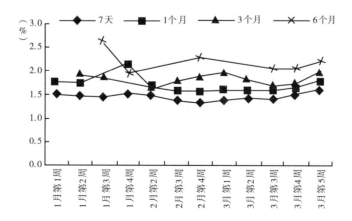

图 5 - 9　2006 年一季度银行间回购周加权平均收益率变化图

2. 美国持续加息，国内低利率格局面临变革

在 2005 年 12 月 13 日美联储实施连续 13 次加息至 4.25% 后，今年 1 月 31 日和 3 月 28 日美联储又加息两次，每次都提高 0.25%，将联邦基金利率提升至 4.75%，并暗示还会继续加息，较大程度上缓解了人民币升值压力和央行冲外币占款压力，为央行进行利率调整打开了空间。考虑到一季度贷款增速较快，房地产贷款再次大幅度增加，央行出台紧缩性措施的可能性在逐步增大，低利率环境有可能改变，促使债市 3 月份开始步入调整。

3. 流动性紧缩预期加大带动债市走低

1 月末，央行加大了央行票据发行力度，如 1 月 24 日，央行在公开市场操作中，以数量招标方式进行了 1183 亿元的 14 天期逆回购，中标利率达 3.15%，高于此前市场预期数 10 个基点。该利率水平与央行短期再贷款利率水平非常接近，反映出央行对过度宽松的流动性的警惕，也加大了投资者对央行收缩流动性的预期，制约债市进一步涨升。2 月上旬央行行长曾指出中国目前无需调整利率，但同时也指出，经济中投资过热局面依然存在，央行正努力遏制过度投资，使投资者保持观望态度。进入 3 月份，随着利率市场的逐步走高，特别是 3 月 18 日央行副行长吴晓灵公开表示今年货币金融政策应更加关注市场流动性过多的问题，引发了市场关于调高法定存款准备金率或出台其他紧缩性措施的猜想，引致债市缓步走低。此外，本季度股票市场十分活跃，赚钱效应凸显，促使部分游资从债市撤出流向股市，也在一定程度上促使债市走低。

（二）下季度债券市场走势预测

下季度债券市场将根据央行货币政策变化而出现一定程度的调整，调整幅度有限，债券收益率曲线将逐步由平坦化趋势转向陡峭化趋势。

1. 央行出台紧缩性措施的可能性加大

鉴于一季度投资继续快速增长，房地产市场十分活跃，银行信贷扩张过快，银行贷款流向与政府意图存在一定偏差，调控的必要性和紧迫性在逐步增强。受去年央行公开市场操作力度较大等影响，今年到期的央行货币数量很大，且外汇储备进一步增加，2 月末已达 8536 亿美元，跃居世界第一。央行对冲外币占款仍会继续，使下一时期银行体系的流动性依然十分充裕。若不出台必要措施管理这种过剩的流动性，银行在利润指标的压力下仍可能继续加大放贷力度，这与政府意图是不相符的。加之因流动性过高，引致的长期债券收益率走低风险日益增加，银行资金收益成本倒挂

现象严重，如 2 月下旬 7 年期固定利率国债发行利率仅为 2.51%，只比 1 年期存款利率高 0.26%，因此下一阶段央行有可能出台一些紧缩性措施对冲市场过多的流动性，在防范利率风险的同时，发挥其宏观调控的作用，保持经济稳步增长。至于央行会采取何种紧缩性措施，我们认为采用数量型调高存款准备金率的可能性较大，这是由该措施既不会加大人民币升值预期，也不会对市场产生太大冲击，还能有效降低市场流动性，起到一定的宏观调控作用等所决定的。

2. 全年债券市场供给增加

根据最新公布的信息，债券市场供给超过大多数债券投资机构的预期，国债发行量超过 8000 亿元，国开行发行的债券量会突破 5500 亿元，进出口行发行量预计为 1000 亿元，农业发展银行债券发行量超过 2000 亿元，合计发行量将超过 1.65 万亿元，在其他因素变化不大的情况下，会引导债市下行。

3. 债券收益率曲线将逐步由平坦化趋势转向陡峭化趋势

伴随着 2 月下旬以来 1 年期以内央行票据发行利率的逐步走高，带动了中短期债券收益率的上行，而长期债券因供需不平衡，需求刚性较强等，促使其收益率小幅下降，引致收益率曲线前端抬高迹象显现，收益率曲线日趋平坦化。下一阶段无论央行是否出台紧缩性措施，都会采取必要手段降低短期流动性过大的风险，并积极关注长期收益率过低对金融机构带来的潜在风险。因此，债券收益率曲线平坦化将是暂时现象，中长期看仍会恢复其陡峭化的常态。

第七部分　房地产投资分析

一、2006 年一季度房地产投资新特点

（一）房地产投资同比增速继续平稳回落

一季度，我国房地产投资同比增速平稳回落。1～2 月份为 19.7%，1～3 月为 20.2%，波动不大，呈现平稳回落态势。从时序发展趋势看，这是 2004 年我国采取宏观调控政策以来，房地产投资从最高时的 43% 逐季度梯度回落到 2004 年年底的 28.1%，然后到 2005 年上半年的 23.5%，再到 2005 年年底的 19.8%，目前基本维持在 20% 左右的水平。从同比增速来看，显然 2006 年 1～2 月份和 1～3 月份要比同期 2005 年、2004 年和

2003 年都低得多。说明国家宏观调控政策在有效抑制房地产投资过快增长方面起到了预期的效果（见表 5 - 10）。

表 5 - 10　一季度房地产投资总量及同比增长速度变化表

单位：亿元，%

月　份	同期投资完成额比较			同期增长速度比较			
	2006 年	2005 年	2004 年	2006 年	2005 年	2004 年	2003 年
1～2 月	1436	1200	1005	19.7	27	43.6	37
1～3 月	2793	2324	1873.88	20.2	26.7	41.1	34.5

资料来源：根据国家统计局公布月度、季度数据整理计算。

虽然投资增速迅速回落，且无论是月度同比还是季度环比都有较大的回落，但是目前我国房地产投资的绝对规模仍然很大，如 2006 年 1～2 月份投资总量达到 1436 亿元，相当于 2003 年 1～3 月份的 1285.1 亿元的投资总量，而同期的 2005 年和 2004 年分别是 1200 亿元和 1005 亿元；2006 年 1～3 月份 2793 亿元的投资总量，与 2003 年 1～5 月份房地产投资总量 2801.37 亿元基本相当。从数字上来看，2006 年比 2005 年 1～2 月份和 1～3 月份同比均扩大了 200 亿元，显然，绝对增幅同比也有所收缩。这也就说明，我国目前虽然投资增速迅速回落，但绝对投资总量是很大的，投资量增速任何微小的变化，对整个经济发展的影响力都是很大的。

（二）房地产投资增速仍低于同期固定资产投资增速

与固定资产投资增速相比较，2006 年一季度各月份的房地产投资增速均低于同期的固定资产投资增速，且幅度在扩大。这是继 2005 年 1～5 月份以来，连续 15 个月呈现房地产投资增速低于同期的固定资产投资增速的态势，且逐月差异加大，从最初的 - 1.9% 扩大到目前 - 9.6%（见表 5 - 11）。

表 5 - 11　2006 年一季度我国房地产投资与全社会固定资产投资增幅比较

	固定资产投资增幅(%)	房地产投资增幅(%)	高于固定资产比例(%)	同期高于固定资产投资比例(%)		
				2005 年	2004 年	2003 年
1～2 月	26.6	19.7	- 6.9	2.5	- 9.4	4.2
1～3 月	29.8	20.2	- 9.6	1.4	- 1.9	3.3

资料来源：根据国家统计局公布月度数据整理计算。

对照表 5 - 11 回顾近几年的发展历程，可以看出，这一特点与同期 2005 年一季度正好相反。虽然与 2004 年同期的情形相同，尽管如此，两个时期所反映出的特点却是不同的。2004 年是因为钢铁等固定资产投资的过热而显得房地产投资相对低一点，但实际上房地产投资还是很高的，是一种高位上的差异。而目前显然是在下降后的低位上的差异，并且是在较长时间内两者均呈现平稳状态下的差异，因为固定资产投资增幅也是从 2005 年 5 月份起到现在一直保持在 26% ~ 27% 之间。这种相互之间的平稳状态是以前从未有过的。即使有也都是与此差异相反，即房地产增长速度快于固定资产投资增长速度。这种情况究竟是一种良好的配置还是一种非正常的态势呢？我们认为，这反映了两种经济运行规律，2003 ~ 2004 年的投资迅猛增长甚至过热和目前两者之间均持续平稳增长，可能与投资主体结构的变化有关，也可能与经济周期运行规律和政策的变化以及当前的房地产价格变化相联系，因此还需要进一步的观察后才可作出评价。

（三）房地产投资占固定投资的比重同比下降而环比提高

在 2006 年一季度中，我国房地产投资在固定投资中所占的比例 1 ~ 2 月份为 27.13%，到第一季度末为 24.06%（见表 5 - 12）。

表 5 - 12　2006 年我国房地产投资占城镇固定资产投资比重变化表

	房地产投资	固定资产投资	2006 年房地产投资占固定资产投资比(%)	2005 年同期数值(%)
1 ~ 2 月	1436	5294	27.13	28.42
1 ~ 3 月	2793	11608	24.06	25.72

资料来源：根据国家统计局公布月度数据整理计算。

根据表 5 - 12 所反映的数值，以及对照近几年同期和近几个月环比发展变化轨迹，显然房地产投资占同期城镇固定投资的比重同比在下降、环比在提高。2006 年 1 ~ 2 月份和 1 ~ 3 月份分别比 2005 年同期下降约 1%。但这个比重与 2005 年各月时序的变化对比，显然有很大的提高。因为 2005 年从 4 月份以后基本上是逐月下降，并在 12 月份降到了 20.99%。仔细观察近几年全年的变化规律，房地产投资占固定资产投资的比重在每年的一季度都高，这可能与房地产业和其他产业投资的特点有关。

（四）房地产价格在徘徊中出现向上苗头

进入 2006 年后，一季度我国房地产价格增长幅度在继续呈现回落之势的同时，价格增长变动出现了在徘徊中向上突破之迹象和苗头。2006 年一季度我国房地产价格在 1 月份增长幅度是 5.5%，2 月份则是 5.5%，到一季度末为 6.5%（见图 5－10）。

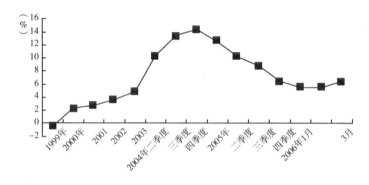

图 5－10　我国房地产价格增长变化曲线

从图 5－10 可以明显地看出，房地产价格似乎有重新向上抬头的迹象。可见，从 2005 年一季度我国抑制房地产市场价格上涨的政策效果在经过了一段时间的释放之后，价格增长逐渐回落的趋势开始有所减弱。如何将房地产价格依然处在很高价位上波动和变化的这一现象抑制下去，目前国家面临的考验极其严峻。当然，这仅仅是全国房地产价格变化总的特点，而事实上，2006 年以来尤其是 3 月份以来，全国很多城市的房地产价格回升很快。据有关方面资料显示，北京 2006 年以来价格上涨了 17% 左右，就连近几年房地产价格一直没有明显增长的深圳，增幅也达到了 20% 左右。上海在经过了半年多时间的回落后，又重新出现价格全面回升的迹象。这是一个极其严重而且很不正常的现象和苗头，预示着 2004 年以来尤其是 2005 年以来我国的各项稳定房价措施在 2006 年已经失去了作用。如何采取新的宏观调控政策，尽快地稳定房价将是未来影响我国经济发展的重要因素，否则，房地产价格的全面回升将会从局部扩展到全国。图 5－11 是北京 2005 年以来房地产价格变化曲线。

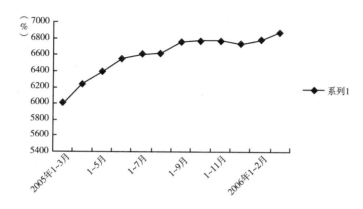

图 5 - 11　北京房地产价格变化图

二、影响我国 2005 年一季度房地产投资及价格变化的因素分析

进入 2006 年以来，我国房地产投资增速进入到相对平稳的区间，2004 年下半年基本在 28% 左右，2005 年年底下降到了 20% ~ 22% 之间，2006 年一季度仍然维持在 19% ~ 20% 区间，比 2005 年年底又有微弱下降，说明当前我国房地产投资增速处于相对平稳而合理的范围内。同时，其在固定资产投资增长结构中的比重也在适度调整，说明我国的宏观调控政策取得了不小的成效。但从房地产价格上涨的动态变化特点和趋势来看，稳定房价、抑制价格增长过快的宏观调控政策效应也逐渐暴露出很多问题，诸如力度减弱、执行不力、市场混乱、管理不一等。正因为如此，我国房地产投资在经历了高速度、超高速增长、强行抑制后，开始经历稳定回落、平稳发展的新阶段。伴随这一过程的房地产价格，也从小幅增长、持续增长、大幅增长进入了小幅回落阶段，稳定回落和价格增长徘徊波动，直至高位震荡。

1. 宏观调控政策继续发挥作用是房地产投资平稳增长的主要原因

我国自 2005 年开始实行财政和信贷"双稳健"政策以来，投资过快的现象得到了有效的抑制，房地产投资和全社会固定资产投资尽管规模仍然很大，但是增长速度明显下降。2006 年，我国仍然执行"双稳健"政策，这样，无论从投资的环境还是投资的渠道和规模，也都不会有过大的增长，平稳增长应是主旋律。

2. 经济持续增长的动力机制和作用，是房地产投资增长平稳的又一原因

2006 年一季度我国经济增长率为 10.1%，保持了高速增长的态势，但在结构性增长因素中，外贸增长和消费增长幅度大大高于以前的投资拉动作用。这主要是我国经济增长实现了向消费增长拉动的转移，这种经济持续增长动力机制和作用的转变，使得房地产投资增长相对于以前来说有所变化，即平稳增长期待快速增长这一经济增长机制转变使然。

3. 政策执行力度减弱是房地产价格回落幅度减少和价格徘徊的主要原因

这主要表现在：第一，投资和消费双重抑制的力度减弱。2003 年以来，尤其是 2005 年以后，我国在抑制房地产投资的政策上是实现了从单纯抑制投资向投资和消费双重抑制转化，如在未放松房地产投资金融政策的同时，提高了房地产预售所得税标准；同时，又通过提高住房贷款和提高首付款比例的办法，对住房购买消费进行抑制。但是，2006 年以来，这一系列的政策在全国各地执行的力度有所减弱，从而导致了房地产价格增幅回落速度减弱。第二，地方政府对住房宏观调控政策执行不力，落实不到位。这主要是因为我国地方政府在执行过程中采取了非主动性干预，并出现政策执行偏差，造成了实际执行力度的大大减弱，导致房价增速回落的态势又有所反弹。一般来说，地方政府是不会主动干预和抑制房价上涨过快的，这是因为房地产价格上涨对地方是有好处的。价格上涨，土地出让金就会增加。预示着地方财政收入会增加。假如房地产价格下跌，这就等于减少了地方政府的财源，地方政府当然不会主动干预了。在实在没有办法时，地方政府就采取放宽标准的办法，这自然就减弱了政策调控的力度。这一现象在 2006 年一季度表现得相当明显。第三，经济适用房建设和廉价房供给规模与巨大的消费需求相比存在较大缺口。据有关部门资料显示，我国目前的经济适用房和廉价房供给规模只能满足现实需求不到 20%，在廉价房建设中，目前还有 70 多个城市未建立这一制度。这样无形中扩大了消费者购买商品房的规模，并可能成为推动价格上涨的需求因素，也就是说，影响房地产价格变化的低价需求结构比重减少。

4. 房地产投机行为重新回潮，也是价格增速回升的原因之一

2005 年以后国家通过银行信贷、税收等政策加大了对房地产投机行为的约束，从而使 2005 年二季度和三季度的房地产价格迅速平稳回落，个别城市甚至出现了退房潮。但从 2005 年四季度末到 2006 年一季度，大量将住房作为投资品的投机者重新开始回潮。投资品价格决定与消费品价格决定是有很大区别的，投资品价格并不完全由供求决定价格均衡，而是由价格推动来实现价格均衡的，就像股票价格一样，投资、投机成分越大，价格上涨就大。

5. 市场信息混乱推动了价格虚涨假象

目前我国一方面存在着房地产价格形成机制和市场价格管理体系的不完善，另一方面也存在市场价格信息上的混乱局面，如最早是房地产景气指数，后来又有了国家发展和改革委员会等几个部门联合发布的价格信息，并由35个主要城市扩展到70个城市，还有统计局系统、国土资源管理系统、建设部系统，甚至还有房地产公司自己的信息发布渠道等，极其混乱。这样就形成同一时间价格变化的不同版本，且差别很大。而目前价格上涨、增速提高，我们认为在很大程度上是市场信息混乱导致的结果。因此，我们认为目前价格上涨信息，是市场信息混乱推动了价格虚涨的假象。

三、二季度预测及政策建议

1. 二季度房地产业投资增速将会适度降低，预计会在18%~20%之间

根据近几年我们对房地产投资跟踪分析研究成果判断，我们认为，二季度我国房地产投资仍将会在18%~20%的范围内波动，原因是：第一，一般来说，房地产投资在第一季度增速都是全年最高的。2002年以来均是如此，今年一季度我国房地产投资增速为20.2%，因此2006年二季度要低于一季度，根据经验判断，二季度投资增长应在20%以下。第二，2006年一季度我国经济增长保持10.1%的高水平，大大高于国家制定的全年增长速度。因此二季度国家会适度控制经济增速，房地产投资增速将低于20%。第三，房地产投资增速不会大幅度降低。因为从2006年一季度我国房地产投资增速来看，目前我国的房地产投资处于平稳增长态势，尽管房地产增速与固定资产投资增速及房地产投资占固定资产投资的比重新变化与以前有所不同，但综合来看，大幅度的降低不仅不合适，也是不可能的，因此应保持在18%~20%的范围内。

2. 房地产价格在适度回升后将转入下降通道

综合各种因素可以作出判断，2005年二季度我国房地产价格上涨幅度将会出现先回升再转入下降通道的局面。原因是：第一，2006年一季度我国房地产价格已出现了上涨幅度提高的迹象，这可能还会引导消费需求的

一定增长，并延续一段时间，因此价格上涨回升不可避免，但时间不会太长。第二，国家对价格全面上涨将会采取比以前力度更大的政策。抑制房价过快上涨，仍然是国家 2006 年的主要工作目标和任务之一。面对一季度出现的新的价格虚涨可能带来的严重隐患，二次反弹制造的泡沫将比第一次更大，国家决不会放任自流。因此，二季度开始，一些综合性力度更大的政策将相继出台，价格回落是必然的。

3. 尽快建立统一的房地产市场价格体系不仅必要，而且迫在眉睫

如何向社会各界发布权威和统一的房地产市场价格信息，迅速扭转和彻底改变目前房地产市场价格信息混乱的局面，对规范房地产市场行为、强化房地产市场管理、制定和评价房地产市场价格管理各项政策极为重要，对于整个国民经济政策调整的应变机制的建立都极其必要和迫切。因此，建议在国家统计局和有关部委的统一部署下，尽快组织各界力量研究价格体系架构，确定价格信息来源，统一房地产市场价格信息和权威的发布平台通道等各项政策的制定。

第八部分　宏观管理与政策要点

一季度宏观经济发展值得关注的有以下几件大事。

第一件大事：一季度最值得关注的是"两会"的召开

各界普遍对十届全国人大三次会议通过的《政府工作报告》评价较高，其中最值得称道的是对民生问题的重视。报告中对民生问题的表述也是历年来最为突出的，如"让全体人民共享改革发展成果"、"让每个孩子都有平等接受教育的机会"、"让人民群众吃上安全、放心的食品"、"要使失去父母的儿童、没有生活来源的老人和残疾人，得到更多的关爱和帮助，让他们感受到社会主义大家庭的温暖"、"为人民群众创造清洁、良好的生活和工作环境，为子孙后代留下蓝天绿地、碧水青山"、"使我们的社会更加和谐，让人民群众生活得更加美好"。这些贴近生活的表述，不仅赢得了代表和委员们的阵阵掌声，而且也获得了广泛的好评。

报告对今年政府工作提出了几个重要原则：一是稳定政策，适度微调；二是把握大局，抓好重点；三是统筹兼顾，关注民生；四是立足当前，着眼长远。

具体而言，报告突出了以下几个方面的问题。

一是突出了保持经济平稳较快发展。报告提出了 2006 年国民经济和社

会发展的主要预期目标：国内生产总值增长 8% 左右；居民消费价格总水平涨幅控制在 3%；城镇新增就业 900 万人，城镇登记失业率控制在 4.6%；国际收支基本平衡。为此，提出要稳定宏观经济政策，主要是继续实行稳健的财政政策和稳健的货币政策。

二是突出社会主义新农村建设。强调了国家投资重点要从城市转向农村，公共财政的"阳光"更多照耀农村，统筹城乡发展，坚定推进农村综合改革，进一步激发出广大农村的生机与活力。

三是突出了资源节约和环境保护。在提出 2006 年国内生产总值增长目标的同时，列入单位国内生产总值能耗降低 4% 左右这一新指标；在重视运用价格等经济手段促进节约的同时，把节能降耗纳入经济社会发展的统计、评价考核体系。强调了加大产业结构调整、资源节约和环境保护力度，中国要从节约中求发展，从环境保护中求发展。

四是突出了医疗、教育等社会事业。提出了解决看病难、看病贵的政策措施，中央财政支持县、乡、村三级医疗卫生服务体系建设五年投入 200 多亿元；今年为新型合作医疗制度试点增加支出 42 亿元；用三年的时间基本建立新型合作医疗制度和医疗救助制度，大力发展城市社区卫生服务。同时，还宣布国家将用两年的时间，全部免除农村义务教育阶段学生学杂费，今后五年财政新增义务教育经费累计将达 2182 亿元，以更好地解决上学难、上学贵的问题。加强安全生产问题也被高度重视，报告对此共提出了七项举措，其中，仅中央财政就安排 30 亿元国债资金支持煤矿瓦斯综合治理和利用的科技攻关试点工程。报告强调，国家对文化、体育等社会事业的投入都将会进一步增长，支持力度会进一步加大。

五是突出了改革开放。报告明确指出了：中国的前途在于改革。当前改革正处于攻坚阶段，必须以更大的决心推进各项改革。国有企业改革，金融体制改革，财税、投资、价格改革，这些重大的改革在新的一年里将要取得新的进展。

六是突出了要坚持扩大内需的战略方针。报告明确提出，重点是扩大消费需求，增强消费对经济发展的拉动作用。主要包括：努力增加城乡居民收入；稳定居民支出预期，扩大即期消费；大力开拓农村消费市场；完善消费环境和政策。报告同时强调，保持固定资产投资适当规模，坚持有保有压，优化投资结构，防止投资过快增长，并提出了相应措施。

七是突出了政府自身改革和建设。报告在加快推进行政管理体制改革，深入开展廉政建设和反腐败斗争，加强对公务员的教育、管理和监督等方面，都向各级政府提出了新的更高要求。

第二件大事：产能过剩问题也引起了高度关注

2005年以来，我国钢铁、电解铝、电石、铁合金、焦炭等行业，由于前几年过度投资，产品价格大幅回落，有的甚至跌破成本；企业效益大幅下滑，亏损企业增加；产成品库存和应收账款增加较多。部分行业产能过剩、结构不合理的矛盾已经非常突出，随着产能过剩引发的问题逐步显现。国家发改委表示，推动部分产能过剩行业的结构调整，是今年和今后几年宏观调控的一项重要而艰巨的任务。推进产能过剩行业进行结构调整，最关键的是要发挥市场配置资源的基础性作用，工作重点主要有五个：一是加强信贷、土地、建设、环保、安全等政策与产业政策的协调配合，继续搞好固定资产投资调控，防止投资反弹。二是认真贯彻落实促进产业结构调整暂行规定，继续完善行业规划，提高并严格执行环境、安全、技术、质量和资源综合利用等市场准入标准，严格控制新增产能。三是继续清理整顿在建和拟建项目，对不符合市场准入条件的项目，依法停止建设。依法关闭一批破坏资源、污染环境和不具备安全生产条件的企业。四是围绕提升技术水平、改善品种、保护环境、保障安全、降低消耗、综合利用等，对传统产业实施改造提高。五是按照市场原则，鼓励钢铁、水泥、电解铝、煤炭等行业兼并重组，支持优势企业做强做大，提高整体技术水平和行业集中度。

第三件大事：国家出台石油综合配套调价方案缓解国际市场石油价格上涨影响

由于国内石油供求矛盾日益突出，国际市场石油价格大幅度上涨，国内成品油价格与原油价格倒挂，对整个宏观经济的运行产生的负面影响也不断显现。在此背景下，石油综合配套调价方案出台。其目的是进一步发挥市场配置资源基础性作用，保证石油供应，促进经济平稳运行；调整行业利益关系，维护弱势群体和公益性行业利益；促进经济增长方式的转变。基本思路是：建立一个符合市场经济要求、能够妥善处理好各方面利益关系的石油价格形成机制。在坚持与国际市场接轨的前提下，建立既反映国际市场石油价格变化，又考虑国内市场供求、生产成本和社会各方面承受能力等因素的石油价格形成机制。同时，建立对部分弱势群体和公益性行业给予补贴的机制、相关行业的价格联动机制、石油企业涨价收入的财政调节机制，以及石油企业内部上下游利益调节机制。

附录 世界经济形势

2006年一季度，世界经济运行亮点纷呈，美国实体经济进入就业改善与通胀可控并存的健康增长时期，欧洲经济保持复苏态势，日本通货紧缩压力渐除，经济复苏趋势再次得到证实，新兴市场经济走势良好。

一、美国经济

1. 美国实际GDP保持稳健增长

2005年全年美国实际GDP增长3.5%，全年四个季度实际GDP增长率分别为3.8%、3.3%、4.1%和1.7%，除了二季度和四季度增速较上季度略有下降外，实体经济总体增长趋于平稳。

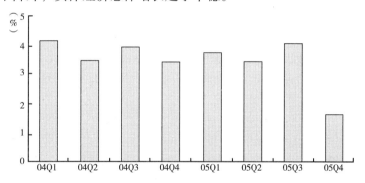

图5-12 美国近年GDP实际变化情况

2006年3月30日，美国商务部对其上年GDP数据作出修正，其中，第四季度GDP增长率由最初的1.6%上调到1.7%，但仍明显低于三季度的4.1%。四季度GDP增速下降的主要原因包括：汽车销售大幅度下降削弱了个人消费开支的增长能力，第四季度消费增长率仅为0.9%，为过去几个季度的最低水平；进口需求上升幅度大大超过出口增长，导致净出口对经济增长的贡献率明显下降，四季度出口增长5%，进口增长12.1%，为2004年二季度以来的最高水平；由于军费开支缩减，联邦政府开支在过去两年里首次下降0.8%，宏观经济政策对实体经济的刺激作用基本消除；固定资产投资保持增长，但增长幅度仅为3.9%，为过去两年的最低水平。

表 5 - 13   美国实际 GDP 的贡献率

单位：%

	05Q4	05Q3	05Q2	05Q1	04Q4	04Q3	04Q2	04Q1
GDP 年率	1.7	4.1	3.3	3.8	3.8	4.0	3.3	4.5
个人消费开支	0.62	2.85	2.35	2.52	2.92	3.57	1.1	2.9
私人国内投资	2.54	0.87	- 0.63	1.79	2.11	0.40	2.85	1.86
净 出 口	- 1.36	- 0.12	1.11	- 0.58	- 1.35	- 0.10	- 1.06	- 0.76
政府开支	- 0.15	0.54	0.47	0.03	0.16	0.13	0.41	0.48

资料来源：中国银行驻纽约代表处整理提供。

从 2005 年第四季度各主要因素对 GDP 的贡献看，消费和投资仍然是美国经济增长中的主要拉动因素，导致该季度经济增长放缓的原因以短期性因素居多。因此，我们认为，2005 年四季度美国经济在一定程度上放缓并不意味着其脱离了自主增长能力增强的经济扩张期。

2. 2006 年一季度美国经济运行特征

2006 年一季度，美国实体经济增长明显加快。美国联邦储备理事会（FED）发布的褐皮书认为，美国经济活动在 1 月份和 2 月份继续扩张，全国多数地区的扩张速度适度或稳定，不过企业表示在投入成本上面临压力，其中能源成本的上涨压力被普遍提及，沥青和水泥等非石油材料的成本亦在上升。但报告亦认为，零售物价仅仅适度上涨，劳工成本压力变化不大，多数地区的薪资平均增幅温和，另外多数地区以及许多部门的就业增加，几乎每个地区都报告高技能工人不足，金融、营建和制造业缺乏高技能人员导致相关薪资快速上涨；住宅项目建设和房地产情况存在差别，多数地区报告该活动自高位放缓，同时商用项目建设和房地产较 2005 年年底回升。

综合分析上述几个方面的因素，我们认为，2006 年一季度美国经济运行表现出如下特征：

首先，消费增长开始加速。美国商务部公布数据显示，2006 年 3 月份，美国 3 月份零售销售增长 0.6%，2 月份修正后为减少 0.8%，扣除汽车的零售销售 2 月份下滑 0.4%；1 月份零售销售修正后为上升 2.9%，扣除汽车的零售销售 1 月份修正后为上升 2.6%。原来预期美国 3 月份零售销售增长 0.5%，扣除汽车后的零售销售增长 0.4%。消费增长的基础是美国个人所得和个人支出明显增加。据美国商务部统计，美国 2 月份个人所得和个人支出分别增长 0.3% 和 0.1%，1 月份修正后分别为增长 0.7% 与0.8%；原预期美国 2 月份个人所得增长 0.4%，个人支出持平。美国联邦储备理事会（FED）公布的数据显示，美国 2 月份消费者信贷增加 32.6 亿美元，原预期美国 2 月份消费者信贷增加 35 亿美元，1 月份消费者信贷初值为增加 39.4 亿美元，修正后为增加 61.4 亿美元。FED 表示，2 月份消费者未偿付信贷总计 2.16 万亿美元，1 月份修正后为 2.16 万亿美元。

其次，制造业继续恢复，工业生产和设备利用率上升。美国纽约联邦储备银行公布的数据显示，3 月份纽约州制造业增长加速，优于预期。纽约联邦储备银行 3 月份制造业活动指数升至 31.16，2 月份上调至 21.02，原预期 3 月份制造业活动指数降至 19.00；该指数中的就业分项指数在 3 月份劲升至 21.75，2 月份上调为 5.99；雇员平均每周工时指数亦上升至 25.29，2 月份上调后为 5.47。全美采购经理人协会—纽约（NAPM—纽约）周五发布报告显示，3 月份纽约市企业活动较 2 月份表现更好，但对经济前景的预期则不如 2 月乐观。3 月份企业活动指数上升至 378.9，2 月份修正后仍为 369.4，该指数自 2005 年 11 月份以来连续上升；该报告中的受访者对未来六个月经济前景的预期指数则从 2 月份的 73.1 下降至 58.3，为三个月中第二次下降，3 月份经季节调整的现况分项指数降至 69.1，2 月份时触及逾两年高点 75.4。

第三，劳动力市场总体改善。美国劳工部周五公布，美国 3 月份非农就业人数增加 21.1 万人，失业率为 4.7%，为四年半低点，未来失业率可能会继续维持在该水平附近。多数美国雇主预期他们在第二季度不会改变雇佣计划，表明近期美国就业市场的强势将会持续下去。就业服务企业 Manpower 对 16000 家美国雇主的季度调查显示，58% 的雇主预计 4~6 月份的第二季度雇佣计划不变，30% 的受访者预计将增雇人手，只有 6% 的雇主打算裁员。雇佣前景差值——增雇与裁减人手的雇主数差值——自 2004 年第二季度以来一直持稳。

第四，通货膨胀压力有所缓解。美国经济周期研究所（ECRI）发布报告显示，美国 2 月份整体通胀压力下降，2 月份美国未来通胀指标（USFIG）微降至 123.1，1 月份上调至 123.5，该指数年率化后的增长率下降至 3.5%，去年 12 月份的该数据从初值的 3.9% 上调至 4.6%。显然，高油价给家庭和企业带来了沉重负担，但尚未导致薪资增长并推高通胀。因此，美国核心通胀仍然受控，部分归因于生产力增长的"稳健"基本趋势，但若美国经济增长确实比较强劲，则通胀压力可能上升。

第五，贸易逆差继续扩大。美国商务部公布，美国去年第四季度经常项目赤字达到创纪录高点的 2248.8 亿美元，相当于当季国内生产总值

（GDP）的 6.4%。第三度修正后为赤字 1854.3 亿美元；2005 年经常项目赤字扩大 20.5% 至 8049.5 亿美元，2004 年为 6680.7 亿美元，原预期美国去年第四季度经常项目赤字为 21775 亿美元。

第六，金融市场指标利率再次上升。2006 年 1 月份，美国联邦公开市场委员会提高联邦基金利率和贴现率各 25 个基点。2006 年 3 月份，在美国联邦公开市场委员会（FOMC）利率会议上，委员们一致投票同意将指标联邦基金利率调升 25 个基点至 4.75%。目前，联邦基金利率为 4.75%，贴现率为 5.75%，均为 2001 年 4 月份以来的最高水平，与市场普遍预期一致。

美国联邦公开市场委员会（FOMC）在 3 月 27～28 日利率政策会议结束后发表的声明表示："当前季度经济增长强劲反弹，但有可能放缓至更可持续的步伐，到目前为止，能源和其他商品价格上涨对核心通胀看似仅产生了很温和的影响，而生产力持续上升则有助于控制单位劳工成本增幅，且通胀预期依然受控，不过资源利用率或许会上升，以及能源和其他商品价格上涨，可能会加剧通胀压力。委员会认为，或许需要进一步缩紧货币政策以控制通胀风险，从而令经济达到持续增长和物价稳定双目标所面临的风险大体平衡。在任何情况下，委员会将在必要时对经济前景的改变作出反应，以帮助达到上述目标。"

二、欧元区经济

2005 年第四季度，欧元区内生产总值（GDP）较前一个季度增长 0.3%，较上年同期修正至增长 1.8%。这样，2005 年四个季度欧元区 GDP 增长率分别为 1.2%、1.2%、1.6% 和 1.8%，呈现稳步增长态势。

从欧元区第四季度 GDP 增长结构看，居民消费开支增长 0.1%，投资增长 0.3%，政府最终开支为零增长，内部需求累积增长 0.5%，出口增长 0.7%，进口增长 1.3%。

进入 2006 年以来，欧元区经济增长态势出现一些新的变化。

首先，欧元区零售销售活动放缓。彭博资讯与 NTC 针对德国、法国和意大利的逾 1000 家零售业者（零售业规模占欧洲的 75% 左右）联合进行的调查显示，欧元区 3 月份零售业采购经理人指数（PMI）从 2 月份的 49.6 降至 47.2，为 2004 年 5 月份以来低点。该指数高于 50 显示零售业扩张，低于 50 则表明萎缩。其中，德国 3 月份零售业 PMI 结束 2 月份的扩张势头，从 50.2 降至 46.5，为去年 9 月份以来的低点；法国 3 月份零售业 PMI 指标从 50.7 降至 48.7；意大利 3 月份零售业 PMI 指标从 47.1 进一步下滑至 46.3。

其次，欧元区通货膨胀压力减缓。欧盟统计局公布的初值显示，欧元区 3 月份通胀率降至 2.2%，与市场预期大体一致。由于高油价带来的影响正在消退，所以原本预计 3 月份通胀率将下滑。欧洲央行（ECB）希望将欧元区通胀率控制在低于但接近 2% 的水平。美国经济周期研究所（ECRI）公布的数据表明，欧元区 1 月份潜在物价压力增大，并有可能在未来数月中不断升高。ECRI 表示，1 月份欧元区未来通胀指标（EZFIG）由去年 12 月份下调后的 99.4 升至 101.2。但另据最新公布的欧元区官方数据显示，因能源价格提高带来的压力正在消退，欧元区 2 月份通胀率自 1 月份的 2.4% 降至 2.3%。

第三，欧元区企业景气指数上升至五年高点。欧盟执委会公布数据显示，欧元区 3 月份企业景气指数升至 0.80 的逾五年高点，2 月份为 0.61，原预计 3 月份企业景气指数升至 0.63，3 月份企业景气指数为 2001 年 2 月份以来最高，当时为 0.83。欧盟执委会认为，2 月份和 3 月份企业景气指数上升，表明今年第一季度工业生产增长持续加快。该指标上升大体可归因于工业企业经理人对最近几个月总订单和出口订单评估的提高，但他们对成品库存的评估稍有恶化。与此同时，欧元区 3 月份经济景气指数升至 103.5，2 月份为 102.7。

第四，欧元区 1 月份贸易逆差为 108 亿欧元，去年 12 月份修正后为逆差 7 亿欧元。

综合上述各方面的情况，我们认为，欧元区今年经济增长步伐将快于预期，并将出现通胀放缓、失业率下滑的局面。为遏制信贷的快速增长以及油价高涨带来的通胀压力，欧洲央行（ECB）自去年 12 月份以来两度升息。ECB 希望欧元区通胀率能低于并接近 2%。

三、日本经济

2005 年全年，日本实际 GDP 的增长率为 2.8%。2005 年四季度，日本国内生产总值比上一季度增长了 1.4%，折合成年增长率高达 5.5%，高于经济学家先前的预测，为连续四个季度增长。其中，个人消费增长了 0.8%，为连续四个季度增长，前三个季度增长分别为 1.2%、0.7% 和 0.3%，居民消费总量约占日本 GDP 总量的 56%，其对整个国民经济增长的影响不断加大。企业设备投资同比增长了 9.5%，为连续 11 个季度增长，2005 年前 3 个季度分别增长 6.9%、6.7% 和 10.6%，设备投资约占日本 GDP 总量的 15% 左右。内需对经济增长的贡献度为 0.8%，外需的贡献度为 0.4%。内需对 GDP 实际增长率贡献度的扩大标志着日本经济的复苏已经摆脱对财政投资和外需出口的过度依赖，开始步入自律性复苏阶段。

进入 2006 年以来，日本经济形势持续好转。

1. 零售销售保持增长，消费者信心明显改善

日本政府公布数据显示，日本 2 月份零售销售较上年同期增长 1.0%，符合市场预估中值，经季节调整后，2 月份零售销售较 1 月份下滑 1.5%。2006 年 3 月份，日本消费者信心经季节调整后，较三个月前有所改善，3 月份指数为 48.2，较去年 12 月份高 0.3 点，3 月份指数则较 2 月份减少 1.9 点至 47.9。

2. 日本制造业保持增长

日本经济产业省表示，日本工业生产的核心项目——制造业产出预估修正值，3 月份预计将增长 0.6%，4 月份则修正为增长 2.2%，在 3 月 30 日公布的初步数据中，3 月份制造业产出将增长 0.3%，4 月份则为增长 3.1%。日本 2 月份工业生产经季节调整后较 1 月份下滑 1.2%，该数据好于初值的减少 1.7%。日本 2 月份核心民间机械订单经季节调整后较上月份增长 3.4%，略高于预期的增加 3.3%；与上年同期相比，扣除船舶与电力公司机械的核心订单增长 8.2%，略高于预估中值的增加 7.9%。

3. 通货紧缩压力继续缓解

日本中央银行公布的数据显示，2006 年 3 月份，日本追踪批发物价趋势的国内企业物价指数（CGPI）较上年同期增长 2.7%，幅度略低于市场预估的增长 2.8%；日本 3 月份 CGPI 与上月相比则为持平，市场预估为增长 0.2%。日本 2 月份全国核心消费者物价指数（CPI）较上年同期增长 0.5%，显示日本经济已缓慢且稳定地脱离了通货紧缩的困扰；排除生鲜食品价格的 2 月份核心 CPI 数据低于预期的增长 0.6%，与 1 月份数据持平，但高于去年 12 月及 11 月份的增长 0.1%；包括生鲜食品价格的 2 月份整体 CPI 则较上年同期增长 0.4%；3 月份东京地区核心 CPI 较去年同期增长 0.2%。

4. 经常项目盈余继续增加

日本 2 月份未经调整经常项目盈余较上年同期增加 6.2%，至 2.21 万亿日元，原预估为较上年同期增长 7.2% 至 2.23 万亿日元。日本 2 月份贸易收支为顺差 1.09 万亿日元，1 月份为逆差；2 月份出口增长 21.5%，进口增加 33.2%。

四、新兴市场经济

2005 年，全球经济增长强劲带来的贸易及工业、服务业需求上升，推动了亚洲新兴市场经济发展。其中，印度 GDP 增长率达 8.1%，韩国经济增长 3.97%，新加坡 GDP 增长 6.39%，印度尼西亚 GDP 增长 5.6%，泰国 GDP 增长 4.5%。

2005 年，拉美地区经济增长达到 4.3%。其中，委内瑞拉增幅为 9%，阿根廷为 8.6%，乌拉圭、智利、秘鲁和巴拿马均为 6%。拉美地区大国巴西和墨西哥增幅分别为 2.5% 和 3%。由于货物贸易继续出现顺差和侨汇收入的增长，地区经常项目保持盈余局面，国际储备接近 2400 亿美元，创 1990 年以来的新高。一些国家的财政状况好转，公共债务负担进一步减轻，就业形势普遍改善。出口推动成为拉美经济扩张的重要特点。拉美地区出口去年增长 9%，进口增长 17.5%；货物贸易顺差达到 737 亿美元，比上年增加 173 亿美元；进出口贸易总额占 GDP 的比重为 44%，说明拉美国家通过经济改革所建立的外向发展模式正在日益发挥作用。

进入 2006 年以来，亚洲新兴市场国家的经济继续保持较快发展，新加坡一季度 GDP 增长率约为 9% 以上，其他国家经济形势基本乐观。但是，从整体上看，全球贸易无序和不平衡加剧，国际市场石油价格居高不下以及贸易保护主义的抬头，都在一定程度上加大了亚洲地区经济增长的不确定性。

2006 年拉美经济将继续在上升通道中运行，但经济增长速度将有可能进一步放缓。根据多家国际金融组织的预测，2006 年，拉美经济增长率将保持在 4% 左右，略低于去年的水平。此外，外部经济环境的变化，尤其是美国经济的走势将在一定程度上影响拉美地区经济发展。

五、国际经济环境变化对中国经济的影响

最近，国际货币基金组织（IMF）将其对 2006 年全球经济增长率的预估值提高至 4.8%，接近去年创纪录的 5.1%。显然，经济增长强劲将成为 2006 年世界经济的主旋律。但是，在世界经济总体保持增长的前提下，一系列结构性变化将对我国的宏观经济政策调整及经济发展提出新的挑战。

首先，世界主要经济体增长趋势的差异形成此消彼长的对应关系，将在很大程度上改变世界经济运行的格局，从而对我国的宏观经济政策及内外部政策的协调带来新的挑战。一方面，世界主要经济体的经济增长将为我国经济发展提供较为有利的外部环境，有利于我国扩大外部需求，进一步拉动经济增长；另一方面，世界经济格局的调整及全球经济结构性失衡的加剧，将使美国及欧洲等地区的贸易保护愈演愈烈，可能给我国带来更

多的贸易摩擦和反倾销诉讼，使我国外贸出口面临更严重的挑战，甚至可能影响我国的国际收支均衡。

其次，全球利率周期性变化将引起世界范围的货币紧缩。不久前日本央行放弃执行了五年之久的超宽松货币政策，准备加入到欧洲央行（ECB）和美国联邦储备理事会（FED）的升息行列之中。这样，全球利率波动进入整体紧缩周期，将在一定程度上影响世界经济的表现，同时也将导致国际金融市场运行态势的调整，甚至可能加大金融市场波动，从而影响我国引进外资及国内企业利用国际资本市场筹集资金。在汇率政策方面，世界利率水平的全面提高势必会造成国际资本流动的剧烈变化。这种不确定性较强的国际货币环境将会给中国汇率改革的有序进行造成冲击；而且，利差的变化可能改变国际资本流动的方向和趋势。

第三，近年来，我国对能源、原材料的进口需求大幅增加，而国际市场原油和原材料、金属和矿物价格居高不下，将对我国国内的物价结构及水平形成冲击，加大我国企业生产成本，甚至可能引起潜在的通货膨胀风险及其他价格变动风险。

附图与附表

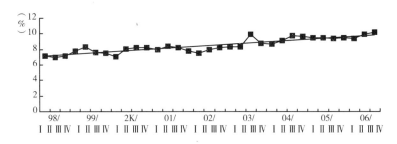

附图1　GDP 增长率

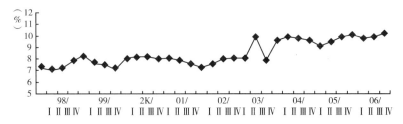

附图2　GDP 季度增长率估计值

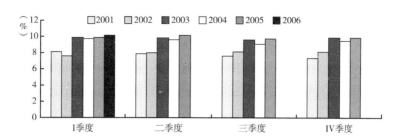

附图3　国内生产总值（GDP）季度增长率比较

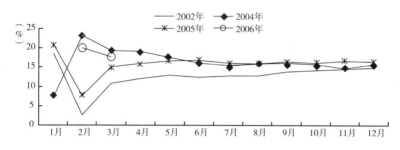

附图4　工业增加值增长率

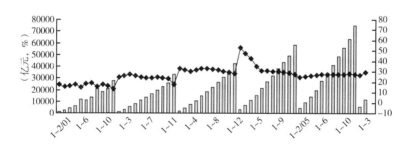

附图5　城镇固定资产投资

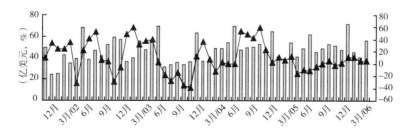

附图6　外商直接投资及其增长率

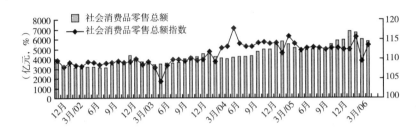

附图7　社会消费

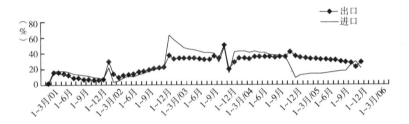

附图8　进出口累计增长率

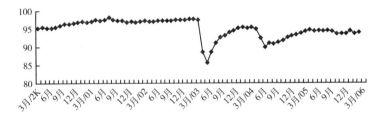

附图9　消费信心指数

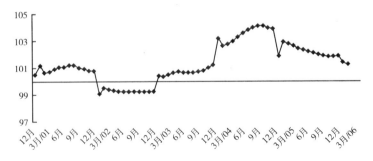

附图10　全国居民消费价格总指数（同期指数）

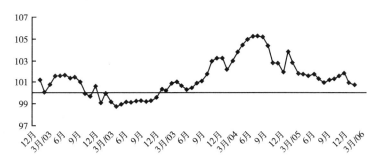

附图 11 全国居民消费价格总指数（当月）

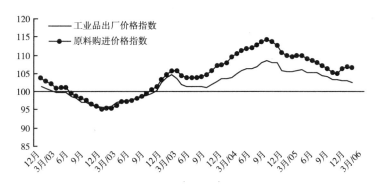

附图 12 投资品价格指数

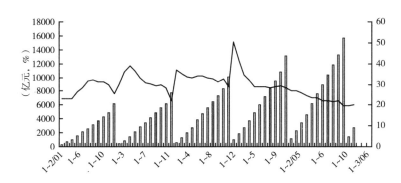

附图 13 房地产投资及其增长率

表 5 - 14　2006 年 Q1 主要宏观经济指标增长情况

单位：%

项　目		2004 年	2005 年	2006 年			
				1~3 月	1 月	2 月	3 月
经济增长	国内生产总值	9.5	9.9	10.2			
	第一产业	6.3	5.2	4.6			
	第二产业	11.1	11.4	12.5			
	第三产业	8.3	9.6	8.7			
工　业	工业增加值	16.7	16.4	16.7		20.1	17.8
	其中:国有及国有控股企业	14.2	10.7			12.4	
	集体企业	9.9	12.4			15.8	
	股份制企业	16.5	17.8			20.2	
	外商及港澳台投资企业	18.8	16.6			24.9	
	工业产品销售率	98.08	98.10	97.10		97.31	
	发电量	14.9	13.3			18.3	
价　格	消费价格(CPI)	100.1	100.4	1.2	1.9	0.9	0.8
	工业品出厂价格	106.10	103.20	2.90	3.05	3.01	2.50
投　资	固定资产投资*	27.6	27.2	29.8	—	26.6	29.8
	其中:制造业	36.3	38.6	36.3	—	35.4	36.3
	房地产开发	28.1	19.5	20.2	—	19.7	20.2
消　费	社会商品零售总额	13.3	12.9	12.8	15.4	9.4	13.5
	其中:城市	14.7	13.6	13.5	16.8	9.5	14.4
外　贸	进出口总额	35.7	23.2	25.8	26.8	25.7	24.9
	出　口	35.4	28.4	26.6	28.1	22.2	28.3
	进　口	36.0	17.6	24.8	25.4	29.5	21.1
外　资	外商直接投资实际使用额	13.3	-0.5	6.4	11.0	4.4	4.4
金　融	M_0	8.7	11.9	10.5	22.1	8.0	10.5
	M_1	13.6	11.8	12.7	10.6	12.4	12.7
	M_2	14.6	17.6	18.8	19.2	18.8	18.8
	金融机构贷款	14.4	12.8	14.0	13.8	13.4	14.0
	金融机构存款	15.3	18.2	18.4	17.5	18.5	18.4
	#企业存款						
	居民储蓄存款					19.1	16.8

　*：(城镇) 固定资产投资月度值为累计数。金融当月值为累计数。

　注：以上图表数据来源于国家统计局网站。

第六章　2006 年第二季度

第一部分　国民经济运行情况

2006 年上半年，中国经济运行继续平稳较快增长。拉动经济增长的"三驾马车"——投资、出口、消费动力依然强劲，经济基本面是好的，经济发展是这些年来比较好的一年，总体运行基本正常，但也存在比较突出的问题：货币流动性偏大，固定资产投资增长偏快，外汇储备增加偏高，国际贸易不平衡趋大等，需要我们加以高度关注。

一、上半年国民经济运行的基本情况

国民经济延续了去年下半年以来平稳较快发展的态势。初步核算，上半年，国内生产总值 91443 亿元，同比增长 10.9%，增速比去年同期快0.9%。其中，第一产业增加值 8288 亿元，增长 5.1%；第二产业增加值46800 亿元，增长 13.2%；第三产业增加值 36355 亿元，增长 9.4%。

1. 农业生产形势较好

夏粮连续第三年获得丰收，总产量达到 1138 亿公斤，增产 74 亿公斤，增长 7.0%。早稻长势较好。上半年，猪牛羊禽肉产量 3605 万吨，同比增长 4.4%。

2. 工业生产快速增长

上半年，全国规模以上工业完成增加值 39680 亿元，同比增长 17.7%（6 月份 7818 亿元，增长 19.5%）。其中，国有及国有控股企业增长11.8%，股份制企业增长 18.7%，外商及港澳台地区投资企业增长19.0%。分轻重工业看，重工业增长 18.5%，轻工业增长 15.8%。分产品看，发电量和原煤产量分别增长 12.0% 和 12.8%；生铁和钢材产量分别增长 20.8% 和 25.8%；微型电子计算机和程控交换机分别增长 34.0% 和

21.5%；汽车增长27.8%，其中轿车增长53.2%。产销衔接较好，上半年，规模以上工业产品销售率97.4%。工业企业利润增长加快。1~5月份，规模以上工业企业实现利润6294亿元，同比增长25.5%，增幅比去年同期上升9.7%。

3. 固定资产投资增长加快

上半年，全社会固定资产投资42371亿元，同比增长29.8%，增速比去年同期加快4.4%。其中，城镇固定资产投资36368亿元，增长31.3%，加快4.2%。在城镇固定资产投资中，房地产开发投资7695亿元，增长24.2%，加快0.7%。分行业看，重工业投资同比增长32.6%，其中，煤炭开采及洗选业投资增长45.7%，石油和天然气开采业增长30.3%，电力、燃气及水的生产和供应业增长17.5%，铁路运输业增长87.6%；轻工业投资增长41.2%，其中，食品制造业投资增长65.1%，纺织业增长40.6%。

4. 消费需求稳中有升

上半年，社会消费品零售总额36448亿元，同比增长13.3%（6月份6058亿元，增长13.9%），扣除价格因素，实际增长12.4%，增速比去年同期加快0.4%。其中，城市消费品零售总额24617亿元，增长14.0%；县及县以下11831亿元，增长12.0%。分行业看，批发和零售业零售额30821亿元，增长13.4%；住宿和餐饮业零售额4929亿元，增长15.3%。全国限额以上批发零售贸易业中，通信器材类零售额同比增长25.5%，石油及制品类增长38.4%，汽车类增长27.7%。

5. 市场价格温和上涨

上半年，居民消费价格总水平同比上涨1.3%（6月份，上涨1.5%），涨幅比去年同期低1%。其中，城市上涨1.3%，农村上涨1.2%。分主要类别看，食品价格上涨1.9%，居住价格上涨4.7%，医疗保健和个人用品价格上涨0.9%，烟酒及日用品价格上涨0.3%，家庭设备用品及维修服务价格上涨0.8%，娱乐教育文化用品及服务价格与上年持平，其他类商品价格略有下降。上半年，商品零售价格同比上涨0.8%；工业品出厂价格同比上涨2.7%（6月份上涨3.5%）；原材料、燃料、动力购进价格同比上涨6.1%（6月份上涨6.6%）；70个大中城市房屋销售价格同比上涨5.6%（6月份上涨5.8%），涨幅回落3.3%。

6. 出口增幅高位回落，进口增速明显加快

上半年，进出口总额7957亿美元，同比增长23.4%，增速比去年同

期加快 0.2%。其中，出口 4286 亿美元，增长 25.2%，回落 7.5%；进口 3671 亿美元，增长 21.3%，加快 7.3%；进出口相抵，贸易顺差 614 亿美元。上半年，外商直接投资合同金额 885 亿美元，同比增长 2.7%；实际使用金额 284 亿美元，下降 0.5%。6 月末，国家外汇储备 9411 亿美元，比年初增加 1222 亿美元。

7. 城乡居民收入继续较快增长

上半年，全国城镇居民人均可支配收入 5997 元，扣除价格因素，实际增长 10.2%，增速比去年同期加快 0.7%；农民人均现金收入 1797 元，实际增长 11.9%，增速回落 0.6%。

二、经济运行中的主要问题

经济运行中存在的主要问题是：货币流动性过大，信贷投放过多，固定资产投资增长过快，对外贸易不平衡加剧，外汇储备急骤膨胀，部分行业受上游产品价格上涨影响利润空间缩小等，它们成为影响当前以及今后经济走势的重大问题。

1. 货币流动性过大，信贷投放过多

这表现在：贷款增速高企不下，上半年逐月累计增幅均在 17% 以上；存贷款总额差逐步快速放大，出现了"宽货币、宽信贷"现象。在货币供应量增长较快的背景下，商业银行的资产扩张能力明显增强，大量超额资金以较低利率从银行涌向了社会，导致投资出现快速增长。上半年全部金融机构人民币各项贷款余额为 21.53 万亿元，同比增长 15.24%，增幅比去年同期高 1.99%，比去年年末高 2.26%，比上月低 0.73%。今年前 6 个月人民币贷款增加 2.18 万亿元，同比多增 7233 亿元。货币流动性偏大是导致宏观调控在一定程度上失灵的一个重要原因。

2. 固定资产投资增长过快

目前固定资产投资增速过猛，投资"热度难减"，在建规模偏大问题已经凸显。从项目隶属关系看，中央项目投资 3770 亿元，同比增长 25.1%；地方项目投资 32598 亿元，增长 32%。从产业看，各产业投资全面提速。第一产业、第二产业、第三产业分别完成投资 363 亿元、16116 亿元和 19889 亿元，分别比去年同期增长 40.2%、35% 和 28.2%。从地区看，有 14 个省区城镇固定资产投资增速超 35%。新开工项目增加比去年同期 18340 多，计划总投资增长 22.2%；完成土地开发面积增长 34%，增幅比同期提高 31%，完成土地开发投资增长 86.5%。值得警惕的是，一些过热、过剩行业的投资本已回落，又出现一定反弹。高位增长的投资和过多投放的信贷相互交织，相互推动，已成为宏观经济运行的突出问题。

3. 对外贸易不平衡加剧，外汇储备急骤增加

近3年来，出口的增幅虽然呈现下滑的趋势，但增速仍长期保持在20%以上。今年上半年，贸易顺差逐月增加且不断刷新纪录，说明对外贸易和国际收支的不平衡在加剧。由于受顺差增大、人民币升值等多种因素影响，外汇储备急骤增加。2006年6月末，国家外汇储备余额为9411亿美元，同比增长32.37%。1～6月份，外汇储备增加1222亿美元，同比多增加212亿美元，增速之快使其对经济运行的负面影响在增大。

4. 部分行业受上游产品价格上涨影响，利润空间缩小

受国际市场原油、有色金属等价格大幅上涨影响，国内市场原材料、燃料、动力购进价格快速上升，部分相关企业经营困难。据国家统计局调查，在原材料购进价格有所上涨的企业中，73.4%的企业无法通过提高产品价格进行消化，42.7%的被调查企业认为能源原材料价格上涨是当前企业生产经营中最为突出的问题，比一季度上升5.1%。同时，认为市场竞争加剧、产品价格不断下降的企业，占被调查企业的19.3%，比一季度下降1.4%。

第二部分　经济增长趋势分析与预测

2006年上半年，我国国民经济快速增长，并继续保持高位增长的态势。基于对历史数据资料和今年上半年经济运行情况的分析，现对今年下半年的经济增长进行趋势分析与预测。

一、2006年下半年经济增长趋势的判断

目前的中国经济是否过热？下半年经济走势如何？国内外研究机构从不同的视角回应了这些问题，也为我们进行预测提供了有益的参考。

（一）国内外研究机构对我国经济增长预测的调整

今年二季度以来，国内外研究机构纷纷调高对中国经济增长预期，从我们掌握的资料看，国内外研究机构对中国今年经济增长的预期相对比较集中，基本在9.5%～10%之间。

清华大学中国与世界经济研究中心预计：宏观经济过热出现进一步加重的迹象，今年三季度的国内生产总值将增长12.0%。考虑到调控政策时

滞性、政府预期等原因，该机构预计，四季度国内经济增长会出现回落，全年 GDP 的增长速度将为 9.4%[①]。中国社科院对全年经济的走势预测认为：总体上看，我国国民经济 2006 年将继续保持较快的增长，全年 GDP 增长率将达到 9.6%[②]。国内研究机构今年新预测的数据均高于 2005 年的预测数，说明学术界对我国经济增长的信心在增强。

亚洲开发银行 7 月 18 日发表对东亚地区经济的最新分析报告《亚洲经济观察》[③]，认为由于对外出口继续好转，信贷扩张超过预期，中国经济今年估计将增长 10.1%。世界银行调高中国 GDP 增长预测值，世行在中国经济季报发布会上透露，由于中国出口和投资走强，将把中国 2006 年 GDP 增长率预测值从原先的 9.2% 上调为 9.5%。国际货币基金组织（IMF）在 4 月份发表的半年报告《世界经济展望》[④] 中指出，受日本消费支出增长、中国企业投资加大及印度制造和服务业扩张的推动，今年亚洲经济将快速增长。IMF 上调了中国、印度和日本等亚洲经济体 2006 年的增长预测，中国经济增长率从 8.2% 上调至 9.5%。

（二）各类经济指数预测结果比较

有资料显示，2006 年二季度以来，国内经济指数基本呈下滑趋势，但幅度不大，2006 年三季度中国经济增长可能在二季度创下新高后出现拐点下行的迹象，但今年下半年仍能保持较高的增幅水平。

1. 企业家信心指数

根据国家统计局对全国 19500 家各种类型企业的调查[⑤]显示：2006 年二季度，全国企业家信心指数为 132.5，比一季度下降 0.6 点，比去年同期提高 4.0 点。与去年同期相比，除采矿业、交通运输仓储和邮政业、信息传输计算机服务和软件业有所下降外，其他行业企业家信心指数均有提高。在结构指数中，国有企业、集体企业、股份合作企业和私营企业企业家信心指数分别为 131.2、115.5、112.5 和 127.1，比一季度下降 3.8、3.5、3.5 和 2.4 点。联营企业和股份有限公司企业家信心指数分别为 129.1 和 137.0，比一季度提高 9.0 和 1.2 点。大型企业的企业家信心指数为 146.9，分别比一季度和去年同期提高 3.3 和 7.2 点；中小型企业的企

①《东方早报》2006 年 7 月 17 日。

②《中国社会科学院院报》2006 年 5 月 11 日。

③《京华时报》2006 年 7 月 19 日。

④《金融时报》2006 年 4 月 21 日。

⑤ 国家统计局网站。

业家信心指数分别为125.4和116.9，比一季度下降3.0和3.5点，但与去年同期相比，中型企业提高3.4点，小型企业基本持平。东、中、西部企业家信心指数分别为133.4、133.5和130.1，比一季度下降0.1、1.0和1.0点，比去年同期提高4.8、2.7和4.3点。企业家信心指数下降的主要原因是二季度出现了一些不容忽视的问题，主要由于企业购进价格的上涨，加大了企业控制成本的压力，压缩了企业盈利的空间，故部分企业出现较大亏损，影响第三季度的经济增长。

2. 制造业采购经理指数（PMI）

2006年7月5日，中国物流与采购联合会发布6月份中国制造业采购经理指数（PMI）① 显示，PMI指数为54.1%，比上月微降0.7%。从去年1月起，PMI指数已连续18个月高于50%，显示中国制造业经济继续处于增长周期。其中，生产、新订单、新出口订单指数仍保持较高水平，分别为58.7%、57.3%和58%。购进价格指数本月为64.1%，达到14个月以来的高点，值得重点关注。制造业采购经理指数下降的主要原因是：进口指数和采购量指数回落较大；除了资金紧张始终是困扰企业的难题外，一些企业报告说原材料价格上涨较快，油品涨价、南方地区雨季影响等均导致运费上升，加大了企业成本上升的压力。

3. 经济学家信心指数

2006年二季度经济学家信心指数②为5.36（取值范围在1~9之间），比今年一季度回落0.35点，与去年四季度基本持平，略高于去年同期水平（见图6-1）。

经济学家信心指数下降的主要原因是：经济运行出现一定程度的过热现象，投资增长过快；人民币升值压力依然存在，国际对华贸易摩擦增多。但由于消费继续保持平稳增长等原因，经济学家预期2006年经济继续保持快速增长。从指数构成看，经济学家信心指数比一季度明显回落体现在经济学家对当前经济形势的满意程度以及对未来经济走势的预期都出现了不同程度下降，即期经济景气指数③和预期经济景气指数④分别为5.5和5.2，分别比一季度减少了0.4和0.3点，但仍处于满意区间。

---

① 来自国家统计局网站。
② 经济学家信心指数大于5分表明对经济形势的评价是积极的、乐观的。
③ 即期经济景气指数为经济学家对当前总体经济形势的判断得分。
④ 预期经济景气指数为经济学家对未来6个月总体经济发展趋势的判断得分。

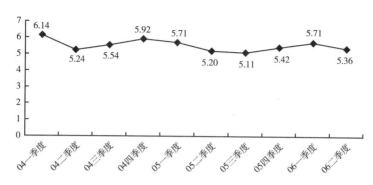

图 6-1　中国经济学家信心指数变动图

总之，国内外学者对中国当前的经济有两种不同的看法：一种观点认为中国经济目前出现了两年来的第二次过热，中国需要实施更加严格的紧缩政策[①]；另外一种观点认为，至今并没有出现真正意义上的全面的经济过热，因为今年上半年 CPI 仅上涨 1.3%，涨幅比去年同期低 1%，PPI 也只上涨了 2.7%。

（三）我院对今年下半年经济增长趋势的判断

我院在对当前经济形势进行认真分析的基础上认为，中国经济从总体上处于"高增长、低通胀"状态，但二季度 GDP 增长高达 11.3%，显然偏高；经济中实际存在的通货膨胀其实高于名义上的价格总指数，需要进一步观测。这又是在国民经济结构性有较大失衡基础上获得的，因此既要肯定经济增长的基本面，也要力求防止偏差倾向过分扩张。我们判断，在快速增长基础上的惯性运行将要保持，而宏观调控也要有所作为，因此下半年国民经济可能略低于二季度的涨幅，有所持续也有所减缓。主要理由如下。

1. 存在支撑经济快速发展的强大因素

工业化、城市化等进程，仍会对经济增长产生重要的影响。农产品供求关系改善，煤电运（油除外）及能源供求矛盾的缓解，在支撑着经济持续快速发展。多种因素如几大银行上市等造成资金相当宽松，为投资加速提供了极有利的条件。世界经济增长加快（可望达到 5% 左右），特别是日本和欧洲明显好转。世界贸易增长将达 8% 左右。印度一季度经

---

① 《经济参考报》2006 年 7 月 7 日。

济增长 9.3%。中国香港经济增长 8% 以上，对中国经济的发展有促进。特别是地方政府换届与"十一五"规划的政治周期促成形成大干快上的局面。土地、信贷两个闸门控制费力。以上因素形成经济继续快速增长的基础。

2. 经济增长已经达到潜在 GDP 的上限

改革开放以来，我国国民经济保持持续快速增长，潜在 GDP 被认为在 8% ~ 11% 之间。受技术进步等因素的影响，潜在 GDP 增长率边界可能扩大，但在一个相对较高的基础上再大幅度提高是比较困难的。因此，二季度的超高增长速度已经显示经济出现部分过热，并且通过价格波动得到显示。从动态来看，居民消费价格指数 4 ~ 6 月份同比增长情况分别是 1.2%、1.4%、1.5%，是在往上走的；工业品出厂价格的上涨幅度也是 1.9%、2.4%、3.5%，也在往上走；原材料、燃料、动力的购进价格是 4.9%、5.5%、6.6%，呈现较快的增长趋势。固定资产投资增长过快，货币投放过多，已经到了超临界值的水平。这样的高速度是不可能长久维系的，经济增长速度减缓也是必然的。

3. 今年二季度以来的宏观经济政策将在三季度反映出来

今天 4 月份以来，为了抑制货币信贷过快增长的问题，央行以及有关部委都已经采取了一些措施。4 月份提高贷款利率以及增发央行票据，定向发行央行票据，严禁打捆贷款等。《国务院办公厅转发建设部等部门关于调整住房供应结构稳定住房价格意见的通知》（国办发〔2006〕37 号）中明确规定：从 2006 年 6 月 1 日起，个人住房按揭贷款首付款比例不得低于 30%。2006 年 7 月 5 日存款准备金率上调 0.5%，从 8 月 15 日起，央行决定将存款准备金再次上调 0.5%。这一次效果肯定会明显很多，因为上一次收缩了 1500 亿元的流动性，市场资金会偏紧，对信贷增长过快、固定资产投资增长过快等都会有一定的抑制作用。以上措施应该是对症良药，将在今年下半年收到明显的效果。

（四）我院对今年下半年价格趋势的判断

今年上半年，市场价格温和上涨，居民消费价格总水平同比上涨 1.3%。我们认为，下半年通货膨胀的压力将会较大幅度地增加，主要依据有以下几点。

1. 货币的流动性明显增强

受国内低利率等因素的影响，国内近年来 M_1、M_2 增速持续上升。

2006 年 6 月末，广义货币供应量（M_2）余额为 32.28 万亿元，同比增长 18.43%，增长幅度比去年同期高 2.76%，比上年年末高 0.86%。从金融货币的角度来看，能够直接影响物价的是进入流通中的货币，因而与物价水平关系较大的为狭义货币供应量（M_1）。据统计，2006 年 6 月末 M_1 余额为 11.23 万亿元，同比增长 13.94%，增长幅度比去年同期高 2.69%，比上年末高 2.16%。从金融体系中的贷存比看，已经从 2002 年的 77% 下降到 2006 年二季度的 67%。从领先 6 个月的 M_1 走势来看，未来 6 个月，物价走势将呈现上扬趋势。

2. 固定资产投资价格上涨向消费领域转移

进入二季度以来，由于新开工项目增加等因素的影响，固定资产投资增长较快。固定资产投资拉动经济增长，进而刺激物价上涨。前期居高不下的固定投资增速对价格上涨的刺激作用将逐步在第三季度体现出来。6 月份，工业品出厂价格上涨 3.5%，原材料、燃料、动力购进价格上涨 6.1%，这种较高的增幅将在第三季度向消费领域转移。

3. 受年内公共事业等价格改革因素的影响

2006 年，我国公用事业、垄断行业等领域价格全面启动。水、电、交通、燃气等重大公用事业价格面临越来越大的调价压力，受此因素的影响，原材料价格不断上涨，成本持续上升，服务项目价格涨幅加大，进而推动价格总水平的上涨。

4. 受国际市场初级产品价格高位波动的影响

近年来，国际市场原油、有色金属等初级产品价格仍处在高位波动，能源类产品的价格上涨压力仍然较大。受此影响，国内相关行业的成本大幅度增加，上游产品的价格高涨对下游产品价格上涨会有一定带动。

当然，经济运行中也存在一些抑制价格的因素。第一，消费水平还比较低。受收入水平、心理预期等因素的影响，制约消费的因素中有很多与经济发展和社会转型联系在一起。和 GDP 的增长速度比较，我国城乡居民收入的增长速度要低许多。第二，部分行业产能过剩、相当多的产品供过于求的局面已经形成，过剩的产能必将抑制价格上涨。第三，经济全球化时代，生产要素是在全球范围内进行配置，可以降低生产要素的成本。第四，价格传导机制不畅因素的影响。目前上游产品价格上涨传递还不是那么通畅，再加上我们政策和制度的影响，也存在一些人为压低生产成本的因素。但总体上看，这些因素是近年来一直存在的，对短期内价格的波动不会有太大的影响。

二、我院对 2006 年下半年经济增长预测结果①

我院 2006 年第二季度形势预测结果基于以下两种计量模型:一种是完全基于时间序列的 ARIMA 模型法(自回归移动协整模型);另一种是基于 GDP 与宏观经济政策变量相关分析的向量自回归模型(VAR 模型)。现运用上述两种方法对 2006 年第三季度和下半年经济增长趋势进行预测。

(一)ARIMA 模型预测结果

根据模型预测的要求,选取 1998 年第一季度至 2006 年第二季度数据,使用 ARIMA$(3,1,1)(1,1,1)^4$ 模型,具体形式如下:

$$(1 - 0.1226B^4)(1 - 0.2468B + 0.2998B^3)(1 - B)(1 - B^4)\log(gdp)$$
$$= (1 + 0.1322B^4)u_t$$

预测结果表明,今年第三季度预计经济增长率为 10.9%,全年经济增长预测增长率为 10.8%。

运用 ARIMA 模型(样本数据为 1998 年一季度至 2006 年二季度)对 2006 年第三季度和下半年其他各主要指标进行预测,预测结果请见表 6 - 1。

表 6 - 1　2006 年第三季度和全年主要指标增长率预测表

单位:%

主要指标	第三季度	全　年	主要指标	第三季度	全　年
GDP	10.9	10.8	社会消费品零售总额	13.6	13.2
第一产业增加值	5.3	5.2	全社会固定资产投资	30.6	27.9
第二产业	12.8	12.6	进　口	20.3	22.6
第三产业	9.5	9.3	出　口	24.6	26.5

从表 6 - 1 预测结果可以看出,2006 年下半年我国国民经济增长速度仍然较快,和二季度 11.3% 高增长率相比,下半年经济增长有所放

---

① 本部分数据来源于本所宏观形势分析季度数据库,由我院与国家统计局国民经济核算司等单位共同开发。

缓。从三次产业增长速度来看，和上半年相比，今年下半年第一产业增长幅度略有上升，而第二产业和第三产业的增长速度略有下降；全社会固定资产投资第三季度预测增长率为 30.6%，比上半年有所上升，但比二季度有所下降，全年固定资产投资增长预测为 27.9%，比上半年略有下降；今年第三季度社会消费品零售总额增长幅度预测为 13.6%，比上半年提高 0.3%；进出口差额有所缓解，根据预测，进口今年三季度增长 20.3%，比上半年降低 1%，出口预计增长 24.6%，比上半年的增幅降低 0.6%。

（二）VAR 模型预测结果

选择 1998 年一季度至 2006 年二季度数据作为样本数据，根据计量模型要求，先进行单位根与协整检验，原序列均具有单位根，为非平稳序列，进而进行单整检验，结果显示数据均为一阶单整序列。运用 Johansen 方法进行协整检验，结果表明 GDP、全社会固定资产投资（I）、社会消费品零售总额（ETC）、财政支出（FE）、金融机构贷款余额（LOAN）5 个变量之间存在协整关系。通过格兰杰因果检验，结论表明 99% 的置信水平下可以认为全社会固定资产投资（I）、社会消费品零售总额（ETC）、财政支出（FE）、金融机构贷款余额（LOAN）是 GDP 的格兰杰成因。

运用样本数据建立 VAR 模型，经过计量分析，取滞后期为 4 期，GDP 的回归模型如下：

$$
\begin{aligned}
\text{LOG(GDP)} = & -0.0770 \times \text{LOG(GDP}(-1)) - 0.1373 \times \text{LOG(GDP}(-2)) \\
& -0.0697 \times \text{LOG(GDP}(-3)) + 0.9052 \times \text{LOG(GDP}(-4)) \\
& -0.0054 \times \text{LOG(I}(-1)) - 0.0253 \times \text{LOG(I}(-2)) \\
& -0.0121 \times \text{LOG(I}(-3)) - 0.0453 \times \text{LOG(I}(-4)) \\
& +0.0663 \times \text{LOG(ETC}(-1)) + 0.0560 \times \text{LOG(ETC}(-2)) \\
& +0.0042 \times \text{LOG(ETC}(-3)) + 0.0051 \times \text{LOG(ETC}(-4)) \\
& -0.0430 \times \text{LOG(FE}(-1)) + 0.0415 \times \text{LOG(FE}(-2)) \\
& +0.0052 \times \text{LOG(FE}(-3)) + 0.0624 \times \text{LOG(FE}(-4)) \\
& +0.0993 \times \text{LOG(LOAN}(-1)) + 0.0150 \times \text{LOG(LOAN}(-2)) \\
& -0.0467 \times \text{LOG(LOAN}(-3)) + 0.1404 \times \text{LOG(LOAN}(-4)) + 0.4774
\end{aligned}
$$

根据上述预测模型进行扩展，得到 2006 年下半年的预测结果：

表 6 - 2　2006 年下半年经济增长预测表

单位：%

指　标	2006 年 1~3 季度累计	2006 年 1~4 季度累计
GDP 增长率	10.6	10.7

从上述预测结果来看，今年第三季度经济增长率将有所减缓，全年经济增长预测保持在 10.7% 的高位水平上，高出 2005 年经济增长率 0.8%。

三、2006 年下半年经济增长预测结果分析

（一）经济增长态势的综合分析

2006 年下半年经济增长预测结果反映了国民经济运行如下基本特点：

1. 呈现"高增长、低物价"的运行态势

根据两种模型计算的结果，今年下半年我国经济增长率在 10.5% ~ 11% 的区间，国民经济增长幅度已经超过了人们的普遍预期，并且在总体上呈现"高增长、低物价"的运行态势。在经济增长的驱动中，投资和出口仍然是主要力量。这一格局的形成，既与我国特定的经济发展阶段有关，也与体制、制度变迁及全球经济格局相联系。

2. 国民经济增长呈现粘性特质

粘性被广泛用于经济学各个领域，如贷款利率粘性、信息粘性、IS - LM - BP 粘性、人力资本粘性、产业区域粘性、梯度推移粘性、核心粘性、成本费用粘性、电价粘性、产业粘性等。从上面对"粘性"的分析可以发现，经济增长粘性主要表现为以下三种情况：（1）经济增长不易改变，长期维持在一个水平，或者经济增长的变动幅度较小；（2）经济增长变动滞后于导致它变动的其他因素的变动。引起经济增长变动的因素是多方面的，有的因素可能在短期内会发生比较剧烈的变化，但由于经济系统具有自我调节作用，经济主体会根据经济环境的有关信息进行决策，因此，往往会形成此起彼伏的情形，各因素的扰动会在很大程度上被经济系统综合，从而表现出比较稳定的经济增长率。（3）经济增长易涨不易跌。国民经济高位增长粘性表现为经济增长在一个较长的时期内维持在一个较高的水平，虽然也存在周期性波动，但由于粘性作用，总体水平居高不下。我国国民经济高位粘性增长形成的因素是多方面的，既与当前我国储蓄投资

特点相关，也与国内外经济环境相关。

3. 潜在经济增长率呈现扩张的趋势

20 世纪 90 年代以来，我国一些学者运用生产函数法和时间序列法对潜在 GDP 进行预测。预测结果表明：2006～2015 年经济增长率的预测值在 7.5％ 到 8.5％ 之间①。该预测值包含了多种预测方法的预测信息，因而有较强的可靠性。但从目前来分析，潜在 GDP 的上限已经超过了 10％，远超过了原来人们的预期，这是科技进步的快速提高、全球化配置资源及市场化改革等各方因素共同形成的。

4. 今年经济的快速增长与国内一些特殊政策与安排有关

今年是"十一五"规划的头一年，受"十一五"开局的影响，各地方的增加基础设施等投资，新开工项目增加。由于市场监管和法规等不健全，地方政府和企业的投资和投机冲动倾向依然较大，是推动经济过热的主要因素。目前在固定资产投资项目中，90％ 左右的项目是地方项目，地方项目的投资增长远高于中央项目的投资。今年上半年中央投资增长 25％，而地方项目增长率高达 32％。新建项目占近 50％，为最近高水平，主要行业主要集中在能源、交通、公用事业、有色金属等。

（二）预测结果的可靠性分析

今年下半年经济增长的不确定因素仍然不少，导致预测模型的结果存在误差，这种偏差的原因主要来自以下几个方面：第一，投资增长仍然具有不确定性。今年二季度，固定资产投资出现较大幅度的增加，但从目前情况看，问题仍未得到解决。一些地方政府投资冲动较大，投资体制和地方政府绩效考评存在缺陷。地方政府很多投资不一定是理性的，而是在一种非经济目标下推动的。大家相互攀比，重复建设严重。这不符合市场规律，对国民经济具有危害性。当前，地方政府保持一个相对科学稳定的发展心态是非常重要的，中央政府要积极引导。第二，投资结构仍然不合理。在目前宏观调控力度逐渐加大，下半年投资和经济增长将略有降温的情况下，部分与固定资产投资紧密相关的周期性敏感行业短期内可能会受到一定的负面影响，如钢铁、工程机械、建筑建材等，这些行业的复苏时间可能会有所推迟。一些过热行业投资降温还不到位，增速还是较快。受一些上游商品价格持续上涨和盈利水平较高的影响，企业增加投资、扩大生产的动力仍较强，特别是地方政府投资冲动还很强劲。在这种情况下，

---

① 北京师范大学曾学文：《中国转型期就业潜力研究》，2005 年博士论文。

一旦稍有放松，投资仍可能出现强力反弹。第三，国际环境处于不断变动之中。国际原油价格持续在高位波动，对我国经济构成重大影响。另外，由于经济发展，中国已经成为一个非常大的经济体，这对其他国家形成一种压力，我们出口的、生产的东西太多，国际竞争压力加大。我们不仅为本国生产，我们还为别的国家生产，对能源、原材料需求量很大。这种情况会间接地对其他国家一方面带来好处，但对同样需要这些原料的国家，也会形成一种间接的压力。因此，反倾销案、贸易战、汇率之争，都接踵而至。如何适应这个国际环境，如何处理好这些国际关系，也成为国内经济发展的不确定因素，一旦矛盾升级，就会加剧国内经济波动的风险。

第三部分 贸易形势分析

一、国内贸易

2006 年上半年，我国商品市场实现较快增长，城乡市场销售增幅缩小，重要商品供求矛盾有所缓解，居民消费价格基本稳定。上半年，社会消费品零售总额 36448.2 亿元，同比增长 13.3%，比上年同期加快 0.1%；社会生产资料销售总额约 8.2 万亿元，扣除物价因素实际增长 19%，比上年同期加快 2.8%。预计全年社会消费品零售总额将达到 7.5 万亿元左右，社会生产资料销售总额将达到 17 万亿元左右。

（一）国内市场运行的基本情况

1. 消费品市场销售保持较快增速

上半年，社会消费品零售总额 36448.2 亿元，同比增长 13.3%。从地区情况看，城市消费品零售额 24617.1 亿元，增长 14.0%；从行业情况来看，批发和零售业零售额 30821 亿元，同比增长 13.4%；住宿和餐饮业零售额 4929 亿元，增长 15.3%；其他行业零售额 699 亿元，增长 0.8%。从月度增长情况来看，二季度增长加快，4、5、6 各月份分别增长 13.6%、14.2% 和 13.9%，上半年增速高出一季度 0.5%。

2. 农村市场销售保持稳定增长

虽然农民增收面临诸多制约因素，但支农惠农政策效果逐步显现，特别夏粮喜获丰收，为促进农村消费稳定增长创造了条件。上半年，县及县以下零售额 11831.1 亿元，同比增长 12.0%，增长速度比 2004 年同期加快 0.9%。农村消费仍低于城市，比城市低 2%，但差距同比缩小 1.1%。

表6-3　社会消费品零售总额

单位：亿元

	总　额		城　市		县及县以下	
	绝 对 值	同比增长(%)	绝 对 值	同比增长(%)	绝 对 值	同比增长(%)
1 月	6641.6	15.5	4458.3	16.8	2183.3	13.0
2 月	6001.9	9.4	4037.8	9.5	1964.1	9.1
3 月	5796.7	13.5	3913.8	14.1	1882.9	12.5
4 月	5775	13.6	3898	14.1	1877	12.5
5 月	6176	14.2	4179	15	1997	12.6
6 月	6057.8	13.9	4131	14.7	1927	12.3

数据来源：国家统计局。

3. 消费热点商品需求旺盛

受季节因素影响，穿着类商品销售增幅有所加快，汽车、通信器材、建筑装潢材料、家用电器等商品销售继续保持快速增长。分商品类别看，限额以上批发和零售业吃、穿、用商品类零售额同比分别增长 13.1%、18.1% 和 23.4%。其中，粮油类增长 17.7%，肉禽蛋类增长 9.9%，服装鞋帽针纺织品类增长 18.1%，文化办公用品类增长 13.2%，体育、娱乐用品类增长 20.8%，日用品类增长 14.9%，家用电器和音像器材类增长 19.2%，家具类增长 20.8%，建筑及装潢材料类增长 24.4%，化妆品类增长 17.5%，金银珠宝类增长 24.6%，通信器材类增长 25.5%，汽车类增长 27.7%，石油及制品类增长 38.4%。

4. 生产资料市场供求关系总体平衡

煤炭、成品油等资源紧缺状况得到明显缓解，焦炭、铁矿石、氧化铝、水泥等产品供过于求的状况有所好转。上半年全社会生产资料销售总额约为 8.2 万亿元，按可比价格计算增长 19%，增幅比上年同期提高 2.8%。30 种主要生产资料资源总量平均增长 17.1%，增速比去年同期提高 3.8%；需求总量增长 16.2%，增速同比提高 1.4%。对外贸易为改善平衡国内市场供求发挥了重要作用，上半年钢材出口同比增长 47.7%，进口下降 28.8%，缓解了国内产能过大给市场带来的压力；原油、成品油进口增长、出口下降，原油、成品油进口分别增长 15.6% 和 16.1%，出口分别下降17%和18.3%。

5. 居民消费价格继续回落

上半年，全国居民消费价格总水平同比上涨1.3%，比上年同期回落1%，其中，二季度价格涨幅小于一季度，但二季度有逐月回升态势。6月份，居民消费价格总水平比去年同月上涨1.5%，其中，城市上涨1.6%，农村上涨1.3%；食品价格上涨2.1%，非食品价格上涨1.2%；消费品价格上涨1.3%，服务项目价格上涨2.2%。上半年，农村居民消费价格水平低于城市，其中，城市上涨1.3%，农村上涨1.2%。

表6-4　居民消费价格指数

	当月（上年同月＝100）			累计（上年同期＝100）		
	全　国	城　市	农　村	全　国	城　市	农　村
1月	101.9	102.0	101.7	101.9	102.0	101.7
2月	100.9	100.9	100.8	101.4	101.4	101.3
3月	100.8	100.8	100.7	101.2	101.2	101.1
4月	101.2	101.2	101.1	101.2	101.2	101.1
5月	101.4	101.4	101.2	101.3	101.3	101.1
6月	101.5	101.6	101.3	101.3	101.3	101.2

数据来源：国家统计局。

（二）需要注意的问题

1. 居民对物价上涨反应强烈，满意度大幅降低

二季度，我国消费者信心指数继续在高位运行，4～6月份消费者信心指数分别为93.8、93.8和94.1点。但消费者对当前经济状况的满意指数分别为89.9、90.1和90点，其中，6月份的满意指数较3月份回落0.4点。另据人民银行调查，在当前物价和利率水平下，居民愿意更多储蓄的人数明显减少，其占比由上季的38.5%降至34.6%，但认为"购买股票或基金"最合算的居民人数占比达15.8%，比上季提高7.8%。

2. 生产资料价格向下游传导迹象出现

生产资料价格上涨影响，部分家用电器价格有所上涨。5月份，名牌主流空调产品出厂价格提高15%左右，燃气热水器产品价格上调5%～10%。6月上旬，长沙市场上的洗衣机，哈尔滨、重庆市场上的燃气灶具价格分别上涨了13.4%、11.5%和11.6%，成都、西宁市场上冰箱价格分

别上涨了 25.2% 和 13.9%，郑州、重庆市场上的燃气热水器价格分别上涨了 38.1% 和 25%。

3. "价格剪刀差"挤压农民收入

受石油化工产品价格上涨的影响，化肥等农资价格在高位运行，而农产品价格却持续低迷，全国肉禽价格继续在低谷运行，两者形成的价格剪刀差压缩了农民收入增长的空间。

（三）国内商品市场走势分析

下半年，国家将进一步加大结构调整力度，控制投资规模盲目扩张，提高经济运行质量。预计粮食等农产品价格将基本平稳，肉禽价格会逐步回升，消费物价继续低位运行。全年将实现社会消费品零售总额 7.5 万亿元，生产资料价格将保持高位运行，全年销售总额预计 17 万亿元。

二、国际贸易

（一）外贸进出口运行基本情况

据海关统计，2006 年上半年，我国进出口总值为 7957.4 亿美元，同比增长 23.4%，其中，出口 4285.9 亿美元，增长 25.2%；进口 3671.5 亿美元，增长 21.3%；进出口顺差 614 亿美元，增长 54.7%。二季度，进出口总值为 4245.3 亿美元，同比增长 21.4%。其中，出口 2312.9 亿美元，增长 24.1%；进口 1633.8 亿美元，增长 18.2%。6 月份，我国外贸进出口值为 1481.2 亿美元，增长 21.3%，其中，出口 813.1 亿美元，增长 23.3%；进口 668.1 亿美元，增长 18.9%。

表 6-5　2006 年二季度各月外贸进出口与 2005 年同比情况

单位：亿美元

2005 年	当　月	增长（%）	累　计	增长（%）	2006 年	当　月	增长（%）	累　计	增长（%）
出口总值					出口总值				
4 月	621.5	31.9	2180.4	34	4 月	769.5	23.9	2742.1	25.8
5 月	584.3	30.3	2764	33.2	5 月	731.1	25.1	3473.2	25.7
6 月	659.6	30.6	3423.4	32.7	6 月	813.1	23.3	4285.9	25.2
进口总值					进口总值				
4 月	575.6	16.2	1968.7	13.3	4 月	664.9	15.3	2404.2	22.0
5 月	494.4	15	2463.9	13.7	5 月	601.1	21.7	3005.3	22.0
6 月	562.8	15.1	3026.9	14	6 月	668.1	18.9	3671.5	21.3

数据来源：海关统计。

1. 一般贸易快于加工贸易增长

上半年，我国一般贸易进出口 3422.8 亿美元，增长 22.9%，占同期进出口总值的 43%。同期，加工贸易进出口 3748.3 亿美元，增长 22.6%，占同期进出口总值的 47.1%。其中，一般贸易出口 1838.9 亿美元，增长 25.8%；一般贸易进口 1583.8 亿美元，增长 19.8%。加工贸易出口 2272.4 亿美元，增长 23.8%；进口 1475.9 亿美元，增长 20.7%；加工贸易顺差 796.5 亿美元，同比增长 29.9%，增幅下降 14.6%。二季度，我国一般贸易进出口 1854.8 亿美元，同比增长 22.5%。其中，一般贸易出口 1019.1 亿美元，增长 26.9%；一般贸易进口 835.7 亿美元，增长 17.4%。同期，我国加工贸易进出口 1966.7 亿美元，增长 18.8%。其中加工贸易出口 1199.2 亿美元，增长 20.8%；进口 767.5 亿美元，增长 15.8%。

2. 机电产品出口增势不减

上半年，机电产品出口 2439.9 亿美元，增长 30.5%，占同期出口总值的 56.9%。高新技术产品出口 1234.7 亿美元，增长 32%。同期，传统大宗商品出口依然大幅增长。其中，服装及衣着附件 396.9 亿美元，增长 27.6%；纺织纱线、织物及制品 229.7 亿美元，增长 19.3%；鞋类 102.1 亿美元，增长 16.6%。原油、成品油出口量双双下降，原油 300 万吨，下降 17%；成品油 620 万吨，下降 18.3%。上半年，进口初级产品 906.9 亿美元，增长 31.8%。其中大豆 1406 万吨，增长 17%。同期，进口工业制品 2764.5 亿美元，增长 18.2%，占同期进口总值的 75.3%。其中，机电产品 1954.1 亿美元，增长 26.5%；化学成品及有关产品 400.4 亿美元，增长 6%；汽车 10.4 万辆，增长 61.3%；钢材 941 万吨，下降 28.8%。

3. 对日贸易增长继续减缓

欧盟继续为我国第一大贸易伙伴，今年前 6 个月中欧双边贸易总额 1209.5 亿美元，增长 20.9%。同期，美国为第二大贸易伙伴，中美双边贸易总值 1196.6 亿美元，增长 24.4%。日本为第三大贸易伙伴，双边贸易总值 962.1 亿美元，增长 11.2%。此外，上半年我国与东盟双边贸易总值为 727.2 亿美元，增长 21.7%，继续为我国第四大贸易伙伴。二季度，我国对欧盟、美国、日本以及中国香港地区出口分别为 419.8 亿美元、489.1 亿美元、222.2 亿美元、368 亿美元；我国从欧盟、日本、美国以及中国台湾地区进口分别为 218.7 亿美元、280.2 亿美元、151.3 亿美元和 212.2 亿美元。

4. 东部地区出口依然走旺

上半年，从总量看，广东省进出口总值 2329 亿美元，增长 24.5%，继续为我国第一大贸易省份。同期，江苏、上海进出口总值在全国各省市（区）分别位列第二、三位，进出口总值分别为 1278.6 亿美元和 1056.9 亿美元，分别增长 23.5% 和 21.3%，上述 3 省市合计占我国进出口总值的 58.6%。另一方面，中西部 21 个省区市进出口总额仅占全国的 7.5%，出口退税仅占全国的 11.5%。从增幅看，浙江省列沿海主要省市第一位，进出口总额 622.8 亿美元，同比增长 26.0%。其中，出口 451.4 亿美元，增长 29.6%；进口 171.4 亿美元，增长 17.3%。

5. 吸收外资增长放缓

1~6 月份，全国吸收外商直接投资略有下降。外商投资新设立企业 19750 家，同比下降 6.9%；合同外资金额 884.8 亿美元，同比增长 2.7%；实际使用外资金额 284.3 亿美元，同比下降 0.5%。6 月份，全国新批设立外商投资企业 4091 家，同比下降 14.3%；合同外资金额 220.4 亿美元，同比增长 3.8%；实际使用外资金额 54.4 亿美元，同比下降 12.2%。上半年，外商投资企业进出口 4653.1 亿美元，出口 2501.4 亿美元，进口 2151.7 亿美元，同比增长分别为 25.8%、27.7% 和 23.7%。

表 6-6　近三年第二季度外贸出口结构变化比较

单位：亿美元，%

结构（占比%）		2004 年第二季度	2005 年第二季度	2006 年第二季度
出口总值		1423.8(100)	1864.5(100)	2312.9(100)
贸易方式	一般贸易	605.1(42.5)	802.9(43.1)	1019.1(44.1)
	加工贸易	771.6(54.2)	992.4(53.2)	1199.2(51.8)
企业性质	国有企业	385.5(27.1)	438.9(23.5)	467.1(20.2)
	外商投资企业	798.3(56.1)	1057.3(56.7)	1325.1(57.3)
	其他性质企业	240(16.8)	368(19.7)	520.7(22.5)
商品结构	机电产品	769.7(54.1)	1015.6(54.5)	1294.1(56.0)
	高新技术产品	375.2(26.4)	498.2(26.7)	642(27.8)
主要出口市场	中国香港	241.6(17.0)	291.6(15.6)	368(15.9)
	美　国	304(21.4)	401.8(21.6)	489.1(21.1)
	欧　盟	272.5(19.1)	347(18.6)	419.8(18.2)
	日　本	177.8(12.5)	210.7(11.3)	222.2(9.6)

数据来源：海关统计。

表6-7　近年来第二季度外贸进口结构变化

单位：亿美元，%

结构(比重%)		2004 年第二季度	2005 年第二季度	2006 年第二季度
进口总值		1407.6(100)	1633.8(100)	1931.5(100)
贸易方式	一般贸易	637.2(45.3)	711.9(43.6)	835.7(43.3)
	加工贸易	539.8(38.4)	662.5(40.5)	767.5(39.7)
企业性质	国有企业	450.8(32.0)	512.5(31.4)	565.7(29.3)
	外商投资企业	801.9(57.0)	932.8(57.1)	1136.3(58.8)
	其他性质企业	154.9(11.0)	188.5(11.5)	229.5(11.9)
商品结构	机电产品	751(53.4)	828.8(50.7)	1016.7(52.6)
	高新技术产品	387.2(27.5)	464.5(28.4)	581.6(30.1)
主要进口来源地	日　本	237.2(16.9)	242.3(14.8)	280.2(14.5)
	美　国	114.4(8.1)	124.6(7.6)	151.3(7.8)
	欧　盟	184.6(13.1)	182.5(11.2)	218.7(11.3)
	中国台湾	162.3(11.5)	179.1(11.0)	212.2(11.0)

数据来源：海关统计。

（二）需要关注的问题

1. 顺差压力依然不减

今年以来，尽管进口增速加快、出口增速回落，但由于出口基数较大，顺差仍大幅增加。上半年累计贸易顺差614亿美元，增长55%；中美、中欧贸易顺差分别达到624亿美元和383亿美元。全年的贸易顺差可能还将突破1400亿美元。顺差很大程度上是由于加工贸易出口增长和外商投资企业出口增长造成的。从海外转移到我国的出口生产能力，促使了我国出口的大幅增加。外商投资企业将其供应链带入中国，其原材料大量通过国内采购，在增加国内就业、延长国内产业链的同时，也形成了进口相对出口增幅较小的事实。顺差增加的另一个原因是，加工贸易的国内增值率也在不断提高。21世纪八九十年代，我国加工贸易国内增值率仅为7%~8%，而去年则达到了52%。应该看到，中国的贸易顺差是全球化下跨国公司内贸易转移到中国的结果，应以平常心看待它，进出口都是企业行为，不是政府单方面调控就能解决。

2. 贸易方式变局隐现

三方面因素正在影响加工贸易发展。一是近年来我国贸易摩擦逐渐增多，从事加工贸易的企业可能会考虑做一些政策性调整；二是人民币升值挤压了出口企业的利润空间，加之劳工成本的提高，使主要依托廉价劳动力获利的加工贸易利润进一步缩水；三是两税合一、出口退税等国家政策的酝酿调整，也会影响加工贸易的发展。维持加工贸易有序发展的前提下可以更多鼓励一般贸易出口的发展，但不能通过限制一种方式去扶植另一种方式，这不利于我国外贸平稳、健康发展。

3. 贸易摩擦加剧

上半年，有 21 个国家和地区对我发起贸易救济调查 42 起。美国再次将我国列入"重点观察国"和"306 条款监管国家"名单，在知识产权保护问题上继续施压，对我国发起 4 起 337 调查。欧盟对我国皮鞋征收临时反倾销税，涉及我国上万家出口企业。5 月 29 日，日本正式实施"肯定列表制度"。受此影响，6 月份，我国对日农产品出口出现大幅下降，仅出口 5.96 亿美元，比去年同期减少出口 1.31 亿美元，下降 18%，增幅下降了 29%。

4. 国际市场能源和原材料价格继续上涨

6 月份，国际市场铜和铝价分别比年初上涨 53.7% 和 5.4%。上半年，我国原油、成品油、铜及铜材、塑料、合成纤维、天然橡胶、铝及铝材、钢材等 16 类能源、原材料进口多付汇 152 亿美元。国际市场价格的大幅上涨已传导到国内，6 月份，原材料、燃料、动力购进价格同比上涨 6.6%，工业品出厂价格上涨 3.5%，涨幅比 5 月份提高 1.1%。

（三）几点建议

综合分析，今年下半年我国外贸进出口仍将保持较高增长势头。当前工作着力点仍要放在转变外贸增长方式，调整贸易结构，改善贸易平衡方面。一是结合产品结构，调整出口退税率。降低或取消部分产品的出口退税率，适当下调竞争力较强、易引起摩擦产品的出口退税率。二是继续扩大进口。降低部分重要原材料、关键零部件的进口关税，设立政策性进口信贷等促进进口的政策措施。三是推进加工贸易转型升级。提高加工贸易准入门槛，扩大加工贸易禁止类和限制类范围；东部沿海地区不再新批限制类产品的加工贸易业务。支持中西部地区出口加工区建设，适当放宽限制类管理，鼓励开展农产品加工贸易。

第四部分　财政政策分析

一、财政政策执行情况

上半年，在国民经济平稳快速增长的基础上，财政收支情况总体良好，反映了经济景气处在本轮周期的繁荣阶段。

1. 税收收入保持较快增长

1～6月份，国内税收收入累计完成19332亿元，比上年同期增长22.3%；关税559亿元，增长11.6%。在国内税收中，流转税和所得税是增收主体，二者合计增收2781亿元，占增收总额的78.9%，拉动国内税收增长17.6%。从地区分布来看，东、中、西部地区税收协调增长，分别增长22.7%、20.3%和22.5%；占全国的比重分别为71.1%、15.4%和13.5%，与上年同期基本一致。税收收入高速增长，说明经济运行偏热，特别反映出有色金属等部分行业过热、房地产泡沫以及进口增速明显加快，从而发挥了对经济的自动稳定器作用。

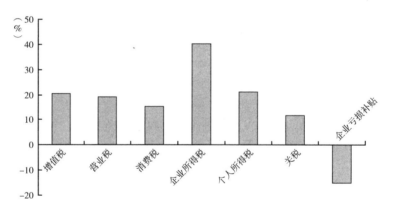

图6-2　上半年财政收入主要项目增长情况

2. 公共服务支出得到加强

上半年，全国财政支出14601亿元，增长17.5%。其中，重点是保证公共产品和公共服务支出。一是支农支出快速增长，上半年同比增长18.2%；二是社会事业支出增长较快，文教科学卫生支出增长14.3%；三是社会保障支出保持快速增长，如抚恤和社会福利救济费增长26.3%；四是国家职权建设支出得到有力保障，其中行政管理费增长 15.2%。收支相抵，全国财政盈余 5405 亿元，比去年同期扩大 1434 亿元，表明财政政策对调节经济运行偏热有一定的紧缩作用。

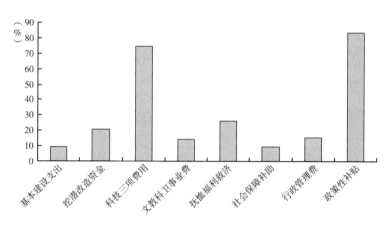

图 6-3　上半年财政支出主要项目增长情况

3. 发挥财政补贴的作用

一是增加对农业的补贴。全国财政从粮食风险基金中安排粮食直补资金 142 亿元，中央财政安排 40.7 亿元良种补贴，安排 6 亿元农机购置补贴，并对种粮农民柴油、化肥、农药等农业生产资料增支安排 125 亿元资金实行综合直补。二是为配合成品油价格调整，中央财政支出 84.8 亿元资金，用于对渔业、林业、城市公交、农村道路客运和出租车的补贴。三是将新型农村合作医疗试点范围扩大到全国 40% 的县（市、区），中央和地方财政补助标准均由 10 元提高至 20 元。四是在西部地区 12 个省（区、市）全面推行农村义务教育经费保障机制改革，对学生免收学杂费，对贫困家庭学生提供免费课本和寄宿生活费补助，受益学生达 4880 万人。

4. 加强税收政策的调节

一是根据加入 WTO 的关税减让承诺，进一步降低 100 多个税目的进口关税，并加强关税的调控作用。二是全面取消农业税，农村税费改革使 8 亿农民每年约减轻负担 1250 亿元。三是将个人所得税起征点由 800 元提高至 1600 元，促进居民消费。四是调整消费税，对游艇、高尔夫球及球具、高档手表等高档消费品征收消费税，提高大排量汽车的税率，相对减少小排量汽车的税收负担，停征护肤护发品的消费税，引导生产消费。五是在前两年调整部分省份煤炭资源税基础上，提高江苏省煤炭资源税税额标准，促进资源节约利用。六是调整出口退税政策，例如暂停车用汽油及航空汽油和石脑油的出口增值税退税政策，抑制资源性产品出口。七是对石油开采企业销售国产原油，因价格超过40美元/桶（含）以上所获超额收入，按比例征收特别收益金，加强对垄断行业收益的调节。八是出台三项下岗失业人员再就业税收优惠政策，促进社会就业。

二、当前财政运行中存在的主要问题

当前财政收支运行虽然总体良好，但也存在一些突出的矛盾和问题值得关注。

1. 对投资反周期调控不够

近年来我国固定资产投资运行一直偏热，是政府宏观调控的重点。当前控制投资需求过快增长，应减少政府投资，但财政并没有减少投资。一是今年预算安排的政府投资资金规模没有降低，长期国债发行虽然减少200亿元，但同时增加预算内经常性建设投资100亿元，使中央财政投资资金规模仍为1154亿元，与2005年一致，没有体现出控制投资需求的政策导向。二是财政投资资金增长较快。在固定资产投资资金来源中，2005年预算内资金投资增长24.0%，比上年加快10%；今年上半年，预算内资金投资同比增长22.3%，使固定资产投资增长过快势头进一步加剧，违背了反周期调节原则，不利于保持经济稳定增长。

2. 收入分配不公问题突出

目前我国收入分配相当不均。一是目前反映收入分配差异的基尼系数为0.46，超过了国际警戒线，主要是城乡差距过大。二是收入差距拉开的速度非常快，在不到一代人的时间内，从相当均等拉开到这么大的差距，比起经过若干代人才拉大收入差距的情况，对经济的冲击要大得多。三是相对于收入分配来说，更为严重的是起点不公平。先天的不公平是客观存在的，但后天的起点不公平就与政策有关，例如受教育的机会、健康的机会不平等。四是过程的不公平最为严重。垄断企业职工特别是高层管理人员收入过高，国有企业改制中内外勾结低价处置资产，利用内部信息或散布虚假信息恶意炒作股票获取暴利，通过征地剥夺农民，通过关系或贿赂低价获得国有土地，以及农民工工资得不到保障等都属于过程的不公平。收入分配差距过大，加上就业、教育、医疗和社会保障等公共服务提供不到位，居民住房、医疗、教育等费用上涨速度之快超过多数家庭收入增长速度，社会保障机制又不健全，严重影响了居民的支出预期，使消费增长大大低于投资、进口和出口。

3. 税收政策亟待完善

一是税制设置不合理，不利于促进经济增长方式转变。在资源方面，资源税征收范围狭窄，税额长期偏低，已无法有效调节资源级差收入，也很难促进资源的合理有效利用。在环境方面，缺乏足够的税费调节，不能抑制以破坏环境为代价促进经济增长的倾向。在设备投资方面，保持现行生产性增值税，企业不能抵扣当期新增机器设备所含进项税金，不利于促进企业增加投资进行技术改造、调整产业结构和产品结构。二是对外资企业给予超国民待遇，不利于解决贸易顺差过大问题。对内外资企业分别实行两套不同的企业所得税制，外资企业实际税负大大低于内资企业，以及城市建设维护税和教育费附加至今尚未对外资企业征收，形成不合理的外资流入以及不公平的内外资企业竞争环境，是当前国际收支严重不平衡和外汇储备增长过快的重要原因之一。三是在房地产领域政府收入调节手段不够，导致房地产市场运行过热。由于住房公积金和土地出让收入没有发挥应有作用，经济适用房和廉租房供给短缺，特别是房地产取得和保有环节税收调节不力，导致房价上涨过快，形成房地产泡沫。

三、几点财政政策建议

考虑到世界经济形势较好，国内经济运行有些偏热，预计下半年经济仍将保持较快增长。在此基础上，财政收入继续稳定增长，可以完成预算并有一定超收。同时，要根据经济形势变化，适当调整稳健财政政策，促进经济稳定发展。

1. 合理把握财政政策力度，控制政府投资增长

鉴于投资增长过快，在通过银根、地根紧缩等措施控制企业部门投资增长的同时，也应严格控制政府投资过快增长，否则有失公平，也容易产生"挤出效应"。可以考虑适当减少政府投资，放慢国债项目资金拨付进度，部分结转下年使用。对全年可能的财政超收，建议部分用于减少预算赤字，部分用于解决历史遗留问题，减少隐性赤字和债务，防止经济过热。

2. 积极推进收入分配制度改革，努力扩大消费需求

在经济发展的基础上，更加注重社会公平，构建科学合理、公平公正的收入分配体系。尽快按照《公务员法》规定，实行国家统一的职务与级别相结合的公务员工资制度，逐步缩小地区间收入差距，适当向基层倾斜，并完善地区津贴制度特别是艰苦边远地区津贴制度。改革和完善事业单位工作人员收入分配制度。加强对高收入垄断行业的调控力度。合理调整机关事业单位离退休人员待遇，适当提高企业离退休人员基本养老金标准、各类优抚对象抚恤补助标准、城市低保对象补助标准，以及其他低收入人员待遇水平。同时，加快解决教育、医疗卫生、住房等领域的突出问题，减轻居民增加消费的后顾之忧，刺激消费需求。

3. 调整部分产品的出口退税率和加工贸易政策，促进外贸平衡发展

在当前贸易顺差增长过快、贸易摩擦加剧、出口质量效益较低情况下，应大幅度降低出口退税平均税率，取消高消耗、高污染和资源类产品的出口退税。对部分已引起贸易摩擦的大宗出口产品，适当降低出口退税率。对高科技产品以及具有自主产权的创新产品，提高出口退税率。同时，调整加工贸易政策，限制发展一般性的加工贸易，鼓励发展高科技含量产品的加工贸易。

4. 继续推进各项改革，促进经济增长方式转变

一是全面推进农村综合改革，包括深化乡镇机构、农村义务教育和县乡财政管理体制等改革，以及行政管理体制改革，推进政府职能转变，消除地方政府扩张投资、粗放增长的冲动。二是推进投资体制改革，落实并改进项目核准和备案制度，加强产业投资信息发布，提高投资在环境、安全、能耗、水耗、资源综合利用和质量、技术、规模等方面的准入门槛，防止地方经济建设以破坏资源和环境为代价。三是完善税收制度，加快推进内外资企业所得税两法合并，加快推进增值税转型改革，积极推进物业税模拟评税试点，研究将资源税由从量征收改为从价征收或者按占有资源量征收，同时提高各种涉及环境保护的税、费征收标准，使资源价格能够反映资源破坏和环境治理成本。

第五部分　货币金融形势分析

一、二季度金融运行情况

（一）货币供应量增长总体较快，但增速有所减缓

6月末，广义货币供应量（M_2）余额为32.28万亿元，同比增长

18.4%，增速同比高 2.7%，比上月末低 0.7%。狭义货币供应量（M_1）余额为 11.23 万亿元，同比增长 13.9%，增速同比高 2.1%，比上月低 0.1%。M_1 增长加快的主要原因是受工业生产、固定资产投资扩张的影响，企业对活期存款的需求有所上升。市场货币流通量（M_0）余额为 2.3 万亿元，同比增长 12.6%，增速比去年同期高 3%。1～6 月份证券公司客户保证金增加 1971 亿元，余额同比增长 107.3%。6 月底，货币流动性为 34.8%。

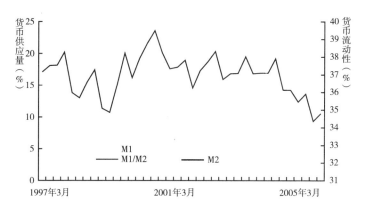

图 6－4　货币供应量和货币流动性

（二）基础货币增速有所加快

截至 6 月末，中央银行基础货币余额为 6.31 万亿元，同比增长 10%，增速比上月末高 2%，比去年同期低 1.8%。6 月份基础货币增速较上个月加快。

从基础货币变化的需求角度来看，1～5 月份，金融机构在中央银行存款出现下降，减少了 2299.27 亿元，反映出金融机构在中央银行的准备金降低，基础货币是净收回的。6 月份金融机构在中央银行的准备金增加较多，当月增加 2160 亿元，同比多增 1509 亿元，基础货币增速由此也有所加快。6 月末全部金融机构在中央银行的超额准备金率平均为 3.1%，较上月末高 0.59%。其中，国有独资商业银行为 2.52%；股份制商业银行为 4.21%。6 月份商业银行超额准备金水平上升的主要原因是，为应对 7 月 5 日提高法定存款准备金率，金融机构在中央银行的备付金普遍增加。

从基础货币供给变化的角度来看，外汇占款仍是影响基础货币投放的主渠道。1～6 月份，中央银行累计投放基础货币 12323 亿元。其中，外汇占款增加 10076 亿元，占基础货币投放的 81.8%；中央银行卖出回购证券 2130 亿元，占基础货币投放的 17.3%。同期，基础货币净回笼 13570 亿元。其中，发行央行票据 8347 亿元，占基础货币回收的 61.5%；财政存款增加 4385 亿元，占基础货币回收的 32.3%。

6 月末，广义货币 M_2 乘数为 5.11，比上年年末下降 0.47。

（三）人民币各项贷款增加较多

6 月末，全部金融机构本外币各项贷款余额为 22.79 万亿元，同比增长 14.3%，比去年同期上升 1.1%，比上月末下降 0.76%。其中，金融机构人民币各项贷款余额为 21.53 万亿元，同比增长 15.2%，增幅比去年同期上升 2%，比上月下降 0.8%。1 ~ 6 月份，人民币贷款增加 21772 亿元，同比多增 7233 亿元。2001 ~ 2005 年，上半年新增人民币贷款分别为 7152、8300、17801、14299 和 14539 亿元。今年上半年贷款增量远远高于这些年份。从 6 月份的情况来看，新增人民币贷款 3947 亿元，同比少增 706 亿元。

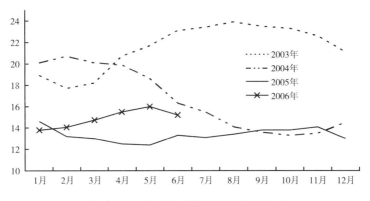

图 6-5　人民币各项贷款同比增长速度

从贷款期限看，中长期贷款增加较多。6 月末，人民币中长期贷款余额 97682 亿元，同比增长 18.9%，已出现连续 6 个月持续上升。从增量看，1 ~ 6 月份新增中长期贷款 10159 亿元，同比多增 3835 亿元。6 月末，人民币短期贷款和票据融资余额为 11.48 万亿元，同比增长 13.2%，比上月下降 1.7%。从新增量看，1 ~ 6 月份新增短期贷款和票据融资 11362 亿元，同比多增 3400 亿元。从 6 月份的情况来看，中长期贷款继续保持多增态势，当月新增中长期贷款 2529 亿元，同比多增 662 亿元；短期贷款和票据融资明显同比少增，当月新增 1496 亿元，同比少增 1258 亿元。根据以往调控经验，货币政策收紧后，商业银行一般先压缩灵活性较强的票据融资，其次是短期贷款，最后是中长期贷款。6 月份短期贷款出现少增，表明货币政策的调控效果继续体现。

截至 6 月末，金融机构外汇贷款余额为 1577 亿美元，同比增长 5%，同比下降 7.1%。上半年新增外汇贷款 74 亿美元，同比少增 88 亿美元。

（四）居民储蓄存款活期化趋势明显

6 月末，全部金融机构（含外资机构）本外币各项存款余额为 33.13 万亿元，同比增长 17.23%，增幅同比上升 0.4%。金融机构人民币各项存款余额为 31.85 万亿元，同比增长 18.4%，增幅同比上升 1.2%。其中，居民储蓄存款余额 15.5 万亿元，同比增长 17.1%；企业存款余额 10.38 万亿元，同比增长 15%，比上年同期下降 3.2%。近两个月股市上涨较快，居民储蓄存款的一部分转移到股票市场，居民储蓄存款增幅明显减缓。截至 6 月末，证券公司客户保证金同比增长 107.3%，1～6 月份证券公司客户保证金累计增加 1971 亿元，同比多增 1761 亿元。与此同时，活期储蓄比去年同期多增加 1502 亿元，定期储蓄存款少增加 333 亿元。居民储蓄存款活期化趋势明显。

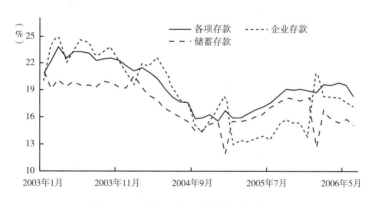

图 6-6　企业存款、储蓄存款增长率

金融机构外汇各项存款余额 1610 亿美元，同比下降 2.6%。1～6 外汇各项存款增加 88 亿美元，同比少增 17 亿美元。

（五）市场利率逐步走高

受中央银行上调法定存款准备金、发行 1000 亿元定向票据以及中行上市冻结 5400 亿元资金的影响，6 月份银行间市场利率水平明显上升。6 月份，银行间市场同业拆借和质押式债券回购加权平均利率分别为 2.08% 和 1.87%，比年初分别上升 0.36% 和 0.33%。二季度央票收益率继续攀升，1 年期央票收益率突破 2.6%，达到 2.64%，创下 2005 年 3 月 15 日以来同类票据发行最高参考收益率水平；3 个月央票发行利率攀升至 2.34%，创下自 2005 年 2 月底以来的新高。从央行公开市场操作情况来看，央行通过公开市场操作不仅要关注数量，收缩金融机构流动性；而且还对利率水平给予适度关注，即适度矫正前期过低的市场利率水平。

（六）债券发行量同比大幅增加

上半年，银行间债券市场累计发行各类债券 30360.8 亿元，同比增长 66.6%，市场规模明显扩大。其中，财政部发行记账式国债共计 2859.8 亿元，同比增长 45.6%；人民银行发行央行票据共计 3562.1 亿元，同比增长 61.3%；政策金融债累计发行 3562.1 亿元，同比增长 78.1%；商业银行发行金融债券 236 亿元，同比下降 30.4%；企业债发行企业短期融资券 1415.6 亿元；试点银行发行资产支持证券 57.3 亿元。

银行间市场交易活跃。上半年银行间市场人民币交易累计成交 16.45 万亿元，同比增加 6.5 万亿元，日均增长 66.1%，其中主要是现券和质押式债券回购交易同比增加较多。1～6 月份，同业拆借成交 7074.6 亿元，同比增长 11%；债券回购累计成交 10.8 万亿元，同比增长 56.9%；债券现券累计成交 4.9 万亿元，同比增长 107.3%。

（七）人民币小幅度持续升值

本季人民币对美元汇率中间价突破 8:1 的整数关口。5 月 15 日，人民币兑美元中间价 7.9982 元。这是自 2005 年 7 月 21 日人民币汇率机制改革以来，美元兑人民币汇率中间价首度突破 8.00 的整数关口，人民币兑美元汇率中间价创出新高。进入二季度，人民币对美元的波动幅度明显加大：人民币日贬值曾达 168 个基点，日升值也近 120 个基点，正逐步靠近目前所规定的 0.3% 的上下浮动区间。此外，本季人民币兑美元汇率中间价于 6 月 30 日以 7.9956 再创汇改后新高。

6 月末 1 美元兑人民币中间价为 7.9956，比汇改第一天升值 1.41%，比今年年初升值 0.92%，比 5 月末升值 0.29%。也就是说，6 月份人民币对美元升值的幅度占汇改第一天以来升值幅度的 20.3%，占今年以来升值幅度的 31%。另外，中国香港一年期 NDF 市场上美元对人民币贴水的点数由年初的 3500 点左右，缩小到 3000 点以内，贴水点数进一步收窄，表明汇改后人民币升值预期有所弱化。

二、2006 年上半年的货币政策措施

今年以来，针对经济运行中仍存在固定资产投资增长过快、货币信贷增长偏快、对外贸易顺差扩大等问题，中央银行采取紧缩的货币政策，以抑制货币信贷总量过快增长。

（一）央行决定上调金融机构人民币贷款基准利率

央行决定，从 2006 年 4 月 28 日起上调金融机构贷款基准利率。金融机构一年期贷款基准利率上调 0.27%，由当时的 5.58% 提高到 5.85%。其他各档次贷款利率也相应调整，金融机构存款利率保持不变。此次央行上调人民币贷款基准利率意在抑制过度投资，协调投资与消费的关系，引导资产的合理定价。而此次央行没有调高存款基准利率，主要基于以下考虑：一是目前消费物价指数较低，现行存款利率水平相对比较合适；二是有利于引导储蓄存款合理增长，鼓励消费及扩大内需，改善投资和消费的比例关系；三是有利于发展多种投资工具，拓宽居民投资渠道，推动资本市场健康发展。

（二）央行两度发行千亿定向票据

5 月 17 日，央行向部分公开市场业务一级交易商发行 1000 亿元定向票据，期限为 1 年，参考收益率为 2.1138%，央行在公告中表示，此次千亿央行票据的发行主要是应货币调控的需求。6 月 13 日，央行再次向商业银行发行 1000 亿元定向票据，期限为 1 年，参考收益率为 2.1138%，主要发行对象是建行和农行等在 5 月份贷款增量过高的银行。发行定向票据具有如下几个优势：首先，与普通票据发行相比央行是主动的；其次，央行能非常及时地发行，而提高存款准备金、提高贷款利率等都要走更多的程序；再次，虽然发行定向票据传达的政策意图低于提高存款准备金率，但是却高于普通票据发行，成本也要更低一些，对机构而言则具有强烈的结构性调整意义，非常具有针对性。

（三）央行召开"窗口指导"会议

中央银行分别于 4 月 27 日和 6 月 13 日两次召集政策性银行、国有商业银行、股份制商业银行等金融机构以及部分人民银行分支机构召开了"窗口指导"会议，对下一阶段货币信贷工作提出了具体要求：一是各家银行要高度重视贷款过快增长可能产生的风险，合理控制贷款投放。二是要落实国家宏观调控政策及产业政策的要求，优化贷款结构，合理控制中

长期贷款比例。既要严格控制对过度投资行业的贷款，又要加强对经济薄弱环节的信贷支持。三是要强化资本约束机制，实现稳健经营。四是要防范票据融资风险，促进票据市场规范发展。

（四） 小幅上调存款准备金率

从 2006 年 7 月 5 日起，央行上调存款类金融机构人民币存款准备金率 0.5%。农村信用社（含农村合作银行）的存款准备金率暂不上调，继续执行现行存款准备金率。在现有存款 28 万亿的基础上，存款准备金率提高 0.5%，将在理论上可以立即收回大约 1400 亿人民币的流动性。但是考虑到商业银行往往会在央行保留大量的超额准备，只有当这些超额准备金的大部分是用于银行间清算和流动性管理的目的时，提高存款准备金率以收回过多流动性的举措才会奏效。但银行对其超额准备金的相应减少一定程度上会抵消提高存款准备金率政策对流动性的收缩效应。由此估计，超额准备金率上调 0.5% 在短期内将会收回 800 亿～1100 亿人民币，这个数字相当于 2005 年央行月平均通过公开市场操作所收回的流动性。

（五） 五部委整顿和规范各类打捆贷款

新闻晨报 5 月 16 日消息：从中国银监会有关人士处获悉，国家发改委、财政部、建设部、中国人民银行和中国银监会五部委联合发布《关于加强宏观调控，整顿和规范各类打捆贷款的通知》。《通知》明确规定，金融机构要立即停止一切对政府的打捆贷款和授信活动。《通知》严肃要求，地方政府不得为贷款提供任何形式的担保或者是变相担保。同时，在该《通知》中，2005 年 1 月 26 日将成为政府担保是否有效的分界线。这份文件重申了财政部对地方政府担保问题的规定，2005 年 1 月 26 日以前地方政府对贷款所做的担保有效，在这个日期以后的政府担保将不再有效，并且严肃规定"严禁地方政府再提供任何形式的担保或者是变相担保"。

（六） 有区别地提高住房贷款最低首付款比例

政策调整的主要内容是：一是从 2006 年 6 月 1 日起，商业银行（含农村合作银行、城乡信用社，下同）发放的住房贷款（不包括住房公积金贷款）首付款比例不得低于 30%；二是对购买套型建筑面积 90 平方米以下而且是自住房的住房贷款最低首付款比例仍执行 20% 的规定。此项政策的目的在于抑制不合理的购房需求和过快的房价上涨，同时配合住房供应结构调整，满足中低收入家庭的住房需求。提高首付比例有利于抑制不合理的购房需求。在供给结构调整的过程中，需求的减少有利于缓解房价上升的压力。

三、2006 年金融宏观调控需要关注的几个因素

(一) 市场流动性过剩

市场流动性过剩可以说是当前我国货币运行中的一个基本特征。据国务院发展研究中心巴曙松的统计分析，2004 年市场流动性为 10711 亿元，2005 年为 9939 亿元，2006 年为 19225 亿元。由于直接融资的发展以及民间融资的活跃，过多的流动性已经不完全以贷款的形式体现在实体经济活动中。在 2006 年一季度同比多增的 9286 亿元中，贷款增加占比为 45.6%（其中商业票据大幅增长）；2005 年第一季度国债发行仅为 17 亿元，短期融资券还未恢复发行，企业债也仅 20 亿元，而 2006 年国债、企业债与短期融资券均大幅增长，除贷款外的上述四项合计约达到 5590 亿元，远远超过贷款同比的增长额度。

从流动性的分布来看，当前金融市场上存在的流动性过剩现象并不普遍存在于所有银行中。反映流动性情况的存贷比指标在整个银行业为 69.86%，而包括各股份制银行、城市商业银行在内的中小银行存贷比为 74.54%，包括国有商业银行等的国家银行存贷比在 65.18%。这表明流动性过多其实更多反映在国有商业银行体系内，而国有银行的低存贷比在很大程度上与其处于股份制改革重组阶段、放贷行为异常谨慎有关。

从我们的分析来看，市场流动性过剩主要来自于三个方面：一是超额储备的基数发生了变化。2003 年 8 月金融机构的超额备付率在 3.5%，2006 年一季度在 2.5%，虽然比例下降但由于存款基数已从当初的 21.01 万亿元增加到 6 月底的 33 万亿元，整体流动性规模仍有所增加；加上商业银行存贷差也从 2003 年 8 月的 4.7 万亿元上涨到 2006 年 6 月的 10.34 万亿元，有更多的资金流入银行间市场。二是商业银行持有流动性较强的债券增加。其规模从 2003 年 8 月的 3.4 万亿元增至目前的 7 万亿元，为质押融资提供了便利。三是外汇储备的大幅增加。每年约 2000 亿美元的增长速度使得央行被迫投放了 1.6 万亿元的基础货币，通过乘数效应的放大，流动性增加了 4.8 万亿元左右的规模。

流动性过多的负面影响：一是流动性过多将导致过度竞争，放大商业银行信贷风险和利率风险，使经济面临着增速过快和潜在通货膨胀的压力。二是影响金融体系运行效率和货币政策实施效果。大量的超额储备金，不仅加大了央行的操作成本和支付成本，也使央行面临着货币政策传导效果减弱的压力。三是导致资产价格的快速上升。2005 年 5 月中

央出台了房地产市场调控政策，长三角地区的地产价格有所回落，但珠三角、京津唐地区的地产价格却出现明显上升的势头，期房价格表现最为明显。与此同时，2006年股票市场的回暖，长期国债的收益率2005年一季度以来一降再降，都说明了资产价格呈急剧上涨之势。虽然资产价格的上升本身是否会演变成资本泡沫尚言之过早，但是值得宏观决策者作出前瞻性的关注。

（二）低消费、高储蓄的影响

当前，低消费、高储蓄既是造成我国总量不平衡的深层次原因，也是宏观调控面临的主要挑战。我国最终消费占GDP的比重从上世纪80年代的62%以上下降到2005年的52.1%，居民消费率从1991年的48.8%下降到2005年的38.9%，均达历史最低水平。储蓄率则从2001年的38.9%上升到47.9%，5年间上升了9%。最近一个突出的现象是几年企业与政府储蓄已经成为中国储蓄的主力军。从全球范围来看，我国无论是国民储蓄总额还是不同来源储蓄占GDP的比例都明显高于其他国家。

低消费、高储蓄为中国经济发展提供了有力的资金支持，但同时也成为影响经济协调平稳发展的突出矛盾。最近几年，我国贸易盈余持续增长、投资过热等问题都与低消费、储蓄率不无关系。

一方面，低消费、高储蓄形成高投资率，导致经济增长主要依靠投资拉动，部分行业盲目扩张，粗放式的经济增长难以转变。此外，企业与政府储蓄的不断增长导致持续的投资扩张。据世界银行估计，目前国内的投资中，企业投资已由2000年的26%上升至2005年的30%；同时，在财政收入持续增长的影响下，政府储蓄也成为我国投资快速增长的又一个资金来源。

另一方面，低消费、高储蓄推动中国贸易盈余不断扩大。当消费不断下降以致储蓄率超出投资率时，必然形成贸易顺差。1994年以来，储蓄投资缺口始终存在，且近两年来有扩大的趋势。在开放的经济条件下，投资缺口主要依靠出口顺差来弥合，这造成我国巨额贸易顺差近年不断积聚。尽管中国不断采取措施扩大进口，但进入2006年以来，贸易顺差增势仍旧强劲。据海关的统计数字，2006年前6个月我国外贸进出口总值7957.4亿美元，同比增长23.4%。1～6月份累计贸易顺差614.5亿美元。巨额贸易顺差的存在，推动我国的外汇储备不断攀升，由此导致了货币供给越发宽松。

同时也应看到，高储蓄在推动经济增长的同时也加大了增长的风险和不确定性。近几年，中国 GDP 的平均年增长率高达 9.4%，远远高于全球经济增速。目前，投资与贸易成为推动中国经济增长的重要引擎，我国的资本形成率占 GDP 的 45%，贸易依存度达 70% 以上，投资和贸易占 GDP 的比重均高于国际平均水平，但消费在国民经济中所占比重却大大低于国际平均水平，结构失衡问题明显，由此形成的负面影响也在不断显现，也加大了我国经济增长中的风险和不确定性。

（三）国有银行上市后其经营行为的变化对货币政策调控的影响

随着国有商业银行的体制改革深入或改制完成上市，流动性过高可能获得较大扭转。原因在于通过上市募集资金补充资本，使得资本约束对信贷行为的影响已经降低，而作为公众银行，它们也将具有盈利压力。在这种新的格局下，可以预计，国有银行在完成股份制改革上市之后，充足的流动性以及相对充足的资本金，必然会推动商业银行更为积极的放贷，2006 年以来中国建设银行相对较快的信贷增长就说明了这一点。建行上市后经营行为变化有如下几个特点。

1. 上市后资本金增加较多，资本收益率明显下降，股东回报压力较大

2005 年 10 月 27 日，建行在香港联交所挂牌上市，筹措资本金 716 亿港元。至今年一季度末，其资本充足率为 13.1%，资本利润率为 5.36%，资产利润率为 0.33%。而境外上市银行的资本利润率多在 14% ~ 15%，资产利润率多高于 1%。

2. 由于利差收入占商业银行总收入的 70% 以上，是其主要的收入来源，要使资本和资产获得更多的盈利，发放贷款是最直接的选择。

建行上市后放松行内信贷政策，下调下级行上存资金的利率水平。截至 6 月末，建行贷款同比增长 19%，比上市前的去年同期高 7.3%，增幅比全部金融机构高 3.4%。

3. 调整资金运用行为和资产结构，明显降低收益低于贷款的有价证券投资在资金运用中的比重

今年 1 ~ 6 月份，建行新增有价证券及投资 2958 亿元，占其全部新增资金运用的比重为 46.2%，比去年同期降低 7.2%。如果扣除其持有的定位票据，占比会更低一些。

4. 建行上市后，注重提高资金运用收益，流动性趋紧管理，超储率一直保持在较低的水平

今年 4 ~ 5 月份，建行超储率曾低至 1.39% 和 1.98%。

四、下一步金融形势和金融政策展望

（一）经济走势和货币形势的基本判断

今年以来，银行体系流动性充足，资金价格总体偏低，地方投资冲动强劲，新投资项目和正在进行的投资项目均持续稳步上升，投资反弹压力依然较大。今年我国贸易顺差很可能会高于去年水平。高额的货物贸易顺差，加之近几年每年逾600亿美元的实际利用外资额，使得外汇占款压力依然较大，未来平衡国际收支难度较大。据中央银行预测，今年三季度广义货币供应量（M_2）增速和新增各项贷款分别为18%和3000亿元左右，全年分别为18%和3万亿左右，比年初预期目标高2%和5000亿元。

（二）进一步调控市场流动性过剩

中央银行调控市场流动性过剩的工具主要有：

一是进一步加大公开市场操作力度。根据测算，2006年央行到期票据以及新增外汇占款可能释放的流动性在3.6万亿元左右，对于央行公开市场操作来说，要回收数万亿的流动性压力进一步增加。因此，从目前情况来看，央行采取更多的措施解决过多流动性问题仍是下一步政策的主要方向，而采取的手段可能包括继续提高准备金率、加息以及更为灵活的汇率机制等手段。

二是继续小幅度上调存款准备金率。存款准备金率的上调是深度冻结银行流动性，从供给方控制信贷的有效措施。同时，可以考虑适当提高外汇存款准备金率。

三是对资本充足率较低、不良贷款增长较快的金融机构，实施相对较高的差别存款准备金。

四是适当扩大商业银行和央行的货币互换业务，减少央行购汇压力。

（三）积极推进利率市场化进程

继续稳步推进利率市场化改革，有步骤地放开农信社和城信社贷款利率的上限，培育我国的市场基准利率体系，从而为更好地运用利率工具进行货币政策调控打好基础。在评估前一段时间提高贷款利率政策效果的基础上，研究进一步提高利率的可行性。

（四）进一步加快汇率灵活性改革

从目前情况来看，有必要实行更为灵活的汇率浮动，抑制投机压力，稳定升值预期。在应对投机压力上，更为灵活的汇率制度的效果显然是要优于固定汇率制度以及波动性较低的汇率制度的。在较小的浮动空间和较

强的升值预期下，汇率走势可能会形成单边上升的局势，而在一个较大的浮动空间内汇率存在双向走势，这会给投机资金带来一定压力和风险，使其投机进出的资金风险成本更大，从而抑制强烈预期下的投机操作。

第六部分　资本市场分析

今年上半年股市上涨幅度之高、成交量之大、持续时间之长为近年来罕见，截至 2006 年 6 月末，沪深两市最大涨幅高达 57.82% 和 69.43%。按照收盘价位计算，上半年涨幅近 45%，本季度涨幅近 30%，特别是 5 月份快速冲高，沪深两市成交量一度创出历史新高，达 890 亿元。与股票市场较为红火的局面相对照的是，债市进入本季度后，结束了长达 12 个月的大牛市，走出了震荡盘整、小幅走低的行情。以国债指数为例，从上季度末的 110.11 点。走低至 4 月 25 日的 109.53 点，而后回升至 5 月 26 日的本季度最高点 110.28 点，又走低至本季度末的 109.64 点，6 月份还出现了价跌量缩的走势。本季度国债指数下跌了 0.43%，上半年国债指数上涨了 0.54%。

一、股票市场分析

（一）本季度股市运行特点分析

本季度股票市场呈现量升价增的走势，上证综指涨幅达 28.8%，基本可以划分为三个阶段：第一阶段是从上季度末 1298.30 点上涨至 6 月 5 日季度高点 1684.62 点的快速走高行情，涨幅达 30%；第二阶段是从 6 月 5 日下滑到 6 月 14 日 1561.33 点的快速调整行情，跌幅达 7.31%；第三阶段是从 6 月 14 日到本季度末 1672.21 点的小幅走高行情，上涨了 7.11%，基本回升到本季度高点，也是自 2001 年以来的高点。决定上半年特别是本季度行情的因素主要有以下几点。

1. "股改"等制度变革是根本

自去年 5 月以来的股改实践证明，股权分置改革具有三大作用：一是可以最大限度地保护股东权益，实现流通股股东与非流通股股东的互利共赢，使以往大股东侵占上市公司资产等现象失去存在基础，上市公司治理结构会得到改善，会增加大股东提高上市公司经营业绩和质量的内在动力和需求。二是可以提高上市公司质量。通过与股改的组合操作，部分上市公司改善了公司资产状况和业绩持续增长能力，清理了资金占用和违规担保，提高了分红回报水平。三是可以降低市盈率，促进市场向好，股改所带来的"自然除权"效应对市场产生了举足轻重的影响，促使股改由过去的"大利空"转向了"大利好"。正是股改在这三方面发挥了作用，中国股市解决了"股权二元结构"等历史遗留问题，化解了多年来困扰中国资本市场的深层次矛盾，在为未来发展奠定坚实基础的同时，引发了一轮罕见的、极具特殊性的行情。

从本季度的情况看，截至4月24日，大部分上市公司已完成或者进入改革程序，占1344家应改革A股上市公司的65%，对应市值占比为70%，对应的股本占比为67%。4月初，上交所要求上市公司于6月30日前进入股改程序，不能于此时间前进行股改的，必须说明困难和原因。4月下旬，中国证监会主席尚福林再次强调年内确保完成股改，鼓励未股改公司以创新方式和组合操作进行股改，如重组、股权转让、股本回购、定向增发等，由此决定本季度是尚未进入股改程序的约30%的上市公司股改的密集期。在股改这一"大利好"的带动下股市频创新高。

2. 重启IPO对市场产生深远影响

4月中旬以来，中国证监会先后发布了《上市公司证券发行管理办法》、《公开发行证券的公司信息披露内容与格式准则第9号——首次公开发行股票并上市申请文件（2006年修订）》、修订后的《公开发行证券的公司信息披露内容与格式准则第1号——招股说明书》、《股票上市规则》、《股票上市公告书内容与格式指引》、《关于资金申购上网定价公开发行股票的实施办法》等，跨出了"新老划断"的关键性一步，通过实行市价发行和非公开发行股票制度引入特定投资者、大股东必须参与配股以防止恶意圈钱、提高融资效率等举措，扶优限劣，推动更多优质公司发行上市。全流通市场环境下的IPO重启，对中国股市长远健康发展具有重要意义，为投资者提供了更多的投资机会。但从其对市场的短期影响来看，虽然监管机构为防止IPO重启对市场产生冲击，出台了引入向战略投资者定向配售股票的制度、建立超额配售选择权制度、恢复股票资金申购方式等配套措施，但收效并不显著。自5月26日中国全流通机制下的第一单IPO正式启动后，股市进入了震荡调整期，这是因为IPO不仅会分流部分二级市场资金，而且会在禁售股解冻较为集中未来2~3年间对市场带来较大压力，同时，新股发行定价参照二级市场尚未"矫正"的价格等，也会对投资者信心产生不利影响。

3. 上市公司估值优势凸显是基础

虽然截至一季度末，上证综指已经攀升到 1300 点左右，但上市公司估值优势依然较大。从中国 GDP 增速看，未来 10 年仍会保持在较高水平；从人民币估值看，人民币升值将是一个较为长期的过程，会较大增强中国上市公司的价值；从市盈率结构看，一季度末上证所上市股票综合市盈率只有不到 18 倍，沪深交易所市盈率在 20 倍以内的股票占比高达近 20%，30 倍以内的近 40%，与其他新兴工业化国家相比仍具有较为明显的比较优势，从而为本季度实现近 30% 的上涨奠定了重要基础。

4. 市场资金充裕是条件

本季度市场资金异常充裕，为股市上涨创造了条件，这主要体现在以下几个方面：一是 M_2 继续保持超过 17% 的较高增速；二是银行信贷扩张速度空前高涨，不排除部分资金在"赚钱效应"诱惑下流入了股市；三是新增开户人数持续快速增加，自 3 月末环比创近一年来新高后，4 月和 5 月又再创新高，达 0.43% 和 0.83%；四是 QFII 获得批准的家数和额度继续增加，本季度有约 40 亿美元的投资额度可以进场；五是新发基金募集资金规模较大，今年以来至 4 月 30 日，共有 23 只新基金成立，募集资金总额 796 亿元，其中偏股型基金 14 只，募集金额 354 亿元，5 月份内公告成立的股票基金规模突破 280 亿元，在 4 月份大幅增长 130% 的基础上，再度增长了 70%。虽然期间公布了 QDII 制度，但因要逐步推进，即在逐步放开四大国有银行和外资银行的外汇理财业务后，才会步入常规化业务开展阶段，因此，其对市场更多的是短暂的心理上的冲击。

5. 政策转向、获利回吐和估值优势趋弱是快速调整的原因

6 月上旬，股市出现了短暂的快速调整，其原因主要有以下三点：一是政策转向，进入 5 月份后，股市出现了不同于前期的快速拉升行情，股指一度冲高至 1680 多点，而这种短炒行情与政府的期冀是明显相悖的。小步慢牛行情应是政府所最希望看到的局面，一方面，可以维持市场的活跃，保证股改和新股发行顺利进行；另一方面，也可以将过去被套股民解套后不再套住新的股民，也只有这样，中国的资本市场才能稳健发展。因此，针对 5 月上旬的带有过度投机性质的行情，5 月 10 日和 15 日，新华社连续刊登《投资者必须理性看待股市的暴涨行情》和《股市进入典型资金推动市三忧虑需要提高警醒》两篇文章警示股民。国务院也召开会议讨论股市问题，对股市产生了一定影响。二是获利回吐压力加大，4 月底公布 IPO 新规后，市场普遍预期 IPO 会在较短的时期内重启，一些资金特别

是获利水平较高的资金采取快速拉升实现获利了结，是后市进入调整的重要诱因。三是估值优势趋弱（如图 6 - 7 所示）。截至本季度末，市盈率在 20 倍和 30 倍以内的股票占比较年初分别下降了近 50% 和 35%，市盈率 40 倍以上的股票占比提高了 20%，综合市盈率约 20 倍，与同类国家股市的估值优势下降，也减弱了投资者的投资热情。

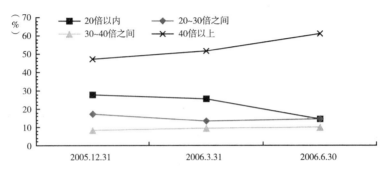

图 6 - 7　2005 年末、2006 年一季度末和二季度末市盈率结构变化图

（二）下半年股市运行特点分析

下半年，股市将在宏观经济向好、政府和监管机构价值取向、上市公司业绩及其预期、股票市场创新、资金面以及机构投资者投资选择等多重向上和向下的因素共同作用下，在震荡中缓步走高，震荡幅度和频率将随着股指的走高不断加大，股价结构调整仍将是在今后一个相对较长的时期中贯穿股市运行的主线，个股会继续保持活跃。影响下半年股市运行的因素主要有以下几点。

1. 宏观经济长期向好对股市形成重要支撑

中国经济已连续三年保持 10% 左右的增长，2003 年、2004 年和 2005 年的增长率分别为 10.0%、10.1% 和 9.9%，今年上半年 GDP 增速为 10.9%，二季度增速更是高达 11.3%，预计全年超过 10%，使中国经济实现连续 4 年 10% 以上的增长。经济周期预测模型表明，今年开始经济将步入收缩期，年内的高速增长只是在投资和宽信贷等因素作用下的短期反弹。今后伴随宏观紧缩措施和行业调控政策等的出台，经济结构调整将加速，经济增速将会顺应经济周期的变动规律，趋于下降，回归到较为合理的增长区间，但考虑到中国经济自主增长动力强劲，经济增速仍会保持在较高水平，对股市走好形成重要支撑。

2. 政府和监管机构价值取向仍是下一阶段股市运行的主导因素

上个季度行情运行的结果在一定程度上体现了政府和监管机构的意图，下个阶段特别是 IPO 刚刚重启和禁售股刚刚解禁的重要时期，政府和监管机构仍然会密切关注股市动向，在防止过度投机的同时，采取必要措施保持股市活跃，保持市场稳定。因此，综合政府价值取向和目前市场运行特点，以价值发现为主线的"慢牛"行情是最有可能成为政府、监管者和市场参与者都能认同的运行格局。

3. 上市公司业绩及其预期推动股市以股价结构调整为主线向纵深发展

下半年，随着股改逐步进入尾声，股市将进入后股改时代，股改对行情的激发与延续作用必将随着这一时代的来临逐步趋弱，股市将在缺乏"股改题材"的常态环境下重新定位，寻求新的发展道路。根据国际资本市场发展经验，主导股市运行的核心是上市公司业绩，如 1990 ~ 2005 年间标准普尔指数和日经 225 指数与各自上市公司每股收益（ROE）具有高度相关性（如图 6 - 8 和图 6 - 9 所示）。因此，随着中国股市历史遗留问题的解决，国际化步伐的加快，上市公司业绩及其预期将逐步取代"股改"效应，成为未来中国股市运行的生命线。上市公司盈利能力近两年连续出现下降，2005 年亏损公司数量比前年增加，超过 40%。2005 年加权平均每股收益 0.216 元，同比下降 7.88%；今年一季度加权平均每股收益 0.057 元，同比下降了 18.57%，对已在较高点位的股指继续向上产生较大压力。同时，市盈率结构分析表明，截至本季度末，在综合市盈率基本回归到合理区间的情况下，市盈率低于 20 倍上市公司占比仍有 15% 左右，

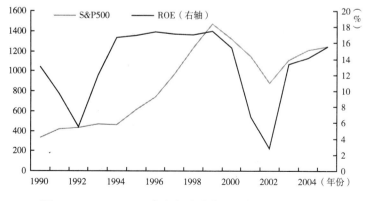

**图 6 - 8 1991 ~ 2004 年间标准普尔 500 指数和上市公司
每股收益（ROE）对比图**

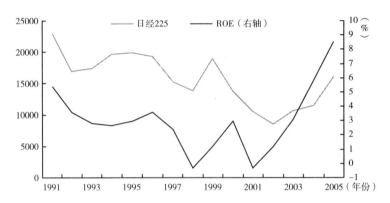

图 6 − 9   1991 ~ 2005 年间日经 225 指数和上市公司
每股收益（ROE）对比图

其中不乏业绩继续高速增长的公司，而市盈率高于 40 倍的占比高达 60%
以上。因此，下一阶段股价结构调整压力很大，股指上行空间有限，在投
资与投机两股力量对垒过程中，股指震荡幅度会加大，价值低估的个股有
望保持活跃。

4. 股票市场制度创新和机制创新会为股市的稳健发展奠定坚实基础

今年以来，监管机构进行了前所未有的制度创新和机制创新探索，充
分体现出其希望股票市场能够在规范中谋发展的深远意图。上半年已经推
出的举措有 7 月 1 日即将实施的《证券登记结算管理办法》落实了证券账
户实名制，4 月下旬发布的《证券公司风险控制指标管理办法（征求意见
稿）》。下阶段可能推出的创新举措主要包括个别板块放大涨跌幅、实行
T + 0、融资融券试点、以股指期货为先导的金融期货的推出、基于敌意的
收购兼并、以中止上市地位为目的的"私有化"操作、换股、借壳等实现
整体上市安排等，为在今后"解冻非流通股"上市压力日趋增加的不利情
况下，防止股市大起大落、保持市场稳定、维护资本市场正常的融资功能
等奠定基础。

5. 汇率升值、资金面和机构投资者行为等对股市影响较大

随着贸易顺差、外汇储备和 M_2 的进一步扩大，人民币升值压力不断
增加，虽然 5 月 11 日美联储加息至 5%，与人民币短期利差趋于扩大，国
内可能采取降低出口退税率、推行 QDII 和实行资本项目开放等措施缓解人
民币升值所带来的不利局面，但很难阻止"热钱"涌入。这些资金可能选

择股票市场中风险较低的股票进行投资，赚取超额收益，有利于股市走好。在资金面方面，除了受人民币升值影响以外，新发基金和 QFII 新获批额度将逐步入市也会有利于股市走好，但还需要看到，IPO 对股市资金分流，前期宏观紧缩政策和后期进一步紧缩措施出台以及公开市场操作力度加大等会收缩市场流动性，特别是下半年禁售股解冻 122.38 亿股，按每股平均 10 元，对市场资金需求达 1223.8 亿元。这些解禁股股东大多较为分散且持股时间较长，若该股票已经"物超所值"，他们必然会择机抛售，从而制约股市走高。机构投资者方面，因其大多是本着价值投资理念进行投资的，并在 5 月股市高位时成功减持了高估的股票，重新进行配置，在中国经济的高速增长、上市公司成长性可期的背景下，大多数机构投资者仍坚定地看好后市，对股市起到重要支撑作用。总体上看，尽管下一时期资金面不像本季度那样乐观，但我们认为市场资金并不缺乏，关键在于股市是否具有较好的风险可控的"赚钱效应"。而分析表明，这种"赚钱效应"更多地蕴藏在机构投资者所挖掘的价值低估的股票之中，因此，机构投资者对股市的引导作用将逐步加强。

二、债券市场分析

（一）本季度债市运行特点分析

本季度债市呈现平缓的横"S"形高位盘整走势，季度高点和低点之间的波幅很小，成交量在 6 月份开始萎缩，收益率曲线平坦化趋势进一步显现，决定本季度债市走势的因素主要表现在以下三个方面。

1. 宏观紧缩政策预期及实施制约债市走高

今年以来，GDP 增速创近年来新高，银行信贷规模快速扩大，超出了央行的计划调控范围。投资增速居高不下，促使投资者对紧缩政策出台的预期越来越强烈，直至央行连续出台了一系列紧缩性措施，如：4 月 27 日，央行采取"窗口指导"措施，要求商业银行优化贷款结构、控制贷款过快投放；4 月 28 日，央行正式上调金融机构贷款基准利率，一年期贷款基准利率上调 0.27%，其他各档次贷款利率也相应调整；6 月 17 日，宣布于 7 月 5 日起上调法定存款准备金率 0.5%；5 月下旬重新启动了定向发行央行票据。在收紧市场资金流动性的同时，还引发了对未来升息的预期，债市的进一步上扬受到制约，宣告了 2005 年以来的债市牛市行情的结束。

2. 市场过剩的流动性制约债市走低

本季度资金流动性异常充足，从而有效遏制了债市的下调空间，主要表现在以下五个方面：一是外汇占款持续放大，截至本季度末，国家外汇储备余额达9411亿元，同比增长32.77%，1~6月份外汇储备增加了1222亿美元，同比多增212亿美元。据此计算，上半年因外汇占款向市场注入的流动性高达9776亿元人民币。二是 M_2 同比增速继续保持在较高水平，6月末 M_2 余额为32.28万亿元，同比增长高达18.43%，创近期新高。三是金融机构各项贷款增长创近年来新高，6月末金融机构人民币贷款余额为21.53亿元，同比增长15.24%，前6个月人民币贷款增加2.18万亿元，同比多增7233亿元；金融机构存贷差在本季度前两个月为负数，为近年来罕见，同比下降4.8%左右，6月份存贷差同比增长22.19%，创2003年以来的新低。四是上半年公开市场操作表现为净投放4000多亿元，即若不考虑短期内循环到期的7天和14天回购业务，今年上半年，央行票据到期、正回购到期和外汇占款等投放量超过了央行票据发行总量。五是国内投资增速仍在高位运行，货币乘数效应加大。

3. 短期利率走高带动债市短期品种快速下跌，收益率曲线呈平坦化趋势

本季度在央行公开市场操作的引导下，短期市场利率节节攀升，有效带动一级市场和二级市场短期债券收益率走高。1年期和3个月期央行票据发行利率分别从上季度末的1.99%和1.813%，连续上升到本季度末的2.6378%和2.3399%，7天回购利率从1.59%上升到2.2%，本季度三者升幅分别达32.63%、29.06%和38.36%。银行间交投非常活跃的7天、1个月和3个月周加权平均回购收益率也不断提升，分别从上季度末的1.626%、1.819%、2.022%提高到本季度末的2.073%、2.572%、2.64%。受此影响，本季度一级市场和二级市场债券收益率也逐步抬升，如7年期固定利率记账式国债由2月末的2.51%提高到5月中旬的2.62%，国开行5年期浮动利率金融债券中标利差从4月初的0.48%提高到本季度末的0.71%。二级市场短期债券价格下降幅度较大，长期债交投十分清淡，价格变动幅度不大，从而收益率曲线呈平坦化变动趋势，且收益率曲线短期端向上移动趋势明显。

（二）下半年债市运行特点分析

下半年债市在 CPI 预期、宏观紧缩政策预期、市场流动性和人民币升值变化等因素共同影响下，小幅走低的可能性较大，收益率曲线将呈现陡峭化的趋势，金融债、企业债与国债的信用利差趋于扩大。

1. 通货膨胀可能抬头，宏观政策紧缩预期增大，制约债市走高

在通货膨胀率变化方面，今年上半年各月的 CPI 分别为 1.9%、0.9%、0.8%、1.2%、1.4% 和 1.5%，存在小幅走高的内在变动趋势；M_2 增速自 2005 年 7 月以来始终保持在超过 17% 的同比增速，今年以来不断增高，6 月份超过 18%，其对价格提升的滞后效应将逐步显现。投资增速依然很高，银行在存贷利差扩大和大型银行上市后资本充足率提高情况下，贷款冲动加大，投资增速短期内难以下降，价格走高的动力依然强劲。基础原材料价格、能源价格和房地产价格都呈上涨趋势，会推动 CPI 走高。粮食库存步入 10 年来最低水平，全球农产品今明两年仍存在一定供需缺口，对 CPI 影响较大的粮食价格也存在一定的上行动力。国家发改委出台一系列措施调控过剩行业生产结构，会减轻这些行业对 CPI 的拉低作用等。总体上看，下半年乃至今后一个时期 CPI 走高的可能性较大。在前期宏观紧缩政策实施效果方面，由于上季度所推出的几项紧缩性措施力度较弱，警示意义大于实质意义，如商业银行的超额存款准备金率普遍不低，调高法定存款准备金率只是降低了其超额存款准备金率，并不会从根本上影响其可贷资金，3 月末、4 月末和 6 月末金融机构超额储备率分别为 3%、2.4%、2.52%、3.1%，6 月末比一季度末还有所回升。提高贷款利率在小幅增大企业借贷成本的同时，也因扩大了息差而增加了银行的放贷动力。因此，在上述两方面因素共同作用下，宏观紧缩预期加大，会制约债市上行，而若采取加息等紧缩力度较大的措施，债市会出现一定幅度的下跌。

2. 市场流动性宽中趋紧，对债市形成压力

从一级债券市场发行需求看，下半年债市需求明显高于上半年，国债和三大政策性金融债券上半年发行量分别只达到全年计划发行总量的 35.73% 和 37.52%，虽然上半年企业债发行较为稠密，但在整个债券市场中的占比很低，对下一阶段资金供求影响较小。从外汇占款压力看，货币政策委员会有关人员发表观点认为年内人民币可能还有 3% 左右的升值空间，但伴随美元持续加息促使美元止跌回升，国家可能采取调低出口退税率、稳步推进外汇市场改革和资本项目逐步开放等措施对冲人民币升值压力，下半年外汇占款压力依然较大但会有所缓解。从央行公开市场操作看，为收紧人民币升值、商业银行放贷和大量到期的央行票据所增加的流动性，央行会进一步加大操作力度，促使市场资金面趋于平衡。从股市 IPO 对流动资金的需求看，下半年仍会是新股发行的密集期，申购新股的收益率一般在 4% 左右，高于债市收益率，会分流部分游资。由此可见，债市资金宽裕的局面不会很快改

变，但会宽中趋紧，并对债市上行构成压力。

3. 收益率曲线将得到一定程度的修正，由平坦化转向陡峭化

本季度短期市场利率上升较快，截至 6 月末国债一年期中标利率达1.924%，1 年期央行票据收益率已达 2.64%，高于一年期储蓄存款利率39BP，短债利率较年初上升了近 50BP，在基础利率没有上调的情况下，短期市场利率进一步上调空间十分有限。与此同时，长期债券并未出现与短期债券同等程度的上涨，仅上升了 20BP 左右，20 年期一级市场国债收益率仅为 3.7%，存在修复的内在动力。下个季度，随着紧缩措施预期的落实，债券市场不确定性因素将大大降低，短期债券利率将趋于稳定，为长期债券利率定位提供重要参考。而鉴于长期债券属于市场需求相对较小的投资品种，交投一向较为清淡。因此，即使长期债券收益率在短期债券收益率上调的带动下存在一定上行空间，但上升幅度有限，收益率曲线会呈现缓慢陡峭化的变动趋势。

4. 金融债、企业债与国债信用利差趋于扩大

今年上半年以来，随着宏观紧缩措施预期及相关紧缩措施的连续推出，企业违约概率趋于提高，市场对信用风险的敏感度逐步提升，金融债、企业债与国债的信用利差不断加大。其中，金融债与国债的利差由年初平均 23BP扩大到上半年末的平均约 45BP，利差增大了近 1 倍；企业债与国债的利差方面，以 10 年期企业债为例，年初利差为约 46BP，上半年末已经扩大到48BP。下半年，宏观紧缩预期依然不减，市场普遍预期金融机构和实体企业违约概率会继续加大，从而可能促使金融债、企业债与国债的信用利差进一步扩大。信用利差的扩大幅度取决于宏观政策紧缩力度和市场资金松紧度，宏观政策紧缩力度越大、资金面越紧，上述利差扩大幅度越大。

第七部分　房地产投资分析

一、2006 年上半年我国房地产投资新特点

（一）房地产投资总量和规模出现迅速扩大迹象

2006 年上半年我国房地产投资规模和总量为 7695 亿元，其中一季度投资总额为 2793 亿元，二季度投资总额为 4902 亿元，季度绝对增加量2109 亿元，增长了 75.51%，房地产投资规模和总量出现了迅速扩大之势，为 2003 年以来季度增幅最大的时期。

表6-8 2006年上半年房地产投资总量和规模变化表

单位：亿元

		2006 年	2005 年	2004 年
一季度	1~2 月	1436	1200	1005
	3 月	1357	1124	868.6
	总 量	2793	2324	1873.6
二季度	4 月	1338	1081	812.4
	5 月	1527	1199	1017
	6 月	2037	1549	1221
	总 量	4902	3829	3051
1~6 月		7695	6153	4924.6
季度增长变化率		75.51	64.76	62.28

资料来源：根据国家统计局数据计算。

表6-8 显示，在2006年上半年单月投资总量变化中，1~4月份投资大致在1436~1338亿元之间，但到了5月份后，投资迅速增大，5月份是1527亿元，比4月份增加189亿元，但到了6月份，单月投资规模达到了2037亿元，比1~5月份单月平均值1131.6亿元，多了905.4亿元。种种迹象表明，我国房地产投资规模和总量出现了迅速扩大的迹象。

（二）房地产投资同比增长幅度由低到高呈现上升态势

进入到2006年以后，我国房地产投资同比增长幅度出现了与2005年以来投资增长速度逐步回落之势相反的变化态势，即一季度开始出现的逐月加快态势在二季度更加明显，且幅度加大。

表6-9 2006年上半年房地产同比增长变化表

单位：亿元，%

	第一季度		第二季度		
	1~2 月	1~3 月	1~4 月	1~5 月	1~6 月
投资总量	1436	2793	4131	5658	7695
2006 年	19.7	20.2	21.3	21.8	24.2
2005 年	27	26.7	25.9	24.3	23.5
2004 年	44.2	41.1	34.6	32.0	28.7

资料来源：根据国家统计局数据计算。

从表6-9可明显的观察出，一季度1~2月份是19.7%，1~3月份则提高到20.2%，二季度的1~4月份和1~5月份则迅速提高到了21.3%和21.8%，增幅有所加快，但还不是很明显。到1~6月份，投资增速提高到了24.2%，如果与一季度的1~2月份相比较，提高了4.5%百分点，呈现出增长速度迅速加快态势。虽然这与2005年和2004年同期增速相比较并不高，我们应看到，2004年和2005年房地产投资增长是在国家宏观调控政策的强力抑制下呈现出的是一种逐步回落之势，这是政策效应的结果。也就是说，2004年以来我国房地产投资逐月回落之势，在进入到2006年以后，出现了新特征。而且，从2006年1~6月份投资增长幅度达到了24.2%，已经大于2005年同期23.5%这一事实来看，这似乎给我们一个明显的信号，即经过了2004年以来的房地产投资增速的回落之后，到2006年上半年房地产投资增速开始出现明显回升迹象。对此，应该引起有关方面的高度重视。联系到我国固定资产投资增速加快、信贷规模超常规增长的事实，可以初步断定，我国投资增速再度加快的特征重新出现，但是，此时的增速所隐含的经济总量以及面临的经济环境、资产价格结构、能源供求关系、消费增长结构以及外汇制度环境等，与2005年和2004年已经有了很大的区别。对此进行综合判断评估并制定相应的政策是必要的。

（三）房地产投资增速继续低于同期固定投资增速

2006年上半年，我国房地产投资增长速度一直低于同期固定资产投资增长速度，而且，这一差距从一季度的逐步扩大转向了逐步缩小，但总体差距平均保持在8%以上，也是2005年以来两者差距最大时期。这是继2005年1~5月份以来，连续第13个月呈现房地产投资增速均低于同期的固定资产投资增速特征。

表6-10 2006年我国房地产投资与同期固定资产投资增速比较

	第一季度		第二季度		
	1~2月	1~3月	1~4月	1~5月	1~6月
房地产投资增速	19.7	20.2	21.3	21.8	24.2
固定资产投资增速	26.6	29.8	29.6	30.3	31.3
房地产投资与固定资产增速比较	-6.9	-9.6	-8.3	-8.5	-7.0
2005年房地产与固定资产增速比较	3.5	1.4	0.2	-1.9	-3.6

资料来源：根据国家统计局公布资料计算。

虽然我国一季度房地产投资增长速度呈现出明显加快迹象，但是与
2006 年上半年同期的固定资产投资增长 26.6%.29.8%、29.6%、30.3%
和 31.3% 相比较，固定资产投资增速更快，说明上半年我国的投资整体上
重新呈现出加快之势。而在房地产投资和固定资产投资间的关系方面，房
地产投资增速加快的作用更显著。如果将 1～6 月份与 1～2 月份来比较，
固定资产投资增速提高了 4.7%，而房地产投资增速则提高了 4.5%，二者
增速基本相当。但是，与 1～4 月份比较，房地产投资增长提升了 3.0%，
大大高于固定资产投资提升的 1.7%。这也验证了房地产投资增长开始出
现对固定资产投资增长推动作用在增强。当然，无论如何，房地产投资增
长速度还是低于城镇固定资产投资增长速度，从绝对影响力来看，非房地
产领域的投资增长要更猛一些。

（四）房地产投资占固定资产投资的比重继续呈现下降趋势

房地产投资增长速度和固定资产投资增长速度是一个相对比较的概
念，反映了两者之间各自的增长变化，即各自速度不是绝对影响力指标，
但要分析两者的绝对影响，可以考察房地产投资占同期固定投资的比例大
小。参见表 6 – 11。

表 6 – 11　2006 年我国房地产投资占城镇固定资产投资比重变化表

单位：亿元，%

		1 房地产投资	2 固定资产投资	2006 年 1 占 2 比重	2005 年所占比重	2004 年所占比重
一季度	1～2 月	1436	5294	27.13	28.42	30.6
	1～3 月	2793	11608	24.06	25.72	21.29
二季度	1～4 月	4131	18006	22.94	24.28	24.31
	1～5 月	5658	25443	22.23	23.35	23.99
	1～6 月	7695	36368	21.15	22.00	18.88

资料来源：根据国家统计局公布资料计算。

从表 6 – 11 可以看出，2006 年上半年，无论是一季度还是二季度，房
地产投资占同期固定资产投资比重均呈现逐月下降趋势，即由 1～2 月份的
27.13% 下降到了 21.15%，比重下降了 5.98%，这反映了房地产投资在固
定资产投资中的影响作用在减弱。反过来说，非房地产投资所占比重在提

升，影响作用更大一些。这也进一步说明2006年以来新一轮投资加快现象中，房地产投资的作用小于非房地产投资。当然，房地产所占比重下降的幅度稍有放缓，一季度是从27.13下降到24.06%，下降了3.07%，二季度则是从24.06下降到1~6月份的21.15%，绝对下降了2.91%。

（五）房地产价格上涨回升之势在政策强力抑制下出现减缓迹象

2006年上半年，我国房地产价格变化进入到了最敏感的时期，一季度前两个月房地产价格增长速度比2005年适度回落，增速保持在5.5%。这也是国家和全社会所期望的变化趋势，预期还会朝此方向变化。但是，3月份，全国房地产价格出现的回升迹象（增速为6.5%）和主要城市如北京、深圳、广州等城市房价迅速飙升，北京2006年以来价格上涨了17%左右，深圳增幅也达到了20%左右，并因此而带动了很多城市房地产价格的重新回升，就连上海这样本来价格在迅速回落的城市，也重新开始出现了价格强烈反弹。4月份以后，根据国家发展改革委员会、国家统计局今日公布的调查显示，中国七十个大中城市房屋销售价格增速有所回落为5.6%，5月份和6月份均为5.8%。也就是说，二季度开始，我国房地产价格增速稍有回落，基本维持在6%以下。见表6-12。

表6-12　2006年我国房地产价格增长速度变化

单位：%

时　间	2005年				2006年					
	一季度	二季度	三季度	四季度	1月	2月	3月	4月	5月	6月
价格增长	12.5	10.1	8.8	6.5	5.5	5.5	6.5	5.6	5.8	5.8

资料来源：根据国家统计局和国家发展改革委员会公布数据整理。

从表6-12可以明显看出，从价格增速的长期发展变化曲线来看，我国目前的房地产价格上涨速度已经明显回落，而2006年以来的价格增速变化曲线也是3月份开始微微向上跳动，但到了二季度，又重新开始向下并保持相对稳定状态。这说明国家宏观调控政策强力抑制效应已经开始逐渐发挥作用，也预示着价格增幅回落已经成为未来房地产价格变化基本导向。尽管这种发展趋势可能还会有所波动，但是，无论从市场经济发展的规律还是从当前房地产价格自身来看，价格增幅变动将会随着市场环境及优化和改善而趋于下降。我们也要看到，尽管增幅回落，但房地产价格依然处于缓慢的上涨之中，下降回落的仅仅是增长幅度。而从区域角度来看，很多主要城市如大连、深圳、呼和浩特、福州及北京等，目前的房地产价格增长速度仍然未完全的降下来，6 月份仍然超过 10%。这就说明政策的落实和政策效应在不同城市还是有明显的区别和差异的。这也许是政策效果的体现和发挥有一个时间上的差异。

二、影响我国房地产投资及价格变化的因素分析

从 2006 年上半年我国房地产投资和价格变化可以看出一些新的特征，首先是房地产投资增速的梯度渐次递减态势从 2006 年开始出现反向变动，即投资增幅开始明显回升。因为第一梯度即 2004 年下半年和 2005 年一季度基本稳定在 28% ~ 26.7% 之间，第二梯度是 2005 年第二季度 25% ~ 23% 之间、第三梯度是 2005 年的三季度到 2006 年一季度在 23% ~ 20% 区间。按照这种发展逻辑，2006 年二季度也应该在 20% 或者以下，但是，事实上却出现了投资增长速度迅速回升的反向变化态势。其次，房地产价格增长回升迹象有所收敛，并且呈现试探性的微微回落，反映出市场供求关系微妙变化的新特征。从这些情况可以看出，目前，我国房地产业存在的问题主要集中在：其一，在投资总量和规模不断扩大的情况下，投资增长速度的明显回升，可能带来新一轮经济过热、过快的隐患。其二，房地产价格上涨速度在政策效应下扭转了价格增速可能回升带来的后患，但从上涨幅度变化特征来看，对引起价格上涨的各种可能因素的动力机制和根源性因素的消除、抑制和控制作用，还远远没有发挥作用，房地产价格依然在高位运行。当前，影响房地产价格的各种市场、社会、经济、制度和主体等因素还在进行着激烈的博弈，对此进行认真分析和观察是极其重要的。

第一，新一轮投资增长周期中房地产投资成为的主要动力之一。2006 年以来，我国经济发展呈现持续增长之势，一季度 GDP 增长率是 10.2%，上半年经济增长 10.9% 的高速增长之势，显示出经济增长日益强劲。在投资方面，城镇固定资产投资增速达到了 31.3%，比以前明显加快，而促使投资增长的重要因素是银行信贷资金的强力推动。据央行公布的数据显示，今年前 6 个月人民币贷款增加了 2.18 万亿元，同比多增 7233 亿元，完成央行全年新增贷款目标的 87%。这是历史上很少有过的现象，反映出当前我国在实施稳健货币政策执行中受到了严重的阻碍，尤其是稳健的货币政策在商业银行那里经常无法正常传导，所以导致今年的信贷增长非常快。而在大量的信贷资金中，有相当一部分是房地产信贷，正因如此，才

促使了包括房地产在内的固定资产投资增长加速。

第二，人民汇率形成机制改革的效应逐渐在房地产领域得以体现。自从我国实行了人民币汇率制度改革以后，由于我国进出口贸易增长迅猛、外汇储备充足，加上外来资本对中国人民币升值的预期，大量的外资纷纷加入并且投到了房地产业。同时，也引领了国内资金的大量进入。应当说汇率制度的改革是很成功的，但改革带来的资本流动是以高利润为驱动力，而房地产领域自然成为这些资金涌入的主要产业选择之一。

第三，**国家宏观经济调控新政策的强力推动效应，使房地产价格上涨的动力失去环境推动机制。**2006 年一季度后，针对我国大多城市房地产价格重新回升，且存在从局部扩散到全国的危险，在第一季度 3 月份出台了调整房地产预售税率后，4 月份以后中国人民银行先后出台了提高银行利率和住房公积金贷款利率，5 月份国务院出台《促进房地产健康发展意见》（"国六条"）。后来又针对房地产业发展中存在的问题，为进一步加强市场引导和调控，建设部、国家发改委、监察部、财政部、国土资源部、人民银行、税务总局、统计局、银监会联合制定的《关于调整住房供应结构稳定住房价格的意见》（"十五条"），这一系列的政策，从法律到经济，从宏观到微观，从中央各部委到地方政府，从税收、财政、信贷到市场管理和主体规范，从调节供给到调控需求，从政府管理规范到法律制裁投机行为等各方面进行了一次全方位调控，其政策力度之大、范围之广是多年来从未有过的。这也充分表明了国家抑制房地产价格过快虚涨和价格混乱秩序的决心，也正是如此，房地产价格上涨才失去了宏观经济发展环境推动机制。

第四，**房地产投资资金减少，使价格上涨缺乏资本推动。**众所周知，我国房地产价格上涨的主要原因是资本推动力过强。一方面是收入水平的增加，购买力增强；另一方面是国家信贷资金对房地产的过多倾斜和优惠，还有大量的外资进入。而居民投资渠道较少，只有房地产投资利润最高，这样就形成了多股资金渠道来推动房地产业发展。但 2006 年以后，一方面外资投资房地产受到了国家政策的限制，投入相应有所减少；股市走出低迷状态，资产增值快速，资金出现分流；再加上国家在政策上加大了限制资金向房地产流入的力度范围和条件，与此同时，投资者所对未来预期的降低，从而就形成了房地产资金的全面收缩，价格上涨的资金推动力大大减弱。

第五，**房地产空房率过高也预示着投资和投机房地产的成本将会提高，利润下降。**一定程度内的房地产空房率是市场经济发展中普遍存在的正常现象，但是，过高的房地产空房率不仅反映着房地产真实需求在下降，同时，也反映了房地产投资需求高于消费需求，这样，当房地产空房率在持续增长时，价格将会降低。据国家统计局资料显示，我国商品房空置面积1.21亿平方米，多月以来稳定在1.2亿平方米区间。这样高的空房率，对房地产投资来说是一个巨大的警示，因此，大多数居民开始延期投资，从而当期的现实购买力开始降低，房地产交易量迅速减少。资料显示，全国很多城市房地产市场交易量从5月、6月份以来减少50%以上，成交量减少与萎缩，必然导致价格增幅下降。

第六，地方政府非主动性干预及政策执行发生偏移现象受到了国家监督、检查而得以纠正，政策执行效果开始明显改善。过去一年，国家在抑制房地产价格方面出台了很多政策，但效果依然不理想，甚至一度出现了报复性反弹和新一轮的快速上涨。虽然说原因很多，但是地方政府非主动性干预及政策执行发生偏移现象却很严重，从而，使国家政策效果大大折扣。但自从2006年3月份以来，我国在制定政策上，一方面强化了国家行政管理力度和措施，另一方面也增加法律监察部门的介入，从而使地方政府非主动性干预及政策执行发生偏移的现象得到了一定程度的纠正。

三、预测与建议

1. 三季度及下半年房地产投资增速将会在24%～25%之间波动

从2006年上半年我国房地产投资和固定资产投资均出现明显加快，同时，结合国家近期出台的一些新的调控政策，我们认为三季度及下半年我国房地产投资增速将会在20%～24%范围内波动。原因是：第一，2006年上半年我国经济增长保持10.9%的增速，而上半年房地产投资在24.2%，正处在一个快速增长的通道上。因此，从在建项目、新建项目以及房地产投资的年度变化规律上看，三季度房地产投资增速会在上半年24.2%水平上有一个惯性增长，增速应超过24.2%。第二，房地产投资的增速不会大幅度提升，7月、8月份的投资增长会超过25%，但是9月份之后将保持在25%左右，四季度则可能低于25%。原因是自7月份以来，国家已经加大了宏观调控的力度，两次提高银行准备金率，假如未来CPI、固定资产投资和信贷投放等各方面所出现过热的迹象没有明显的改观，央行出台提高法定存款准备金率、加息等更猛烈的措施也是有可能的。这样，通过控制货币供给总量和抑制信贷需求相结合的办法来调控投资增长，在国家政策导向中，投资增长幅度将必然有所降低，因此，下半年投资增速将还在

24%～25%左右波动。

2. 决定和影响房地产价格下降因素的确定性逐渐增强，但价格下降是一个艰难曲折过程

综合各种因素我们认为，2006年三季度和下半年，决定和影响房地产价格趋向下降的各种因素确定性逐渐增强。其一，空房率居高不下的现实，将会使得以前将房地产作为投资品的动力减弱。2005年以来，长期持续的高空房率，既反映了市场投资和投机行为过度，也将会是国家限制、打击的对象，同时也会是新的宏观调控政策的对象，从而投资和投机推动的价格上涨力量将会明显减弱。其二，房地产交易量明显萎缩，是促使价格下跌的明显标志。因为价格的变化方向决定于交易需求双方的均衡，当购买力下降时，价格将必然下跌。2006年5月份以来，尽管有些地方的房价表面上还在上涨，如北京达到9%左右，但是这种价格上涨是一种缺乏交易量的价格。随着交易量的逐步萎缩，价格增速的迅速回落和下跌成为必然趋势。上海近几个月来交易量锐减并出现连续两月的价格下跌就是例证，其他城市也不例外。其三，尽快落实"国六条"和九部委"稳定住房价格"的《通知》的各项地方政策配套实施措施，将会在三季度陆续推出，这将会成为影响房地产未来价格的决定性因素。与2005年国家稳定房价有所不同，2006年国家在保持加大了信贷、税收、土地、法律和行政力度的同时，加大了房地产供给环节、细化了信贷政策操作规定，如提高首付比例、强化了市场管理力度和对开发商的监管力度等。这些措施的实施将会在很大程度上杜绝、消除和减少一些非市场化行为和不合理价格推动因素，因此，推动价格上涨的虚热因素将会逐渐失去作用。其四，国家逐步加大法律惩处力度，在一定程度上，将会促使地方政府执行"国六条"和九部委《通知》更加坚定、更加积极和更加主动。我们认为，2005年房地产价格难以明显下降的一个根本性决定因素就是国家各部委之间的协调性较差、地方政府政策执行不到位，落实中消极执行、非主动配合，从而使政策效应大打折扣。最近国家针对房地产开发中的政府和开发商的不良行为，采取了法律制裁措施。其五，国家的信贷政策将会进一步收紧银根。当前我国固定资产投资和房地产投资增速加快，引致的投资过热迹象已经引起国家的高度重视。因此，在短时期内两次提升存款准备金率后，很可能也会提高存贷款利率，这也在一定程度上对房地产的购买力产生一定影响。其六，改革土地出让金制度、完善土地出让金分配机制已提到国家改革议事日程。收取土地出让金制度是我国土地有偿使用制度改革重要

成果，在推动地方经济发展中起到了很大作用，但也存在着土地出让金收入全部归于地方财政的弊端，改革土地出让金制度、完善土地出让金的分配机制，将会减少地方政府土地出让金的分配份额，从而降低其推动价格上涨的冲动性力量。这将在一定程度上打破片面追逐土地财政收入与房地产价格循环上升的不良循环体系。我们认为，2005 年以来中国房地产价格持续上涨，可能并不完全是由于地方政府直接推动单一因素造成的结果。但是，当国家认为房地产价格上涨过快，并采取果断的宏观调控政策时，地方政府的不主动性干预、执行力度不大甚至有意进行庇护，被舆论认为是 2005 年政策效果不大的重要原因。

当然，价格增幅回落及其价格下跌并不是那么简单的推理过程，未来房地产价格的变化走向将会是一个曲折变化过程，而变化过程快慢则取决于政策的执行和市场与非市场力量的博弈结果。

3. 房地产未来发展的关键是如何强化国家政策执行力度和统一性

2005 年房地产投资和价格变化的过程表明，房地产健康发展和稳定房地产价格的关键就是要强化国家政策执行的力度和统一性。2005～2006 年两年时间内，国家针对房地产制定的政策规定已经很多了，当前的关键就是要一个一个地落实。只有这样，才能达到稳定住房价格的目的。否则，政策再多也是无济于事的，相反，还会降低国家调控经济的效率。

4. 不断优化市场调控的宏观环境，完善市场调控手段，强化法律调控力度，建立高效的宏观调控长效机制，而不是应对机制

应对机制是在发生突发性事件时采取的管理体制，如发生自然灾害、非典、战争时的应对机制。在正常的社会经济生活中，宏观经济管理机制应该是一个长效机制，是一个规范化的管理体制，也就是说法律手段、经济手段、市场化方式、行政性手段等，应当是规范化的选择和执行。在什么条件下用经济手段，在什么条件下用市场手段，应该通过法律程序来确定。

第八部分　宏观管理与政策要点

总的来看，上半年宏观经济形势保持了好的发展势头，有以下热点值得关注。

一、中央研究改革收入分配制度和规范收入分配秩序

5 月 26 日中共中央总书记胡锦涛主持会议，研究改革收入分配制度。

会议认为，规范收入分配秩序，构建科学合理、公平公正的社会收入分配体系，关系到最广大人民的根本利益，关系到广大干部群众积极性、主动性、创造性的充分发挥，关系到全面建设小康社会、开创中国特色社会主义事业的全局，必须高度重视并切实抓好。要坚持和完善按劳分配为主体、多种分配方式并存的分配制度，坚持各种生产要素按贡献参与分配，在经济发展的基础上更加注重社会公平，合理调整国民收入分配格局，加大收入分配调节力度，使全体人民都能享受到改革开放和社会主义现代化建设的成果。要积极推进收入分配制度改革，进一步理顺分配关系，完善分配制度，着力提高低收入者收入水平，扩大中等收入者比重，有效调节过高收入，取缔非法收入，努力缓解地区之间和部分社会成员收入分配差距扩大的趋势。

会议指出，要按照《中华人民共和国公务员法》规定实行国家统一的职务与级别相结合的公务员工资制度的要求，深化公务员工资制度改革，建立科学完善的公务员薪酬制度，努力解决当前公务员收入分配领域存在的突出问题，逐步缩小地区间收入差距，适当向基层倾斜，以促进公务员队伍建设，促进党风廉政建设。要完善地区津贴制度特别是艰苦边远地区津贴制度。改革和完善事业单位工作人员收入分配制度。合理调整机关事业单位离退休人员待遇。完善机关工人工资制度。要随着经济发展，适当提高企业离退休人员基本养老金标准、各类优抚对象抚恤补助标准、城市低保对象补助标准，并注意提高其他低收入人员待遇水平。

二、固定资产投资和货币信贷问题

上半年，近30%的固定资产投资增幅使"投资热"再次成为社会各界关注的焦点。事实上，"投资热"带来的问题是多方面的，金融、房地产等都与投资有着密切的关联。但近年来，"投资热"引发的另一个新情况就是产能过剩问题。前两年国务院已经注意到了产能过剩问题，并采取了一些措施，尽可能避免其进一步严重。但从目前情况看，效果似乎并不理想。今年上半年，产能过剩问题又有反弹迹象，这个问题如果不解决好，其对整个宏观经济的负面影响将是非常大的。

上半年，信贷规模已达到了全年指标的90%。显然，信贷增长过快已成为当前影响宏观经济健康运行的一个主要问题。毫无疑问，过快的信贷增长，会进一步推动固定资产投资的增长，加剧经济结构失衡，刺激经济过热，进而引发通货膨胀的风险。因此，必须及时采取措施加以避免。

三、房地产问题

部分中心城市房地产投资增长和房价增长过快日益成为近年来影响老百姓生活和整个宏观经济健康发展的关键因素。特别是去年以来，部分中心城市因为房价增长过快引发了不少意见和矛盾。为了抑制部分中心城市房地产投资增长和房价增长过快，国务院办公厅在去年颁发《国务院办公厅关于切实稳定住房价格的通知》和《国务院办公厅转发建设部等部门关于做好稳定住房价格工作意见的通知》（通常称为两个"国八条"）的基础上，于5月份又转发了建设部等部门《关于调整住房供应结构稳定住房价格意见的通知》（国办发〔2006〕37号），提出了15条具体措施。《通知》公布以后在社会上引起了广泛的关注。《通知》的出发点解决普通居民的居住需要，目的就是切实解决当前房地产市场发展中存在的突出问题，进一步加强市场引导和调控，巩固和发展宏观调控成果，促进房地产市场持续稳定健康发展。其中，最引人瞩目和产生不同观点的是对新建住房结构比例的明确规定。《通知》要求，凡新审批、新开工的商品住房建设，套型建筑面积90平方米以下住房（含经济适用住房）面积所占比重，必须达到开发建设总面积的70%以上。对这一规定，一些开发商似有保留意见，认为此属企业行为且由市场决定；也有一些人对能否真正落实心存疑虑。

四、天津滨海新区问题

上半年国务院颁布了《关于推进天津滨海新区开发开放有关问题的意见（国发〔2006〕20号）。在此《意见》中，国务院将推进天津滨海新区开发开放，作为继深圳经济特区、浦东新区之后，又一带动区域发展的新的经济增长极，认为推进天津滨海新区开发开放，有利于实施全国区域协调发展总体战略；有利于提升京津冀及环渤海地区的国际竞争力；有利于促进我国东部地区率先实现现代化，从而带动中西部地区特别是"三北"地区发展，形成东中西互动、优势互补、相互促进、共同发展的区域协调发展格局。

附录　世界经济形势

一、美国经济

2006年上半年，美国经济开局良好，但在后半期出现减速迹象，欧洲经济处于增长轨道，前景乐观，日本经济温和扩张，零利率政策宣告终结，新兴市场经济体金融市场波动加剧。

1. 美国实体经济增长态势良好

2006年一季度，美国国内生产总值（GDP）环比年率由最初预估的5.3%上调为终值5.6%，优于市场的普遍预期，为2003年3月以来的最高水平，大大超过前一季度的1.7%，表明美国经济仍然处于稳步增长时期。

从第一季度GDP构成看，消费仍然是美国经济增长的主导力量，居民耐用品消费支出大幅度上升，导致消费增长5%；美国贸易状况明显改善，一季度出口增长率达14.7%，进口增长率为10.7%；经常项目赤字下降至2086.7亿美元，低于原来预期的2225.0亿美元。美国实际固定投资增长年率上调为10.1%，其主要构成为非居民用于设备和软件等的固定投资；此外，联邦支出季度增长率为4.8%，几乎是过去三年间的最好水平。显然，今年一季度，内部及外部需求同时拉动美国经济增长，使其呈现良好增长态势。下图为近期美国实际GDP及名义GDP的季度变化情况。

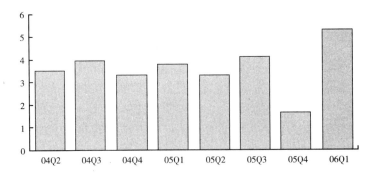

2. 二季度美国经济出现减速趋势

受一季度增长强劲导致统计基准提高及利率持续上升的影响，美国实体经济结构性问题陆续显现，二季度美国实体经济增长速度将下降到3%左右，各构成要素表现喜忧参半。

首先，消费增长趋缓。 美国商务部公布的数据显示，6 月份美国零售销售下滑 0.1%，原预期为增长 0.4%，5 月份修正后为增长 0.1%。5 月份个人所得增长 0.4%，4 月份为增长 0.5%，5 月份个人消费支出（PCE）增长 0.4%，4 月份该数据修正后为增长 0.5%，为 2005 年 10 月份以来最大增长幅度。

其次，制造业扩张步伐放慢。 美国供应管理协会（ISM）资料显示，6 月份美国制造业指数为 53.8，低于 5 月份的 54.4，原预估值为 55.0。6 月份美国非制造业指数为 57，低于 5 月份的 60.1；6 月份新订单指数与就业指数分别为 56.6 和 52，就业分项指数为今年 1 月份以来的最低水平。5 月份美国耐用品订单下滑 0.3%，4 月份修正后为减少 4.7%。此外，6 月份美国大西洋沿岸中部地区制造业指数降至 13.1，5 月份为 14.4。6 月份工业生产增长 0.8%，设备利用率为 82.4%；6 月份制造业产出增长 0.7%，5 月份为增长 0.1%。

第三，劳动力市场表现良好，失业率稳定在较低水平。 美国劳工部数据显示，6 月份美国非农业就业人数增加 12.1 万人，5 月份修正为增加 9.2 万人，4 月份修正为 11.2 万人。2006 年 4 月份失业率为 4.7%，5 月及 6 月份，失业率稳定在 4.6%，为本轮经济周期的最低水平。

第四，通货膨胀压力持续。 5 月份消费者价格指数（CPI）较 4 月份上升 0.4%，升幅与市场预期一致，折合年率较上年同期上升 4.2%，核心 CPI 较 4 月份上升 0.3%，折合年率较上年同期上升 2.4%；截至 5 月份的 3 个月核心 CPI 折合年率上升 3.8%，高于前月升幅；截至 5 月份的 6 个月核心 CPI 折合年率上升 2.9%，高于前月升幅。5 月份美国生产者物价指数（PPI）较 4 月份增长 0.2%，较上年同期增长 4.5%，扣除食品和能源的核心 PPI 较 4 月份增长 0.3%，较上年同期增长 1.5%。预计 6 月份生产者物价指数（PPI）上升 0.3%，核心 PPI 上升 0.2%。

第五，贸易逆差初现收缩迹象。 受前段时间美元贬值的影响，美国贸易逆差有所收窄。5 月份贸易逆差为 638.4 亿美元，4 月份修正后为 633.4 亿美元，原预期美国 5 月份贸易逆差为 649.0 亿美元。美国 5 月份出口创出 1186.6 亿美元的高纪录，4 月份时为 1159.3 亿美元，5 月份进口由 4 月份的 1792.7 亿美元扩大至 1825.0 亿美元。

第六，金融市场指标利率再度上升。 2006 年上半年，美国联邦储备委员会先后四次宣布提高联邦基金利率和贴现率，至 2006 年 6 月份，联邦基金利率为 5.25%，贴现率为 6.25%。

FOMC Policy Decisions

	Jun-06	May-06	Mar-06	Jan-06	Dec-05	Nov-05	Sep-05	Aug-05
Fed Funds Rate	5. 25	5. 00	4. 75	4. 50	4. 25	4. 00	3. 75	3. 50
Discount Rate	6. 25	6. 00	5. 75	5. 50	5. 25	5. 00	4. 75	4. 50

Source：Federal Reserve Board.

3. 美国经济前景

美国企业圆桌会议（Business Roundtable）进行的一项季度调查显示，美国企业总裁（CEO）普遍认为未来六个月美国经济将继续保持增长，但总体情况没有三个月前乐观。其中，6 月份整体 CEO 经济展望指数为 98.6，低于 3 月份的 102.2，指数高于 50 代表预期经济扩张。调查估计 2006 年美国整体经济增长率为 3.4%，此前调查的预期为 3.2%。预期未来六个月营收将增加的企业占 82%，三个月前该比例为 85%。有 48% 的人预期同期将增加资本支出，前次调查为 50%。预计增加招聘的占 41%，3 月份的调查中该比例为 40%。

综合分析上半年美国实体经济的表现，我们认为，美国经济总体处于稳定增长时期，但是，随着利率水平的持续上升，其对实体经济的影响程度不断加深，各类经济结构性问题将不断显现，美国经济增长减缓趋势可能持续下去。

二、欧元区经济

2006 年上半年，欧元区经济增长好于预期。一季度，欧元区内生产总值（GDP）比上个季度增长 0.6%，较去年同期增长 2.0%。从欧元区实体经济主要构成要素的表现看，居民消费开支增长 1.7%，政府开支增长 1.8%，投资增长 2.9%，出口增长 8.3%，进口增长 9%。进入二季度后，欧元区经济出现一些新的变化。

首先，消费增长减缓，但消费者信心有所改善。今年 5 月份，欧元区零售销售较上月下降 0.6%，较上年同期增长 0.8%，4 月份零售销售较上月增长 1%。4~6 月份，消费信心分别为 -10、-9 和 -9，为最近三年的最好水平，继续保持 2003 年一季度开始出现的好转态势。

其次，失业率降低。今年 5 月份，欧元区失业率降至四年半低点 7.9%，4 月份为 8.0%，与 3 月份调整后的数值持平。一年前，欧元区的失业率高达 8.8%。

第三，劳动力市场改善开始推动内需回升，并为服务业及制造业增长提供新的动力。通过对 2000 家涉及航空、饭店及金融服务等领域的企业进行调查而作出的 RBS/NTC 采购经理人指数（PMI）是衡量服务业景气水平的重要指标之一，其荣枯分水岭为 50。6 月份（PMI）的预估值为 59.0，高于 5 月份的 58.7，并接近该指数 2000 年 9 月的最高水平 60.2。同期，欧元区 RBS/NTC 制造业采购经理人指数（PMI）升至 57.7，为 2000 年 8 月份以来的最高水平，4 月份和 5 月份则分别为 56.7 和 57。此外，欧元区企业景气指数 4 月份为 1.16，5 月份轻微下滑至 1.06，6 月份企业景气指数跃升至 1.41，为 2000 年 8 月以来最高水平，大大超过预期，预示第二季度工业生产保持增长。欧元区 5 月份工业生产较前月增长 1.6%，较上年同期增长 4.9%。

第四，贸易顺差缩小。受欧元汇率不断攀升的影响，欧元区进口增长幅度超过出口增长，贸易顺差缩小并自年初开始转为逆差。2006 年 4 月份，欧元区商品出口总值为 1138 亿欧元，进口总值为 1146 亿欧元，贸易逆差为 9 亿欧元。显然，外部需求对欧元区经济增长的拉动作用已经出现逆转。

第五，物价指数上涨。欧元区 6 月份消费者物价调和指数（HICP）较上年同期增长 2.5%，增幅超过预期，5 月份同为增长 2.5%。今年 5 月份，欧元区生产者物价指数（PPI）较上月增长 0.3%，较去年同期增长 6.0%，为近六年来的最高水平。同期，欧元区扣除能源的 PPI 较前月增长 0.4%，较上年同期上升 2.6%，能源价格指数较前月持平，较上年同期上升 18.6%。

第六，利率上调，但幅度不大。今年 6 月，针对中期物价稳定面临的上档风险，为了控制潜在的长期通货膨胀预期，欧洲央行（ECB）管理委员会宣布升息 25 个基点，欧洲央行回购利率由 2.5% 升至 2.75%，回到了 2003 年的水平。从绝对水平看，它仍然处于历史低位，欧洲金融市场流动性充足，表明欧元区的货币政策仍然宽松。

展望 2006 年下半年欧元区经济前景，我们认为，尽管欧洲央行（ECB）货币政策进入紧缩周期，但实际利率水平仍不会对欧元区经济增长产生明显的不利影响。根据欧元区三大智库—德国 IfO、法国国家统计局 INSEE 和意大利 ISAE 的估计，欧元区第二季度区内生产总值（GDP）季度增长率预估在 0.6% 不变，预计全年增长率为 2.1%。

三、日本经济

2006 年一季度，日本 GDP 较上一季度增长 0.8%，其中，个人消费较上一季度增长 0.5%，非居民投资较上季度增长 3.1%，居民投资增长 1.1%，私人库存增长率为 0，公共需求减少 0.1%，公共投资减少 0.6%，出口增长 2.7%，进口增长 3.5%，商品和服务的净出口增长率为 -0.1%。显然，今年一季度，日本经济增长主要靠国内需求的拉动。二季度，日本经济各构成要素的增长出现如下变化。

首先，受天气情况及日股下跌的影响，日本零售销售下滑，但消费者支出复苏协助支撑经济稳步增长。经季节调整后，4 月份零售销售较 3 月份增长 0.1%。4 月份经物价调整后所有家庭支出较 3 月份增长 0.3%，较上年同期减少 2.0%，为连续第四个月较上年同期下滑。4 月份平均家庭支出为 312872 日元，受薪者家庭平均支出较上年同期实质减少 4.3%。经价格调整后，5 月份日本所有家庭支出较上月上扬 1.3%，较去年同期实质下滑 1.8%，为连续第五个月较上年同期下跌。5 月份平均家庭支出为 292114 日元，受薪者家庭平均支出较上年同期实质下跌 2.7%。

其次，今年 5 月份，经季节调整后，日本工业生产较上月下滑 1.3%，4 月份工业生产较上月增长 1.5%。6 月份制造业产出预计较上月增长 2.7%，7 月份预计增长 1.1%。6 月份，日本企业信心指数升至纪录高点，制造业景气判断指数为正 39，高于 5 月份的正 35，同时也是 1998 年 6 月份开始进行该项调查以来最高水平，但非制造业景气判断指数则由正 23 降至正 20。6 月份 NTC 研究/野村/日本资材管理协会（JMMA）编制的采购经理人指数（PMI）经季节调整后为 54.3，此数值较 5 月份的 55.3 下降，为去年 8 月份以来的最低值，但仍为连续第 37 个月高于荣枯分水岭 50。

第三，5 月份日本经常项目盈余较上年同期增长 15.9%，为 1.6139 万亿日元，原预估为较上年同期增长 17.0%，至 1.63 万亿日元，贸易顺差较上年同期增长 6.9% 至 4674 亿日元。5 月份出口较去年同期增加 18.9%，达到 5.7035 万亿日元，进口则增加 17.9%，至 5.3186 万亿日元。4 月份经常项目盈余较上年同期下跌 20.2%，为 1.2823 万亿日元，原预估为较上年同期增加 9.2% 至 1.75 万亿日元，贸易顺差较上年同期减少 32.4%，至 7556 亿日元。

第四，5 月份日本国内企业物价指数（CGPI）比上月增长 0.7%，较上年同期增长 3.3%，而扣除生鲜食品的全国核心消费者物价（CPI）较上年同期上扬 0.6%，4 月份核心消费者物价指数较去年同期增长 0.5%。6 月份东京地区核心 CPI 较上年同期上扬 0.3%，5 月份东京地区核心 CPI 较去年同期增长 0.4%。日本核心 CPI 自去年 10 月以来即呈现稳定增长态势，表明日本已经摆脱通货紧缩。

第五，随着经济的进一步增长，日本就业状况有所改善。4 月份日本经季节调整的失业率为 4.1%，与 3 月份持平，为最近八年以来的最低水平。5 月份，经季节调整失业率降为 4.0%，与 1998 年 4 月份齐平。随着就业机会增加，5 月份求才求职比由 4 月份的 1.04 升至 1.07，代表每 100 个求职者有 107 个就业机会，为 1992 年 7 月份以来的最好水平。

2006 年 7 月份，日本央行宣布将隔夜拆款利率目标由零调高至 0.25%，将官方贴现率由 0.1% 上调至 0.4%。这是 6 年来日本央行首次调高利率，此举宣告日本零利率货币政策终结。

通过考察景气判断指数和展望指数等预测性指标，可以粗略勾画出日本经济的前景。今年 6 月份，日本景气判断指数为 49.1，低于 5 月份的 51.5，为该指数在过去 14 个月里首次低于 50。而显示对未来景气看法的展望指数则为 51.8，低于 5 个月的 53.8，但仍为连续第 15 个月高于 50。由此可见，市场对 2006 年下半年日本经济走势仍然保持乐观判断。

四、新兴市场经济

2006 年，新兴市场部分国家或地区政治形势不明朗、国际市场石油价格居高不下以及国际金融市场利率进入上升周期等因素，使新兴市场投资者信心受到较大冲击，导致部分国家金融市场波动幅度明显放大。

一季度，部分亚洲经济体经济发展减速。其中，韩国经季节调整后的一季度 GDP 增长率为 6.1%，略低于初值；菲律宾 GDP 增长率为 5.5%，低于预估值的 5.6%；马来西亚 GDP 增长率为 5.3%，原预期为 5.4%；泰国经济增长速度经季节调整后较前季扩张了 0.7%，低于上季度的 0.8%，为 2005 年第一季度萎缩 0.5% 以来最差表现；印度国内生产总值（GDP）较上年同期增长 7.8%，高于去年第四季度 7.6% 的年率，低于 2005 至 2006 年前两季 8.0%～8.1% 的增速。

二季度，各新兴市场经济发展步伐表现参差。

2006 年 4 月份，韩国工业生产经季节调整较 3 月份下滑 1.5%，较上年同期增长 9.5%，4 月份经季节调整的消费者商品销售指数为较 3 月份增长 0.1%，3 月份修正值为较上月增长 1.4%。4 月份经季节调整的经常项目收支为赤字 1.331 亿美元，1～4 月份的经季节调整经常项目收支为赤字 2.575 亿美元，上年同期则为盈余 72.7 亿美元。5 月份韩国经季节调整经常项目盈余初值为 11.0 亿美元，为去年 11 月份以来最高，经季节调整的商品贸易顺差为 31.6 亿美元。今年 1～5 月份经季节调整经常项目盈余由去年同期的 78.2 亿美元大幅下降至 7.715 亿美元。6 月份，韩国外汇储备四个月来首次下滑，减少 3.30 亿美元，6 月底外汇储备降至 2243.6 亿美元，为今年 2 月份下滑 9.80 亿美元以来的首次减少。受油价上扬的冲击，6 月份，韩国消费者物价指数（CPI）预计较上年同期增长 2.8%，为 2006 年 1 月份以来的最大年增率，5 月份 CPI 较上年同期增长 2.4%，4 月份和 3 月份均为增长 2.0%。

新加坡二季度经季节调整国内生产总值（GDP）环比年率增长 1.1%，为连续第五季扩张。不过增长速度略逊于市场预估，原预估新加坡第二季度 GDP 环比年率增长 1.4%，第二季度 GDP 初估值与上年同期相比增长 7.5%。新加坡第一季度与 2005 年第四季度 GDP 环比年率分别为增长 7% 与 12.5%。

因油价连续上涨，5 月份菲律宾通货膨胀年增长率介于 6.8% 到 7.5% 之间，原预计 5 月份通货膨胀年增长率为 7.0% 到 7.3%，4 月份通货膨胀年增长率为 7.1%。

今年下半年，油价高涨以及地缘政治紧张将在一定程度上是冲击新兴市场投资者信心，甚至可能导致新一轮金融市场动荡。

五、世界经济形势对中国经济的影响

从目前情况看，2006 年下半年世界经济形势对中国经济的影响总体趋于有利，美、日、欧三大经济体的全面增长将进一步改善我国宏观经济运行的外部环境，有利于我国扩大外部需求，加快经济增长。但是，我们需要注意的是，近年来，全球经济失衡不断加剧，并开始传导到金融市场，导致金融结构的失衡，尤其是最近中东地区的地缘政治不确定性大幅度上升，导致国际市场石油价格剧烈波动，前景难测，从而为我国经济发展增加了新的变数。我们需要密切跟踪世界经济、国际金融市场和商品市场的风云变幻，防止各种形式的外部冲击和不利影响。

首先，金融市场山雨欲来，利率风险显著上升。随着美国、欧元区及日本相继上调金融市场指标利率，西方主要国家货币政策进入紧缩周期，由此意味着全球金融市场即将出现大的反转，流动性极度宽松难以持续，市场利率水平的大幅度变动即将来临，利率风险大幅度上升。我国涉外企

业，尤其是持有庞大美元资产的金融机构必须对此保持足够的警惕，及时采取措施，有效地防范利率及其相关的市场风险。

其次，在人民币汇率调整的外部压力持续积累的同时，内部调整动力也将有所上升。自我国实现人民币汇率制度改革以来，在国际金融市场上，人民币持续面临升值压力。美元汇率下跌幅度与人民币升值的外部压力息息相关，近期美元汇率的走势导致该压力持续上升。而从国内情况看，在货币政策调整对于冷却宏观经济作用有限的情况下，要求通过人民币汇率升值进一步调控经济过热的呼声渐起。内外部因素相互交织，将为人民币汇率政策调整带领更大的考验。

第三，国际市场石油及其他商品价格的变化，将直接影响国内经济发展，影响国内的物价结构及水平，从而引起潜在的通货膨胀风险及其他价格变动风险。

附图与附表

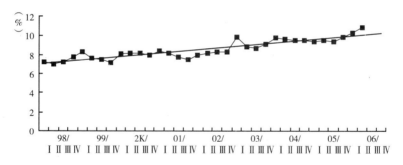

附图 1　GDP 增长率

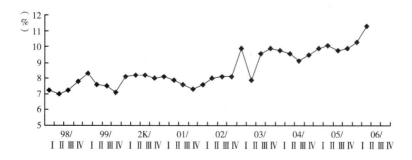

附图 2　GDP 季度增长率估计值

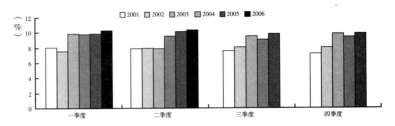

附图3 国内生产总值季度增长率比较

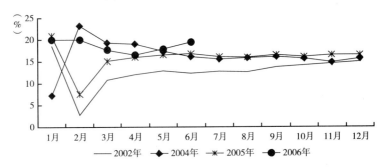

附图4 工业增加值增长率

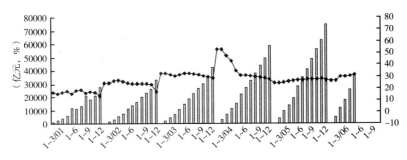

附图5 固定资产投资及其增长率

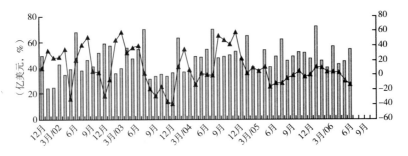

附图6 外商直接投资及其增长率

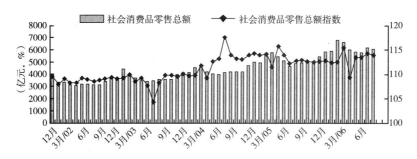

附图 7   社会消费

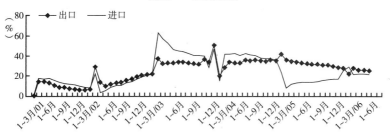

附图 8   进出口累计增长率

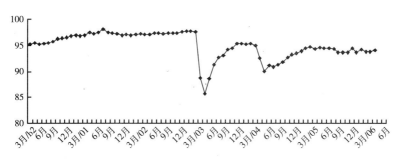

附图 9   消费信心指数

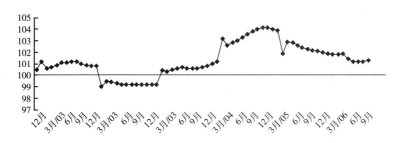

附图 10   全国居民消费价格总指数

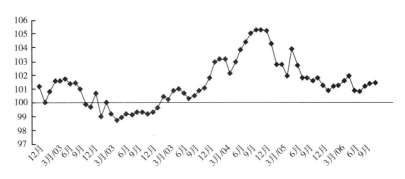

附图 11 全国居民消费价格总指数（当月）

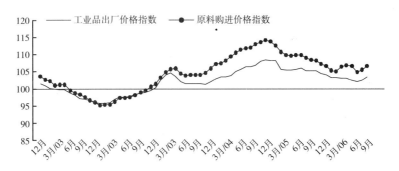

附图 12 投资品价格指数

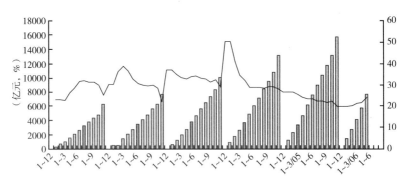

附图 13 房地产投资及其增长率

表 6-13   2006 年 Q2 主要宏观经济指标增长情况

单位：%

项 目		2004 年	2005 年	2006 年			
				1~6 月	4 月	5 月	6 月
经济增长	国内生产总值	9.5	10.9	10.9	na.	na.	na.
	第一产业	6.3	5.1	5.1	na.	na.	na.
	第二产业	11.1	13.2	13.2	na.	na.	na.
	第三产业	8.3	9.4	9.4	na.	na.	na.
工 业	工业增加值	16.7	17.7	17.7	16.6	17.9	19.5
	国有及国有控股企业	14.2	11.8	11.8	10.8	13.6	15.4
	集体企业	9.9	13.1	13.1	13.0	12.4	11.9
	股份制企业	16.5	18.7	18.7	17.2	19.4	21.3
	外商及港澳台投资企业	18.8	19.0	19.0	18.6	17.9	19.0
	工业产品销售率	98.08	97.40	97.40	98.04	97.95	97.58
	发电量	14.9	12.0	12.0	11.2	12.5	14.0
价 格	消费价格(CPI)	100.1	101.3	101.3	101.2	101.4	101.5
	工业品出厂价格	106.10	102.70	102.70	101.87	102.40	103.50
投 资	固定资产投资*	27.6	31.3	31.3	29.6	30.3	31.3
	制造业	36.3	38.6	38.6	37.6	37.1	38.6
	房地产开发	28.1	24.2	24.2	21.3	21.8	24.2
消 费	社会商品零售总额	13.3	13.3	13.3	13.6	14.2	13.9
	城 市	14.7	14.0	14.0	14.1	15.0	14.8
外 贸	进出口总额	35.7	23.4	23.4	24.0	23.9	23.4
	出 口	35.4	25.2	25.2	25.8	25.7	25.2
	进 口	36.0	21.3	21.3	22.1	22.0	21.3
外 资	外商直接投资实际使用额	13.3	-0.5	-0.5	3.6	-7.8	-12.2
金 融	M_0	8.7	12.57	12.57	11.50	12.80	12.57
	M_1	13.6	13.94	13.94	12.50	14.00	13.94
	M_2	14.6	18.43	18.43	18.90	19.10	18.43
	金融机构贷款	14.4	14.34	14.34	14.80	15.10	14.34
	金融机构存款	15.3	17.19	17.19	17.50	18.40	17.19
	企业存款		13.90	13.90	19.10	19.20	13.90
	居民储蓄存款		15.70	15.70	16.80	16.40	15.70

* （城镇）固定资产投资月度值为累计数。金融当月值为累计数。

第七章 2006年第三季度

第一部分 国民经济运行情况

今年以来，国民经济总体上呈现出"增长快、运行稳、质量高"的发展格局。投资、消费和出口仍是推动整体经济快速增长的主要动力。宏观调控政策效果已经显现，但成效的基础尚须进一步巩固，结构性矛盾仍然比较突出。预计在四季度，经济增长速度将会有所回落，但平稳快速增长的大趋势不会发生变化，全年经济高位增长已成定局。

一、前三季度国民经济运行的基本情况

国民经济继续保持平稳较快发展的态势。初步核算，前三季度国内生产总值141477亿元，同比增长10.7%，比上年同期加快0.8%，比上半年回落0.2%。其中，第一产业增加值15570亿元，增长4.9%；第二产业70496亿元，增长13.0%；第三产业55411亿元，增长9.5%。

分季度看，前三个季度GDP（累计）增长率分别为10.2%、10.9%和10.7%。呈现出平衡快速增长的态势。

1. 粮食生产再获好收成

全国夏粮增产和秋粮增产格局，为全年粮食增产奠定了良好基础。夏粮总产量1138亿公斤，比上年增产74亿公斤，增长7.0%。早稻产量319亿公斤，与2005年基本持平。秋粮长势良好。前三季度，猪牛羊禽肉产量5669万吨，略有下降。

2. 工业生产增速较快

前三季度，规模以上工业增加值62221亿元，同比增长17.2%，比上年同期加快0.9%，比上半年回落0.5%（9月份为7754亿元，增长16.1%）。其中，国有及国有控股企业增长12.2%，集体企业增长

13.2%，股份制企业增长 18.2%，外商及港澳台地区投资企业增长 17.8%。分轻重工业看，重工业增长 18.2%，轻工业增长 14.9%。分产品看，发电量和原煤产量分别增长 12.9% 和 11.7%；粗钢和钢材产量分别增长 18.4% 和 23.7%；微型电子计算机增长 34.7%；汽车增长 24.0%，其中轿车增长 41.5%。产销衔接状况良好。前三季度，规模以上工业产品销售率为 97.84%。1~8 月份，全国规模以上工业实现利润 11327 亿元，比上年同期增长 29.1%，增幅同比提高 8.4%。1~9 月份，规模以上工业企业累计完成出口交货值 42472 亿元，同比增长 23.9%，增幅仍较高，但和上年同期 28.6% 的增速相比，增幅回落 4.7%。

3. 固定资产投资快速增长

前三季度，全社会固定资产投资 71942 亿元，同比增长 27.3%，比上年同期加快 1.2%，比上半年回落 2.5%。其中，城镇固定资产投资 61880 亿元，增长 28.2%（9 月份为 9286 亿元，增长 23.6%），同比加快 0.5%。在城镇固定资产投资中，房地产开发投资 12902 亿元，增长 24.3%，同比加快 2.1%。分行业看，重工业投资增长 30.2%，其中，煤炭开采及洗选业投资增长 36.4%，石油和天然气开采业增长 19.3%，电力、燃气及水的生产和供应业增长 16.1%，铁路运输业增长 107.0%；轻工业投资增长 36.5%，其中，食品制造业投资增长 48.3%，纺织业增长 27.9%。

4. 国内市场销售平稳较快增长

前三季度，社会消费品零售总额 55091 亿元，同比增长 13.5%（9 月份为 6554 亿元，增长 13.9%），比上年同期加快 0.5%（扣除价格因素，实际增长 12.6%，加快 0.5%）。其中城市消费品零售额 37247 亿元，增长 14.1%；农村市场销售增长较快，县及县以下 17845 亿元，增长 12.3%。分行业看，批发和零售业零售额 46442 亿元，增长 13.5%；住宿和餐饮业零售额 7493 亿元，增长 15.8%。全国限额以上批发零售贸易业中，通信器材零售额同比增长 23.8%，石油及制品类增长 37.1%，汽车类增长 26.0%。

5. 对外贸易快速增长，顺差继续增多

前三季度，进出口总额 12726 亿美元，同比增长 24.3%，增速比上年同期加快 0.6%。其中，出口 6912.3 亿美元，增长 26.5%，回落 4.8%；进口 5813.8 亿美元，增长 21.7%，加快 5.7%。贸易顺差持续攀升至 1098.5 亿美元。前三季度，外商直接投资合同金额 1328 亿美元，同比增长 1.9%；实际使用外商直接投资金额 426 亿美元，同比下降 1.5%。9 月末，国家外汇储备达到 9879 亿美元，比年初增加 1690 亿美元。

6. 货币供应量和贷款增长均出现回落，货币政策在多次组合性工具操作下效果初步显现

9月份广义货币供应量（M_2）同比增长 16.83%，增幅比上月低 1.11%。同时，人民币贷款速度也继续下降至 15.23%，较上月的 16.1% 下降了近 0.9%。

7. 价格总水平温和上涨

前三季度，居民消费价格总水平上涨 1.3%（9月份上涨 1.5%）。其中，城市上涨 1.3%，农村上涨 1.2%。分类别看，前三季度，食品价格上涨 1.8%，服务项目价格上涨 2.0%。其余商品价格有涨有落，其中烟酒及用品价格上涨 0.4%，家庭设备用品及维修服务价格上涨 1.0%，医疗保健和个人用品价格上涨 1.1%，居住价格上涨 4.7%，娱乐教育文化用品及服务价格下降 0.1%，交通和通信价格下降 0.2%，衣着价格下降 0.8%。前三季度，商品零售价格同比上涨 0.8%；工业品出厂价格同比上涨 2.9%（9月份上涨 3.5%）；原材料、燃料、动力购进价格同比上涨 6.3%（9月份上涨 6.9%）；70 个大中城市房屋销售价格同比上涨 5.6%（9月份上涨 5.3%），涨幅回落 2.4%。

8. 财政收入快速增长

1~9月份，全国财政收入累计实现 29622 亿元，增长 24.6%，比上年同期提高 7.9%。

9. 企业利润增速加快

1~8月份，全国规模以上工业实现利润 11327 亿元，比上年同期增长 29.1%，增幅同比上升 8.4%，较上半年上升 1.1%，较一季度上升 7.8%。在 39 个大类行业中，36 个行业利润同比增加，两个行业利润同比下降（燃气生产供应：利润 6.6 亿元，下降 39.5%；黑色金属冶炼及压延加工业：利润 788.5 亿元，下降 2.5%），一个行业净亏损（石油加工、炼焦及核燃料加工业，净亏损 377.7 亿元，同比增亏 6 倍多）。受钢材价格回升、成品油和电价上调影响，1~8月份钢铁、石油加工和电力三大行业对工业利润增长的贡献率比上半年提高 9.25%，成为对工业利润增长贡献最大的三个行业。

10. 城乡居民收入较快稳定增长

前三季度，城镇居民人均可支配收入 8799 元，扣除价格因素，实际增长 10.0%，增速比上年同期加快 0.2%；农民人均现金收入 2762 元，实际增长 11.4%，与上年同期基本持平。

总体上看，今年前三季度，以固定资产投资高速增长、外贸出口快速增长和消费市场平稳增长构成的"三驾快马"，驱动国民经济仍处于高速增长的上限区间。

二、经济运行中的主要问题

当前经济生活中亟待解决的主要问题是宏观调控成效的基础尚须进一步巩固，结构性矛盾仍然比较突出。

1. 部分过热行业投资增速过高

今年以来，政府出台了一系列的投资宏观调控政策和措施，主要有国务院加强对 11 个产能过剩行业的管理、对亿元以上项目的清理以及房地产调控的国六条和国办发 37 号文精神，同时中央加大了对违规项目（事件）的处理力度。这些政策措施对投资增长产生了较大影响。特别是对新开工项目的清理，对投资增长影响明显。

尽管如此，今年以来的投资实际增速仍然比 1993 年和 1994 年的增速要高。2006 年 1~9 月份全社会投资增长 27.3%，扣除投资价格指数上涨 101.7%，实际增长 25.2%；而 1993 年实际增长 27.8%，因而仅比 1993 年增速低 2.6%，投资仍处高位运行。在国务院确定的产能过剩的行业中，仍然有少数行业投资增长过快。1~8 月份汽车工业投资比去年同期增长 31.2%，煤炭投资增长 36.3%，纺织投资增长 31.6%。从回落的幅度看，按年初累计数来计算投资增长速度，下半年以来投资分别回落 0.8%、1.4% 和 0.8%，回落并不明显。

2. 贷款增速仍在高位

央行发布的三季度金融运行数据显示，9 月末，反映社会总需求变化和未来通胀压力状况的广义货币（M_2）余额达 33.19 万亿元，同比增长 16.83%，比上月下降了 1.11%。虽然这一货币供应中最为关键的指标跌至全年以来新低，但增速仍然超过了年初确定的 16% 的目标，同时也创下了增速连续第 16 个月超过目标值的尴尬纪录。

值得注意的是，狭义货币供应（M_1）的增速却仍在走高。M_1 当月余额为 11.68 万亿元，同比增长 15.7%，增幅反而比上月提高了 0.13%，和 M_2 增速之差的"喇叭口"进一步缩小，显现了存款结构更趋向活期化或短期化的趋势。

不容乐观的是，1~9 月份新增人民币贷款 27562 亿元，比去年同期多增 7987 亿元，增长达 40.8%。前三季度新增人民币贷款已达到了 2.76 万亿元，央行年初确定的 2.5 万亿元的全年目标早在 8 月底便已提前用完。即便按照银监会今年贷款余额增长 15%（约 3 万亿元）的目标，四季度最后三个月也只有 2400 亿元的剩余空间，超标已成定局。

信贷"闸门"控制虽有成效，但实体部门经济活动的调控效果仍需要进一步观察。从投资资金的来源情况看，1~9 月份城镇投资资金来源中的国内贷款增长 28.7%，高于同期投资增速；房地产开发贷款增长更是高达 49.4%。

3. 国际收支特别是货物贸易不平衡问题仍较为突出

我国连续第 29 个月实现贸易顺差。今年以来的贸易顺差增长更是异常迅速，尽管与今年 7 月、8 月份连续刷新历史新高相比，9 月份有所回落，但仍然是今年单月第二高水平。今年前 9 个月，贸易顺差累计达到 1098.51 亿美元，超过去年全年 1018.8 亿美元的水平。在经常项目、资本和金融项目"双顺差"的推动下，外汇储备继续飙升。到 9 月末，我国外汇储备余额达到 9879 亿美元，距离万亿美元大关只差 121 亿美元。前 9 个月，外汇储备增加 1690 亿美元。

持续"双顺差"会带来诸多不利。贸易顺差快速增长容易引发贸易摩擦，一定程度上影响了我国发展的外部环境，也增加了人民币升值的压力。国际收支大幅顺差还掣肘宏观调控。央行行长周小川曾表示，近年来中国基础货币所面临的压力主要来自国际收支的不平衡。大幅顺差带来的外汇占款使得央行不得不投放基础货币，造成国内金融市场流动性过多，增大外币政策协调难度，影响宏观调控效果。

第二部分　经济增长趋势分析与预测

今年 1~3 季度，国民经济呈现出"三落一稳"的新态势，即 GDP 增速高位回落、工业生产增速回落、固定资产投资增速回落和货币信贷增速高位趋稳。根据前三个季度的国民经济运行的数据和相关资料，现对今年四季度和全年的经济增长进行趋势分析与预测。

一、国内外相关机构对未来经济增长预期良好

（一）国内外相关机构三季度调高全年增长预测值

进入三季度以来，各机构纷纷调高对我国 2006 年全年经济增长预期，我们选择 10 家国内外权威机构（国内外各 5 家），将他们在今年一季度前

关于2006年经济增长预测值和第三季度以后的新预测值进行对比，发现各机构在纷纷调高增长预期（表7-1）。

表7-1 相关机构对我国2006年经济增长预测调整对比表

序　号	机构名称	2006年经济增长预测值(%)		
		一季度以前预期	三季度以后预期	差　额
1	世界银行	9.5	10.4	0.9
2	货币基金组织	9.5	10	0.5
3	亚洲开发银行	9.5	10.4	0.9
4	德意志银行	9.5	10.4	0.9
5	渣打银行	10.2	10.8	0.6
6	国家发改委	9	10.8	1.4
7	中国人民银行	8.9	10.5	1.1
8	国家信息中心	8.8	10.8	2
9	中国社科院	9.6	10.5	0.9
10	中金公司	10	10.5	0.5
均　值		9.5	10.5	1.0
标准差系数		0.048	0.023	—
极　差		1.4	0.8	1.5

资料来源：

①《世界银行今年第三次调高中国增长预测》，东方网2006年8月16日；《美国有线电视新闻网：世行调高中国经济增长预测》，《环球时报》2006年8月18日。

②《国际货币基金组织展望2006》，《全球经济》，2006年4月20日；《国际货币基金组织调高世界经济增长预测》，国际在线2006年9月14日。

③《亚行预测：中国经济今年可望增长9.5%》，2006年6月6日；《亚洲开发银行大幅调高今年中国经济增长率预测》，《东方早报》2006年9月7日。

④《德意志银行预测中国经济本年度增长10.4%》，新华网2006年10月7日。

⑤《渣打调高中国今年GDP增长预期至10.8%》，《上海证券报》2006年9月30日。

⑥王小广、李军杰：《国家发改委宏观院报告：〈2006经济增长调整年〉》，《中国证券报》2006年04日13日；国家发改委：《宏观调控存在一定难度三季度将见效》，《第一财经日报》2006年7月31日。

⑦《央行：中国经济增长料放缓至8.9%》，联合早报2006年03月28日；《央行预计中国2006年国内生产总值增长10.5%》，《世华财讯》2006年10月2日。

⑧《前瞻2006经济发展大势》，《半月谈》2005年12月14日；国家信息中心经济预测部经济形势分析课题组：《2006年上半年经济运行分析与三季度预测分析报告》，中国网2006年8月15日。

⑨《2006年中国经济形势分析与预测春季座谈会召开》，2006年4月24日；《2006年中国经济形势分析与预测秋季座谈会在京召开》，2006年10月10日。http://iqte.cass.cn。

⑩中金公司研究部《市场预期的健康微调——2006年8月份股票市场策略月报》，http://www.bjgzw.gov.cn：8080/new/01/news0/Edit/UploadFile/200687141919742.pdf.2006年8月2日。

从上表可以看出：10家机构三季度以后对我国经济增长的新预期平均提高1%，即从9.5%提高到10.5%，标准差系数从0.048降低至0.023，极差从1.4%降为0.8%，可见，各机构对预测值的离差度大幅减小。这说明进入三季度后，各机构对今年经济增长水平的预测逐渐趋同。

根据各家机构对经济增长预期调高原因的综合分析，促使经济学家调高预期的原因主要集中在以下六个方面：第一，中国经济前景依然良好，拉动经济增长的"三驾马车"依然强劲。第二，由于产能扩大与需求增长的力量相当，而国民经济又能持续保持低的通货膨胀水平以及较高的贸易盈余水平，经济不会存在全面过热，仍能在一段时间内保持较快的增长速度水平。第三，中国实施积极的区域经济政策，促进中西部地区经济较快增长，区域经济增长的潜力较大。第四，私营部门在中国经济增长过程中发挥更为积极的作用，而私有部门的数量和规模在不断扩大。第五，政府致力于合理公正的收入分配体制改革，占大多数人口的社会底层人群的收入水平增长较快，消费需求呈现旺盛的良好势头。第六，出口比较优势仍然存在，出口结构在向好的方向发展，人民币升值的强烈预期吸引外资流入。

（二）相关景气指数表明经济仍保持高位运行态势

经济景气指数对刻画经济运行特征与趋势具有很好的帮助作用，通过对企业家信心指数、企业景气指数、消费者信心指数、制造业经理采购指数和经济学家信心指数的最新数据和资料的分析，我们认为各主体对未来经济增长的信心仍然充分，预期较好，我国国民经济仍呈高位增长的运行态势。现分述如下。

1. 企业家信心指数和企业信心指数均高于去年同期

根据国家统计局对全国19500家各种类型企业的调查显示：今年三季度，全国企业家信心指数为132.6，与二季度基本持平，比去年同期提高5.0点。其中，中小企业企业家信心指数分别为125.7和119.0，比二季度和去年同期均有所提高；大型企业家信心指数为145.6，比一季度下降1.3点，比去年同期上升7.8点。西部地区企业家信心指数为132.4，比二季度上升2.3点，比去年同期明显提高6.7点；东、中部地区企业家信心指数分别为133.2和133.0，与二季度基本持平，与去年同期相比均有所提升。企业家信心指数同比稳定提高说明企业家投资欲望较强，市场预期较好。

今年三季度全国企业景气指数为 136.7，与二季度基本持平，比去年同期提高 4.7 点。其中，大、中、小型企业景气指数分别为 156.4、125.0 和 116.4，与二季度基本持平，分别比去年同期提高 6.7、3.9 和 1.8 点。东、中、西部地区企业景气指数分别为 139.2、135.2 和 133.4，与二季度相比，东部、西部分别提高 1.0 和 3.0 点，中部持平；与去年同期相比，东、中、西部地区企业景气指数分别提高 3.9、5.9 和 5.8 点。可见，企业景气指数与企业家景气指数具有基本类似的特征，企业经营效益整体状况良好，企业的趋利行为将拉动经济持续增长。

2. 消费者信心指数持续提高

我国消费者信心指数 2006 年第三季度为 95.7，比上季提高了 0.7 点。7 至 9 月指数分别为 94.0、94.5 和 95.7，保持了两个月的连续提高。三季度，反映中国消费者对未来几个月经济前景看法的预期指数比上季度有所提高。分类指数显示：认为目前为购买商品房、汽车的适当时机的消费者均比上季度提高近 5%；认为目前为购买耐用消费品适当时机的消费者仍保持在 70% 的平台；预期个人或家庭收入在未来会有所增长或保持不变的消费者提高 3%。上述数据表明：随着我国财政政策特别是支农政策的积极调整以及低收入群体收入的普遍提高，增强了消费者对未来经济和收入的信心。

3. 制造业经理采购指数大幅上升

2006 年 9 月，中国物流与采购联合会发布的中国制造业采购经理指数（PMI）为 57%，比上月上升 3.9%，增长趋势较为显著，预示着未来几个月中国制造业增长趋于加快。从 2005 年 1 月起，PMI 指数已连续 21 个月高于 50%，显示中国制造业经济继续处于增长周期。三季度，国家宏观调控的政策组合逐渐清晰，高污染、高耗能、投机性行业得到一定遏制，而一些建设进程受到调控影响而又属于国家鼓励、市场前景好的制造业项目，进入恢复性增长状态。受石油等原材料价格下调影响，机械行业的利润情况有所好转，制造企业开始放量接受订单、加大生产力度，推动工业生产的较快增长。

4. 经济学家信心指数基本稳定

国家统计局中国经济景气监测中心于 2006 年 9 月底进行的中国百名经济学家信心调查显示：2006 年三季度经济学家信心指数为 5.62（取值范围在 1~9 之间），比今年二季度提高 0.26 点，略低于今年一季度，高于去年同期和四季度水平（见图 7-1）。

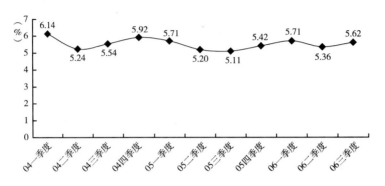

图 7 - 1　中国经济学家信心指数图

从上表可以看出，从 2004 年二季度以来，经济学家信心指数基本稳定。经济学家普遍认为，目前经济运行总体态势良好，虽仍呈偏热迹象，但热度有所降低；需求结构不太均衡，投资增长过快，出口需求旺盛，居民消费需求增长则相对比较平稳；物价稳中趋升，通货膨胀压力不大。因此，国民经济可望继续保持快速增长，但增幅趋于放慢。

从指数构成看，经济学家信心指数比二季度明显回升体现在经济学家对当前经济形势的满意程度以及对未来经济走势的预期都出现了不同程度上升，即期经济景气指数和预期经济景气指数分别为 5.79 和 5.46，比二季度分别提高了 0.29 点和 0.26 点，表明经济学家对宏观调控成效的认可和对经济走势比较乐观的情绪。

二、我院对 2006 年全年经济增长预测结果[①]

我院 2006 年第三季度经济增长预测结果基于以下两种季度计量模型，一种是完全基于时间序列的 ARIMA 模型法（自回归移动协整模型）；另一种是基于 GDP 与宏观经济政策变量相关分析的 VAR 模型（向量自回归模型）。预测结果如下。

1. ARIMA 模型预测结果

根据模型预测的要求，选取 1998 年第一季度至 2006 年第三季度数据，依据数据特性，使用 ARIMA $(3, 1, 1) (1, 1, 1)^4$ 模型，具体形式如下：

---

① 本部分数据来源于本所宏观形势分析季度数据库，由我所与国家统计局国民经济核算司等单位共同开发。

$$(1 + 0.1829B^4)(1 + 0.7972B + 0.8264B^2 + 0.8532B^3)(1 - B)(1 - B^4)\log(gdp)$$
$$= (1 + 0.9796B^4)u_t$$

预测结果表明，今年我国第四季度预计经济增长率为 10.3%，和今年第三季度经济增长速度持平；全年 GDP 增长将达 10.5%，比 2005 年 9.9% 的水平高出 0.6%。

运用 ARIMA 模型（样本数据为 1998 年第一季度 ~ 2006 年第三季度）对 2006 年第四季度和全年其他各主要指标进行预测，预测结果见表 7 - 2。

表 7 - 2   2006 年第四季度和全年主要指标增长率预测表

单位：%

主要指标	四季度	2006 年全年	主要指标	四季度	2006 年全年
GDP	10.3	10.5	社会消费品零售总额	14	13.5
第一产业	4.7	4.8	全社会固定资产投资	24	25
第二产业	12.6	12.8	进　口	22	23
第三产业	9.3	9.4	出　口	25	26
CPI	1.8	1.5			

注：根据本课题组宏观形势分析季度数据库进行预测。

上述结果表明：从产业角度来看，第一、第二、第三产业四季度增长速度比前三季度增长速度均有所下降，和三季度基本相当；从三大需求来分析，消费和出口仍然比较强劲，四季度社会消费品零售总额增长率预计达到 14%，出口增长速度达到 25%。但全社会固定资产投资增长速度将继续回落，预计 2006 年四季度全社会固定资产投资增长率为 24%，比前四年季度回落 4%，比 2005 年回落 3%。同时预测结果还表明，价格水平保持温和上涨。

2. VAR 模型预测结果

选择 1998 年一季度至 2006 年三季度数据作为样本数据，根据计量模型要求，先进行单位根与协整检验。原序列均具有单位根，为非平稳序列，进而进行单整检验，结果显示数据均为一阶单整序列。运用 Johansen 方法进行协整检验，结果表明 GDP、全社会固定资产投资（I）、社会消费品零售总额（ETC）、财政支出（FE）、金融机构贷款余额（LOAN）5 个变量之间存在协整关系，并运用格兰杰因果检验，结论表明 99% 的置信水平下可以认为全社会固定资产投资（I）、社会消费品零售总额（ETC）、财政支出（FE）、金融机构贷款余额（LOAN）是 GDP 的格兰杰成因。

运用样本数据建立 VAR 模型，经过计量分析，取滞后期为 4 期，GDP 的回归模型如下：

$$
\begin{aligned}
LOG(GDP) = & -0.0656 \times LOG(GDP(-1)) - 0.1276 \times LOG(GDP(-2)) \\
& -0.0630 \times LOG(GDP(-3)) + 0.9034 \times LOG(GDP(-4)) \\
& -0.0115 \times LOG(I(-1)) - 0.0304 \times LOG(I(-2)) \\
& -0.0190 \times LOG(I(-3)) - 0.05101 \times LOG(I(-4)) \\
& +0.0700 \times LOG(ETC(-1)) + 0.0613 \times LOG(ETC(-2)) \\
& +0.0082 \times LOG(ETC(-3)) + 0.0111 \times LOG(ETC(-4)) \\
& -0.0502 \times LOG(FE(-1)) + 0.0338 \times LOG(FE(-2)) \\
& +0.0037 \times LOG(FE(-3)) + 0.0654 \times LOG(FE(-4)) \\
& +0.0986 \times LOG(LOAN(-1)) + 0.0253 \times LOG(LOAN(-2)) \\
& -0.0461 \times LOG(LOAN(-3)) + 0.1483 \times LOG(LOAN(-4)) + 0.1596
\end{aligned}
$$

根据上述预测模型进行扩展，得到 2006 年四季度和全年的预测结果（表 7 - 3）。

表 7 - 3 2006 年第四季度和全年经济增长预测表

单位：%

指　标	第四季度	全　年
GDP 增长率	10. 1	10. 3

从上述预测结果看，今年四季度比前三季度经济增长速度有较大的回落，回落达 0.6%；比今年三季度有小幅回落，达 0.2%；全年经济增长率预计达到 10.3%，高出 2005 年 0.4%。

三、2006 年四季度及全年经济增长预测结果分析

根据三季度计量模型运行结果以及各方面资料分析，我们对 2006 年四季度及全年经济增长预测结果分析如下：

1. 未来国民经济增长呈现高位向下微调特征

从我院今年三季度两种预测结果的比较可以看出，二者在预测趋势上是一致的，即 2006 年四季度增长速度将比前三个季度均有所降低，四季度增长速度比上半年显著放缓。根据两种预测方法预测的平均值，2006 年四季度的经济增长速度预计为 10.2%，上下波动 1%；2006 年全年经济增长速度预计为 10.4%，上下波动也是 1%，预计高出 2005 年实际增长速度 0.5%。可见，2006 年二季度是此轮经济短周期的拐点，未来我国国民经济仍呈现高位较快增长，但增幅有所下调，这说明目前我国国民经济处于中长周期的上升期和短周期的下调期。

支持国民经济高位增长的主要变量是国内外消费需求。随着国内城乡居民收入较快增长，社会保障体系、消费政策和消费环境不断完善，消费结构升级比较活跃，消费需求将保持较高增幅，从而将继续带动产业调整升级和经济持续增长。据统计，2006 年前三季度中国农村居民人均现金收入实际增长 11.4%，不仅保持了减免农业税以来的较高增速，也高于城镇居民家庭人均可支配收入 10% 的实际增速，这将极大地促进未来我国消费的持续增长。另外，国外消费需求仍然保持强劲势头，全球经济处于一个相对较快增长时期，低成本竞争优势将继续支持我国出口的扩张。

未来经济增长相对上半年持续回落的迹象也十分明显。首先，2006 年经济快速增长的一个重要因素是受政治周期的影响，政府换届和"十一五"的开局之年导致地方政府投资冲动比较强劲，特别是基础设施投资较快。但 2007 年之后，这种发展势头会减弱。其次，从内在因素来分析，由于居民收入分配矛盾和财产分布的高位差距一时难以解决，消费增长幅度还是有限。在投资增长减速和出口增长速度受到制约的前提下，当前较普遍的生产过剩所导致的经济增长率下滑是不可避免的。第三，宏观紧缩政策将制约经济的不合理快速增长。目前，经济结构矛盾加剧，资源和环境的压力加大，经济的过快增长将不可持续。今年以来，政府一直采取各项控制经济过快增长的措施，并且这些措施已经达到初步的效果。比如货币政策，在今年 4 月份出台了上调金融机构贷款基准利率的基础上，又分别于 7 月份和 8 月份两次上调金融机构存款准备金率和存贷款利率，在短短半年内仅货币政策就动用了 4 次。另外，国家发改委、国土资源部、建设部等单位接连出台政策，对新增固定资产项目的审批更严格，土地价格将大幅度上升，房地产投资将得到有效遏制。

可见，2007 年我国经济增长仍会保持在较高的水平上，但增长速度会有所下调，我们预测 2007 年经济增长速度保持在 9.5% 左右。上述预期与相关机构的预期也存在一致性。以下是 8 个权威机构最近对 2007 年经济增长的预测（表 7 - 4）。

表 7 - 4　2007 年各机构初步预测一览表

序　号	机构名称	经济增长预期(%)	序　号	机构名称	经济增长预期(%)
1	世界银行	9.3	5	渣打银行	9.7
2	货币基金组织	10	6	中国人民银行	9.5
3	亚洲开发银行	9.5	7	中国社科院	10.1
4	德意志银行	8.9	8	中金公司	9.5

资料来源：同表 7 - 1。

从上表可以了解到，2007 年各机构对我国经济增长仍保持较高的预期，各机构平均预期值为 9.6%，低于 2006 年 1% 左右。中国经济的增长速度在市场和政府的调节下继续放缓，但增速仍然比较高，中国经济将进入结构调整的关键时期。

2. 物价将呈现温和上涨的态势

基于时间序列的 ARIMA 模型法（表 7 - 2）预计四季度 CPI 为 1.5%，全年 CPI 为 1.8%，呈现温和上涨的态势。近期影响价格水平向上的因素主要包括三个方面：第一，资源性产品价格改革将继续推动未来价格水平上升，成品油、水、电等出现恢复性上涨，公用事业产品价格也会陆续上调，资源价格改革对 CPI 的拉动作用将进一步显现，并且还有上涨的空间。第二，土地价格的上涨会在一定程度上推动产品价格上升。2006 年 9 月 5 日国务院办公厅下发《国务院关于加强土地调控有关问题的通知》，统一制定并公布各地工业用地出让最低价标准。据测算，城市土地价格平均上涨 50% 以上，这会增加相关企业的成本，推动产品价格上升。第三，上游价格上涨对 CPI 的传导作用显现。石油、有色金属、钢材、天然气、电、水等上游价格的上涨，增加了耐用消费品和服务的生产成本，最终推动了 CPI 中的家庭设备用品及服务、医疗保健及个人用品、居住和交通通信等价格的上升，未来这些产品和服务的价格同比将会有较大幅度的提高。

国内也存在价格下调的因素。一方面，消费品的产能过剩会带来价格下降的压力。由于近年来我国消费品产能不断扩大，消费品供大于求的局面在短期内难以改变，消费品特别是耐用消费品价格将会继续下降。另一方面，农业丰收将促进价格的下调。目前，CPI 涨幅波动的一个重要原因是食品价格的波动，其根本原因在于农产品供求状况。今年 1~3 季度，我国粮食生产再获好收成。夏粮总产量 1138 亿公斤，比上年增产 74 亿公斤，增长 7.0%；早稻产量 319 亿公斤，与上年基本持平；秋粮长势良好。前三季度，猪牛羊禽肉产量 5669 万吨，同比增长 4.1%。这些因素会促使以农产品为原料的食品价格保持稳定，从而在一定程度上优质 CPI 的总体平稳。

综合上面两方面的因素，我们认为，在短期内，价格上涨的力量可能大于向下调的力量，因此，近期价格将可能出现温和上涨。

3. 经济增长的不确定性分析

未来一段时期，经济增长预期共识强于差异，但国民经济增长仍然存在许多不确定性，主要表现在以下四个方面：第一，地方政府对经济的干预较大。今年上半年中国经济保持 10.9% 的速度迅猛增长，主要动力来自上级政府对下级政府经济增长指标的压力和争取自身利益最大化的强大动力。因此，不管是东部地区还是中西部地区，仍然存在较大的政府干预经济建设的现象。如果不解决这一个问题，经济增长波动将会增加，经济结构矛盾也会更加突出。第二，国际对华贸易摩擦在增加。国外在纺织品、汽车配件、节能灯具等行业仍在对中国施加反倾销调查的压力，未来一段时期将对上述行业的出口产生重大影响。第三，房地产投资力度仍然不明朗。各地区对房地产政策反应不一，前三季度累计投资 12902 亿元，同比增长 24.3%，同比增速加快 2.1%，降温趋势仍不明朗，未来还存在房地产升温的可能性。第四，外部经济增长区间存在不确定性。美国经济二季度明显减缓。据美国经济分析局公布的最新修订数据显示，受持续升息和原油价格高位波动的影响，二季度美国经济出现明显减缓迹象，增速回落，未来美国 GDP 环比增长率增长可能降至 3% 以下。外部经济的变化将严重影响中国的出口份额，加大经济增长的不确定性。

第三部分　贸易形势分析

一、国内贸易

2006 年前三季度，我国商品市场保持平稳较快增长，主要生产资料和消费品市场供求关系进一步改善，物价涨幅不大。1～9 月份，社会消费品零售总额 55091.4 亿元，同比增长 13.5%，比上年同期加快 0.5%，是 1997 年以来的最快增长速度；1～8 月份，生产资料销售总额约 11.2 万亿元，扣除物价因素实际增长 18.6%，比上年同期加快 2.9%。预计全年社会消费品零售总额将达到 7.6 万亿元左右，生产资料销售总额将达到 17 万亿元左右。

（一）国内市场运行的基本情况

1. 消费品市场保持平稳较快发展势头

1～9 月份，社会消费品零售总额 55091.4 亿元，同比增长 13.5%。从地区情况看，城市消费品零售额 37246.5 亿元，增长 14.1%；县及县以下零售额 17844.9 亿元，增长 12.3%；从行业情况来看，批发和零售业零售额 46442 亿元，同比增长 13.5%；住宿和餐饮业零售额 7493 亿元，增长 15.8%。从月度增长情况来看，总体上呈逐月加快趋势，其中，7 月、8 月、9 月各月分别增长 13.7%、13.8% 和 13.9%，前三季度增速高出上半年 0.2%（见表 7-5）。

表 7-5　社会消费品零售总额

单位：亿元

	总　额		城　市		县及县以下	
	绝对值	同比增长（%）	绝对值	同比增长（%）	绝对值	同比增长（%）
1 月	6641.6	15.5	4458.3	16.8	2183.3	13.0
2 月	6001.9	9.4	4037.8	9.5	1964.1	9.1
3 月	5796.7	13.5	3913.8	14.1	1882.9	12.5
4 月	5775	13.6	3898	14.1	1877	12.5
5 月	6176	14.2	4179	15	1997	12.6
6 月	6057.8	13.9	4131	14.7	1927	12.3
7 月	6012	13.7	4082	14.2	1931	12.6
8 月	6077	13.8	4130	14.3	1947	12.8
9 月	6553.6	13.9	4417.5	14.4	2136.1	12.8

数据来源：国家统计局。

2. 农村市场销售增长加快

三季度，农村市场销售增幅进一步加快。前三季度农村市场消费品零售额 17844.9 亿元，同比增长 12.3%，比上半年加快 0.3%，比上年同期加快 1.3%。农村市场消费品零售额增长速度仍然低于城市，比城市增长速度低 1.8%，差距比上半年缩小 0.2%，比上年同期缩小 1.2%。同时，农村市场对全社会消费品零售总额增长的贡献率提高为 29.7%，同比提高 1.6%。

3. 消费结构升级促进商品销售强劲增长

前三季度，汽车、住房、通信、旅游等领域消费继续保持快速增长。全国限额以上批发零售贸易业中，吃、穿、用类的商品分别增长 13.5%、18.6% 和 22.7%。其中，通信器材零售额同比增长 23.8%，石油及制品类增长 37.1%，汽车类增长 26.0%。汽车市场自去年下半年以来销售增速逐步加快，目前增长速度高于同期 13%。

4. 生产资料销售保持快速增长

受固定资产投资较快增长以及出口拉动等因素影响，今年以来，流通领域生产资料市场销售保持快速增长。1~8 月份，生产资料销售总额实现 11.2 万亿元，按可比价计算，实际增长 18.6%，增幅比上年同期提高 2.9%。生产资料价格保持小幅上涨，1~9 月份，全国流通环节价格总水平累计上涨 2.5%，涨幅比去年同期回落 1.9%。部分有色金属受国际市场价格大幅上扬影响，出口增加，导致国内市场价格急剧上升，其中锌价上涨 92.4%，铜价上涨 75.4%。

5. 居民消费价格保持稳定

1~9 月份，全国居民消费价格总水平（CPI）同比上涨 1.3%，与上半年持平。其中，城市上涨 1.3%，农村上涨 1.2%。分类别看，前三季度，食品价格上涨 1.8%，服务项目价格上涨 2.0%。其余商品价格有涨有落，其中，烟酒及用品价格上涨 0.4%；家庭设备用品及维修服务价格上涨 1.0%；医疗保健和个人用品价格上涨 1.1%；居住价格上涨 4.7%；娱乐教育文化用品及服务价格下降 0.1%；交通和通信价格下降 0.2%；衣着价格下降 0.8%。9 月份，居民消费价格总水平比去年同月上涨 1.5%，其中，城市上涨 1.6%，农村上涨 1.4%；环比上涨 0.5%，其中城市上涨 0.6%，农村上涨 0.4%（见表 7 - 6）。扣除食品和能源价格变动影响，全国居民消费价格总水平与 8 月持平。

表7-6　居民消费价格指数

	当月(上年同月=100)			累计(上年同期=100)		
	全　国	城　市	农　村	全　国	城　市	农　村
1月	101.9	102.0	101.7	101.9	102.0	101.7
2月	100.9	100.9	100.8	101.4	101.4	101.3
3月	100.8	100.8	100.7	101.2	101.2	101.1
4月	101.2	101.2	101.1	101.2	101.2	101.1
5月	101.4	101.4	101.2	101.2	101.3	101.1
6月	101.5	101.6	101.3	101.2	101.3	101.2
7月	101.0	101.1	101.1	101.2	101.3	101.2
8月	101.3	101.3	101.4	101.2	101.3	101.2
9月	101.5	101.6	101.4	101.3	101.3	101.2

数据来源：国家统计局。

(二) 需要注意的问题

1. 警惕物价出现大幅度反弹

据国家统计局三季度调查，消费者信心指数为94.7，比上季度提高0.7点，7~9月份指数分别为94.0、94.5和95.7，保持了两个月的连续提高。代表消费者对当前经济状况满意程度的满意指数为90.7，7~9月份分别为90.1、90.5、91.4。反映消费者对未来几个月经济前景看法的预期指数为97.4，7~9月份分别为96.6、97.1和98.6，均比上季有所提高。认为目前为购买商品房、汽车的适当时机的消费者均比上季提高近5%；认为目前为购买耐用消费品适当时机的消费者则仍保持在70%的平台；预期个人或家庭收入在未来会有所增长或保持不变的消费者提高3%。由于国民经济保持快速增长，特别是生产资料价格向下游传导压力依然存在，增大了居民消费价格大幅上涨的可能性。据中国人民银行2006年三季度城镇储户问卷调查结果，城镇居民对物价上涨反应强烈，物价上涨给中低收入家庭带来的压力尤其明显，居民对未来物价预期比较悲观。本季调查反映，未来物价预期指数为40.6%，为历史次高水平，仅次于2003年四季度的43.5%的峰值。

2. 更加关注农村市场消费需求潜力

三季度鲜活农产品集中上市期间，一些地区出现不同程度的卖难问题，农产品价格大幅下跌，给农民造成较大损失。另外，化肥等农资价格持续在高位运行，进一步增大了农民增收的难度。前三季度，农民人均现金收入 2762 元，实际增长 11.4%，与上年同期基本持平。因此，应进一步贯彻落实党中央、国务院有关农民增收的各项政策措施，保障农民收入较快增长，促进农村市场持续稳定发展。

（三）国内商品市场走势分析

国家将进一步采取扩大居民消费的政策措施，继续实施宏观调控，提高经济增长质量，消费品市场和生产资料市场将继续保持较快增长。预计全年社会消费品零售总额将达到 7.6 万亿元，增长 13.5% 左右；预计全年生产资料销售总额将达到 17 万亿，增长 18% 左右，流通环节价格总水平涨幅略高于去年。

二、国际贸易

（一）外贸进出口运行基本情况

据海关统计，2006 年 1~9 月份，全国进出口总值为 12726.1 亿美元，同比增长 24.3%，其中，出口 6912.3 亿美元，增长 26.5%；进口 5813.8 亿美元，增长 21.7%。三季度，全国进出口总值为 4767.7 亿美元，同比增长 25.6%，其中，出口 2626.9 亿美元，增长 28.7%；进口 2142.3 亿美元，增长 22.1%（表 7-7）。9 月份，全国进出口总值为 1679.8 亿美元，同比增长 26.6%，其中，出口 916.4 亿美元，增长 30.6%；进口 763.4 亿美元，增长 22%。

表 7-7 2006 年三季度各月外贸进出口与 2005 年同比情况

单位：亿美元

2005 年	当月	增长（%）	累计	增长（%）	2006 年	当月	增长（%）	累计	增长（%）
出口总值					出口总值				
7 月	655.8	28.7	4079.4	32.0	7 月	803.3	22.6	5088.7	24.8
8 月	678.2	32.1	4756.7	32.0	8 月	907.7	32.8	5996.3	25.9
9 月	701.9	25.9	5464.2	31.3	9 月	916.4	30.6	6912.3	26.5
进口总值					进口总值				
7 月	551.8	12.7	3579.6	13.8	7 月	657.1	19.7	4330.1	21.1
8 月	577.8	23.4	4154.5	14.9	8 月	719.7	24.6	5049.8	21.6
9 月	626.2	23.5	4780.8	16	9 月	763.4	22.0	5813.8	21.7

数据来源：海关统计。

1. 一般贸易增长快于加工贸易

前三季度，我国一般贸易进出口 5471.8 亿美元，增长 25.3%，占同期进出口总值的 43%。加工贸易进出口 5961.7 亿美元，增长 21.8%，占同期进出口总值的 46.9%。其中，一般贸易出口 2988 亿美元，增长 29.4%；一般贸易进口 2483.8 亿美元，增长 20.8%。加工贸易出口 3625 亿美元，增长 23.4%，占同期出口额的 52.4%；进口 2336.7 亿美元，增长 19.6%，占同期进口额的 40.2%。三季度，我国一般贸易进出口 2049.1 亿美元，同比增长 29.7%。其中，一般贸易出口 1149.1 亿美元，增长 35.5%；一般贸易进口 900 亿美元，增长 22.5%。同期，我国加工贸易进出口 2213.4 亿美元，增长 20.6%。其中加工贸易出口 1352.6 亿美元，增长 22.6%；进口 860.8 亿美元，增长 17.6%（见表 7-8、表 7-9）。

表7-8　近年来三季度外贸出口结构变化比较

单位：亿美元，%

	结　构	2004 年三季度	2005 年三季度	2006 年三季度
出口总值		1581.4(100)	2040.8(100)	2626.9(100)
贸易方式	一般贸易	657.3(41.6)	848.3(41.6)	1149.1(43.8)
	加工贸易	864.7(54.7)	1103.5(54.1)	1352.6(51.5)
企业性质	国有企业	408.1(25.8)	451.0(22.1)	522.6(19.9)
	外商投资企业	894(56.5)	1172.7(57.5)	1497.8(57.0)
	其他性质企业	279.5(17.7)	416.1(20.4)	606(23.1)
商品结构	机电产品	843.8(53.4)	1120.0(54.9)	1444.3(55.0)
	高新技术产品	423.2(26.8)	565.2(27.7)	724.2(27.6)
主要出口市场	中国香港	268.5(17.0)	325.6(16.0)	412.5(15.7)
	美　国	343.6(21.7)	446.6(21.9)	558.4(21.3)
	欧　盟	280.9(17.8)	375.6(18.4)	487.8(18.6)
	日　本	185.6(11.7)	214.7(10.5)	234.9(8.9)

数据来源：海关统计。

表 7 - 9   近年来三季度外贸进口结构变化

单位：亿美元，%

结　　构		2004 年三季度	2005 年三季度	2006 年三季度
进口总值		1474.1(100)	1753.9(100)	2142.3(100)
贸易方式	一般贸易	635.8(43.1)	734.5(41.9)	900(42.0)
	加工贸易	591.9(40.2)	731.7(41.7)	860.8(40.2)
企业性质	国有企业	451.1(30.6)	517.4(29.5)	613.9(28.7)
	外商投资企业	867.1(58.8)	1030.5(58.8)	1275.6(59.5)
	其他性质企业	155.9(10.6)	206(11.7)	252.8(11.8)
商品结构	机电产品	815.9(55.4)	940.1(53.6)	1151.3(53.7)
	高新技术产品	443.8(30.1)	529(30.2)	667.7(31.2)
主要进口来源地	日　本	249.4(16.9)	265.4(15.1)	312.6(14.6)
	美　国	109.3(7.4)	126.2(7.2)	160.1(7.5)
	欧　盟	192.1(13.0)	201.6(11.5)	247(11.5)
	中国台湾	169.8(11.5)	196.7(11.2)	231.1(10.8)

数据来源：海关统计。

2. 高新技术产品出口成长加快

前三季度，我国高新技术产品进出口 3745.5 亿美元，同比增长 29.3%。其中，出口为 1958.9 亿美元，增长 30.6%，占出口比重为 28.3%；进口 1786.6 亿美元，增长 28%，占进口比重为 30.7%。机电产品进出口总值 6989.6 亿美元，同比增长 27.7%。其中，出口 3884.2 亿美元，增长 29.9%，占全国出口的 56.2%；进口 3105.4 亿美元，增长 25.1%，占全国进口的 53.4%。传统大宗商品出口增长迅速。纺织服装出口 1055.9 亿美元，同比增长 24.2%，增速高于去年同期 0.8%，多出口 206 亿美元。其中，纺织纱线出口 360 亿美元，同比增长 18.2%；服装出口 695.9 亿美元，增长 27.6%。鞋类出口 164.3 亿美元，增长 15.8%。原油、成品油出口量双双下降，出口原油 427 万吨，下降 21.8%；成品油 911 万吨，下降 21.1%。进口商品中，初级产品 1416.5 亿美元，增长 31.6%；工业制品 4397.3 亿美元，增长 18.8%。

3. 自欧美进口增长加快

前三季度，中日双边贸易总额 1509.7 亿美元，同比增长 12.3%，是美日欧三个经济体中增长最低的一个。其中我国向日本出口 666.8 亿美元，同比增长 8.0%，比去年同期下降 10.8%。我国自日进口 842.8 亿美元，同比增长 15.9%。中美双边贸易总额 1915.1 亿美元，同比增长 24.8%。其中，我国对美出口 1468.6 亿美元，增长 25.2%；自美进口 446.5 亿美元，增长 23.7%，而去年同期增长仅为 7.3%，尤其是棉花、集成电路、计算机及其零部件以及汽车产品进口大幅度增加。我国与欧盟双边贸易达到 1944.4 亿美元，同比增长 23.3%。其中，对欧盟出口 1283.9 亿美元，同比增长 24.2%，比去年同期回落 13%；自欧盟进口 660.5 亿美元，同比增长 21.6%，而去年同期进口增幅仅为 3.4%。

4. 东部三强引领外贸增势

前三季度，广东省进出口总值 3759.2 亿美元，增长 25%，占全国总值的 29.5%。其中，出口 2132.9 亿美元，增长 28.8%，进口 1626.3 亿美元，增长 20.2%，贸易规模继续领先于全国其他各省区市。江苏省进出口总值为 2041.4 亿美元，同比增长 23.6%，占全国总值的 16%。其中，出口 1140.5 亿美元，增长 28.9%，进口 900.9 亿美元，增长 17.5%。上海进出口总值 1656.6 亿美元，增长 21.4%，占全国总值的 13%。其中，出口 825.6 亿美元，增长 23.4%，进口 831.0 亿美元，增长 19.5%。上述 3 省市合计占我国进出口总值的 58.6%。进出口增长超过 35% 的省区市有黑龙江、安徽、江西、四川、西藏和宁夏，分别增长 37%、36.4%、44.6%、42.4%、48.9% 和 45.3%。

5. 实际吸收外资持续下滑

前三季度，全国新批设立外商投资企业 30021 家，同比下降 6.83%；实际使用外资金额 425.89 亿美元，同比下降 1.52%。亚洲十个国家和地区（日本、菲律宾、泰国、马来西亚、新加坡、印尼、韩国以及中国香港、中国澳门、中国台湾地区）投资新设立企业数同比下降 7.68%，实际投入外资金额同比下降 8.5%。美国对华投资新设立企业数同比下降 14.13%，实际投入外资金额同比增长 33.91%；原欧盟十五国对华投资新设立企业数同比下降 2.33%，实际投入外资金额同比增长 22.54%。部分自由港（维尔京群岛、开曼群岛、萨摩亚、毛里求斯）对华投资新设立企业 3103 家，同比增长 13.29%；实际投入外资金额 107.64 亿美元，同比增长 6.55%。1～9 月份，外商投资企业进出口 7426.5 亿美元，增长 25.8%，其中出口 3999.2 亿美元，增长 27.7%，占出口比重为 57.9%；进口 3427.3 亿美元，增长 23.8%，占进口比重为 59%。

6. 民营企业增长快于国有企业

前三季度，集体、私营企业及其他企业进出口 2209.9 亿美元，增长

36.1%，占同期总值的 17.4%。国有企业进出口 3089.7 亿美元，增长 13.7%，占同期总值的 24.3%。第三季度，民营企业出口、进口分别为 606 亿美元和 252.8 亿美元，分别占同期总值的 23.1% 和 11.8%。国有企业出口、进口分别为 522.6 亿美元和 613.9 亿美元，分别占同期总值的 19.9% 和 28.7%。

（二）需要关注的动态

1. 出口退税政策的结构性调整

今年 9 月份调整部分商品的出口退税率，同时增补加工贸易禁止类商品目录。其中出口退税率调低的产品包括：部分钢材的出口退税率由 11% 降至 8%；陶瓷、部分成品革和水泥、玻璃的出口退税率分别由 13% 降至 8% 和 11%；部分有色金属材料的出口退税率由 13% 降至 5%、8% 和 11%；纺织品、家具、塑料、打火机、个别木材制品的出口退税率由 13% 降至 11%；非机械驱动车（手推车）及零部件的出口退税率由 17% 降至 13%。出口退税率调高的产品包括：重大技术装备、部分 IT 产品、生物医药产品以及部分国家产业政策鼓励出口的高科技产品等，出口退税率由 13% 提高到 17%；部分以农产品为原料的加工品，出口退税率由 5% 或 11% 提高到 13%。这种调整有利于抑制"两高一资"产品的出口，达到宏观控制的目的，同时也有利于促进高新技术产品和农产品的出口，并已在 8 月、9 月份的出口中显现出来。

2. 贸易顺差的常态化趋势

1～9 月份，累计贸易顺差 1098.5 亿美元，同比增长 60.4%，已经超过了 2005 年全年的顺差额。9 月份实现贸易顺差 153 亿美元，在连续创出历史新高之后终于有所回落，顺差额低于 8 月份 188 亿美元的历史高点，但 9 月的顺差仍然是历史第二高点。1～9 月份，加工贸易顺差 1288.27 亿美元，同比增长 30.8%，增幅下降 9.4%。值得注意的是，一般贸易顺差达 504.3 亿美元，增长 99.2%，其中 9 月份 66 亿美元，增长 194.2%。尽管从欧美的进口增长加快，但 9 月份对美国、欧盟的顺差增长仍达到 26.2% 和 59.9%。基于中国已经形成的产能基础和参与的全球分工格局，许多经济学家预计，中国的贸易顺差会有继续扩大的趋势。这将进一步加大对外经济的失衡，增加人民币汇率升值的压力。

3. 出口商品价格上扬

近期中国出口商品价格整体出现大幅上扬。今年 1～8 月份，高端机电产品，如自动数据处理设备及其部件、便携式电脑、自动数据处理设备的零件、收音机、电视机、电子计算器、金属加工机床的涨幅分别为17.2%、7.4%、11%、54.4%、27.1%、21.8%、31.3%；劳动密集型产品，如鞋、塑料制品、人造花、家用或装饰用木制品的涨幅分别为8.4%、5.6%、7.04%、7.98%。只有不多的一些出口商品价格呈下跌趋势，譬如烟花鞭炮、手机、汽车零部件等，但跌幅都不大。占出口权重较大的商品基本都呈上扬趋势，外贸出口整体上呈价量齐涨的态势。尽管出口商品价格上涨幅度很大，但国际需求并没有减少。这种现象表明，中国出口产品在人民币汇率升值所带来的成本压力增大的情况下并没有减缓增势，说明出口竞争力的增强。也有人认为，这有国际资金以贸易渠道进入中国寻求套利机会，造成出口价涨量增的假象。

（三）对今年四季度及全年形势的估计

岁末几个月，受出口退税政策调整的刺激，以机电产品和高新技术产品为主导的出口还将在 8 月、9 月份的基础上有大的增长。中国政府公布的采购经理人指数显示，中国 9 月份出口订单分类数据大幅上升至 60.2，远高于 8 月份的 55.0。这一趋势还会进一步加大外贸顺差。

第四部分 财政政策分析

一、财政政策执行情况

前三季度，在国民经济平稳较快增长的基础上，财政收支情况总体良好，反映了经济景气处在本轮周期的顶峰阶段。

1. 税收收入保持较快增长

1～9 月份，国内税收收入累计完成 28420 亿元，比上年同期增长22.5%。流转税、所得税和进口环节税共同拉动税收增长，其中国内增值税、消费税和营业税共完成 14818 亿元，增长 20%；外商投资企业和外国企业所得税、内资企业所得税和个人所得税共完成 7555 亿元，增长 27%。海关征收关税和进口环节税净入库 4619.45 亿元，增长 19.2%（图 7-2）。从地区分布来看，东、中、西部地区税收协调增长，分别增长 22.7%、20.9% 和 23.8%，占全国的比重分别为 71.1%、15.5% 和 13.6%，与上年同期基本一致。税收收入高速增长，说明经济运行偏热，特别反映出部分行业过热、房地产泡沫以及进口增速明显加快，从而发挥了对经济的自动稳定器作用。

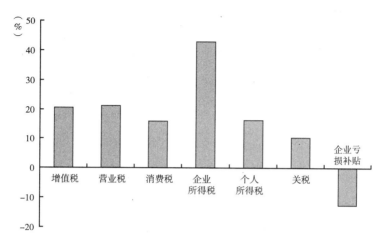

图 7 – 2　1 ~ 9 月份财政收入主要项目增长情况

2. 公共服务支出得到加强

1 ~ 9 月份，全国财政支出 23157 亿元，增长 16.1%。其中重点是保证公共产品和公共服务的支出。一是支农支出快速增长，同比增长 19.8%；二是社会事业支出增长较快，文教科学卫生支出增长 15.2%；三是社会保障支出保持快速增长，例如抚恤和社会福利救济费增长 20.8%；四是国家职权建设支出得到有力保障，其中行政管理费增长 14.2%（见图 7 – 3）。收支相抵，全国财政盈余 6465 亿元，比去年同期扩大 2647 亿元，表明财政政策对调节经济运行偏热有一定的紧缩作用。

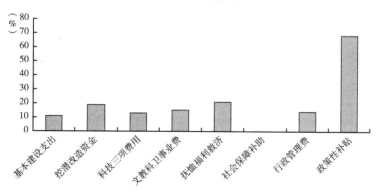

图 7 – 3　1 ~ 9 月份财政支出主要项目增长情况

449

3. 加强对农村经济社会发展的支持

一是全面取消农业税，农民每年减负超过 1000 亿元，人均减负 120 元左右，8 亿农民得到实惠。为确保农民负担不反弹，从今年起，财政每年安排 1030 亿元以上的资金用于支持农村税费改革的巩固完善。二是增加对粮食生产的补贴，全国财政从粮食风险基金中安排粮食直补资金 142 亿元，中央财政安排 40.7 亿元良种补贴，安排 6 亿元农机购置补贴，并对种粮农民的柴油、化肥、农药等农业生产资料增支安排 125 亿元资金实行综合直补。三是国家基础设施建设重点转向农村，今年全口径农村建设方面的中央投资达 500 多亿元，占当年中央投资的 45% 以上，其中中央对农村饮水安全、农村沼气投资比去年分别增加 1 倍和 1.5 倍。四是将新型农村合作医疗试点范围扩大到全国 40% 的县（市、区），中央和地方财政补助标准均由 10 元提高至 20 元。五是在西部地区 12 个省（区、市）全面推行农村义务教育经费保障机制改革，对学生免收学杂费，对贫困家庭学生提供免费课本和寄宿生活费补助，受益学生达 4880 万人。六是加强对自然灾害的救济。截至目前，中央已累计投入特大自然灾害补助、防汛抗旱等救灾资金 71 亿元。七是为缓解县乡财政困难，中央财政大力推行"三奖一补"政策，2005 年安排资金 150 亿元，今年增至 210 亿元，支持了县域经济的发展。

4. 加强税收政策的调节

一是根据加入 WTO 的关税减让承诺，进一步降低 100 多个税目的进口关税，并加强关税的调控作用。二是完善所得税制，将个人所得税起征点由 800 元提高至 1600 元，促进居民消费。将内资企业在计算缴纳企业所得税时允许扣除的计税工资标准由人均每月 800 元上调至 1600 元，缩小内外资企业的税负差距。三是调整消费税，对游艇、高尔夫球及球具、高档手表等高档消费品征收消费税，提高大排量汽车的税率，相对减少小排量汽车的税收负担，停征护肤护发品的消费税，引导生产消费。四是对出口退税政策进行重大结构性调整，取消对煤炭、天然气、木材、非金属类矿产品等初级制品的出口退税；降低钢材、陶瓷、部分成品革和水泥、玻璃、部分有色金属材料、纺织品、家具、塑料、打火机、个别木材制品、非机械驱动车（手推车）及零部件的出口退税率；提高重大技术装备、部分 IT 产品和生物医药产品、鼓励出口的高科技产品、以农产品为原料的加工品等的出口退税率，同时将取消出口退税的商品列入加工贸易禁止类目录，并征收进口关税和进口环节税，以优化产业结构，促进外贸转变增长方式，推动进出口贸易均衡发展。五是对石油开采企业销售国产原油，因价格超过 40 美元/桶（含）以上所获超额收入，按比例征收特别收益金，加强对垄断行业收益的调节。

二、当前财政运行中存在的主要问题

当前财政收支运行虽然总体良好，但也存在一些突出的矛盾和问题值得关注。

1. 对投资反周期调控不够

近年来我国固定资产投资运行一直偏热，是政府宏观调控的重点。当前控制投资需求过快增长，应减少政府投资，但财政并没有减少投资。一是今年预算安排的政府投资资金规模没有降低，长期国债发行虽然减少 200 亿元，但同时增加预算内经常性建设投资 100 亿元，使中央财政投资资金规模仍为 1154 亿元，与 2005 年一致，再加上上年结转的国债项目资金，政府实际投资规模更大，没有体现出控制投资需求的政策导向。二是在实际中财政投资资金增长较快，固定资产投资资金来源中，2005 年国家预算内资金投资增长 24.0%，比上年加快 10%。今年 1~9 月份，国家预算内资金投资同比增长 31.6%，高于全社会固定资产投资平均增速 4.3%，与控制固定资产投资增长的方向背道而驰。这说明政府投资没有进行反周期调节，在全社会固定资产投资增速下降的情况下明显存在挤出效应。

2. 财政支出严重"越位"

一些本该由市场调节、自我发展的竞争性和经营性领域，财政资金还没有及时退出。这集中表现在财政给予国有企业的流动资金、挖潜改造资金和巨额补贴，对很多应通过有偿服务或自筹资金维持运转的事业拨款。行政管理费增长过快，改革开放以来其年均增长 20% 左右，比同期财政收支增速高出 7%，也是财政支出超额供给和越位的表现。目前，全国乡镇负债达 2000 多亿元，平均每个乡镇负债 450 万元，也是政府财政越位的结果，某些地方因兴办企业举债占乡镇债务的 50% 以上。另外，随着技术的发展，财政分权和管理方式的变革，公共产品的范围和内容也在变化，例如高速公路等基础设施和公用事业完全可以由民间投资提供，不需要政府包揽。财政支出的越位，挤占了稀缺的财政资源，造成本该由财政供给的义务教育、社会保障、公共设施建设项目得不到充足的资金保证等"缺位"现象。如在卫生总费用中，政府投入大约只占 17%，企业和社会需承

担约 27%，剩余的 56% 左右是个人承担。教育和医疗是农民致贫的重要原因。抽样调查显示，困难户占全村总户数的平均比例为 15.3%，其中因上学致贫平均比例为 6.1%，因病致贫平均比例为 4.9%。对种粮农民的补贴，我国在增加综合直补后，每亩平均补贴 17.2 元，粮食主产区为 20.9元，而欧盟农场主收入的 70%、美国农场主的 80% 都来源于政府补贴。财政支出范围过宽，也影响市场机制作用的发挥。

3. 对收入分配调节不力

这突出表现在两个方面：一是对国有企业税后利润缺乏调节，是我国目前储蓄率较高的重要原因。从消费来看，我国居民消费是比较稳定的，居民储蓄不是特别高，企业储蓄较高，总储蓄中 30% 来自企业储蓄。企业利润主要来自资源性垄断企业。对这些国有企业，国家没有行使资本收益权，没有参与企业税后利润分配，加上资源行业税负轻，资源涨价收益也都归企业，导致企业储蓄较高，造成投资消费关系扭曲、出口快速增长等内外经济失衡。二是社会保障制度不合理，制约居民消费的进一步扩大。现行的社会保障制度尚存很多缺陷，如规定的待遇水平较低、远未实现全覆盖、严重的城乡失衡、进城务工的农民工及其家属的社保问题突出、对贫弱人群的发展权保障严重不足、对贫势人群的福利服务严重不足等。例如北京市低保标准目前是 310 元，只是该市社会平均收入的 1/7 左右。发达国家的贫困线是社会平均收入的 1/2 左右。抽样调查显示，农村 96.9%的 60 岁以上老人不享受养老保险，享受养老保险的只占 1.5%，农村老龄人口约 9000 万，生活主要依靠子女供养。这使我国社会贫富差距较大，已超过相对合理值的上限，严重影响了居民的支出预期，使消费增长大大低于投资、进口和出口。

4. 税制明显不合理

一是在设备投资方面，保持现行生产性增值税，企业不能抵扣当期新增机器设备所含进项税金，不利于促进企业增加投资进行技术改造、调整产业结构和产品结构。二是对外资企业给予超国民待遇，不利于解决贸易顺差过大问题。当前，对内外资企业所得税分而治之，导致内资企业受歧视，而外资企业享受超国民待遇。目前，内资企业实际所得税税负约25%，而外资企业实际所得税税负仅 12% 左右，形成不合理的外资流入以及内外资企业不公平竞争，导致国际收支严重不平衡和外汇储备增长过快。三是在房地产领域，目前征收的城镇土地使用税、新增建设用地有偿使用费和耕地占用税的标准是 20 世纪 90 年代初制定的，不同城市的不同地块，两税每平方米分别只有 0.5～10 元和 1～10 元，建设用地使用成本明显偏低。同时房地产取得和保有环节税收调节不力，成为地方政府占用耕地、扩张城市从而导致城镇固定资产投资膨胀和房地产市场运行过热的重要原因。

三、几点财政政策建议

考虑到世界经济形势较好，国内经济运行有些偏热，第四季度经济仍高位运行。在此基础上，财政收入继续稳定增长，可完成预算并有一定超收。同时，要根据经济形势变化，及时调整稳健财政政策，促进经济稳定发展。

1. 财政政策适度从紧，控制政府投资增长

在当前经济运行高涨的情况下，财政政策应变"模棱两可"为"旗帜鲜明"，由"稳健"转向"适度从紧"，考虑减少财政赤字，缩减政府投资规模，加强"逆风向"调节，传递明确的调控信号。在通过银根、地根紧缩等措施控制私人部门投资增长的同时，也应严格控制政府投资过快增长，否则有失公平，产生"挤出效应"。因此，要减少政府投资规模，放慢国债项目资金拨付进度，部分结转下年使用。针对流动性过剩的状况，要改变中央银行用基础货币收购外汇的办法，由财政通过发债办法收购外汇，减少对货币供应的冲击。对全年可能的财政超收，建议部分用于减少预算赤字，部分用于解决历史遗留问题，减少隐性赤字和债务，防止经济过热。

2. 转变政府职能，加强公共产品提供

要让市场机制发挥对资源配置的基础性作用，政府主要履行"经济调节、市场监管、社会管理和公共服务"的职能。相应地，财政要按照市场经济的原则，调整支出范围。首先，市场能办好的，公共财政要坚决退出，纠正"越位"。如按"谁投资、谁承担风险"的要求，确立企业投资主体地位，政府不再直接或变相审批项目投资。政府必须退出一般性竞争领域，减少直至停止对一般企业的亏损补贴。其次，在市场失灵的地方，财政一定要保障到位，补足"缺位"。财政支出重点要转向加强公共产品和公共服务提供，完善公共服务体系，保证社保、教育、卫生、"三农"等重点支出需要，包括实行免费义务教育，免费向全体国民提供基本医疗服务，解决教育和公共卫生与基本医疗服务公平问题。在"三农"方面，建立农民种粮收益综合补贴制度，强化国家对农业与农民的保护体系，建

立建设资金稳定增长机制，加强农村基础设施建设，改善农村生产生活条件，提供农民需求最为迫切的公共产品。

3. 完善收入分配制度，支持建设和谐社会

一是实施公务员工资制度改革。建立职务与级别相结合的公务员工资制度和工资正常增长机制；在清理规范津贴补贴的基础上，建立健全符合公务员队伍建设实际的津贴补贴制度；推进事业单位收入分配制度改革。二是完善企业收入分配制度。规范企业按劳分配与按生产要素分配相结合的分配方式，推行职工工资集体协商制度，实行同工同酬。制定并提高最低小时工资标准，使其与低保标准拉开较大距离，增强就业对低保对象中有劳动能力者的吸引力，减少乃至避免"福利依赖"的弊端。逐步探索有效调节部分垄断行业过高收入水平的政策机制。三是健全社会保障体系。完善社会统筹与个人账户相结合的基本养老保险和基本医疗保险制度。鼓励有条件的企业建立企业年金，推进机关、事业单位的养老保险制度改革。切实将农民工纳入工伤保险，积极推进农民工参加大病医疗保险统筹，探索农民工养老保险政策，做好被征地农民就业培训和社会保障工作，在有条件的地方建立农村社会养老保险制度。对低收入阶层特别是享受社保的阶层成员，采取与在职人员工资及物价涨幅挂钩的原则并参照国际惯例，合理调整社会保障待遇。这些措施有利于缩小居民收入分配差距，促进全民共享改革发展成果，构建和谐社会，并促进扩大消费需求。

4. 完善税收制度，发挥税收政策的调节作用

一是在总结东北地区增值税转型改革试点经验的基础上，尽快在全国实行消费型增值税改革，支持企业技术进步，增强企业自主创新能力。二是按照简税制、宽税基、低税率、严征收的原则，统一内外资企业所得税，将法定税率水平确定在 25% 左右，对外资企业的过渡期设定在 5 年，并将税收优惠转向以产业优惠为主，促进内外资企业公平竞争。三是加快改革房地产税收制度，建设用地城镇土地使用税提高两倍，新增建设用地有偿使用费和耕地占用税各提高一倍。积极推进物业税模拟评税试点，加快开征物业税。居民将为房价上涨付费，有利于抑制投资性和投机性住房需求，解决目前房屋面积结构不合理问题，并增加地方政府财政收入。四是加快对资源垄断性企业收入的调整。将资源税由从量征收改为从价征收或者按占有资源量征收，同时提高各种涉及环境保护的税费征收标准，使资源价格能够反映资源破坏和环境治理成本。同时，完善企业利润分配政策，研究国家参与国有企业税后利润分配办法，并编制国有资本经营预

算，以降低企业储蓄。五是减少直至取消对高能耗、高污染、低技术、低增值出口的激励，增强对低能耗、低污染、高技术、高增值出口的激励，促进产业结构调整，解决外贸顺差过大问题。

第五部分　货币金融形势分析

一、三季度金融运行情况

（一）广义货币 M_2 增速明显下降

9月末，广义货币供应量（M_2）余额为33.19万亿元，同比增长16.8%，增速同比下降1.1%，比上月末低1.1%。M_2 同比增速连续5个月下降，是去年8月份以来增速首次低于17%。从结构看，造成 M_2 同比增速下降的主要原因是证券公司客户保证金下降较多。狭义货币供应量（M_1）余额为11.68万亿元，同比增长15.7%，增速同比提高4.1%，比上月高0.1%。M_1 增长加快的主要原因是企业活期存款和流通中现金增加较多。市场货币流通量（M_0）余额为2.57万亿元，同比增长15.3%，增速比去年同期高6.8%。货币流动量及货币流动性见图7-4。

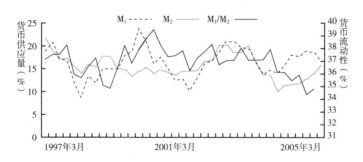

图7-4　货币供应量和货币流动性

（二）贷款增速逐步回落

6月末，全部金融机构本外币各项贷款余额为23.38万亿元，同比增长14.61%。其中，金融机构人民币各项贷款余额为22.1万亿元，同比增长15.2%，增幅比去年同期上升1.4%，比上月下降0.9%。从趋势上看，今年以来贷款增速偏快的趋势得到明显控制。1～9月份，人民币贷款增加27562亿元，同比多增7987亿元，是历史最高水平。三季度新增人民币各项贷款 5794 亿元，同比多增 758 亿元，相对于一季度多增 5193 亿元、二季度多增 2046 亿元来说要小得多。从 9 月份的情况来看，新增人民币贷款 2201 亿元，同比少增 1252 亿元，是 2002 年以来当月的最低水平。2003 年以来人民币各项贷款增长速度（见图 7-5）。

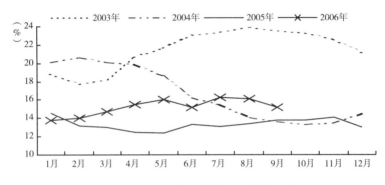

图 7-5　人民币各项贷款同比增长速度

从贷款期限看，中长期贷款增速持续上升，票据融资大幅减少。9 月末，人民币中长期贷款余额 10.26 亿元，同比增长 21.4%。从增量看，1～9 月份，中长期贷款增加 1.51 万亿元，同比多增 6429 亿元，其中基建贷款同比多增 2252 亿元。9 月末，人民币短期贷款和票据融资余额为 11.57 万亿元，同比增长 11.6%，比上月下降 1.6%，下降趋势明显。从新增量看，1～9 月份新增短期贷款 1.07 万亿元，同比多增 4335 亿元；票据融资新增 1362 亿元，同比少增 2611 亿元。三季度短期贷款和票据融资增幅明显下降，尤其是票据融资增幅下降较多。三季度票据融资减少 2062 亿元，同比多下降 3526 亿元。票据融资大幅下降的主要原因是受宏观调控影响，一些银行总行均对分支行票据业务进行了限制。至 9 月末，金融机构外汇贷款余额为 1615 亿美元，同比增长 7.63%。1～9 月份，新增外汇贷款 119 亿美元，同比少增 43 亿美元。

（三）储蓄存款增长平稳，企业存款总体多增

9 月末，全部金融机构（含外资机构）本外币各项存款余额为 34.05 万亿元，同比增长 16.39%。金融机构人民币各项存款余额为 32.78 万亿元，同比增长 17.15%，增幅同比下降 1.93%，比上年年末低 1.8%。其中，居民储蓄存款余额 15.81 万亿元，同比增长 16.0%，是今年以来的最低点。存款基准利率上升对储蓄存款的影响有限。企业存款余额 10.72 万

亿元，同比增长 15.1%，比上年同期下降 0.6%（图 7 - 6）。从前三个季度情况看，企业存款尤其是活期存款总体多增。1 ~ 9 月份，企业活期存款累计增加 5173 亿元，同比多增 4717 亿元，企业资金总体宽松。

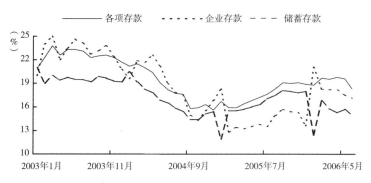

图 7 - 6 企业存款、储蓄存款增长率

金融机构外汇各项存款余额 1606 亿美元，同比增长 2%。1 ~ 9 月份，外汇各项存款增加 83 亿美元，同比多增 56 亿美元。

（四）市场利率稍有回落

市场利率先涨后跌，总体有所回升。7 月份市场利率由于受宏观调控影响显著回升，8 月份和 9 月份稳中趋降。季初同业拆借日加权平均利率为 2.0357%，季末为 2.2587%，上涨 22.3 个基点，涨幅 10.95%，比去年同期高 0.81%；全季加权利率 2.342%，比二季度末上升 41.8 个基点，质押式回购日加权平均利率季初为 1.9122%，季末收于 2.1451%，上涨 23.29，涨幅为 12.18%，比去年同期高 0.97%；三季度加权利率为 2.197%，比二季度末上升 49.6 个基点。银行间质押式回购市场利率波动较大，7 月份市场利率继 6 月底小幅下调之后，出现较大幅度的回升，而 8 月份市场利率重新大幅下调，9 月份质押式回购利率有所回升。

央行票据发行利率与年初相比有较大幅度攀升，1 月初到 9 月末，三个月期央行票据利率由 1.7322% 上升至 2.4617%，上升 72.95 个基点；一年期央行票据利率由 1.9005% 上升至 2.7855%，上升 88.5 个基点。

（五）债券发行量同比大幅增加

1 ~ 9 月份，银行间债券市场累计发行各类债券 43261.1 亿元，同比增长 56.0%，债券发行量同比大幅增加。其中，财政部发行记账式国债共计 5016.8 亿元，同比增长 53.8%；人民银行发行央行票据共计 30392.2 亿元，同比增长 60.6%；政策金融债累计发行 5352.1 亿元，同比增长 27.6%；商业银行发行金融债券 283 亿元，同比下降 62.7%；企业债发行企业短期融资券 2159.7 亿元；试点银行发行资产支持证券 57.3 亿元。其中，三季度债券市场累计发行 13119.3 亿元，环比减少 10.01%。其中，记账式国债 2157 亿元，央行票据 8162.2 亿元，政策性银行债 1793 亿元，商业银行债 47 亿元，企业债券 66 亿元，短期融资券 744.1 亿元。债券发行量同比大幅增加的主要原因在于：一方面，为对冲外汇占款不断增加等因素导致的流动性过剩，央行票据发行量同比增幅较大；另一方面，财政部筹资需求增加，国债发行量增加。此外，2006 年短期融资券持续稳定发行。

三季度同业拆借同比增加较多。三季度，受宏观调控和新股密集发行的影响，银行间同业拆借三季度累计成交 6639.41 亿元，同比增长 102.7%，环比增长 92.05%；质押式回购和买断式回购累计成交 78492.35 亿元，同比增加 53.2%，环比增加 26.9%，其中，质押式回购和买断式回购分别成交 77711.53 亿元和 780.82 亿元；现券交易累计成交 27553 亿元，同比增长 66.0%，环比下降 1.3%。至 2006 年 9 月末，金融机构票据融资余额为 17572.66 亿元，比 6 月末下降 2072.9 亿元，降幅 10.55%，比年初增加 1350.57 亿元，增幅 8.33%。

（六）人民币兑美元升值加快，远期运行平稳

外汇市场运行平稳，9 月以来人民币升值幅度明显高于 7 月、8 月两月。人民币兑美元升值加速，汇率不断创出汇改以来的新高，欧元冲高回落，日元和港元震荡走低，8 月新推出的英镑对人民币即期交易汇率起伏较大。美元对人民币中间价季初为 7.9924，季内最高 8.0024，最低季突破 7.90 为 7.8998，季末收于 7.9087，较季初下降 1.05%，人民币汇率较汇改前升值 4.44%。

银行间外汇市场美元兑人民币远期汇价整体下行，第三季度下行幅度加剧。其中，6 个月期美元兑人民币远期汇率年初为 7.998，最高为 8.0135，最低收于季末的 7.7501，较年初下降 0.31%；1 年期美元兑人民币汇率年初为 7.820，最高为 7.860，最低收于期末的 7.6872，较年初下降 1.70%。

二、三季度的货币政策措施

三季度，针对经济运行中仍存在投资增长过快、信贷投放过多的问题，中央银行采取了一些紧缩性货币政策措施，以抑制货币信贷总量过快增长。

1. 7月5日起上调存款准备金率

7月5日，央行法定存款准备金率上调正式实施，各家商业银行将集中向人民银行上缴资金约 1500 亿人民币。

2. 再度定向发行票据 500 亿元

7月13日央行在公开市场发行了 500 亿元定向央行票据，这已经是央行今年以来第三次启动定向紧缩。本期票据的期限仍为一年，收益率为 2.1138%，比市场利率低约 55 个基点，定向央行票据的惩罚特性没有改变。

3. 小幅上调存款准备金率

中国人民银行决定从 2006 年 8 月 15 日起，上调存款类金融机构存款准备金率 0.5%，农村信用社（含农村合作银行）存款准备金率暂不上调，继续执行现行存款准备金率。央行称，此次存款准备金率提高 0.5%，主要是为了加强流动性管理，抑制货币信贷总量过快增长，维护经济良好的发展势头。

4. 上调金融机构人民币存贷款基准利率

中国人民银行决定，自 2006 年 8 月 19 日起，金融机构一年期存款基准利率上调 0.27%，由现行的 2.25% 提高到 2.52%；一年期贷款基准利率上调 0.27%，由现行的 5.85% 提高到 6.12%；其他各档次存贷款基准利率也相应调整，长期利率上调幅度大于短期利率上调幅度。同时，进一步推进商业性个人住房贷款利率市场化，商业性个人住房贷款利率的下限由贷款基准利率的 0.9 倍扩大为 0.85 倍，其他商业性贷款利率下限保持 0.9 倍不变。

5. 上调外汇存款准备金率 1%

将外汇存款准备金率从目前的 3% 上调至 4%，上调幅度为 1%，并将于 9 月 15 日正式缴款。此举是为了进一步执行稳健的货币政策，对商业银行外汇信贷进行调控。

三、金融宏观调控需要关注的几个因素

（一）国际收支顺差及外汇储备增长对金融运行的影响

今年以来，我国经济继续保持了持续快速健康发展的势头，对外贸易规模不断扩大，国际收支持续双顺差，外汇储备规模不断扩大。2006 年 9 月末，国家外汇储备余额为 9879 亿美元，同比增长 28.46%。今年 1~9 月，外汇储备增加 1690 亿美元，同比多增加 99 亿美元。同时，截至 2006

年前8个月，我国外贸顺差同比增加56.9%。其中，8月份我国贸易顺差达到188亿美元，大大高于7月份的146亿美元，创下了我国外贸历史上的单月新高。根据最新公布的2006年上半年中国国际收支平衡表，我国的投资收益项目也从2004年全年的逆差35亿美元转为2006年上半年的顺差71亿美元。

第一，巨额国际收支顺差以及外汇储备的高速增长导致了金融市场的流动性过剩。由于外汇储备增长过快，导致通过外汇占款渠道投放的基础货币增长过快，目前我国出现了比较严重的流动性过剩，导致资产价格的大幅度上涨。今年以来，我国银行间货币和债券市场、股票市场、黄金市场、期货市场等主要金融市场成交量都出现了迅猛增长，股票市场、黄金市场、期货市场等创出了近年新高，货币市场利率及债券市场收益率持续处于历史低位。

第二，巨额外汇储备也加大了外汇市场人民币升值的压力，且使我国在相当程度上陷入了减轻人民币升值压力与抑制货币供给增长难以兼顾的两难境地。减轻外汇占款过多势必加大回笼现金力度，或提高利率，但这些操作将加大人民币升值压力。若为减轻人民币升值压力而增加货币供给，或降低利率，本来就已经极为宽松的货币市场将因此火上浇油，过度宽松的货币供给又将刺激国内资产泡沫的膨胀。

第三，中央银行在外汇市场和货币市场进行冲销干预的成本和难度日益增大。中国人民银行在公开市场上进行冲销操作的主要工具是通过发行央行票据来吸收由此增加的基础货币。从2003年4月23日发行第一期中央银行票据至今，中国人民银行共发行中央银行票据金额7万多亿元，期限从3个月至3年不等。目前，中央银行票据发行规模越来越大，频率越来越快，中央银行进行公开市场操作进行对冲的难度也日益增大。

（二）中长期贷款增长较快的影响

2006年以来，金融机构中长期贷款发放呈现出较快增长态势。1~9月份全部金融机构新增人民币贷款2.76万亿元，同比多增7987亿元。其中新增中长期贷款1.51万亿元，同比多增6429亿元，中长期贷款增量相比上年有较大增加，中长期贷款多增额已达到全部贷款多增量的54.9%，分别比上半年和上年同期提高了8%和10.5%。当然也应该看到，在中长期贷款中，用于消费的贷款增长也在加快，三季度中长期消费贷款新增758亿元，同比多增455亿元，符合当前扩大消费的政策导向。中长期贷款持续较快增长，给当前信贷的金融宏观调控带来一些需要关注的矛盾和问题。

一是投资的较快增长提升中长期贷款投放的需求，在一定程度上增加了信贷调控压力。今年以来，固定资产投资保持着较快增长态势。虽然信贷资金已经不是推动投资快速增长的主要因素，但是从当前的数据看，投放的贷款大部分为中长期贷款，且有近一半比重的中长期贷款投放于涉及投资性质的基建贷款，因而固定资产投资的继续较快增长，无疑会助长金融机构信贷投放尤其是带有投资性质的中长期贷款投放的内在冲动。

二是中长期贷款增加较多，影响了信贷期限结构的优化。在国家宏观调控力度加大的背景下，各家银行进一步收缩票据融资业务及短期贷款。其中票据融资从 5 月份开始，连续 5 个月出现负增长，9 月份当月下降 1070 亿元。在严格控制贷款投放的同时也要关注信贷结构的优化，中长期贷款投放过多过快，会引起一些负面影响：一是可能增加潜在的不良资产，影响银行机构未来的资产质量。当前宏观经济总体运行良好，金融机构为追求更多盈利，具有较强的贷款投放冲动，且往往偏好中长期贷款。一旦宏观经济转向下行周期，形成不良资产的可能性会相应增大。二是存在一定的流动性风险。年初以来企业存款和储蓄存款活期化倾向较明显，多数银行存贷期限错配程度有所加剧。

四、下一步金融形势和金融政策展望

（一）经济走势和货币形势的基本判断

从三季度的趋势上看，固定资产投资增幅和货币信贷总量增长势头均有所回落，宏观调控的效应明显显现。但也应看到，推动需求扩张的基本因素并未根本改变，经济增长动力依然强劲。在当前国际收支不平衡矛盾仍然突出的情况下，不能放松对流动性和信贷管理的适当调控。据中央银行预测，今年三季度新增各项贷款 3500 亿元左右，全年新增人民币贷款 3.05 万亿元，全年广义货币供应量 M_2 增速为 17%。

（二）关于公开市场操作

下一步央行应继续做好控制信贷"闸门"的工作，坚持加大公开市场操作的政策方向。从流动性上看，目前金融机构超储率距 2% 的合理界限还有 0.34% 的差距，仍有下降空间。从市场利率上看，8 月下旬以来市场利率已经呈现下降的趋势，表明市场对未来利率下降已形成明显预期。目前市场流动性较多的状况，一方面使银行体系堆积较多资金，加大金融机构资金运用压力；另一方面造成市场流动性过剩，真实利率被压低，进一步刺激了投资及贷款的扩张。为此，中国人民银行要根据

外汇占款、财政库款、现金等流动性变化情况，灵活确定央行票据发行量，调控市场流动性。

（三）关于利率政策

8月19日中国人民银行上调金融机构人民币贷款基准利率，此举是抑制贷款增长的重要手段。在此次利率调整中，中长期利率上调幅度较大，对中长期贷款的抑制作用较大，但利率政策效果显现需要一定时间。从其影响来看，其一，对票据业务具有较强的抑制作用。票据市场利率主要是根据市场资金面的情况而定，与货币市场利率关联度高，加息将通过提升市场利率水平对贴现和转贴现业务产生较大影响。其二，对个人住房贷款产生一定影响，商业银行普遍执行新的贷款利率下限。其三，对存款增量和结构有较大影响。近两年来第一次上调存款利率，对于引导存款增长有积极意义，但也会引发付息成本上升。尤其是中长期存款利率上调较多，部分短期存款将向长期存款转移，将进一步提高付息成本。其三，对商业银行盈利状况影响不一。大部分商业银行认为此次利率调整将小幅提高其盈利能力，也有部分商业银行受存款结构的影响，盈利水平将受到一定影响。中国银行测算，此次利率调整将增加年度净利息收入0.84亿元。下一步，中央银行仍将根据市场流动性变化情况，注重发挥市场利率的调节作用。

（四）关于汇率政策

进一步完善人民币汇率形成机制，促进外汇市场健康发展，改进外汇管理，有序推进各项改革。第一，进一步发挥市场供求在汇率形成中的基础性作用，逐步提高人民币汇率的灵活性。第二，渐进放松外汇管理，进一步促进货物和服务贸易便利化，进一步增加企业和个人持有外汇的自由度，放宽持有外汇的限制，创造有利于企业"走出去"的外汇管理政策环境，抓紧完善短期资本跨境流动监测、预警体系，维护国家金融稳定和金融安全。第三，着力促进外汇市场发展，鼓励金融机构在控制风险的前提下积极进行金融创新，为企业、居民提供更加丰富的避险产品，拓宽市场投资渠道。

第六部分　资本市场分析

本季度股票市场呈现"V"形震荡走势，上证综指承接上季度末的跌势，由1672.7点下降到8月7日的本季度低点1546.8点，跌幅达7.53%，而后重拾升势，逐步走高至本季度末的最高点 1752.3 点，涨幅达 13.29%，本季度上涨 4.76%，沪深交易所日均成交量较上季度有所下降。本季度国债市场在经过了短暂的横盘整理后，出现了一轮较快的上涨行情，由上季度末的 109.64 点上升到本季度末的 111.02 点，涨幅达 1.26%，成交量较上季度有所下降，日均成交量下降了 4.24%，9 月下旬成交量趋于放大。

一、股票市场分析

本季度股票市场走势可以分为两个阶段，第一阶段是由上季度末到 8 月 7 日的下跌行情，第二阶段是由 8 月 8 日到本季度末的涨升行情。决定本季度行情的因素主要有以下几点。

（一）市场存在调整的内在需求

本季度 8 月 7 日以前出现了 7.53% 的单边下跌行情，主要原因在于：一是自去年 12 月初以来，股市已经过了长达 6 个月的持续涨升，涨幅高达 55.7%。若按照去年 12 月初至本季度 7 月 8 日创出的阶段性高点计算，涨幅更是高达 62.6%，不仅普通的中小散户获利水平较高，而且以基金、保险公司和 QFII 等为主体的机构投资者去年下半年开始大举建仓，所持有的重仓股如有色股和消费概念股等都曾一路引领市场，获利颇丰。随着所持有股票股价上涨及其投资价值逐步下降，客观上存在较为强烈的获利了结需要。二是机构投资者在兑现盈利后，基于对市场长期向好的信心，需要花费一段时期调整持仓结构，为抓住下一轮投资机会进行准备。三是本季度初融资频率和融资规模都出现了一定程度的提速，中行、国航和大秦铁路等大市值股票发行加剧了市场调整幅度。四是 8 月初 QDII 的头两批额度高达 83 亿美元，超过了运作时间较长的 QFII 获批的 72.45 亿美元的额度，对投资者心理产生了一定压力。

（二）上市公司业绩提升为本季度第二阶段涨升创造了条件

由于上市公司业绩自 2003 年见顶后，2004 年、2005 年和 2006 年一季度年业绩同比不断下降，使投资者对 2006 年半年业绩存在较为悲观的预期。而本季度随着上市公司业绩逐步披露，超过一半的上市公司披露的业绩同比增长幅度较为可观。按照同类可比计算，1388 家上市公司今年上半年平均每股收益 0.12 元，较去年同期同比下降 2.22%，降幅远小于今年一季度同比下降 18.57% 和 2005 年同比下降 7.3%。剔除今年新股的平均净资产收益率 4.09%，同比仅下降 1.16%，平均每股净资产 2.35 元，较 2005 年年底略增 0.51%。上市公司业绩明显好于市场预期，有效增强了投资者的市场信心，促使股市在 8 月上旬一改 7 月以来的单边下跌走势，不断上扬。

（三）工行发行上市要求监管机构采取有效措施激发市场人气

中国工商银行 A + H 股的发行上市，对监管机构、市场和投资者都是一场考验。处理得当，将有效增强投资者信心和市场承受程度，反之，则会带来十分不利的影响，甚至还会侵蚀股改来之不易的成果。这一方面是因为工行发行规模巨大。若不考虑超额配售选择权，A 股和 H 股发行规模分别是 130 亿股和 353.91 亿股，创国内市场最高发行纪录，按照 2.8 元每股的较为保守的价格计算，在国内市场募集资金规模将达 364 亿元，远远超过前期对市场带来一定震荡的中国银行的发行规模。另一方面是因为公布工行发行信息的时期为 7 月中旬，正是股市步入调整的时期。考虑到工行上市对国有企业改制、资本市场建设、资本市场地位和作用等多方面的影响，考虑到国务院等领导机关对工行上市的高度关注，监管机构负有义不容辞的义务和责任保证工行发行上市成功。有鉴于此，监管机构想方设法激发市场人气，活跃市场交易，如多次披露股指期货方面的信息。8 月 1 日中国证监会正式受理证券公司申请融资融券业务，积极推动创新类证券公司上市，鼓励上市公司采用资产注入、资产置换和整体上市等方式进行股改，加大 QFII 额度审批力度，开展券商综合治理；9 月 14 日开始暂停发放新的券商牌照，暂停新股发行；中国保监会为落实国十条要适时提升资本市场投资比例等。期间虽然经历了央行的小幅升息，但行情还是基本上按照监管机构的预想发展下去，为工行 9 月 27 日顺利招股和 10 月 27 日成功挂牌奠定了非常好的市场基础。

（四）市场投资理念重塑是促使股指创出新高的重要因素

过去市场扩容特别是大盘股发行上市，都被投资者视为重大利空，而随着证券监管机构的积极努力和有意识的引导，特别是 9 月上旬出台了《证券发行与承销管理办法（征求意见稿）》，给广大投资者以良好预期。广大投资者的投资理念都在发生着潜移默化的变化，开始重新审视扩容对市场的影响，更多地从正面来理解和看待这一问题，并更趋向于认为，经过证监会严格审批的新股，将普遍具有业绩、质地、成长性较好，公司治理结构优良，定价机制市场好、科学化等特点，会对市场带来更好、更积极的影响，从而为工行上市、股指走出慢牛行情营造良好的环境和氛围。

下一阶段，股市将在全流通背景下探索出新的投资模式和盈利模式。近期将在宏观经济、非股改公司集中股改、工行上市、"小非"流通等多种因素作用下，呈现出震荡走高的行情。随着股指的不断攀升，震荡幅度和频率也将进一步加大。

1. 宏观经济走势变化促使股市表现日趋理性

随着固定资产投资增速的逐步回落，消费持续走高，消费结构升级活跃，外贸顺差持续扩大，物价趋稳，工业企业实现利润增加等，下一时期，支持经济较快增长的需求因素特别是消费将更趋活跃，市场竞争加剧对生产投资活动的约束力增强，行政色彩较浓的投资热将得到初步抑制，从而为下季度股市继续向好奠定重要基础。此外，经济周期分析表明，明年我国经济处于中长周期的上升期和短周期的回调期，同时考虑到市场对投资增长的约束增强，预计明年乃至今后更长的一段时期经济增长将呈现见顶回落的变化态势。随着上市公司业绩对国民经济代表性的增强，会促使股市走出更为理性的行情。

2. 非股改和业绩成长性较好的公司将成为下季度行情的热点

截至 10 月中旬，两市已股改公司达 1067 家，未股改公司为 276 家，完全未进入股改程序的公司达 158 家，只占上市公司总数的 10% 强，未股改个股总市值达 2700 多亿元，只占沪深总市值的 5% 左右，未股改公司已成为股市之中名副其实的稀缺资源。加之这些未股改个股中大部分属于绩差股、大股东占用资金的问题股等，最有可能采取卖壳、资产置换、资产注入、清偿借款、收购兼并、私有化等多种方式股改，使这些个股孕育了巨大的想象空间，从而可能演化为下季度行情的主要亮点。此外，由于上季度宏观经济形势很好，一些上市公司业绩改善幅度较大，伴随三季度绩报的公布，会对年末行情产生较大的助推作用。

3. 工行发行和挂牌上市的表现对下季度行情具有重要影响

工行 10 月中旬开始 IPO 的网上网下发行，新股募集资金超过 300 亿元，将创历史新高。与此同时，10 月、11 月、12 月的月内解冻额度分别为 148 亿、164 亿、186 亿元，合计达 498 亿元。尽管并非所有解冻股都会被抛售，但也会对市场产生较大的扩容压力。监管机构为了保证工行顺利上市，必然要像上季度后半期那样继续出台一系列利好，如明确股指期货推出的时间表、增加 QFII 审批力度等，努力为市场营造一个活跃、向上的氛围。加上股指自 6 月初到本季度末，已经过了长达 4 个月的"W"形高位震荡整理，因此下季度的行情是可期的，不排除突破 2004 年 4 月初的高点，创出自 2001 年 6 月以来的新高，但震荡幅度也会因股指攀升而加大。

4. 估值优势仍存和上市公司业绩趋升有利于推动股市走高

从总体市盈率水平看，上季度末和本季度末股市综合市盈率分别为 22.39 倍和 22.3 倍，考虑到未来 10 年中国经济增速仍会处于世界前列，人民币升值空间较大，促使国内股市继续保持一定的估值优势。从市盈率结构看（见表 7-10），本季度末和上季度末的结构非常相似，市盈率在 20 倍以内和 30 倍以内的上市公司占全部上市公司的比重分别为近 20% 和 36.67%。按照国际估值标准，这些上市公司都具有一定的投资价值，市盈率在 40 倍以上的上市公司占全部上市公司比重超过 50%，会对股指上行产生一定压力。尽管如此，考虑到 1～8 月份全国规模以上工业企业实现利润 11327 亿元，比去年同期增长 29.1%，工业经济效益综合指数 184.96，比去年同期提高 16.33 点，呈现日趋提升的变动趋势。未来随着业绩良好、质地优良的大盘蓝筹股上市步伐加快，绩差上市公司通过收购兼并和卖壳等优化自身业绩，资本市场规模占 GDP 的比重快速提升，对国民经济的代表性趋于增强，必定会降低高市盈率上市公司占比，从而推动股市走高。

表 7-10　2006 年 6 月末和 9 月末市盈率结构变化对比

	2006 年 6 月 30 日	2006 年 9 月 29 日
20 倍以内	18.52%	19.48%
20～30 倍之间	17.41%	17.19%
30～40 倍之间	11.85%	11.70%
40 倍以上	52.22%	51.63%

注：所有市盈率计算中剔除亏损股。

5. 全流通时代将构建新的投资模式和盈利模式

截至本季度末，已股改的上市公司市值已占总市值的 95%，全流通时代已经来临。随着我国股市国际化、规范化进程的加快，国际通行的投资模式和盈利模式将逐步渗透，并与我国股市特点相结合形成我国全流通环境下的新投资模式和盈利模式，预计近期将主要表现出以下几个方面的特点：一是大股东会采取通过资产置换、资产重组、整体上市、收购兼并、股权激励等多种方式做大市值，简单的非流通股流通后立即抛售股票的行为是不明智的，这对股市走好具有较为重要的意义。二是"政策市"短期内仍不会消失，市场化程度只能是逐步加深。完成股改攻坚任务为明年十七大的顺利召开营造良好氛围是近期内监管者的重要任务，这有利于股市继续保持活跃。三是市场投资理念已经发生了一定程度的转变。高市盈率股指和低市盈率股指的比较结果（见图 7 – 7）表明，2003 年以前，股市具有齐涨齐跌的特点，各种市盈率的股票都"随风而动"；2003 年以后，出现了较为明显的分化，在 2003 ~ 2005 年的下跌行情中，低市盈率股票更为抗跌，高市盈率股票下跌幅度远超过前者；2005 年以来的涨升行情中，低市盈率股票涨幅较大，涨升速度较快，高市盈率股票涨幅较小，涨升速度较慢。投机程度逐步降低，价值投资理念逐步体现在市场变化当中，今后将进一步走向深化，有利于股市在较长时期内走好。

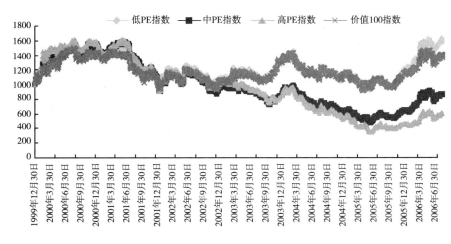

图 7 – 7   1999 年末至 2006 年 9 月末低 PE 指数、中 PE 指数、
高 PE 指数、价值 100 指数变化对比图

注：PE 指市盈率。

二、债券市场分析

本季度债券市场基本呈现单边上扬行情，特别是在 8 月 19 日央行"突然"加息后，仍然能够继续涨升。

1. 资金面十分充裕

本季度资金面仍然十分充裕，虽然期间经历了上调基准利率和存款类金融机构存款准备金率，也没有改变资金面宽裕的局面，促使债市一路走高。

从 M_2 变化看，9 月末，M_2 余额已经达到 33.6 万亿元人民币。1 ~ 9 月份 M_2 同比增速小幅下降，从年初的 17.8% 逐步降至本季度的 17% 以下的水平，7～9月份 M_2 同比增速分别达到 16.99%、16.61% 和 16.8%，环比增速有所抬头，7～9月份分别从 0.39%、1.23% 升至 2.36%。总体来看，M_2 增速仍较高，超过 16% 的预定增长目标。

从外汇储备增长情况看，9月底，我国外汇储备增至 9879 亿美元，同比增长 28.46%。据有关预测，10月或11月可能突破1万亿美元，结汇和货币投放压力持续增加。从银行放贷主动性看，信贷收紧，投资渠道有限，资本充足率要求高，对发放贷款十分谨慎，债市投资成为满足其多方面需求的最重要投资渠道。

从债券一级市场发行利率变化看，为抑制投资和信贷过快增长，央行4月28日将1年期贷款基准利率上调了 0.27%，8月19日将1年期存贷款基准利率上调了 0.27%，其他各档次利率也作出相应调整，8月15日上调金融机构存款准备金率 0.5%，债券市场发行利率出现一定回升，但升幅小于名义利率，个别券种9月份中标利率开始走低，存在过剩市场资金追逐有限债券资源的现象。按照1年期央行存款利率计算，上调幅度达 12%，而1年期和1年期以上债券发行利率走高幅度普遍在 8%～10%，低于 12%。如3年期固定利率储蓄式国债由7月上旬的 3.14% 上升至10月下旬的 3.39%，3年期和5年期固定利率凭证式国债分别由6月上旬的 3.14% 和 3.49% 上升至9月下旬的 3.39% 和 3.81%。1年期固定利率记账式国债由6月中旬的 1.924% 上升至9月中旬的 1.958%，5年期的由5月中旬的 2.4% 上升至8月中旬的 2.72%。从政策性金融债一级市场发行利率变化看，5年期固定利率债券由7月初的 3.19% 下降至10月中旬的 3%。

从央行公开市场操作和银行间回购情况看，1年期、3个月期央行票据和7天正回购利率在8月中下旬开始逐步走低（见图7-8），其中7天正回购下降幅度最高，达 14.5%，7天、1个月和3个月银行间回购周加权平均收益率自7月末开始逐步走低（见图7-9），到9月末分别下降了 29.54%、35.39% 和 31.15%。本季度短期市场利率也出现一定程度的波动，主要是受新股发行等的影响。

2. 未来加息预期趋弱

今年是"十一五"规划开局之年，也是地方党政领导集中换届的一年，行政主导的投资热有所抬头，固定资产投资增速居高不下。尽管政府采取了一系列调控措施，特别是控制新开工项目和中长期贷款投放，加强对能源消耗、环境污染的控制，严格对土地供应、土地批租收入的管理等，但见效较慢，因此市场普遍产生了加息和提高存款准备金率的预期。

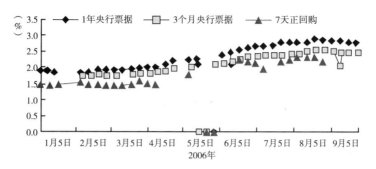

图 7－8　2006 年前三季度 1 年期和 3 个月央行票据以及 7 天正回购收益率变化

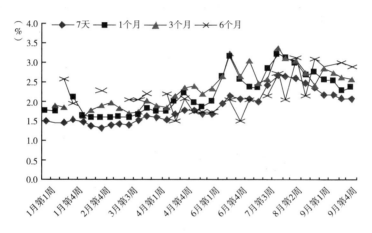

图 7－9　2006 年前三季度 7 天、1 个月、3 个月、6 个月
银行间回购周加权平均收益率变化

待货币紧缩政策正式出台后，它对货币市场和债券市场的影响已是十分有限。加之 8 月份的固定资产投资增速为 21.5％，相比 7 月份回落了 5.9％，国际油价持续回落，已跌破每桶 57 美元等，加息后的市场对未来继续加息的预期趋弱，引致债市一路上扬。

3. 长短期收益率利差缩小

8 月中旬以前市场普遍存在加息预期以及 8 月中旬央行提高了存贷款利率和存款准备金率，有力带动了债券市场短期收益率走高。与此同时，虽然本季度加息，长期存贷款利率上调幅度大于短期存贷款利率上调幅度，但由于经济运行至短周期高点，国家采取各种有力措施防止经济过热等，市场普遍预期宏观经济可能见顶回落，在一定程度上抑制了长期利率的上升。随着长短期收益率利差逐步缩小，促使国债、金融债和企业债收益率曲线都呈现平坦化变动趋势（见图7－10、图7－11、图7－12）。

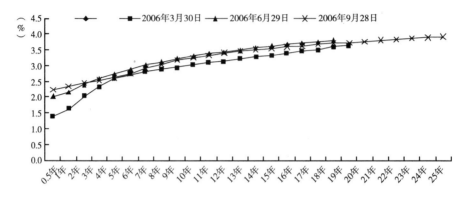

图7－10　2006年三个季度末国债收益率曲线变化对比图

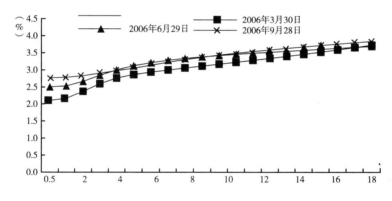

图7－11　2006年三个季度末金融债收益率曲线变化图

下个季度债市将在宏观经济、加息预期和资金面等因素共同作用下，高位震荡盘整的可能性较大，不排除出现小幅调整。

4. 宏观经济将见顶回落对债市高位运行形成支撑

从国际情况看，国际货币基金组织预计，世界经济在2007年将增长4.9%，比今年下降0.2%，但仍将处在20世纪70年代初以来增长最为强劲的时期。从国内情况看，明年我国经济处于中长周期的上升期和短周期的回调期。随着城乡居民收入较快增长，社会保障体系、消费政策和消费环境不断完善，消费结构升级比较活跃，预计明年消费需求将保持较高增

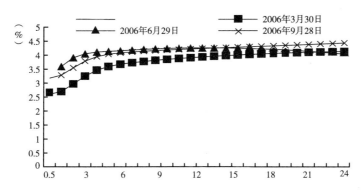

图 7 - 12　2006 年三个季度末企业债收益率曲线变化图

幅。因此，明年的经济增长将呈现高位稳定并略有回调的态势，升息压力减弱，债市有望继续保持高位运行。

5. 短期 CPI 大幅提高和加息的可能性较小

随着国际油价的回落，世界经济增速的小幅下降，国内经济进入短周期的收缩期。国内采取各种前所未有的强有力措施控制房价上涨，粮食价格稳定，8 月份固定资产投资增速继续回落，前 9 个月累计 CPI 上涨 1.3%，处于较低水平；外贸进出口预计继续较快增长，增幅有所降低；8 月份贸易顺差创历史新高，贸易顺差仍会继续加大，外汇储备将持续增加，年末会超过 1 万亿美元；前期紧缩措施的滞后效果将逐步显现。因此，短期内 CPI 大幅提升和加息的可能性都很小，有利于债市保持活跃。

6. 债市资金宽裕局面短期内难以改变且下跌空间有限

债市资金宽裕局面仍将延续，下跌空间有限，主要是受以下几方面因素的影响：一是外汇占款继续增加，这是由贸易顺差加大、资本项目流入额度增高等引致外汇储备持续上升、人民币投放量持续增加所决定的。二是银行资金宽裕，人民币存款上升幅度较大，而贷款发放较为谨慎，加上因升息带来的债券市场短期利率的上升，会加大债券特别是短期债券的投资力度。三是在保险投资渠道尚未有效拓宽，而过去保险资金投资的主渠道银行协议存款已基本停滞的形势下，快速增长的保险资金会继续大量涌向债券市场。

7. 需求结构的差异化引致收益率曲线逐步陡峭化

随着国内利率、汇率改革的推进和多项防止经济过热措施产生效果等，未来宏观经济和利率走势不确定性逐步加大，使长期债券收益率决定因素日趋复杂化，短期利率走势相对容易把握。因此，下个时期，短期债券的需求要高于长期债券的需求。这就很有可能造成短期债券收益率下降幅度超过长期债券收益率下降幅度，在收益率曲线平行移动的同时，收益率曲线结构会发生变动，逐步呈现出陡峭化的变动态势。

8. 债市继续较大幅度上涨动力不足

9月份综合债券指数出现了价跌量增的变动态势（见图7-13），这主要是由金融债和企业债市场都出现了价升量缩变动态势所决定的（见图7-14、图7-15），只有国债市场出现了价增量升的走势（见图7-16），从技术层面预示着债市继续涨升动力不足。

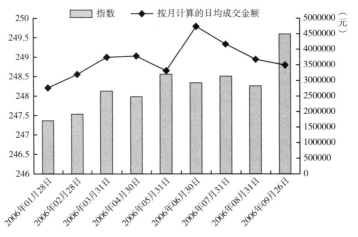

图 7-13 2006 年各月末综合债券指数及月度日均成交金额

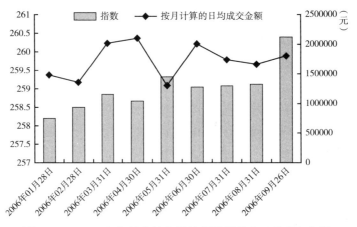

图 7-14 2006 年各月末综合国债指数及月度日均成交金额

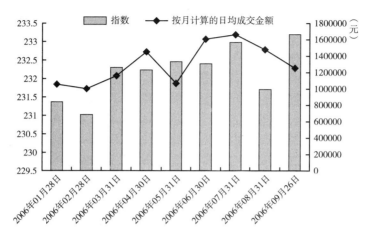

图 7-15   2006 年各月末综合金融债指数和月度日均成交金额

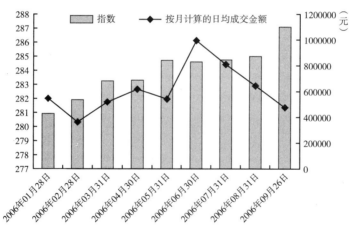

图 7-16   2006 年各月末综合企业债指数及月度日均成交金额

第七部分   房地产投资分析

一、2006 年三季度我国房地产投资变化特点

(一) 房地产投资规模持续扩大

2006 年下半年后，在我国宏观调控尤其是房地产调控力度不断加大的

473

情况下，2006 年三季度的房地产投资总量和规模持续扩大。季度和月同比增额呈现增加之势，但季度绝对增量在缩小。根据国家统计局公布的数据，我们对 2004 年以来各月实际投资额和季度投资额分别进行了计算，结果见表 7 – 11。

表 7 – 11　2004 ~ 2006 年 1 ~ 3 季度各月房地产投资规模变动表

单位：亿元

		2006 年	2005 年	2004 年
一季度	1 ~ 2 月	1436	1200	1005
	3 月	1357	1124	868.6
	总　量	2793	2324	1873.6
二季度	4 月	1338	1081	812.4
	5 月	1527	1199	1017
	6 月	2037	1549	1221
	总　量	4902	3829	3051
三季度	7 月	1716	1435	1131
	8 月	1652	1333	1130
	9 月	1938	1458	1149
	总　量	5306	4226	3410
1 ~ 9 月		12902	6153	4924.6

资料来源：根据国家统计局数据整理。

从表 7 – 11 可以看出，2006 年三季度，我国房地产投资总量是 5306 亿元，比二季度的 4902 亿元净增 404 亿元，说明我国房地产投资继续在较大规模上运行。但从季度规模增加变化来看，三季度增加额少于二季度的增额 1109 亿元，说明我国房地产投资规模增加幅度在下降。这似乎是一个规律性变化特点，2005 年和 2004 年同样呈现这种变化特点。

（二）房地产投资同比增速上升态势得到了抑制，目前增速趋于稳定

2006 年三季度，我国房地产投资增速与上半年增速基本保持一致，处于相对稳定的状态，改变了 2006 年以来我国房地产投资增速出现逐月加快态势的局面（见表 7 – 12）。

表 7 – 12　2006 年三季度我国房地产同比增长变化表

月　　份	一季度		二季度			三季度		
	1～2	1～3	1～4	1～5	1～6	1～7	1～8	1～9
投资总量(亿元)	1436	2793	4131	5658	7695	9411	11063	12902
2006 年	19.7%	20.2%	21.3%	21.8%	24.2%	24.0%	24.0%	24.3%
2005 年	27%	26.7%	25.9%	24.3%	23.5%	23.5%	22.3%	22.2%
2004 年	43.6%	41.1%	34.6%	32%	28.7%	28.6%	28.8%	28.3%
2003 年	34%	34.5%	33.5%	32.9%	34%	34.1%	33.1%	32.8%

资料来源：根据国家统计局数据计算。

　　从表 7 – 12 可明显地观察出，三季度以来，我国房地产投资增长速度基本保持在 24% 左右，7 月、8 月份均是 24%，9 月份为 24.3%，稍有提升，但增幅还不是很大，基本维持了 1～6 月份的 24.2% 左右的水平。这说明 2006 年以来我国房地产投资逐月加快的局面初步得以有效控制，与 2006 年以来我国房地产投资增长速度开始出现逐月提升形成了鲜明对照。资料显示，2006 年一季度我国房地产投资增速还是 20.2% 以下，但二季度就开始迅速提高，1～4 月份和 1～5 月份分别为 21.3% 和 21.8%，到 1～6 月份投资增速就提高到了 24.2%，比一季度 1～2 月份提高 4.5%。但是，进入到三季度后，投资增长没有延续上半年的变化态势，三个月的投资增长基本保持在 24.3% 以下。尽管如此，三季度还是 2006 年以来房地产投资增长速度最快的时期，也是 2005 年 5 月份以来的最高增速。目前仅仅是增长速度提高幅度得到了一定的控制，距离国家和社会的期望依然有很大差距，房地产投资增速还未开始完全降下来，增速反弹的危险性依然未从根本上消除。下面是 2003 年至 2006 年我国房地产投资增速变化图（见图7 – 17）。

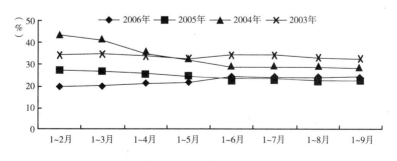

图 7 – 17　2003 年～2006 年我国房地产投资增速变化

（三） 房地产投资增速低于同期城镇固定资产投资增速

2006 年三季度，我国房地产投资增长速度继续保持着低于同期城镇固定资产投资增速的态势，但两者的差距在减小（见表 7 – 13）。

表 7 – 13　2006 年我国房地产投资与同期固定资产投资增速比较

单位：%

	一季度		二季度			三季度		
	1～2 月	1～3 月	1～4 月	1～5 月	1～6 月	1～7	1～8	1～9
1. 房地产增长	19.7	20.2	21.3	21.8	24.2	24.0	24.0	24.3
2. 固定资产增长	26.6	29.8	29.6	30.3	31.3	30.5	29.1	28.2
1：2	-6.9	-9.6	-8.3	-8.5	-7.0	-6.5	-5.1	-3.9
2005	3.5	1.4	0.2	-1.9	-3.6	-3.7	-5.1	-5.5

资料来源：根据国家统计局公布的月度数据计算整理。

从表 7 – 13 可以看出，从 2005 年二季度的 5 月份开始，我国房地产投资就开始出现了低于同期固定资产投资的现象。这种差距变化特点是：2005 年 5 月份到 2006 年一季度是差距不断扩大的阶段，从 - 1.9% 扩大到 2006 年 3 月份的 - 9.6%，之后开始进入到逐步缩小的阶段，一直到 2006 年三季度，都是呈现逐步缩小的迹象，缩小到 - 3.9%。从房地产与固定资产投资增长速度变化的差距可以看出三个特点：第一，我国房地产投资与固定资产投资在不同阶段增长速度是不同的。房地产投资增长曾经是带动固定资产投资增长的主要因素，这是经济发展的普遍规律，但 2003 年之后，这种作用出现了不同表现。固定资产投资增速大于房地产投资增速，说明固定资产投资增长带动了房地产投资增长。因此，假如说全社会投资增长过快，那么，其主要因素是固定资产投资。第二，2003 年以来，房地产投资与固定资产投资增长出现过几次大反复，说明引起经济增长过快中的投资因素也是在不断变化，对此要认真分析。第三，2006 年上半年我国经济增长过快的主导因素并非是房地产投资过快，主要还是固定资产投资增长过快引致的，2006 年上半年房地产投资增长加快是固定资产投资增长带动的。事实上，2006 年我国房地产与固定资产投资增长的差距缩小，主要原因还是固定资产投资增长快速回落导致的。同期，我国经济增长速度从 10.9% 下降到 10.7%，也充分说明和验证了房地产投资并非主导因素，仅仅是辅助原因罢了。

（四） 房地产投资占同期固定资产投资比重缓慢下降

仔细分析 2004 年以来我国房地产投资与同期固定资产投资总额就可以发现一个年度规律性变化特点，这就是房地产投资总额占同期固定资产投资总额的比重，从年初到年底呈现缓慢下降态势，2006 年三季度同样呈现出这样规律性的变化（见表 7 – 14）。

表 7 – 14　2006 年我国房地产投资占城镇固定资产投资比重变化表

单位：亿元，%

		1. 房地产投资	2. 固定资产投资	2006 年/占 2 的比重	2005 年/占 2 的比重	2004 年/占 2 的比重
一季度	1~2 月	1436	5294	27.13	28.42	30.6
	1~3 月	2793	11608	24.06	25.72	21.29
二季度	1~4 月	4131	18006	22.94	24.28	24.31
	1~5 月	5658	25443	22.23	23.35	23.99
	1~6 月	7695	36368	21.15	22.00	18.88
三季度	1~7 月	9411	44771	21.02	21.90	22.33
	1~8 月	11063	52594	21.03	21.68	22.32
	1~9 月	12902	61880	20.85	21.29	21.92

资料来源：根据国家统计局公布月度数据计算整理。

从表 7 – 14 可以看出，2006 年第三季度 1~7 月份、1~8 月份和 1~9 月份房地产投资所占的比例分别为 21.02%、21.03% 和 20.85%，逐月下降，这不仅与一季度和二季度变化方向一致，而且与 2005 年三季度和 2004 年三季度的变化方向完全一致。同时我们从 2004 年到 2006 年的变化中还发现一个特点，这就是房地产投资占同期固定资产投资比重年度之间也同样呈现下降趋势。也就是说，三季度我国房地产投资占同期固定资产投资的比重呈现着同比下降的特点。如 2004 年 1~7 月份、1~8 月份和 1~9 月份，房地产投资所占比重分别为 21.9%、21.68% 和 21.29%，2005 年则下降到了 21.9%、21.68% 和 21.29%，然后再下降到 2006 年的 21.02%、21.03% 和 20.85%。对照我国房地产投资额占固定资产投资额比重下降变化特点，它充分验证了前面所说的引起我国经济增长过快的投资因素中，其主要因素还是来自于非房地产的诸如产业投资等其他固定资产投资领域。

（五） 房地产价格上涨幅度趋于稳定

2006 年三季度，我国房地产价格变化进入到最关键的时期。这是因为上半年我国房地产价格上涨的幅度在经历了先回落再回升，然后又缓慢回落的态势，似乎给人们一种价格上涨开始变得艰难的错觉。但实际上价格上涨的动力，虽然有一种虚渺的宏观打压，但仍然受着微观力量的强力支撑，从而使得价格呈现出似下又上、忽上忽下徘徊不定的情况。经历了三季度后，我国房地产价格上涨幅度趋于稳定。这主要表现在价格增长回落的城市从局部开始已经逐步扩展到全国，而市场价格回落的动力也在不断加强。2005 至 2006 年 9 月我国房地产价格变化见表 7 - 15、图 7 - 18。

表 7 - 15   2005 年和 2006 年我国房地产价格增长速度变化

单位：%

时　间	2005 年季度增长				2006 年月度增长								
	一	二	三	四	1 月	2 月	3 月	4 月	5 月	6 月	7 月	8 月	9 月
价格增长	12.5	10.1	8.8	6.5	5.5	5.5	6.5	5.6	5.8	5.8	5.7	5.5	5.6

资料来源：根据国家统计局和国家发展和改革委员会公布数据整理。

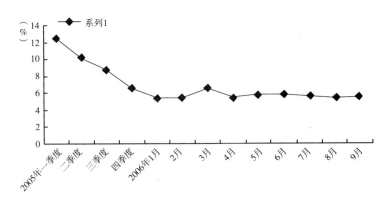

图 7 - 18   2005 年到 2006 年 9 月份我国房地产价格增长速度变化

从表 7 - 15 和图 7 - 18 可以明显看出，从长期来看，房地产价格增速显然已经明显回落，但从 2006 年以来的价格增速变化曲线来看，除了一季度微微向上回升并到 3 月份达到最高后，到二季度，价格又开始重新开始向下，并在三季度保持了稳定回落的状态。仔细观察后发现，这种增幅回落不是一种迅速回落，而是一种徘徊中的回落，且在回落中还仍然徘徊。当然，与上半年有所不同的是，尽管三季度的价格回落幅度不是很大，但这种增幅回落却隐含着不同的经济意义。也就是说，三季度价格增幅回

478

落，是在我国宏观经济增长幅度加大、投资重新高涨情况下的回落。这种增幅回落预示着必须在抑制新增长动力的同时，还要抑制惯性增长动力，这也说明了只有在三季度我国宏观调控政策不断加大情况下才能达到目前的效果，否则，价格上涨增幅将不会仅仅是目前的 5.6%。可喜的是，很多城市开始出现向下突破的迹象，更典型的是，上海房地产价格增幅迅速回落且出现负增长。

二、影响我国房地产投资及价格变化因素分析

从 2006 年前三季度我国房地产投资和价格变化中可以看出一些新的变化特征。首先，房地产投资增速重新进入到了相对稳定的变化区间范围内，即目前的房地产投资增幅已经进入到24%左右这一相对稳定的变化区间内。其次，房地产价格变化开始进入到了向下突破的关键时期，即2006年一季度是房价回升时期，二季度是房价增长回升迹象出现收敛时期，而三季度则是房地产价格从试探性的微微回落向完全性回落转变的重要时期。目前，房地产价格将会进入到一个新的市场力量博弈变化之中，但从现有的力量对比来看，国家对引起价格上涨的各种可能因素的动力机制和根源性因素消除、抑制和控制正在不断强化，房地产价格在高位运行的时日也将会因此而变得越来越短暂。当然，影响房地产价格的各种市场、社会、经济、制度和主体等因素还会进行激烈的市场竞争，价格可能因此出现反复震荡。

1. 以加强土地调控为核心的新一轮国家宏观调控政策全面施行，是经济增长放缓和房地产价格上涨过快得以有效控制的主要因素

为了抑制我国经济增长过快及房地产价格过高甚至重新出现上涨之势可能带来的泡沫经济隐患，继上半年我国连续出台了调整房地产预售税率、提高银行利率和住房公积金贷款利率，国务院连续下发了《促进房地产健康发展意见》（"国六条"）和《关于调整住房供应结构稳定住房价格的意见》》（"九部委十五条意见"）等一系列宏观调控政策后。在三季度中，7月份，建设部下发《关于落实新建住房结构比例要求的若干意见》，国务院办公厅发布《关于建立国家土地督察制度有关问题的通知》，温家宝总理主持召开国务院常务会议，部署进一步加强土地调控工作。会议上提出，国有土地使用权出让总价款全额纳入地方预算，实行"收支两条线"管理；还调整新增建设用地土地有偿使用费缴纳标准、城镇土地使用税征收标准和耕地占用税征收标准，建立工业用地出让最低价标准统一公

布制度。8月份，国土资源部制定了《招标拍卖挂牌出让国有土地使用权规范》和《协议出让国有土地使用权规范》，并推出五大措施，包括提高征地成本、规范土地出让收支管理、提高新增建设用地土地有偿使用费缴纳标准和统一制定并公布各地工业用地出让最低价标准、加大建设用地取得和保有环节的税收调节力度等。9月份，国土资源部、建设部、监察部等分别派出监察组，对落实宏观调控政策经济政策情况进行全国范围内的监督检查，国务院还专门对检查情况进行汇报。

与以往不同的是，这次宏观调控的核心是土地管理，这是以前从未有过的。以土地调控为突破口进行综合整治、严把土地闸门关口，这也是我国土地管理和经济发展与资源有效利用长远发展所必须坚持的。正是由于制定了从土地审批管理、土地供应管理以及土地出让金管理以及工业用地价格和住房面积等全方位的调控政策，一方面抑制了地方政府大量批地的冲动性和积极性，例如土地出让金开始实行收支两条线，并将其纳入到地方财政预算内；另一方面还将这些收入分配用于农民的土地补偿等，从根本上消除了地方政府进行土地出让和默认房地产价格上涨可能带来较大利益的动力机制。同时，我国经济发展偏快，投资规模过大的最直接反映就是过度的土地开发，从严强化土地调控，等于从源头上抑制了投资基础。这是三季度我国房地产投资增长减缓和价格上涨回落的主要因素。

2. 国家在行政、法律监察方面力度加大，从而迅速扭转了地方政府在执行宏观调控政策上的消极性、非主动性、偏袒性、对抗性等行为

这是投资增长速度放缓、房价增幅继续回落的重要因素。众所周知，过去两年里，国家在抑制经济过热、房地产价格上涨过快方面出台了很多政策，可以说是历史上政策力度最大、出台政策最多、政策出台时间最密集的时期。但调控的效果却很不理想，甚至一度出现了报复性反弹和新一轮的快速上涨。究竟是何原因呢？我们认为，地方政府执行不力是其中的重要原因，这主要是由于我国中央与地方之间在管理体制尤其是财税利益上的差异。区域间自然环境、经济发展、市场竞争力等多方面差异较大，因此对于经济发展的判断、政策作用评判上必然会出现分歧。这样对于国家制定的全局性宏观调控政策，很多城市和地方采取了非主动性、消极性的办法，有些地方则采取观望的做法，有些地方甚至采取了偏袒、纵容、怂恿和对抗的措施，从而使得我国宏观经济调控政策效果在近一两年的时间里难以体现，甚至出现相反效果。例如房价越调越高，土地审批越控越增，开发区控制是越来越大。有些地方的房地产偷税漏税相当严重，房地

产市场秩序混乱，土地和房地产审批中的大量违法、贿赂现象相当猖獗，这些都构成了宏观调控政策效果难以发挥的严重阻力。正是在这种严峻形势面前，2006 年以来，尤其是三季度以来，国家加大了法律监察力度，除了在国土资源管理系统建立垂直型土地监察机构外，还加大了对房地产市场管理、税收管理、土地出让金管理、土地审批等渠道上的法律监察管理，查处了一大批违法案件，从而在一定程度上清除了一部分政策阻力。如北京及上海等一批大案、要案的查处，使得房地产市场秩序混乱的局面得以迅速改观，这是三季度房地产投资增幅减缓、房价增幅回落的重要原因之一。

3. *房地产进入门坎增高，降低了消费型房地产投资需求的过度膨胀。对未来市场预期的降低，使得房地产投入的短期资金迅速减少，价格快速上涨缺乏有效需求和资金推动力*

2006 年三季度一个很明显的特点就是国家加大了对房地产市场的管理力度。首先，一方面提高了房地产信贷条件，提升了首付比例，这就相应地降低了资金投入总量，相应地减少了有效需求；另一方面还提高了二手房交易税收标准和交易条件，这样就相应地控制和减少了一部分投机规模，同样使短期有效需求降低。其次，国家对于建设 90 平米住房比例的严格要求，对房地产预售房新规定以及在土地审批和经济适用房等方面新措施的出台，都在一定程度上提高了房地产进入门坎和投机者的市场运作成本。再次，限制外资投入房地产政策的出台，我国在投资市场上增加的投资渠道，以及 2006 年三季度股票市场行情看涨，使得大量闲散资金从房地产市场中抽出，有效需求降低。正是短期有效需求的下降，造成了人们对未来房地产市场价格的预期降低，改变了原有的超前性消费行为，而超前性消费下降和短期有效需求降低的双重作用，使得价格上涨失去了有效需求与资本驱动的双重推动原动力。

三、预测及政策建议

1. *四季度房地产投资将会小幅回落，全年房地产业投资增速将会在 22% ~24% 之间波动。*

根据 2006 年前三季度我国房地产投资变化新特点，结合最近几年房地产投资年度变化规律，考虑到当前我国经济运行新变化，我们认为，四季度房地产投资将稳定在 24% 左右的水平，全年我国房地产投资增速将会稳定在 22% ~24% 的区间内，原因是：第一，2006 年四季度，我国将会继续保持宏观调控政策不变。尽管 10.7% 的增速与上半年增幅相比有所下降，但仍然还是比较高的，因此四季度国家继续实施宏观调控政策是必然选择。这样，房地产投资将会受到一定程度的限制。第二，从 2006 年三季度以来，我国房地产投资增速出现了相对稳定的增长态势，房地产投资逐月扩大和增幅加快的现象已经得到一定程度上的抑制，但抑制房地产投资增长的任务仍然很艰巨，房地产投资增长的惯性变化仍将继续。因此，相对稳定增长中有所回落是未来经济保持稳定健康发展所必须要求的。

2. 房价变动进入最敏感期，但下跌预期不断提升

综合各种因素我们认为，2006 年四季度房地产价格变动进入最敏感期，但下跌预期不断提升。原因是：第一，治理和抑制经济过热及其投资反弹是我们国家当前的主要矛盾。四季度我国仍然会在行政措施推进的同时，加大经济政策，诸如连续利率的调整。第二，整顿房地产市场秩序、规范房地产市场行为管理力度将会进一步加大，一些非法利润所得也将相应的下降，价格必然会下降（或者增幅缩小）。第三，经济发展战略思想的完善，将会一定程度上抑制房价上升。我国近一段时期内一直执行者一种高投资、高消耗、高扩展的发展战略，造成了巨大的资源和能源浪费，也给国家战略安全、社会均衡发展带来了隐患。珍惜和保护每一寸耕地将成为未来国家发展战略的基础。因此，价格持续上涨将会失去战略发展基础支撑力。第四，四季度国家仍会加大法律监察力度，使房地产市场秩序更加规范。法律监管是保证经济发展规范的基础保证，是一项必须长期坚持的原则。第五，通过前段时间的监察与检查，国家和地方政府还将会有一系列新的落实措施出台。因此，宏观调控效应在四季度和明年一季度将会明显地显示出来。第六，正像上海等主要城市经历了房地产价格增幅逐渐回落、快速回落到目前价格下跌一样，其他城市也将会在四季度开始步入价格变化曲线区域下降轨迹之上。当然这个过程在区域上会有所不同，在时间上也有所差异。

3. 要做好土地调控政策的后续评估和其他宏观调控政策配合

三季度是我国以土地为核心的宏观调控集中出台的时期，这些措施的出台对抑制经济增长偏快和房地产价格上涨过高起到有效作用，而且效果已经明显表现出来。但是这一系列措施对于抑制经济增长和房地产价格哪个作用更大呢？两者是同向作用还是反向作用？对此需要进行认真评估分析。但不管怎样，作为一项宏观调控政策实施，它还必须有其他宏观调控政策的配合来同步实施，这是四季度和明年我国政策完善中必须注意的重要方面之一。

第八部分　宏观管理与政策要点

三季度宏观经济走势平稳，政策保持连续性和稳定性，政策的主要基点还是控制固定资产投资过快增长，防止出现过热。值得关注的几件大事有：

第一件大事：国务院针对天津滨海新区出台了一系列重大措施

自温家宝总理在 2006 年《政府工作报告》明确提出要"推进天津滨海新区开发开放"后，国内外把很多关注的目光投向了天津。第三季度，天津滨海新区开发开放相继出台了一系列具体措施，主要包括：一是在天津滨海新区进行金融改革和创新试点；二是在新区进行外汇管理政策、离岸金融业务改革试点；三是赋予渤海银行一定的灵活政策，开展规模化经营；四是国务院批准设立天津东疆保税港区，有关部门表示，可以考虑在东疆保税港区进行建立自由贸易港区的改革探索，并在总结经验、充分调研论证的基础上积极研究建设自由港的相关问题；五是有关部门表示将对天津港和重要交通运输基础设施建设予以支持。

第二件大事：国务院批复了"十一五"期间各地区单位生产总值能源消耗降低指标计划

该计划最大的特点就是把能源消耗降低指标分解落实到各省（区、市），并强调单位国内生产总值能源消耗指标是具有法律效力的约束性指标，各省（区、市）要将其纳入经济社会发展综合评价、绩效考核和政绩考核，并分解落实到各市（地）、县及有关行业和重点企业。从 2006 年开始，国家统计局、发改委和能源办每半年向社会公布全国和各地区单位生产总值能源消耗情况；2008 年对本计划执行情况进行中期评估，2010 年进行期末考核。评估和考核结果向社会公布。

第三件大事：国务院办公厅对内蒙古自治区人民政府制止违规建设电站不力并酿成重大事故进行通报

近年来，各地建电站的热情异常高涨，成为推动固定资产投资快速增长的重要方面。为了避免各地盲目建电站，2004 年以来，国务院多次要求各地区采取积极有效措施，坚决制止电站项目无序建设。但一些地方贯彻并不有力，甚至采取上有政策、下有对策的办法，对国务院的要求置若罔闻。内蒙古自治区违规建设电站情况就十分严重，其规模高达 860 万千瓦。由于其未能认真贯彻执行国家有关政策和规定，在制止违规建设电站方面工作不力，致使一些违规电站项目顶风抢建、边建边报、仓促施工，最终酿成 2005 年 7 月 8 日新丰电厂 6 死 8 伤的重大施工伤亡事故。新丰电厂违规建设并发生重大伤亡责任事故，是一起典型的漠视法纪、顶风违规并造成严重后果、影响极坏的事件。为严肃政纪，国务院于 8 月 18 日对内蒙古自治区人民政府公开予以通报批评，所有违规电站项目一律停止建设，认真进行整顿。同时责成对项目违规建设负有领导责任的内蒙古自治区人民政府主席及两名副主席向国务院作出书面检查。通报还要求各地区、各部门都要吸取教训，引以为戒，牢固树立和全面落实科学发展观，切实增强全局观念，认真贯彻中央各项宏观调控政策措施，坚决维护中央宏观调控的权威性，加强纪律，确保政令畅通。国务院再次重申：对有令不行、有禁不止并造成严重后果的行为，要依法依纪追究责任。

第四件大事：在加强土地管理方面采取了三项大的措施

第一，对郑州市违法批准征收占用土地，建设龙子湖高校园区问题进行了严肃处理。2003 年到 2006 年，郑州市政府及有关部门违反土地利用总体规划和城市总体规划，违法批准征收集体土地 14877 亩，用于龙子湖高校园区建设。2005 年国土资源部对郑州市违法批准征收占用土地问题进行调查，并报经国务院同意，要求郑州市纠正土地违法行为。郑州市不但不进行整改，还公然扩大违法征占土地。河南省政府有关负责人明示或默许违法批准征收占用土地，省国土资源厅不依法履行监管职责。这是一起严重违反土地利用总体规划、违法批准征收占用土地数量巨大的案件。为严肃法纪，维护国家和人民利益，维护土地利用总体规划的严肃性和权威性，9 月 27 日，温家宝总理主持召开国务院常务会议，严肃处理郑州市违法批准征收占用土地建设龙子湖高校园区问题。会议决定，对河南省人民政府予以通报批评，责成其向国务院作出深刻检查，并对有关责任人员作出严肃处理。中央纪委常委会已决定，分别给予河南省委常委、政法委书记李新民（原任河南省副省长）和河南省委常委、郑州市委书记王文超（原任郑州市市长）党内严重警告处分。

第二，8 月 31 日国务院下发了《关于加强土地调控有关问题的通知》（以下简称《通知》）。本届政府成立以来，在加强宏观调控方面的一个突出特点就是高度重视土地管理和调控。2004 年下发了《国务院关于深化改革严格土地管理的决定》，取得了初步成效。但是，效果并不特别理想，也出现了一些新动向、新问题，建设用地总量增长过快，低成本工业用地过度扩张，违法违规用地、滥占耕地现象屡禁不止，严把土地"闸门"任务仍然十分艰巨。国务院认为，为进一步贯彻落实科学发展观，保证经济社会可持续发展，必须采取更严格的管理措施，切实加强土地调控。为此，又发了此《通知》。其主要内容有：一是进一步明确土地管理和耕地保护的责任。《通知》明确指出，地方各级人民政府主要负责人应对本行政区域内耕地保有量和基本农田保护面积、土地利用总体规划和年度计划执行情况负总责。按照权责一致的原则，调整城市建设用地审批方式。严格实行问责制。对本行政区域内发生土地违法违规案件造成严重后果的，对土地违法违规行为不制止、不组织查处的，对土地违法违规问题隐瞒不报、压案不查的，应当追究有关地方人民政府负责人的领导责任。二是切实保障被征地农民的长远生计。征地补偿安置必须以确保被征地农民原有生活水平不降低、长远生计有保障为原则。社会保障费用不落实的不得批准征地。三是规范土地出让收支管理。国有土地使用权出让总价款全额纳入地方预算，缴入地方国库，实行"收支两条线"管理。四是调整建设用地有关税费政策。提高新增建设用地土地有偿使用费缴纳标准。新增建设用地土地有偿使用费缴纳范围，以当地实际新增建设用地面积为准。五是建立工业用地出让最低价标准统一公布制度。国家根据土地等级、区域土地利用政策等，统一制定并公布各地工业用地出让最低价标准。六是禁止擅自将农用地转为建设用地。农用地转为建设用地，必须符合土地利用总体规划、城市总体规划、村庄和集镇规划，纳入年度土地利用计划，并依法办理农用地转用审批手续。七是强化对土地管理行为的监督检查。八是严肃惩处土地违法违规行为。

第三，建立国家土地督察制度。国务院办公厅于 7 月 13 日下发了《关于建立国家土地督察制度有关问题的通知》，正式明确了将建立国家土地督察制度。其主要内容有：一是设立国家土地总督察及其办公室。国务院授权国土资源部代表国务院对各省、自治区、直辖市，以及计划单列市人民政府土地利用和管理情况进行监督检查。设立国家土地总督察 1 名，由国土资源部部长兼任；兼职副总督察 1 名，由国土资源部 1 名副部长兼任；专职副总督察（副部长级）1 名。国家土地总督察、副总督察负责组织实施国家土地督察制度。在国土资源部设立国家土地总督察办公室（正局级）。其主要职责是：拟定并组织实施国家土地督察工作的具体办法和管理制度；协调国家土地督察局工作人员的派驻工作；指导和监督检查国家土地督察局的工作；协助国土资源部人事部门考核和管理国家土地督察局工作人员；负责与国家土地督察局的日常联系、情况沟通和信息反馈工作。二是向地方派驻国家土地督察局。由国土资源部向地方派驻 9 个国家土地督察局，分别是：国家土地督察北京局、沈阳局、上海局、南京局、济南局、广州局、武汉局、成都局、西安局。派驻地方的国家土地督察局为正局级，代表国家土地总督察履行监督检查职责，但不直接查处案件。其发现的土地利用和管理中的违法违规问题，由国家土地总督察按照有关规定通报监察部等部门依法处理。

附录　世界经济形势

2006 年前三个季度，美国经济增长速度逐渐下降，通货膨胀压力减轻，欧元区经济保持增长态势，日本经济温和扩张，新兴市场经济发展中的不确定性因素增加。

一、美国经济

（一）房地产市场降温主导美国经济减速

2006 年前两个季度，美国实际 GDP 增长率分别为 5.6% 和 2.6%，二季度 GDP 增长率较一季度下降 3%（见图 7-19），虽略高于 2005 年四季度的增长率，但仍然表明美国经济再度出现增长减速趋势。

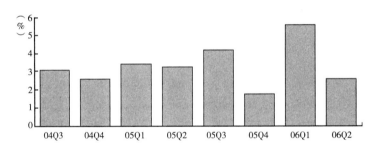

图 7-19　最近以来美国实际 GDP 季度变化情况

二季度美国 GDP 增长率大幅度下降的主要原因如下。

1. 房地产市场降温导致居民固定资产投资增长速度下降

2006 年一季度，美国固定资产投资增长 8.2%，二季度则转为下降 1.6%。二季度固定资产投资对 GDP 的贡献率为 -0.27%，其中，居民固定资产投资自 2005 年四季度起连续三个季度下降，增长率从一季度的 -0.3% 扩大到二季度的 -11.1%，对 GDP 的贡献率为 -0.72%，设备和软件的实际投资自 2003 年初起首次出现下降。居民固定资产投资下降的主要原因是美国房地产市场快速降温。美国联邦房地产企业监管办公室

（OFHEO）数据显示，2006 年第二季度美国房价较第一季度上涨了 1.17%，年率化后的增长率为 4.68%，房价季增长率为 1999 年四季度以来的最低水平，表明美国房地产市场正在以很快的速度降温。

2. 房地产市场的疲弱不振开始影响居民的消费意愿，导致个人消费开支的增长减缓，其对 GDP 的贡献率由一季度的 3.38% 下降到二季度的 1.81%

其中，耐用品消费开支出现轻微下降，对 GDP 的贡献率为 -0.01%。美国居民消费增长率从一季度的 4.8% 下降到二季度的 2.6%，低于潜在经济增长率。

3. 政府支出及投资对 GDP 增长的贡献为 0.16%，低于上季度的 0.94%，其对经济增长的刺激作用受到一定制约

（二）对外贸易状况有所改善

2002 年以来，美元汇率持续走软，其贸易加权汇率指数累计下降了 15%，在一定程度上提高了美国商品和服务的出口竞争力，而全球经济的较快增长增加了对美国出口商品和服务的需求，内部及外部双重因素推动美国贸易状况改善。2006 年二季度，美国商品和服务的实际出口增长 6.2%，商品和服务的实际进口增长 1.4%，实际净出口对 GDP 贡献率达 0.42%，为最近几年的最高水平。此前三个季度分别为 -0.06%、-1.07% 和 -0.04%。二季度，美国经常项目赤字为 2184.1 亿美元。

2006 年 7 月份，美国出口下滑 1.1%，进口增加 1.0%，贸易逆差为 680.4 亿美元，8 月份贸易逆差为 698.6 亿美元。

（三）通货膨胀压力缓解

2006 年二季度以来，由于国际市场商品价格转跌，尤其是石油价格自高点回落，美国国内的通货膨胀压力减小，ECRI 的美国未来通胀指标 9 月份降至 120.3，8 月份指标从 123.1 下调至 121.7；9 月份该指标滤除掉月度波动后的年率化增长率降至 -3.4%，8 月份下调后为 -1.2%。

2006 年 9 月份，美国生产者物价指数（PPI）下滑 1.3%，扣除食品和能源的核心 PPI 则增长 0.6%，原预期 9 月份 PPI 较前月下滑 0.6%，扣除食品和能源后的核心 PPI 上升 0.2%。2006 年 8 月份，美国生产者物价指数（PPI）增长 0.1%，扣除食品和能源的核心 PPI 则下滑 0.4%，为 2003 年 4 月以来最大降幅，当时为下降 0.5%。

2006 年 8 月份，美国消费者物价指数（CPI）较前月上升 0.2%，扣除食品和能源的核心 CPI 增幅为 0.2%，核心 CPI 较前月上升 0.2%，较上年同期上升 2.8%。

（四）紧缩性货币政策面临转折

2006 年 8 月和 9 月，美国联邦储备委员会连续稳定联邦基金利率和贴现率，将上述两项指标维持在 5.25% 和 6.25% 的水平。美国联邦储备委员会在其公布的会议备忘录中指出，美国经济增长仍在放缓，部分反映出房地产市场降温，核心通胀一直处在较高水平。资源利用率、能源商品等初级商品价格居于高位，可能持续带来通胀压力，但通胀压力似乎可能随时间推移而逐步减弱，因能源价格的影响力减轻，通胀预期受控，而且货币政策措施的累计效应等其他因素限制了总需求。尽管如此，该委员会认为仍存在一些通胀风险，未来可能需要收紧货币政策的程度与时机，将取决于未来的信息所体现的通胀和经济增长前景。金融市场预计 FED 到今年 12 月都将继续维持利率不变，在 2007 年初降息至 5% 的可能性大幅增加。

显然，自 2006 年三季度起，美国持续紧缩的货币政策进入转折时期，金融市场指标利率趋于稳定。

（五）美国失业率出现明显波动

2006 年前两个季度，劳动力市场继续改善，失业率保持在 4.6% ~ 4.7% 之间。进入下半年后，房地产市场降温导致建筑行业就业状况转差，并开始对其他相关行业产生影响，2006 年 7 月份，失业率一度上升到 4.8%，8 月份下降到 4.7%，9 月份则回落到 4.6%。同时，7 月份和 8 月份的非农就业数据上调，但 9 月份的非农就业数据仍然低于预期，表明美国劳动力市场改善程度有限。

（六）美国经济增长前景

一方面，由于房地产市场已经成为美国经济增长的的重要驱动力量，其近来出现的增长放缓趋势可能具有一定的长期性，这将在一定程度上影响美国实体经济的增长动能；另一方面，国际市场石油价格转入下降轨道及美国货币政策紧缩周期的终结，无疑将降低美国经济衰退的潜在风险。

石油价格下降有助于缓解美国的通货膨胀压力，而美国经济减速和就业市场的反复也为美国货币政策调整提供了新的可能。据市场估计，美国联邦储备理事会明年将利率从 5.25% 下调的可能性超过 66%，并将在 2007 年年底降息至 4.75%。紧缩性货币政策的转变显然将对美国经济产生良好的促进作用。

全美商业经济协会（NABE）对 50 位经济学家的访问结果显示，2006 年国内生产总值（GDP）增长率预估从之前的 3.5% 调低为 3.3%，2007 年的实质 GDP 预估则从 5 月份时预估的 3.0% 调低为 2.8%。受访者中 46% 的人认为高能源成本是美国经济增长的最大风险，22% 的人认为利率上涨是最大风险，20% 的经济学家认为房屋价格下滑是最大风险。

美国企业圆桌会议进行的季度调查显示，美国企业总裁预期未来六个月经济增长速度将会减缓，企业圆桌会议 9 月总裁经济展望指数降至 82.4，为三年来的最低点；第二季度的调查结果为 98.6。

总之，未来一个时期，美国经济可能出现增长放缓、通货膨胀压力减轻的局面。

二、欧元区经济

（一）欧元区 GDP 增长加速

2006 年一至二季度，欧元区 GDP 增长率分别为 2.2% 和 2.7%，欧盟 25 国的 GDP 增长率为 2.4% 和 2.9%，创出近年来的最好水平，尤其是二季度的增长率首次超过美国，表明欧元区经济继续保持良好增长态势。欧盟统计显示，欧元区第二季度 GDP 较前季增长 0.9%，为六年来的最高水平。欧元统计机构上调了第一季度和第二季度经济增长年率，分别至 2.2% 和 2.7%，初值为 2.1% 和 2.6%。

在欧元区二季度 2.7% 的 GDP 增长中，1.0% 来自居民消费开支，0.5% 来自政府最终开支，1.0% 来自固定资本形成，0.0% 为库存变化构成，上述各因素汇总形成的区内需求对欧元区经济增长的贡献率为 2.5%，为欧元区经济增长的主要驱动因素。而出口对 GDP 的贡献率为 3.2%，进口对 GDP 的贡献率为 -3.0%。显然，2006 年二季度，欧元区呈现出消费和投资双重驱动经济增长的良好态势。

欧元区经济在保持较快增长的同时，劳动生产率明显上升。欧洲中央银行公布的月度报告显示，4~6 月的季度生产力环比年率为 1.4%，高于第一季度的 1.1%，为自 2000 年第二季度增长 2% 后的最快增长速度。二季度，欧元区单位劳工成本加速增长，欧元区 12 国第二季度单位劳工成本较上年同期上升了 2.4%，高于第一季度的年增率 2.2%。同时，欧盟统计局经季节调整的第二季度就业数据显示，欧元区就业人数增加 55.7 万至 1.39 亿人，较第一季度增长 0.4%，较去年同期上升 1.2%。

（二）三季度欧元区经济走势良好

进入三季度后，欧元区经济继续保持增长。

首先，欧元区通货膨胀压力略有缓解。ECRI 公布的欧元区未来通胀指标在 7 月份微降至 105.1，6 月份为 105.3。欧洲央行（ECB）将今明两年通胀率的预估区间中点自 2.3% 调升至 2.4%，同时暗示将进一步升息来遏制上升的通胀。

9 月份欧元区消费者物价调和指数（HICP）初值预计为较上年同期增长 1.9%，低于 8 月份时的 2.3%，为连续第三个月下滑，并为 2005 年 1 月份以来的最低水平。欧元区 8 月消费者物价调和指数（HICP）终值较上月增长 0.1%，较上年同期增长 2.3%，符合预期；欧元区 8 月份扣除食品和能源的核心通胀率较 7 月份增长 0.1%，较上年同期增长 1.5%。

其次，欧元区 7 月份失业率持平于 7.8%，高于市场预估的 7.7%。

第三，欧元区的工业生产保持增长。2006 年 8 月份，欧元区工业生产较上月增长 1.8%，较上年同期增长 5.4%。7 月份，欧元区工业生产较前月下滑 0.4%，较上年同期增长 3.2%。欧盟统计局自 2000 年 1 月份起改变工业生产数据的计算方式，月率是经季节调整的数据，而年率则是根据工作日调整来计算。欧元区 7 月份工业订单较上月增加 1.8%，较上年同期增长 9.7%，原预估值分别为增长 1.2% 和 8.8%。

欧元区 8 月份制造业采购经理人指数（PMI）降至 56.5，低于预估值。9 月份欧元区投资者信心四个月来首次改善，Sentix 欧元区整体指数由 8 月的 18.3 升至 20.1。

第四，欧元区 8 月份贸易逆差为 58 亿欧元，7 月份贸易顺差修正至 16 亿欧元，6 月份为盈余 68 亿欧元；欧元区 7 月份直接和证券投资合计为净流出 67 亿欧元，6 月份为净流入 588 亿欧元。

（三）欧元区经济前景

最近，欧盟执委会将第三季度欧元区区内生产总值（GDP）增长季率调降至 0.4% ~0.8%，此前于 8 月份作出的预估为 0.5% ~0.9%，还将第四季度 GDP 增长季率估值从 0.4% ~0.9% 降为 0.2% ~0.7%。此外，2007 年第一季度经济增长预计为 0.0% ~0.5%，此前预估为增长 0.2% ~0.8%。

三、日本经济

2006 年二季度，日本实际 GDP 较上季增长 0.2%，修正后的 GDP 环比年率为增长 1.0%，高于初值的增长 0.8%，表明日本经济仍处于稳定的增长时期。

从日本经济的构成看，国内需求增长 0.4%，其中，私人消费增长 0.5%，非居民投资上升 3.7%，居民投资下降 2.7%，私人库存无变动，政府投资减少 6.3%，公共需求减少 1.5%，商品和服务的净出口减少 0.1%。显然，来自私人部门的国内需求仍是日本 GDP 出现增长的主要原因。

2006 年 8 月份，日本经物价调整所有家庭支出较上年同期减少 4.3%，为连续第八个月较上年同期下滑，日本 8 月份所有家庭支出经季节调整后较 7 月份下滑 0.6%。根据日本总务省公布的数据，日本 8 月份平均家庭支出为 292087 日元，但 8 月份受薪者平均家庭支出则较上年同期实质减少 4.4%。日本 8 月份零售销售较去年同期增长 1.3%，与 7 月份相比，8 月份经季节调整零售销售增加 2.0%。

2006 年 7 月份，日本工业生产较上月下滑 0.9%；8 月份工业生产经季节调整后较上月增长 1.8%。9 月份的制造业产出预计较上月减少 0.1%，10 月份制造业产出预计较上月增长 1.8%。日本经济产业省仍旧维持对工业生产正处于上升趋势的评估不变。

2006 年 7 月份，日本经常项目盈余较上年同期增长 7.1% 至 1.81 万亿日元，原预估中值为较上年同期增长 3.7% 至 1.75 万亿日元；日本 7 月份贸易顺差较上年同期减少 8.5% 至 9509 亿日元。8 月份，日本经常项目盈余较上年同期增长 22.2% 至 1.48 万亿日元。原预估中值为较上年同期增长 19.3% 至 1.44 万亿日元；8 月份，贸易顺差较上年同期增加 36.0% 至 3124 亿日元。

随着经济增长逐步恢复，日本就业状况继续改善。2006 年 8 月份，日本经季节调整失业率持平在 7 月份的 4.1%；8 月份求才求职比为 1.08，代表每 100 位求职者有 108 个就业机会，显示就业情况稳定，7 月份则为 1.09，为 1992 年 6 月份创 1.10 以来最高纪录。

日本央行公布的数据显示，日本通货紧缩压力继续得以缓解，2006 年 7~8 月份，消费物价指数为 0.2% 和 0.3%。8 月份剔除了生鲜食品价格的全国核心消费者物价指数（CPI）较上年同期增长 0.3%，7 月份为增长 0.2%。9 月份，日本企业物价指数（CGPI）较上年同期增长 3.6%，增幅高于预估的增长 3.3%；与上月相较，9 月份 CGPI 为增长 0.3%，原预估中值为增长 0.1%。

日本经济前景仍然取决于国内需求的未来表现。从消费角度看，2006 年 9 月份，日本经季节调整后的消费者信心较三个月前恶化，一般家庭消费者信心指数（包括对收入与就业的看法）为 45.6，6 月份为 46.2。未经调整的 9 月指数则从 8 月份的 47.6 降至 46.3。指数高于 50 代表消费者信心乐观。此外，2006 年 7~9 月份，日本大型制造业对景气的信心高于上季。日本企业景气判断指标（BSI）系将预期景气改善的企业比例减去预期景气恶化的企业比例所得出。日本政府在 10 月月报中连续九个月采用"经济正在复苏"这样相同的措辞，维持对经济正在复苏的看法不变，认为可能会在 11 月创下战后最长的增长期。显然，日本经济增长态势将进一步持续。

四、新兴市场经济

尽管 2006 年上半年出现了国际市场石油价格剧烈波动、美国经济增长减慢等不利因素，亚洲新兴经济体的总体增长仍然非常强劲，短期前景呈现良好势头。由于受到中国和印度经济增长活跃的带动，亚洲新兴经济体在 2006 年年初，再次成为全球经济最有活力的地区。2006 年前两个季度，韩国 GDP 增长率分别为 6.1% 和 5.3%，泰国为 6.1% 和 4.9%，马来西亚为 5.5% 和 5.9%，菲律宾为 5.7% 和 5.5%，印度尼西亚为 4.7% 和 5.2%。新加坡前三个季度的 GDP 增长率则分别为 10.6%、8.0% 和 7.1%。

2006 年上半年，拉美经济表现有所改善，但拉美仍然是近年来世界新兴市场和发展中国家中经济增长最为缓慢的地区。

进入下半年后，一系列新的风险因素，如剧烈波动的油价、发达国家利率水平居高不下、美国经济减速等，开始导致亚洲国家的经济增长放缓。韩国第二季度经济增长放缓，泰国消费信心指数上月滑落至 4 年来的最低水平，马来西亚经济增长低于预期。未来一段时间内，如果美国经济放缓继续加剧，新兴市场经济体的出口将随之下降，并可能导致区域内的真实利率上升，从而使该地区的内需放缓。据国际货币基金组织预测，由于受到中国经济快速增长的带动，亚洲新兴市场和发展中经济体在 2006 年的增长率将达到 8.3%，比早些时候的预期提高了大约 0.5%。国际货币基金组织估计，2006 年拉美经济增长 4.8%，高于去年的 4.3%。但报告预计 2007 年拉美经济增速将回落到 4.2%。在拉美地区主要国家中，巴西今明两年的经济增长率预计分别为 3.6% 和 4%，墨西哥为 4% 和 3.5%，阿根廷为 8% 和 6%，智利为 5.2% 和 5.5%。

五、国际经济环境变化对中国经济的影响

世界经济发展对中国经济的影响主要表现在以下几方面。

1. 美国经济减速可能进一步加大其贸易保护主义情绪，可能增加对华贸易摩擦

目前，中国仅次于加拿大成为美国第二大贸易伙伴，美国对外贸易逆差的四分之一集中在我国，美国方面的统计高达 2000 亿美元。近期由于美元对西方主要货币汇率持续下降，美国的总体贸易逆差呈现缩小趋势，美国国内的一些经济研究资料开始把出口拉动作为美国经济增长的促进因素之一。而美国经济减缓趋势进一步形成后，可能会对减少贸易逆差以便拉

动经济增长寄予更大的希望，由此将对我国的外贸出口形成新的压力，导致更多的中美贸易争端。此外，在未来一段时间内，美国对中国的出口可能会有比较大幅度的上升，从而在一定程度上改变中美两国的贸易流向和结构。对此，我国应积极采取措施，保持国际收支的基本均衡。

2. 美国经济减速可能进一步加大人民币升值的压力

自我国实现人民币汇率制度改革以来，在国际金融市场上，人民币持续面临升值压力。随着美国经济的继续减缓，其国内要求调整人民币汇率的呼声可能再度高涨，从而对我国的汇率政策形成新的一轮外部压力。美国国内研究认为，人民币对美元汇率低估了 20% ~ 25%，如果人民币汇率不作相应调整，则无法缩减美国对中国的贸易逆差。

因此，我们需要关注并认真分析人民币对美元汇率及其他货币汇率的相对结构变化及其对中国经济的影响。

3. 随着美、欧及日本等宏观经济增长态势的变化，影响美元汇率变动的因素日趋复杂，美元汇率波动幅度可能加大

为此，我们应密切关注美元汇率的变动趋势，及时调整国内资产结构，适当分散币种结构，以防范可能出现的汇率风险。此外，我们在海内外的资产摆布中要把流动性需求放在突出位置，保持相当份额的优质美元资产。

4. 美国联邦基金利率进入相对稳定区间有利于我国企业及银行业更好地控制利率风险

随着美国金融市场指标利率的逐渐回稳，对于我国涉外企业来说，尤其是持有庞大美元资产的金融机构，与外币相关的利率风险有所下降。但是，我们仍然需要保持足够的警惕，及时采取措施，有效地防范其他金融市场风险。

附图与附表

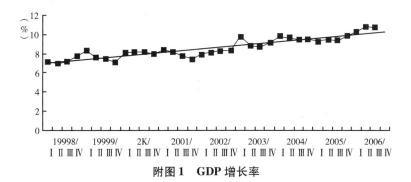

附图 1　GDP 增长率

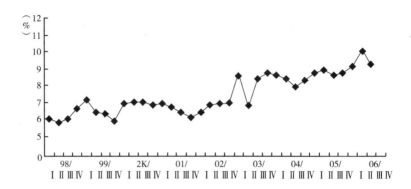

附图2 GDP 季度增长率估计值

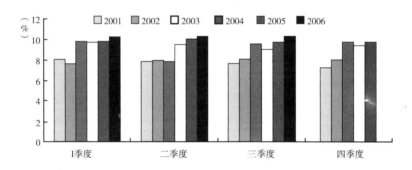

附图3 国内生产总值（GDP）季度增长率比较

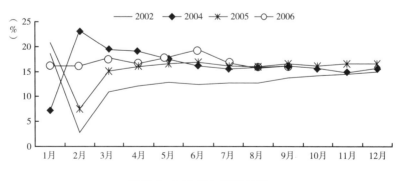

附图4 工业增加值增长率

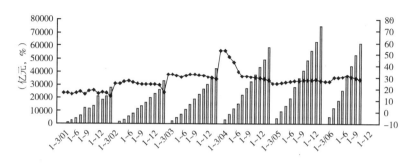

附图 5 固定资产投资及其增长率

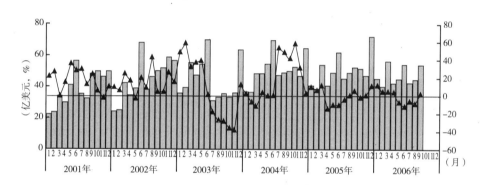

附图 6 外商直接投资及其增长率

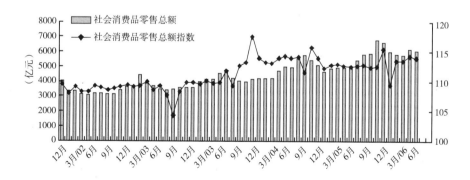

附图 7 社会消费

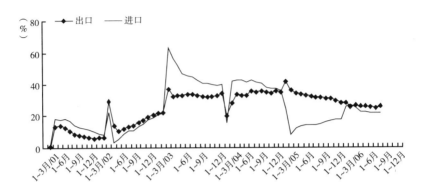

附图 8　进出口累计增长率

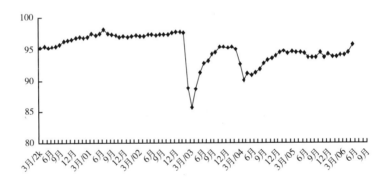

附图 9　消费信心指数

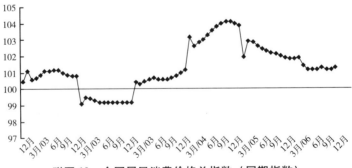

附图 10　全国居民消费价格总指数（同期指数）

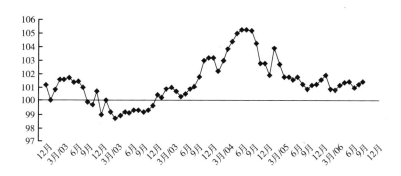

附图 11   全国居民消费价格总指数（当月）

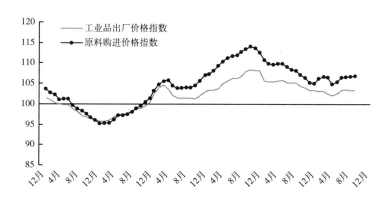

附图 12   投资品价格指数

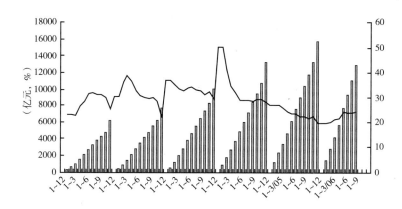

附图 13   房地产投资及其增长率

表 7 - 16   2006 年 Q3 主要宏观经济指标增长情况

单位：%

项　目		2004 年	2005 年	2006 年			
				1～9 月	7 月	8 月	9 月
经济增长	国内生产总值	9.5	9.9	10.7	na.	na.	na.
	第一产业	6.3	5.2	4.9	na.	na.	na.
	第二产业	11.1	11.4	13.0	na.	na.	na.
	第三产业	8.3	9.6	9.5	na.	na.	na.
工业	工业增加值	16.7	16.4	17.2	16.7	15.7	16.1
	其中：国有及国有控股企业	14.2	10.7	12.2	12.7	12.1	12.4
	集体企业	9.9	12.4	13.2	12.9	10.1	14.2
	股份制企业	16.5	17.8	18.2	18.5	17.3	16.7
	外商及港澳台投资企业	18.8	16.6	17.8	15.5	15.2	16.0
	工业产品销售率	98.08	98.10	97.84	98.29	98.74	98.37
	发电量	14.9	13.3	12.9	13.5	16.4	14.0
价格	消费价格（CPI）	100.1	100.4	101.3	101.0	101.3	101.5
	工业品出厂价格	106.1	103.2	102.9	103.6	103.4	103.5
投资	固定资产投资*	27.6	27.2	28.2	30.5	29.1	28.2
	其中：制造业	36.3	38.6	29.0	38.1	36.0	27.8
	房地产开发	28.1	19.8	24.3	24.0	24.0	24.3
消费	社会商品零售总额	13.3	12.9	13.5	13.7	13.8	13.9
	其中：城市	14.7	13.6	14.1	14.2	14.3	14.4
外贸	进出口总额	35.7	23.2	24.3	21.3	29	26.6
	出　口	35.4	28.4	26.5	22.6	32.8	30.6
	进　口	36.0	17.6	21.7	19.7	24.6	22.0
外资	外商直接投资实际使用额	13.3	-0.5	-1.5	-5.5	-8.5	2.7
金融	M$_0$	8.70	11.90	16.83	18.40	17.90	16.83
	M$_1$	13.60	11.80	15.70	15.30	15.60	15.70
	M$_2$	14.60	17.60	15.33	12.20	13.30	15.33
	金融机构贷款	14.40	12.75	14.61	15.40	15.50	14.61
	金融机构存款	15.30	18.15	16.39	17.30	16.90	16.39
	#企业存款				16.20	16.80	
	居民储蓄存款				16.10	15.30	

注：（城镇）固定资产投资月度值为累计数。金融当月值为累计数。

第八章　2006年第四季度

第一部分　国民经济运行情况

2006年，国民经济继续保持平稳较快发展，呈现出"速度快、效益好、通胀低、运行稳"的特征，基本实现了"十一五"的良好开局。

一、2006年经济运行的主要特点

（一）经济持续稳定较快增长

初步核算，全年国内生产总值209407亿元，按可比价格计算，比上年增长10.7%，加快0.3%。其中，第一产业增加值24700亿元，增长5.0%；第二产业增加值102004亿元，增长12.5%；第三产业增加值82703亿元，增长10.3%。分季度看，四个季度国内生产总值分别增长10.4%、11.5%、10.6%和10.4%。

1. 农业生产稳定发展，粮食再获丰收

全年粮食产量超过49000万吨。棉花产量673万吨，比上年增产17.8%。畜牧业克服疫情等因素的影响继续保持增长。预计肉类、禽蛋总产量分别达到8000万吨和2950万吨，分别比上年增长4.5%和3.0%。

2. 工业生产快速增长，效益提高

全年全部工业增加值比上年增长12.5%。其中，规模以上工业增加值增长16.6%（12月份增长14.7%）。在规模以上工业增加值中，重工业增长17.9%，轻工业增长13.8%。

受调控政策影响，工业增长呈现一定程度的"降温"。分月度看，增速波幅较大，6月份最高，达19.5%；10月份与12月份最低，均为14.7%，最大波幅达4.8%。其余月份增速在14.9%~17.9%。分季度看，呈现高开高走，然后明显回落的趋势，分别增长16.7%、18.1%、

16.2%和14.8%。一些重要的能源、原材料、机械、电子和轻工产品，下半年均出现了不同幅度的回落。部分高耗能产品增速回落，与上年增速相比，2006年生铁回落8.4%，粗钢回落6.1%，焦炭回落7%，电石回落6.2%。与上半年增速相比，2006年下半年生铁回落8.4%，钢材回落2.9%，有色金属回落2.2%，水泥回落3.9%，化肥回落2.1%，电石回落10.6%。

（二）投资和消费需求较快增长，外贸顺差持续扩大

1. **固定资产投资增长较快，增幅回落**

全年全社会固定资产投资109870亿元，比上年增长24.0%，回落2.0%。其中，城镇固定资产投资93472亿元，增长24.5%，回落2.7%（12月份14160亿元，增长13.8%）；农村固定资产投资增长21.3%。在城镇固定资产投资中，分地区看，除中部地区固定资产投资增长33.1%，加快0.4%外，东部地区和西部地区分别增长20.6%和25.9%，分别回落3.4%和4.7%。

部分产能过剩行业投资得到有效遏制。电力生产和供应、纺织、炼焦、铝冶炼、煤炭开采和洗选、汽车制造、水泥制造、铁合金冶炼、钢铁9个行业2006年平均增速为12.3%（2005年为32.5%）。房地产开发投资仍快速上升，全年投资额达19382亿元，比上年增长21.8%，加快0.9%。

2. **国内消费市场活跃，增速加快**

全年社会消费品零售总额76410亿元，比上年增长13.7%，加快0.8%（12月份7499亿元，增长14.6%）。其中，城市消费品零售额增长14.3%；农村消费品零售额增长12.6%。批发和零售业增长13.7%，住宿和餐饮业增长16.4%。限额以上批发和零售业大类商品零售中，汽车、住房、通信、旅游等领域消费继续保持快速增长。石油及制品类增长36.2%，汽车类增长26.3%，建筑及装潢材料类增长24.0%，通信器材类增长22.0%。分月份来看，社会消费品零售总额的增速一直平稳，且从4月份起，增速均快于去年。其中，城市消费品市场是主流市场（占2/3强），较农村市场更为旺盛，表现为农村市场消费品零售额增长速度持续低于城市。但农村市场销售增长在持续加快。

3. **对外贸易快速增长，外商直接投资和对外直接投资均有所增加**

2006年我国进出口贸易继续保持自2002年以来20%的高增长态势，全年进出口总额17607亿美元，比上年增长23.8%，加快0.6%。其中，出口9691亿美元，增长27.2%；进口7916亿美元，增长20.0%；进出口相抵，顺差达 1775 亿美元，比上年增加 755 亿美元。进出口商品结构进一步优化，机电产品和高新技术产品快速增长；初级产品进口规模不断扩大，占进口总额比重稳步上升，比上年提高 1.2%。对欧美进出口继续保持高位增长态势，但出口增速放缓，进口增速加快。2006 年我国最大的贸易伙伴仍然是欧盟、美国、日本、香港地区和东盟，双边贸易总额分别增长 25.3%、24.2%、12.5%、21.6% 和 23.4%。对美出口增长 24.9%，对欧盟出口增长 26.6%，增幅分别比上年回落了 5.5% 和 7.5%；从美国进口增长 21.8%、从欧盟进口增长 22.7%，增幅分别比上年提高了 12.7% 和 17.7%。

全年实际使用外商直接投资金额 630 亿美元，比上年增长 4.5%。年末国家外汇储备突破万亿大关，达 10663 亿美元，比上年末增加 2473 亿美元。2006 年，中国企业对外投资步伐进一步加快，规模保持扩大趋势。全年对外直接投资（非金融类）161.3 亿美元，增长 31.6%。截至 2006 年年底，中国累计对外直接投资达到 733.3 亿美元，投资领域已从一般出口贸易、餐饮和简单加工扩大到营销网络、航运物流、资源开发、生产制造和设计研发等众多领域；投资区域从欧美、港澳等发达国家和地区，拓展到亚太、非洲、拉美等 160 多个国家和地区。

（三）宏观经济环境趋于稳定

1. 金融运行平稳

2006 年 12 月末，广义货币供应量（M_2）余额为 34.56 万亿元，同比增长 16.94%，增幅比上年末低 0.63%；狭义货币供应量（M_1）余额为 12.60 万亿元，同比增长 17.48%，增幅比上年末高 5.7%；市场货币流通量（M_0）余额为 2.71 万亿元，同比增长 12.65%。全年累计净投放现金 3041 亿元，同比多投放 478 亿元。总体上看，货币总量增长与经济发展基本相适应。金融机构各项存款稳步增长，各项贷款增加适度，银行间市场利率基本平稳，全年银行间市场利率运行总体高于 2005 年。

2. 价格总水平基本稳定，房价涨幅仍然偏高

全年居民消费价格上涨 1.5%，涨幅比上年回落 0.3%（12 月份上涨 2.8%），城市和农村均上涨 1.5%。从构成看，消费品价格上涨 1.4%，服务项目价格上涨 1.8%。从类别看，食品价格上涨 2.3%，其中粮食价格上涨 2.7%，其余商品价格有涨有落。全年商品零售价格上涨 1.0%，涨幅比上年提高 0.2%（12 月份上涨 2.4%）。原材料、燃料、动力购进价格上涨 6.0%，涨幅比上年回落 2.3%（12 月份上涨 5.0%）。工业品出厂价格上涨 3.0%，涨幅比上年回落 1.9%（12 月份上涨 3.1%）。固定资产投资价

格上涨 1.5%，涨幅比上年回落 0.1%。全年 70 个大中城市房屋销售价格比上年上涨 5.5%，涨幅比上年回落 2.1%。

（四）经济效益继续看好

1. 财政收入快速增长

1～11 月，全国财政收入 36084 亿元，同比增长 24.7%；财政支出 29611 亿元，增长 16.9%；收支相抵，收大于支 6472 亿元，同比增加 2857 亿元。2006 年，全国共入库税款 37636 亿元（不含关税、契税和耕地占用税），增长 21.9%，增收 6770 亿元。

2. 规模以上工业企业利润呈普遍增长态势，向好的行业明显增多

规模以上工业企业产销率达到 98.1%。规模以上工业企业实现利润 18784 亿元，增长 31.0%。在 39 个工业大类行业中，有 38 个行业利润同比增长，只有石油加工一个行业净亏损。新增利润前五大行业，由去年同期的石油开采、煤炭、通信设备、农副食品加工、纺织转变为石油开采、有色金属冶炼及压延、电力、交通运输设备、电子通信。占整个工业新增利润的比重由去年同期的 81.4% 回落到 49.9%，新增利润行业分布过于集中的状况明显改观。

3. 城乡居民收入增长加快，就业增加较多

全年城镇居民人均可支配收入 11759 元，比上年增长 12.1%，扣除价格因素，实际增长 10.4%，加快 0.8%。农村居民人均纯收入 3587 元，比上年增长 10.2%，扣除价格因素，实际增长 7.4%，加快 1.2%。年末居民储蓄存款余额 161587 亿元，比上年末增加 20544 亿元。全年城镇新增就业 1184 万人，年末城镇登记失业率为 4.1%，比上年末回落 0.1%。

二、经济运行中的主要问题

当前经济生活中亟待解决的主要问题是：宏观调控成效的基础尚需进一步巩固，结构性矛盾仍然比较突出。这具体体现为：投资增长过快的局面并未根本好转，国际收支不平衡和银行体系流动性过剩仍比较突出。

1. 投资增长过快的局面并未根本好转

2006 年全社会投资增长 24%，扣除投资价格指数上涨 1.5%，实际增长 22.2%；比 20 世纪 90 年代以来最高的 1993 年实际增长 27.8% 仅低了 5.6%，投资仍以 20% 以上的速度高位运行（已连续 4 年增速超过 20%）。在国务院确定的产能过剩的行业中，仍然有少数行业投资增长较快，如汽车工业、煤炭工业的投资增长仍均在 25% 以上。控制房价过快上涨的目标难以实现。商品房价格继续上涨 5.4%，涨幅仍然较高。非金融性公司及其他部门人民币贷款增加 2.57 万亿元，同比多增 2796 亿元，其中短期贷款及票据融资增加 9974 亿元，中长期贷款增加 1.52 万亿元。资金追逐投资的热潮依然不减。投资继续高速增长的各种体制性因素（考核机制、计划指导、投资带动、招商引资等）没有根本变化，仍将会继续支撑投资的高位运行或反弹。

2. 流动性过剩的局面依然严重

2006 年贷款环境宽松，贷款增长快于投资增长，成为投资增长的重要推手。由于自有资金充足，大量资金没有通过银行就可能绕过"信贷闸门"直接进入生产投资领域，使得企业储蓄持续增加，增幅达 16.8%，而居民储蓄增速进一步走低。M_2 与 M_1 的增速"剪刀差"渐成负值。加之外贸顺差达到 1775 亿美元，增长了 74%，反映出流动性宽松的局面也没有好转。

3. 国际收支特别是货物贸易不平衡问题仍较为突出

我国连续第 32 个月实现贸易顺差。今年以来的贸易顺差增长更是异常迅速，贸易顺差累计达到 1775 亿美元，超过去年全年 1018.8 亿美元的水平。今年 3 月以来，出口增速持续高于进口增速，导致贸易顺差持续扩大，表明外贸运行向进出口平衡增长的方向转变的压力正在加大。在经常项目、资本和金融项目"双顺差"的推动下，外汇储备继续飙升。12 月末，我国外汇储备余额达到 10663 亿美元。持续"双顺差"会带来诸多不利。除容易引发贸易摩擦、增加人民币升值的压力外，国际收支大幅顺差还可能对宏观调控形成掣肘。因为大幅顺差带来的外汇占款使得央行不得不投放基础货币，造成国内金融市场流动性过多，增大本外币政策协调难度，影响宏观调控效果。

第二部分　经济增长趋势分析与预测

根据 2006 年全年国民经济运行情况和相关历史数据资料，现对 2007 年一季度及全年经济增长进行趋势分析和预测。

一、2007 年我国经济增长趋势的定性判断

（一）国民经济保持较快平稳增长

2007 年，国内外经济环境在保持基本稳定的同时，也在出现一些新特

点、新挑战，在一定程度上影响我国经济增长的走势。

从全球经济增长的环境来看，2007年将出现下滑趋势，但幅度不会太大，国际经济环境总体相当平稳。据分析，2006年以来，世界经济继续保持强劲增长态势。主要发达经济体内需旺盛、投资活跃，为经济增长增添活力。从国别来看，美国、欧盟和日本的经济增长速度可能放缓，影响全球经济增长速度，但幅度不会太大。另一方面，受国际油价降低、股市看好及亚洲等国家经济增长强劲等因素的影响，世界经济仍处于较快增长期，不可能出现全球性经济衰退。国际货币基金组织（IMF）2006年9月发布的《世界经济展望》预计，2007年世界经济将增长4.9%，比2006年略有放缓①。这些情况说明，未来中国经济增长的外部环境总体是良好的。但同时也要注意到，全球未来经济增长也存在对我国不利的因素。一个因素是美国经济的减速。受历时3年之久的紧缩货币政策的影响，美国房地产市场持续降温，住宅建筑投资大幅度减少，居民消费支出有所减弱，经济增长减速。预计美国2007年经济增长速度大约在2.5%~3%，回落到3%的潜在经济增长率之下，低于2006年3.3%的增长水平。美国是中国最大的贸易伙伴之一，其经济降温势必也会对中国经济增长带来一定的负面影响。另一个因素是美国和欧元区贸易逆差加大。全球经济不平衡加剧，导致欧美对华的贸易摩擦增加，也会对中国一些特定行业的出口和发展带来负面影响。

从国内经济环境看，经济增长仍然有许多有利的条件，投资和外需驱动非常明显，消费增长的内生性继续增强，国民经济仍然会保持高位增长，我们称之为经济增长高位粘性特征。这一特征我们在2006年一季度和二季度形势分析报告中进行了详细的分析，在这里不再重复述说。因此，2007年经济增长预期仍然乐观，但经济增长速度也可能会有所放缓。首先，2006年经济快速增长的一个重要因素是受政治周期的影响，政府换届和"十一五"的开局之年导致地方政府投资冲动比较强劲，特别是基础设施投资较快。但2007年之后，这种发展势头会减弱。其次，从中长期需求因素来分析，由于居民收入分配矛盾和财产分布的高位差距一时难以解决，消费增长幅度还是有限。在投资增长减速和出口增长速度受到制约的前提下，当前较普遍的生产过剩所导致的经济增长率下滑是不可避免的。第三，宏观紧缩政策将制约经济的不合理快速增长。目前，经济结构矛盾

---

① 商务部综合司、国际贸易经济合作研究院：《中国对外经济贸易形势报告（2006年秋季）》。

加剧，资源和环境的压力加大，经济的过快增长将不可持续。2006 年以来，政府一直采取各项控制经济过快增长的措施，并且这些措施已经达到了初步的效果。比如货币政策，在 2006 年 4 月份出台的上调金融机构贷款基准利率基础上，又分别于 7 月份和 8 月份两次上调金融机构存款准备金率和存贷款利率，在短短半年内，仅货币政策就动用了 4 次。另外，国家发改委、国土资源部、建设部等单位接连出台政策，对于新增固定资产项目的审批更严格，土地价格将大幅度上升，房地产投资将得到有效遏制。

（二）2007 年经济增长的趋势判断

根据近几年宏观经济增长变动的基本态势，以下从投资、消费和进出口三个方面对 2007 年经济增长的趋势进行定性判断①。

1. 固定资产投资呈现保持高位下调增长趋势

2007 年，促进投资较快增长的中长期因素保持稳定，投资结构进一步优化。一是由于新农村建设的需要，第一产业投资明显加快。二是交通运输及公共设施投资也在持续增长，投资结构正朝宏观调控的方向变化，经济运行中的薄弱环节得到加强。三是受"中部崛起"战略的影响，中部地区的投资增速明显提高。2006 年，中部地区固定资产投资增长 33.1%，超过平均增长速度近 10%。但从短期来看，固定资产投资的增长幅度会在一定程度上得到遏制，这里有两个重要因素：一是受宏观经济政策的影响，国债投资进一步减少，银根收紧制约投资资金来源的扩张。在企业投资资金来源比例中，自筹资金来源比重进一步增加，这在一定程度上遏制了企业投资的增长。第二个因素是外商投资增长放缓。2006 年以来，由于高耗能、高污染的投资项目在华受到较大的限制，同时一些发展中国家如印度、越南等国外资流入增加，国际对华直接投资明显减少。受上述两个因素的影响，2007 年固定资产投资会有所下降，但下调的幅度不会太大，因为受前述中长期增长因素的影响，投资增长的惯性依然较强。我们预计，2007 年固定资产投资增长速度将平稳回落，同比增长在 20% 左右。

2. 消费需求保持较快的增长势头

2007 年消费增长受到多种积极因素的影响，城乡居民消费需求新一轮扩张性增长周期还远没有结束。基本原因是城乡居民收入快速增长，因为收入是影响消费增长最基本的因素。2006 年城乡居民收入增加的一系列政

---

① 本部分 2006 年的数据来源于国家统计局局长谢伏瞻在 2007 年 1 月 25 日经济形势分析媒体发布会上的发言，国家统计局网站。

策和因素包括：第一，政府出台了一系列的收入分配调整政策，增加中低收入者的收入，几乎所有的省市都提高了最低工资标准，政府公务员工资和退休人员的平均工资收入增加。受此影响，大量事业单位的工资收入也得到提高。第二，制定并实施了农民工进城最低小时工资标准，在一定程度上解决了农民工工资偏低的问题，保护了农民工的切身利益，提高了农村外出务工人员工资收入水平。第三，中央及地方政府财政对农民采取了种粮直补、良种补贴、农机具的购置补贴等多项"多予少取"的政策。2006 年中国结束了上千年来种田交税的历史，仅此一项，就为农民减轻了1000 亿元以上的负担，这也是从另外一个方面增加了农民的收入。同时对农村转移的收入也继续保持快速的增长，促进农民收入的增长。2006 年全年城镇居民人均可支配收入 11759 元，比上年增长 12.1%，扣除价格因素，实际增长 10.4%，加快 0.8%。农村居民人均纯收入 3587 元，比上年增长 10.2%，扣除价格因素，实际增长 7.4%，加快 1.2%。而这些政策在 2007 年将继续发挥作用。受上述因素的影响，预计全年名义消费增长速度保持在 13% 左右的水平。

3. 出口增幅仍会高于进口增幅

2006 年，出口增长 27.2%，进口增长 20.0%，出口增长幅度高于进口增长幅度。2007 年将大体保持这一格局，但出口增长幅度会有所降低。我国进出口保持高位增长的基本因素是：世界经济保持快速增长；出口产业链条日趋完善；出口环境进一步改善，特别是越来越多的民营企业获得了出口经营权，给我国出口带来新的活力。但出口增幅也受到一些不利因素的影响：一是美国等主要贸易伙伴国经济增长减速，进口需求减少；二是出口成本有所提高，近年来能源、原材料、土地、工资价格有较大幅度的增长；三是人民币升值较大，并且还有升值的空间，削弱了产品的国际竞争力；四是国际贸易壁垒和对华贸易摩擦不断增加；五是部分商品出口税率下调；六是我国主要产品的国际市场占有率已经相当高，进一步增长的空间受到限制。根据上述形势判断，2007 年，我国进出口仍保持高位增长，进口基本稳定，出口增幅有所下降，预计进口增长速度在 20% 左右，出口增幅保持在 22% 左右，贸易顺差总额在 2007 年度会继续较快扩大。

（三）价格呈温和上涨趋势

从中长期看，我国价格走势基本平稳，主要是受长期以来投资快速增长的影响，生产能力大幅度提高，绝大多数产品供过于求，甚至在一些行业出现了大量生产过剩的现象。2006 年，生产资料和生活资料价格的持续下降会形成回滞效应，影响 2007 年价格的上涨。但另一个方面，2007 年价格走势也存在拉上的因素，主要基于两个基本因素：第一个基本因素是受内需的持续拉动，价格下降的趋势会得到缓解，部分商品价格可能会出现反弹。另一个因素来自资源性价格的上涨，随着水、电、气等资源价格形成机制的改革和城镇化进程的加快，资源产品价格将会继续上涨，成为推动价格总水平上涨的主要因素。据测算，全国城市土地价格平均上涨在 50% 以上。上游价格上涨对 CPI 的传导作用会进一步加强，推动 CPI 中的家庭设备用品及服务、医疗保健及个人用品、居住和交通通信等价格的上升，并最终导致全社会产品和服务价格普遍上涨。根据我们对相关资料和数据的全面分析和判断，2007 年 CPI 会出现温和上涨，幅度在 2% 左右。

二、我院对 2007 年一季度及全年经济增长预测结果[①]

我院对经济增长预测结果基于以下两种季度计量模型，一种是完全基于时间序列的 ARIMA 模型法（自回归移动协整模型）；另一种是基于 GDP 与宏观经济政策变量相关分析的 VAR 模型（向量自回归模型）。现运用上述两种方法对 2007 年一季度及全年经济增长进行预测。

（一）ARIMA 模型预测结果

根据 ARIMA 模型预测的要求，选取 1998 年一季度至 2006 年四季度数据，经过反复测试，运用 ARIMA $(3,1,1)(1,1,1)^4$ 模型，可得预测模型结果，具体形式如下：

$$(1 + 0.7060B^4)(1 - 0.3296B + 0.2652B^3)(1 - B)(1 - B^4)\log(GDP_t)$$
$$= -0.0012 + (1 + 0.5590B)(1 + 0.7060B^4)\varepsilon_t$$

预测结果表明，2007 年全年经济增长预期为 9.7%，2007 年第一季度预计经济增长率为 9.4%。

在对国民经济总量进行预测的同时，还运用 ARIMA 模型（样本数据为 1998 年一季度至 2006 年四季度[②]）对 2007 年全年及一季度其他国民经济运行主要指标进行了预测（见表 8 – 1）。

---

① 本部分数据来源于本所宏观形势分析季度数据库，由我所与国家统计局国民经济核算司等单位共同开发。

② 数据来自本课题组数据库。

表 8 - 1　2007 年全年及第一季度主要指标增长率预测表

单位：%

主要指标	一季度	全年	主要指标	一季度	全年
GDP	9.4	9.7	社会消费品零售总额	13.1	13.2
第一产业	5.0	5.3	全社会固定资产投资	23.5	22.0
第二产业	11.1	11.2	进口	19.5	20.3
第三产业	10.3	9.0	出口	23.0	24.0

从上表预测结果可以看出，2007 年经济增长速度比 2006 年有所降低。从产业来看，第一产业经济增长基本稳定，第二产业和第三产业增长速度比 2006 年有所下降。从需求来分析，预测结果表明，消费和进口增长基本稳定，投资和出口有所下降，和 2006 年的实际相比，出口降低 2%，投资降低 2%。

（二）VAR 模型预测结果

选择 1998 年一季度至 2006 年四季度数据作为样本数据，根据计量模型要求，先进行单位根与协整检验。原序列均具有单位根，为非平稳序列，进而进行单整检验，结果显示数据均为一阶单整序列。运用 Johansen 方法进行协整检验，结果表明 GDP、财政支出（FE）和货币供应量（M_1）三变量之间存在协整关系。运用格兰杰因果检验，结论表明 98% 的置信水平下可以认为财政支出（FE）和货币供应量（M_1）是 GDP 的格兰杰成因。通过 1998 年一季度到 2006 年四季度的季度数据建立 VAR 模型，经过多次试验，当最大滞后期取 4 时 AIC 和 SC 均达到最小，所以在此取滞后期为 4，并对 GDP 做预测，预测模型如下：

$$
\begin{aligned}
LOG(GDP) =\ & -0.6990 \times LOG(GDP(-1)) - 0.2602 \times LOG(GDP(-2)) \\
& + 0.0529 \times LOG(GDP(-3)) + 1.0077 \times LOG(GDP(-4)) \\
& + 0.8456 \times LOG(GDP(-5)) + 0.1959 \times LOG(GDP(-6)) \\
& - 0.0971 \times LOG(FE(-1)) + 0.0481 \times LOG(FE(-2)) \\
& - 0.0111 \times LOG(FE(-3)) + 0.0216 \times LOG(FE(-4)) \\
& + 0.0015 \times LOG(FE(-5)) + 0.0450 \times LOG(FE(-6)) \\
& + 0.0035 \times LOG(M_1(-1)) + 0.1596 \times LOG(M_1(-2)) \\
& + 0.0286 \times LOG(M_1(-3)) - 0.0454 \times LOG(M_1(-4)) \\
& - 0.0916 \times LOG(M_1(-5)) - 0.1046 \times LOG(M_1(-6)) - 0.8226
\end{aligned}
$$

根据上述模型预测结果为，2007 年一季度的 GDP 增速预计为 9.8%，全年经济增长预计为 10.1%，低于 2006 年实际值 0.6%，增长幅度有所回落。根据模型对各季度 GDP 的预测如下（见表 8 - 2）。

表 8 - 2   2007 年季度 GDP 累计增长率预测表

时　间	1 季度	1~2 季度	1~3 季度	全　年
季度 GDP 累计预测增长率(%)	9.8	10.2	10	10.1

从上述预测结果看，2007 年全年各季度经济增长基本平稳，基本在 10% 上下浮动，表明我国经济增长内在动力仍然较强，经济增长处于高位粘性增长时期，只是小幅度下调。

（三）从计量模型预测结果看 2007 年国民经济运行特点

从上述两种预测结果比较可以看出，二者在预测趋势上是一致的。根据上述两种结果预测的平均值，2007 年经济增长预计在 9.9% 左右，一季度经济增长预计在 9.6% 左右。结合国民经济其他综合指标预测结果，我们认为，2007 年国民经济运行将呈现如下特点。

1. 国民经济仍呈"高位增长、中性物价"的运行特征

"高位增长"是指我国经济增长保持在 10% 左右的高位水平上，和潜在 GDP 的水平基本接近；"中性物价"是指 2007 年的价格水平既不太高，也不太低，在一个比较合理的区间。

2. 经济增长仍具有高位粘性特征

国民经济高位增长粘性表现为经济增长在一个较长的时期内维持在一个较高的水平，虽然也存在周期性波动，但由于粘性作用，总体水平居高不下。我国国民经济高位粘性增长形成的因素是多方面的，既与当前我国储蓄投资特点相关，也与国内外经济环境相关。从近几年季度 GDP 数据来分析，我国目前国民经济处于中长周期的上升期和短周期的下调期，2007 年经济增长速度基本稳定，但略有下降。

3. 国民经济运行呈现"升、降、稳"并存的结构特征

根据预测结果，2007 年物价会呈现一定的上升趋势，全年 CPI 的涨幅达到 2% 左右，高出 2006 年实际水平 0.5%；投资水平和出口水平有所下降，是导致 2007 年 GDP 下调的基本因素；消费和进口在中长期和短期基本平稳，并会有一些结构性的调整，但总体趋势不会有较大的变化，导致

我国经济增长的上升通道还有较大的发展空间。

三、我院 2007 年经济增长预测的可靠性分析

（一）与其他研究机构分析结果的比较

为检验我院经济增长预测结果的可靠性，我们将经济增长的预测值与国内外预测机构及有关经济景气指数进行对比分析，比较结果表明，我院对 2007 年经济增长持比较乐观的态度，预测结果稍高于其他机构预测的平均值，同时和国内外重要的经济景气指数分析结果基本吻合。

1. 我院预测值略高于国内外著名研究机构预测平均水平

由于中国经济比较复杂，因此对中国经济增长的预测是一个比较困难的事情。进入 2006 年以来，国内外各机构纷纷调高中国经济增长预期，并且对我国 2007 年经济增长的趋同性增强。以下是国内外 10 家机构 2006 年三季度以来对我国 2007 年经济增长的预测（见表 8-3）。

表 8-3　国内外 10 家机构对我国 2007 年经济增长预测表

序　号	机构名称	经济增长预期（%）	序　号	机构名称	经济增长预期（%）
1	世界银行	9.6	6	高盛	9.8
2	货币基金组织	10	7	中国人民银行	9.5
3	亚洲开发银行	9.5	8	中国社科院	10.1
4	德意志银行	8.9	9	中国人民大学	9.25
5	渣打银行	9.7	10	中金公司	9.5

资料来源：

①《驾驭下一波全球化浪潮》，中经网 2006 年 12 月 14 日。

②《国际货币基金组织调高世界经济增长预测》，国际在线 2006 年 9 年 14 日。

③《亚洲开发银行大幅调高今年中国经济增长率预测》，《东方早报》2006 年 9 月 7 日。

④《德意志银行预测中国经济本年度增长 10.4%》，新华网 2006 年 10 月 7 日。

⑤《渣打调高中国今年 GDP 增长预期至 10.8%》，《上海证券报》2006 年 9 月 30 日。

⑥《高盛：明年中国 GDP 增长 9.8%》，《中国证券报》2006 年 11 月 7 日。

⑦《央行预计中国 2006 年国内生产总值增长 10.5%》，《世华财讯》2006 年 10 月 2 日。

⑧《2006 年中国经济形势分析与预测秋季座谈会在京召开》，http：//iqte.cass.cn，2006 年 10 月 10 日。

⑨《中国人民大学经济研究所报告预计 2007 年中国经济增长 9.25%》，中国经济网 2006 年 11 月 27 日。

⑩《市场预期的健康微调——2006 年 8 月份股票市场策略月报》，《中金公司研究部》，http：//www.bjgzw.gov.cn：8080/new/01/news0/Edit/UploadFile/200687141919742.pdf.2006 年 8 月 2 日。

从上表可以了解到，各家机构的预测值区间基本在 9%～10% 之间，大部分机构预测在 9.5% 以上。各机构平均预期值为 9.6%，比 2006 年的 10.7% 的实际值低 1% 左右。中国经济在市场和政府的调节下继续放缓，但仍然是比较高的增长速度，中国经济将进入结构调整的关键时期。

各机构 2006 年三季度以来的最新预测表明，各方对 2007 年的经济增长预期仍然较高，各机构 GDP 高位预测的主要依据可以综合概括如下：第一，政府致力于合理公正的收入分配体制改革，农村广大农户和城镇部分低收入居民的实际收入有较大幅度的提高，在一定程度上刺激消费的增长。第二，中国实施积极的区域经济政策效果正在得到反应，特别是中部地区保持较快的增长速度。第三，私营部门在中国经济增长过程中发挥更为积极的作用，而私有部门的数量和规模在不断扩大。第四，人民币升值的强烈预期吸引外资流入，并带动新的投资增长。

2. 和相关景气指数分析基本一致①

我们一直关注各类经济景气指数的变动趋势，因为它们对我们的预测带来很多补充的信息。我们通过对 2006 年四季度企业家信心指数、企业景气指数、消费者信心指数、制造业经理采购指数分析，可以得到如下基本结论：企业家投资信心较足，中长期消费稳定增长，但同时生产和投资会有所回落，出口增长减缓。这些结论与我院经济增长预测在基本面是吻合的，并可以补充说明我们预测的具体信息。

第一，企业家信心指数和企业景气指数保持高位。根据国家统计局对全国 19500 家各种类型企业的调查显示，2006 年四季度，全国企业家信心指数为 135.3，分别比三季度和上年同期提高 2.7 和 9.9 点。采矿业、制造业、电力燃气及水的生产和供应业、交通运输仓储和邮政业、批发和零售业、房地产业、信息传输计算机服务和软件业、住宿和餐饮业的企业家信心指数分别为 161.6、133.1、141.1、129.8、136.1、133.3、156.2 和 134.6，比三季度上升 1.1、4.8、0.9、1.8、1.9、2.3、1.6 和 3.3 点；建筑业、社会服务业的企业家信心指数分别为 131.2 和 130.6，比三季度下降 1.7 和 4.7 点。与上年同期相比，各行业企业家信心指数均有不同程度的提升。大型企业企业家信心指数为 150.7，分别比三季度和上年同期提高 5.1 和 17.0 点；中、小型企业企业家信心指数分别为 127.5 和 119.1，

---

① 资料来自宏观经济信息网、中国统计信息网。

与三季度相比，中型企业上升 1.8 点，小型企业持平，与上年同期相比均有所提升。

2006 年四季度，全国企业景气指数为 139.4，分别比三季度和上年同期提高 2.7 和 7.7 点。制造业企业景气指数为 138.3，分别比三季度和上年同期提高 5.2 和 10.3 点。采矿业、电力燃气及水的生产和供应业、建筑业、交通运输仓储和邮政业、批发和零售业、房地产业、社会服务业、信息传输计算机服务和软件业、住宿和餐饮业景气指数分别为 161.0、145.6、138.1、125.3、144.6、133.7、127.6、157.0 和 130.3。与三季度相比，除建筑业、交通运输仓储和邮政业、社会服务业企业景气回落外，其他行业持平或提高；与上年同期相比，除采矿业企业景气有所回落、交通运输仓储和邮政业持平外，其他行业景气指数均有明显提高。

第二，消费信心指数较大幅度上扬。密歇根咨询公司（MCG）于 2007 年元月在上海发布 2006 年四季度中国消费者信心指数。数据显示，消费信心指数达到 109.0，比前一季度高出 2.1%，预示着中长期的消费经济将保持增长趋势，反映出中国居民对自己在今后 12 个月的收入能力和消费能力依然充满信心。但值得关注的是，消费信心指数变动在区域分布上极不平衡，东部地区的消费信心提升较快，比上一季度高出 4.2%；东北的消费者信心亦提升 2%。相比之下，中部消费的信心基本维持在相同水平；西部的消费信心则下滑了 4.8%。中国东西部发展的严重不均衡导致东西部居民的消费信心差距拉大。

第三，制造业经理采购指数基本稳定。2007 年 1 月，中国物流与采购联合会发布的中国制造业采购经理指数（PMI）为 54.8%，比上月下降 0.5%。从 2005 年 1 月起，PMI 指数已连续 24 个月高于 50%，但有两点值得注意：一是从 2006 年四季度以来，新订单指数有所降价，生产和投资会有所减少，总体呈平稳小幅回落趋势；二是本月出口订单指数呈下降趋势，回落 2%，回落趋势较为明显，反映出后期制造业出口增长趋于回落。

（二）2007 年经济增长预测不确定分析

虽然中国 2007 年的经济仍然会保持增长速度比较快、经济运行比较平稳的良好势头，但无论中长期还是短期都存在一些不确定因素，导致经济增长的波动，也会给我们的经济增长预测带来偏差。我们认为从短期来看，这种不确定性主要包括以下三个方面。

1. 地方政府投资冲动仍然存在

统计显示，2006 年地方政府投资仍保持在一个较高的水平，有些地方政府对经济的干预还比较严重，地方政府投资已成为推动新一轮投资扩张的主导力量。地方政府在目前财税体制和绩效考核的不合理刺激下，依靠投资扩张拉动经济增长的意图仍很强烈，过强的政府投资主导型增长是今后一段时间经济"调而难降"的主要原因，也是未来经济增长速度不确定性的重要因素。

2. 银行体系流动性过剩增加

商业银行在超过 10 万亿元的存贷差余额和提升资产收益的双重压力下，放贷的能力和愿望强烈。2006 年新增人民币贷款 3.18 万亿元，比 2005 年多增 8265 亿元，大大突破 2.5 亿的预计额，是历史上新增贷款最多的一年。从目前信贷结构看，新增中长期贷款大幅上升，短期贷款迅速减少，2006 年全年流动资金贷款占全部新增贷款的比例为 39%，比上年下降 8.7%；中长期贷款占比上升，全年中长期贷款增加 1.90 万亿元，同比多增 7101 亿元，其中基建贷款同比多增 2080 亿元。新增贷款主要流向固定资产投资领域，资金追逐投资的热潮依然不减。在当前宏观调控的背景下，可能导致银行产生大量不良贷款，而银行资产负债期限错配的格局如果恶化，将带来系统性风险。

3. 国内外经济失衡加剧

当前，世界范围内的资源配置不断加强，国际产业链分工和转移格局基本形成。在国内需求增长相对较缓的态势下，利用低成本比较优势拉动出口已经成为经济运行的基本特征，但带来两个较严重的负面影响：其一，我国贸易顺差增长过快。1995 年，我国贸易顺差超过 100 亿美元，2005 年高达 1019 亿美元，2006 年 1~12 月，我国贸易顺差又达到了 1775 亿美元，发展速度在全球罕见。其二，我国资本和金融项目顺差也在快速扩大。1992 年到 2006 年，顺差年均 300 多亿美元，2006 年全年实际使用外商直接投资金额 630 亿美元，比上年增长 4.5%；2006 年年末国家外汇储备 10663 亿美元，比上年末增加 2473 亿美元。过高的外贸顺差会带来经济系统的不稳定性，反倾销案、贸易战、汇率之争都接踵而至，也成为国内经济发展的不确定因素。一旦矛盾升级，就会加大国内经济波动的风险。近期来，国外在纺织品、汽车配件、节能灯具等行业仍在对中国施加反倾销调查的压力，并出现一些新的对华贸易壁垒，未来一段时期将对我国的出口等领域带来较大的不利影响。

第三部分　贸易形势分析

一、国内贸易

2006 年是我国实施"十一五"规划的开局之年，宏观调控措施成效显著，国民经济保持又好又快发展，消费结构继续升级，城乡居民收入稳步增长，国内生产资料和消费品市场物价稳定，销售增长速度加快。全年社会消费品零售总额 76410 亿元，同比增长 13.7%，全年社会生产资料销售总额预计达到 17.5 万亿元，同比增长 18.0%。

（一）国内市场运行的基本情况

1. 消费品市场增长速度进一步加快

2006 年社会消费品零售总额实现 76410 亿元，同比增长 13.7%。从地区情况看，城市实现消费品零售额 51542.6 亿元，同比增长 14.3%；县及县以下实现消费品零售额 24867.4 亿元，同比增长 12.6%（见表 8 - 4）。

表 8 - 4　社会消费品零售总额

单位：亿元

	总　额		城　市		县及县以下	
	绝对值	同比增长（%）	绝对值	同比增长（%）	绝对值	同比增长（%）
1 月	6641.6	15.5	4458.3	16.8	2183.3	13.0
2 月	6001.9	9.4	4037.8	9.5	1964.1	9.1
3 月	5796.7	13.5	3913.8	14.1	1882.9	12.5
4 月	5775	13.6	3898	14.1	1877	12.5
5 月	6176	14.2	4179	15	1997	12.6
6 月	6057.8	13.9	4131	14.7	1927	12.3
7 月	6012	13.7	4082	14.2	1931	12.6
8 月	6077	13.8	4130	14.3	1947	12.8
9 月	6553.6	13.9	4417.5	14.4	2136.1	12.8
10 月	6997.70	14.3	4721.2	14.8	2276.5	13.5
11 月	6821.70	14.1	4551.2	14.4	2270.5	13.6
12 月	7499.2	14.6	5024	15.2	2476	13.6

数据来源：国家统计局。

从行业情况来看，批发和零售贸易业实现零售额 64325.5 亿元，同比增长 13.7%；住宿和餐饮业实现零售额 10345.5 亿元，同比增长 16.4%；其他行业实现零售额 1739 亿元，同比增长 2.3%。从月度增长情况来看，受节日市场因素影响，1 月份涨幅最大，为 15.5%；2 月份涨幅最低，为 9.4%；其他各月增幅波动不大，但总体呈上升趋势。其中，四季度各月月度增幅均在 14% 以上，12 月份为 14.6%，仅次于 1 月份。从商品分类销售情况看，限额以上批发和零售业大类商品零售中，吃、穿、用商品大类零售额同比分别增长 15.5%、18.8%、22.9%，其中，石油及制品类增长 36.2%，汽车类增长 26.3%，建筑及装潢材料类增长 24.0%，通信器材类增长 22.0%。

2. 农村市场保持稳步增长

2006 年中央 1 号文件又对如何推进新农村建设做出了具体部署，提出了全面解决农村问题的办法，促进了粮食丰收、农民增收，农村居民消费能力增强。2006 年农村市场月度销售增幅呈稳步增长态势，除 2 月份外，均在 12% 以上，进入四季度后，各月增幅在 13% 以上。全年县及县以下地区社会消费品零售总额 24867.4 亿元，同比增长 12.6%，比去年提高 1.1%。县及县以下与城市增长速度之差由 2005 年的 2.1% 缩小为 1.7%，缩小了 0.4%。从季度情况看，县及县以下地区与城市社会消费品零售总额增长速度相比，上半年差距呈扩大趋势，第二季度大于第一季度；下半年差距逐步缩小，四季度小于三季度。这说明农村居民消费受即期收入影响较大，具有季节性特点。

3. 居民消费价格水平总体稳定

2006 年，全国居民消费价格总水平累计上涨 1.5%，总体保持稳定。但从月度同比情况看，下半年以来呈上升趋势，四季度各月全国居民消费价格总水平同比分别上涨 1.4%、1.9%、2.8%。12 月份，城市和农村居民消费价格总水平分别上涨 2.7%、3.1%；环比上涨 1.4%、1.4%（见表 8－5）。分类别看，12 月份消费品价格上涨 1.8%，食品类价格上涨 3.8%，其中，粮食上涨 2.3%，食用植物油上涨 7.3%，肉禽及其制品上涨 4.7%，水产品上涨 1.8%，蔬菜上涨 15.5%，鲜果上涨 4.2%。服务项目价格持平。

表8-5 居民消费价格指数

	当月(上年同月=100)			累计(上年同期=100)		
	全 国	城 市	农 村	全 国	城 市	农 村
1月	101.9	102.0	101.7	101.9	102.0	101.7
2月	100.9	100.9	100.8	101.4	101.4	101.3
3月	100.8	100.8	100.7	101.2	101.2	101.1
4月	101.2	101.2	101.1	101.2	101.2	101.1
5月	101.4	101.4	101.2	101.2	101.3	101.1
6月	101.5	101.6	101.3	101.3	101.3	101.2
7月	101.0	101.1	101.1	101.2	101.3	101.2
8月	101.3	101.3	101.4	101.2	101.3	101.2
9月	101.5	101.6	101.3	101.3	101.3	101.2
10月	101.4	101.4	101.3	101.3	101.3	101.2
11月	101.9	101.8	102.1	101.3	101.4	101.3
12月	102.8	102.7	103.1	101.5	101.5	101.5

数据来源：国家统计局。

4. 生产资料市场保持快速增长

2006年流通领域生产资料销售总额预计实现17.5万亿元，按可比价计算，实际增长18%，增幅比上年提高1.8%。其中，成品油销售同比大幅增长，煤炭需求和供给均保持快速增长，供需基本平衡。2006年生产资料流通环节价格水平累计上涨3.5%，涨幅比去年提高0.6%，比年初上涨4.6%。其中，原材料、燃料、动力购进价格上涨6.0%，比上年回落2.3%（12月份上涨5.0%）；工业品出厂价格上涨3.0%，比上年回落1.9%（12月份上涨3.1%）；固定资产投资价格上涨1.5%，比上年回落0.1%。

（二）需要注意的问题

1. 防止产能过剩造成较大影响

2006年，城镇固定资产投资93472亿元，虽然增速有所回落，但增幅仍高达24.5%。第二产业投资比去年增长25.9%，大批制造业项目陆续投产，大部分重要产品产量增长较快，在405种主要工业产品中，比上年增长的有369种。产能过快增长，可能会加剧国内市场供过于求的矛盾。

2. 扩大消费制约因素仍然很多

居民收入差距大、社会保障制度不健全等问题依然存在，特别是消费安全问题比较突出。2006 年，安徽"欣弗"事件、北京"福寿螺"事件、上海"瘦肉精"事件以及近期的"红心鸭蛋"事件和"毒多宝鱼"事件等引起了社会广泛关注。另外，假农药、假种子、假化肥坑农害农事件时有发生，商业欺诈、消费陷阱等问题也影响到居民消费信心。

3. 农产品卖难问题十分突出

2006 年一些地区多次出现鲜活农产品卖难现象，如陕西芹菜、山西西瓜、河南冬瓜等卖难事件均引起社会广泛关注。鲜活农产品是农民的主要收入来源，直接关系农民增收，应重视研究解决造成农产品卖难的体制、机制问题。

（三）国内商品市场走势分析

中央经济工作会议提出，要把"促消费"作为今年经济工作的重要任务，改善消费环境，培育消费热点，增强消费信心，拓宽消费领域，不断增强消费对经济增长的拉动作用。预计 2007 年社会消费品零售总额将达到 8.6 万亿元，增长 13% 左右；生产资料销售总额达到 20 万亿元，增长 16% 左右。

二、国际贸易

（一）外贸进出口运行基本情况

据海关统计，2006 年 1 ~ 12 月，全国进出口总值为 17606.9 亿美元，同比增长 23.8%，其中出口 9690.8 亿美元，增长 27.2%；进口 7916.1 亿美元，增长 20%；进出口顺差 1774.7 亿美元，增长 74%。第四季度，全国进出口总值为 4880.8 亿美元，同比增长 22.8%，其中，出口 2778.5 亿美元，增长 28.9%；进口 2102.3 亿美元，增长 15.5%。12 月当月，全国进出口总值为 1672 亿美元，同比增长 19.6%，其中，出口 941 亿美元，增长 24.8%；进口 731 亿美元，增长 13.5%；进出口顺差 210 亿美元，增长 90.6%。自 2002 年以来，我国进出口贸易已经连续 5 年保持 20% 以上的高速增长（见表 8 - 6）。

表 8 - 6　2006 年四季度各月外贸进出口与 2005 年同比情况

单位：亿美元

2005 年	当月	增长(%)	累计	增长(%)	2006 年	当月	增长(%)	累计	增长(%)
出口总值					出口总值				
10 月	680.5	29.6	6144.2	31.1	10 月	881.3	29.6	7792.9	26.8
11 月	722.2	18.6	6866.4	29.7	11 月	958.5	32.8	8750.4	27.5
12 月	754.1	18.2	7620.0	28.4	12 月	941.0	24.8	9690.8	27.2
进口总值					进口总值				
10 月	560.7	23.4	5341.1	16.7	10 月	643.0	14.7	6456.7	20.9
11 月	616.9	21.0	5957.9	17.2	11 月	729.3	18.3	7185.2	20.6
12 月	644.0	22.2	6601.2	17.6	12 月	731.0	13.5	7916.1	20.0

数据来源：海关统计。

1. 加工贸易减缓，一般贸易增长速度超过加工贸易

2006 年全年，我国一般贸易进出口 7495 亿美元，增长 26%，其中，出口 4163.2 亿美元，增长 32.1%；进口 3331.8 亿美元，增长 19.1%。加工贸易进出口额 8318.8 亿美元，同比增长 20.5%，其中，出口 5103.8 亿美元，同比增长 22.5%，占出口总值的 52.7%；进口 3215 亿美元，同比增长 17.3%，占进口总值的 40.6%。加工贸易项下实现贸易顺差 1888.8 亿美元，比上年同期增加 464.3 亿美元。四季度，我国一般贸易进出口 2023.2 亿美元，同比增长 28.1%，其中，一般贸易出口 1175.2 亿美元，增长 39.8%；一般贸易进口 848 亿美元，增长 14.6%。同期，我国加工贸易进出口 2357.1 亿美元，增长 17.2%，其中，加工贸易出口 1478.8 亿美元，增长 20.6%；进口 878.3 亿美元，增长 11.8%。

2. 机电和高新技术产品双双新高，农产品逆差减少

2006 年，机电产品进出口达到 9771.7 亿美元，其中，进口 4277.3 亿美元，是历年来进口净增最高的一年；出口 5494.4 亿美元，增长 28.8%，占出口总额的 56.7%。同期，高新技术产品进出口额 5288 亿美元，增长 27%，其中，出口净增 632.5 亿美元，达到 2814.9 亿美元，占全国外贸比重的 29%；进口 2473.1 亿美元，增长 25.1%，占全国外贸进口的 31.2%。2006 年，农产品进出口增长迅速，逆差减少，其中，出口 310.3 亿美元，同比增长 14.1%（其中 12 月单月出口 32.3 亿美元，同比增长 14.8%，继 11 月份再次超过 30 亿美元）；进口 319.9 亿美元，同比增长 11.6%，贸易

逆差 9.6 亿美元。同 2004 年 (48.4 亿美元)、2005 年 (14.6 亿美元) 相比,贸易逆差进一步减少。四季度,我国机电产品和高新技术产品出口分别为 1610.2 亿美元和 856 亿美元,同比增长分别为 26% 和 25.5%;机电产品和高新技术产品进口分别为 1171.9 亿美元和 686.5 亿美元,同比增长分别为 15.1% 和 18.2%。

3. 中欧、中美贸易保持较高增速,对日本贸易减速

2006 年 1~12 月,我国与东盟、韩国,及中国香港地区、台湾地区的贸易额均超过 1000 亿美元,与欧盟、美国、日本的贸易额均超过 2000 亿美元。其中,中欧双边贸易总额 2723 亿美元,增长 25.3%;中美双边贸易总额达 2626.8 亿美元,增长 24.2%;中日双边贸易总额 2073.6 亿美元,增长 12.5%。我国对美国、欧盟、日本、东盟的出口,分别为 2034.7 亿美元、1819.8 亿美元、916.4 亿美元和 713.2 亿美元,分别增长 24.9%、26.6%、9.1% 和 28.8%。我国自日本、欧盟、韩国、东盟、美国进口,分别为 1157.2 亿美元、903.2 亿美元、897.8 亿美元、895.3 亿美元和 592.1 亿美元,分别增长 15.2%、22.7%、16.9%、19.4% 和 21.8%。四季度,我国对欧盟、美国和日本出口分别为 535.9 亿美元、566.1 亿美元和 249.6 亿美元,占同期出口的比重分别为 19.3%、20.4% 和 9%;我国从欧盟、日本、美国进口分别为 242.7 亿美元、314.4 亿美元、566.1 亿美元,占同期进口的比重分别为 11.5%、15%、20.4%。

4. 中西部地区增速加快,东部省份增速不低

从增量看,2006 年全年黑龙江、安徽、江西、四川、甘肃、青海和宁夏等中西部省份进出口增长较快,增速分别达到 34.4%、34.4%、52.4%、39.5%、45.2%、57.7% 和 48.8%;黑龙江、江西、湖北、四川、青海和新疆出口增速分别达到 39%、53.9%、41.4%、40.9%、65.3% 和 41.7%;安徽、江西、四川、云南、西藏、甘肃和宁夏进口增速分别达到 37.9%、50.2%、37.4%、35.1%、164.9%、50.1% 和 77.1%。从存量看,东部沿海地区省份依然保持较大的进出口规模。1~12 月,广东省进出口总值 5272.2 亿美元,增长 23.2%,其中,出口 3019.5 亿美元,增长 26.8%;进口 2252.6 亿美元,增长 18.7%。江苏省进出口总值为 2840 亿美元,同比增长 24.6%,其中,出口 1604.2 亿美元,进口 1235.8 亿美元,分别增长 30.5% 和 17.7%。上海进出口总值 2275.3 亿美元,增长 22.1%,其中,出口 1135.9 亿美元,进口 1139.4 亿美元,分别增长 25.2% 和 19.2%。

5. 民营企业继续高速增长，国有企业增速较低

1～12 月，集体、私营企业及其他企业出口 2138.9 亿美元，增长 43.6%，占同期我国出口总值的 22.1%，对出口贡献率为 31.4%，拉动出口增长 8.5%；集体、私营企业及其他企业进口 937.4 亿美元，增长 24.4%，占同期我国进口总值的 11.8%，对进口贡献率为 14.2%，拉动进口增长 2.9%。国有企业出口 1913.5 亿美元，增长 13.4%，占同期我国出口总值的 19.7%，对出口贡献率为 10.9%，拉动出口增长 3%；国有企业进口 2252.4 亿美元，增长 14.2%，占同期我国进口总值的 28.5%，对进口贡献率为 21.2%，拉动进口增长 4.2%。四季度，民营企业出口、进口额分别为 617.1 亿美元和 249.4 亿美元，分别占同期进出口总值的 22.2% 和 11.9%。国有企业出口、进口额分别为 522.2 亿美元和 554 亿美元，分别占同期进出口总值的 18.8% 和 26.4%。

6. 外商投资下降，外商投资企业进出口仍然快速增长

2006 年全国新设立外商投资企业 41485 家，同比下降 5.76%；合同外资金额 2001.74 亿美元，同比下降 0.48%；实际使用外资金额 694.68 亿美元，同比下降 4.06%。其中，非金融领域新设立外商投资企业 41473 家，同比下降 5.75%；合同外资金额 1937.27 亿美元，同比增长 2.47%；实际使用外资金额 630.21 亿美元，同比增长 4.47%。同期，外商投资企业出口额 5638.4 亿美元，增长 26.9%，占同期出口总值的 58.2%，对出口贡献率为 57.7%，拉动出口增长 15.7%。外商投资企业进口 4726.2 亿美元，增长 22%，对进口贡献率为 64.6%，拉动进口增长 12.9%。四季度，外商投资企业出口、进口额分别为 1639.2 亿美元和 1299 亿美元，分别占同期出口、进口总值的 59% 和 61.8%。近年来第四季度外贸进出结构变化（见表 8-7、表 8-8）。

表 8-7　近年来第四季度外贸出口结构变化比较

单位：亿美元，%

	结　构	2004 年第四季度	2005 年第四季度	2006 年第四季度
出口总值		1771.2(100)	2155.8(100)	2778.5(100)
贸易方式	一般贸易	710.6(40.1)	840.4(39.0)	1175.2(42.3)
	加工贸易	991.8(56.0)	1225.6(56.9)	1478.8(53.2)

续表

	结　构	2004 年第四季度	2005 年第四季度	2006 年第四季度
企业性质	国有企业	438.5(24.8)	427.6(19.8)	522.2(18.8)
	外商投资企业	1019.4(57.6)	1310.4(60.8)	1639.2(59.0)
	其他性质企业	313.3(17.7)	418.8(19.4)	617.1(22.2)
商品结构	机电产品	984(55.6)	1277.6(59.3)	1610.2(58.0)
	高新技术产品	525.9(29.7)	682.1(31.6)	856(30.8)
主要出口市场	中国香港	306.8(17.3)	389.3(18.1)	466.3(16.8)
	美　国	364.4(20.6)	455.5(21.1)	566.1(20.4)
	欧　盟	317.8(17.9)	403.1(18.7)	535.9(19.3)
	日　本	215.1(12.1)	222.2(10.3)	249.6(9.0)

数据来源：海关统计。

表 8 - 8　近年来四季度外贸进口结构变化

单位：亿美元，%

	结　构	2004 年四季度	2005 年四季度	2006 年四季度
进口总值		1490.7(100)	1820.4(100)	2102.3(100)
贸易方式	一般贸易	675.2(45.3)	739.8(40.6)	848(40.3)
	加工贸易	626.2(42.0)	785.9(43.2)	878.3(41.8)
企业性质	国有企业	450(30.2)	514.5(28.3)	554(26.4)
	外商投资企业	883(59.2)	1104.8(60.7)	1298.9(61.8)
	其他性质企业	157.7(10.6)	201(11.0)	249.4(11.9)
商品结构	机电产品	802(53.8)	1018.3(55.9)	1171.9(55.7)
	高新技术产品	449(30.1)	580.7(31.9)	686.5(32.7)
主要进口来源地	日　本	245.8(16.5)	276.7(15.2)	314.4(15.0)
	美　国	109.6(7.4)	125.4(6.9)	145.6(6.9)
	欧　盟	174.8(11.7)	192.2(10.6)	242.7(11.5)
	中国台湾	173.4(11.6)	216.8(11.9)	233.7(11.1)

数据来源：海关统计。

（二）需要关注的问题

1. 贸易顺差问题

近几年来，我国进出口一直保持顺差，从 2001～2006 年，每年的贸易顺差分别为 225.4 亿美元、303.5 亿美元、255.4 亿美元、319.5 亿美元、1018.8 亿美元和 1700 亿美元。按我国商务部统计，2006 年中美货物贸易顺差占同期中国全部货物贸易顺差总额的 81.3%；按美国商务部统计，2006 年美中货物贸易逆差占同期美国全部货物贸易逆差总额的 23.1%。也有学者认为，中国的顺差并非体现出的那么大，炒汇、企业骗取退税是导致中国外贸顺差"失真"的重要原因，"中国的顺差有很大一部分是假的"。尽管社会上对顺差有不同看法，但"减顺差"已成为今年经济工作中的一个重心。加工贸易分类管理政策、企业社会责任制度的建立，将有利于优化出口结构，把对国内资源能源消耗多、带动就业少、综合效益差的出口压下来，同时放宽进口限制、促进进口的税收和金融等政策，也有利于扩大国内有需求的资源、能源和先进技术设备进口。联合国贸发组织还认为，中国大量国际收支经常项目顺差是全球失衡问题中的一部分，不仅要靠单边或双边解决，更要通过多边渠道尤其是要通过国际协调政策予以解决。应该看到，中国贸易顺差的形成，是参与国际分工、发展加工贸易的必然结果，"减顺差"政策措施难以在短期内改变这种贸易格局。

2. 人民币汇率升值问题

由于贸易顺差主要来自加工贸易，因此，如果人民币只是小幅升值，外国加工贸易公司要用更多美元向中方支付加工劳务费，中国顺差反而扩大；至于升值幅度再大到外方企业撤离的程度，则对双方都是损失。事实上这种观点已经一定程度得到印证：从 2005 年 7 月 21 日至 2007 年 1 月 10 日，人民币汇价从 8.2765 元/美元升至 7.8081 元/美元，共升值 6.4%，但是 2006 年 12 月末中国外商投资企业加工贸易出口仍达到 5096 亿美元，同比增长 27.9%，实现顺差 817 亿美元，占中国顺差总额的 46%。由于美元仍有可能贬值，人民币大幅升值恐怕仍然难以改变中国的贸易顺差，也不会改善美国贸易逆差，美国国会和政府仍会继续对人民币汇率施压。

3. 出口退税政策问题

2006 年初我国取消了煤焦油、生皮等产品的出口退税，9 月份再次取消了 255 个税号项下商品的出口退税，并降低了钢材、部分有色金属材料、陶瓷等的出口退税率，有效抑制了资源型、高耗能、高污染类产品和部分引起贸易摩擦的大宗出口产品的出口。2007 年政府管理部门有可能继续推动出口退税结构性调整，降低易引起贸易摩擦产品出口退税率，扩大取消高耗能、高污染和资源性产品出口退税率的范围，甚至对部分产品加征出口关税。制定好合理有效的出口退税政策，有利于出口商品结构的优化，但也有可能对已经形成的加工产业链条形成冲击，并影响到整个行业的就业。因此，如何以调整出口退税为政策杠杆，统筹兼顾，真正实现外贸增长方式的转变，是当前贸易政策选择的一个难题。

（三）对 2007 年外贸形势的分析

联合国贸发组织最新报告指出，中国的出口中约有 60% 属于加工贸易类，增值利润很低。在这种贸易结构下，美国引领的全球经济减速不仅会导致中国出口明显减速，反过来还会减少其他许多亚洲国家的半成品出口。综合来看，影响 2007 年外贸增长的短期因素主要包括：人民币升值的空间和出口退税政策的调整；国际油价和劳动力成本上升对出口成本的影响；国内需求扩大对进口的带动。预计我国全年进出口将增长 20% 左右，出口增长速度将有所减缓，进口增速将加快，外贸顺差将有所下降。

第四部分　财政政策分析

一、财政政策执行情况

2006 年，在经济平稳较快增长的基础上，财政收支运行情况良好，反映了经济景气仍处在高涨阶段。

1. 税收收入保持较快增长

2006 年，国内税收收入累计完成 37636 亿元，比上年增长 21.9%，占 GDP 的比重预计达到 18.2%，较上年提高 1.3%。税收结构进一步优化，企业所得税和个人所得税共完成 6533 亿元，增长 25.4%，占税收收入的比重为 25.3%，较上年上升 0.7%。国内增值税、消费税和营业税三项流转税共完成 19909 亿元，增长 20.2%，占税收收入的比重为 52.9%，比上年下降 0.8%（见图 8−1）。从地区分布来看，东、中、西部地区税收全面增长，分别为 26568 亿元、5850 亿元和 5218 亿元，增幅分别为 21.7%、21.5% 和 23.8%。税收收入高速增长，说明经济运行偏热，发挥了自动稳定器作用。其中，与投资需求相关的冶金、建材行业增值税分别增长 11.1% 和 16.2%，较上年分别回落 8.2 和 39.4%，房地产业企业所得税增长 27.2%，较上年回落 21%，而资源税同比增长 45.3%，表明中央采取的控制固定资产投资过快增长、合理有效利用资源、促进房地产业健康发展等宏观调控措施取得一定成效。

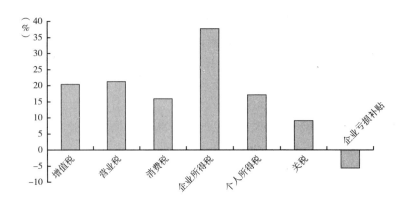

图 8-1　1~11 月财政收入主要项目增长情况

2. 加强税收政策的调节

一是从 4 月份起，对消费税的税目和税率进行了重大调整，强化对资源节约和环境保护的作用，合理引导消费和间接调节收入分配。二是将个人所得税工薪所得费用减除标准和内资企业所得税计税工资税前扣除标准由 800 元／人月提高至 1600 元／人月，增加了居民的可支配收入，减轻了企业的负担。三是调整了资源税政策，推动有效利用自然资源，增加地方财政收入。四是调整部分产品的出口退税率，扩大了"高能耗、高污染、资源性"产品取消出口退税和降低退税率的范围，并对部分"两高一资"产品加征出口关税，降低进口关税，支持转变外贸增长方式。五是规范了住房土地收入政策，将 2005 年实施的个人购房转手交易征免营业税期限由 2 年延长至 5 年，有针对性地调整新增建设用地土地有偿使用费政策，建立了土地出让收益管理制度，促进了房地产市场的健康发展。

3. 积极支持新农村建设

一是全面取消农业税，使国家与农民的传统分配关系发生了根本性变革。与改革前的 1999 年相比，农民减负约 1250 亿元，人均减负约 140 元。二是加大补贴力度，新增 120 亿元农业生产资料增支综合直补资金，拨付渔业等行业油价上涨补贴资金 84.8 亿元。全国粮食直补、良种补贴、农机具购置补贴分别增加到 142 亿元、40.7 亿元和 6 亿元，拨付粮食最低收购价补贴 57 亿元。三是实施农村义务教育经费保障机制改革，从 2006 年春季学期开始，西部地区率先全部免除农村义务教育阶段学生学杂费，继续执行免教科书费、补助寄宿生生活费政策，受益学生达到 4880 万人，平均每个小学生减负 140 元、初中生减负 180 元。四是扩大新型农村合作医疗制度改革试点范围，截至 9 月底，在平均 50.1% 的县（市、区）进行了试点，参合农民 4.1 亿人，参合率达到 80.5%，中央财政补助标准由 10 元提高至 20 元，缓解农村群众"因病致贫、因病返贫"问题。七是积极支持农村金融体系建设。截至 11 月底，中央拨付保值贴补利息资金 69 亿元，并将试点地区农村信用社的所得税减免政策延长 3 年，并积极开展政策性农业保险试点。

4. 加强公共服务提供

一是从 7 月 1 日起，实行国家统一的职务与级别相结合的公务员工资制度，建立适应经济体制和干部管理体制要求的公务员工资管理体制，并相应调整了机关事业单位离退休人员待遇政策。二是支持社会保障体系建设，预算安排社会保障支出 3977.5 亿元，增长 13.5%，增加 8 个省份开展做实企业职工基本养老保险个人账户试点，推动城市最低生活保障制度与就业再就业政策的合理衔接，支持中西部地区农村医疗救助制度建设、困难地区城市医疗救助试点和农村五保供养工作。三是支持教育事业发展，预算安排教育支出 4578.3 亿元，增长 15.9%，在重点支持农村义务教育的同时，逐步建立并完善了以助学贷款、助学金、奖学金等为主要手段的贫困学生资助体系，支持实施"985 工程"、"211 工程"、示范性高等职业院校建设等。四是支持卫生事业发展，预算安排卫生支出 1185.15 亿元，比 2005 年增长 15.4%，建立了比较稳定的城市社区卫生服务筹资和投入机制。五是支持科技创新，预算安排科技支出 1143.87 亿元，增长 14.5%，并进一步优化投入结构，出台激励企业自主创新的财务制度，制定税收优惠、政府采购等财税政策，促进企业提高自主创新能力。2006 年 1~11 月份财政支出主要项目增长情况（见图 8-2）。

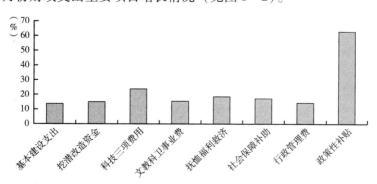

图 8-2　1~11 月财政支出主要项目增长情况

二、财政运行中存在的主要问题

当前财政收支运行虽然总体良好，但也存在一些突出的矛盾和问题值得关注。

1. 政府投资过多，造成投资需求过热

近年来我国投资和消费比例关系严重失调，固定资产投资运行一直偏热，应减少政府投资以控制投资需求过快增长，但实际上财政并没有减少投资，造成政府储蓄偏高。一是政府储蓄在总储蓄中的比重不断上升。在我国总储蓄中，政府储蓄所占比重1998至2003年分别为13.2%、14.9%、16.5%、19.5%、18.0%和21.7%，表现出递增的趋势。二是政府存款的比重不断攀升。2002~2005年政府存款占金融机构存款总额的比重分别为2.3%、2.8%、3.0%和3.3%，也呈现明显的提高趋势。三是财政投资增长较快。在固定资产投资资金来源中，2005年国家预算内资金投资增长24.0%，比上年加快10%。2006年1~11月，国家预算内资金投资同比增长32.9%，高于城镇固定资产投资增速6.3%，大大高于银行贷款、企业自筹资金的增长速度。这说明政府投资已成为拉动投资增长的主要力量，存在明显的挤出效应。

2. 社会服务供给不足，不利于扩大消费需求

从国外来看，财政的各种社会性支出是政府支出的主体，有力地支持了以教育、医疗、社会保障等为核心的社会福利制度的普及，这在很大程度上调和了西方社会的矛盾冲突，促进了西方社会相对和谐的发展。目前高收入国家财政用于社会公共服务的支出占财政支出的比重一般都超过50%；中等收入国家大多维持在30%~50%；低收入国家为30%左右，我国则低于绝大多数国家。例如，2003年，我国教育支出占GDP的比重为2.8%，高、中、低收入国家分别为6.1%、4.0%和3.7%；我国卫生保健支出占GDP比重为0.7%，高、中、低收入国家分别为7.9%、1.9%和1.2%；我国社会保障支出占GDP的比重为3.4%，高、中收入国家平均水平分别为13.4%和7.9%。社会服务的供给不足，导致群众上学难、看病难，社会保障远未实现全覆盖，城乡严重失衡等问题突出，增加了居民的预防性储蓄需求，不利于改善居民预期和扩大消费需求。

3. 税收政策不合理，加剧了国际收支不平衡

一方面，在近年来我国顺差过大、贸易摩擦较多情况下，出口退税政

策已显得不合时宜。由于我国税制以流转税为主体，特别是增值税在税收中占较大比重，而国外以所得税为主体，流转税所占比重较小，这种税制结构的差异也使我国出口产品的退税较多，导致出口退税增长过快。"九五"期间出口退税总额为 3495.6 亿元，"十五"时期急剧增加到 11751.6 亿元，是"九五"时期的 3.4 倍，税制成为出口增长过快的诱因之一。而国外的反倾销又造成了我国财政权益的流失。另一方面，对内外资企业所得税分而治之，对外资企业继续给予超国民待遇，导致内资企业受歧视。目前，内资企业实际所得税税负约 25%，而外资企业实际所得税税负仅12% 左右，形成不合理的外资流入以及内外资企业不公平竞争，也导致国际收支严重不平衡和外汇储备增长过快。

4. 房地产调节不力，难以有效稳定房地产市场

一是房地产税制严重滞后。大部分涉及房地产的税法是在 20 世纪 80 年代中期制定的，特别是房地产保有环节税费种类过少，房地产调控中主要偏重于营业税和契税等交易环节的税收调节，抑制房价、改善供应结构的效果并不明显。二是住房公积金制度没有起到应有的作用。现行的住房公积金制度，既没有效率（收入低的不会因为有了公积金就能买得起房，收入高的不用公积金也一样能买房），也不公平。因为按工资比例缴存公积金，出现"工资收入高者收益大"的不公平现象，甚至还有些单位把公积金当作"第二工资"，同时把没有正常工资收入的广大群众拒之门外，难以实现再分配的初衷。三是住房保障制度没有纳入公共财政体系。为最低收入家庭提供基本的住房保障，是公共产品和政府的职能。目前廉租住房制度覆盖面小，一些符合条件的最低收入家庭不能得到保障。这主要因为廉租房建设缺乏稳定的资金渠道，多数城市依靠住房公积金的增值收益和公房售房款的余额部分作为资金来源主渠道，财政资金支持不足，来源渠道不规范，资金不稳定，从而导致廉租房建设缺乏资金支持，进展缓慢，覆盖面小。

三、几点财政政策建议

考虑到世界经济形势较好，国内经济仍在高位运行，在此基础上财政收入将继续稳定增长；同时，要根据经济形势变化，及时调整稳健财政政策，促进经济稳定发展。

1. 财政政策适度从紧

在当前经济运行高涨的情况下，财政政策应由"稳健"转向"适度

从紧"。对全年可能的财政超收，建议部分用于减少预算赤字，部分用于解决历史遗留问题，减少隐性赤字和债务。明年继续适当减少财政赤字，减少长期建设国债发行数量，缩减预算内经常性投资资金规模，加强"逆风向"调节，防止经济运行出现过热，也防止"挤出效应"。针对流动性过剩的状况，要改变中央银行用基础货币收购外汇的办法，由财政通过发债办法收购外汇，减少对货币供应的冲击。同时，调整优化国家财政投资结构和方向，努力实现国家财政投资重点的三个转变：由城市转向农村，重点支持农村基础设施建设；由一般基础设施建设转向社会公共事业发展、环境保护和生态建设；由经济建设转向促进科学发展，重点支持促进城乡、区域协调发展以及涉及广大人民群众生命财产安全和切身利益的项目。

2. 强化各项支农惠农财税政策

一是增加对新农村建设的投入。新增政府投资的大部分要用于新农村建设。继续落实新增教育、卫生、文化支出主要用于农村的政策，提高车购税支出用于农村的比重。土地出让净收入要重点向农村倾斜，提高用于农业土地开发和农村基础设施建设的比重。二是加大"三补贴"和综合直补力度。增加良种补贴、农机具购置补贴，完善补贴政策和方式；粮食直补规模要在现有基础上保持相对稳定；根据石油、化肥价格改革等进展情况，加大农资综合直补力度；完善粮食最低收购价政策，稳定农民种粮收益。三是促进现代农业建设。支持重大农业科学技术的推广应用，加大对测土配方施肥的支持力度，大力扶持龙头企业和农民专业合作经济组织，支持农村劳动力转移就业培训和新型农民科技技能培训。四是扩大农村综合改革试点范围，包括认真清理化解乡村债务，坚决制止发生新的乡村债务。五是促进深化农村金融体制改革。大力支持农村信用社改革，实施农民参加农业保险保费补贴政策，支持政策性农业保险试点，促进发展农村政策性担保。

3. 大力加快社会事业发展

一是在全国范围内实施农村义务教育经费保障机制改革。在巩固西部地区改革成果的基础上，在中部和东部地区全面推行农村义务教育经费保障机制改革，对全国 1.48 亿农村义务教育阶段中小学生全部落实免除学杂费政策，所需经费要全部纳入预算，足额安排。建立并完善经济困难学生资助政策体系。二是加强医疗卫生工作。加快新型农村合作医疗制度改革试点。扩大城镇职工基本医疗保险制度覆盖面，实施城镇居民基本医疗保险试点。加大支持城乡医疗救助力度。继续支持公共卫生体系建设，重大传染病实行免费防治政策。三是加强就业再就业和社会保障工作。继续落实促进就业再就业的各项财税扶持政策，加快解决历史遗留问题。在全国范围逐步建立农村低保制度。完善企业职工基本养老保险制度，扩大做实基本养老保险个人账户试点。支持做好农民工及被征地农民就业和社会保障工作。完善社会救助体系，大力支持抗灾救灾工作。四是继续规范收入分配秩序。在公务员工资制度改革的基础上，推进事业单位分配制度改革，调节国有企业管理者与职工的收入差距，加强对垄断行业分配行为的监管，缩小收入差距。

4. 进一步完善税收制度

一是在总结东北地区增值税转型改革试点经验的基础上，尽快在全国实行消费型增值税改革，支持企业技术进步，增强企业自主创新能力。二是加快推进内外资企业所得税两法合并工作，将法定税率水平确定在25%左右，对外资企业的过渡期设定在5年，并将税收优惠转向以产业优惠为主，促进内外资企业公平竞争。三是稳步推进其他税制改革。包括完善印花税、耕地占用税、车船税，调整和提高城镇土地使用税税额标准，扩大资源税的征税范围和标准，择机出台燃油税改革方案。四是调整出口退税政策。继续适当降低平均出口退税率，优化退税结构，减少直至取消对高能耗、高污染、低技术、低增值出口的激励，增强对低能耗、低污染、高技术、高增值出口的激励。

5. 加强对房地产市场的调节

一是调整房地产税收政策。加大房地产保有环节的税收调控力度，包括积极推进物业税模拟评税试点，加快开征物业税。居民将为房价上涨付费，有利于抑制投资性和投机性住房需求，解决目前房屋面积结构不合理问题，并增加地方政府财政收入。二是改革住房公积金制度。扩大住房公积金制度的覆盖对象，更多地向中低收入职工倾斜。通过完善利率、税收、贴息、贷款、担保等政策，有效支持中低收入职工购买、建造和租赁住房；建立完善的监管体系和风险防范体系，确保资金安全。三是加强对低收入者的住房保障。重点是建立稳定的城镇廉租住房建设资金保障渠道，包括将部分住房公积金增值收益、土地出让金净收益用于廉租住房建设，并通过自愿捐赠税收优惠等方式，鼓励多渠道筹集廉租住房保障资金。

第五部分　货币金融形势分析

一、2006 年金融运行情况

（一）广义货币与狭义货币的运行态势出现分化

12 月末，广义货币供应量（M_2）余额为 34.56 万亿元，同比增长 16.9%，增长幅度比上年低 0.5%。狭义货币供应量（M_1）余额为 12.6 万亿元，同比增长 17.5%，增幅比去年同期高 5.7%。市场货币流通量（M_0）余额为 2.71 万亿元，同比增长 12.7%，增幅比去年同期高 0.8%。全年净投放现金 3041 亿元，同比多投放 478 亿元。12 月底，货币流动性为 36.5%（见图 8-3）。

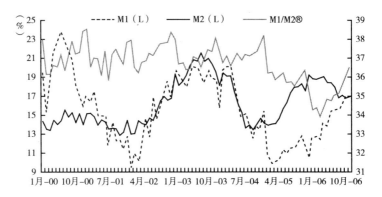

图 8-3　货币供应量和货币流动性

从 2000 年以来的走势看，2002 年年初到 2003 年以及 2004 年年底至 2005 年，M_2 增幅较快，但 2006 年以来 M_2 的总体增速下降较快。从 2006 年的情况来看，全年货币信贷增长情况可分为三个阶段：第一阶段为 1～5 月份。这一阶段货币信贷增长过快，新增人民币各项贷款屡创历史新高。受经济增长较快、固定资产投资偏多、改制后国有商业银行贷款发放动机加强等因素的影响，1～5 月份，货币供应量 M_2 同比增幅在 18.8%～19.2% 的高位区间内运行。第二阶段为 6～8 月份。中央银行进一步加大调控力度，夯实调控基础，货币信贷增速开始减缓。6 月末广义货币 M_2 同比增长 18.4%，增速比 5 月末低 0.7%，增速明显减缓。第三阶段为 9～12 月份。这一阶段调控效果显著，货币信贷增速平稳回落。9~12月，广义货币 M_2 同比增长在 16.8% ~ 17.1% 之间，人民币贷款同比增长在 14.8% ~ 15.2% 之间，增长水平明显低于前两个阶段，增速平稳回落。

2006 年 M_2 及 M_1 的运行态势出现分化，M_2 在 5 月份增速达到高点之后，在系列宏观调控政策的作用下增速明显回落；而 M_1 却自 1 月份以来持续增长，M_1 的持续加速增长值得关注。

（二）年末基础货币增幅大幅上升

2006 年年末，基础货币余额为 7.8 万亿元，同比增长 20.9%，比上年高 11.6%（见图 8 - 4）。2006 年基础货币净投放 13415 亿元，同比多投放 7936 亿元。实际上，全年新增基础货币中有 66.4% 是 12 月份投放的，而 12 月份新增的基础货币中又有 88.1% 是在 12 月下旬投放出去的。虽然 12 月份基础货币增加较多，但由于发生的时间接近年底，财政存款拨付和结汇大幅增加对货币供应量多停留在直接影响阶段，通过信贷扩张产生大量派生存款的效应还来不及在年底凸显。

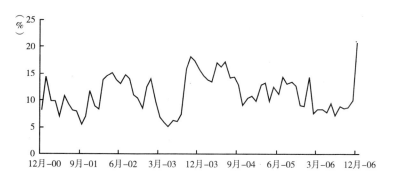

图 8 - 4　基础货币增长

从基础货币变化的供给角度看，基础货币主要投放渠道为外汇占款和对金融机构再贷款。全年外汇占款增加 22221 亿元，对金融机构再贷款增加 2570 亿元，两者共投放基础货币 24791 亿元。全年共收回基础货币 11376 亿元，其中央行公开市场操作收回基础货币 7115 亿元，占基础货币收回的 62.5%；财政存款增加 2592 亿元，占基础货币收回的 22.8%；通过其他渠道收回基础货币 1669 亿元。

2006 年是金融机构超储率总体水平最低的一年。除年初岁末和对调控措施反映比较强烈的 6 月份外，其他各月金融机构超额储备率均低于 3%。

12月末全部金融机构在中央银行的超额准备金率平均为4.78%，较上月高1.18%，其中国有独资商业银行为3.0%，股份制商业银行为7.21%，农村信用社为10.84%。年底金融机构超额储备率大幅上升的主要原因在于：12月份外汇占款增加较多；年底财政大量集中拨付；12月26日中国人寿A股申购冻结资金数量达8325亿元，29日结束冻结后，资金大量回流。这三方面因素都集中在月底几天发生，短期内金融机构缺乏资金运用渠道，增加超额储备成为金融机构的次优选择。

（三）贷款增加较多

12月末，全部金融机构人民币贷款余额为22.53万亿元，同比增长15.1%，比上年高2.1%，比年内贷款增速最高的7月份低1.2%。当年新增贷款3.18万亿元，比上年多增8265亿元，是历史上新增贷款最多的一年（见图8-5）。2006年导致货币信贷增长过多的主要因素有：一是经济增长较快，各地投资欲望强烈，对贷款的需求较为旺盛。二是当前国际收支顺差矛盾仍较为突出，银行存贷差扩大，给银行扩张信贷提供了资金条件。此外，随着银行股改上市，需要给海内外股东投资回报，银行也有增加信贷的压力。

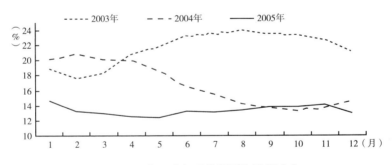

图8-5　人民币各项贷款同比增长速度

从走势上看，全年贷款投放呈现前多后少、逐季减少的格局，一至四季度分别新增贷款12568亿元、9212亿元、5794亿元和4247亿元。12月份当月新增人民币各项贷款2142亿元，同比多增688亿元。新增贷款在连续三个月同比少增后，又出现回升迹象，贷款增速反弹的基础仍然存在。

从结构上看，2006年企业用于流动资金的短期贷款和票据融资合计增加1.24万亿元，同比多增1164亿元，其中短期贷款增加1.14万亿元，同比多增4866亿元，票据融资增加1010亿元，同比少增3702亿元。流动资金贷款占全部新增贷款的比例为 39% ，比上年下降 8.7% 。中长期贷款占比有所上升，全年中长期贷款增加 1.90 万亿元，同比多增 7101 亿元，其中基建贷款同比多增 2080 亿元。

（四）居民储蓄存款增速进一步下降

12 月末，全部金融机构（含外资机构）人民币各项存款余额为 33.54 万亿元，同比增长 16.8% ，增幅比年初、一季度末、二季度末和三季度末分别低 2.1、2.8、1.6 和 0.4% 。全年新增 4.9 万亿元，同比多增 5225 亿元。

12 月末，储蓄存款余额 16.2 万亿元，增长 14.6% 。当年新增 2.1 万亿元，同比多增 953 亿元，但比货币供应量增速低 2.3% ，特别是定期储蓄大幅度少增，同比少增 3350 亿元。2000 年以来出现过两次储蓄存款增幅持续下降的情况：一是 2004 年居民储蓄存款实际利率不断下降甚至出现负利率的情况，居民住房投资大幅度增加，储蓄存款增速持续下降；二是 2006 年股权分置改革后股票市场发展较快，股市投资对储蓄存款分流作用明显，储蓄存款增速持续下降。从目前的情况来看，这种分流还是有利于居民金融资产多元化，也有利于直接融资的发展。

12 月末，企业存款余额 11.3 万亿元，增长 17.8% ，高于货币供应量增速 1% 。企业新增存款 1.74 万亿元，比上年多增 6067 亿元，其中新增活期存款 1.13 万亿元，比上年多增 7632 亿元；新增定期存款 6150 亿元，比上年少增 1556 亿元。企业资金总体宽松，其原因在于：一是企业效益好；二是全年新增贷款较多；三是当年结汇量大，全年新增外汇占款 2.22 万亿元，同比多增 4780 亿元（见图 8-6）。

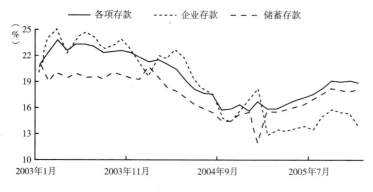

图 8-6　企业存款、储蓄存款增长率

（五）市场利率有所上升

2006 年，由于贸易顺差持续扩大，外汇占款不断增加，市场流动性充裕，人民银行出台了一系列货币政策措施，回收了部分流动性，货币市场利率低位运行但整体有所上升。11 月份，受存款准备金率上调、新股密集发行、股指快速上行等因素影响，市场利率一度大幅走高，此后逐步回落走稳。12 月份，同业拆借 7 天品种加权平均利率为 2.40%，比 1 月份上升 62 个基点；质押式债券回购 7 天品种加权平均利率为 2.16%，比 1 月份上升 62 个基点。

2006 年，受新股发行、股指快速上行等因素共同影响，中短期债券收益率上升，长期债券收益率下降，银行间债券市场国债收益率曲线呈现总体扁平化。全年国债收益率线经历了一个上升又回落的过程。6 月末，国债收益率曲线上升幅度较大，反映出金融机构当时对货币政策收紧的预期很强。年底国债收益率曲线有所回落，市场利率上升预期减弱。

（六）债券市场规模不断扩大，短期债券大量增加

2006 年，债券市场累计发行人民币债券 55635 亿元，增长 35.34%。其中，财政部发行记账式累计国债 6533.3 亿元，同比增长 29.58%；人民银行发行央行票据 36522.7 亿元，同比增长 32.99%；政策金融债累计发行 8980 亿元，同比增长 48.39%。此外，银行间债券市场共发行短期融资券 242 只，累计发行面额 2919.5 亿元；商业银行累计发行普通金融债券 310 亿元，次级债券 132 亿元，混合资本债券 83 亿元；资产支持证券 115.8 亿元；国际金融公司在境内发行人民币债券 8.7 亿元。2006 年债券市场创新产品稳步发展，发行规模不断扩大，企业直接融资渠道进一步拓宽。出于防范和控制债券利率风险等多种考虑，大量增加了较短期限债券的发行。

2006 年，银行间市场运行主要有两个特点：一是交易量同比大幅增长。2006 年，银行间债券市场成交量达 39 万亿元，同比增长 68.18 亿元，其中同业拆借成交 2.15 万亿元，同比增长 67.97%；债券回购成交 26.59 万亿元，同比增长 67.23%；债券现券成交 10.26 万亿元，同比增长 68.18%。这主要是由于市场总体流动性充足，但同时不同机构间短期资金供求状况存在差异。此外，新股发行、股票市场快速上涨也使拆借市场和回购市场交易活跃。二是短期交易占比较高，货币市场特征明显。2006 年银行间市场交易中，7 天以内拆借品种成交占拆借成交量的 77.21%，7 天以内回购品种成交占整个回购成交量的 88.15%。

（七）人民币汇率弹性增强且升值幅度增加

2006 年，人民币对美元汇率中间价在双向波动中大幅走高。年末人民币兑美元汇率报收在 7.8087，相对年初升值 3.35%；人民币兑日元汇率 6.5630，人民币升值 5.95%；人民币兑欧元汇率 10.2665，人民币贬值 5.43%；人民币兑港元汇率 1.0047，人民币升值 3.59%；人民币兑英镑汇率 15.3232，较 2006 年 8 月 1 日贬值 2.87%。

2006 年，人民币汇率弹性显著增强。2006 年人民币汇率日均波幅为 39 个点，明显大于 2005 年 7 月 21 日至 2005 年年底日均 17 个点的波幅，人民币汇率灵活性显著提高。汇改后人民币对美元、港币和日元名义汇率分别累计升值 5.99%、5.87% 和 11.43%。

2006 年，银行间外币对市场成交金额折合 756.86 亿美元，日均成交 3.11 亿美元，同比增长 45.18%；8 个外币对中，交易最活跃的两个外币对为 USD/HKD 和 EUR/USD，分别成交 262.62 亿美元和 222.32 亿美元，其成交量占总交易量的比重分别为 34.70% 和 29.37%。

二、2006 年以来的货币政策措施

2006 年以来，贸易顺差在上年的高基数上继续扩大，加上外国直接投资、侨汇等外资流入，外汇储备持续较快增长。国际收支不平衡、货币信贷与固定资产投资增长偏快问题比较突出。针对我国经济发展的新情况、新变化和经济金融运行中的突出矛盾，中央银行采取了以下货币政策措施：

1. 通过搭配运用公开市场操作和存款准备金率等工具，大力回收银行体系流动性

在保持市场化央行票据发行力度的同时，对部分贷款增长较快的商业银行发行定向票据。2006 年四次累计发行定向票据 3700 亿元，不仅实现了收回银行体系多余流动性的操作意图，也较好地发挥了警示作用。在加大公开市场操作力度的同时，分别于 7 月 5 日、8 月 15 日、11 月 15 日三次上调金融机构存款准备金率各 0.5%，大约冻结流动性 4600 亿元。实践证明，在流动性较为充裕的环境下，小幅上调存款准备金率属于适量微调，有利于增强中央银行管理流动性的主动性，也不会对资本市场产生明显影响。此外，还通过开展央行外汇掉期回收部分流动性。为加强对外汇信贷管理，9 月 15 日起提高外汇存款准备金率 1%；强化再贷款偿还责任约束，2006 年共回收再贷款 1948 亿元，缓解了流动性对冲压力。

2. 两次上调利率

4 月 28 日上调金融机构贷款基准利率，其中一年期贷款基准利率上调 0.27%，存款利率保持不变。8 月 19 日上调金融机构人民币存贷款基准利率，其中金融机构一年期存款、贷款基准利率各上调 0.27%。此外，为培育中国货币市场基准利率体系，上海银行间同业拆放利率（Shibor）已正式运行。这些政策措施有助于进一步推动利率市场化，完善货币政策传导机制，提高金融机构的自主定价能力。

3. 深化人民币汇率形成机制改革，完善外汇市场基础建设

改革银行间即期外汇市场结构，引入询价交易方式和做市商制度，提高金融机构的自主定价能力；改进人民币汇率中间价形成方式，授权外汇交易中心计算并公布每日人民币汇率中间价；建立银行间人民币远期市场，将做市商结售汇头寸管理由收付实现制改进为权责发生制，完善人民币远期汇率定价机制，使国内市场掌握了人民币远期汇率定价主导权；改革央行外汇公开市场操作方式，建立了央行外汇一级交易商制度，提高外汇公开市场操作效率。汇改一年半以来，人民币汇率有升有降，弹性明显增强。

4. 重新调整确定实行差别存款准备金率的商业银行

为抑制资本充足率较低且资产质量较差的金融机构盲目扩张贷款，防范系统性金融风险，中央银行根据各银行机构 2005 年末资本充足率等有关情况，于 9 月 5 日起重新调整确定实行差别存款准备金率的商业银行。

5. 加强信贷政策引导，增强对经济薄弱环节的信贷支持

整顿和规范各类打捆贷款，要求商业银行停止对地方政府的打捆贷款和授信活动，加强对房地产开发贷款和个人住房抵押贷款的信贷管理，合理控制中长期贷款增长；加大地区间支农再贷款调剂力度，对农村信用社执行较低的存款准备金率。

在金融宏观调控措施的综合作用下，货币信贷过快增长的趋势有所缓解，国内非金融部门融资结构改善，股票融资比重显著上升，企业债融资同比多增，贷款和国债比重进一步下降。

三、2006 年金融宏观调控需要关注的几个因素

（一）狭义货币 M_1 增速加快

从 M_1 与 M_2 的增速走势看，2005 年 M_2 增速一路走高，M_1 则日趋低迷，M_2 增速始终快于 M_1 增速，两者速差不断扩大。与此相反，2006 年

M_2 增速放缓，而 M_1 增速加快，导致 2005 年以来出现的 M_2 与 M_1 的剪刀差缩小甚至消失。从图 8 – 3 可以看出，M_2 与 M_1 增速差距由 1 月份最高的 8.6 一路缩小，至 11 月末已经消失。今年 1 月 M_1 增幅为 10.6%，其后一路快速升高，到 12 月末 M_1 增速已经达到 17.5%。相反，M_2 自今年 6 月份开始出现下行态势，从 5 月末的 19.1% 下降到 12 月末的 16.9%。

2006 年狭义货币 M_1 增速较快的原因主要是以下几点。

第一，对活期存款有一定替代作用的银行承兑汇票在 2005 年和 2006 年的情况有较大不同。2005 年市场利率水平较低，企业大量使用银行承兑汇票替代活期存款，导致当年企业活期存款增长较低。2006 年调控力度较大，市场利率上升，企业不再偏好银行承兑汇票，5 月份后银行承兑汇票增速明显持续下降，加之企业效益情况较好，企业活期存款重新大量增加。2006 年全年新增企业活期存款 11285 亿元，比上年多增 7632 亿元；年末企业活期存款增长 18.1%。2005 年企业活期存款对比基数较低，而 2006 年企业活期存款增加较多，是 2006 年狭义货币 M_1 增速持续上升的主要原因。

第二，2006 年股票市场持续活跃，分流一部分储蓄存款。储蓄存款是准货币的主要组成部分，它的分流对狭义货币 M_1 不产生影响，但对 M_2 的增速会起到一定的减缓作用。

第三，年底财政存款和外汇占款的大幅度变化对企业活期存款产生的季节性影响较为明显。2006 年年底 12 月份财政存款大幅度下降 5453 亿元，创历年月财政存款下降幅度之最；而且当月结汇数量巨大，新增外汇占款 3961 亿元，也创月新增的历史最高水平。2006 年年底划拨的财政存款和大量结汇中的大部分资金转为企业活期存款，导致 12 月当月狭义货币增幅进一步上升。

我们判断目前狭义货币 M_1 增速持续上升主要是结构性、季节性因素变化引起的，它们不会影响总量调控的效果。

（二）金融机构信贷扩张的能力和意愿都较强

除受年初岁尾季节性因素以及调整法准影响的月份外，2006 年大多数月份基础货币同比增长均低于 10%。总体上看，全年中央银行对基础货币的控制较紧。但当年，尤其是上半年新增贷款连创历史最高水平，货币供应量增长也一度出现过快现象。经济增长较快是贷款需求旺盛、货币供应较多的主要原因。除此之外，存贷利差扩大和国有银行上市也导致货币信贷增长较快。2006 年以来金融机构存贷基准利率的利差近一步扩大，一年期存贷款基准利率利差达 3.6%，是改革开放以来最高的。金融机构通过扩大信贷投放增加盈利的动机较强。另外，部分国有商业银行上市后，一方面资本充足率得到较大提高，如中国银行三季度资本充足率为13.09%，比上年同期提高2.86%。资本充足率已不再对贷款大规模投放构成强约束。另一方面，股东要求资本回报的压力较大，在我国商业银行中间业务发展不足的情况下，贷款增长成为金融机构利润主要增长点。2006年金融机构效益提高幅度较大。从账面结益看，国有商业银行当年结益增长42.4%，其他主要金融机构依次排列为：外资金融机构增长60%，农信社增长55%，城市商业银行增长53.1%，股份制商业银行增长24.6%。

（三）股票市场活跃对融资格局和货币政策的影响

2006年，主要受股权分置改革完成的影响，股票市场发展较快，全年上证指数和深圳成指均累计上涨了1.3倍。资本市场的持续活跃对我国的融资格局产生了深刻影响。2006我国企业部门在国内金融市场上以贷款、企业债和股票这三种方式共融资30079亿元，同比多融资6437亿元，增长26.4%，其中贷款融资26168亿元，增长22.9%；企业债券融资2266亿元，增长12.8%；股票融资1645亿元，增长38.9%。三种方式新增融资比重为87%：7.5%：5.5%，与2005年相比，贷款和企业债融资比重分别下降了3.1%和1%，股票融资比重上升4%，上升幅度较大。2006年企业在境内通过债券和股票融资占其全部境内融资的比重达13%，是近年来的最高水平。直接融资配置资金的作用正在扩大，主要原因有两方面：一是2006年我国股票市场建设取得重大进展，新股发行数量较大；二是企业短期融资券市场进一步成熟，在企业债融资方面继续发挥主导作用。直接融资比重的提高有利于提高资金配置效率，改善我国融资结构不合理的状况。

由于股市活跃，新股申购资金需求量巨大且申购时间分布不均衡，对货币市场短期利率构成一定冲击。2006年6月份新股申购开闸以来，累计上市股票71只，最多月份达17只，最少月份达5只。冻结的网上申购资金累计达到11.48万亿元左右，数额庞大，其中累计冻结资金最多的是12月份，达2.23万亿元左右。新股申购和调整法定存款准备金一并成为2006年对货币市场利率影响最大的两个因素。央行调整法定存款准备金率引起市场利率上升是正常现象，但若同时遇到新股大量、密集申购，市场资金会出现结构性短缺，短期内对市场利率产生很大影响。以年内第三次提高法定存款准备金率的11月份为例：11月7天期回购利率在3%以上的共有13个交易日之多（当月共有22个交易日）。其中，15日调整完法准后，仍有9个交易日7天回购利率维持在3%以上的水平。11月21日7天期回购利率达到 3.999%，是 1999 年 6 月 3 日以来的最高点。利率在月内创出高点的同时，11 月当月回购交易量达到 30975 亿元，为当年回购交易最多的月份。第三次调整法定存款准备金率期间正遇新股大量密集申购。在此期间共有 11 只新股发行，累计冻结资金 16648 亿元，新股发行数和累计冻结资金数都比前两次调法准期间多得多。由于新股认购收益率高，市场上短期资金需求旺盛，尤其是保险、证券和基金类金融机构的需求旺盛。11 月份，保险、证券和基金通过质押式债券回购和拆借的方式从货币市场净融入 5553 亿元，同比增长 65.9%。

四、2007 年金融形势和金融政策展望

（一）对 2007 年货币走势的基本判断

总体上看，2007 年国民经济增速可能略有放缓，但仍将保持较快增长。同时也应看到，当前投资、信贷回落的基础还不稳固，国际收支不平衡问题依然突出，货币政策还面临一系列问题和挑战。一是流动性过剩矛盾突出，流动性管理任务艰巨。2006 年贸易顺差增至 1775 亿美元，国家外汇储备超过 1 万亿美元，新的流动性通过外汇资金流入及由此产生的信贷扩张不断生成。二是整体通货膨胀压力值得关注。近几个月以来，受粮食价格上涨等因素影响，居民消费物价指数不断上扬，资产价格特别是股票市值也持续较快上升。未来受粮食价格波动和居民消费意愿上升的影响，消费物价指数有可能继续上行，在投资和信贷反弹压力较大、流动性充裕的条件下，整体通胀风险不容忽视。三是金融对外开放对货币政策调控提出了更高要求。随着我国加入 WTO 过渡期的结束，金融市场开放程度进一步提高，金融创新加快发展，金融活动日趋复杂。在传统的外汇等管制措施及窗口指导的作用有所弱化、市场化方式尚不能完全发挥调控功能的情况下，需要正确把握市场化调控和必要管制之间关系，进一步加强数量型工具和价格型工具的协调配合。四是经济结构性调整压力突出，扩大消费内需任务艰巨。消费率过低、储蓄率过高的深层次结构性矛盾仍是制约经济可持续发展的突出问题。从根本上增强国民经济的平衡增长能力，需要以扩大消费内需为主推动经济结构性调整，这对于保持 2007 年国民经济平稳持续增长具有关键意义。考虑到上述情况，中央银行将 2007 年广义货币供应量增长预期目标初步设定为 16% 左右。

（二）关于公开市场操作

中央银行运用公开市场操作回收流动性的力度将加大。一方面，2007

贸易顺差有可能进一步扩大，中央银行对冲操作的压力将进一步加大，需要运用多种手段锁定增量流动性：一是将发行较长期的央行票据，比如二三年期的；二是增加定向票据发行量；三是运用外币央行票据、货币互换等手段。另一方面，对冲到期央行票据也将是央行进行公开市场操作的一个重要任务。现有的存量央行票据全年到期超过 2.67 万亿元，再加上 2007 年当年发行、当年到期的短期央行票据，央行票据到期对冲压力非常重。

此外，央行的公开市场操作要密切关注财政存款变化对市场流动性和货币供应量的影响，尽快推动国库现金管理。

（三）关于利率政策

根据市场流动性变化情况，中央银行有可能运用利率工具。目前，一些机构和专家预测我国短期内将升息 0.27%。应该说，利率的提高对挤掉资产泡沫、抑制信贷需求有一定作用，但制约因素也非常明显：一是当前利率价格敏感度不高。充足的流动性降低了市场主体对利率这一价格工具的敏感程度；二是加息将使人民币承担更大的升值压力，从而推动外汇占款迅速增长，加剧流动性过剩难题。

加快推进市场基准利率建设，推动上海银行间同业拆放利率（SHIBOR）逐步发挥作用，健全市场化的产品定价机制。

（四）关于汇率政策

为促进国际收支趋于平衡，缓解外部压力，中央银行将进一步增强人民币汇率灵活性。人民币汇率形成机制改革以来，实体部门对新汇率形成机制的适应性和汇率避险能力逐步增强，经济总体运行平稳。下一步，中央银行将继续按照主动性、可控性和渐进性原则，进一步增强汇率灵活性，发挥市场供求在人民币汇率形成中的基础性作用。

第六部分　资本市场分析

对中国股票市场而言，2006 年是极不平凡的一年。这主要表现在创造性地、成功地解决了困扰中国股市 15 年之久的股权分置问题，促使中国股市发生质的变革。股市大幅走高，综指全年上涨 130.43%，涨幅跻身世界前 20 位；筹资功能大幅提升，前 11 个月沪深交易所筹资额达 4344.53 亿元，较 2005 年全年提升了 132.86%；顺利承接了工行、中行、国航、南方电网和大秦铁路等大型企业发行，其中工行一家筹资就高达 457.2 亿元，使我国资本市场跃居全球第三大 IPO 市场；国内证券市场市值占 GDP 比重大幅增加，达35%以上，较上年提高了1倍强，国民经济"晴雨表"的功能日渐增强。本季度股市加速上涨，上证综指从上季度末的1752.42点涨至本季度末的2675.47点，涨幅达52.67%，超过前三季度总体涨幅近2%；本季度成交量明显放大，日均成交额从一季度、二季度和三季度的200亿元、454亿元和312亿元，涨至四季度的近500亿元，且在年末最后一个交易日上证所单日成交量突破600亿元，创历史单日成交新高，为2006年行情画上了一个完美的句号。

对中国债券市场而言，2006年是波澜不惊的一年。以交易所国债指数为例，全年呈现高位缓步攀升的走势，涨幅为2.14%，成交量上半年较高、下半年较低，12月中旬后逐步提高。本季度债市小幅上扬，交易所国债指数从上季度末的111.02点上涨至本季度末的111.39点，涨升了0.33%，成交量与上季度基本持平，继续保持在较低水平。

一、股票市场

（一）2006 年四季度股票市场运行分析

本季度股票市场走出了前所未有的量升价增行情，蓝筹股较大幅度上涨、外围资金快速涌入以及上市公司经营业绩提升起到了至关重要的推动作用。

1. 股权分置改革成功是股市大幅走高的重要制度基础

截至2006年12月末，沪深两市已完成或进入股改程序的上市公司已达到1301家，占两市应股改公司的97%，未进入股改程序的公司家数已降至40家。正如中国证监会主席在12月26日"中国金融论坛"上所指出的，我国资本市场股权分置改革基本完成，目前正在发生着转折性的变化，正在进入一个新的发展阶段。我国股票市场股权二元结构历史遗留问题的成功解决，一是扫除了长期制约股市发展及其与国际接轨的障碍，有效提升了资本市场的地位，进一步释放资本市场的功能，加快了国际化进程。二是促使大股东与中小股东、大股东与经营者利益趋于一致，真正体现出同股同权同利。大股东从过去抽取上市公司利益和资金转变为主动注入优质资产和资金，从过去简单的通过上市公司融资、圈钱，转变为通过上市公司实现企业价值增值和经营者价值增值。三是促使兼并收购和产业链整合日趋活跃，吸引海外优质上市公司回归，增强了保持资本市场可持续发展能力。这一制度性变革是2006年大牛市的根本和制度基础。同时，10月下旬国资委和财政部下发了《国有控股上市公司（境内）实施股权激励试行办法》，密切了大股东与经营者之间的利益关系，激发了经营者做大做强上市公司的动力，成为本季度快速走高行情的重要拉动因素之一。

2. 流动性过剩为股市大幅上涨创造必要的资金条件

今年特别是下半年以来，流动性过剩程度不断加大，为股市大幅涨升创造了有利条件，这主要体现在以下四个方面。

第一，从 M_0、M_1 和 M_2 变化看，2006 年各月同比增幅普遍超过上年或持平（见图 8 - 7）。M_0 同比增速，从 2005 年的 7% ~ 12%，增至 2006 年的 10% ~ 15%；M_1 同比增速，从 2005 年的 10% ~ 12%，增至 2006 年的 12% ~ 17%；M_2 同比增速，从 2005 年上半年的 14% ~ 15% 左右，增至 2005 年下半年的 16% ~ 17%，2006 年继续维持这一较高增速，10 ~ 12 月受信贷调控影响，略有回落。M_0 和 M_1 同比增速明显高于 M_2，短期流动性快速增强。特别是 M_1 的快速增加，与证券保证金占款快速提升密切相关。

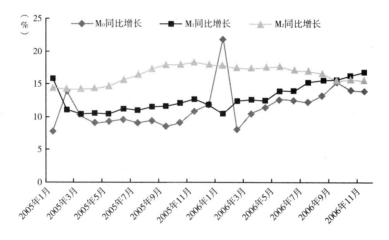

图 8 - 7　2005 年和 2006 年 1 ~ 11 月份各月 M_0、M_1 和 M_2 同比增长变化

第二，从人民币升值、外汇储备和存贷差变化看，美元兑人民币汇率从上年年末的 8.0709 降至 2006 年年末的 7.8087，人民币全年升值幅度达 3.25%，增强了对外资特别是热钱的吸引力。2006 年，我国贸易顺差高达 1774.7 亿美元，致使外汇储备快速增加，从上年年末的 8188.72 亿美元升至 2006 年年末的 10663 亿美元。全年外汇储备增幅达 30.22%，外汇储备已位居世界第一，我国成为世界上第一个外汇储备超过 1 万亿美元的国家。2004 年、2005 年我国外汇占款增加量分别为 1.77 亿元和 1.86 万亿

元，各自占当年 M$_2$ 新增供应量的 52.22% 和 40.88%。2006 年前 11 个月新增外汇占款 2.33 万亿元，占当期 M$_2$ 新增供应量的 60.21%，较前两年大幅提高，外汇占款大部分进入商业银行，较大程度增加了银行流动性。2006 年 5 月份后银行存贷差占存款比例高举不下，处于 32% ~ 33.5% 之间，11 月末银行存贷差高达 11.12 万亿，进一步加剧了银行流动性。

第三，从债券一级市场发行利率变动看，下半年发行利率逐步走低，市场资金十分宽裕。如 3 年期和 5 年期固定利率国债发行利率，分别由 7 月中旬的 2.34% 和 8 月中旬的 2.72% 降至 10 月中旬的 2.29% 和 10 月下旬的 2.48%；2 年期国开行金融债发行利率，由 8 月下旬的 2.93% 降至 12 月上旬的 2.89%；3 年期固定利率农行金融债发行利率，从 7 月下旬的 3.05% 降至 12 月中旬的 3%。

第四，从公开市场操作看（见图 8-8），在 8 月同时调高存款准备金率和存贷款利率时，央行票据发行利率达到高峰，而后走低并持平。即便 11 月再次上调存款准备金率，发行利率没有明显提高，市场资金十分宽松。

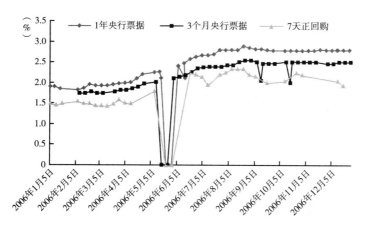

图 8-8 2006 年 1 年、3 个月央行票据发行利率与 7 天正回购利率变动

3. 股市赚钱效应急剧增加，投资热情空前高涨

从个股上涨情况看，全年沪深两市涨幅均超过 130%，其中，涨幅超过大盘的股票有 306 只，占比达 22.63%；涨幅超过 100% 的股票有 447 只，占比高达 33.06%；特别值得一提的是，涨幅超过 300% 的竟多达 41 只，个别股票涨幅更是高达 600% 以上。再从基金盈利情况看，开放式基金涨幅超过 100% 的有 86 只，占基金成立时间一年以上的开放式基金总数

的51%，代表封闭式基金走势的上证基金指数和深证基金指数涨幅分别超过同期综指涨幅20%多，充分彰显了股市的赚钱效应。

股市赚钱效应对投资者产生了巨大的号召力，极大地激发了投资者的投资信心和热情，开户人数快速增加，基金发行十分火爆，银行存款出现少有的下降，外围资金源源不断涌入股市，促使股市频创新高。在开户人数方面，全年两市新增A股开户数526.88万，是去年全年的4.23倍，特别是12月一个月的新增开户数量就高达168.84万户，超过去年全年水平；全年基金新开户数突破700万户，超过A股新增开户数量。在基金发行方面，全年新发行基金89只，募集资金规模达4000亿元，是去年的4倍。其中，嘉实策略增长基金一天发行419亿元，创造了全球基金史上单日最高募集纪录。在银行存款方面，储蓄存款同比增速由1月的21.07%逐步降至11月的15.32%，活期存款同比增速由1月的17.8%提升至12月的20.19%，货币资金快速流向股市。在其他外围资金入市方面，QFII累计批准额度已升至90.45亿美元，其证券类资产占比高达90%以上；保险资金规模不断扩大，全年保费收入较上年增长14.49%，保险资金直接投入股市占资金运用余额比例逐步提升，由上年的不到2%升至本年的超过4%；社保基金入市比例也维持在较高水平。

4. 宏观经济和上市公司业绩向好，股市估值水平仍具潜力

2006年我国GDP同比增长10.7%，创近年来最好水平，为上市公司业绩提升和股市走好创造了很好的条件。同时，根据三季度季报披露数据，上市公司业绩出现了可喜的增长，1393家有同比数据的公司前三季度加权平均每股收益为0.21元，同比增长9.46%；加权平均净资产收益率为7.96%，同比增长10.47%；加权平均每股经营活动产生的现金流为0.39元（剔除银行股），同比增长16%；1393家公司总共实现净利润1785.65亿元，增长21.66%。鉴于上市公司业绩提升，本季度初沪深静态市盈率分别为21.41倍和26.28倍，按照三季度披露业绩计算得出的两个市场的动态市盈率却不到15倍左右。这显示出我国股市估值水平仍较低，极大激发了投资者的想象空间，促使本季度股市再度快速走高。

（二）2007年股票市场走势分析

随着股权分置改革的全面完成，股市将迎来新的发展阶段，但在夯实基础、与国际接轨、逐步走向成熟等方面仍任重而道远。2007年，将是新阶段下新型发展模式建立的探索期和尝试期，呈现出旧有模式与新模式并

存、政策市弱化与市场化程度加深并存、机构投资者与散户并存等特点，股市将在宏观经济高位趋稳、人民币升值、资金面宽松、上市公司业绩平稳增长和证券市场创新等多重因素作用下，呈现震荡加剧中走高、交投活跃中趋稳的走势。

1. 宏观经济高位趋稳且稳中小幅趋降，为股市走好奠定基础

根据本次宏观经济形势报告判断，2007 年我国宏观经济将在消费和投资的双拉动下，继续高位运行；同时，周期性分析表明，全年 GDP 增速可能会略有回落，但不影响整体向好的发展态势。中央经济工作会议提出，要促进经济从又快又好转向又好又快，提升经济增长质量已成为下一个较长时期经济运行的导向性目标。这些将有利于股市向好，特别是经济增长的质量和潜能提升，将为股市长期走好奠定基础。

2. 资金面继续保持相对宽裕，有利于股市走好

2007 年，政府会继续采取措施防止流动性过于充裕，但资金面仍将保持较为宽松的局面，促使股市保持活跃。这主要是由以下几个方面所决定的：一是人民币升值趋势确立，速度加快，会倒逼央行发行基础货币满足日益增长的人民币需求，进而导致市场流动性增加。二是政府已采取措施加大对短期资本流入流出的监控，有助于减低资本项目顺差。三是 2006 年 9 月中旬，政府调整部分出口商品退税率，出口退税政策滞后效应逐步显现，且人民币升值可能提速，均会抑制出口，有助于减低贸易顺差。四是政府可能会继续加大房地产市场调控力度，游资会涌向资本市场。五是随着保险资金投入股市比例的放开，QFII 审批额度的增加，以及投资者入市资金的提升，新增资金还将会继续流入股市，但速度趋缓。

3. 股市总体估值水平趋高，股市高位震荡可能性加大

截至 2006 年年末，股市总体估值水平已升至较高水平，全部 A 股动态市盈率已超过 27 倍，较上年年底上升了 42%。沪深 300 成份股市盈率也已达到 23 倍，较上年年底涨升了 60%，而同期标准普尔 500 指数、香港恒指、韩国和新加坡等的市盈率分别只有 18 倍、15 倍、12 倍和 14 倍。虽然考虑到中国强劲的经济增长，但市盈率位于较高水平已是不争的事实，这将限制股市进一步走高。与此同时，2006 年牛市特点与往年根本差别在于，主导本轮行情上升的力量在于低市盈率股票而非高市盈率股票（见图8 - 9），在于大盘蓝筹股而非高市盈率的垃圾股（见图 8 - 10）。这就为股市保持高位运行提供了坚实的保障。市盈率结构分析表明，截至 2006 年年末，20 倍以内市盈率占比为 11% 左右，30 倍以内市盈率占比为

25%左右，仍存在一定股价结构调整的空间。此外，若25%的企业所得税税率得以推行，还将推动股市走高。因此从总体看，股市存在高位运行的可能，但进一步涨升空间有限，以股价结构调整为主线的震荡加剧在所难免。

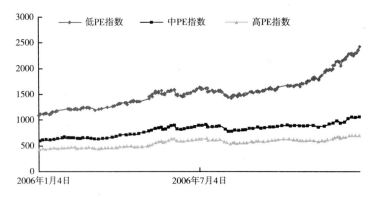

图 8-9　2006 年年低 PE、中 PE 和高 PE 指数变化

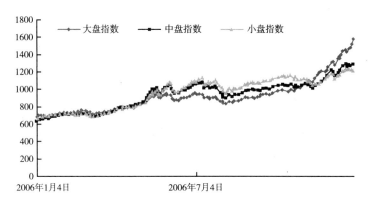

图 8-10　2006 年大盘、中盘和小盘指数变化

4. 股权激励和股指期货等证券市场创新，证券市场规范力度加大，将推动股市纵深发展

上市公司逐步推行股权激励，将极大调动经营者的积极性，使经营者与股东的利益高度相关，有利于提升上市公司质量，保持市场活跃。2007年可能适时推出酝酿已久的股指期货，这将增强股市运行的稳定性，挖掘股市增长潜能，有利于股市平稳健康发展。去年下半年，中国证监会发布

《基金管理公司投资管理人员管理指导意见》，对基金经理变更、基金投资管理行为、严禁利益输送、禁止拉抬股价等都做出了明确规定，有利于基金规范运行，带动市场稳健发展，防范因机构投资者违规对市场带来的风险。2007 年，监管机构再次将加强监管和信息披露作为重点工作，有利于证券市场规范运行。此外，2007 年下半年将召开党的十七大，客观上也需要股市在较高的位置平稳运行。

二、债券市场

（一）2006 年四季度债券市场运行分析

全年债市高位运行，本季度债市高位盘整、小幅走高，收益率曲线进一步扁平化，这主要是受以下三方面因素的影响。

1. 央行调高利率和存款准备金率，对债市走势产生实质性影响

2006 年是近几年央行应用利率调控手段最频繁的时期，这不仅是防止因投资过热引发经济过热的现实需要，也是调控过剩流动性的必然选择。2006 年 7 月、8 月和 11 月中旬，央行分三次提高存款准备金率0.5%，共冻结 4500 亿元资金；两次调高利率，一次是 4 月 28 日上调贷款基准利率 0.27%，另一次是 8 月 19 日同时上调存贷款基准利率0.27%。同时央行还多次使用数量型招标，4 次发行定向票据，极大增强了投资者投资债市的谨慎程度，使 8 月份以前的债市走势平稳。8 月份出台了相关紧缩措施后，减弱了未来进一步紧缩的预期，促使债市小幅走高（图 8 - 11）。

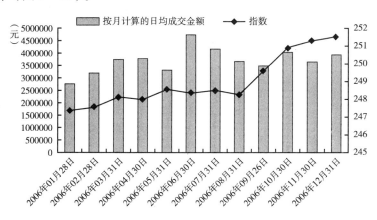

图 8 - 11　2006 年各月综合债券指数及其日成交量变动

2. 宽松的资金面和债券需求刚性，促使债市持续高位运行

银行和保险公司作为债市最大的需求者，在 2006 年都加大了债市的投资比例，促使债市高位运行。在银行债券需求方面，国有银行的超额存款准备金率已从 2005 年末的 2.7% 降至 2006 年三季度末的 2%，股份制商业银行的超额存款准备金率从 4.8% 降至 3%。银行在央行信贷调控压力下，采取结构调整、加大资金运用效率和提升债券投资比率的方式，提升投资收益。在保险公司债券需求方面，银行因较易获取大量低成本存款，继续减少对保险公司协议存款的需求，保险公司保费收入以 15% 左右的速度高速增长，迫使保险公司继续加大债券配置比例，提高了债券需求刚性。

3. 短期利率上行，债券收益率曲线扁平变动

受央行调高利率和存款准备金率的影响，短期市场利率走高，带动债券收益率曲线短端上移。同时，在央行调控信贷增速的情况下，商业银行不得不加大债市投资力度，并适当调高长期债投资比例，特别是 5 年期以上债券配置比例，以期获得更高的无风险收益率，加之寿险公司在资产负债匹配要求下必然要配置长期债券，对长期债券存在刚性需求，一定程度上制约了收益率曲线长端利率走高。在短端和长端因素的共同作用下，收益率曲线继续呈现扁平化变动趋势（见图 8 - 12）。

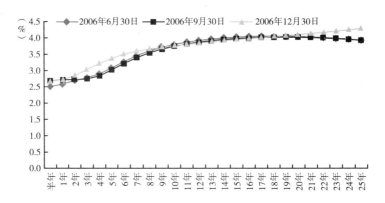

图 8 - 12　2006 年二季度、三季度和四季度末债券收益率曲线变动

（二）2007 年债券市场走势分析

2007 年债市将在经济继续良好运行、资金面较为宽裕、CPI 趋升、债券供给增加和债券市场创新等多方面因素作用下，可能走出高位震荡、小幅走低的行情，债券收益率曲线趋于陡峭化。

1. CPI 变动及其预期，对债市走势产生实质性影响

2006 年 CPI 上涨了 1.5%，其中 11 月份和 12 月份 CPI 分别上涨了 1.9% 和 2.8%，加大了物价走高的预期。2007 年 GDP 可能小幅回落，在政府宏观调控下，M_2 增速可能小幅下降，贸易顺差增速趋于下滑，投资增速将在可控范围，这些因素促使物价保持稳定。此外，人民币升值速度可能有所提升，粮食库存下降、粮食价格走高，资源、服务和住房类消费品价格保持升势，这些因素加大了物价上行压力。因此，2007 年 CPI 存在一定的上行压力，会加大加息预期。

与此同时，2007 年美国在经济走软的情况下，可能降息，直接加大了人民币升值压力。为防止宏观经济快速走低和人民币升值速度加快，央行可能不倾向于采取加息的措施，而是倾向于采用提高存款准备金率、加大公开市场操作力度以及发行定向央行票据等传统调控方式，解决投资增长过快和流动性过剩等问题。总体看，2007 年债市面临高位运行压力，调整在所难免。

2. 资金面宽松，债券供小于求，对债市高位运行构成支撑

2007 年资金面继续保持宽松局面。工行和中行 2006 年大量募集资金，在 2007 年存在较为强烈的放贷冲动。2006 年央行票据在 2007 年 1 月和 2 月集中到期，分别是近 2500 亿元和 4000 余亿元，市场流动性过剩局面加剧，促使央行 2007 年 1 月再次上调存款准备金率。2007 年新发债券总量预计为 5.6 万亿元，相对银行和保险公司巨大的债券需求仍存在较大缺口，十分有利于债市高位运行。同时，随着股市高位震荡调整，部分资金释放，回流债券市场，有利于债市走好。

3. 债券收益率曲线可能呈陡峭化变动趋势

前述分析表明，2007 年加息可能性较小，即使加息，幅度也有限，这将有利于维持短期利率运行水平。考虑到资金面继续宽松，因股市震荡加剧、投资风险提升引致的资金回流等因素，短期债需求会有所提升，短端面临一定的下行压力。随着证券和银行监管机构加大对银行资金流入股市的查处力度，银行监管机构继续实行较为严格的信贷管控。保险公司在资金规模日益扩大、投资渠道仍然有限的情况下，也会继续扩大长期债券配置比例。长期债券需求稳定，限制债券收益率曲线长端走高。债券收益率曲线可能呈陡峭化变动趋势，但不会十分明显。此外，根据全年金融工作会议精神要求，要构建多层次的债券市场体系，可以预期债券市场创新会更加频繁，将对债市长远发展产生有利影响。

第七部分　房地产投资分析

在社会各界的高度关注中，我国房地产度过了一个敏感的 2006 年，房地产投资和价格的变动轨迹成为影响和评判宏观调控政策效果的重要标志。

一、2006 年我国房地产投资特点

（一）投资总量和规模持续增加

1. 季度绝对规模和单月绝对规模在波动中扩大

与 2005 年相似的是，2006 年房地产投资继续呈现季度扩大的趋势，但不同的是这种趋势有一定波动性。一季度投资总量只有 2793 亿元，比同期增长 20.18%；二季度投资总量增加到 4902 亿元，比上一季度增加 2109 亿元，比同期增长达 28.02%，涨幅为全年最高；三季度投资总量继续增加到 5306 亿元，涨幅有所回落，同比增长 25.59%；四季度投资总量达到全年最高水平 6480 亿元，但是比去年同期增长只有 20.33%（见表 8 - 9）。

表 8 - 9　2006 年我国房地产同比增长变化

2006 年	第一季度		第二季度			第三季度			第四季度		
季度投资（亿元）	2793		4902			5306			6480		
同比增长（%）	20.18		28.02			25.59			20.33		
月　份	1~2	3 月	4 月	5 月	6 月	7 月	8 月	9 月	10 月	11 月	12 月
单月投资（亿元）	1436	1357	1338	1527	2037	1716	1652	1938	1709	1805	2966
2005 年（亿元）	1200	1124	1081	1199	1549	1434	1333	1458	1391	1471	2523
2004 年（亿元）	1005	868.6	712.4	1017	1221	1131	1130	1149	1192	1212	2420

资料来源：根据国家统计局公布月度数据计算整理。

单月的投资绝对规模也在增加。从表 1 可以看到，2006 年单月的房地产投资量呈现出波浪形推高的特点。1~4 月逐月小额减少，4 月为 1338 亿元，处于全年较低水平，5 月开始增加，6 月增加到 2037 亿元，达到全年较高水平，7 月又开始减少，并延续到 8 月，9 月再次出现小额增加，达到

1938 亿元，10 月小幅回落，11 月又开始增加，12 月则迅速增加到 2966 亿元，达到全年最高水平。与前两年比较发现，2004～2006 年单月投资规模都是逐年增加，并呈现出一致的波动变化特征，并且后浪高过前浪，在年底达到全年最高峰。

2. 房地产投资增速呈现先低后高态势

仔细观察 2006 年全年的房地产投资增速就会发现，我国 2006 年房地产投资增速在前 5 个月从 19% 逐月提高到 21.8%，增幅变化不是很大，但是 6 月份以后，投资增幅则提升到了 24.2%。之后房地产投资增速就基本稳定在 24% 左右的水平上，四季度增速稍降了 1%，约为 23%（见表 8 - 10、图 8 - 13）。

表 8 - 10   2006 年我国房地产同比增长变化

月 份	1~2	1~3	1~4	1~5	1~6	1~7	1~8	1~9	1~10	1~11	1~12
投资总量(亿元)	1436	2793	4131	5658	7695	9411	11063	12902	14611	16416	19382
2006 年增长(%)	19.7	20.2	21.3	21.8	24.2	24.0	24.0	24.3	24.1	24.0	23.0
2005 年增长(%)	27	26.7	25.9	24.3	23.5	23.5	22.3	22.2	21.6	22.2	19.8
2004 年增长(%)	43.6	41.1	34.6	32	28.7	28.6	28.8	28.3	28.9	29.2	28.1
2003 年增长(%)	34	34.5	33.5	32.9	34	34.1	33.1	32.8	31.3	32.5	29.7

资料来源：根据国家统计局公布月度数据计算整理。

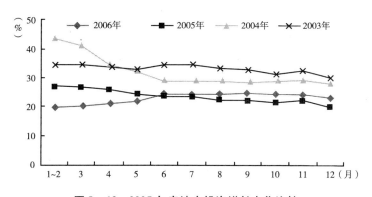

图 8 - 13   2005 年房地产投资增长变化比较

从表 8 - 10 可以看出，2003 年以来，我国房地产投资在 1～2 月份的增长速度都比较高，以后各月则有所下降的特点。可是 2006 年却相反，前两个月延续了去年的回落态势，增速是全年最低水平，只有19.7%，比高峰值43.6%的一半还要低。这主要是因为2006年年初，我国房地产投资延续了从2005年房地产投资渐次梯度回落变化的态势。但到了2006年6月份以后，房地产开始回升，6月份到11月份增速基本保持在24%左右，年末的时候降低到23%。这说明我国房地产投资增长进入了一个比较平稳的时期，并且似乎有下降的趋势。

从图8-13可以看出，2006年我国房地产投资震荡幅度是近几年来最小的一年，约为4%，但不同的是，这一年的震荡处于一个更低的水平，最低是1~2月份的19.7%，最高为1~9月份的24.3%，全年基本稳定在24%左右。而2003年，尽管其投资震荡幅度也较小，为4.3%左右，但是基本在30%以上的高位上震荡，也与投资增长震荡最大的2004年（振幅高达15.5%）有所差异。

（二）投资增速与同期固定投资增长差距逐渐减小，比重趋于下降

在房地产投资过热，老百姓买房难等问题越来越突出之时，2006年国家加大了宏观调控力度，出台了一系列调控政策。这样，固定资产投资和房地产投资之间也呈现出不一样的特点。

1. 增速低于同期固定资产投资增速，但是差距逐渐减小

2006年我国房地产投资增速继续呈现低于同期固定资产投资增速的态势。房地产投资增速从1~2月份的19.7%增加并从1~6月份后基本稳定在24%左右，而同期固定资产投资增速则从26.6%波动变化到31.3%，尔后回落到24.5%，全年的固定资产投资增速均高于同期房地产投资增速（见表8-11、图8-14）。

表8-11 2006年我国房地产投资与同期固定资产投资增速比较

单位：%

2006年	第一季度			第二季度			第三季度			第四季度		
月　份	1~2	1~3	1~4	1~5	1~6	1~7	1~8	1~9	1~10	1~11	1~12
1 房地产增长	19.7	20.2	21.3	21.8	24.2	24.0	24.0	24.3	24.1	24.0	23.0
2 固定资产增长	26.6	29.8	29.6	30.3	31.3	30.5	29.1	28.2	26.8	26.6	24.5
1 与 2 比较	-6.9	-9.6	-8.3	-8.5	-7.0	-6.5	-5.1	-3.9	-2.7	-2.6	-1.5
2005 年	3.5	1.4	0.2	-1.9	-3.6	-3.7	-5.1	-5.5	-6.0	-5.6	-7.4

资料来源：根据国家统计局公布月度数据计算整理。

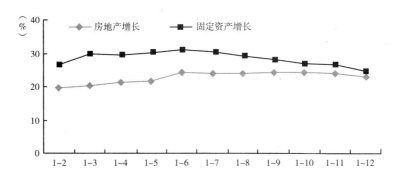

图 8－14　房地产投资与固定资产投资增速变化

　　尽管房地产投资增速低于同期城镇固定资产投资，但 2006 年房地产投资增速与同期固定资产投资增速之间的差距逐步缩小，1～3 月份两者增速之间的差距最大，达到 −9.6%，然后开始逐步缩小。三季度，增速的差距已经减小到不足 4%；到四季度末的时候，两者的差距已经缩小为 −1.5%。这与 2005 年房地产投资增速转向低于同期固定资产投资增速，并且两者差距逐步拉大的特征相比，呈现出几乎完全相反的态势。这主要是因为同期我国经济增长速度有小幅下降，加上后期国家采取了坚决的调控措施，在土地和信贷双闸门再次收紧并同步进行了严格的新开工项目清理整顿后，防止局部行业投资过热，从而在很大程度上抑制了固定资产投资增长速度，使得城镇固定资产投资增速在跌宕起伏后掉头向下呈现明显回落之势。这样，即使房地产投资趋于稳定，但两者的差距却在不断缩小。这说明，国家宏观调控政策体现在城镇固定资产投资上的效果要比体现在房地产投资上的效果更为显著。

　　2. 房地产投资在固定投资中所占的比例逐月下降

　　与 2005 年相似，2006 年房地产投资在固定资产投资中所占的比例继续呈现逐月下降的趋势。1～2 月份房地产投资 1436 亿元，固定资产投资 5294 亿元，占比为 27.13%，比重最高，二季度降低到 22% 左右，三季度继续下降到 20.8%，四季度又降低约 0.1%（见表 8－12）。可见，2006 年我国固定资产投资构成已经发生了变化，房地产投资对固定资产投资的影响作用在减弱。

表 8 – 12   2006 年房地产累加投资占同期固定资产投资比例

2006 年	第一季度		第二季度			第三季度			第四季度		
月 份	1~2	1~3	1~4	1~5	1~6	1~7	1~8	1~9	1~10	1~11	1~12
1 房地产投资（亿元）	1436	2793	4031	5658	7695	9411	11063	12902	14611	16416	19382
2 固定资产投资（亿元）	5294	11608	18006	25443	36368	44771	52594	61880	70071	79312	93472
1 占 2 的比例（%）	27.13	24.06	22.94	22.23	21.15	21.02	21.03	20.85	20.85	20.70	20.74
2005 年占比	28.4	25.72	24.28	23.35	22.00	21.9	21.68	21.29	21.09	20.93	20.99
2004 年占比	30.6	21.29	24.31	23.99	18.88	22.33	22.32	21.92	21.87	21.79	22.45

资料来源：根据国家统计局公布月度数据计算整理。

从上表看到，纵观 2004 年以来，每年房地产投资占固定资产投资的比重都是一季度最大，然后递减，到了四季度降低到全年最低水平。只是逐年各个季度的比重均低于同期水平，不过差距很小，只有 0% ~2%。2006年与 2005 年的这一差距更小，不到 1%。可见，近两年我国固定资产投资中房地产投资的比重已经基本稳定，投资结构趋于成熟。

（三）房地产市场价格增幅在徘徊中回落并趋于稳定

1. 房地产价格在高位上的增幅逐渐趋稳定

从 2006 年我国房地产价格增长幅度的总体变化来看，房地产价格上涨过快、过猛的势头得到了有效抑制。2006 年我国 70 个大中城市全年房地产价格上涨了 5.5%，比上年回落 2.1%。全年大多月份的价格增幅均在5% ~6% 之间震荡，这与 2005 年我国房地产价格增幅达到 12.5%、10.1% 和 8.8% 相比较，显然增长速度已经明显减弱。

2. 房地产价格增长有出现反弹的迹象和苗头

从 2006 年我国 70 个大中城市房地产价格增长幅度看（表 8 – 13），3月份和 12 月份是全年房价上涨最快的月份，达到了 6.5%，而 3 月份之后的 8 个月中，价格增幅在 5.5% ~5.8% 之间，显然有所回落。但我们要清楚地认识到，这种回落是国家出台了一系列宏观调控政策后的结果。即使这样，2006 年 12 月份房地产价格上涨又回升到了 6.5%，这是否预示着价格出现反弹迹象呢？从目前发展趋势看，这与 2006 年 3 月份情形极其相似，假如不继续加大宏观调控力度，反弹的可能性很大。国家在抑制房价上涨方面的任务依然很艰巨。

表 8 – 13　2006 年我国房地产价格增长速度变化

单位：%

1 月	2 月	3 月	4 月	5 月	6 月	7 月	8 月	9 月	10 月	11 月	12 月
5.5	5.5	6.5	5.6	5.8	5.8	5.7	5.5	5.6	5.4	5.2	6.5

资料来源：根据国家统计局和国家发展和改革委员会公布数据整理。

3. 部分城市房地产价格上涨惯性的控制难度大

尽管我国目前的房地产价格上涨幅度在 5% ~6% 之间，表象上看并不是很高，但问题是我国房地产价格上涨速度较快的几个城市价格上涨均保持在 10% 以上，例如北京、深圳、广州、杭州等。尤其是在 2005 年我国宏观调控政策力度如此巨大的情况下，这些城市的房地产价格上涨速度仍然能达到 10% 甚至更高，很值得深思。节节上涨的房价表明今年我国房地产调控的成效还只是初步的，还不稳定，部分城市上涨的压力还比较大。

二、影响房地产投资和价格变化的主要因素分析

将 2006 年我国房地产投资变化曲线与前几年比较发现，我国房地产投资过快、过热的局面在 2005 年得到根本性转变以后，在 2006 年基本得到保持，但是也出现了局部反弹回升的苗头。其一，2006 年我国房地产投资增速小幅回升后基本稳定，并有回落的迹象。一季度从 19.7% 上升至 20.2%，二季度在 21.3% ~24.2%，从 6 月份以后就基本维持在 24.0% ~24.3%，四季度下降到 23%；其二，房地产投资增速继续低于固定资产投资增速，但是由于固定资产投资增速的下降，以及房地产投资增速的小幅回升，两者之间的差距越来越小。不过，固定资产投资中房地产投资所占的比重仍然在不断减小，虽然幅度不大。其三，房地产价格增幅在高位小幅波动，部分城市房地产价格上涨后劲很足，居高不下，价格反弹的可能性依然存在。

1. 宏观调控政策是影响房地产市场预期、稳定房地产投资增速的重要因素

2006 年是我国出台房地产相关政策最为频繁的一年。5 月份，国务院常务会议上提出了促进房地产业健康发展的六项措施，包括住房供应结构、税收、信贷、土地、廉租房和经济适用房建设等方面，即"国六条"，拉开了 2006 年房地产调控的序幕。7 月，建设部联合其他 5 部委下发 171 号文件《关于规范房地产市场外资准入和管理的意见》，加强对外商投资

房地产开发经营、境外机构和个人购房的管理。8月份，国土资源部制定了《招标拍卖挂牌出让国有土地使用权规范》和《协议出让国有土地使用权规范》。9月份，国务院又下发了《关于加强土地调控有关问题的通知》，提出要建立健全相关机制，将国有土地使用权出让总价款全额纳入地方财政预算，缴入地方国库，实行"收支两条线"管理。随后国家又连续出台了有关土地增值税、土地使用费、调整和提高工业用地基准价格等一系列政策措施。正是这新政策的实施才使得我国的房地产投资增长速度有所下降，投资过热过快的势头有所减弱。

2. 供给结构不合理，供需矛盾突出是导致房价居高不下的重要原因

按照经济学的理论，供求决定价格。所以，从经济的角度分析，我国房地产价格居高不下的重要原因在于供需矛盾，在部分热点城市表现更为突出。但是，这种供需矛盾又不仅仅是简单的供小于求的问题，而在于供给结构很不合理。一方面，高端住宅过多，中低端住宅过少。另一方面，住房需求多来自中低收入群体，我国居民收入差距不断拉大。高收入群体房价收入比很低，购房能力很高，低收入群体房价收入比则很高，购房能力很低，直接导致商品房较多的空置或者闲置。经过研究发现，我国很多城市住房从总量上说是可以满足需求的，也并非很短缺，甚至还可能出现潜在过剩。造成房价上涨、住房紧张的主要原因在于少数人拥有多套住房。多数人却买不起房，房屋没有得到有效的供应，这是住房的市场化分配带来的结果。

3. 政策执行力度不够，是房地产价格出现反弹迹象的重要原因

虽然说我国目前的经济结构发生了重大变化，尤其是民营经济、私人资本、个人财产在整个经济运行中的作用不断扩大，可能会使我们以前所习惯采取的宏观调控政策的效果减弱。但是，目前我国正处在经济转轨时期，宏观调控政策的效果也决不会减弱得很快。然而在稳定房地产价格调控方面，政策执行的力度却远远不够，从而导致客观调控效果减弱。这一方面表现在国家有关管理部门站在部门的局部利益上去理解和执行政策，另一方面地方政府非主动性、消极性理解和执行国家制定的政策。例如，在90平米的住房问题上就存在着很多通过一些技术上的因素来拖延、分散和降低国家宏观调控政策力度的现象。

三、2007 年展望与政策建议

（一）2007 年房地产投资增速将会在 22%～24% 之间波动

根据 2006 年我国房地产投资变化的特点，结合未来一年的国际国内形

势，考虑到 2007 年我国经济运行新变化趋势和政策调整变化，我们认为，2007 年全年我国房地产投资增速将会在 20% ~24% 区间内。原因是：第一，我国经济发展仍将会在较快的增长惯性中运行，因此保持房地产投资增长在 20% ~24% 之间是一个合理空间。尽管有人说 2007 年我国经济增长比 2006 年 GDP 增长 10.7% 有所下降，但是也决不会下降很多，我们认为，2007 年经济增长速度预计应在 9.5% ~10% 之间。第二，继续加强宏观调控仍然是 2007 年的政策基点。对于房地产业来说，宏观调控主要影响就体现在投资增长速度上，而目前我国房地产投资增速已达到 23% 的水平，即使调控力度增大，房地产投资也仍然会在 20% 以上。

（二）政策因素将会使房价变动趋涨之势出现明显逆转

综合影响房地产价格的各种因素我们认为，2007 年我国房地产价格变动进入政策与投资、投机博弈的关键时期，影响房价的两个重要因素是：第一，房地产投资与投机性消费因素的动力释放程度。从这几年的房地产价格变化尤其是购买主体来看，住房的生活性消费对价格的拉动作用远远小于投资和投机住房对房价的拉动作用。第二，国家政策取向即平抑房价的力量大小，即国家稳定住房价格的政策执行力度。事实上，我国目前已经制定了相当多的政策了，关键问题还是落实。而从 2007 年的发展来看，首先，房地产投资和投机的因素在下降。这一方面表现在目前的证券、基金、期货投资市场开始活跃且利润丰厚，增量资金将会转向股票等，存量资金也会逐渐从房地产中抽出来，这与 2005 年以前房地产利润高于股市利润的情形不同了。另一方面还表现在，针对 2006 年 12 月份全国 70 个城市房价上涨幅度达 6.5%，出现明显反弹迹象，国家一定会继续加大调控力度，平抑房价上涨。另外，从房地产价格变化周期来看，进入到 2007 年和 2008 年，正是房地产价格进入到转向时期，从 2003 年到 2007、2008 年正好是一个增长周期的完成，是下一个变化周期的开始。

（三）实行差异政策，重点抑制投资和投机性需求过度膨胀

我国房地产价格上涨主要是投资性和投机性消费的极度膨胀造成的，因此国家在制定政策时一定要严格区分开两者之间的界限。国家调控限制的重点是房地产的投资性和投机性消费行为。对此，国家和地方政府应对原有的政策进行重新的调整和完善，实行差别对策。政策建议如下：其一，在提高商品房按揭信贷首付比例的同时，对于购买第二套住房和第三套住房以上者取消银行商品房按揭信贷政策，实行全额支付方式。这样将会在很大程度上降低房地产的投资性和投机性行为产生，至少不要使得国

家的各项优惠政策成为这些行为追求高额利润的工具，银行业不为其承担转嫁风险。其二，对个人住房超过 160 平米以上的征收特别资源占用税。我国是一个资源短缺、但人口众多的国家，在资源有限的情况下，必须实行公平均等的资源利用政策。无限制地增加住房面积对城市发展、国家建设和资源利用，都是不利的。资源可以有偿化使用，市场化交易，但财富拥有量并不能成为消耗资源多少的条件，凡是占用和消耗超过人均资源消耗量的超过部分均应征收超额的资源占用消耗税，这才是公平的。并不是有钱就可以无限制地利用国际和社会的资源，任何国家都不可能存在资本无限制地利用资源。其三，适时取消房地产预售政策。目前取消时机已经成熟，正如前面所讲，房地产预售制度是在经济低迷、社会投资缺乏活力、有效需求不足和国内消费萎缩情况下采取的积极的宏观经济政策之一，而在目前经济增长过快、投资热情高涨的新环境条件下，它已经完全不适应了。若继续采取这一制度，必然会出现过热的结果。因此，取消预售房制度，将会起到真正的抑制投机行为的作用，将房地产价格上涨的真正风险让房地产商和投机商来承担，而不是目前的由消费者和银行来承担。因为取消房屋预售制度，预示着开发商在投资完成后才能销售。这样既可减少房地产销售中的虚假广告造成的欺诈行为，又能让开发商真正地承担因为房价过高可能带来的风险，而不是让消费者承担，这样才可以真正地抑制投机行为。

第八部分　宏观管理与政策要点

第四季度宏观经济继续保持良好发展态势，宏观经济政策也保持平稳，值得关注的几个方面如下。

1. 国际油价不断走低

2006 年的国际油价可谓大起大落，跌宕起伏，尤其是下半年的最终结果出乎许多著名机构和人士的年初预测。近年来，由于全球经济稳步增长导致原油需求增加，特别是中国等一些发展中国家经济快速发展，对原油的需求强劲，加之受伊朗核问题等地缘政治局势紧张的影响，在一些投资基金的炒作下，国际市场油价节节攀升。2006 年 7 月 14 日，纽约商品交易所原油期货价格在亚洲电子交易时段一度达到每桶 78.4 美元的高点，创下历史最高纪录。但此后，国际油价开始大幅回落，到 11 月份，国际市场油价一度跌至每桶 55 美元左右。与 7 月份历史最高价相比，油价下跌了约

25%。随着 2006 年结束钟声的响起，纽约市场原油期货价格定格每桶在 61.5 美元，接近于年初时的水平。油价大幅下降的主要原因有：全球原油库存增加，尤其是美国原油商业库存和成品油库存充足，地缘政治局势相对出现缓和迹象，以及出现暖冬天气，取暖用油减少等。

国际油价的变动不仅对世界经济产生重要影响，而且对中国经济的影响也越来越大。因此，密切关注国际油价走势及其影响，及时采取应对措施是保持中国宏观经济持续稳定发展的重要方面。

2. 中国股市持续走高

近年来，股市作为宏观经济的"晴雨表"却始终没能真实反映中国经济的基本面，因而也一直受到众多的非议。但是，这种情况在 2006 年似乎有所改变。2006 年中国股市在经历了长达 4 年的"熊市"之后，开始持续走高。2006 年 12 月 29 日，上证综指和深证成指在 2006 年最后一个交易日里双双强势上行，分别定格在 2675.47 点和 6647.14 点，全年涨幅分别达到 130.4% 和 132.3%。

3. 美国高官集体访华

2006 年 12 月中旬，一个规模庞大的美国高官代表团集体访问中国，引起了全世界的关注，是史无前例的美国经济界高官集体访华。这个庞大的阵容包括：美国财政部部长保尔森，美国货币政策的大总管、美联储主席伯南克，美国贸易代表施瓦布，商务部部长古铁雷斯，能源部部长博多曼……他们来华的目的是为了参加 2006 年 12 月 14 日至 15 日举行的首次中美战略经济对话。2006 年 9 月 20 日，国务院副总理吴仪在人民大会堂与美国总统特别代表、财政部部长保尔森会谈，决定启动中美战略经济对话机制。对话一年两次，轮流在两国首都举行。按照中国官方的说法，对话机制旨在改善双方成熟而长期的经济关系。对此，一位欧洲外交官甚至有些嫉妒地告诉记者，作为盟友，美欧之间都没有类似的对话。

美国主流媒体在评论这个代表团时多次使用了"高级别"和"非同寻常"的字眼，认为这个代表团将在人民币汇率、贸易不平衡、打击盗版和保护知识产权等问题上向中国全面施压。其中，压迫人民币升值成了焦点中的焦点。其实，两国高层接触的目的都是着眼于长远。保尔森多次表示，应当从长远的观点来看待中美经贸关系，不应该只是追求短期效果，由此来分析美国高官集体访问中国的意义也许会更准确一些。

4. 企业所得税法草案获全国人大常委会通过

2006 年 12 月 29 日，十届全国人大常委会第二十五次会议通过表决，决定将企业所得税法草案提请十届全国人大五次会议审议。至此，备受关注的内外资企业所得税合并问题终于有了一个虽然不是最终，但也属基本定论的答案。从问题提出到开始讨论、研究至最终提交全国人大常委会，内外资企业所得税问题大约经历了十个春秋，引起的关注、争论，经历的时间之长都是少有。其中，最核心的问题就是并轨对吸引外资的影响方面始终存在重大分歧。当然，也有个时机是否成熟的问题。

其实，党的十六届三中全会就明确提出统一各类企业税收制度的改革目标。十届全国人大二次会议以来，共有541位全国人大代表提出16件议案，要求制定统一的企业所得税法。国务院在综合分析评估的基础上，终于下决心推进两税合并，并在深入调查研究、广泛听取意见的基础上，提出企业所得税法草案的议案。总的说来，普遍认为，改革现行企业所得税制度，统一内外资企业所得税，是大势所趋，是进一步完善我国社会主义市场经济体制的迫切需要，有利于创造公平竞争的市场环境，具有重大的现实意义和深远的历史意义。估计，该法律草案能在2007年3月召开的十届全国人大五次会议上通过。

5. 物权法草案获全国人大常委会通过

2006年12月29日全国人大常委会以155票赞成、1票弃权的表决结果，高票决定将物权法草案提请2007年3月举行的十届全国人大五次会议审议。这标志着中国物权立法进入了一个全新的阶段。物权法之所以引起高度关注，是因为其对社会方方面面甚至每个人的影响实在是无法回避的。正因为如此，物权法的起草过程也就极其艰难。从开始起草到2006年年底，物权法起草讨论过程经历了13年之久。自2002年12月首次审议以来，全国人大常委会已对物权法草案先后进行了七次审议，创下了全国人大立法史上单部法律草案审议次数之最。在九届全国人大常委会初次审议的基础上，本届全国人大常委会又审议了6次，仅2006年下半年就审议了3次，座谈会、论证会开了上百次。因为涉及每个人的利益，也就需要每个人的关心。为此，物权法草案全文还于2005年7月10日向社会公布，以征求广大群众对草案的意见。这也是我国向全社会公布并征求意见的第12部法律草案。根据各方面的意见，草案在许多方面都做了重大修改。

物权法的一个基本出发点是从我国国情出发，以宪法为依据，体现我国社会主义基本经济制度，遵循平等保护物权的原则，加大对国有资产的保护力度，反映党在现阶段的农村基本政策，维护最广大人民的根本利益，重点解决现实生活中迫切需要规范的问题。当然，对物权法的内容，甚至是否需要物权法都有不同的观点，有的看法还比较激烈，但不论如何，物权法的出台对我们每个人、对宏观经济等方面的影响都是全面的、深远的。

附录　世界经济形势

2006 年，世界经济在整体保持增长态势的同时，不同经济体之间的增长动能出现明显差距：美国 GDP 增长率见顶回落，预示着美国经济进入本轮增长周期的后半段；欧洲经济保持增长态势，通货膨胀控制良好；日本经济增长起伏明显，再次确认走出通货紧缩；新兴市场经济发展的不确定性继续增加，部分国家出现新的金融市场动荡。

一、美国经济

（一）房地产市场降温主导美国经济减速

2006 年前两个季度，美国实际 GDP 增长率分别为 5.6% 和 2.6%。根据美国商务部公布的数据，美国三季度经季节调整的实质国内生产总值（GDP）环比年率修正值为增长 2.2%，之前预测值为 1.6%，最终销售为增长 2.1%，原预估美国三季度 GDP 修正值为增长 1.8%，最终销售增长 1.8%，隐性平减指数增长 1.8%。2006 年 12 月 21 日，美国商务部将三季度 GDP 增长率调整为 2%。这样，二季度和三季度的 GDP 增长率均较 2006 年一季度下降 3% 以上，虽仍然略高于 2005 年四季度的增长率，但是美国 GDP 连续两个季度低于其潜在经济增长水平，再次确认了美国经济减速的事实（见图 8 – 15）。

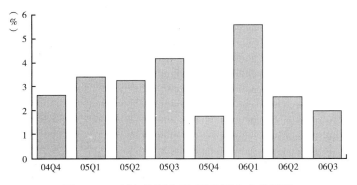

图 8 – 15　近年美国实际 GDP 季度变化情况

2006 年二季度以来，美国房地产市场降温，成为导致美国 GDP 增长率持续下降的主要因素。

二季度，美国房产价格较一季度上涨了 1.17%，年率化后的增长率为 4.68%，房价增长季率为 1999 年四季度以来的最低水平，美国房地产市场开始快速降温。2006 年 10 月，美国经季节调整的新屋销售下降 3.2%，年率为 100.4 万户，原预估 10 月新屋销售年率为 104.4 万户。同期，标准普尔/Case-Shiller10 大都市房价综合月度指数下跌 0.2% 至 224.43，年度增幅减至 2.4%，标准普尔/Case-Shiller20 大都市房价综合月度指数下跌 0.2% 至 205.20，美国多数地区的独栋住宅成屋月度价格延续跌势，使年度价格涨幅缩减（见图 8 – 16）。

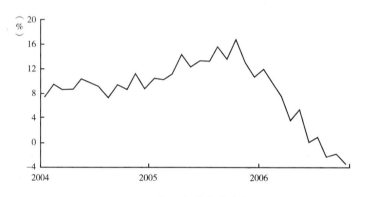

图 8 – 16　美国房地产价格变化

2006 年 11 月，美国营建支出下降 0.2%，10 月营建支出修正为下降 0.3%。2006 年 11 月，美国房屋营建许可年率修正值为 151.3 万户，较上月减少 2.6%。全美不动产协会（NAR）近期公布的数据显示，美国成屋待完成销售指数在 2006 年 7 月创出最低点，10 月为 107.5，11 月则降至 107.0，原预估中值为 108.0。美国 11 月成屋销售年率放缓至 620 万户，10 月时为 624 万户，预估区间介于 590 万～631 万户之间。2006 年 12 月美国房屋开工年率为 164.2 万户，营建许可年率为 159.6 万户，略高于原预期。

在 2001 年开始的本轮经济周期中，房地产市场一直是美国实体经济的重要驱动因素，该市场降温通过如下途径影响美国实体经济的表现。

首先，房地产市场降温导致居民固定资产投资增长速度下降。2006 年一季度，美国固定资产投资增长 8.2%，二季度则转为下降 1.6%，三季度继续下降 1.1%。其中，居民固定资产投资自 2005 年四季度起连续四个季度下降，一季度为 -0.3%，二季度为 -11.1%，三季度下跌幅度扩大为 -18.6%。

其次，房地产市场的疲弱不振影响美国居民的房屋相关支出及其总体消费意愿，导致个人消费开支增长减缓。2006 年一季度，美国个人消费开支增长 4.8%，二季度为 2.6%，三季度调整为 2.8%，连续两个季度低于潜在的经济增长水平。

除房地产市场降温引起投资下降及相关消费增长减速外，对近期美国实体经济产生负面影响的因素还有：美国消费者总体支出增长减缓，尤其是用于服务业的支出低于预期，进口增加以及州和地方政府开支增长减缓。

消费者总体支出增长减缓主要表现为 2006 年的总体零售销售增长低于预期。2006 年全年，美国零售销售较上年增长 6.0%，扣除汽车的增幅为 7.3%，分别低于 2005 年的零售销售增长 6.9% 和扣除汽车的增幅 7.9%。

美国劳工部公布的数据显示，2006 年 10 月，美国实质所得增加 1.3%，11 月增加 0.3%，12 月则为下滑 0.1%，初值为增加 0.2%。11 月美国个人支出增长 0.5%，个人消费支出（PCE）物价指数较 10 月持平。10 月个人支出增长 0.2%，个人消费支出（PCE）物价指数较上月下降 0.2%，核心 PCE 物价指数增长 0.2%。

近期美国实体经济的有利因素则包括：设备及软件投资保持增长，耐用品开支增加以及联邦政府支出上升等。

（二）通货膨胀压力继续减轻

2006 年二季度以来，由于国际市场商品价格下跌，尤其是石油价格自高点回落，美国国内的通货膨胀压力减小。美国经济周期研究所（ECRI）发布报告显示，2006 年 12 月，美国通胀压力下降至 2005 年 6 月以来的最低水平，当月 ECRI 美国未来通胀指标（USFIG）降至 119.6，而 11 月的修正值为 120.0，修正前为 119.4，该指数的 12 个月年率化后的增长率为 -2.8%，而 11 月数值上调为 -2.5%。2006 年 10 月，ECRI 美国未来通胀指标（USFIG）从 119.9 下调至 118.8，该指标滤除掉月度波动后的年率化增长率从 3.7% 下调至 -5.1%（见图 8-17）。

2006 年 12 月，美国消费者物价指数（CPI）较前月上升 0.5%，扣除食品和能源的核心 CPI 上升 0.2%，略高于原预期，核心 CPI 较 11 月上升 0.2%，较上年同期上升 2.6%。

受能源价格回落的影响，2006 年 12 月美国生产者物价指数较上月上升 0.9%，扣除食品和能源的核心 PPI 上升 0.2%。2006 年 11 月，美国生产者

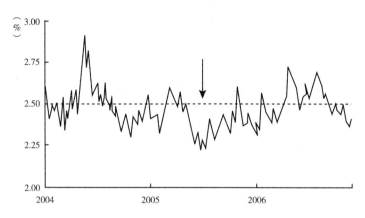

图 8 – 17　美国通货膨胀预测

物价指数（PPI）较上月上升 2.0%，扣除食品和能源的核心 PPI 上升 1.3%，11 月 PPI 月率增幅为 1974 年 11 月以来最大，持平于当时的 2.0%；11 月能源分项的月率增幅为 2003 年 2 月以来最大，当时为增长 6.6%。

（三）　对外贸易状况有所改善

近年来，美元持续走软，美国贸易加权汇率指数累计下降，在一定程度上提高了美国商品和服务的出口竞争力，而全球其他经济体的经济持续复苏及较快增长增加了对美国出口商品和服务的需求，内部及外部双重因素推动美国贸易状况改善。

2000 ~ 2005 年的五年间，对外贸易始终是美国 GDP 增长的负面因素，平均每年使其减少 1.5%。2006 年，对外贸易开始在一定程度上拉动美国的 GDP 增长，估计全年其对 GDP 的贡献率为 0.25%（见图 8 – 18）。

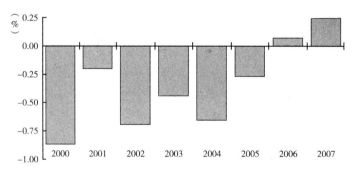

图 8 – 18　美国外贸对实际 GDP 的贡献

2006 年 11 月美国贸易逆差为 582.3 亿美元，10 月修正为逆差 588.0 亿美元，初值为 588.7 亿美元，原预估中值为 599.0 亿美元。

（四）货币政策完成由紧缩向中性的转变

自 2006 年三季度起，美国持续紧缩的货币政策进入转折时期，金融市场指标利率保持稳定。

进入 2006 年 8 月后，美国联邦储备委员会连续表示不改变联邦基金利率和贴现率的决定，将上述两项指标维持在 5.25% 和 6.25% 的水平。美国联邦储备委员会在其公布的会议备忘录中指出，美国联邦储备委员会委员在 2006 年 12 月的会议上一致赞同通胀是其首要关注的问题，但一些委员认为经济数据趋于温和意味着经济增长面临的风险已经增加。FED 在此次会议上宣布将指标利率维持在 5.25% 不变，并再度表示需警惕通胀，但亦认同经济数据喜忧参半，且房市大幅放缓。11 月 FED 发布的声明中仅仅体现出可能需进一步升息以对抗通胀风险。FED 12 月会议记录称，核心通胀"温和"改善，虽然几乎所有委员都认为核心通胀处于"令人不安的高位"。此外，核心通胀放缓的步伐和幅度存在相当大的不确定性，风险仍偏于上档。同时，房市放缓似乎还未明显冲击到消费支出，就业市场紧俏似乎仍对通胀的放缓构成上档风险。

（五）美国劳动力市场继续改善，接近充分就业水平

2006 年，美国劳动力市场持续改善，2006 年 9 月，失业率回落到 4.6%，10 月为 4.4%，11 月为 4.5%。

2006 年 12 月美国非农就业人口增加 16.7 万人，11 月修正后为增加 15.4 万人，2006 年 12 月平均时薪增加 0.5%。就业咨询公司 Challenger, Gray & Christmas 发布的报告显示，尽管房屋市场疲弱，2006 年 12 月美国企业计划裁员人数较前月减少 29%，和四季度裁员人数往往会上升的趋势相悖。该报告称，2006 年全年美国计划裁员人数跌破 100 万人，为 2000 来首次。2006 年 12 月已公布裁员人数总计为 54643 人，低于 11 月的 76773 人，较上年同期的 107822 人亦下降了 49%。2006 年全年企业计划裁员人数总计 839822 人，较 2005 年减少了大约 232000 人。

（六）美国经济增长前景

首先，鉴于房地产市场在美国经济增长中的重要作用，其增长放缓趋势是否具有长期性是在一定程度上影响美国实体经济表现的要素之一。其次，国际市场石油价格转入下降轨道进一步缓解了美国的通货膨胀压力，从而为美国货币政策转向提供了新的契机。紧缩性货币政策向中性甚至扩

展性货币政策的转变将对美国经济产生良好的促进作用。

综合考虑上述各项因素，我们认为，2007 年美国经济将以温和但略低于潜在经济增长率的速度持续增长，核心通胀率保持在可以控制的范围内。

据美国政府预计，2006 年美国实质 GDP 增长率为 3.1%，2007 年和 2008 年分别为 2.9% 和 3.1%。OECD 在其半年度经济展望中预计 2007 年美国的国内生产总值（GDP）增长 2.4%。OECD 认为，美国经济增长率降低的原因在于升息、增税以及油价上涨所带来的不利影响及经济无法维持以前的高增长率。

二、欧元区经济

2006 年前三个季度，欧元区 GDP 增长率分别为 2.2%、2.7% 和 2.7%，创出近年来的最好水平，二、三季度，欧元区 GDP 增长率超过美国，表明欧元区经济继续保持良好增长态势。

1. 欧元区通货膨胀压力继续缓解

2006 年 12 月份欧元区消费者物价调和指数（HICP）较前月上升 0.4%，较上年同期增长 1.9%。欧元区 11 月份消费者物价调和指数（HICP）较上年同期增长 1.9%。欧元区 11 月份生产者物价指数（PPI）较上月持平，较上年同期增长 4.3%。欧元区 10 月份生产者物价指数（PPI）较上月持平，较上年同期增长 4.0%。经济周期研究所（ECRI）公布的数据显示，欧元区 2006 年 11 月份通胀压力上升，但仍低于 8 月份高点，用于预测欧元区通胀周期变化的欧元区未来通胀指标在 2006 年 11 月份升至 104.5，10 月份该指标为 104.3。

2. 欧元区就业状况好转

2006 年 11 月份，欧元区失业率跌至 7.6%，为 1993 年开始公布此项数据以来最低值，10 月份为 7.7%，原预估为 7.8%，9 月份为 7.8%。

3. 欧元区的工业生产保持增长

欧元区 10 月工业生产较前月下滑 0.1%，较上年同期增长 3.6%。

此外，2006 年 11 月份，欧元区贸易顺差为 31 亿欧元，2006 年 10 月份修正为顺差 30 亿欧元。欧元区 10 月份未经季节调整经常项目赤字为 4 亿欧元，9 月份为盈余 5 亿欧元，10 月份经季节调整经常项目收支两平，9 月份盈余 11 亿欧元，欧元区 10 月份证券投资净流入 232 亿欧元，9 月份净流入 366 亿欧，原预期 10 月份经季节调整的经常项目盈余 8 亿欧元。

欧元区利率水平仍较宽松，区内流动性充裕。ECB 将欧元区利率调升至五年高点 3.5%，以将欧元区通胀率推至 2% 的目标水平下方。

12 月份欧元区投资者信心有所改善，现况分项指数和预期分项指数大幅上升。12 月份 Sentix 欧元区投资者信心指数由 11 月份的 22.1 升至 29.1，其中现况分项指数升至 52.0，为 2003 年 2 月份开始编纂该指数以来的最高水平，11 月份时为 46.25；预期分项指数自 11 月份的 0.25 升至 8.25。欧元区 11 月份经济景气指数为 110.3，前月修正为 110.4，初值为 110.3。11 月份，欧元区企业景气指数达到纪录高点，显示 2006 年四季度工业生产将表现强劲。欧元区 11 月份企业景气指数从 10 月份修正后的 1.41 升至 1.54，先前公布的 10 月份指数为 1.42，原预估值为 1.40。

欧盟执委会上调欧元区 2007 年一季度经济增长预估，且预期二季度经济增幅将较上季略加快。欧盟执委会预期，欧元区 2007 年一季度经济增长率将介于 0.3% ~ 0.8%，此前预期为 0.0% ~ 0.5%；预测 2007 年二季度经济增长季率落在 0.3% ~ 0.9% 区间；预期四季度经济较上季增长 0.3% ~ 0.7%，此前预期为 0.2% ~ 0.7%。

三、日本经济

2006 年三季度，日本 GDP 修正后较上季增长 0.2%，低于初估的增长 0.5% 以及原预期的增长 0.3%；三季度经物价调整实际国内生产总值（GDP）修正后环比年率为增长 0.8%，初值为增长 2.0%，原预估为增长 1.1%；日本 4 ~ 6 月份 GDP 修正后较上季增长 0.3%，原为增长 0.4%。同时，因新统计数据与计算方式改变，日本政府下调了 2005/2006 年度日本经济增长率至 2.4%，日本 2004/2005 年度经济增长率上调 0.3% ~ 2.0%。占 GDP 约六成的民间消费为上年度 GDP 向下修正的主要原因，民间库存则为次要原因。

出口与资本支出增长是近期日本经济增长的主要因素。2006 年 7 ~ 9 月份，日本企业对厂房和设备的投资较上年同期增加 12.0%，4 ~ 6 月份为增长 16.6%，原预估 7 ~ 9 月份当季资本支出增加 10.0% 至 18.9%。10 月份，日本出口较上年同期增长 11.6% 至 6.59 万亿日元，进口则增长 17.4% 至 5.98 万亿日元。经季节调整，10 月份整体贸易顺差较上月增长 48.1% 至 6486 亿日元。

日本 11 月份零售销售较去年同期下滑 0.1%，逊于市场预估中值的增长 0.5%，与 10 月份相比较，经季节调整零售销售上升 0.1%。11 月份，经物价调整所有家庭支出较上年同期实质减少 0.7%，原预估中值为减少 1.3%，此为该数据连续第 11 个月较上年同期下滑；经季节调整与 10 月份相比较，11 月份所有家庭支出增长 0.5%；11 月份日本平均家庭支出为 282860 日元，受薪者平均家庭支出则较上年同期实质下滑 1.3%。日本 10 月份经物价调整所有家庭支出较上年同期实质减少 2.4%，原预估为减少 3.9%，经季节调整与 9 月份相比较，10 月份所有家庭支出增长 4.1%。根据总务省公布的数据，日本 10 月份平均家庭支出为 294693 日元，受薪者平均家庭支出较上年同期实质下滑 2.9%。日本 10 月份零售销售较去年同期增长 0.1%，优于市场预估中值的下滑 0.1%，与 9 月份相比较，经季节调整的零售销售下滑 0.2%。

2006 年 11 月份日本工业生产较上月增长 0.8%，高于初值的增长 0.7%，2006 年 11 月份日本产能利用指数较上月增长 0.3%。2006 年 11 月份日本民间部门核心机械订单较前月增长 3.8%，高于预估的增长 3.4%，10 月份时则为增长 2.8%，2006 年 11 月份核心机械订单较上年同期增长 0.7%，原预估为增长 0.3%，预期 2006 年 10~12 月份核心订单较上季增长 5.7%。日本 11 月份工业生产较上月增加 0.7%，低于市场预估中值的增加 1.1%，预期 12 月份制造业产出增长 0.7%，2007 年 1 月份制造业产出则将下滑 0.8%。日本 10 月份工业生产修正后较前月增长 1.6%。初步数据亦为增长 1.6%。日本 10 月份工业生产较上月增加 1.6%，原预估为下滑 0.5%，11 月份制造业产出预计较上月增加 2.7%，12 月份则预计较上月增长 0.1%。

2006 年 11 月份日本经常项目盈余较上年同期增长 21.5% 至 1.76 万亿日元，原预估中值为较上年同期增长 33.6% 至 1.93 万亿日元；贸易顺差较上年同期增长 48.3% 至 1.03 万亿日元。日本 10 月份经常项目盈余较上年同期增长 5.2% 至 1.51 万亿日元，原预估中值为较上年同期减少 4.5% 至 1.37 万亿日元；贸易顺差较上年同期减少 18.9% 至 7562 亿日元。日本 10 月份贸易顺差较上年同期减少 24.8% 至 6147 亿日元，远低于预估中值的顺差 7600 亿日元。

随着经济增长逐步恢复，日本就业状况继续改善，日本 11 月经季节调整失业率降至 4.0%，10 月份则为 4.1%，11 月份求才求职比为 1.06，代表每 100 位求职者有 106 个就业机会，该数据持平于 10 月份的 1.06，原预期为 1.07。日本 10 月份经季节调整失业率降至 4.1%，9 月份为 4.2%，原预期为 4.1%~4.2%；10 月份求才求职比为 1.06，代表每 100 位求职者有 106 个就业机会，该数据低于 9 月份的 1.08。

日本央行公布的数据显示，日本通货紧缩压力继续得以缓解，日本11月份核心消费者物价较上年同期增长0.2%，但11月份经物价调整所有家庭支出较上年同期实质减少0.7%，原预估为减少1.3%。此为该数据连续第11个月较上年同期下滑，日本11月份核心消费者物价较上年同期增长0.2%，与预估相同。近月以来不计生鲜食品的核心CPI在0%以上盘旋，10月份核心CPI较上年同期增长0.1%，东京地区12月份核心CPI较上年同期增长0.2%，低于预估中值的增长0.3%。日本11月份企业物价指数（CGPI）较上年同期增长2.7%，增幅与预估一致，与上月相较，11月CGPI下滑0.1%。该数据追踪批发物价的趋势。

日本10~12月份大型制造业对景气的信心低于上季，显示对经济复苏力度存有疑虑。根据日本财务省和经济社会总合研究所的联合调查显示，10~12月份日本大型制造业景气判断指标（BSI）为正7.1，上季为正12.7，对未来几个月的展望显示，2007年1~3月份大型制造业BSI为正5.8，而4~6月份则为正3.3。

2007年，日本经济前景仍然取决于国内需求的未来表现。日本经济增长态势将进一步持续。日本政府预计始于明年4月份的下一财政年度经济经物价调整增长2.0%，名义增长率则为2.2%，日本政府预估2007/2008年度国内生产总值（GDP）物价平减指数增长0.2%。

四、新兴市场经济

2006年，受到中国和印度经济增长活跃的影响，亚洲新兴经济体普遍表现良好。但是，亚洲出口开始放慢，来自韩国、中国台湾、新加坡、马来西亚和日本的最新出口数据较预期疲弱。

2006年全年，新加坡的季度GDP增长率则分别为10.6%、8.0%、7.0%和5.9%，全年增幅达7.7%。

2006年前三个季度，韩国GDP增长率分别为6.1%、5.3%和4.8%。韩国11月经季节调整经常项目盈余增加逾两倍至29.8亿美元，10月修正后为盈余7.55亿美元。韩国12月份消费者物价指数（CPI）较去年同期上涨2.3%，增幅大于11月份的上涨2.2%，但仍低于过去6个月平均年增率的2.4%；12月份经季节调整CPI预计较11月上涨0.3%，增幅大于11月份的上涨0.1%。韩国11月份经季节调整后失业率小幅下滑至3.4%，为5月份滑落至3.4%以来的最低水平，11月份经季节调整后的就业人数升至2328万人，10月份时为2319万人。自2005年11月以来，韩国失业率一直维持在 3.4% ~ 3.5% 的水平。

2006 年前两个季度，泰国 GDP 增长率分别为 6.1% 和 4.9%，泰铢升值步伐依然过快，而泰国央行令其涨势缓和的能力则有限。目前泰铢兑美元汇率已升至近 8 年高位，在 2006 年亚洲货币中上涨最快。

2006 年前两个季度，马来西亚 GDP 增长率分别为 5.5% 和 5.9%，因企业和消费者信心改善，马来西亚经济研究院（MIER）此前对 2006 年本国经济增长率的预测为 5.6%。MIER 还预计，2006 年马来西亚通胀率为 3.7%，2007 年为 3.3%；制造业 2006 年增长 7.6%，2007 年增长 5.8%；服务业 2006 年增长 6.0%，2007 年增长 5.3%。马来西亚政府表示，2006 年马来西亚经济增长率很可能超过 5.8% 的官方预估，并预计 2007 年马来西亚经济增长率为 6%。

2006 年前两个季度，菲律宾 GDP 增长率分别为 5.7% 和 5.5%。菲律宾三季度经季节调整的国内生产总值（GDP）较前季增长 0.3%，逊于市场预期，原预计菲律宾第三季度经季节调整的 GDP 增长 1.1%，较二季度的 1.7% 有所放缓，三季度 GDP 较上年同期增长 4.8%。受益于数十亿美元的海外劳工汇款及较好的农业收成，预计 2006 年该国经济增长 5.5%，高于去年 5.0% 的增长率，另外政府预计 2006 年四季度经济较上年同期增长 5.7%。菲律宾 11 月消费者物价指数（CPI）较上年同期增长 4.7%，之前菲律宾央行预估 11 月通胀年率介于 4.5% ~ 5.2% 之间。因菲律宾比索走强且石油和食品价格趋低，菲律宾 10 月 CPI 年增率为 5.4%，11 月扣除部分食品和能源项目的核心 CPI 较上年同期上升 4.7%，10 月为增长 5.1%。通胀数据的基期为 2000 年。

2006 年前两个季度，印度尼西亚 GDP 增长率分别为 4.7% 和 5.2%。2006 年全年，印尼经济增长率可能超过 5.5%。

2006 年，拉美经济表现有所改善，但拉美仍然是近年来世界新兴市场和发展中国家中经济增长最为缓慢的地区。

进入 2007 年后，美国经济前景充满不确定性可能给新兴市场带来更多波动并危及其宏观经济面的稳定，部分财政和政策面疲弱的新兴经济体将受到市场风险偏好下降的冲击，2006 年 5 ~ 6 月因投资者预计美国、日本和欧元区可能进一步收紧信贷，故而撤离新兴市场，导致新兴市场资产价格急剧下滑。随着新兴市场债市和股市开放程度的扩大，风险随之上升。

五、国际经济环境变化对中国经济的影响

2007年，世界经济总体保持增长将继续改善我国经济运行的外部环境。但是，美国经济减速及国际金融市场波动加剧将为我国经济发展带来一定的不确定性。此外，新兴市场因地缘政治及宏观政策因素导致的金融市场动荡可能为我国经济发展增加新的变数。

1. 外汇储备增长带来的挑战

根据各国央行提供的数据计算，亚洲外汇储备持有总量2006年增长4480亿美元，达到3.15万亿美元，其中中国增幅达30%。境外官方外汇储备持续增加，有助于国际市场保持充裕的流动性以及较低的利率水平。但它也会产生一些不利的影响，如储备资产在不同货币之间的分散化，可能引起金融市场的剧烈反应，以及部分国家货币管理当局的忧虑和干预。对此，我们应该保持足够的警惕。

2. 对人民币汇率可能面临的外部压力要有充分的估计

2007年，影响美元汇率变动的因素日趋复杂，美元汇率波动幅度可能加大。为此，我们应密切关注美元汇率的变动趋势，及时调整国内资产结构，适当分散币种结构，以防范可能出现的汇率风险。此外，如果美元对西方主要货币继续出现走软趋势，人民币汇率面临的外部压力将有明显增加。美国国内研究认为，人民币对美元汇率低估了20%到25%，如果人民币汇率不作相应调整，则无法缩减美国对中国的贸易逆差。因此，我们需要未雨绸缪，系统认真分析人民币对美元汇率及其他货币汇率的相对结构变化及其对中国经济的影响，将相对汇率水平控制在理想区间。

3. 加强利率风险管理

美国联邦基金利率进入相对稳定区间甚至可能出现反转，要求我国企业及银行业更好地加强利率风险管理。尽管美国金融市场指标利率回稳，但是影响金融市场长期利率走势的因素更为复杂。这对于我国涉外企业、尤其是持有庞大美元资产的金融机构，提出了如何有效地控制外币利率风险的挑战。

我们需要密切跟踪世界经济及国际金融市场的新发展，及时把握世界经济及国际金融市场的变动趋势，防止国际经济形势的突然变化可能对我国经济带来的不利影响和冲击。

附图与附表

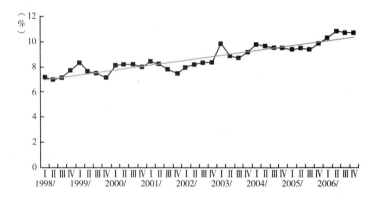

附图 1　GDP 增长率

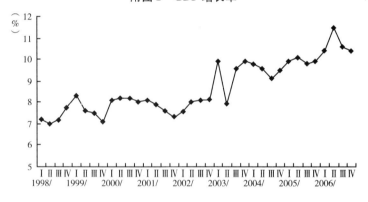

附图 2　GDP 季度增长率估计值

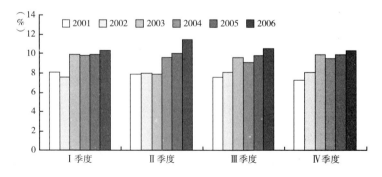

附图 3　国内生产总值 GDP 季度增长率比较

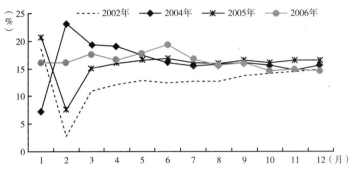

附图4　工业增加值增长率

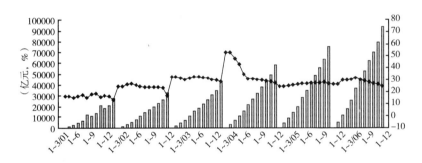

附图5　固定资产投资

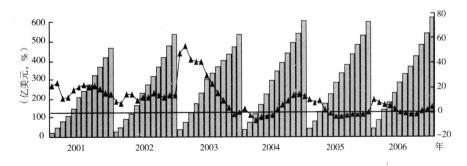

附图6　外商直接投资及其增长率（年内累计）

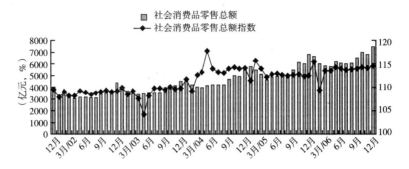

附图7　社会消费品零售额及指数

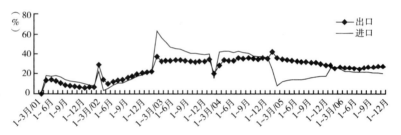

附图8　进出口累计增长率

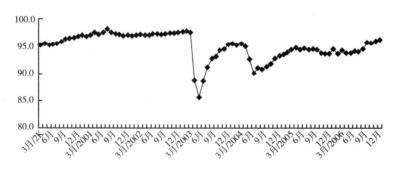

附图9　消费信心指数

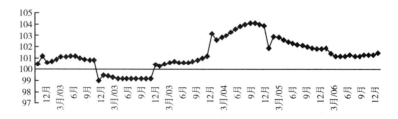

附图10　全国居民消费价格总指数（同期指数）

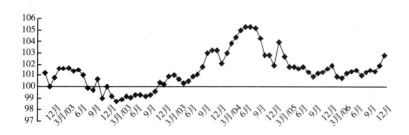

附图 11 全国居民消费价格总指数（当月）

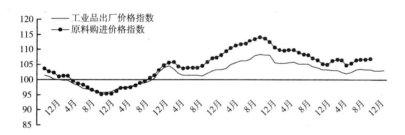

附图 12 投资品价格指数

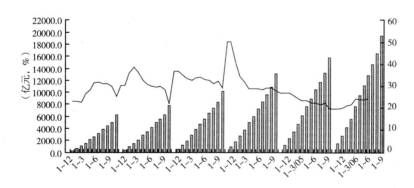

附图 13 房地产投资及其增长率

表 8−14　2006 年 Q4 主要宏观经济指标增长情况

单位：%

项　目		2004	2005	2006			
				1~12 月	10 月	11 月	12 月
经济增长	国内生产总值	9.5	9.9	10.7	na.	na.	na.
	第一产业	6.3	5.2	5.0	na.	na.	na.
	第二产业	11.1	11.4	12.5	na.	na.	na.
	第三产业	8.3	9.6	10.3	na.	na.	na.
工　业	工业增加值	16.7	16.4	16.6	14.7	14.9	14.7
	其中:国有及国有控股企业	14.2	10.7	12.6	12.5	13.6	15.8
	集体企业	9.9	12.4	11.6	10.1	7.1	4.2
	股份制企业	16.5	17.8	17.8	16.0	16.1	16.8
	外商及港澳台投资企业	18.8	16.6	16.9	14.9	14.7	12.9
	工业产品销售率	98.08	98.01	98.10	98.44	97.73	
	发电量	14.9	13.3		14.4	14.7	
价　格	消费价格(CPI)	100.1	100.4	1.5	1.4	1.9	2.8
	工业品出厂价格	106.1	103.2	3.0	2.9	2.8	3.1
投　资	固定资产投资*	27.6	27.2	24.5	26.8	26.6	24.5
	其中:制造业	36.3	38.6				
	房地产开发	28.1	19.8	21.8	24.1	24.0	21.8
消　费	社会商品零售总额	13.3	12.9	13.7	14.3	14.1	14.6
	其中:城市	14.7	13.6	14.3	14.8	14.4	14.4
外　贸	进出口总额	35.7	23.2	23.8	22.9	26.1	19.6
	出　口	35.4	28.4	27.2	29.6	32.8	24.8
	进　口	36.0	17.6	20.0	14.7	18.3	13.5
	顺差(FBOT)			74.0	98.9	117.5	90.6
外　资	外商直接投资实际使用额	13.3	−0.5	4.5	15.9	20.6	21.7
金　融	M_0	8.70	11.90	12.65	14.00	13.90	12.65
	M_1	13.60	11.80	17.48	16.30	16.80	17.48
	M_2	14.60	17.60	16.94	17.10	16.70	16.94
	金融机构贷款	14.40	12.75	14.55	14.40	14.20	14.55
	金融机构存款	15.30	18.15	15.94	16.30	16.40	15.94
	#企业存款			16.80	15.00	15.30	16.80
	居民储蓄存款			13.30	14.50	14.40	13.30

注：（城镇）固定资产投资月度值为累计数。金融当月值为累计数。

后　记

本书是合作研究的集体智慧成果。两年来，来自政府机构和大学的专家、学者联合攻关，圆满完成两年各个季度的形势分析工作。我向各位作者表示感谢！

本书各部分的写作分工如下。

国民经济运行情况：江明清博士

经济分析趋势和预测：曾学文博士

财政政策分析：马拴友博士

货币金融形势分析：余明博士

贸易形势分析：耿洪洲博士、李文锋博士

资本市场分析：杨琳博士

房地产投资分析：张琦教授

宏观管理与政策要点：侯万军博士

世界经济形势：鄂志寰博士

报告由张生玲博士负责编辑、整理。在本书即将出版之际，我请曾学文、李文锋、杨琳三位博士担任副主编，对书稿进行了通读和校正，并提出修改意见。本书体例已基本成型，因此，没有再仔细地统稿和审定了，但全书的责任我还是要承担的。

2007 年 10 月 8 日

责任编辑:何　奎
封面设计:肖　辉

图书在版编目(CIP)数据

新世纪中国经济轨迹——2005～2006年分季度经济形势分析报告/李晓西　主编. -北京:人民出版社,2007.12
　ISBN 978－7－01－006722－3

Ⅰ.新…　Ⅱ.李…　Ⅲ.经济发展-研究报告-中国-2005～2006
Ⅳ.F124

中国版本图书馆 CIP 数据核字(2007)第 193645 号

新世纪中国经济轨迹

XINSHIJI ZHONGGUO JINGJI GUIJI

——2005～2006年分季度经济形势分析报告

李晓西　主编

人 民 出 版 社 出版发行
(100706　北京朝阳门内大街 166 号)

北京瑞古冠中印刷厂印刷　新华书店经销

2007 年 12 月第 1 版　2007 年 12 月北京第 1 次印刷
开本:787 毫米×1092 毫米 1/16　印张:36.5
字数:620 千字　印数:0,001－3,000 册

ISBN 978－7－01－006722－3　定价:55.00 元

邮购地址 100706　北京朝阳门内大街 166 号
人民东方图书销售中心　电话 (010)65250042　65289539